中华传世藏书

【图文珍藏版】

二十五史

姜涛⊙主编

线装书局

荀悦传

【题解】

荀悦(148~209年),字仲豫,颍川颍阴(河南许昌)人,是东汉末年具有进步倾向的政治思想家和历史家。他受汉献帝之命,自建安三年(198年)始,以编年体的形式改编《汉书》,成《汉纪》三十卷,分为高祖、惠帝、吕后、文帝、景帝、武帝、昭帝、宣帝、元帝、成帝、哀帝、平帝十二纪,而将王莽之事附于平帝纪后,共叙事二百三十二年。《汉纪》取材虽不出《汉书》,但在史书的写法上有所创新。它采取了"通比其事,例系年月"(《汉纪·序》)的方法,按年、时、月、日的顺序叙述重大事件和相关人物,并取便将与其相类而无时间可考的政事、人物、典制等史事分系于后,从而扩充了编年体史书的叙事范围,增强了条理性。《汉纪》的指导思想,就是本传中所说的"立典"的"五志"。以此为圭臬,荀悦从《汉书》中将有关内容纳入了《汉纪》,"综往昭来","极为治之体,尽君臣之义",为统治者提供历史鉴戒。《汉纪》因其事简约和特有的叙事角度受到后人重视,"历代褒之,有逾纪传"(《史通·二体》)。

荀悦

【原文】

悦字仲豫,俭之子也。俭早卒。悦年十二,能说《春秋》。家贫无书,每之人间,所见篇牍,一览多能诵记。性沉静,美姿容,尤好著述。

灵帝时阉官用权,士多退身穷处,悦乃托疾隐居,时人莫之识,唯从弟彧特称敬焉。初辟镇东将军曹操府,迁黄门侍郎。献帝颇好文学,悦与彧及少府孔融侍讲禁中,且夕谈论,累迁秘书监、侍中。

时政移曹氏,天子恭己而已。悦志在献替,而谋无所用,乃作《申鉴》五篇。其所论辩,通见政体。既成而奏之。其大略曰:

夫道之本,仁义而已矣。五典以经之,群籍以纬之,咏之歌之,弦之舞之,前监既明,后复申之。故古之圣王,其于仁义也,申重而已。

致政之术,先屏"四患",乃崇"五政"。

一曰伪,二曰私,三曰放,四曰奢。伪乱俗,私坏法,放越轨,奢败制。四者不除,则政末由行矣。夫俗乱则道荒,虽天地不得保其性矣;法坏则世倾,虽人主不得守其度矣;轨越则礼亡,虽圣人不得全其道矣;制败则欲肆,虽四表不得充其求矣。是谓"四患"。

兴农桑以养其生,审好恶以正其俗,宣文教以章其化,立武备以秉其威,明赏罚以统其法,是谓"五政"。

人不畏死，不可惧以罪。人不乐生，不可劝以善。虽使契布五教，皋陶作士，政不行焉。故在上者先丰人财以定其志，帝耕籍田，后桑蚕宫，国无游人，野无荒业，财不贾用，力不妄加，以周人事。是谓养生。

君子之所以动天地，应神明，正万物而成王化者，必乎真定而已。故在上者审定好丑焉。善恶要乎功罪，毁誉效于准验。听言责事，举名察实，无惑诈伪，以荡众心。故事无不核，物无不切，善无不显，恶无不章，俗无奸怪，民无淫风。百姓上下睹利害之存乎己也。故肃恭其心，慎修其行，内不回惑，外无异望，则民志平矣。是谓正俗。

君子以情用，小人以刑用。荣辱者，赏罚之精华也。故礼教荣辱，以加君子，化其情也。桎梏鞭扑，以加小人，化其刑也。君子不犯辱，况于刑乎！小人不忌刑，况于辱乎！若教化之废，推中人而坠于小人之域；教化之行，引中人而纳于君子之涂。是谓章化。

小人之情，缓则骄，骄则恣，恣则怨，怨则叛；危则谋乱，安则思欲，非威强无以惩之。故在上者，必有武备，以戒不虞，以遏寇虐。安居则寄之内政，有事则用之军旅。是谓秉威。

赏罚，政之柄也。明赏必罚，审信慎令，赏以劝善，罚以惩恶。人主不妄赏，非徒爱其财也，赏妄行则善不劝矣。不妄罚，非矜其人也，罚妄行则恶不惩矣。赏不劝谓之止善，罚不惩谓之纵恶。在上者能不止下为善，不纵下为恶，则国法立矣。是谓统法。

"四患"既蠲，"五政"又立，行之以诚，守之以固，简而不怠，疏而不失，无为为之，使自施之，无事事之，使自交之。不肃而成，不严而化，垂拱揖让，而海内平矣。是谓为政之方。又言：

尚主之制非古。厘降二女，陶唐之典；归妹元吉，帝乙之训；王姬归齐，宗周之礼。以阴乘阳违天，以妇陵夫违人。违天不祥，违人不义。又古者天子诸侯有事，必告于庙。朝有二史，左史记言，右史书事。事为《春秋》，言为《尚书》。君举必记，善恶成败，无不存焉。下及士庶，苟有茂异，咸在载籍。或欲显而不得，或欲隐而名章。得失一朝，而荣辱千载。善人劝焉，淫人惧焉。宜于今者备置史官，掌其典文，纪其行事。每于岁尽，举之尚书。以助赏罚，以弘法教。

帝览而善之。

帝好典籍，常以班固《汉书》文繁难省，乃令悦依《左氏传》体以为《汉纪》三十篇；诏尚书给笔札。辞约事详，论辩多美。其序之曰："昔在上圣，推建皇极，经纬天地，观象立法，乃作书契，以通宇宙，扬于王庭，厥用大焉。先王光演大业，肆于时夏。亦惟厥后，永世作典。夫立典有五志焉：一曰达道义，二曰章法式，三曰通古今，四曰著功勋，五曰表贤能。于是天人之际，事物之宜，粲然显著，罔不备矣。世济其轨，不陨其业，损益盈虚，与时消息。臧否不同，其揆一也。汉四百有六载，拨乱反正，统武兴文，永惟祖宗之洪业，思光启乎万嗣。圣上穆然，惟文之恤，瞻前顾后，是绍是继，阐崇大猷，命立国典。于是缀叙旧书，以述《汉纪》。中兴以前，明言贤臣得失之轨，亦足以观矣。"

又著《崇德》《正论》及诸论数十篇。年六十二，建安十四年卒。

【译文】

荀悦字仲豫，是荀俭之子。荀俭很早就去世了。荀悦十二岁的时候，就能讲解《春秋》。因为家里贫穷没有书籍，荀悦每次到别人家中去，只要是他看见的文章，读一遍就多能背诵。荀悦性格稳重,姿容美好,尤其喜欢著述。

汉灵帝时宦官专权,读书人多不做官甘居贫穷,荀悦就托病隐居,因此当时的人没有了解他的,只有他的叔伯兄弟荀彧特别称赞敬重他。当初荀悦被辟召在镇东将军曹操府中,升任黄门侍郎。汉献帝很喜欢文学,荀悦与荀彧及少府孔融在宫中给献帝讲授经书,早晚谈论,(得到献帝的宠信,)逐渐升官为秘书监、侍中。

当时政权已转移到曹氏手中,天子只好以严肃的态度约束自己而已。荀悦想诤言进谏,但是他的计谋都没得到采用,于是作了《申鉴》五篇。《申鉴》所论述的,是政治体制的重大问题。写成之后,上奏献帝。《申鉴》的大概意思是:

道的根本,只是仁和义两者而已。五典阐明了它的纲领,其他的书籍又从多方面加以辅助性的说明,咏颂它、歌唱它、演奏它、舞蹈它,使以前的鉴戒得到了明了,后来者又重申它。所以古代的圣王对于仁义,只是反复说明它的重要性而已。

从事政治的方法,应当先阻绝"四患",再推崇"五政"。

(所谓"四患",)第一是"伪",第二是"私",第三是"和",第四是"奢"。"伪"会扰乱习俗,"私"会破坏法律,"放"会导致越轨行为,"奢"会败坏制度。这"四患"不消除,政治上的腐败就会得以流行了。习俗混乱了道就会荒废,虽然是天地也保护不住自己的秉性;法律破坏了社会就会倾颓,虽然是君主也掌握不住尺度;越轨就会造成礼的消亡,虽然是圣人也不能完全贯彻自己的原则;制度败坏了人欲就会放纵,虽然以四海之外的广大也满足不了这些欲望的要求。所以("伪""私""放""奢")叫"四患"。

振兴农业以维持(百姓)生活,辨别好恶以正风俗,宣扬文教以提倡文明,建立武装以执掌权威,明示赏罚以统领法律,这就叫"五政"。

人不畏死,就不能够用治罪来使他们惧怕。人不愿再活下去,就不能够用善来鼓励他。(在这些情况下,)虽然使契来推行五教,皋陶作为士,政治也实行不了。所以在上的人应先使人们的财产丰足让他们有一定的追求,皇帝耕籍田,皇后在蚕宫养蚕,(劝民乐业安生,)这样才会使全国没有闲逛的人,田野上没有荒芜的土地,人们就能自给自足;政府不轻易征发力役,以成全人们各自的事业,这就叫作"养生"。

君子所以能感动天地,响应神明,理正万物而协助成就帝王的教化大业,就在于他们确定了正确的标准罢了。所以在上的人要审定美与丑,区别善与恶的关键在于看是功是罪,分辩诽谤或者是赞誉要看所说的是否符合事实。对听到的话都要用事实加以检验,对人的毁誉都要用实际情况加以考察,不要被欺诈虚伪的情况所迷惑,(不然就会)使人心混乱。所以对事要无不加以审验,对事物要无不加以检测,对善事要无不加以推崇,对恶行要无不拿出示众,这样,民间就不会有奸怪产生,而百姓就不会有淫乱的作风了。百姓们从上自下都看到各种利害都与自己有关,所以才能使自己的心严肃恭敬,谨慎地修养自己的德行,对内不迷惑,对外没有特别的欲望,那么人们的追求就平和了。这就叫作"正俗。"

君子是根据感情来任用的,小人是用刑罚来驱使的。荣辱,是赏罚的精华所在。所以礼教入知荣辱,施加在君子身上,是为了升华他们的感情;桎梏鞭扑,施加在小人身上,是为了叫他们懂得刑罚。君子连侮辱都不愿承受,何况是刑罚呢!小人连刑罚都不忌讳,何况是一般的侮辱呢!假若废弃教化,就会把(处于小人与君子之间的)中人推入小人范围内;推行教化,就会引导中人走上君子的道路。这就叫作"章化"。

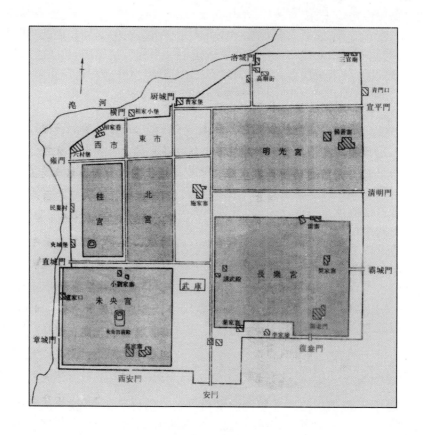

汉长安城遗址平面图

　　小人的情况就是放松了他们,他们就会骄傲,骄傲了就会放纵,放纵了就会埋怨,有了埋怨就会背叛;危急了就会谋乱,平静下来就又会有更多想法,不用威强的暴力就无法整治他们。所以在上的人,必须有武备,以预防不测的事情发生,以遏止强盗的暴虐行为。天下太平时就用行政进行管理,有事情发生就使用军事力量进行镇压。这就叫做"秉威"。

　　赏罚,是政治的要领。大张旗鼓地赏赐,毫不犹豫地惩罚,经过调查研究核实情况,谨慎地发布命令,用赏赐鼓励人们从善,用惩罚来打击罪恶。君主不轻易赏赐,并不仅仅是爱惜财物,还因为轻易赏赐收不到鼓励人们从善的效果。君主不随便惩罚,并不是同情(应受惩罚的)那些人,还因为随便惩罚达不到打击罪恶的目的。赏赐收不到鼓励人们从善的效果,就阻绝了向善,惩罚达不到打击罪恶的目的就是纵容罪恶。在上的人能够不阻绝下面的人从善,不纵容下面的为恶,国家的法令就会树立起来了。这就叫作"统法"。

　　"四患"既然消除,"五政"又建立起来,用诚挚之心来推行它,下决心来坚持它,宽松而不怠惰,疏朗而又没遗漏,以无为来达到有为,使各自产生作用;以无事来做到成事,使各自达到目的。不严肃而获得成功,不苛厉而天下归于文明,君主位尊而臣下有礼,那么海内就太平了。这就是从事政治的方法。

荀悦又说：

"好的君主都不因循古制，舜帝把自己的两个女儿嫁给尧，是陶唐时代的典章。用占卜来确定出嫁，是商朝帝乙时代的制度。天王的女儿下嫁齐国，是宗周时代的礼法。阴凌驾于阳违背天道，妇人压倒丈夫违背人伦。违背天道不祥，违背人伦不义。还有，古代天子，诸侯有国家大事必要告于庙。在朝廷中两种史官，左史记录言论，右史记录事件。记载事件的就是《春秋》，记录言论的就是《尚书》。君王有举动就一定有记载，无论善恶成败，没有不保存下来的。就是下面的一般士人百姓，如果有特别突出的事情，也都有记载。有的人想得到传扬而得不到，有的人想隐匿却反而很出名。在一个朝代的得失，却是千秋万代的荣辱。善人相互用以作为鼓励，有罪的人则感到害怕。现在应当完备史官制度，使他们掌握文书，记载人物的行为和国家大事。每年年终，（把这些记载）上报尚书，以帮助更恰当地进行赏罚，以弘扬法令教化。"

汉献帝看了荀悦的《申鉴》，觉得说得很好。

汉献帝喜欢读书，常常感到班固的《汉书》文字太多难以把握，于是就命令荀悦按照《左氏春秋》的编年体例编成了《汉纪》三十篇；汉献帝下诏尚书省供应荀悦所用的纸笔。《汉纪》文字简约，议论多数允当。

荀悦的《序》说："以往的圣人，一心建立帝王治世的要道，以天为经以地为纬，观察自然现象而加以效法，于是发明了文字，以通宇宙，并在王庭加以宣扬，它的作用很大。先王发扬光大了这一事业，广施于中国四方。其后遵而不改，永远把它作为法则。建立法则有五个目的，第一是阐明道义，第二是为了申明法规，第三是为了疏通古今，第四是为了宣扬功勋，第五是为了表彰贤能。这样，天人之间的关系，处置事物的恰当办法，就灿然明白，没有不具备的了。社会遵循这一道路，不使这一事业衰颓，损益盈虚，随时加以修正，称赞和批评虽然不同，道理都是一个。汉朝开国已有四百零六年了，拨乱反正，振武兴文，一直遵循祖宗的建业大计，希望光照万代。现在圣上庄严肃穆，一心提倡文化，瞻前顾后，阐明崇尚治国大道，命令建立国家的法则。于是我根据以往史书的记叙，编纂了《汉纪》。光武中兴以前明君贤臣得失的线索，也足以明了了。"

荀悦又著有《崇德》《正论》和多种论文数十篇。他活了六十二岁，建安十四年去世。

李固传

【题解】

李固（94～147年），东汉汉中郡南郑县（今属陕西）人。青年时就好学，精通古代典籍，在学术界享有很高威望。官府多次召他做官，他都没有应允。汉顺帝阳嘉二年，发生地震、山崩、火灾。顺帝下诏征求对这些现象的解释，诏书中特别问到这些现象和当世弊端的关系以及应采取的对策。李固受朝廷公卿推荐，对顺帝提出回答。他认为这些灾害导源于人间弊端，人间有弊端，上天就会不满意，就会制造灾害以警告人间。他认为当世主要弊端是皇帝任人唯私，重用宦官外戚，贤才遭到疏远、压抑。他建议顺帝用贤才，疏远宦官外戚。顺帝采纳了他大部分意见。并任命为议郎。后来外调为广汉郡雒县县令，李固在赴任途中弃职返乡,断绝与外人来往。同年,受大将军梁商邀请,出任从事中郎。永和年间,先后出任荆州刺史、太山太守。他摒弃暴力镇压,用和平办法平息了两地的百姓起义。后来历任将做大将、大司农,一再上书敦促皇帝起用贤才,抑制外戚宦官。冲帝即位,以李固为太尉,与大将军外戚梁冀参录尚书事,就是同为宰相。李固运用所掌握的权力,奏免了一百多个不合格官员。质帝死后,讨论继位人选,和梁冀发生冲突,遭梁冀陷诬而被杀,连儿子都受了牵连。

【原文】

李固,字子坚,汉中南郑人,司徒郃之子也。郃在《方术传》。固貌状有奇表,鼎角匿犀,足履龟文。少好学,常步行寻师,不远千里,遂究览坟籍,结交英贤。四方有志之士,多慕其风而来学。京师感叹曰:"是复为李公矣。"司隶、益州并命郡举孝廉,辟司空掾,皆不就。

阳嘉二年,有地动、山崩、火灾之异,公卿举固对策,诏又特问当世之敝,为政所宜。固对曰:

臣闻王者父天母地,宝有山川。王道得则阴阳和穆,政化乖则崩震为灾,斯皆关之天心,效于成事者也。夫化以职成,官由能理。古之进者,有德有命;今之进者,唯财与力。伏闻诏书务求宽博,疾恶严暴。而今长吏,多杀伐致声名者,必加迁赏;其存宽和无党援者,辄见斥逐。是以淳厚之风不宣,彫薄之俗未革。虽繁刑重禁,何能有益?前孝安皇帝变乱旧典,封爵阿母,因造妖孽,使樊丰之徒乘权放恣,侵夺主威,改乱嫡嗣,至令圣躬狼狈,亲遇其艰。既拔自困殆,龙兴即位,天下喁喁,属望风政。积敝之后,易致中兴。诚当沛然思惟善道;而论音犹云,方今之事,复同于前。臣伏从山草,痛心伤臆。实以汉兴以来,三百余年,贤圣相继,十有八主。岂无阿乳之恩?岂忘贵爵畏之宠?然上畏天威,俯案经典,知义不可,故不封也。今宋阿母虽有大功勤谨之德,但加赏赐,足以酬其劳苦;至于裂土开国,实乖旧典。闻阿母体性谦虚,必有逊让,陛下宜许其辞国之高,使成万安之福。

夫妃后之家所以少完全者,岂天性当然?但以爵位尊显,专总权柄,天道恶盈,不知自损,故至颠仆。先帝宠遇阎氏,位号太疾,故其受祸,曾不旋时。《老子》曰:"其进锐,其退速也"。今梁氏戚为椒房,礼所不臣,尊以高爵,尚可然也。而子弟群从,荣显兼加,永平、建初故事,殆不如此。宜令步兵校尉冀及诸侍中还居黄门之官,使权去外戚,政归国家,岂不休乎?

又诏书所以禁侍中尚书中臣子弟不得为吏察孝廉者,以其秉威权容请托故也。而中常侍在日月之侧,声势振天下,子弟禄仕,曾无限极。虽外托谦默不干州郡,而谄伪之徒望风进举。今可为设常禁,同之中臣。

昔馆陶公主为子求郎,明帝不许,赐钱千万。所以轻厚赐,重薄位者,为官人失才,害及百姓也。窃闻长水司马武宣、开阳城门候羊迪等,无他功德,初拜便真。此虽小失,而渐坏旧章。先圣法度,所宜坚守,政教一跌,百年不复。《诗》云:"上帝板板,下民卒瘅。"刺周王变祖法度故使下民将尽病也。

今陛下之有尚书,犹天之有北斗也。斗为天喉舌,尚书亦为陛下喉舌。斗斟酌元气,运平四时。尚书出纳王命,赋政四海,权尊势重,责之所归。若不平心,灾眚必至,诚宜审择其人，以毗圣政。今与陛下共理天下者，外则公卿尚书，内则常侍黄门，譬犹一门之内，一家之事，安则共其福庆，危则通其祸败。刺史、二千石，外统职事，内受法则。夫表曲者，景必邪，源清者，流必洁，犹叩树本，百枝皆动也。《周颂》曰："薄言振之，莫不震叠。"此言动之于内而应于外者也。由此言之，本朝号令，岂可蹉跌？间隙一开，则邪人动心；利竞暂启，则仁义道塞。刑罚不能复禁，化导以之浸坏。此天下之纪纲，当今之急务。陛下宜开石室，陈图书，招会群儒，引问失得，指摘变象，以求天意。其言有中理，即时施行，显拔其人，以表能者。则圣听日有所闻，忠臣尽其所知。又宜罢退宦官，去其权重，裁置常侍二人，方直有德者，省事左右；小黄门五人，才智闲雅者，给事殿中。如此，则论者厌塞，升平可致也。臣所以敢陈愚瞽，冒昧自闻者，傥或皇天欲令微臣觉悟陛下。陛下宜熟察臣言，怜赦臣死。

顺帝览其对，多所纳用，即时出阿母还弟舍，诸常侍悉叩头谢罪，朝廷肃然。以固为议郎。而阿母宦者疾固言直，因诈飞章以陷其罪，事从中下。大司农黄向等请之于大将军梁商，又仆射黄琼救明固事，久乃得拜议郎。

出为广汉雒令，至白水关，解印绶，还汉中，杜门不交人事。岁中，梁商请为从事中郎。商以后父辅政，而柔和自守，不能有所整裁，灾异数见，下权日重。固欲令商先正风化，退辞高满，乃奏记曰：

《春秋》褒仪父以开义路，贬无骇以闭利门。夫义路闭则利门开，利门开则义路闭也。前孝安皇帝内任伯荣、樊丰之属，外委周广、谢恽之徒，开门受贿，署用非次，天下纷然，怨声满道。朝廷初立，颇存清静，未能数年，稍复堕损。左右党进者，日有迁拜，守死善道者，滞涸穷路，而未有改敝立德之方。又即位以来，十有余年，圣嗣未立，群下继望。可令中宫博简嫔媵，兼采微贱宜子之人，进御于尊，顺助天意。若有皇子，母自乳养，无委保妾医巫，以致飞燕之祸。明将军望尊位显，当以天下为忧，崇尚谦省，垂则万方。而新营祠堂，费功亿计，非以昭明令德崇示清俭。自数年以来，灾怪屡见，比无雨润，而沈阴郁泱。宫省之内，容有阴谋。孔子曰："智者见变思刑，愚者睹怪讳名。"天道无亲，可为祗畏。近者月食既于端门之侧。月者，大臣之体也。夫穷高则危，大满则溢，月盈则缺，日中则移。凡此四者，自然之数也。天地之心，福谦忌盛，是以贤达功遂身退，全名养寿，无有怵迫之忧。诚令王纲一整，道行忠立，明公蹈伯成之高，全不朽之誉，岂与此外戚凡辈耽荣好位者同日而论哉！固狂夫下愚，不达大体，窃感古人一饭之报，况受顾遇，而容不尽乎！

商不能用。

永和中，荆州盗贼起，弥年不定，乃以固为荆州刺史。固到，遣吏劳问境内，赦寇盗前衅，与之更始。于是贼帅夏密等敛其魁党六百余人，自缚归首。固皆原之，遣还，使自相招集，开示威法。半岁间，余类悉降，州内清平。

上奏南阳太守高赐等臧秽。赐等惧罪，遂共重赂大将军梁冀，冀为千里移檄，而固持之愈急。冀遂令徙固为太山太守，时太山盗贼屯聚历年，郡兵常千人，追讨不能制。固到，悉罢遣归农，但选留任战者百余人。以恩信招诱之。未满岁，贼皆弭散。

迁将作大匠。上疏陈事曰：

臣闻气之清者为神，人之清者为贤。养身者以练神为宝，安国者以积贤为道。昔秦欲谋楚，王孙圉设坛西门，陈列名臣，秦使惧然，遂为寝兵。魏文侯师卜子夏，友田子方、轼段干木，故群俊竞至，名过齐桓，秦人不敢窥兵于西河，斯盖积贤人之符也。陛下拨乱龙飞，初登大位，聘南阳樊英、江夏黄琼、广汉杨厚、会稽贺纯，策书嗟叹，待以大夫之位。是以岩穴幽人，智术之士，弹冠振衣，乐欲为用，四海欣然，归服圣德，厚等在职，虽无奇卓，然夕惕孳孳，志在忧国。臣前在荆州，闻厚、纯等以病免归，诚以怅然，为时惜之。一日朝会，见诸侍中并皆年少，无一宿儒大人可顾问者，诚可叹惜。宜征还厚等，以副群望。琼久处议郎，已且十年，众人皆怪始隆崇，今更滞也。光禄大夫周举，才谟高正，宜在常伯，访以言议。侍中杜乔，学深行直，当世良臣，久托疾病，可敕令起。

又荐陈留杨伦、河南尹存、东平王恽、陈国何临、清河房植等。是日有诏，征用伦、厚等，而迁琼、举，以固为大司农。

先是，周举等八使案察天下，多所劾奏，其中并是宦者亲属，辄为请乞，诏遂令勿考。又旧任三府选令史，光禄试尚书郎，时皆特拜，不复选试。固乃与廷尉吴雄上疏，以为八使所纠，宜急诛罚，选举署置，可归有司。帝感其言，乃更下免八使所举刺史二千石，自是稀复特拜，切责三公，明加考察，朝廷称善。乃复与光禄勋刘宣上言：“自顷选举牧守，多非其人，至行无道，侵害百姓。又宜止槃游，专心庶政。”帝纳其言，于是下诏诸州，劾奏守令以下政有乖枉遇人无惠者，免所居官；其奸秽重罪，收付诏狱。

及冲帝即位，以固为太尉，与梁冀参录尚书事。明年帝崩，梁太后以扬、徐盗贼盛强，恐惊扰致乱，使中常侍诏固等，欲须所征诸王侯到乃发丧。固对曰：“帝虽幼少，犹天下之父。今日崩亡，人神感动，岂有臣子反共掩匿乎？昔秦皇亡于沙丘，胡亥、赵高隐而不发，卒害扶苏，以至亡国，近北乡侯薨，阎后兄弟及江京等亦共掩秘。遂有孙程手刃之事。此天下大忌，不可之甚者也。”太后从之，即暮发丧。

固以清河王蒜年长有德，欲立之，谓梁冀曰：“今当立帝，宜择长年高明有德任亲政事者，愿将军审详大计，察周、霍之立文、宣，戒邓、阎之利幼弱。”冀不从，乃立乐安王子缵，年八岁，是为质帝。时冲帝将北卜山陵，固乃议曰：“今处处寇贼，军兴用费加倍，新创宪陵，赋发非一。帝尚幼小，可起陵于宪陵茔内，依康陵制度，其于役费三分减一。”乃从固议。时太后以比遭不造，委任宰辅，固所匡正，每辄从用，其黄门宦者一皆斥遣，天下咸望遂平，而梁冀猜专，每相忌疾。

初，顺帝时诸所除官，多不以次，及固在事，奏免百余人。此等既怨，又希望冀旨，遂共作飞章虚诬固罪曰：“臣闻君不稽古，无以承天；臣不述旧，无以奉君。昔尧殂之后，舜仰慕三年，坐则见尧于墙，食则睹尧于羹。斯所谓聿追来孝，不失臣子之节者也。太尉李固，因公假私，依正行邪，离间近戚，自隆支党。至于表举荐达，例皆门徒；及所辟召，靡非先旧。或富室财赂，或子婿婚属，其列在官牒者凡四十九人。又广选贾竖，以补令史；募求好马，临窗呈试。出入逾侈，辎軿曜日。大行在殡，路人掩涕，固独胡粉饰貌，搔头弄姿，槃旋偃仰，从容冶步，曾无惨怛伤悴之心。山陵未成，违矫旧政，善则称己，过则归君，斥逐近臣，不得侍送，作威作福，莫固之甚。臣闻台辅之位，实和阴阳，璇机不平，寇贼奸轨，则责在太尉，固受任之后，东南跋扈，两州数郡，千里萧条，兆人伤损，大化陵迟，而诋疵先主，苟肆狂狷。存无廷争之忠，没有诽谤之说。夫子罪莫大于累父，臣恶莫深于毁君。固之过衅，事合诛辟。”书奉，冀以白太后，使下其事。太后不听，得免。

冀忌帝聪慧，恐为后患，遂令左右进鸩。帝苦烦甚，使促召固。固入，前问：“陛下得患所由？”帝尚能言，曰：“食煮饼，今腹中闷，得水尚可活。”时冀亦在侧，曰：“恐吐，不可饮水。”语未绝而崩。固伏尸号哭，推举侍医。冀虑其事泄，大恶之。

因议立嗣，固引司徒胡广、司空赵戒，先与冀书曰：

天下不幸，仍遭大忧。皇太后圣德当朝，摄统万机，明将军体履忠孝，忧存社稷，而频年之间，国祚三绝。今当立帝，天下重器，诚知太后垂心，将军劳虑，详择其人，务存圣明。然愚情眷眷，窃独有怀。远寻先世废立旧仪，近见国家践祚前事，未尝不询访公卿，广求群议，令上应天心，下合众望。且永初以来，政事多谬，地震宫庙，慧星竟天，诚是将军用情之日。传曰："以天下与人易，为天下得人难。"昔昌邑之立，昏乱日滋，霍光忧愧发愤，悔之折骨。自非博陆忠勇，延年奋发，大汉之祀，几将倾矣。至忧至重，可不熟虑！悠悠万事，唯此为大。国之兴衰，在此一举。

冀得书，乃召三公、中二千石、列侯大议所立。固、广、戒及大鸿胪杜乔皆以为清河王蒜明德著闻，又属最尊亲，宜立为嗣。先是蠡吾侯志当取冀妹，时在京师，冀欲立之。众论既异，愤愤不得意，而未有以相夺。中常侍曹腾等闻而夜往说冀曰："将军累世有椒房之亲，秉摄万机，宾客纵横，多有过差。清河王严明，若果立，则将军受祸不久矣。不如立蠡吾侯，富贵可长保也。"冀然其言。明日重会公卿，冀意气凶凶，而言辞激切，自胡广、赵戒以下，莫不慑惮之。皆曰："惟大将军令。"而固独与杜乔坚守本议。冀厉声曰："罢会！"固意既不从，犹望众心可立，复以书劝冀。冀愈激怒，乃说太后先策免固，竟立蠡吾侯，是为桓帝。

后岁余，甘陵刘文、魏郡刘鲔各谋立蒜为天子，梁冀因此诬固与文、鲔共为妖言，下狱。门生勃海王调贯械上书，证固之枉，河内赵承等数十人亦要铁锧诣阙通诉。太后明之，乃赦焉。及出狱，京师市里皆称万岁。冀闻之大惊，畏固名德终为己害，乃更据奏前事，遂诛之，时年五十四。

临命，与胡广、赵戒书曰："固受国厚恩，是以竭其股肱，不顾死亡，志欲扶持王室，比隆文、宣。何图一朝梁氏迷谬，公等曲从，以吉为凶，成事为败乎？汉家衰微，从此始矣。公等受主厚禄，颠而不扶。倾覆大事，后之良史，岂有所私？固身已矣，于义得矣，夫复何言！"广、戒得书悲惭，皆长叹流涕。

州郡收固二子基、兹于郾城，皆死狱中。小子燮得脱亡命。冀乃封广、戒而露固尸于四衢，令有敢临者加其罪。固弟子汝南郭亮，年始成童，游学洛阳，乃左提章钺，右秉铁锧，诣阙上书，乞收固尸。不许，因往临哭，陈辞于前，遂守丧不去。夏门亭长呵之曰："李、杜二公为大臣，不能安上纳忠，而兴造无端。卿曹何等腐生，公犯诏书，干试有司乎？"亮曰："亮含阴阳以生，戴乾履坤。义之所动，岂知性命，何为以死相惧？"亭长叹曰："居非命之世，天高不敢不跼，地厚不敢不蹐，耳目适宜视听，口不可以妄言也。"太后闻而不诛。南阳人董班亦往哭固。而殉尸不肯去。太后怜之，乃听得襚敛归葬。二人由此显名，三公并辟。班遂隐身，莫知所归。

固所著章、表、奏、议、教令、对策、记、铭凡十一篇，弟子赵承等悲叹不已，乃共论固言迹，以为《德行》一篇。

燮字德公。初，固既策罢，知不免祸，乃遣三子归乡里。时燮年十三，姊文姬为同郡赵伯英妻，贤而有智，见二兄归，具知事本，默然独悲曰："李氏灭矣！自太公已来，积德累仁，何以遇此？"密与二兄谋豫藏匿燮，托言还京师，人咸信之。有顷难作，下郡收固三子，二兄受害，文姬乃告父门生王成曰："君执义先公，有古人之节。今委君以六尺之孤；李氏存灭，其在君矣。"成感其义，乃将燮乘江东下，入徐州界内，令变名姓为酒家佣，而成卖卜于市。各为异人，阴相往来。

燮从受学，酒家异之，意非恒人，以女妻燮。燮专精经学。十余年间，梁冀既诛而灾眚屡见。明年，史官上言宜有赦令，又当存录大臣冤死者子孙，于是大赦天下，并求固后嗣。燮乃以本末告酒家，酒家具车重厚遣之，皆不受，遂还乡里，追服。姊弟相见，悲感傍人。既而戒燮曰："先公正直，为汉忠臣，而遇朝廷倾乱，梁冀肆虐，令吾宗祀血食将绝。今弟幸而得济，岂非天邪？宜杜绝众人，勿妄往来，慎无一言加于梁氏。加梁氏则连主上，祸重至矣。唯引咎而已。"燮谨从其诲。后王成卒，燮以礼葬之，感伤旧恩，每四节为设上宾之位而祠焉。

州郡礼命，四府并辟，皆无所就。后征拜议郎。及其在位，廉方自守，所交皆舍短取长，好成人之美，时颍川荀爽、贾彪，虽俱知名而不相能，燮并交二子，情无适莫，世称其平正。

灵帝时拜安平相。先是，安平王续为张角贼所略，国家赎王得还，朝廷议复其国。燮上奏曰："续在国无政，为妖贼所虏，守藩不称，损辱圣朝，不宜复国。"时议者不同，而续竟归藩。燮以谤毁宗室，输作左校，未满岁，王果坐不道被诛，乃拜燮为议郎。京师语曰："父不肯立帝，子不肯立王。"

擢迁河南尹。时既以货赂为官，诏书复横发钱三亿，以实西园。燮上书陈谏，辞义深切，帝乃止。先是，颍川甄邵谄附梁冀，为邺令。有同岁生得罪于冀，亡奔邵，邵伪纳而阴以告冀，冀即捕杀之。邵当迁为郡守，会母亡，邵且埋尸于马屋，先受封，然后发丧。邵还至洛阳，燮行途遇之，使卒投车于沟中，笞捶乱下，大署帛于其背曰："谄贵卖友，贪官埋母。"乃具表其状。邵遂废锢终身，燮在职二年卒，时人感其世忠正，咸伤惜焉。

论曰："夫称仁人者，其道弘矣！立言践行，岂徒徇名安己而已哉，将以定去就之概，正天下之风，使生以理全，死与义合也。夫专为义则伤生，专为生则骞义，专为物则害智，专为己则损仁。若义重于生，舍生可也，生重于义，全生可也。上以残暗失君道，下以笃固尽臣节。臣节尽而死之，则为杀身以成仁，去之不为求生以害仁也。顺桓之间，国统三绝，太后称制，贼臣虎视。李固据位持重，以争大义，确乎而不可夺。岂不知守节之触祸？耻夫覆折之伤任也。观其发正辞，及所遗梁冀书，虽机失谋乖，犹恋恋而不能已。至矣哉，社稷之心乎！其顾视胡广、赵戒，犹粪土也。"

赞曰："李杜司职，朋心合力。致主文、宣，抗情伊稷。道亡时晦，终离罔极。燮同赵孤，世载弦直。"

【译文】

李固，字子坚，汉中郡南郑县人，是三公之一司徒李郃的儿子。在《方术传》中有李郃的记述。李固相貌奇特，头顶有三处骨头隆起如鼎足，前额有一处骨头隐隐隆起延伸进发丛，脚底有龟背图案。幼年时就好学，常步行投师，不管路途多远。终于对古代典籍有了深入研究，结交了一批英雄豪杰。四方有志之士，有很多人仰慕他的风采来向他学习。京师人都赞叹："这又是一个李公了。"司隶校尉部、益州都命令郡太守把他荐举为孝廉，还征召他为司空掾，对这些资格、职务、他都不接受。

阳嘉二年，有地震、山崩、火灾等异常现象，公卿荐举李固回答皇帝的策问。皇帝诏策里又特别问到了当时的社会弊端和政治上应办的事。李固回答说：

据我所知，帝王以天为父，以地为母，以山川为宝。以仁义治天下的王道实现了，阴阳就和谐了。政治教化不恰当了，就要出现山崩地震一类灾难。这些都是天心受到刺激，在事物上所做的具体显示。大家都知道，教化需要坚持才能奏效，官职由有能力的人担任事情才能办好。古代提拔人，有德的人才能授予官爵，现在提拔人，只看谁有钱有势力。听说诏书要求，施政务求宽大博爱，痛恨严酷。但现在长吏以多杀人出名的，一定加以提升奖赏；心存宽厚温和但没有派系支持的人，总是被斥退驱逐。所以淳厚的风气得不到发扬，冷漠轻薄的习俗没有革除。即使增多刑律多文，增多禁令，又能有什么作用呢？以前孝安皇帝变更搞乱旧有规章制度，把爵位封赐给阿母王圣，于是留下祸根，让樊丰之徒利用权力胡作非为，侵夺君主的威势，改乱嫡子的继承顺序，以至让陛下受窘，亲身遭遇到艰困。从困难危险的境遇中摆脱出来以后，皇朝中兴陛下即位，天下人都景仰拥护，盼望有刷新的教化与政治。弊端丛集之后，容易实现中兴。确实应当广泛考虑美善的治国办法。但目前议论者仍然在说："现在的事，和以前一样。"臣在民间，听说这话非常伤心。实际上从汉朝兴建以来，三百多年，贤君主前后相继，十八位君主，难道都没有乳母养育之恩？难道忘了封爵是一种宠荣？但上畏天的威严、下查经典训示，知道从义理看是不应当那样办的，所以就不封赐爵位了。现在宋阿母虽然有大功劳，有勤劳谨慎的美德，只要增加赏赐、就足够酬答她的劳苦了，至于划分疆土，建立新的封国，确实违背传统制度。听说宋阿母天性谦虚，一定会谦让，陛下应当赞同她辞让封国的高尚风格，使她获得永享安全的幸福。

妃后家族少有能保持完整安全的，难道是天生的品质就必然导致这种结果吗？只是由于爵位高贵显赫，专制揽权，天道厌恶事情过分，而他们不懂自我约束，所以会走向覆灭。先帝宠爱优待阎氏，提升爵位、授予称号太快，所以阎氏遭受祸患，简直转眼就到。《老子》说："他的前进快，他的后退也快。"现在梁氏是皇后方面的亲戚，按礼制规定，是不应当成为臣下的。给他一个高的爵位，也还可以，但子弟亲属，也都官职荣誉兼而有之，永平、建初年间的做法，大概不是这样。应该叫步兵校尉梁冀及各位侍中回去只做黄门官。让国家大权和外戚分开，政权归国家，难道不好吗？

另外，诏书所以禁止侍中尚书中臣子弟，不许任考察孝廉的官吏，是因为这些人掌握威权，接受人情请托的缘故啊。而中常侍在皇帝身边，声势震慑天下，子弟领取俸禄做官，简直没有止境。虽然外表上谦退沉默，不干涉州郡选举，但奉承虚伪之徒，却在迎合他们的意向荐举。现在可以为中常侍设立一条长期遵守的禁令，内容和关于中臣的禁令一样。

过去馆陶公主为儿子求一个郎的职务，明帝不允许，而赐给他一千万钱。所以舍得重金赏赐而舍不得把微小官职给他，是因为任命一个官吏而他却缺乏应该具有的做官才能的话，就要为害百姓啊。我私下听说长水司马武宣、开阳城门候羊迪等，没有其他什么功、刚一任命，就是正式官职而没经过试用。这虽然是小的失误，但已经逐渐破坏了传统制度。前面帝王的制度，是应当坚守的，政令教化一有差错，一百年也挽救不过来损失。《诗》说："上帝老是反复无常，下面百姓们全都受了害。"这是批评周王变改祖宗法令制度，所以使下面的百姓们全都受了害啊。

现在陛下有尚书，就好像上天有北斗星。北斗星是天的喉舌，尚书也是陛下的喉舌。北斗调节元气，使四时季节变化均匀，尚书传达帝王命令，把政令推行到全国，地位高权力大，负有重大责任。如果不平心处理事务，灾害必然到来。确实应当审慎选择恰当的人选充任，以辅佐皇帝治理天下。现在和陛下共同治理天下的，宫外有公卿尚书，宫内是常侍黄门官，就好像一个门里边，同一家的事情，平安了，共同享有幸福喜庆，危险了，共同承受祸患失败。刺史、二千石，在外面地方上主持政事，按朝廷法令办事。圭表弯了，日影一定歪斜，源泉清的，下流一定洁净。就好像敲击树干，众多树枝全都动摇一样。《周颂》说："只要振奋起来，没有谁不起而响应。"这是说发动在朝廷，响应在地方啊。根据这种情况看，本朝号令，哪能允许有失误呢？漏洞一出，则奸邪之辈就要产生坏的念头；争利之门一开，则求仁求义的路就堵死了。用刑罚不能禁止得住，教化引导的功效也要因此而逐渐被破坏。这是天下的根本，当今的急务。陛下应当打开书库，陈列出图书典籍，招集众多儒生，深入了解失误与成功，指摘出种种灾异现象，以探求天意。他们的言论中有符合道理的，立即施行，把发言者选拔出来做官，以表彰有能力的人。这样皇帝每天都能听到新的东西，忠臣能够把想说的都呈说出来。另外，还应当撤免宦官，取消他们的大权，只设置常侍两人，要规矩正直有德行的，在身边办公。小黄门五人，要才智娴静文雅的，在殿中供职。这样，批评议论可以消失，太平可以实现了。臣所以敢拿出愚昧无知的话冒昧地自己说出来，也许这是皇天想叫我这个小臣提醒陛下。陛下应当透彻明察臣的话，怜惜臣，赦臣死罪。

顺帝看了他的对策，采用了很多。随即把宋阿母从宫城迁出来送到她家里去，诸常侍都叩头请罪，朝廷出现了严肃认真景象。顺帝任命李固为议郎，但宋阿母和宦官们恨李同的言论正直，因而假造事实用匿名诬告文书陷害李固说他犯有罪行，事情从皇帝那里传下来交给主管官吏查办，大司农黄尚等人向大将军梁商请求援助，同时仆射黄琼救护辩明李固事的真相，经过很久时间，才得正式担任议郎官职。

李固被调出为广汉郡雒县县令，上任途中到达白水关时，解下印绶，辞职回汉中，闭门不和社会交往。同一年里，梁商又请他出任从事中郎。梁商以皇后身份辅佐皇帝执政，但懦弱温和只注意自己的节操而不能对朝政做必要的整顿裁断，灾异一次次出现，下属官员的权力越来越大。李固想叫梁商端正风俗教化，等到功高福满时及时退隐。于是写信给梁商说：

《春秋》褒扬仪父以开辟守义之路，贬斥无骇以堵闭图利之门。义路堵闭，则利门开，利门开则义路闭。从前孝安皇帝宫内信任伯荣、樊丰之辈，宫外把政事委托给周广、谢恽之徒，开门受贿，任用人不讲次序，天下乱哄哄，怨声载道。今皇帝初即位时，朝廷很是清廉平静，没能保持几年，政风又逐渐堕落损坏。皇帝身边近臣所偏袒推荐的，每天都有被提升的；宁死也要坚守美善宗旨的，得不到升迁。并且没有改革弊端确立美德的方法。再有一件事，即位以来，十多年了，还没有皇子，臣民们都牵挂心思热切盼望。应该让皇后广泛挑选嫔妃宫女，兼选身份低下的女子中适宜生育的人，奉进给皇帝，顺应助成开意。如有了皇子，母亲自己乳养，不要委托给保姆医生巫婆，而招致赵飞燕因妒忌而杀害皇子一类的事。贤明的将军，您声望高地位显赫，应当以天下为考虑的内容，崇尚谦虚自省，为全国做榜样。但您新建祠堂，费工以亿计，这不是显示光明美德，崇尚提倡清廉节俭作风的举动啊。自从这几年以来，灾难怪异现象一次一次出现，一年接一年雨水不足，却是阴云常罩。这表明宫廷内部可能有阴谋。孔子说："聪明人见到怪异现象就联想到自身典范作用发挥得怎么样，愚蠢人见到怪异现象就想着掩盖事实。"天对人的态度是无亲无疏，谁善良就帮助谁。这值得引起人的敬重畏惧啊。加上近来月食一直等到月亮运行到端门侧面时才结束。月亮，是大臣的身份。东西高到极点就危险了，水太满了就要溢出来了，月亮满了就开始产生缺损，太阳走到天空顶中就要下移了，这四种情况都是自然的法则啊。天地的心愿，是把幸福赠予谦虚的人而忌恨自满的人，所以贤明通达的人功成就身退，保全名声养护寿命，没有被利诱和驱迫的忧愁。真的朝廷纲纪有条理，政治秩序井然了，仁义治国原则得到施行了，忠贞观念在社会思想中的地位得到确立了，明公就应效法伯成子高及时退隐，保全不朽的声誉，难道能和这些贪荣好官的外戚凡庸之辈相提并论吗？我李固是狂夫愚人，不明白事情的要点，但钦佩古人灵辄那样不忘报答人家一顿饭恩德的高尚情操，更何况我深受您看重提拔，哪能容许我不尽心陈述看法呢！

梁商不能采纳李固的建议。

永和中，荆州盗贼起事，一年时间也没有平定，于是以李固为荆州刺史。李固到任，派遣官员到境内各处慰问，赦免盗贼以前的过错，答应他们一切重新开始，于是贼帅夏密等聚集他们的大小头目与成员六百多人，自己捆绑着来自首。李固都原谅了他们，派他们回去，使他们自相招集，宣传李固的威信和朝廷的法令。半年间，剩下的人也都来投降了，全州之内都清静平定了。

李固向上奏报南阳太守高赐等人贪赃纳贿。高赐等人畏罪，于是共同用重金贿赂大将军梁冀，梁冀为他们以一日千里的速度送文书去解救，而李固追究得却更紧急，梁冀于是把李固调为太山郡太守。当时太山盗贼屯聚好多年了，郡里常用一千多人追讨，也不能制服他们。李固到任，把一千多郡兵都解散回农村去种地，只选留能打仗的一百多人，以恩信去招诱盗贼。不到一年，贼都平息解散了。

李固被提升为将作大将军。上疏陈述事情说：

臣听说气中清纯的部分就是神，人中清廉公正的就是贤。养身的以练神为宝，安定国家的以保聚贤人为入手途经。过去秦国想打楚国，王孙围在西门设置坛台，陈述列举出名臣、秦国使者惊惧，于是取消用兵图谋。魏文侯以卜子夏为师，以田子方为友，尊敬段干木，所以俊杰们才争着来投奔，名声超过齐桓公，秦人不敢侵犯西河，这大概是积聚贤人的效果。陛下平定叛乱摆脱了灾难，刚刚即位时，聘南阳樊英，江夏黄琼、广汉杨厚，会稽贺纯，下达策书，嗟叹国事，让他们担任大夫。因此山洞隐居人，智谋之士，清整衣冠，做好准备，乐于被朝廷任用，全国欣喜，向往顺从陛下的恩德。杨厚等在职期间，虽然没有什么奇特卓异表现，但小心谨慎勤奋不已，一心忧念着国家。臣以前在荆州，听说杨厚、贺纯等被以患病为名免除官职回归家乡，真是为此而感到不痛快，替时代感到可惜。有一天朝会时，见各个侍中都是青年，没有一个年老学者可以说说话，实在令人叹息。应当召回杨厚等人，以满足众人的期望。黄琼长期担任议郎，已将近十年，众人都奇怪开始时职权提升得那么高，而现在却停滞不动了。光禄大丈夫周举，才能高超，谋划正大，应当担任侍中，以便咨询。侍中杜乔，学识渊深，行为正直，是当代良臣，长期托病休息，应当下令让他到任办公。

又推荐陈留郡的杨伦，河南郡的尹存，东平郡的王恽，陈国的何临，清河国的房植等人。李固上书同一天，有诏令下达，召用杨伦、杨厚等，又提升黄琼、周举，以李固为大司农。

从前，周举等八个使者巡察天下，揭发了不少人的罪恶，其中都是宦官亲属，宦官为他们求情,接着就有诏令不让追究。另外,以前是由太尉、司徒、司空等三府选择令史,光禄勋考虑任用尚书郎,这时却都是皇帝个别直接任命而不再有选择考试过程。李固于是和廷尉吴雄上疏,认为八使所揭发的,应该抓紧惩处,选拔官吏,应该交付主管部门办理。汉顺帝接受了他们的话,于是改变决定,下令免除八使所揭发的刺史、二千石的官职,从此以后,很少再个别直接任命官吏,而严格要求三公,认真彻底考察资格。朝廷百官都赞扬这个改变很好。李固又和光禄勋刘宣上疏说:"近来选择太守,得到的大多不是合适人选,以至于施行暴政,侵害百姓。还有,应该停止游乐,专心处理政务。"顺帝采纳了他们的建议,于是下诏给各个州刺史,让他们揭发检举太守县令以下官吏冤屈百姓、对百姓不施恩惠的事实,免除他们的官职,其中有贪赃枉法重罪的,交付诏狱查处。

到了冲帝即位,以李固为太尉,和梁冀一起参录尚书事。第二年冲帝去世,梁太后考虑到扬州、徐州盗贼势力很大,怕宣布皇帝逝世后社会受惊扰而发生动乱,就派中常侍通知李固等人,打算等所征召的诸王侯到了以后再发丧。李固回答说:"皇帝虽然岁数小,仍然是天下的君父。今天去世了,人神全受震动,哪有臣子反而协同掩盖这个消息的道理呢?过去秦始皇在沙丘去世,胡亥、赵高隐瞒不发丧,终于杀害了扶苏,以至于亡了国。近年北乡侯逝世,阎后兄弟及江京等也串通一气封锁消息,于是有了孙程亲手杀了他们的事情发生。这是天下的大忌,最不能干的事了。"太后听从了他们。当天晚上就公布丧事。

李固认为清河王刘蒜,年岁大有德行,想拥立他为皇帝,对梁冀说:"现在是拥立新皇帝的时候,应当选择年岁大一些,高尚贤明有德行,有实际从政经验的人,希望将军认真仔细地考虑这个大事,研究研究周勃、霍光立文帝、宣帝的事例,以邓后、阎后贪图权利而立年龄幼小能力薄弱的君主的教训。"梁冀不听从,于是立了乐安王儿子刘缵,年龄八岁,这就是质帝。当时将为冲帝到京城北郊去确定建陵地点,李固提出建议:"现在处处是盗贼,军费开支比平日增加一倍。新近建成

上林瓦当图

宪陵,财物人工消耗很多。皇帝年龄还小,可以在顺帝宪陵陵区内为他造陵,像当初建殇帝康陵那样办,这样可以只花费现在预算的三分之一经费。"于是听从了李固建议。当时太后因为连续遭遇不幸,把朝政委托给宰相,李固对朝政的种种纠正,常常得到听从。黄门署宦官全被赶走,天下人全都盼望从此开始太平,而梁冀猜忌专权,常常忌妒仇恨李固。

当初,顺帝时任命的官,很多都不是按部就班提升的,到李固主政时,奏请罢免了一百多人。这些人既怨恨李固,又摸清了梁冀的思想,于是一起捏造谣言诬陷李固说:"臣听说,君不能效法古代圣人,就不能承受天命,臣不能遵循旧例,就不能尊奉君主。过去尧去世后,舜敬仰想念尧三年,坐着就见到墙上有尧,吃饭就看见肉汤里有尧,这就叫作述追尧的勤孝行为,不丧失臣子应有的节操。太尉李固,假公济私,利用合法权利搞邪恶活动,离间皇室近亲,自己发展团伙。至于表彰推举介绍任用的官吏全都是他的门徒,他所征辟召用的,没有不是他的旧关系。有的是富人用钱财贿赂的,有的是女婿亲家,这样的人列入官员名牒的共四十九人。又广泛选取下贱商人来充令史,又寻求好马,送到窗

前让他验收。出入排场过度奢侈。辒车、辌车，华丽耀眼。大行皇帝还没有下葬，路上人都在流泪，李固独自擦抹胡粉，修饰容貌，梳理头发卖弄姿态，一摇三晃，从容慢步，简直没有一点悲伤哀痛的心情。皇帝陵墓还没修好，就已开始改变旧有的政策，好事归功于自己，过错推给皇帝。赶走皇帝身边的近臣，不许为皇帝送葬。作威作福，没有比李固更厉害的了。臣听说，宰相职责是调和阴阳，如果政治举措不当，寇贼作乱，就要找太尉负责。李固接受重任之后，东南作乱，两个州几个郡，千里萧条，上百万人受害，教化衰落。他却诽谤逝世的皇帝，随意放肆地或这样主张或那样主张。先帝在世时，他没有在朝廷谏争的忠贞行为，先帝去世后，他倒有诽谤先帝的言论。儿子的罪，没有比增加父亲忧患为大，臣的罪没有比诽谤君主更大。李固的过失，够得上处死。"诬陷信奏上去，梁冀把它报告给太后，让太后批示主管部门查处。太后不同意。李固因而避免了这场灾难。

梁冀害怕质帝的聪明，担心成为后患，于是命令质帝身边的人拿掺有鸩毒的东西给质帝吃。质帝烦躁不安，难以忍受，命人尽快召见李固。李固进来，上前询问："陛下怎么得的病？"质帝还能说话，就说："吃煮饼，现在腹中胀，喝点水还能活。"当时梁冀也在旁边，说："怕呕吐，不能喝水。"话没说完，质帝就死了。李固伏在质帝尸体上号哭，追查、揭发皇帝侍从医生。梁冀顾虑他的阴谋活动被泄露，非常厌恶李固。于是讨论拥立后嗣皇帝，李固联合司徒胡广、司空赵戒、先给梁冀写信说：

国家不幸，连续遭遇丧事。皇太后有圣德当朝执政，代理皇帝统治国家。贤明的将军遵行忠孝，忧念国家。而接连几年，帝王大位中断三次，现在正在拥立新皇帝时刻，帝位是国家最大珍宝，我们确实知道太后关心，将军在劳心深虑，审慎选择人选，尽力要找到最圣明的人。但我们心情也念念不忘这件大事，私自有些想法。远想前代废立旧例，进见国家皇帝即位的前事，未尝没有询访公卿，广求众人议论，想让这件事办得上应天心，下合众望。况且永初以下，政事错误很多，地震波及了皇宫宗庙，彗星划过整个天空。现在确实是将军劳神的时期。书上说："拿天下给人容易。为天下得到恰当人选困难。"过去昌邑王被拥立，昏乱一天比一天厉害，霍光忧愁惭愧，生气懊悔到极点，不是博陆侯忠勇，田延年奋发敢为，大汉的政权，几乎垮掉了。这是最值得忧虑的重大事情，可以不深思熟虑吗？想想万事，只有这件事最大，国家兴衰，在此一举。

梁冀收到信，于是召集三公、中二千石、列侯，广泛深入讨论应该拥立谁。李固、胡广、赵戒及大鸿胪杜乔都认为清河王蒜贤明有德行，众所周知，又是辈分最高的近亲，应当立为嗣皇帝。在此以前，蠡吾侯刘志正在筹备和梁冀妹妹成婚的事，当时正在京师。梁冀想拥立刘志。众人议论和他的想法不同，他心里愤愤不平，但一时还找不到驳倒众议的办法。中常侍曹腾等知道了这种情况，夜见梁冀说："将军几代都和皇后有亲戚关系，掌握国家大权，宾客恣肆横行，有很多过错。清河王严明，如果真的被立为帝，那样一来将军得祸就不远了。不如立蠡吾侯，富贵可以长保。"梁冀同意他的话。第二天，重新召集公卿开会，梁冀神情凶暴，言辞激烈，从胡广、赵戒以下，没有一个不害怕他。都说："按大将军的意思办。"而李固和杜乔坚守本来看法，梁冀严厉地说："散会！"李固思想上既不同意梁冀的看法，又还希望大家的看法可以实现，就又写信劝梁冀。梁冀更加愤怒，就劝说太后先下令免除李固官职。终于立了蠡吾侯，这就是桓帝。

一年多以后，甘陵县刘文、魏郡刘鲔各自谋划拥立清河王刘蒜为天子，梁冀于是诬告李固和刘文、刘鲔共同制造妖言。把李固关进监狱。李固门生渤海郡王调自己带着刑具上书，证明李固冤枉，河内赵承等数十人也躺在铡刀上到宫前申诉。太后明白是怎么回事，就赦免了李固。等到出狱的时候，京师满街都高呼万岁。梁冀听说之后，大惊失色，害怕李固声名德行最终要成为自己的祸根，于是再把前面的事拿来重新上奏。于是杀了李固。李固当时年龄是五十四岁。

临刑前，李固给胡广、赵戒写信说："李固承受国家厚恩，所以竭尽大臣应尽职责，不顾死亡，志在扶持王室，想把国家治理得可以和文帝、宣帝时媲美。哪里想到有一天梁氏昏迷错误，你们几位错误地听从，化吉为凶，把成功变为失败呢？汉家衰落，从现在开始了。你们几位蒙皇帝丰厚的俸禄，国家危险不扶持，破坏国家大事，将来的良史难道会有偏私？我李固自身是结束了，在坚持正义这一点我是做到了，我还有什么话要说呢！"胡广、赵戒看到信，感到悲伤惭愧，都长叹流泪。

州郡官吏在郾城逮捕了李固的两个儿子李基、李兹，他们都死在监狱里了。小儿子李燮脱了险，化名逃走。梁冀于是封胡广、赵戒而把李固尸体暴露在四通八达的交叉路口，下令说："有敢来哭吊李固的，要以犯罪论处。"李固弟子汝南郭亮，刚十五岁，在洛阳游学，知道这个情况，就左手提奏章和斧头，右手提铡刀，到宫门前上书，请求收葬李固尸体。没被批准。就去陈尸处哭吊，在李固尸前申说自己的心意，守着李固尸体。夏门亭长呵责他们说："李杜二公是大臣，不能使皇帝得到安定，不能效忠，而无缘无故制造事端。你们这种人是什么样的迂腐儒生，公然违犯诏书，是想试探一下刑罚规定的真假吗？"郭亮说："亮含阴阳诞生，顶天立地，按照正义原则行动，哪里管什么性命，为什么拿死恐吓我呢？"亭长叹息说："生活在衰乱之世，天高而有雷霆不敢不变腰，地厚而有沦陷不敢不收脚站立，耳目只能挑选适当的内容去看去听，口不可随便乱说啊。"太后听说了，不加责罚。南阳人董班也去哭李固，并且巡行查看尸体不肯离开。太后哀怜他们，于是允许他们赠送衣服给李固并安排归葬。郭亮、董班两人由此闻名于世，三公同时来征辟。董班于是隐藏而去，谁也不知他的最后归宿。

李固所著的章、表、奏、议、教令、对策、记、铭，共十一篇。弟子赵承等悲叹不已，于是共同编次李固言论事迹，成为《德行》一篇。

李燮，字德公。当初，李固被免职，知道祸难逃不过去了，于是把三个儿子送回家。当时李燮十三岁。姐姐李文姬，是同郡赵伯英的妻子，贤德而且有智慧，见两个哥哥回家，详细了解到事情经过，默默地悲伤，心里想："李氏要被灭了！从祖父以来，一直修德行仁，怎么落这个结果？"暗地和两个哥哥商量，把李燮事先藏起来，向外说是回京师了，人都信以为真。不久，灾难发作了，命令下来叫郡里逮捕李固三个儿子。两个哥哥受害了，李文姬就对父亲的门生王成说："您和我父亲交往，坚守正义，有古人的节操。现在把幼小的弟弟委托给您，李氏存灭，就靠您了。"王成被她的义气所感动，于是带着李燮沿江东下，进入徐州地界，让李燮改名变姓做酒店的伙计，而王成自己则在街上卖卦，装着互不相识，只在暗中往来。

李燮跟从王成学习，酒店老板感到奇怪，意识到李燮不是平常人，把女儿嫁给了他。李燮精通了经学。十多年后，梁冀被处死了，但灾异仍然不断出现。第二年，史官向桓帝说，应当发布大赦，还应当关怀录用冤死大臣的子孙。于是大赦天下，并寻找李固后代。李燮这才把来历告诉酒店老板。酒店老板准备了车子、许多财物送他走，他都不接受。于是回到家乡，为他父亲追行守孝之礼。姐弟相见，悲痛得让旁人都受了感动。李文姬紧接着就告诫弟弟："父亲正直,是汉家的忠臣,但遇上了朝廷混乱,梁冀任意残杀,让我们家几乎绝了后代。现在弟弟幸而得了救,这难道不是天意吗?你应当断绝和别人的关系,不要胡乱往来,小心不要有一句话牵涉到梁氏。牵涉到梁氏,就牵连到皇帝,灾祸就要重新到来了。谈到家里遭遇,只说自己的过错就行了。"李燮认真地遵从了姐姐的教诲。后来王成去世,李燮按礼制要求安葬了他。想起旧恩,就感伤不已,逢年过季设置上宾神位祭祀他。

州郡送来任命书,大将军府、太尉府、司徒府、司空府全来征召,李燮都不去就任。后来被召入朝廷任议郎。在职期间,要求自己清廉、方正,和人交往,都是容让别人的短处而取其长处,喜好成人之美。当时颍川荀爽、贾彪,虽然都有名声,但互相看不起对方,李燮和他们都有交往,没有厚薄,人们称赞他的公平正直。

灵帝时,李燮被任命为安平相。在这以前,安平王刘续被张角贼捉去,国家用钱把他赎回来,朝廷商议恢复他的封国。李燮上奏说:"刘续在安平国没有政绩,被妖贼俘虏,守卫藩国不称职,辱没了朝廷,不应当恢复他的封国。"当时参加商议的人看法不同,而刘续终于恢复了藩国。皇帝认为李燮诽谤宗室,把他遣送到左校去服苦役。不到一年,安平王刘续果然由于胡作非为而被处死。于是任命李燮为议郎。京师流传一句话:"父不肯立帝,子不肯立王。"

李燮被提拔为河南尹。当时已经是交钱就可以买官做,皇帝又下令强行征调三亿钱充实皇家的西园府库。李燮上书劝谏,道理讲得深刻切实,皇帝中止了这个命令的执行。在这以前,颍川甄邵谄媚巴结梁冀,当了邺县县令。有一个和他同一年被举为孝廉的人得罪了梁冀,逃奔甄邵,甄邵表面接纳了他,暗地却报告梁冀,梁冀就把他捉去杀了。甄邵要升为郡太守时,正碰上母亲去世,甄邵就把他母亲埋进了马棚,先接受提升命令,然后发丧。甄邵回到洛阳。李燮出行在路上遇到了他,命令士兵把他的车子推到沟里去,乱棍打了一顿,用一块绸子大写"谄媚权贵出卖朋友,贪图官爵偷埋母亲"几个字贴到他的后背上。又向皇帝上表说明他的丑行。甄邵于是被规定终身不得做官。李燮在职两年去世,当时人感到他家世世忠贞正直,全都伤感叹惜。

论:"一个被称颂为仁人的人,他抱负修养非常宏大!说话做事,难道仅仅是为自己求取名声求取安全吗?他们为的是确立取舍标准,端正天下风气,使天下人愿为保全真理而生,愿为坚守正义而死啊。只看重义,难免要轻视生命;只看重生命,难免会违背义。专看重外物,难免损伤智慧;专看重自己,难免损伤仁爱感情。如果把正义看得比生命重要,舍弃生命,就是可取的办法了;若把生命看得比正义重要,保全生命就是可取的办法。皇帝凶残昏暗,就失了君道;臣下诚实坚定,就尽了臣的忠贞之节了。臣下坚守忠贞之节直到死亡,就是杀身以成仁;离开这个原则不去做,就是求生以害仁。顺帝桓帝时期,君位继承中断了三次,太后掌握最高权力,贼臣虎视眈眈。李固依据宰相之位掌握大权,奋力维护正义,坚定不可动摇。难道他不知道坚守忠贞之节会惹祸吗?他是以退缩丧失职守为耻辱啊。看他论事所发的正大言论,和他给梁冀的信,虽然时机不巧主张受到抵制,他仍然恋恋而不愿停手不管。纯洁到极点啦,心里只有国家!反过去看看胡广、赵戒,是堆粪土罢了!"

赞:"李固、杜乔忠于职守,同心合力,想帮助皇帝成为文帝、宣帝那样,自己以伊尹、后稷为楷模,不幸正道不通,时代黑暗,终于遭到邪恶力量的陷害。李燮经历,和赵氏孤儿一样。他继承了先人的正直品格。"

董卓传

【题解】

董卓，东汉末年西北方的豪强，他凭借地方势力，以军功起家，成为称霸一方的军阀。在黄巾起义冲击下已经摇摇欲坠的东汉朝廷，始终就没有被董卓放在眼里。他按兵西北，静观时局，一旦入朝，就废天子，弑太后，专断朝政，奴视公卿，已经俨然是当朝皇帝了。他实在算不得"奸臣"，因为他既不"奸"，也不"臣"，他的历史就是从土皇帝到只差"名份"的真皇帝。而他的统治术似乎只有无休止的烧杀抢掠，然后把财富聚敛到自己的土围子中，归其还是土皇帝那一套。董卓被老百姓点了"天灯"，但他的余孽继续祸乱天下，真是死有余辜了。

【原文】

董卓字仲颖，陇西临洮人也。性粗猛有谋。少尝游羌中，尽与豪帅相结。后归耕于野，诸豪帅有来从之者，卓为杀耕牛，与共宴乐。豪帅感其意，归相敛得杂畜千余头以遗之，由是以健侠知名。为州兵马掾，常徼守塞下。卓膂力过人，双带两鞬，左右驰射，为羌胡所畏。

桓帝末，以六郡良家子为羽林郎，从中郎将张奂为军司马，共击汉阳叛羌，破之，拜郎中，赐缣九千匹。卓曰："为者则己，有者则士。"乃悉分与吏兵，无所留。稍迁西域戊己校尉，坐事免。后为并州刺史，河东太守。

中平元年，拜东中郎将，持节，代卢植击张角于下曲阳，军败抵罪。其冬，北地先零羌及枹罕河关群盗反叛，遂共立湟中义从胡北宫伯玉、李文侯为将军，杀护羌校尉泠徵。伯玉等乃劫致金城人边章、韩遂，使专任军政，共杀金城太守陈懿，攻烧州郡。明年春，将数万骑入寇三辅，侵逼园陵，托诛宦官为名，诏以卓为中郎将，副左车骑将军皇甫嵩征之。

董卓

嵩以无功免归，而边章、韩遂等大盛。朝廷复以司空张温为车骑将军，假节，执金吾袁滂为副。拜卓破虏将军，与荡冠将军周慎并统于温。并诸郡兵步骑合十余万，屯美阳，以卫园陵。章、遂亦进兵美阳。温、卓与战，辄不利。十一月，夜有流星如火，光长十余丈，照章、遂营中，驴马尽鸣。贼以为不祥，欲归金城。卓闻之喜，明日，乃与右扶风鲍鸿等并兵俱攻，大破之，斩首数千级。章、遂败走榆中，温乃遣周慎将三万人追讨之。温参军事孙坚说慎曰："贼城中无谷,当外转粮食。坚愿得万人断其运道,将军以大兵继后,贼必困乏而不敢战。若走入羌中,并力讨之,则凉州可定也。"慎不从,引军围榆中城。而章、遂分屯葵园狭,反断慎运道。慎惧,乃弃车重而退。温时亦使卓将兵三万讨先零羌,卓于望垣北为羌胡所围,粮食乏绝,进退逼急。乃于所度水中伪立隄,以为捕鱼,而潜从阳下过军。比贼追之,决水已深,不得度。时众军败退,唯卓全师而还,屯于扶风,封邰乡侯,邑千户。

三年春,遣使者持节就长安拜张温为太尉。三公在外,始之于温。其冬,徵温还京师,韩遂乃杀边章及伯玉、文侯,拥兵十余万,进围陇西。太守李相如反,与遂连和,共杀凉州刺史耿鄙。而鄙司马扶风马腾,亦拥兵反叛,又汉阳王国,自号"合众将军",皆与韩遂合。共推王国为主,悉令领其众,寇掠三辅。五年,围陈仓。乃拜卓前将军,与左将军皇甫嵩击破之。韩遂等复共废王国,而劫故信都令汉阳阎忠,使督统诸部。忠耻为众所胁,感恚病死。遂等稍争权利,更相杀害,其诸部曲并各分乖。

六年,徵卓为少府,不肯就,上书言:"所将湟中义从及秦胡兵皆诣臣曰:'牢直不毕,禀赐断绝,妻子饥冻。'牵挽臣车,使不得行。羌胡敝肠狗态,臣不能禁止,辄将顺安慰。增异复上。"朝廷不能制,颇以为虑。及灵帝寝疾,玺书拜卓为并州牧,令以兵属皇甫嵩。卓复上书言曰:"臣既无老谋,又无壮事,天恩误加,掌戎十年,士卒大小相狎弥久,恋臣畜养之恩,为臣奋一旦之命,乞将之北州,效力边垂。"于是驻兵河东,以观时变。

乃帝崩,大将军何进、司隶校尉袁绍谋诛阉宦,而太后不许,乃私呼卓将兵入朝,以胁太后。卓得召,即时就道。并上书曰:"中常侍张让等窃幸承宠,浊乱海内。臣闻扬汤止沸,莫若去薪;溃痈虽痛,胜于内食。昔赵鞅兴晋阳之甲,以逐君侧之恶人。今臣辄鸣钟鼓如洛阳,请收让等,以清奸秽。卓未至而何进败,虎贲中郎将袁术乃烧南宫,欲讨宦官,而中常侍段珪等劫少帝及陈留王夜走小平津。卓远见火起,引兵急进,未明到城西,闻少帝在北芒,因往奉迎。帝见卓将兵卒至,恐怖涕泣。卓与言,不能辞对;与陈留王语,遂及祸乱之事。卓以王为贤,且为董太后所养,卓自以与太后同族,有废立意。"

初,卓之入也,步骑不过三千,自嫌兵少,恐不为远近所服,率四五日辄夜潜出军近营,明旦乃大陈旌鼓而还,以为西兵复至,洛中无知者。寻而何进及弟苗先所领部曲皆归于卓,卓又使吕布杀执金吾丁原而并其众,卓兵士大盛。乃讽朝廷策免司空刘弘而自代之。因集议废立。百僚大会。卓乃奋首而言曰:"大者天地,其次君臣,所以为政。皇帝暗弱,不可以奉宗庙,为天下主。今欲王,何如?"公卿以下莫敢对。卓又抗言曰:"昔霍光定策,延年案剑。有敢沮大议,皆以军法从之。"坐者震动。尚书卢植独曰:"昔太甲既立不明,昌邑罪过千余,故有废立之事。今上富于秋,行无失德,非前事之比也。"卓大怒,罢坐。明日复集群僚于崇德前殿,遂胁太后,策废少帝。曰:"皇帝在丧,无人子之心。威仪不类人君,今废为弘农王。"乃立陈留王,是为献帝。又议太后蹴迫永乐太后,至令忧死,逆妇姑之礼,无孝顺之节,迁于永安宫,遂以弑崩。

卓迁太尉,领前将军事,加节传斧钺虎贲,更封郿侯。卓乃与司徒黄琬、司空杨彪,俱带铁锧诣阙上书,追理陈蕃、窦武及诸党人,以从人望。于是番复蕃等爵位,擢用子孙。

寻进卓为相国,入朝不趋,剑履上殿。封母为池阳君,置令丞。

是时洛中贵戚室第相望,金帛财产,家家殷积。卓纵放兵士,突其庐舍,淫略妇女,剽虏资物,谓之"搜牢"。人情崩恐,不保朝夕。及何后葬,开文陵,卓悉取藏中珍物。又奸乱公主，妻略宫人，虐刑滥罚，睚眦必死，群僚内外莫能自固。卓尝遣军至阳城，时人会于社下，悉令就斩之，驾其车重，载其妇女，以头系车辕，歌呼而还。又坏五铢钱，更铸小钱，悉取洛阳及长安铜人、锺虡、飞廉、铜马之属，以充铸焉。故货贱物贵，谷石数万。又钱无轮郭文章，不便人用。时人以为秦始皇见长于临洮。乃铸铜人。卓，临洮人也，而今毁之。虽成毁不同，凶暴相类焉。

卓素闻天下同疾阉官诛杀忠良，乃其在事，虽行无道，则犹忍性矫情，擢用群士。乃任吏部尚书汉阳周珌、侍中汝南伍琼、尚书郑公业、长史何颙等，以处士荀爽为司空。其染党锢者陈纪、韩融之徒，皆为列卿。幽滞之士，多所显拔，以尚书韩馥为冀州刺史，侍中刘岱为兖州刺史，陈留孔伷为豫州刺史，颍川张咨为南阳太守。卓所亲爱，并不处显职，但将校而已。初平元年，馥等到官，与袁绍之徒十余人，名兴义兵，同盟讨卓，而伍琼、周珌阴为内主。

初，灵帝末，黄巾余党郭太等复起西河白波谷，转寇太原，遂破河东，百姓流转三辅，号为“白波贼”，众十余万。卓遣中郎将牛辅击之，不能却。及闻东方兵起，惧，乃鸩杀弘农王，欲徙都长安。会公卿议，太尉黄琬、司徒杨彪廷争不能得，而伍琼、周珌又固谏之。卓因大怒曰：“卓初入朝，二子劝用善士，故相从，则诸君到官，举兵相图。此二君卖卓，卓何用相负！”遂斩琼、珌。而彪、琬恐惧。诣卓谢曰：“小人恋旧，非欲沮国事也，请以不及为罪。”卓既杀琼、珌，旋亦悔之，故表彪、琬为光禄大夫。于是迁天子西都。

初，长安遭赤眉之乱，宫室营寺焚灭无余，是时唯有高庙、京兆府舍，遂便时幸焉。后移未央宫。于是尽徙洛阳人数百万口于长安，步骑驱蹙，更相蹈藉，饥饿寇掠，积尸盈路。卓自屯留毕圭苑中，悉烧宫庙官府居家，二百里内无复孑遗。又使吕布发诸帝陵，及公卿已下冢墓，收其珍宝。

时长沙太守孙坚亦率豫州诸郡兵讨卓。卓先遣将徐荣、李蒙四出虏掠。荣遇坚于梁，与战，破坚，生擒颍川太守李旻，亨之。卓所得义兵士卒，皆以布缠裹，倒立于地，热膏灌杀之。

时河内太守王匡屯兵河阳津，将以图卓。卓遣疑兵挑战，而潜使锐卒从小平津过津北，破之，死者略尽。明年，孙坚收合散卒，进屯梁县之阳人。卓遣将胡轸、吕布攻之。布与轸不相能，军中自惊恐，士卒散乱。坚追击之，轸、布败走。卓遣将李傕诣坚求和。坚拒绝不受，进军大谷，距洛九十里。卓自出与坚战于诸陵墓间。卓败走，却屯黾池，聚兵于陕。坚进洛阳宣阳城门，更击吕布，布复破走，坚乃扫除宗庙，平塞诸陵，分兵出函谷关，至新安、黾池间，以截卓后。卓谓长史刘艾曰：“关东诸将数败矣，无能为也。唯孙坚小戆，诸将军宜惧之。”乃使东中郎将董越屯黾池，中郎将段煨屯华阴，中郎将牛辅屯安邑，其余中郎将、校尉布在诸县，以御山东。

卓讽朝廷使光禄勋宣璠持节拜卓为太师，位在诸侯王上。乃引还长安，百官迎路拜揖。卓遂僭拟车服，乘金华青盖，爪画两辕，时人号“竿摩车”，言其服饰近天子也。以弟旻为左将军，封鄠侯，兄子璜为侍中、中军校尉，皆典兵事。于是宗族内外，并居列位。其子孙虽在髫龀，男皆封侯，女为邑君。

数与百官置酒宴会，淫乐纵恣。乃结垒于长安城东以自居。又筑坞于郿，高厚七丈，号曰“万岁坞”。积谷为三十年储。自云：“事成，雄据在下，不成，守此足以毕老。”尝至郿行坞，公卿已下祖道于横门。卓施帐幔饮设，诱降北地反击数百人，于坐中杀之。先断其舌，次斩手足，次凿其眼目，以镬煮之。未及得死，偃转杯案间。会者战栗，亡失匕箸，而卓饮食自若。诸将有言语蹉跌，便戮于前。又稍诛关中旧族，陷以叛逆。

时太史望气，言当有大臣戮死者。卓乃使人诬卫尉张温与袁术交通，遂笞温于市，杀之，以塞天变，前温出屯美阳，令卓与边章等战，无功。温召又不时应命，即到而辞对不逊。时孙坚为温参军，劝温陈兵斩之。温曰："卓有威名，方倚以西行。"坚曰："明公亲帅王师，威震天下，何恃于卓而赖之乎？坚闻古之名将，杖钺临众，未有不断斩以示威武者也。故穰苴斩庄贾，魏绛戮杨干。今若纵之，自亏威重，后悔何及！"温不能从，而卓犹怀忌恨，故及于难。

温字伯慎，少有名誉，累登公卿。亦阴与司徒王允共谋诛卓，事未及发而见害。越骑校尉汝南伍孚，忿卓凶毒，志手刃之，乃朝服怀佩刀以见卓。孚语毕辞去，卓起送至阁，以手抚其背，孚因出刀刺之，不中。卓自奋得免，急呼左右执杀之，而大诟曰："虏欲反耶！"孚大言曰："恨不得磔裂奸贼于都市，以谢天地！"言未毕而毙。

时王允与吕布及仆射士孙瑞谋诛卓。有人书"吕"字于布上，负而行于市，歌曰："布乎！"有告卓者，卓不悟。三年四月，帝疾新愈，大会未央殿。卓朝服升车，既而马惊堕泥，还入更衣。其少妻止之，卓不从，遂行。乃陈兵夹道，自垒及宫，左步右骑，屯卫周币，令吕布等扦卫前后。王允与士孙瑞密表其事，使瑞自书诏以授布，令骑都尉李肃与布同心勇士十余人，伪著卫士服于北掖门内待卓。卓将至，马惊不行，怪惧欲还。吕布劝令进，遂入门。肃以戟刺之，卓衷甲不入，伤臂堕车，顾大呼曰："吕布何在？"布曰："有诏讨贼臣。"卓大骂曰："庸狗敢如是邪！"布应声持矛刺卓，趣兵斩之。主簿田仪及卓仓头前赴其尸，布又杀之。驰赍赦书，以令宫陛内外。士卒皆称万岁，百姓歌舞于道。长安中士女卖其球玉衣装市酒肉相庆者，填满街肆。使皇甫嵩攻卓弟旻于郿坞，杀其母妻男女，尽灭其族。乃尸卓于市。天时始热。卓素充肥，脂流于地。守尸吏然火置卓脐中，光明达曙，如是积日，诸袁门生又聚董氏之尸，焚灰扬之于路。坞中珍藏有金二三万斤，银八九万斤，锦绮缋縠纨素奇玩，积如丘山。

初，卓以牛辅子婿，素所亲信，使以兵屯陕。辅分遣其校尉李傕、郭汜、张济将步骑数万，击破河南尹朱儁于中牟。因掠陈留、颍川诸县，杀略男女，所过无复遗类。吕布乃使李肃以诏命至陕讨辅等，辅等逆与肃战，肃败走弘农，布诛杀之。其后牛辅营中无故大惊，辅惧，乃赍金宝逾城走。左右利其货，斩辅，送首长安。

傕、汜等以王允、吕布杀董卓，故忿怒并州人，并州人其在军者男女数百人，皆诛杀之。牛辅既败，众无所依，欲各散去。傕等恐，乃先遣使诣长安，求乞赦免。王允以为一岁不可再赦，不许之。傕等益怀忧惧，不知所为。武威人贾诩时在傕军，说之曰："闻长安中议欲尽诛凉州人。诸君若弃军单行，则一亭长能束君矣。不如相率而西，以攻长安，为董公报仇。事济，奉国家以正天下；若其不合，走未后也。"傕等然之，各相谓曰："京师不赦我，我当以死决。若攻长安克，则得天下矣；不克，则钞三辅归女财物，西归乡里，尚可延命。"众以为然，于是共结盟，率军数千，晨夜西行。王允闻之，乃遣卓故将胡轸、徐荣击之于新丰。荣战死，轸以众降。傕随道收兵，比至长安，已十余万，与卓故部典樊稠、李蒙等合，围长安，城峻不可攻，守之八日，吕布军有叟兵内反，引傕众得入。城溃，放兵虏掠，死者万余人，杀卫尉种拂等。吕布战败出奔。王允奉天子保宣平城门楼上。于是大赦天下，李傕、郭汜、樊稠等皆为将军。遂围门楼，共表请司徒王允出，问"太师何罪？"允穷蹙乃下，后数日见杀。催等葬董卓于郿，并收董氏所焚尸之灰，合敛一棺而葬之。葬日，大风雨，霆震卓墓，流水入藏，漂其棺木。

【译文】

董卓，字仲颖，陇西郡临洮县人。性情粗猛而有智谋。他年轻时曾经游历于羌人地区，与羌人的酋长全都互相结交了。后来他回去耕地于田野中，羌人酋长有来找他的，他就为众人杀死了耕牛，与他们共享宴乐。酋长为他的情意所感动，回去就聚敛了各种牲畜千余头送给他。从此他便以豪健仁侠而闻名。他担任州中的兵马掾，经常巡守塞下。董卓膂力过人，身佩两套弓箭，可以左右驰射，为羌人所畏惧。

汉桓帝末年，征募六郡良家子弟为羽林郎，董卓随从中郎将张奂担任军司马，共同讨伐汉阳郡叛乱的羌人，击破羌人，拜官为郎中，赏赐帛九千匹，董卓道："立功的虽然是我自己，但有了赏赐则是将士的。"便全部分给了官兵们，自己一无所留。稍升为西域戊己校尉，因为犯事而被免职。后来又担任过并州刺史和河东太守。

汉灵帝中平元年，董卓拜中郎将，持节，代替卢植攻打张角于曲阳，兵败而抵罪。这年冬天，北地的先零羌人枹罕、河关群盗反叛，于是共同拥立义从胡人北宫伯玉、李文侯为将军，杀死护羌校尉泠徵。李伯玉等又劫持金人边章、韩遂，让他们专门主持军政，共杀金城太守陈懿，攻打焚烧州郡。明年春季，他们率领数万骑兵入寇三辅，侵逼汉帝的园陵，假借诛灭宦官为名义。朝廷下诏以董卓为中郎将，作为左车骑将军皇甫嵩的副职，前往征讨。皇甫嵩以师出无功免职归乡，而边章、韩遂则声势益盛。朝廷又以司空张温为车骑将军，假节，执金吾袁滂为副职。任命董卓为破虏将军，与荡寇将军周慎共受张温统率。归并诸郡步兵骑兵共十余万，屯驻美阳，以护卫园陵。边章、韩遂也进兵美阳。张温、董卓与之交战，屡屡受挫。十一月，夜间有流星如火，光长十余丈，照耀边章、韩遂的军营之中，驴马都受惊而鸣叫起来。贼军认为这是不祥之兆，想回归金城。董卓听说很是高兴，第二天，便与右扶风人鲍鸿等联合出击，大破敌军，斩首数千级。边章、韩遂败逃榆中，张温便派遣周慎率领三万人追讨。张温手下的参军事孙坚向周慎建议道："贼寇城中没有谷物，必当从外面运输粮食。我愿得万人切断其粮道，将军以大军随后进击，贼寇必然困乏而不敢接战。如果他们逃入羌中，我们并力进讨，则凉州就可以平定了。"周慎不肯听从，领兵包围榆中城。而边章和韩遂分兵屯扎葵园峡，反而断绝了周慎的粮道。周慎害怕了，便抛弃了辎重而退军。张温当时也派遣董卓率兵三万人征讨先零羌，董卓在望垣之北为羌人所围困，粮食乏绝，进退都很危急。董卓便在准备涉渡的河中假装建造堤埝以捕鱼，而悄悄地从堤埝下转移军队。等到敌人追来，决开的水已经很深，不能涉渡了。当时诸路军队败退，只有董卓全师而还。董卓屯驻于扶风，封邰乡侯，食邑千户。

中平三年春，朝廷派遣使者至长安，拜张温为太尉。三公在朝廷之外，自张温开始。这年冬天，朝廷征调张温回京师。韩遂便杀死边章及北宫伯玉、李文侯，拥兵十余万，进兵包围陇西郡城。陇西太守李相如造反，与韩遂联合，共杀凉州刺史耿鄙。而耿鄙的司马，扶风人马腾，也拥兵反叛；还有汉阳人王国，自称"合众将军"，都与韩遂联合起来。他们共同推举王国为首，让他统领所有的兵众，寇掠三辅。中平五年，他们包围了陈仓。于是朝廷任命董卓为前将军，与左将军皇甫嵩，共同击破敌军。韩遂等人又一起废黜了王国，而劫持过去的信都县令汉阳人阎忠，让他统帅诸部。阎忠为被人胁持而感到羞耻，怒恨生病而死。韩遂等人渐渐地争夺权利，互相杀害，他们诸部曲之间都各自分裂了。

中平六年，朝廷征调董卓为少府。董卓不肯就任，上书说："我所率领的湟中义从和秦胡兵，都前来见我，说：'供应不能保证，食粮已经断绝，老婆孩子又冻又饿。'牵挽着我的车，让我不能起行。羌人良心不好，情态如狗，我不能强行禁止，只可顺情安慰。如果有新的变化当再奏闻。"朝廷不能控制董卓，很是忧虑。及至灵帝卧病。以玺书拜董卓为并州牧，让他把军队交给皇甫嵩。董卓又上书说道："我既无老谋深算，又无丰功伟绩，只是天恩误加于我，才使我执掌了十年戎马。如今将士大小与我狎熟很久，留恋我的畜养之恩，肯为我奋起献出自己的生命。请允许我率他们到北部州郡，效力于边疆。"于是他就驻兵于河东，静观时局的变化。

及到灵帝驾崩，大将军何进、司隶校尉袁绍策划诛灭宦官，而何太后不同意，于是他们私自招呼董卓率兵入朝，以要挟太后。董卓得到召命，立即上路，并上书道："中常侍张让等侥幸承受皇帝的恩宠，扰乱天下。我听说：扬汤止沸，不如釜底抽薪；溃决的痈疽虽疼，但胜于让好肉腐烂。古时代赵鞅发动晋阳的兵马，以逐除君王身旁的恶人。如今我就要鸣钟擂鼓前往洛阳，请允许我收捕张让一伙，以扫清奸恶。"董卓未至洛阳，而何进已经被宦官杀害，虎贲中郎将袁术便纵火南宫，企图讨伐宦官，而中常侍段珪等，劫持少帝及陈留王，趁夜逃奔小平津。董卓从很远就看见起火，率兵疾进，天未明就赶到洛阳城西。他听说少帝在北邙山，于是前往奉迎。少帝见董卓率领军队突然来到，害怕得哭泣起来。董卓与他说话，他都不能应对。与陈留王谈话，才讲起发生祸乱的事。董卓认为陈留王有才能，而且是董太后的养子，董卓又自认为与董太后同族，便产生了废立皇帝的念头。

起初董卓进入洛阳，步兵骑兵不过三千，他自己嫌兵少，惟恐不为远近畏服，便每隔四五天就让军队悄悄出城接近营地，次日早晨便大张旗鼓地回城，使人以为西面的军队又来了，洛阳人没有看透这把戏的。不久，何进和他弟弟何苗所属的军队都归属于董卓，董卓又让吕布杀死了执金吾丁原而吞并了他的部属，董卓的军队便强盛起来，他便示意朝廷免去司空刘弘，而由自己代替。于是他召集商议废立皇帝的事。百官大集会，董卓便昂首而言道："首先是天地，其次是君臣，从事政治就依靠这些。皇帝暗昧软弱，不可以奉事宗庙，为天下之主宰。现在我想仿照伊尹废太甲、霍光废昌邑王的故事，改立陈留王为皇帝，何如？"公卿以下没有敢应声的。董卓又高声说道："当年霍光决定废立皇帝，田延年手按宝剑，准备处斩反对者。今天有敢于阻止这个重大决定的，都要以军法处置。"在座的无不震惊，只有尚书卢植说道："当年太甲既立为王，暗昧不明，昌邑王罪过千余条，所以有废立的事。当今皇上少年力强，行为没有过失，不是能用太甲、昌邑王来比拟的。"董卓大怒，中止会议。第二天，他又重新召集百官于崇德前殿，胁持何太后，定策废黜少帝，道："皇帝在服丧期间，缺少为人子的孝心，威仪不像君主，今废为弘农王。"于是便立陈留王，是为献帝。又定议何太后逼迫灵帝之母永乐太后，致使忧惧而死，悖逆婆媳之礼，毫无孝顺之节，于是迁移何太后至永安宫，接着便被董卓弑杀了。

董卓改官为太尉，兼领前将军事，加节传、斧钺、虎贲，加封郿侯。董卓便与司徒黄琬、司空杨彪，俱携带斧砧诣阙上书，要求重新审理陈蕃、窦武及诸党人案，以顺从人们的心愿。于是把陈蕃等人的爵位全部恢复，选拔任用他们的子孙。

不久董卓又晋升为相国，入朝时可以不急趋，还可以佩剑着履上殿。封他的母亲为池阳君,家中配置令丞。

当时洛阳城中豪门贵戚的甲第比比相望,金帛财产,家家充积。董卓放纵他的士兵,冲进他们的屋舍,奸淫掠夺妇女,剽劫抢掠财物,称之为"搜牢"。人心失望畏惧,朝不保夕。及至葬埋何太后,打开文陵,董卓把陵墓中所藏的珍宝财物卷取一空。他还奸淫公主,把宫女抢去做姬妾,虐刑滥罚,睚眦必死,内外群臣,不能自保。董卓曾经派军队至阳城,当时人们正集会于社庙之下,董卓命令把他们全部斩杀,然后驾上他们的车马,载上他们的妇女,把人头系在车辕上,歌唱呼叫而还。他还销毁五铢钱,改铸小钱,把洛阳的铜人、锺虡、铜飞廉、铜马全都取来,用作熔铸铜钱的材料。故而货币贬值,物价腾贵,每石谷物价值数万。他铸的钱还没有轮廓文字,人们不便使用。当时的人认为,秦始皇时在临洮看见巨人,于是铸了铜人;而董卓是临洮人,在现在销毁了铜人。他们虽然一个熔铸,一个销毁,但凶暴却是一样的。

董卓平素就听说。天下之人都愤恨宦官诛杀忠良,所以他把持大权之后,虽然肆行无道,但还要耐性矫情,擢用士大夫。于是他任用吏部尚书汉阳周珌,侍中汝南伍琼,尚书郑公业,长史何颙等人,以处士荀爽为司空;那些为党锢之禁所牵连的陈纪、韩融之徒,都用为列卿;幽困不得志的士人,很多得到提拔。他还用尚书韩馥为冀州刺史,侍中刘岱为兖州刺史,陈留孔伷为豫州刺史,颍川张咨为南阳太守。董卓自己所亲信宠爱的人,并不安排显要的职位,只是担任将校而已。汉献帝初平元年,韩馥等人到任,与袁绍等十余人,各发起义兵,联盟征讨董卓,而伍琼、周珌暗中为内应。

早先在灵帝末年,黄巾军的余党郭太等人,重新起兵于西河郡的白波谷,转战入寇太原郡,接着击破河东郡,百姓流亡到三辅地区,称他们为"白波贼",有众十余万人。董卓派遣中郎将牛辅击讨,不能击退。及至闻听东方袁绍等义兵兴起,董卓害怕了,便鸩杀弘农王,想要迁都长安。集合公卿商议,太尉黄琬、司徒杨彪在朝廷上极力反对而不被接受,伍琼、周珌又坚决地劝阻。董卓大怒,道:"我开始入朝,你二人劝我用善士,所以我才听从。可是那些人一上任,就举兵图谋我。这是你们二位出卖了我,我没有什么对不住你们的!"于是斩了伍琼和周珌。而杨彪、黄琬恐惧了,便登门向董卓道歉,说:"小人留恋旧地,不是想阻挠国事,请处罚我们的思虑不及之罪吧。"董卓既已杀死了伍琼、周珌,很快就后悔了,所以表举杨彪、黄琬为光禄大夫。于是把天子迁往西都长安。

早先,长安遭受赤眉军之乱,宫室官廨焚烧得一干二净,此时只有高祖的宗庙和京兆府廨,于是便临时安排天子住下,后来才迁到未央宫。接着把洛阳数百万人全部迁徙到长安,步兵骑兵驱赶着,互相践踏,加上饥饿和强盗的掳掠,路上满是尸体。董卓自己屯留于洛阳的毕圭苑,把宫室、宗庙、官府、居民全部焚烧,二百里以内没有了人家。他又让吕布挖掘诸帝的陵墓以及公卿以下的坟茔,搜索其中的珍宝。

当时长沙太守孙坚也率领豫州诸郡兵马讨伐董卓。董卓先派遣将领徐荣、李蒙四出掳掠。徐荣在梁县遭遇孙坚,与之交战,击破孙坚,生擒颍川太守李旻,用沸水烹死。董卓所俘虏的义兵士卒,都用布缠裹起来,倒立于地。用热油灌死。

当时河内太守王匡屯兵于河阳津,准备图谋董卓。董卓派遣疑兵挑战,而悄悄用精锐部队从小平津过至河阳津之北,击破王匡,几乎都杀光了。明年,孙坚收聚败散的兵卒,进兵屯驻梁县的阳人。董卓派遣将领胡轸、吕布进攻。吕布与胡轸不合,军中自相惊恐,士卒散乱逃走。孙坚追击,胡轸、吕布败逃。董卓派将领李傕去见孙坚求和,孙坚拒绝不肯答应，进军大谷，距洛阳九十里。董卓亲自出兵与孙坚战于诸陵墓间。董卓败逃，退屯于渑池，聚兵于陕县。孙坚进洛阳城宣阳门，再击吕布。吕布再次被击败逃走。孙坚便清扫宗庙，填平陵墓的盗洞，然后分兵出函谷关，至新安、渑池之间，以攻击董卓的身后。董卓对长史刘艾说："关东诸将已经屡次被我击败，无所作为了。只有孙坚憨勇，诸位将军应该谨慎些。"便派东中郎将董越屯渑池，中郎将段煨屯华阴，中郎将牛辅屯安邑，其余中郎将、校尉分布诸县，以抵御山东诸军。

董卓示意朝廷派光禄勋宣璠持节杖拜自己为太师，位次在诸侯王之上。于是便率兵回长安，百官在路上拜揖相迎。董卓便僭拟天子的车服制度。车盖为青色，饰以金花，车箱两侧画以文采，当时的人称为"竿摩车"，意思是说他的服饰接近天子。他安排他的弟弟董旻为左将军，封鄠侯，哥哥的儿子董璜为侍中、中军校尉，都典掌兵权。于是宗族内外，并居显要。他的子孙虽然尚且年幼，但男的都封侯，女的都封县君。

他常常与百官置酒宴会，淫乐无度，放纵恣肆。他在长安城东建造城垒，自己居住。他还在郿县兴筑坞堡，城墙高厚各七丈，号称"万岁坞"。积存谷物可食用三十年。他自己说："事情成功，我雄踞天下；事情不成，守此足以终老。"他曾经前往郿县的坞堡，公卿以下百官送行于横门之外。董卓搭设账幔，摆下宴席，把数百名诱降的北地造反者，就在宴会上处死。先割下舌头，然后斩下手足，再剜掉眼睛，用锅来煮。那些人还没有咽气，宛转于酒案之间。与会者全身战栗，连筷子都拿不住，但董卓却饮食自若。诸将有言语不当，便立刻杀戮于面前。他还诬陷以叛逆之罪，诛杀一些关中的旧豪族。

当时太史望气占卜，说应该要有大臣被戮死。董卓便命人诬陷卫尉张温与袁术勾结，于是在闹市中鞭笞张温，然后杀死他，以应付天变。过去张温曾出兵屯驻美阳，命令董卓与边章作战，董卓不能取胜，张温召董卓，他又不即遵命赶到，来到之言词又很不逊。当时孙坚担任张温的参军，劝张温陈列兵伍，拿董卓示众。张温道："董卓有威名，我正要靠他向西进军呢。"孙坚道："明公亲率王师，威振天下，何必仗恃董卓而依赖他呢？我听说，古代的名将，手持斧钺以临众，没有不断然处斩以显示威武的。所以齐将军司马穰苴敢于斩杀迟到的监军庄贾，晋大夫魏绛敢于诛戮乱行的杨干的仆人。今天您如果宽纵了他，您自己就丧失了威严，必将后悔无及！"张温不肯听从，而董卓却还心怀忌恨，所以张温终于遇难。

张温字伯慎，年轻时就有声誉，屡次位至公卿。他也暗自与司徒王允一起策划诛除董卓，事情还没有开始就被害了。越骑校尉汝南人伍孚，痛恨董卓的凶狠恶毒，立志要亲手杀死他，便身穿朝服，怀藏佩刀，以见董卓。伍孚说完话告辞，董卓起身送至门阁，以手拍抚伍孚的后背，伍孚于是出刀刺之，没有刺中。董卓自己挣扎脱身，急忙吆喝左右捉住伍孚杀掉，大骂道："奴才要造反么！"伍孚高声道："我恨不能碎割奸贼于都市，以谢天下！"话未说完就死了。

当时王允与吕布以及仆射士孙瑞阴谋策划诛除董卓。有人在布上写个字"吕"，背着行走于市，唱着："布啊！"有人告诉董卓，董卓还不醒悟。初平三年四月，献帝的病刚刚痊愈，大会群臣于未央殿。董卓身穿朝服登上车，接着马惊了，他掉到泥地上，又回屋换衣服。他的小妻劝他不要上朝。董卓不听，便走了。于是他陈兵夹列道路两旁，从他住的城垒直到皇宫，左步右骑，层层屯卫，命吕布等捍卫前后。王允便与士孙瑞秘密向献帝表奏诛杀董卓的计划，让士孙瑞自己书写诏书交给吕布，命骑都尉李肃与吕布的心腹将士十余人，穿上皇宫卫士的服装，埋伏在北掖门，以等候董卓。董卓将至，马惊不行，董卓觉得奇怪，想要回去。吕布劝他进宫，于是他进入北掖门。李肃用戟刺之，董卓内有铁甲，未能刺入，他的胳臂受伤而跌落车下，回头大呼道："吕布何在！"吕布道："有诏书讨贼臣！"董卓大骂："蠢狗岂敢如此！"吕布应声持矛刺董卓，催促兵士斩首。主簿田仪及董卓的仓头奔向董卓的尸体，吕布又杀了他们。派人携带皇帝的赦令，驰马宣示宫廷内外。士卒都高呼万岁，百姓在道路上歌舞起来。长城中的仕女卖掉珠宝衣服来买酒肉相庆贺的，填满了街肆。又派皇甫嵩往郿坞攻打董卓的弟弟董旻，杀死了他的母亲、妻子、女儿，诛灭了全族。于是把董卓的尸体横陈于街市，当时天气刚开始热，董卓很肥胖，尸体中的油脂都流了一地。夜间看守尸体的官就点着火放在董卓的肚脐中，光亮直照到天明，这样接连的好几天。袁氏的门生们又把董卓一族人的尸首聚敛起来，烧化成灰，扬弃在道路上。郿坞中的珍藏，黄金有二三万斤，白银有八九万斤，绫罗绸缎、珍宝奇玩，堆积如山。

开初，董卓认为牛辅是自己的女婿，一向亲信，派他带兵屯驻陕县。牛辅分别派遣他手下的校尉李傕、郭汜、张济率领步骑数万，击破河南尹朱儁于中牟，因而掳掠陈留、颍川等县，杀掠男女，所过之处无复人烟。吕布便派李肃以诏命至陕县讨伐牛辅等。牛辅等迎战李肃，李肃败逃至弘农，吕布诛杀了他。此后牛辅军营无故大惊，牛辅害怕，便携带金货宝物翻城逃走。左右贪他的财货，便杀死了他，把他的首级送到长安。

李傕、郭汜等因为王允、吕布杀死了董卓，所以愤恨并州人。并州人在他们军队中有男女数百人，全部都杀掉了。牛辅既已败死，众人无所依托，就想各自逃散。李傕等人害怕了，便选派使者去长安，请求赦免。王允认为一年之中不可大赦两次，不肯答应。武威人贾诩当时在李傕的军中，对李傕说道："听说长安城中议论要杀尽凉州人，诸君如果抛弃军队单独逃走，那么一个亭长就能生擒诸君。不如率领军队西进，攻打长安，为董公报仇。事情成功，就奉社稷以平定天下；如若失败，再逃走也不晚。"李傕等人以为不错，便对众将道："京师不赦免我们，我们就应该以死相拼。如果攻克长安，就得到天下了；攻不克，就抄掠三辅的妇女财物，西归乡里，还可以存活。"众人以为有理，于是共同结盟，率军数千，昼夜兼行。王允听说了，便派遣董卓的旧将领胡轸、徐荣攻击于新丰。徐荣战死，胡轸率众投降。李傕一路上收聚散兵，及至长安，已经有十余万人。他们又与董卓的旧部樊稠、李蒙等会合，包围了长安。城墙高峻，不可强攻，守城八天，吕布军中有蜀兵反叛，引导李傕兵众入城。长安城溃，纵兵掳掠，死者数万人，杀卫尉种拂等。吕布战败出逃。王允奉天子退守于宣平门城楼之上。于是大赦天下，李傕、郭汜、樊稠等皆为将军。李义等包围了城楼，共上表要求司徒王允出来，问："太师有什么罪？"王允穷蹙无奈，便走下城楼，数日之后就被杀了。李傕等埋葬董卓于郿县，并收敛董氏焚尸的骨灰，合聚于一口棺材而埋葬。埋葬那天，风雨大作，雷霆震毁董卓的坟墓，水流入墓穴，漂走了棺木。

王景传

【题解】

王景，字仲通，东汉乐浪讶邯人。他年轻时学习《周易》，博览群书，喜好天文术数学问。曾任徐州刺史、庐江太守等职。他的突出成就是在水利方面。东汉永平二年，即公元 59 年，王景主持黄河治理、汴渠修复工程。他领导数十万民工，修筑了从河南荥阳向东至山东千乘海口的一千多里长的黄河大堤；对于汴渠，他采取开凿山阜、截弯取直、疏浚河道、修固堤防、兴修水闸的方法治理。全部工程历时一年。此后的八百年内，黄河没有发生大规模的决溢改道，与这次对黄河中下游较为彻底的治理有很大关系，这是中国水利工程史上的一大盛事。

【原文】

王景字仲通，乐浪诎邯人也。八世祖仲，本琅玡不其人。好道术，明天文。诸吕作乱，齐哀王襄谋发兵，而数问于仲。及济北王兴居反，欲委兵师仲，仲俱祸及，乃浮海东奔乐浪山中，因而家焉。父闳，为郡三老。更始败，土人王调杀郡守刘宪，自称大将军、乐浪太守。建武六年，光武遣太守王遵将兵击之。至辽乐，闳与郡决曹史杨邑等共杀调迎遵，皆封为列侯，闳独让爵。帝奇而征之，道病卒。

景少学《易》，遂广窥众书，又好天文术数之事，沉深多伎艺。辟司空伏恭府，时有荐景能理水者，显宗诏与将作谒者王吴共修作浚仪渠。吴用景墕流法，水乃不复为害。

初，平帝时，河汴决坏，未及得修。建武十年，阳武令张汜上言："河决，积久，日月，侵毁济渠，所漂数十许县。修理之费，其功不难。宜改修堤防，以安百姓。"书奏，光武即为发卒。方营河功，而浚仪令乐俊复上言："昔元光之间，人庶炽盛，缘堤垦殖，而瓠子河决，尚二十余年，不即拥塞。今居家稀少，田地饶广，虽未修理，其患犹可。且新被兵革，方兴役力，劳怨既多，民不堪命。宜须平静，更议其事。"光武得此遂止。后汴渠东侵，日月弥广，而水门故处，皆在河

文字瓦当图

中，兖、豫百姓怨叹，以为县官恒兴佗役，不先民急。永平十二年，议修汴渠，乃引见景，问以理水形便。景陈其利害，应对敏给，帝善之。文以尝修浚仪，功业有成，乃赐《山海经》《河渠书》《禹贡图》，及钱帛衣物。夏，遂发卒数十万，遣景与王吴修渠筑堤，自荥阳东至千乘海口千余里。景乃商度地势，凿山阜，破砥绩，直截沟涧，防遏冲要，疏决壅积，十里立一水门，令更相洄注，无复溃漏之患。景虽简省役费，然犹以百亿计。明年夏，渠成。帝亲自巡行，诏滨河郡国置河堤员吏，如西京旧制。景由是知名。王吴及诸从事掾史皆增秩一等。景三迁为侍御史。十五年，从驾东巡狩，至无盐，帝美其功绩，拜河堤谒者，赐车马缣钱。

建功七年，迁徐州刺史。先是杜陵杜笃奏上《论都赋》，欲令车驾迁还长安。耆老闻者，皆动怀土之心，莫不眷然伫立西望。景以宫庙已立，恐人情疑惑，会时有神雀诸瑞，乃作《金人论》，颂洛邑之美，天人之符，文有可采。

明年，迁庐江太守。先是百姓不知牛耕，致地力有余而食常不足。郡界有楚相孙叔敖所起芍陂稻田。景乃驱率吏民，修起芜废，教用犁耕，由是垦辟倍多，境内丰给。遂铭石刻誓，令民知常禁。又训令蚕织，为作法制，皆著于乡亭，庐江传其文辞，卒于官。

初,景以为《六经》所载,皆有卜筮,作事举止,质于蓍龟,而众书错糅,吉凶相反,乃参纪众家数术文书,冢宅禁忌,堪舆日相之属,适于事用者,集为《大衍玄基》云。

【译文】

王景,字仲通,是乐浪诌邯的人。他的上世八代祖王仲,本来是琅玡不其人。王仲喜好道术,明了天文。吕氏家族作乱的时候,齐哀王刘襄谋划发兵讨吕,曾数次询问王仲。到了济北王刘兴居谋反时,曾想把军队交他领导,王仲惧怕灾祸波及,就渡海向东来到乐浪的山里,因此定居。父亲王闳,是郡中的三老。更始皇帝刘玄战败,当地人王调杀死了郡守刘宪,自称为大将军、乐浪太守。建武六年(公元30年),光武皇帝刘秀派遣太守王遵率兵打王调。兵马到了辽东,王闳与郡决曹史杨邑等人一起杀了王调,迎接王遵,因此王闳等人都封为列侯,只有王闳推辞了爵位。皇帝认为其人奇异,可以任用,就征辟他到朝廷来,王闳在途中因病而亡。

王景年轻时学习《周易》,于是他看了很多的书,他又喜欢天文术数的学问,他秉性深沉而多会技艺。称被征辟到司空伏恭府任职,当时有人荐举王景会同治理水利,显宗皇帝诏令王景与将作偈者王吴共同修建浚仪渠。王吴使用王景的墕流之法,河水就再也没有成灾。

当初在汉平帝时,黄河在汴河一带决口,没有"黄河泛滥业有许多年,济渠由于长期浸毁,也决口了,被水漂没的约有数十个县,修筑起来,是很麻烦费力的,其事却不难做。应当改造修护河堤,来使百姓安居乐业。"奏书上呈后,光武皇帝很快就征发役卒。正准备开展河防的修建时,浚仪令乐俊又上书说:"以前汉武帝元光年间,人口繁盛,顺沿河堤之处皆开种植,瓠子河决口之后,几乎二十多年,仍然不能从事堵塞。现在人家稀少,而土田广阔,虽然不加修筑,它的患害犹堪承受。而且刚刚找完仗,就兴征民役,劳苦怨恨一定增多,民众就不堪忍受了。还是等到平安的时候,再来商议这件事吧。"光武皇帝得到这个上书,就停止了修堤工程。后来汴渠向东浸漫,越来越广,原来的水闸,都被淹在河里,兖州、豫州的百姓怨恨叹息,认为这是县官们一味兴修其他的工程,而不优先考虑人民所急迫的工程。永平十二年,朝中讨论修筑汴渠的事情,皇帝召见王景,向他询问准备治理的河段的地理形势,王景陈述了各处地势是否具有危害性,答对敏捷。皇帝认为很好,又因为王景曾修建浚仪渠,很有成绩,就赏赐给王景《山海经》《河渠书》《禹贡图》,和钱帛衣物。夏天,征发役卒数十万人,派遣王景和王吴修理渠道,筑建堤防,从荥阳向东到千乘海口一千多里长。王景研究计算沿途地形,开凿山岭,劈破砥绩山,开直和堵截沟涧,在重要的地方设立防堤,疏通壅塞积滞,每隔十里建立一个水闸,根据需要使水流或洄流或泾注,不再出现决溃和漏水的患害。王景虽然节约劳役减少用费,但工程费用还是要以上百亿的钱计算。第二年夏天,整个渠道建成。皇帝亲自巡行视察,诏令洄河的郡国都设置管理河堤员吏,如同西汉以前的制度一样。王景因此而闻名,王吴和所有下属官员都增加一级的俸禄。王景被升任三级为侍御史。建武十五年(公元39年),跟从皇帝车驾到东方巡行视察,到了无盐,皇帝嘉美王景治理河渠的功劳,任命他为河堤谒者,并赐赏他车、马、缣、钱等物。

建初七年(公元82),王景迁升为徐州刺史。先此杜陵杜笃上奏《论都赋》,想要皇帝将首都迁回长安。听到此事的老者们,都被拨动了怀念故土的情感,没有不眷恋地伫立向西眺望。王景以为宫殿祖庙已经建好，深恐人们疑虑不安，正遇到当时有神雀等一些祥瑞出现，他就做了《金人论》，颂赞洛阳的美好，天人的符应，其文辞优美，殊可采集。

第二年，他迁任庐江太守。先此之前当地百姓不懂得用牛耕种，竟致土地大有余力，但粮食经常不够吃。庐江郡内有楚相孙叔敖时建起的芍陂稻田。王景就督领吏役百姓，整治荒芜废地，教民使用牛耕，从此垦殖开辟的土地倍增，郡境之内人皆富足。王景立石碑铭刻誓言，以使人们知道伦常律禁。他又训教命令人们养蚕纺织，并且制定有关的法令，都写在乡亭，庐江至今还流传他的文章。王景死于任上。

当初，王景认为《六经》所记载的，都有占卜筮卦，做事情举止活动，都要询问著草龟甲，但是众多的书籍相互牴牾，所说的吉凶甚至相反，王景于是研究整理众多的数术之书，以及葬送、造宅、五行禁忌之法、风水算命相面之类，把适合于人们日常生活的内容，汇集成《大衍玄基》。

董宣传

【题解】

两汉官员在执法中所遇到的难题，无非是地方上的豪强和皇家的外戚、公主。前者在乡里横行不法，若加以惩治，就要"操兵诣府、称冤叫号"，甚至于闹些乱子。有些官员为了息事宁人，往往对事情不闻不问，这样吏治就无从澄清。但这些地方的豪强，毕竟势力有限，一些较有正义感的官员，还比较敢于惩罚他们。至于皇家的外戚、公主，因为直接有皇帝做靠山，所以一个官史，不避贵戚去维护法纪，那是很不容易的。即使政治比较清明的东汉光武帝时，情况也是如此。在这篇《董宣传》中，董宣惩处了公孙丹的非法杀人，竟被人弹劾，几乎丢了性命。后来平定江夏郡的暴乱，立了功劳，却因得罪外戚阴氏，被免职，然而他的意志并未因此削弱。后来，他竟当着公主的面，格杀其恶奴，公主向光武帝告状。光武帝也动了火，要杀他。他毫无畏惧，据理力争，最后使光武帝也不得不承认："天子不与白衣同"，反而给予奖赏。

董宣不但严明执法，而且为人清廉，他死的时候，家无长物，更显出其人格的高尚。如果说古人的事迹还有值得为今人取法的，董宣恐怕可以算一个突出的例子。

【原文】

董宣字少平，陈留圉人也。初为司徒侯霸所辟，举高第，累迁北海相。到官，以大姓公孙丹为五官掾。丹新造居宅，而卜工以为当有死者，丹乃令其子杀道行人，置尸舍内，以塞其咎。宣知，即收丹父子杀之。丹宗族亲党三十余人，操兵诣府，称冤叫号。宣以丹前附王莽，虑交通海贼，乃悉收系剧狱，使门下书佐水丘岑尽杀之。青州以其多滥，奏宣考岑，宣坐征诣廷尉。在狱，晨夜讽诵，无忧色。及当出刑，官属具馔送之，宣乃厉色曰："董宣生平未曾食人之食，况死乎！"升车而去。时同刑九人，次应及宣，光武驰使驺骑特原宣刑，且令还狱。遣使者诘宣多杀无辜，宣具以状对，言水丘岑受臣旨意，罪不由之，愿杀臣活岑。使者以闻，有诏左转宣怀令，令青州勿案岑罪。岑官至司隶校尉。

后江夏有剧贼夏喜等寇乱郡境，以宣为江夏太守。到界，移书曰："朝廷以太守能禽奸贼，故辱斯任。今勒兵界首，檄到，幸思自安之宜。"喜等闻，惧，即时降散。外戚阴氏为郡都尉，宣轻慢之，坐免。

后特征为洛阳令。时湖阳公主苍头白日杀人，因匿主家，吏不能得。及主出行，而以奴骖乘，宣于夏门亭候之，乃驻车叩马，以刀划地，大言数主之失，叱奴下车，因格杀之。主即还宫诉帝，帝大怒，召宣，欲箠杀之。宣叩头曰："愿乞一言而死。"帝曰："欲何言？"宣曰："陛下圣德中兴，而纵奴杀良人，将何以理天下乎？臣不须箠，请得自杀。"即以头击楹，流血被面，帝令小黄门持之，使宣叩头谢主，宣不从，强使顿之，宣两手据地，终不肯俯。主曰：文叔为白衣时，藏亡匿死，吏不敢至门。今为天子，威不能行一令乎？帝笑曰："天子不与白衣同。"因敕强项令出。赐钱三十万。宣悉以班诸吏。由是搏击豪强，莫不震慄、京师号为"卧虎"。歌之曰："枹鼓不鸣董少平。"

在县五年。年七十四，卒于官。诏遣使者临视，唯见布被覆尸，妻子对哭，有大麦数斛、敝车一乘。帝伤之，曰："董宣廉洁，死乃知之！"以宣尝为二千石，赐艾绶，葬以大夫礼。拜子并为郎中，后官至齐相。

【译文】

董宣字少平，陈留圉（今河南杞县南）人。起初被司徒侯霸所辟举，擢取高第，屡迁官为北海相。董宣到官，任命大姓公孙丹为五官掾。公子孙丹新建住宅，而占卜者说此地当有人死去，公孙丹就叫他儿子杀了个过路人，把尸首放在新屋内，就算应了占卜的预言。董宣知道后，立即逮捕公孙丹父子，将他们杀死。公孙丹的宗族亲友三十多人，拿着兵器来到官署前称冤叫闹。董宣因为公孙丹过去曾附从王莽，恐怕他与海贼相联结，于是把他们全收捕进剧县监狱，并让门下书佐水丘岑把他们全部杀掉。青州刺史因董宣杀人过多，上奏控告董宣的行事，并拷问水丘岑。董宣因此被传讯到廷尉那里。董宣在监狱中，早晚读书，毫无忧虑之色。到当被拉出受刑时，他过去的属官们准备饭菜来送他。董宣严厉地说："我董宣生平从未吃过别人的食物，何况现在要死呢！"上了囚车而去。当时一同受刑的共九人，依次将轮到董宣，光武帝派人骑快马特免董宣的死刑，并命令他回监狱。光武帝派使者诘问董宣多杀无辜之事。董宣便照事实回答，说水丘岑是执行我的旨意，罪不在他，请求杀我赦免水丘岑。使者向光武帝报告了董宣的供状，光武帝下诏贬董宣为怀县令，并命令青州不要查问水丘岑的罪责。水丘岑后来官到司隶校尉。

后来江夏郡有剧盗夏喜等在郡内抢掠作乱，朝廷任命董宣为江夏太守。董宣一到郡界，就发出公告说："朝廷认为我太守能够擒拿奸贼，所以居此职。现在我带兵到了郡界，发布的檄文一到，为非作歹的人应考虑怎样自安的办法。"夏喜等听到了，很害怕，立时解散投降。后因皇家亲戚阴氏有人做郡都尉，董宣对他傲慢，因此被免官。

后来被特别征召为洛阳令。当时湖阳公主的家奴白天杀人，作案后藏匿在公主家中，官府抓不到他。等公主出行时，却以这个家奴陪她一起乘车。董宣在夏门亭等候公主，见到后叫停住车马，用刀划地，毫不顾忌地指责公主的过失，叱令家奴下车，就把他杀了。公主就还宫向光武帝诉说，光武帝大怒，把董宣叫来，要打死他。董宣叩头说："请让我说一句话而死。"光武帝说："想说什么？"董宣说："陛下有圣德而中兴，却纵使奴隶杀害良民,将何以治理天下呢? 我不须棍杖,请求自杀。"说着,董宣就用头撞柱,流血满面。光武帝叫小黄门制止他,并叫董宣对公主叩头谢罪,董宣不肯。别人按他的头颈,硬让他低头,董宣两手支着地,到底不肯低头。公主说:"文叔(光武帝刘秀字)做平民时,藏匿逃亡和被判死罪的人,官府不敢上门追索。现在做了皇帝,威信竟不能使用于一个县令吗?"光武帝笑道:"皇帝跟平民不一样。"因此下令让"硬脖子县令"出去,赐钱三十万。董宣把钱全部分给吏佐们。从此他惩处豪强,无不惧怕。京城中称之为"卧虎"。民谣唱道"鼓槌不敲鼓不鸣,吏治清明董少平。"

董宣在洛阳县任职五年,七十四岁那年死在官任上。光武帝派使者到他家察看,只见董宣的尸体用布被覆盖,只有妻子和儿子相对哭泣。家中有几斛大麦,破车一辆。光武帝知道后很感伤,说:"董宣的廉洁,我直到他死后才知道!"因为董宣曾官至二千石,赐他艾绶,以大夫礼下葬。任命其子董并为郎中,后来董并官至齐相。

樊晔传

【题解】

樊晔字仲华,主要活动于光武帝时期,为政严猛酷烈。其号为酷吏,主要是与残酷打击地方上的豪绅强人大户有关。崇尚刑狱,反对教化,在任扬州牧和天水太守期间,颇有政绩,以至于老百姓做歌赞颂他。但他作为酷吏,确实有过于严酷的一面,传说中他"人有犯其禁者,率不生出狱",即为明证。

【原文】

樊晔字仲华,南阳新野人也。与光武少游旧。建武初,征为侍御史,守河东都尉,引见云台。初,乐武微时,尝以事拘于新野,晔为市吏,馈饵一笥。帝德之不忘,仍赐晔御食,及乘舆服物,因戏之曰:"一笥饵得都尉,何如?"晔顿首辞谢。及至郡,诛讨大姓马适匡等。盗贼清,吏人畏之。数年,迁扬州牧,教民耕田种树理家之术。视事十余年,坐法左转轵长。隗嚣灭后,陇右不安,乃拜晔为天水太守。政严猛,好申韩法,善恶立断。人有犯其禁者,率不生出狱,吏人及羌胡畏之。道不拾遗。行旅至夜,聚衣装道傍,曰:"以付樊公。"凉州为之歌曰:"游子常苦贫,力子天所富。宁见乳虎穴,不入冀府寺。大笑期必死,忿怒或见置。嗟我樊府君,安可再遭值!"视事十四年,卒官。

永平中,显宗追思晔在天水时政能,以为后人莫之及,诏赐家钱百万。子融,有俊才,好黄老,不肯为吏。

【译文】

樊晔字仲华,南阳新野人。他和光武帝年轻时曾有交游。建武初年,被征召为侍御史,迁为河东都尉,光武帝在云台召见他。当初,光武帝贫贱时,曾因事被新野县拘留,当时樊晔为市吏,送给光武帝一竹筐饼。光武帝感念旧恩不忘,所以召见时赏赐以皇帝的御食,以及皇宫中的器物,而且因此开玩笑说:"一筐饼换得个都尉,怎么样?"樊晔顿首道谢。到郡后,诛杀和惩罚大姓马适匡等人。盗贼被肃清,吏员和平民都怕他。数年后,迁为扬州牧,教百姓耕田种树及治家的办法。任职十余年,因犯法贬官为枳县长。隗嚣破灭后,陇右地区仍不安定,于是光武帝任命樊晔为天水太守。樊晔办理政事严猛,喜欢申不害、韩非的法术,对人的善恶立时做出决断。人们犯了他的禁,大抵不能活着出狱,吏员、平民及羌胡诸族都很怕他。他使天水道不拾遗。行路人到夜间,把衣服行李放在路边,说:"交给樊公"。凉州人作歌说:"游荡的人常是贫穷,勤奋的人天给他富裕。宁可见到母老虎的洞穴,不能进天水郡的官署。樊晔大笑时犯人必死,愤怒时也许倒能宽恕。感叹我们的樊府君,哪能再逢遇!"任职十四年,死于任上。

永平年间,明帝追念樊晔在天水时办理政事的才能,以为后人没有能赶上他,下诏赐给他家钱百万。子樊融,有特殊才能,喜欢黄老之学,不肯做官吏。

李章传

【题解】

李章字第公,与樊晔同时代,活动于光武帝时期,《后汉书》将其列入《酷吏传》,主要是指他严厉打击地方上的豪门大族,用酷烈手法维护地方上的社会治安。这在当时确也达到了安定一方的作用,不过,李章杀人,也有过滥之病,这是为后世史家所多有贬责的地方。

【原文】

李章字第公,河内怀人也。五世二千石。章习《严氏春秋》,经明教授,历州郡吏。光武为大司马,平定河北,召章置东曹属,数从征伐。

光武即位,拜阳平令。时赵、魏豪右往往屯聚,清河大姓赵纲遂于县界起坞壁,缮甲兵,为在所害。章到,乃设飨会,而延谒纲。纲带文剑,被羽衣,从士百余人来到。章与对宴饮,有顷,手剑斩纲,伏兵亦悉杀其从者,因驰诣坞壁,掩击破之,吏人遂安。

迁千乘太守,坐诛斩盗贼过滥,征下狱免。岁中拜侍御史,出为琅琊太守。时北海安丘大姓夏长思等反,遂囚太守处兴,而据营陵城。章闻,即发兵千人,驰往击之。掾史止章曰:"二千石行不得出界,兵不得擅发。"章按剑怒:"逆虏无状,囚劫郡守,此何可忍!若坐讨贼而死,吾不恨也。"遂引兵安丘城下,募勇敢烧城门,与长思战,斩之,获三百余级,得牛马五百余头而还。兴归郡,以状上帝,悉以所得班劳吏士。后坐度人田不实征,以章有功,但司寇论。月余免刑归。复征。会病卒。

【译文】

李章字第公,河内怀县人。祖孙五代官至二千石。李章学习《严氏春秋》,通习经典,教授学生,曾做过州郡的吏员。光武帝做大司马时,平定黄河以北,召李章来任为东曹属,曾多次跟从光武帝征伐。

光武帝即位,任命李章为阳平令。当时赵、魏一带的豪门大族,往往武装聚居。清河大姓赵纲甚至在县界修筑坞壁,配备武器盔甲,到处为害人民。李章到后,摆设筵席,而请赵纲来谒见。赵纲佩着有雕饰的剑,身穿乌羽编织的衣服,带着百余人来到。李章和他相对宴饮,一会儿,亲手持剑斩赵纲,伏兵也起来把赵纲的随从全部杀死,乘势驰向坞壁,攻破了它,从此吏员百姓遂得平安。

李章被升为千乘太守,因斩杀盗贼过于随便,被征下狱免官。年内被任侍御史,又出任琅玡太守。当时北海郡安丘大姓夏长思等叛,把太守处兴办禁起来,就此占据了营陵城。李章听说后,就发兵千人。驰赴当地攻讨。掾史劝阻李章说:"做二千石官的不能走出郡界,军队不能擅自出动。"李章抚剑说:"叛者横行不法,竟囚禁劫持郡中太守,这还哪里能够容忍!如果因为讨贼而死,我不后悔。"李章就领兵到安丘城下,招募勇敢的人烧城门,和夏长思交战,把夏长思斩杀,共斩首三百多级,得到牛马五百多头而还。处兴回郡后,把事情上奏光武帝,光武帝命以所得的财物全部分发慰劳给有功的官吏士兵。李章后因计量人家土地不实被征,因为过去有功,只付司寇论罚。被罚劳役月余得释回家。后来朝廷又征召他,正巧逢上他得病死去。

周纡传

【题解】

周纡,字文通。崇尚韩非之说,为官治政手段严酷。与其他同时代的酷吏一样,坚决打击地方上的土豪劣绅,而且直接和外戚如马氏、窦氏等为敌,敢于揭发其不法行为,甚至直接上书皇帝,弹劾夏阳侯窦瑰,其胆识是很值得称赞的。他为人清廉,免官后甚至靠打土坯自给,这在封建社会的官员中,是难能可贵的。因为办事严酷,周纡曾经几次被贬。

【原文】

周纡字文通,下邳徐人也。为人刻削少恩,好韩非之术,少为廷尉史。

永平中,补南行唐长。到官,晓吏人曰:"朝廷不以长不肖,使牧黎民,而性雠猾吏,志除豪贼,且勿相试!"遂杀县中尤无状者数十人,吏人大震。迁博平令,收考奸藏,无出狱者,以威名迁齐相,亦颇严酷,专任刑法,而善为辞案条教,为州内所则。后坐杀无辜,复左转博平令。

建初中,为勃海太守。每赦令到郡,辄隐闭不出,选遣使属县尽决刑罪,乃出诏书。坐征廷尉,免归。纡廉洁无资,常筑坏以自给。肃宗闻而怜之,复以为郎,再迁召陵侯相。廷掾惮纡严明,欲损其威,乃晨取死人断手足,立寺门。纡闻,便往至死人边,若与死人共语状。阴察视口眼有稻芒,乃密问守门人曰:"悉谁载藁入城者?"门者对:"唯有廷掾耳。"又问铃下:"外颇有疑令与死人语者不?"对曰:"廷掾疑君。"乃收廷掾考问,具服:

"不杀人,取道边死人"。后人莫敢欺者。

征拜洛阳令。下车,先问大姓主名,吏数闾里豪强以对。纡厉声怒曰:"本问贵戚若马、窦等辈,岂能知此卖菜佣乎。"于是部吏望风旨,争以激切为事。贵戚跼蹐,京师肃清。皇后弟黄门郎窦笃从宫中归,夜至止奸亭,亭长霍延遮止笃,笃苍头与争,延遂拔剑拟笃,而肆詈恣口。笃以表闻,诏召司隶校尉,河南尹诣尚书谴问,遣剑戟士收纡送廷尉诏狱。数日贳出。帝知纡奉法疾奸,不事贵戚,然奇惨失中,数为有司所奏,八年,遂免官。

后为御史中丞。和帝即位,太傅邓彪奏纡在任过酷,不宜典司京辇。免归田里。后窦氏贵盛,笃兄弟秉权,睚眦宿怨,无不僵仆。纡自谓无全,乃柴门自守,以待其祸。然笃等以纡公正,而怨隙有素,遂不敢害。永元五年,复征为御史中丞。诸窦虽掠,而夏阳侯瑰犹尚在朝。纡疾之,乃上疏曰:"臣闻臧文仲之事君也,见有礼于君者,事之如孝子之养父母;见无礼于君者,诛之如鹰鹯之逐鸟雀。案夏阳侯瑰,本出轻薄,志在邪僻,学无经术,而妄构讲舍,外招儒徒,实会奸桀。轻忽天威,侮慢王室,又造作巡狩封禅之书,惑众不道,当伏诛戮,而主者营私,不为国计。夫涓流一虽寡,浸成江河;爝火虽微,卒能燎野。履霜有渐,可不惩革?宜寻吕产专窃之乱,永惟王莽篡逆之祸,上安社稷之计,下解万夫之惑。"会瑰归国,纡迁司隶校尉。

六年夏旱,车驾自幸洛阳录囚徒,二人被掠生虫,坐左转骑都尉。七年,迁将作大匠。九年,卒于官。

【译文】

周纡字文通,下邳徐县人。为人刻薄少恩,喜欢韩非的学说。青年时曾任廷尉史。

明帝永平年间,任南行唐长。周纡到任以后,告诉吏员和百姓说:"朝廷不嫌县长的无才,叫我来管理百姓,而我生性仇视刁滑的吏胥,志在铲除豪强,希望你们不要以身试法!"于是他就杀了县里最为不守法的几十人,吏民大为震恐。迁博平令,收捕考问奸恶及藏匿犯人的,被捕的都死或监禁在狱中,没有人能出狱。周纡因威名颇盛迁为齐相,行事也很严酷,专靠刑法,而更善于写文告公牍,为州内的人所取法。后因杀了无罪的人,被贬为博平令。

章帝建初年间,任渤海太守。每次朝廷发大赦令到郡,周纡总是隐藏不公布,先派人到属县全部处决罪犯,然后公布诏书。因此被征到廷尉问罪,免官归家。周纡为官廉洁无家产,常造土坯以谋生。章帝听说后很可怜他,又任用为郎,再迁为召陵侯相。县署的掾吏害怕周纡严明,想损害他的威信,于是清早把死人的手脚砍去,立在县署门口。周纡听到后,便到死人旁边,装出和死人对话的样子。暗中察看死人口眼中有稻芒,于是暗中问看守城门的人说:"知道有谁把稻草运进城的?"看门人回答:"只有廷掾。"又问手下小吏:"外人有怀疑县令和死人说话的吗?"回答说:"廷掾怀疑你。"于是就收捕廷掾审问,廷掾招供:"没有杀人,是取路边的死人。"后来谁也不敢欺骗周纡了。

周纡被征召为洛阳令。一下车,先问大姓主名。吏员数说里巷间豪强来回答。周纡厉声发怒说:"我本是问贵戚像马姓、窦姓这些人,难道能了解这些卖菜的奴才?于是属员们窥测他意旨,办事力求激切。贵戚们很惶恐,京城吏治清平。皇后的弟弟黄门郎窦笃从宫中回家,夜间到止奸亭,亭长霍延拦住窦笃,窦笃的家奴和霍延争吵,霍延就拔剑指向窦笃,破口大骂。窦笃把此事表奏章帝。章帝下诏召司隶校尉和河南尹到尚书处责问。又派卫士拘捕周纡送廷尉诏狱，数日后放出。帝章知道周纡守法痛恨奸邪，不伺候贵戚，但苛酷过度，多次为有关部门所参奏。建初八年，就被免官。

后来又任御史中丞。和帝即位，太傅邓彪上奏以为周纡在任过于酷虐，不宜在京城和皇帝车驾下任职，于是被免职回乡。后来窦氏贵宠兴旺，窦笃兄弟掌握大权，凡是一瞪眼的旧怨，无不置人死地。周纡自认为无法保全，于是守在家中，以等待灾祸到来。然而窦笃因为周纡为人公正，而且怨隙已久，就不敢加害。

和帝永元五年，又被征为御史中丞。窦家诸人虽被杀，而夏阳侯窦瑰还在朝廷中。周纡很恨他，于是上疏说："臣听说古人臧文仲的服侍君主，见到有礼于君主的人，就服侍他如同孝子的奉养父母；见无礼于君主的人，就诛戮他如同鹰鹯的捕杀鸟雀。案夏阳侯窦瑰，本是个行为轻薄，心志邪僻，不通经术，却又妄建讲授之所，招引生徒，实则是聚集奸邪违法之徒。他轻视皇帝的威严，怠慢王家，又造作了巡狩、封禅方面的书，迷惑民众不守法度，当服罪诛戮。而主管者苟营私计，不为国家考虑。那些涓滴之水虽少，汇集起来则成江河；星星之火虽小，却最终能焚烧原野。踩着霜就渐渐成冰。怎可不预为惩戒？应当追思吕产专权窃位之乱，常想到王莽篡逆的祸乱，上以安定国家，下以解除万民的迷惑。"适逢窦瑰去位回到封邑，周纡迁升为司隶校尉。

永元六年，夏天大旱。和帝亲自到洛阳监狱讯问因犯，见有二人被打得伤口生虫，因此贬周纡为骑都尉。七年，迁将作大匠。九年，死于任上。

黄昌传

【题解】

黄昌字圣真，为官严厉凶猛。在酷吏中，黄昌是最具滥杀之嫌的一个。此传中说到的他杀贼曹一家，杀登楼观看他出行的彭家妇女等，都可指责为滥杀。不过黄昌也有可取之处，他对于被强盗劫走，沦为他人之妻的妻子，能坦然接纳，重新团聚，这在封建社会男尊女卑的情况下，不仅富有戏剧性，而且是很难得的。

【原文】

黄昌字圣真，会稽余姚人也。本出孤微。居近学官，数见诸生修庠序之礼，因好之，遂就经学。又晓习文法，仕郡为决曹。刺史行部，见昌，甚奇之，辟从事。

后拜宛令，政尚严猛，好发奸伏。人有盗其车盖者，昌初无所言，后乃密遣亲客至门下贼曹家掩取得之，悉收其家，一时杀戮。大姓战惧，皆称神明。

朝廷举能，迁蜀郡太守。先太守李根年老多悖政，百姓侵冤。及昌到，吏人讼者七百余人，悉为断理，莫不得所。密捕盗帅一人，胁使条诸县强暴之人姓名居处，乃分遣掩讨，无有遗脱。宿恶大奸，皆奔走它境。

初，昌为州书佐，其妇归宁于家，遇贼被获，遂流转入蜀为人妻。其子犯事，乃诣昌自讼。昌疑母不类蜀人，因问所由。对曰："妾本会稽余姚戴次公女，州书佐黄昌妻也。妾尝归家，为贼所略，遂至于此。"昌惊，呼前谓曰："何以识黄昌邪？"对曰："昌左足心有黑子，常自言当为二千石。"昌乃出足示之。因相持悲泣，还为夫妇。

视事四年，征，再迁陈相。县人彭氏旧豪纵，造起大舍，高楼临道。昌每出行县，彭氏妇人辄升楼而观。昌不喜，遂敕收付狱，案杀之。

又迁为河内太守，又再迁颍川太守。永和五年，征拜将作大匠。汉安元年，进补大司农左转太中大夫。卒于官。

【译文】

黄昌字圣真，会稽余姚人。出身寒微，所居之处接近学官，多次见到儒生们在学校学习行礼，因此喜爱学问，学习经学。他又懂得法律文案，在郡中任决曹。当时州刺史巡行所部诣郡，见到黄昌，很赏识他，辟举他为从事。

后来黄昌任宛令，办理政事很严厉凶猛，喜欢揭发奸邪。有人偷了黄昌的车盖。黄昌开始时不声张，后来才派亲信在他部下贼曹的家里突然取得，把贼曹一家悉数收捕，同时杀死。大姓们吓得发抖，都称黄昌神明。

朝廷提拔有才能的官员，黄昌升为蜀郡太守。前任太守李根年老办理政事糊涂，百姓被侵害蒙冤。及至黄昌到任，吏胥百姓前来控诉的七百多人，黄昌都给予判断处理，无不合理。他暗中拘捕了一个盗匪的首领，逼使那盗首交代各县中强暴的人的姓名和住处，于是派人分头捕捉，一无漏网。陈年的奸恶坏人，都逃亡到其他郡境。

起初，黄昌曾任州书佐，他妻子回娘家，遇到盗贼被劫走，因此流转到蜀地成了别人的妻子。他儿子犯案，她就见黄昌自诉。黄昌疑心犯人的母亲不像蜀人，就问她原因。她回答说："我本是会稽余姚戴次公的女儿，州书佐黄昌的妻子。我曾因为回家，被强盗所硬抢，流落到这里。"黄昌大惊，叫她上前对她说："怎样识别黄昌呢？"她回答说："黄昌左脚心有黑痣，常自称应官至二千石。"黄昌就伸出脚来给她看。因此相抱悲哭，仍为夫妇。

黄昌在职四年，被征召，再迁过为陈国相。县里人彭氏从来是土豪，行为放纵，造了大宅，有高楼在大路边。黄昌每次出行巡视县境，彭家的妇女常登楼看他。黄昌很不高兴，就下令收捕入狱，治罪杀了她们。

又升为河内太守，又再转为颍川太守。顺帝永和五年，被征召并任为将作大匠。汉安元年，升为大司农，又贬为太中大夫，死于任上。

阳球传

【题解】

阳球生活在东汉末期宦官专权的时代，他本是一个镇压地方土豪的能吏，以此进用。在他进入朝廷后，不但对宦官专权而且对宠任宦官的汉灵帝也颇为不满。他的上书谏兴鸿都门学，就足以说明这一点。关于鸿都门学。现在不少研究者都认为在文学的发展上起过一定的作用。但这种作用,在当时是无法认识清楚的。阳球显然是看到他们倚仗权贵的势力得到皇帝宠信而主张予以撤销。

阳球诛杀王甫,虽然取得了一时的成功,但在当时的情况下,以一个司隶校尉去清除乱政的宦官,显然是难于成功的。因为乱政的宦官是一个集团,不是王甫一人,而且得到皇帝的支持。

【原文】

阳球字方正,渔阳泉州人也。家世大姓冠盖。球能击剑,习弓马。性严厉,好申韩之学。郡吏有辱其母者,球结少年数十人,杀吏,灭其家,由是知名。初举孝廉,补尚书侍郎,闲达故事,其章奏处议,常为台阁所崇信。出为高唐令,以严苛过理,郡守收举,会赦见原。辟司徒刘宠府,举高第。九江山贼起,连月不解。三府上球有理奸才,拜九江太守。球到,设方略,凶贼殄破,收郡中奸吏尽杀之。

迁平原相。出教曰:“相前莅高唐,志埽奸鄙,遂为贵郡所见枉举。昔桓公释管仲射钩之雠,高祖赦季布逃亡之罪。虽以不德,敢忘前义,况君臣分定,而可怀宿昔哉!今一蠲往愆,期诸来效。若受教之后而不改奸状者,不得复有所容矣。”郡中咸畏服焉。时天下大旱,司空张颢条奏吏苛酷贪污者,皆罢免之。球坐严苦,征诣廷尉,当免官。灵帝以球九江时有功,拜议郎。

迁将作大匠,坐事论。顷之,拜尚书令。奏罢鸿都文学,曰:“伏承有诏敕中尚方为鸿都文学乐松、江览等三十二人图象立赞,以劝学者。臣闻传曰:‘君举必书。书而不法,后嗣何观!’案松、览等皆出于微蔑,斗筲小人,依凭世戚,附托权豪,俛眉承睫,徼进明时。或献赋一篇,或鸟篆盈简,而位升郎中,形图丹青。亦有笔不点牍,辞不辩心,假手请字,妖伪百品,莫不被蒙殊恩,蝉蜕滓浊。是以有识掩口,天下嗟叹。臣闻图象之设,以昭劝戒,欲令人君动鉴得失。未闻竖子小人,诈作文颂,而可妄窃天官,垂象图素者也。今太学、东观足以宣明圣化。愿罢鸿都之选,以消天下之谤。”书奏不省。

时中常侍王甫、曹节等奸虐弄权,扇动外内,球尝拊髀发愤曰:“若阳球作司隶,此曹子安得容乎?”光和二年,迁为司隶校尉。王甫休沐里舍,球诣阙谢恩,奏收甫及中常侍淳于登、袁赦、封习、中黄门刘毅、小黄门庞训、朱禹、齐盛等,及子弟为守令者,奸猾纵恣,罪合灭族。太尉段颎谄附佞幸,宜并诛戮。于是悉收甫、颎等送洛阳狱,乃甫子永乐少府萌、沛相吉。球自临考甫等,五毒备极。萌谓球曰:“父子既当伏诛,少以楚毒假借老父。”球曰:“若罪恶无状,死不灭责,乃欲求假借邪?”萌乃骂曰:“尔前奉事吾父子如奴,奴敢反汝主乎!今日困吾,行自及也!”球使以土窒萌口,棰朴交至,父子悉死杖下。颎亦自杀。乃僵磔甫尸于夏城门,大署榜曰:“贼臣王甫”。尽没入财产,妻子皆徙比景。

球既诛甫,复欲以次表曹节等,乃敕中都官从事曰:“且先去大猾,当次案豪右。”权门闻之,莫不屏气。诸奢饰之物,皆各缄縢,不敢陈设。京师畏震。

时顺帝虞贵人葬,百官会丧还,曹节见磔甫尸道次,慨然抆泪曰:“我曹自可相食,何宜使犬舐其汁乎?”语诸常侍,今且俱入,勿过里舍也。节直入省,白帝曰:“阳球故酷暴吏,前三府奏当免官,以九江微功,复见擢用。愆过之人,好为妄作,不宜使在司隶,以骋毒虐。”帝乃徙球为卫尉。时球出谒陵,节敕尚书令召拜,不得稽留尺一。球被召急,因求见帝,叩头曰:“臣无清高之行,横蒙鹰犬之任。前虽纠诛王甫、段颎,盖简落狐狸,未足宣示天下。愿假臣一月，必令豺狼鸥枭，各服其辜。"叩头流血，殿上呵叱曰："卫尉扞诏邪！"至于再三，乃受拜。

其冬，司徒刘郃与球议收案张让、曹节。节等知之，共诬白郃等，语已见《陈球传》。遂收球送洛阳狱、诛死，妻子徙边。

【译文】

阳球字方正，渔阳泉州人。家世是本地仕宦大姓。阳球能以剑相击刺，熟悉弯弓骑马。他性情严厉，喜爱申不害、韩非之学。郡中吏员有人侮辱阳球的母亲，阳球约了几十个少年，杀了这吏员，灭了他的家，因此闻名。开始被举荐为孝廉，出任尚书侍郎，因熟悉旧事制度，他的章奏判断及议论，常为官府所推重信服。出任高唐令，因严厉苛刻太过，被郡守收系举劾，逢大赦被释放。

阳球被司徒刘宠府所徵辟，对策高等。当时九江郡山贼起事，几个月未能平定。三府上奏说阳球有治理奸猾的才能，被任为九江太守。阳球到任，定出策略，将山贼剿灭，还拘捕郡中奸猾的吏员全部杀死。

迁为平原相。阳球发出教令说："我以前曾在高唐任职，心想扫除奸邪鄙秽，因此被贵郡所错劾。从前齐桓公赦免管仲射中带钩之仇，汉高祖宽恕季布逃亡的罪。我虽无德，岂敢忘却前人的道义。何况上下级的名分已定，岂可想从前的事吗？现在完全丢掉过去的过失，指望将来的功效。如果见到教令之后而不悔改奸猾之状的，我不能再有所宽容了。"郡中的人都畏服。当时天下大旱，司空张颢列奏各地长官有苛刻残酷及贪污的，都加罢免。阳球因严厉苛刻，被征赴廷尉，罪当免官。灵帝因为阳球在九汇时有功，任他为议郎。

阳球迁为将作大匠，因事被论处。不久，任尚书令，上奏请求撤销鸿都文学说："伏唯有诏书命令中尚方为鸿都文学乐松、江览等三十二人画像作赞，以此劝励学者。臣听说'君主的措施必然记之于史书，记在史书中而不合礼乒，后人将如何去效法！'案乐松、江览等人都出身微贱，器量狭小，依仗贵戚之势，趋附权贵豪门，低眉奉承眼色，侥幸求进于圣明之时。他们有的献上一篇赋，有的写满一竹简鸟篆文字，就位升郎中，图画肖像。也有的人笔不接触竹简，心中也不善辩议，而是请别人代笔，种种斯诳作伪，无不蒙受特殊的恩典，由低贱复变成高贵。所以有识之士掩口而笑，天下人都在叹息。臣听说置设画像，是要使人明理以功善惩恶，要使当君主的人在举动方面鉴戒得失。没听说这些小人，胡乱写作几篇文和颂就可以滥窃朝廷官职，留下肖像于绢帛上的。现在太学和东观就足够宣扬圣人的教化。请撤销鸿都门学的选拔，以消除天下的谤议。"书上奏后灵帝不予考虑。

当时中常侍王甫，曹节等奸恶残虐，窃弄威权，煽动朝里朝外的人心，阳球曾拍大腿发愤说："如果阳球当司隶校尉，哪能容得这辈小人？"灵帝光和二年，阳球迁为司隶校尉。正逢王甫休假出宫回家，阳球正到朝廷谢恩，因此向灵帝上奏拘捕王甫和中常侍淳于登、袁赦、封习、中黄门刘毅、小黄门庞训、朱禹、齐盛等，以及他们子弟任太守县令、行为奸恶习猾放纵不规的人，罪当族诛。太尉段颖谄媚附和佞幸，应一起诛杀。于是阳球全部收捕王甫、段颖等人送往洛阳监狱，又抓了王甫的儿子永乐少府王萌、沛相王吉。阳球亲自审问王甫等，用尽各种酷刑。王萌对阳球说："我们父子既应受死刑，可以对老父稍加宽容，免受拷打。"阳球说："你罪恶深重，大逆不道，死了还免不了罪责，还要求宽容？"王萌就骂道："你以前伺奉我们父子像奴才一样，奴才敢反主人吗？今天你窘逼我，很快轮到你自己！"阳球叫人用土塞住王萌的嘴，重杖敲打，王甫父子都死于棒下。段颎也自杀。阳球就割裂王甫的尸体于夏城门，大书告示说："贼臣王甫"。将王甫等人的财产全部没收，家属流放到比景。

阳球既杀王甫，意欲再表奏曹节等人之罪，于是下令中都官从事说："姑且先消灭大的奸贼，其次应查办豪族。"权贵们听到了，都不敢吐气。他们的奢侈装饰品，都各自藏在箱内，不敢摆出来。京城里的人都很震恐。

当时顺帝的虞贵人下葬，百官们聚集送葬回来，曹节在路边见到王甫被切割的尸体，感慨地擦眼泪："我辈自己可以互相吞噬，怎么能让狗舔吃他的血液呢？"曹节对各常侍说，现在且一起进宫，不要回家。曹节直入禁中，对灵帝说："阳球本来是酷虐残暴的官吏，以前三府曾上奏应当免官，只是因在九江郡有小功劳，再被擢用。有罪过的人，喜欢胡作非为，不宜让他当司隶校尉，逞心肆虐。"灵帝于是改命阳球为卫尉。当时阳球正出去谒拜诸帝陵墓，曹节命令尚书召阳球拜官，不准使诏书滞留。阳球被召很急，因此求见灵帝，叩头说："我没有清高的德行，却蒙委任捕逐奸邪的职务。前日虽然纠察诛戮了王甫、段颎，还只是抓了狐狸，还不足以向天下宣布。希望能再给我一个月时间，一定能使豺狼和鸱鸮，各服其罪。"叩头流血。殿上的侍臣呵斥说："卫尉想抵制诏书吗？"阳球恳请再三，只能受新的任命。

这年冬天，司徒刘郃和阳球商议收捕张让、曹节审问。曹节等知道后，一起诬奏刘郃等人。于是阳球被捕送洛阳监狱，被杀，妻子儿女被流放边地。

郑众传

【题解】

郑众，字季产，南阳犨人。明帝时在太子家供职，章帝时升为中常侍。和帝时，窦太后秉政，窦宪专权，郑众首谋杀死窦宪，得任大长秋，由此参与计议政事，成为东汉第一个当权的宦官。和帝不忘郑众的功劳，封他为鄍乡候。

【原文】

郑众，字季产，南阳犨人。为人谨敏，有心计。永平中，初给事太子家。肃宗即位，拜小黄门，迁中常侍。和帝初，加位钩盾令。

时窦太后秉政，后兄大将军宪等并窃威权，朝臣上下莫不附之。而众独一心王室，不事豪党，帝亲信焉。

及宪兄弟图作不轨，众遂首谋诛之，以功迁大长秋。策勋班赏，每辞多受少。由是常与议事，中官用权，自众始焉。

十四年，帝念众功美，封为鄍乡侯，食邑千五百户。永初元年，和熹皇后益封三百户。

元初元年卒,养子闳嗣。闳卒,子安嗣,后国绝。桓帝延熹二年,绍封众曾孙石雠为关内侯。

【译文】

郑众,字季产,南阳犨地人。为人谨慎机敏,很有心计。永平年间,郑众开始在太子家供职。章帝即位,受任小黄门,升为中常侍。和帝初年,进位为钩盾令。

当时,窦太后执掌朝政,窦太后的哥哥大将军窦宪等人都窃用威势权力,大小朝臣无不依附。只有郑众一心为王室效力,不肯事奉豪臣权贵一伙,和帝对他亲近信任。及至窦宪兄弟图谋不轨,郑众便首谋杀死窦宪,因功升为大长秋。纪功颁赏,郑众往往推辞的时候多,接受的时候少,因此得以经常参与计议政事。宦官当权,就是由郑众开始的。

永元十四年,和帝念及郑众立了大功,封他为鄛乡侯,食邑一千五百户。永初元年,和熹皇后又增封他三百户。

郑众在元初元年死去,养子郑闳承袭爵位。郑闳死后,其子郑安承袭爵位。后来封国不再存在。桓帝在延熹二年继续封郑众的曾孙郑石雠为关内侯。

孙程传

【题解】

孙程,字稚卿,涿郡新城人。安帝、北乡侯、顺帝在位时期有宦官。明帝去世,北乡侯立为天子,外戚阎显专权,宦官江京、李闰等人用事。孙程首谋拥立济阴王为顺帝,诛灭阎显及江京等,与宦官王康等十八人同时封侯,这就是东汉历史上的"十九侯"。

【原文】

孙程,字稚卿,涿郡新城人也。安帝时为中黄门,给事长乐宫。

时邓太后临朝,帝不亲政事。小黄门李闰与帝乳母王圣常共谮太后兄执金吾悝等,言欲废帝,立平原王翼,帝每忿惧。及太后崩,遂诛邓氏而废平原王,封闰雍乡侯。又小黄门江京以谄诌进,初迎帝于邸,以功封都乡侯。食邑各三百户。闰、京并迁中常侍,江京兼大长秋,与中常侍樊丰、黄门令刘安、钩盾令陈达及王圣、圣女伯荣扇动内外,竞为侈虐。又帝舅大将军耿宝、皇后兄大鸿胪阎显更相阿党,遂枉杀太尉杨震,废皇太子为济阴王。

明年,帝崩,立北乡侯为天子。显等遂专朝争权,乃讽有司奏诛樊丰、废耿宝、王圣,及党与皆见死徙。

十月,北乡侯病笃。程谓济阴王谒者长兴渠曰:"王以嫡统,本无失德,先帝用谗,遂至废黜。若北乡疾不起,共断江京、阎显,事乃可成。"渠等然之。又中黄门南阳王康,先为太子府史,自太子之废,常怀叹愤。又长乐太官丞京王国,并附同于程。至二十七日,北乡侯薨,阎显白太后,征诸王子,简为帝嗣。未及至,十一月二日,程遂与王康等十八人聚谋于西钟下，皆截单衣为誓。四日夜，程等共会崇德殿上，因入章台门。时江京、刘安及李闰、陈达等俱坐省门下，程与王康共就斩京、安、达，以李闰权势积为省内所服，欲引为主，因举刃胁闰曰："今当立济阴王，无得动摇。"闰曰："诺。"于是扶闰起，俱于西钟下迎济阴王立之，是为顺帝。召尚书令、仆射以下，从辇幸南宫云台，程等留守省门，遮扞内外。阎显时在禁中，忧迫不知所为，小黄门樊登劝显发兵，以太后诏召越骑校尉冯诗、虎贲中郎将阎崇屯朔平门，以御程等。诱诗入省，太后使授之印曰："能得济阴王者封万户侯，得李闰者五千户侯。"显以诗所将众少，使与登迎吏士于左掖门外，诗因格杀登，归营屯守。显弟卫尉景遽从省中还外府，收兵至盛德门，程传召诸尚书使收景。尚书郭镇时卧病，闻之，即率直宿羽林出南止车门，逢景从吏士，拔白刃呼曰："无干兵。"镇即下车，持节诏之。景曰："何等诏？"因斫镇，不中。镇引剑击景堕车，左右以戟叉其匈，遂禽之，送廷尉狱，即夜死。

旦日，令侍御史收显等送狱，于是遂定。下诏曰："夫表功录善，古今之通义也。故中常侍长乐太仆江京、黄门令刘安、钩盾令陈达，与故车骑将军阎显兄弟谋议恶逆，倾乱天下。中黄门孙、程、王康、长乐太官丞王国、中黄门黄龙、彭恺、孟叔、李建、王成、张贤、史汎、马国、王道、李元、杨佗、陈予、赵封、李刚、魏猛、苗光等，怀忠愤发，戮力协谋，遂扫灭元恶，以定王室。《诗》不云乎：'无言不雠，无德不报。'程为谋首，康、国协同，其封程为浮阳侯，食邑万户；康为华容侯，国为郦侯，各九千户；黄龙为湖南侯，五千户；彭恺为西平昌侯，孟叔为中庐侯，李建为复阳侯，各四千二百户；王成为广宗侯，张贤为祝阿侯，史汎为临沮侯，马国为广平侯，王道为范县侯，李元为襃信侯，杨佗为山都侯，陈予为下隽侯，赵封为析县侯，李刚为枝江侯，各四千户；魏猛为夷陵侯，二千户；苗光为东阿侯，千户。"是为十九侯，加赐车马、金银、钱帛各有差。李闰以先不豫谋，故不封。遂擢拜程骑都尉。

永建元年，程与张贤、孟叔、马国等为司隶校尉虞诩讼罪，怀表上殿，呵叱左右。帝怒，遂免程官，因悉遣十九侯就国，后徙封程为宜城侯。程既到国，怨恨恚恚，封还印绶、符策，亡归京师，往来山中。诏书追求，复故爵土，赐车马衣物，遣还国。

三年，帝念程等功勋，悉征还京师。程与王道、李元皆拜骑都尉，余悉奉朝请。阳嘉元年，程病甚，即拜奉车都尉，位特进。及卒，使五官中郎将追赠车骑将军印绶，赐谥刚侯。侍御史持节监护丧事，乘舆幸北部尉传，瞻望车骑。

程临终遗言上书，以国传弟美，帝许之，而分程半，封程养子寿为浮阳侯。后诏书录微功，封兴渠为高望亭侯。四年，诏宦官养子悉听得为后，袭封爵，定著乎令。

王康、王国、彭恺、王成、赵封、魏猛六人皆早卒。黄龙、杨佗、孟叔、李建、张贤、史汎、王道、李元、李刚九人与阿母山阳君宋娥更相货赂，求高官增邑，又诬罔中常侍曹腾、孟贲等。永和二年，发觉，并遣就国，减租四分之一，宋娥夺爵归田舍。唯马国、陈予、苗光保全封邑。

初，帝见废，监太子家小黄门籍建、傅高梵、长秋长赵熹、丞良贺、药长夏珍皆以无过获罪，建等坐徙朔方。及帝即位，并擢为中常侍。梵坐臧罪，减死一等。建后封东乡侯，三百户。

贺清俭退厚，位至大长秋。阳嘉中，诏九卿举武猛，贺独无所荐。帝引问其故，对曰："臣生自草茅，长于宫掖，既无知人之明，又未尝交知士类。昔卫鞅因景监以见，有识知其不终。今得臣举者，匪荣伊辱。"固辞之。及卒，帝思贺忠，封其养子为都乡侯，三百户。

孙程,字稚卿,涿郡新城人。安帝时担任中黄门,在长乐宫供职办事。

当时,邓太后临朝主政,安帝不亲自处理国家政务。小黄门李闰与安帝的奶娘王圣经常共同诋毁邓太后的哥哥执金吾邓悝等人,说他打算废黜安帝,扶立平原王刘翼,安帝每每愤怨恐惧。及至邓太后去世,安帝随即诛杀邓氏,废黜平原王,封李闰为雍乡侯。又有小黄门江京凭谗言阿谀得以进用,起初到藩邸迎接安帝,因功封为都乡侯,李闰、江京两人食邑各三百户,同时升任中常侍。江京兼任大长秋,与中常侍樊丰、黄门令刘安、钩盾令陈达以及王圣、王圣的女儿伯荣,扇动朝廷内外的人士攀比奢侈,竟为暴虐。还有安帝的舅舅大将军耿宝、皇后的哥哥大鸿胪阎显互相朋比结党,竟至冤杀太尉杨震,废黜皇太子为济阴王。

第二年,安帝去世,立北乡侯为天子,阎显等人随即把持朝政,争夺权权,暗示主管官员奏请处死樊丰,废黜耿宝、王圣,连同他们的党羽都遭到杀害或流放。

十月,北乡侯病情严重,孙程对济阴王的谒者长兴渠说:"济阴王是嫡系皇统,本来没有过错,由于先帝听信谗言,才导致废黜。倘若北乡侯一病不起,你我共同除掉江京、阎显,大事就可成功。"兴渠等人认为言之有理。又有中黄门南阳人王康,先前担任太子府史,自从太子被废,经常心怀慨叹与愤怨。还有长乐太官丞京兆人王国也附和孙程,成了同谋。到二十七日,北乡侯去世。阎显禀告阎太后,征召诸王之子,挑选皇帝的后嗣。诸王之子还没有来,十一月二日,孙程就与王康等十八人聚集在西钟楼下密谋,都割去一截单衣,立下盟誓。四日夜晚,孙程等人共同会集在崇德殿上,于是进入章台门。当时江京、刘安以及李闰、陈达等人都坐在宫门下,孙程与王康一起就地杀死江京、刘安和陈达。由于李闰长期掌握权势,为宫中的人们所佩服,孙程等人打算推他为首领,便举刀威胁李闰说:"如今应当立济阴王为帝,不得动摇。"李闰说:"是"。于是大家扶起李闰,都到西钟楼下迎接济阴王即位,这就是顺帝。他们召集尚书令、仆射以下官员,跟随顺帝的车驾前往南宫云合,孙程等人留守宫门,切断内外联系。

当时阎显正在宫中,忧虑焦急,不知所措。小黄门樊登劝阎显调集兵力,用阎太后的诏书召集越骑校尉冯诗、虎贲中郎将阎崇驻兵朔平门,来抵御孙程等人。阎显诱使冯诗进宫后,阎太后让人把印信交给他说:"能捉到济阴王的,封为万户侯,捉到李闰的,封为五千户侯。"阎显认为冯诗带来的部众太少,让他与樊登在左掖门外迎接部下将士。冯诗乘机杀死樊登,回营驻守。阎显的弟弟卫尉阎景连忙从宫中返回卫尉府,收集军队来到盛德门,孙程传召诸尚书,让他们逮捕阎景。尚书郭镇这时在卧床有病,听说后就率领值宿的羽林军出了南止车门,遇到阎景部下将士,拔出刀剑,高呼说:"不要动兵!"郭镇立即下车,手持符节,让阎景受诏。阎景说:"什么诏书!"便砍郭镇,但没有砍中。郭镇拔剑把阎景打下车来,身边的人用戟刺中他的胸部,随即将他捉住,送进廷尉监狱,当夜死去。

天亮时,侍御史受命将阎显等人逮捕入狱,于是局面稳定。朝廷下诏说:"表彰功勋,录用善人,是古今共同的道理。原来的中常侍长乐太仆江京、黄门令刘安、钩盾令陈达,与原来的车骑将军阎显兄弟谋划大逆之罪,倾覆天下。中黄门孙程、王康、长乐太官丞王国、中黄门黄龙、彭恺、孟叔、李建、王成、张贤、史汎、马国、王道、李元、杨佗、陈予、赵封、李刚、魏猛、苗光等人,心怀忠义,奋发而起,齐心合力,随即扫灭首恶,使王室得以稳定。

《诗经》不是说过：'言无不答，德无不报'吗，孙程首谋，王康、王国协同。现封孙程为浮阳侯，食邑一万户；王康为华客侯，王国为酃侯，食邑各九千户；黄龙为肖南侯，食邑五千户；鼓恺为西平昌侯，孟叔为中庐候，李建为复阳侯，食邑各四千二百户；王成为广宗侯，张贤为祝阿侯，史汎为临沮侯，马国为广平侯，王道为范县侯，李元为褒信侯，杨佗为山都侯，陈予为下隽侯，赵封为析县侯，李刚为枝江侯，食邑各四千户；魏猛为夷陵侯，食邑两千户；苗光为陈阿侯，食邑一千户。"这就是十九侯。顺帝又赐给他们车马、金银、钱币、布帛各有等差。由于李闰事先没有参与策划，所以没有封爵。顺帝随即提升孙程为骑都尉。

永建元年，孙程与张贤、孟叔、马国等人替司隶校尉虞诩的罪行辩护，怀揣奏表上殿，呵斥侍臣。顺帝发怒，随即免去孙程的官职，就势打发十九侯一律返回封国，后来又改封孙程为宜城侯。孙程来到封国后，心怀怨恨，把印信、符册封好交还，本人逃回京城，往来山中。顺帝颁发诏书，将他找回，恢复原先的爵位和封国，赐给车马衣物，让他返回封国。

永建三年，顺帝念及孙程等人的功勋，征召他们一律返回京城。孙程与王道、李元都被任命为骑都尉，其余诸人都给以奉朝请名义，可以参加朝会。阳嘉元年，孙程病情严重，顺帝便任命他为车骑都尉，位居特进。及至孙程死去，顺帝派五官中郎将追赠他车骑将军的印信，赐谥号为刚侯。侍御史手持符节，监护丧事，顺帝乘车前往北部尉驿舍，瞭望送葬车马的情形。

孙程临死前留下遗言，上书请求把封国传给弟弟孙美。顺帝应允，但将孙程的封国分出一半，封孙程的养子孙寿为浮阳侯。后来，诏书命令记录群臣被忽略的功劳，封兴渠为高望亭侯。永建四年，诏书规定宦官的养子都允许立为后嗣，承袭封爵，并明文载入律令。

王康、王国、彭恺、王成、赵封、魏猛六人都死得早。黄龙、杨佗、孟叔、李建、张贤、史汎、王道、李元、李刚九人与乳母山阳君宋娥互相贿赂，谋求高官，增加封邑，还欺骗中常侍曹腾、孟贲等人。永和二年，朝廷发觉了他们的行径，把他们一律遣返封国，消减封地租税的四分之一，宋娥被削去爵位，放归家居。只有马国、陈予、苗光保全了封邑。

起初，顺帝当太子时遭到废黜，监太子家的小黄门籍建、太子傅高梵、长秋长赵熹、家丞良贺、药长夏珍都没有罪过，却受到惩治，籍建等人被判罪流放到朔方。及至顺帝即位，将他们一律提升为中常侍。其后，高梵因贪赃判罪，照死刑减罪一等。后来籍建被封为东乡侯，食邑三百户。

良贺清廉俭朴，谦退厚重，官至大长秋。阳嘉年间，有诏命令九卿推举威武勇猛之士，唯独良贺没有举荐一人。顺帝叫他来问其中的缘由，良贺回答说："臣生在民间，长在宫中，既没有有知人之明，又不曾交结士人。从前卫鞅通过景监去见秦穆公，有识之士由此知道他的下场不好。如今谁得到的我举荐，这不是荣耀，而是耻辱。"又坚决推辞一番。及至良贺死后，顺帝怀念良贺的忠心，封他的养子为都乡侯，食邑三百户。

曹腾传

【题解】

曹腾，字季兴，东汉沛国谯县人。为顺帝、冲帝、质帝、桓帝四朝的宦官，因参与扶立桓帝有功，官至高位，倍受宠信，当权宫中，一些士大夫都由他提拔进用。他是魏武帝曹操的祖父，三国魏明帝曹睿追尊他为高皇帝。

【原文】

曹腾，字季兴，沛国谯人也。安帝时，除黄门从官。顺帝在东宫，邓太后以腾年少谨厚，使侍皇太子书，特见亲爱。及帝即位，腾为小黄门，迁中常侍。桓帝得立，腾与长乐太仆州辅等七人，以定策功，皆封亭侯，腾为费亭侯，迁大长秋，加位特进。

腾用事省闼三十余年，奉事四帝，未尝有过。其所进达，皆海内名人，陈留虞放、边韶、南阳延固、张温、弘农张奂、颍川堂谿典等。时蜀郡太守因计吏赂遗于腾，益州刺史种暠于斜谷关搜得其书，上奏太守，并以劾腾，请下廷尉案罪。帝曰：“书自外来，非腾之过。”遂寝暠奏。腾不为纤介，常称暠为能吏，时人嗟美之。

腾卒，养子嵩嗣。种暠后为司徒，告宾客曰：“今身为公，乃曹常侍力焉。”

嵩，灵帝时货赂中官及输西园钱一亿万，故位至太尉。及子操起兵，不肯相随，乃与少子疾避乱琅玡，为徐州刺史陶谦所杀。

【译文】

曹腾，字季兴，沛国谯县人。安帝时，多任黄门从官。顺帝在东宫当太子时，邓太后因曹腾年轻，谨慎而又朴实，让他陪太子读书，特别受到亲近宠爱。乃至顺帝即位，曹腾当了小黄门，升为中常侍。桓帝得以继位，曹腾与长乐太仆州辅七人，因拥立有功，都被封为亭侯，曹腾成了费亭侯，升为大长秋，加位特进。

曹腾在宫中当权三十余年，事奉过四位皇帝，从来没有过失。他进用的人，都是海内知名士，有陈留的虞放、边韶、南阳的延固、张温、弘农的张奂、颍川的堂谿典等人。当时蜀郡太守通过掌管户口赋税的官吏贿赂曹腾，益州刺史种暠在斜谷关搜查到有关书信，上报太守，并且据此弹劾曹腾，请求交付廷尉查办治罪。桓帝说：“书信来自朝外，不是曹腾的过错。”便将种暠的奏章搁置下来。曹腾毫不介意，经常称许种暠是能干的官吏，时人对曹腾赞叹褒美。

曹腾去世，养子曹嵩立为后嗣。种暠后来当了司徒，告诉宾客说：“现在我身居三公之位，是曹常侍促成的。”

灵帝时，曹嵩贿赂宦官并向西园交了一亿万钱，所以得到太尉职位。及至他的儿子曹操起兵，曹嵩不肯跟随，便与小儿子曹疾到琅玡躲避战乱，被徐州刺史陶谦杀死。

单超传

【题解】

单超、徐璜、具瑗、左悺、唐衡五人，主要是东汉桓帝在位时期的宦官。延熹二年，桓帝与他们定谋诛灭把持朝政的外戚梁冀，得以同日封侯，是为东汉历史上的"五侯"。"五侯"中除单超翌年死去外，其余四人，骄横奢侈，结党营私，贿赂公行，无恶不作，当时有"左回天，俱独坐，徐卧贞，唐两堕"的时谚。

【原文】

单超，河南人。徐璜，下邳良城人。具瑗，魏郡元城人。左悺，河南平阴人。唐衡，颍川郾人也。恒帝初，超、璜、瑗为中常侍，悺、衡为小黄门史。

初，梁冀两妹为顺、桓二帝皇后，冀代父商为大将军，再世权戚，威震天下。冀自诛太尉李固、杜乔等，骄横益甚，皇后乘势忌恣，多所鸩毒，上下钳口，莫有言者。帝逼畏久，恒怀不平，恐言泄，不敢谋之。

延熹二年，皇后崩，帝因如厕，独呼衡问："左右与外舍不相得者皆谁乎？"衡对曰："单超、左悺前诣河南尹不疑，礼敬小简，不疑收其兄弟送洛阳狱，二人诣门谢，乃得解。徐璜、具瑗常私忿疾外舍放横，口不敢道。"于是帝呼超、悺入室，谓曰："梁将军兄弟专固国朝，迫胁外内，公卿以下，从其风旨。今欲诛之，于常侍意何如？"超等对曰："诚国奸贼，当诛日久。臣等弱劣，未知圣意何如耳。"帝曰："审然者，常侍密图之。"对曰："图之不难，但恐陛下复中狐疑。"帝曰："奸臣胁国，当伏其罪，何疑乎！"于是更召璜、瑗等五人，遂定其议。帝啮超臂出血为盟。于是诏收冀及宗亲党与，悉诛之。悺、衡迁中常侍，封超新丰侯，二万户，璜武原侯，瑗东武阳侯，各五万千户，赐钱各千五百万；悺上蔡侯，衡汝阳侯，各万三千户，赐钱各千三百万。五人同日封，故世谓之"五侯"。又封小黄门刘普、赵忠等人为乡侯。自是权归宦官，朝廷日乱矣。

超病，帝遣使者就拜车骑将军。明年，薨，赐东园秘器、棺中玉具，赠侯将军印绶，使者理丧。及葬，发五营骑士，侍御史护丧，将作大匠起冢茔。

其后，四侯转横，天下为之语曰："左回天，具独坐，徐卧虎，唐两堕。"皆竞起第宅，楼观壮丽，穷极伎巧。金银罽毷，施于犬马。多取良人美女以为姬妾，皆珍饰华侈，拟则宫人。其仆从皆乘牛车而从列骑。又养其疏属，或乞嗣异姓，或买苍头为子，并以传国袭封。兄弟姻戚皆宰州临郡，辜较百姓，与盗贼无异。超弟安为河东太守，弟子匡为济阴太守，璜弟盛为河内太守，悺弟敏为陈留太守，瑗兄恭为沛相，皆为所在蠹害。

璜兄子宣为郾令，暴虐尤甚。先是，求故汝南太守下邳李暠女不能得，及到县，遂将吏卒至暠家，载其女归，戏射杀之，埋著寺内。时下邳县属东海，汝南黄浮为东海相。有告言宣者，浮乃收宣家属，无少长悉考之。掾史以下固谏争，浮曰："徐宣国贼，今日杀之，明日坐死，足以瞑目矣。"即案宣罪弃市，暴其尸以示百姓，郡中震慄。璜于是诉怨于帝，帝大怒,浮坐髡钳,输作右校。

五侯宗族宾客虐遍天下,民不堪命,起为寇贼。七年,衡卒,亦赠车骑将军,如超故事。璜卒,赙赐钱布,赐冢茔地。明年,司隶校尉韩演因奏悺罪恶,及其兄太仆南乡侯称请托州郡,聚敛为奸,宾客放纵,侵犯吏民。悺、称皆自杀。演又奏瑗兄沛相恭臧罪,征诣廷尉。瑗诣狱谢,上还东武侯印绶,诏贬为都乡侯,卒于家。超及璜、衡袭封者,并降为乡侯,租入岁皆三百万,子弟分封者悉夺爵土。刘普等贬为关内侯。

【译文】

单超,河南人。徐璜,下邳国良城县人。具瑗魏郡元城县人。左悺,河南平阴县人。唐衡,颍川郡郾县人。桓帝初年,单超、徐璜、具瑗担任中常侍,左悺、唐衡担任小黄门史。

起初,梁冀的两个妹妹当了顺、桓二帝的皇后,梁冀代替父亲梁商担任大将军,成为两世权势显赫的外戚,威振天下。梁冀从诛杀太尉李固、杜乔等人以来愈加骄横。皇后仗着自家的势力,肆意嫉妒,毒死不少人,上下闭口,无人敢言。桓帝长期受梁氏的逼迫,经常心怀不满,只是害怕言有泄露,不敢与人商量。

延熹二年,梁皇后去世,桓帝趁上厕所的机会,单独叫去唐衡询问:"身边的人有谁与皇后家不投机?"唐衡回答说:"以前单超、左悺去见河南尹梁不疑,礼数稍嫌简慢,梁不疑逮捕他们的兄弟,送交洛阳监狱,单、左二人上门道歉,才被释放。徐璜、具瑗经常痛恨皇后家肆意横行,只是口不敢言。"于是桓帝把单超、左悺叫到内室,对他们说:"梁将军把持朝廷,胁迫内外,公卿以下官员顺从他的旨意。现在打算杀他,常侍意下如何?"单超等人回答说:"他的确是国家的奸贼,早就该杀。只是臣等势力孤弱,人又顽劣,不知陛下有何打算?"桓帝说:"这是明摆着的,两位常侍暗中设法除掉他吧。"单超等人回答说:"除掉他不难,只怕陛下心里犹豫不定。"桓帝说:"奸臣威胁国家,应该让他服罪,有什么可犹豫的!"于是又把徐璜、具瑗等五人叫来,随即议定其事,桓帝把单超的胳臂咬出血,起了盟誓。接着桓帝颁诏逮捕梁冀及其宗族亲属和党羽,一律杀掉。左悺、唐衡升任中常侍。封单超为新丰侯,食邑两万户,徐璜为武原侯,具瑗为东阳侯,食邑各一万五千户,各赐一千五百万钱;左悺为上蔡侯,唐衡为汝阴侯,食邑各三千户,各赐一千三百万钱。五人同时封侯,所以世人称他们为"五侯"。又封小黄门刘普、赵忠等八人为乡侯。从此,权力落在宦官手中,朝廷越来越乱。

单超得了病,桓帝派使者前去任命他们为车骑将军。明年,单超去世,桓帝颁赐东园的秘器、材、王匣,赠给侯爵和将军职位的印绶,由使者治丧。及至入葬,由侍御史护送灵枢,由将作大匠起造坟茔。

后来,其余四侯变得蛮横起来,天下为此编了几句话说:"左悺力能回天,具瑗娇贵无比,徐璜犹如卧虎,唐衡无所不为。"他们竞相起造宅第,宅第中楼观壮丽,工巧无比。金银、毛织品、羽毛装饰,施及犬马。他们大多娶良民家的美女作为姬妾,都用珍宝打扮得华丽而又奢侈,学宫女的样儿。他们的仆人都乘坐牛车,成队的人骑马跟随。他们又收养远房的亲属,有的在异姓中寻求后嗣,有的去买仆人当自己的儿子,都得以传承封国的爵位。兄弟和亲戚都当了州郡的长官,敲诈百姓,与强盗没有区别。

单超的弟弟单安担任河东太守,弟弟的儿子单匡担任济阴太守,徐璜的弟弟徐盛担任河内太守,左悺的弟弟左敏担任陈留太守,具瑗的哥哥具恭担任沛相,在当地都侵害百姓。

徐璜的哥哥的儿子徐宣担任下邳县令,尤其暴虐。在此之前,徐宣要娶原先的汝南太守下邳人李暠的女儿,未能如愿。及至徐宣来到下邳县,随即带领吏卒来到李暠家,把他女儿用车拉回,玩笑间把她射死,埋在寺庙里。当时下邳县归属东海,汝南人黄浮担任东海相,有人告发徐宣,黄浮便逮捕徐宣的家属,无论老少,悉加拷打。掾史以下属吏再三劝阻,黄浮说:"徐宣是个国贼,今天我杀死他,明天因此获罪而死,也可以瞑目了。"当即依法判处徐宣弃市,把尸首暴露在街市上,给百姓看,郡中人吓得发抖。于是徐璜向桓帝诉怨,桓帝大怒,黄浮获罪,被处以剃去头发,铁圈加颈的刑罚,罚做苦工。五侯的宗族宾客残害百姓遍及天下,百姓不堪忍受,只好群起反抗。延熹七年,唐衡死去,桓帝也追赠他为车骑将军,一如单超的先例。徐璜死去,桓帝赠送助葬钱布,赐给坟茔地。明年,司隶校尉韩演借机奏陈左悺的罪恶,牵涉到他哥哥太仆南乡侯左称在州郡互相请托,搜刮钱财,营私舞弊,宾客为所欲为,侵犯吏民,左悺和左称都自杀了。韩演又奏陈具瑗的哥哥沛相具恭的贪赃罪,被召到廷尉审理。具瑗前往监狱谢罪,桓帝让他交还东武侯的印信,颁诏贬他为都乡侯,后来死在家中。承袭单超以及徐璜、唐衡的封国的人,一律降为乡侯,每年租税收入一律为三百万,对受到分封的子弟,全部削去爵位与封国。刘普等人被贬为关内侯。

侯览传

【题解】

侯览(?~172),东汉山阳防东(今山东单县东北)人,汉桓帝时宦官,为中常侍。延熹年间赐爵为关内侯。因诛梁冀有功,进封高乡侯。后迁为长乐太仆。任官期间,专横跋扈,贪婪放纵,大肆抢掠官民财物,先后夺民田地一百八十顷,宅第三百八十一所,模仿宫苑兴建府第十六处。他还掠夺妇女,肆虐百姓。为其母大起冢墓,督邮张俭破其冢宅,藉没资财。侯览为了报复,诬张俭与长乐少府李膺、太仆杜密等为党人,造成历史上有名的党锢之祸,先后被杀被流放者三百余人,被囚禁者六、七百人。熹平元年(172),有司举奏侯览专权骄奢,下诏收其印绶,自杀。其阿附者皆免官。

【原文】

侯览者,山阳防东人。桓帝初为中常侍,以佞猾进,倚势贪放,受纳货遗以巨万计。延熹中,连岁征伐,府帑空虚,乃假百官奉禄、王侯租税。览亦上缣五千匹,赐爵关内侯。又托以与议诛梁冀功,进封高乡侯。

小黄门段珪家住济阴,与览并立田业,近济北界,仆从宾客侵犯百姓,劫掠行旅。济北相滕延一切收捕,杀数十人,陈尸路衢。览、珪大怨,以事诉帝,延坐多杀无辜,征诣廷尉,免。延字伯行,北海人,后为京兆尹,有理名,世称为长者。

览等得此愈放纵。览兄参为益州刺史,民有丰富者,辄诬以大逆,皆诛灭之,没入财物,前后累亿计。太尉杨秉奏参,槛车征于道自杀。京兆尹袁逢于旅舍阅参车三百余辆,皆金银锦帛珍玩,不可胜数。览坐免,旋复复官。

建宁二年,丧母还家,大起茔冢。督邮张俭因举奏览贪侈奢纵,前后请夺人宅三百八十一所,田百一十八顷;起立第宅十有六区,皆有高楼池苑,堂阁相望,饰以绮画丹漆之属,制度重深,僭类宫省;又豫作寿冢,石椁双阙,高庑百尺,破人居室,发掘坟墓,虏夺良人,妻略妇子,乃诸罪衅,请诛之。而览伺候遮截,章竟不上。俭遂破览冢宅,籍没资财,具言罪状。又奏览母生时交通宾客,干乱郡国,复不得御。览遂诬俭为钩党,及故长乐少府李膺、太仆杜密等,皆夷灭之,遂代曹节领长乐太仆。

熹平元年,有司举奏览专权骄奢,策收印绶,自杀,阿党者皆免。

【译文】

侯览,山阳防东人。汉桓帝初年任中常侍,依靠奸佞狡猾而晋升,借助皇帝恩宠贪赃放纵,接受的贿赂数以万计。延熹年间,连年对外征伐,国家府库空虚,于是借用百官的俸禄和王侯的租税。侯览也献出缣帛五千匹,因而被赐爵为关内侯。又因为参与谋划剪除梁冀有功,晋封为高乡侯。

小黄门段珪家住济阴,与侯览一起购置田产,靠近济北的地界,他们的仆人宾客侵掠百姓,劫持过往行人。济北相滕延一并收捕,处死数十人,把尸体堆放在交通要道。侯览、段珪大怒,将此事报告桓帝,滕延被处以滥杀无辜之罪,送到廷尉审理,免去官职。滕延,字伯行,北海人,后来曾任京兆尹,有政绩,世人称之为长者。

侯览等人从此后更加放纵。侯览的哥哥侯参为益州刺史,郡中富裕的平民,他都以大逆不道的罪名加以诬陷,处以死罪,没收他们的财物,先后数以亿计。太尉杨秉上奏侯参的罪状,诏令以囚车将其押回,在途中自杀。京兆尹袁逢在旅舍清点侯参的财物,共有车三百余辆,都装着金银锦帛和珍宝古玩,不可胜数。侯览因此事受牵连,被免去官职,不久又官复原职了。

建宁二年,因母亲去世而归家,大肆修建母亲的陵墓,督邮张俭检举上奏侯览贪污放纵,先后夺去他人宅第三百八十一所,田地一百一十八顷,建造宅第十六处,都有高楼池苑,楼阁高堂相连,皆以彩画丹漆装饰,规模宏伟,僭用宫室的形制,又预先修造自己的陵冢,建造双阙,有石椁,陵园的房庑高达百尺,破坏他人的房屋,发掘其坟墓;劫掠善良百姓,抢夺良家女子为妻,还有其他许多罪行,请圣上将其处死。而侯览却趁机把上奏在中途截留,使其无法上报桓帝。张俭于是破坏了侯览的寿冢家宅,没收他的家财,列举其罪上报。又举报侯览在母亲活着的时候交结宾客,扰乱国法,仍然无法上达桓帝。侯览因此诬陷张俭为党人,同时还诬告前长乐少府李膺、太仆杜密等,都予以夷族灭家。从而又代替曹节领长乐太仆。

熹平元年,有关官署检举奏报侯览专权骄奢,下诏收回他的印绶,侯览被迫自杀,阿谀依附他的人都被免去官职。

曹节传

【题解】

曹节，字汉丰，东汉南阳新野人。主要为顺帝、冲帝、质帝、桓帝、灵帝在位时期的宦官。因持节拥立灵帝，被封为乡侯。接着矫诏诛灭大将军窦武与太傅陈蕃，被封为育阳侯，由此把持朝政。其父兄子弟遍布朝廷内外，无恶不作。

【原文】

曹节，字汉丰，南阳新野人，其本魏郡人，世吏二千石。顺帝初以西园骑迁小黄门，桓帝时迁中常侍、奉车都尉。建宁元年，持节将中黄门、虎贲、羽林千人，北迎灵帝，陪乘入宫。及即位，以定策封长安乡侯，六百户。

时窦太后临朝，后父大将军武与太傅陈蕃谋诛中官，节与长乐五官史朱瑀、从官史共普、张亮、中黄门王尊、长乐谒者腾是等十七人，共矫诏以长乐食监王甫为黄门令，将兵诛武、蕃等。事已具蕃、武传。节迁长乐卫尉，封育阳侯，增邑三千户；甫迁中常侍，黄门令如故；瑀封都乡侯，千五百户；普、亮等五人各三百户；余十一人皆为关内侯，岁食租二千斛。

先是，瑀等阴于明堂中祷皇天曰："窦氏无道，请皇天辅皇帝诛之，令事必成，天下得宁。"既诛武等，诏令太官给塞具，赐瑀钱五千万，余各有差，后更封华容侯。

二年，节病困，诏拜为车骑将军。有顷，疾瘳，上印绶，罢，复为中常侍，位特进，秩中二千石，寻转大长秋。

熹平元年，窦太后崩，有何人书朱雀阙，言"天下大乱，曹节、王甫幽杀太后，常侍候览多杀党人，公卿皆尸禄，无有忠言者。"于是诏司隶校尉刘猛逐捕，十日一会。猛以诽书言直，不肯急捕，月余，主名不立。猛坐左转谏议大夫，以御史中丞段颎代猛。乃四出逐捕，及太学游生，系者千余人。节等怨猛不已，使颎以它事奏猛抵罪，输左校。朝臣多以为言，乃免刑，复公车征之。

节遂与王甫等诬奏桓帝弟渤海王悝谋反，诛之，以功封者十二人。甫封冠军侯，节亦增邑四千六百户，并前七千六百户，父兄子弟皆为公卿列校、牧守令长，布满天下。节弟破石为越骑校尉，越骑营五百妻有美色，破石从求之，五百不敢违，妻执意不肯行，遂自杀。其淫暴无道，多此类也。光和二年，司隶校尉阳球奏诛王甫及子长乐少府萌、沛相吉，皆死狱中。时连有灾异，郎中梁人审忠以为朱瑀等罪恶所感，乃上书曰：

臣闻理国得贤则安，失贤则危。故舜有臣五人，而天下理；汤举伊尹，不仁者远。陛下即位之初，未能万机，皇太后念在抚育，权时摄政，故中常侍苏康、管霸应时诛殄。太傅陈蕃、大将军窦武，考其党与，志清朝政。华容侯朱瑀知事觉露，祸及其身，遂兴造逆谋，作乱王室，撞蹋省闼，执夺玺绶，迫胁陛下，聚会群臣，离间骨肉母子之恩，遂诛蕃、武及尹勋等。因共割裂城社，自相封赏，父子兄弟被蒙尊荣，素所亲厚布在州郡，或登九列，或据三司。不惟禄重位尊之责，而苟营私门，多蓄财货，缮修第舍，连里竟巷。盗取御水以作鱼钓，车马服玩拟于天家，群公卿士杜口吞声，莫敢有言，州牧郡守承顺风旨，辟召选举，释贤取愚。故虫蝗为之生，夷寇为之起。天意愤盈，积十余年。故频岁日食于上，地震于下，所以谴戒人主，欲令觉悟，诛锄无状。

昔高宗以雉雊之变，故获中兴之功。近者神祇启悟陛下，发赫斯之怒，故王甫父子应时馘截，路人士女莫不称善，若除父母之仇。诚怪陛下复忍孽臣之类，不悉殄灭。昔秦信赵高，以危其国；吴使刑人，身遭其祸。虞公抱宝牵马，鲁昭见逐乾侯，以不用宫之奇、子家驹，以至灭辱。今以不忍之恩，赦夷族之罪，奸谋一成，悔亦何及！

臣为郎十五年，皆耳目闻见。锄之所为，诚皇天所不复赦。愿陛下留漏刻之听，裁省臣表，扫灭丑类，以答天怨。与锄考验，有不如言，愿受汤镬之诛，妻子并徒，以绝妄言之路。

章寝不报。节遂领尚书令。四年，卒，赠车骑将军。后瑀亦病卒，皆养子传国。审忠，字公诚。宦官诛后，辟公府。

【译文】

曹节，字汉丰，南阳新野人。他本是魏郡人，家中累世做官，俸禄两千石。顺帝初年，由西园侍从升任小黄门，桓帝时升任中常侍、奉车都尉。建宁元年，持节率领中黄门、虎贲军、羽林军一千人，北去迎接灵帝，陪灵帝的车驾进宫。及至灵帝即位后，因决策拥立新君的功劳，被封为长安乡侯，食邑六百户。

当时，窦太后主持朝政，窦太后的父亲大将军窦武与太傅陈蕃策划诛杀宦官，曹节与长乐宫五官史朱瑀、从官史共普、张亮、中黄门王尊、长乐谒者腾是等十七人，共同伪托诏命，任命长乐食监王甫为黄门令，率领军队杀死窦武、陈蕃等人，其事已经写在《陈蕃传》《窦武传》中。曹节升任长乐校尉，被封为育阳侯，增加食邑三千户。王甫进升中常侍，仍然担任黄门令。朱瑀被封为都乡侯，食邑一千五百户。共普、张亮等五人食邑各三百户，其余十一人都封为关内侯，每年收入田租两千斛。

在此之前，朱瑀等人暗中在明堂里祈祷上天说："窦氏无道，请上天帮助皇帝杀死他，使事情务必成功，天下得到安宁。"诛杀窦武后，灵帝下诏吩咐太官供给祭祀用具，赐予朱瑀五千万钱，其余的人赏赐各有等差，后来朱瑀改封华容侯。

建宁二年，曹节为疾病困扰，有诏任命曹节为车骑将军。过了一段时间，曹节病愈，交上印信，免去车骑将军一职，重新担任中常侍，位居特进，俸禄为中二千石，不久改任大长秋。

熹平元年，窦太后去世，不知什么人在朱雀阙前写道："天下大乱，曹节、王甫囚死太后，中常侍候览杀死许多党人，公卿都白拿俸禄，没有忠言之人。"于是灵帝下诏令司隶校尉刘猛加以搜捕，每十天碰头一次。刘猛认为谤书说得直切，不肯抓紧去捕，历时一个月，还不知道被捕人的姓名。刘猛因而降职改任谏议大夫，朝廷以御史中丞段颎代替刘猛。段颎到处追捕，牵涉到在太学学习的学生，有一千多人关入狱中。曹节等人对刘猛怨恨不止，指使段颎用别的事上奏弹劾刘猛抵罪，刘猛被罚做苦工。朝臣多就此进言，这才免刑，又以宫车将他召回。

随后，曹节与王甫等人诬奏桓帝的弟弟渤海王刘悝谋反，将他杀死，因功受封的有十二人。王甫被封为冠军侯,曹节也增加食邑四千六百户,与以前的封邑相加共有七千六百户,他们的父兄子弟都成为公卿校尉、州郡县的长官,遍布天下。曹节的弟弟曹破石,担任越骑校尉,越骑营有一位伍长的妻子长得漂亮,曹破石索求其妻,伍长不敢建违,妻子执意不肯前去,于是自杀。这些人荒淫暴虐,大多如此。

光和二年,司隶校尉阳球奏请诛杀王甫及其子长乐少府王萌、沛相王吉,他们都死在狱中。当时灾异接连发生,郎中梁地人审忠认为这是朱瑀等人的罪恶感触上天所致,便上书说:臣听说,治理国家,得到贤人才能平安无事,失去贤人就会招致危险,所以虞舜有五位贤臣,天下大治,成汤举用伊尹,不仁的人远避。陛下即位初年,不能亲自处理国家政务,皇太后考虑到陛下尚需抚育,暂时摄理朝政,原先的中常侍苏康和管霸立时诛灭。太傅陈蕃、大将军窦武拷问他们的党羽,意在整肃朝政。华容侯朱瑀知道事情败露,祸事即将降临自身,便发起逆谋,给王室制造祸乱,冲击皇宫,抢夺玺印,胁迫陛下,聚集群臣,离间太后与陛下的母子骨肉恩情,随即杀了陈蕃、窦武以及尹勋等人,于是他们共同分割城邑田社,自相封赏。他们的父子兄弟得到尊贵荣耀的地位,他们一向亲善的人都安插到各个州郡,有的升为九卿,有的成了三公。他们不考虑俸禄丰厚、职位尊贵者应负的责任,反而苟且钻营,请托私门,积蓄大量的财物,修缮宅第,占了整个里巷。他们盗取宫中的御水以供垂钓,使用的车马、服饰和玩物与帝王之家近似。诸位公卿闭口吞声,无人敢言,州牧郡守都迎合他们的意旨,选拔人才时,摒弃贤士,录用愚人。所以蝗虫成灾,异族反叛,上天愤怒已极,已达十多年时间。所以连年上有月食,下有地震,为的是谴告君主,希望君主醒悟,诛除罪大恶极之人。

过去殷高宗武丁鉴于野鸡在鼎耳上啼叫的变异,因而获得殷朝中兴的功业。近来天地神明为了使陛下开悟,赫然震怒,所以王甫父子立时伏诛,路上的男女行人无不叫好,就像为自己的父母报了冤仇。臣实不理解陛下仍然容忍那些孽臣,不肯一概消灭。过去秦朝信任赵高,因而危及国家;吴王余祭任用宦官,终至身遭其祸。虞君贪图玉璧良马,鲁昭公被赶到乾侯,是由于他们不听宫之奇、子家驹的劝告,以至亡国受辱。现在陛下垂恩怜悯,赦免灭族大罪,一旦奸谋实现,后悔也来不及了。

臣担任郎官已达十五年,所说的都出于耳闻目睹。朱瑀的行径,实在再也不能得到上天的赦免。希望陛下抽出片刻时间,省览鉴察臣的奏章,扫灭丑恶之徒,对天的愤怒做出反应。可以让臣与朱瑀对质,如果事实与臣说的不符,臣甘愿受烹而死,妻子儿女一并放逐,以杜绝胡言乱语。

奏章被搁置,未做答复。随后,曹节兼任尚书令。光和四年,曹节死去,追赠为车骑将军。其后朱瑀也病死了。他们都由养子传承封国。审忠,字公诚,在宦官诛灭后,被延聘到三公的官府中任职。

张让、赵忠传

【题解】

张让,东汉颍川人。桓帝时为小黄门,灵帝时与赵忠等十一人担任中常侍,封为列

【原文】

张让者,颍川人;赵忠者,安平人也。少皆给事省中,桓帝时为小黄门。忠以与诛梁冀功封都乡侯,延熹八年黜为关内侯,食本县租千斛。灵帝时,让、忠并迁中常侍,封列侯,与曹节、王甫等相为表里。节死后,忠领大长秋。

让有监奴,典任家事,交通货赂,威形谊赫。扶风人孟佗,资产饶赡,与奴朋结,倾竭馈问,无所遗爱。奴咸德之,问佗曰:"君何所欲?力能办也。"曰:"吾望汝曹为我一拜耳。"时宾客求谒让者,车恒数百千两,佗时诣让,后至,不得进。监奴乃率诸苍头迎拜于路,遂共舆车入门,宾客咸惊,谓佗善于让,皆争以珍玩赂之,佗分以遗让。让大喜,遂以佗为凉州刺史。

是时,让、忠及夏恽、郭胜、孙璋、毕岚、栗嵩、段珪、高望、张恭、韩悝、宋典十二人,皆为中常侍,封侯贵宠,父兄子弟布列州郡,所在贪残,为人蠹害。黄巾既作,盗贼糜沸,郎中中山张钧上书曰:

窃惟张角所以能兴兵作乱,万人所以乐附之者,其源皆由十常侍多放父兄子弟、婚亲宾客,典据州郡,辜榷财利,侵掠百姓,百姓之冤无所告诉,故谋议不轨,聚为盗贼。宜斩十常侍,悬头南郊,以谢百姓,又遣使者布告天下,可不须师旅,而大寇自消。

天子以钧章示让等,皆免冠徒跣顿首,乞自致洛阳诏狱,并出家财以助军费,有诏皆冠履视事如故。帝怒钧曰:"此真狂子也。十常侍固当有一人善者不?"钧复重上,犹如前章,辄寝不报。诏使廷尉、侍御史考为张角道者,御史承让等旨,遂诬奏钧学黄巾道,收掠死狱中。而让等实多与张角交通,后中常侍封谞、徐奉事独发觉,坐诛,帝因怒诘让等曰:"汝曹常言党人欲为不轨,皆令禁锢,或有伏诛。今党人更为国用,汝曹反与张角通,为可斩未?"皆叩头云:"故中常侍王甫、侯览所为。"帝乃止。

明年,南宫灾,让、忠等说帝,令敛天下田亩税十钱,以修宫室。发太原、河东、狄道诸郡林木及文石,每州郡部送至京师,黄门常侍辄令谴呵不中者,因强折贱买,十分雇一,因复货之于宦官,复不为即受,材木遂至腐积,宫室连年不成。刺史、太守复增私调,百姓呼嗟。

凡诏所征求,皆令西园驺密约敕,号曰"中使",恐动州郡,多受赇赂。刺史、二千石及茂才、孝廉迁除,皆责助军、修宫钱,大郡至二三千万,余各有差。当之官者,皆先至西园谐价,然后得去。有钱不毕者,或至自杀。其守清者,乞不之官,皆迫遣之。时钜鹿太守河内司马直新除,以有清名,减责三百万。直被诏怅然曰:"为民父母,而反割剥百姓,以称时求,吾不忍也。"辞疾,不听。行至孟津,上书极陈当世之失,古今祸败之戒,即吞药自杀。书奏,帝为暂绝修宫钱。

又造万金堂于西园,引司农金钱缯帛,仞积其中。又还河间买田宅,起第观。帝本侯家,宿贫,每叹桓帝不能作家居,故聚为私藏,复寄小黄门、常侍钱各数千万。常云:"张常侍是我公,赵常侍是我母。"宦官得志,无所惮畏,并起第宅,拟则宫室。帝常登永安候台,宦官恐其望见居处，乃使中大人尚但谏曰："天子不当登高，登高则百姓虚散。"自是不敢复升台榭。

明年，遂使钩盾令宋典缮修南宫玉堂，又使掖庭令毕岚铸铜人四，列于仓龙、玄武阙。又铸四钟，皆受二千斛，县于玉堂及云台殿前。又铸天禄、虾蟆，吐水于平门外桥东，转水入宫。又作翻车、渴乌，施于桥西，用洒南北郊路，以省百姓洒道之费。又铸四出文钱，钱皆四道。识者窃言侈虐已甚，形象兆见，此钱成，必四道而去。及京师大乱，钱果流布四海。复以忠为车骑将军，百余日罢。

六年，帝崩。中军校尉袁绍说大将军何进，令诛中官，以悦天下。谋泄，让、忠等因进入省，遂共杀进。而绍勒兵斩忠，捕宦官，无少长悉斩之。让等数十人劫质天子，走河上，追急，让等悲哭辞曰："臣等殄灭，天下乱矣，惟陛下自爱！"皆投河而死。

【译文】

张让，颍川人，赵忠，安平人。年轻时都在宫中供职办事，桓帝时担任小黄门。赵忠因参与诛杀梁冀的功劳被封为都乡侯，延熹八年被贬黜为关内侯，每年收入本县租税一千斛。灵帝时，张让、赵忠一齐升任中常侍，被封为列侯，与曹节、王甫等人互相呼应。曹节死后，赵忠兼任大长秋。

张让有一个奴仆头目为他掌管家务，勾结官府，收受贿赂，声势显赫，令人生畏。扶风人孟佗财产丰饶，他与张让家的奴仆勾结，倾尽家财，赠送礼物，奴仆们都很感激他，便问他说："你想得到什么，我们可以办到。"孟佗说："我希望你们给我一拜。"当时，求见张让的宾客乘坐的车子经常有成千上万辆，孟佗那时去见张让，到得较晚，无法进去。那奴仆首领便带领众仆人到路上来迎接拜见他，随即拱卫他的车子进了大门。宾客都很吃惊，以为孟佗与张让关系很好，争着把珍贵的玩物赠送给他。孟佗拿出一部分送给张让，张让大喜，便让孟佗担任凉州刺史。

这时，张让、赵忠以及夏恽、郭胜、孙璋、毕岚、栗嵩、段珪、高望、张恭、韩悝、宋典十二人都是中常侍，被封为侯，尊贵得宠，父兄子弟都安置在州郡做官，所到之处，贪婪残暴，损害百姓。黄巾军兴起后，盗贼如同沸汤，郎中中山人张钧上书说：

臣认为，张角之所以能兴兵作乱，万民所以愿意归附张角，根源全在于十常侍多数安排父兄、子弟、姻亲、宾客把持州郡，垄断财利，侵夺百姓。百姓的冤苦无处申诉，所以图谋不轨，聚集起来，去当盗贼。应该斩杀十常侍，在南郊悬首示众，向百姓道歉，并派使者布告天下，就可以不用军队，使大寇自消。

灵帝把张钧的奏章拿给张让等人去看，张让等人都徐去朝冠，光着双脚，伏地叩头，要求自投洛阳奉诏关押犯人的监狱，并拿出家财，资助军费。有诏书命令他们仍然穿戴官服，任职治事。灵帝对张钧发怒说："这真是个狂妄之人！十常侍中难道就没有一个好人！"张钧再次上书，像前一次上书一样，又被搁置，不给答复。灵帝颁诏命令廷尉、侍御史拷问入张角黄巾道的人，御史秉承张让等人的意旨，随即上奏诬称张钧学黄巾道，将他收捕入狱，拷打致死。但实际上张让等人多半与张角交往。后来，唯独中常侍封谞、徐奉沟通张角的事被朝廷发觉，两人获罪被杀，灵帝因此生气地质问张让等人说："你们经常说党人打算图谋不轨，一概予以禁锢，有的还被处死。如今党人又为国家效力，你们反而与张角交往，是不是该杀？"张让等人都叩头说："是原先的中常侍王甫、侯览干的。"灵帝这才没有追究。

明年,南宫发生火灾。张让、赵忠劝灵帝在全国征收田税,每亩十钱,以便修建宫室。朝廷征调太原、河东、狄道各郡的木材和有纹理的石头,每当州郡押送到京城时,黄门、常侍就吩咐呵责那些不合格的州郡,于是强迫折价贱买,售价只给十分之一,然后再卖给宦官,宦官又不马上接受,终至木材积压腐烂,连年建不成宫室。刺史、太守又把私人征调加进去,百姓大声悲叹。

凡是诏书征用官员,灵帝都让西园侍从暗中督促。号称"中使",他们惊动州郡,大量收受贿赂。升迁除授刺史、二千石以及茂才、孝廉时,都责成这些人交纳助军钱和修宫钱,大郡多达二三千万钱,其余官职要出的钱也各有等差。应该赴任的人,都需要先到西园谈好价钱,然后才能前去。有些人交不足钱,甚至被迫自杀。清廉自守的人要求不去上任,就一律强迫他们前往。当时,钜鹿太守河内人司马直刚刚受任新职,由于他有清廉的名声,便少让他交钱,减为三百万钱。司马直接到诏书,惆怅地说:"为民父母,反而要剥削百姓,来满足时下的索求,我不忍心。"便托称有病,要求辞官,朝廷没有答应。他行至孟津时,上书极力陈述当世的失误和古今祸乱亡国的教训,随即吞药自杀。奏书呈送上去后,灵帝为此暂时不收修宫钱。

灵帝又在西园内建造万金堂,动用司农掌管的金钱丝帛充积其中。灵帝还回到河间去买田地住宅,起造府第楼观。灵帝原来出身侯爵之家,过去资财不丰,往往感叹桓帝不能积蓄家产,所以聚积私人财产,还在小黄门、常侍那里分别寄存了数千万钱。灵帝经常说:"张常侍是我爹,赵常侍是我娘。"宦官得志,无所忌惮,一齐起造宅第,模仿宫室。灵帝曾经登上永安宫的瞭望台,宦官唯恐灵帝望见自己的住处,便让中大人尚但进谏说:"天子不应该登高。天子登高,百姓就会失散。"从此,灵帝不敢再登台榭。

明年,灵帝委派钩盾令宋典修缮南宫的玉堂殿,又委派掖庭令毕岚铸成四个铜人,陈列在仓龙阙和玄武阙。又铸成四座钟,容积都是两千斛,悬挂在玉堂殿和云台殿前。又铸造天禄和蛤蟆,在平门外桥东吐水,把水转入宫中。又制造翻车和渴乌,安设在桥西,用来喷洒南北郊的道路,以便节省百姓喷洒道路的开支。又铸造四文钱,钱上都有四道纹路。有识者私下说,奢侈暴虐过甚,已经在形象上表现出征兆,这种钱铸成后,必然四道而去。及至京城大乱,这种钱果然流散全国。灵帝又任命赵忠为车骑将军,一百多天后免职。

中平六年,灵帝去世。中军校尉袁绍劝大将军何进下令诛杀宦官,以取悦天下。由于计划泄露,张让、赵忠等人趁何进进宫之机,便共同将他杀死。而袁绍率兵杀死赵忠,逮捕宦官,无论老少,一律处死。张让等数十人劫持献帝为人质,逃到黄河边。追兵迅速赶来,张让等人伤心哭泣,向献帝诀别说:"臣等被消灭后,天下也就乱了。请陛下自爱!"然后跳到黄河里自尽了。

左慈传

【题解】

《左慈传》是《后汉书》中写得较为生动传神的一则列传。它用很简练的笔墨,通过两三件事情，把左慈具有的神奇功能表现得淋漓尽致，很吸引人。尤其是最后所写老羊弯腿，如人立而语一节，把羊群都写得很富有人情味，十分感人。

【原文】

左慈字元放，庐江人也。少有神道。尝在司空曹操坐，操从容顾众宾曰："今日高会，珍馐略备，所少吴淞江鲈鱼耳。"放于下坐应曰："此可得也。"因求铜盘贮水，以竹竿饵钓于盘中，须臾引一鲈鱼出。操大拊掌笑，会者皆惊。操曰："一鱼不周坐席，可更得乎?"放乃更饵钩沈之，须臾复引出，皆长三尺余，生鲜可爱。操使目前鲙之，周浃会者。操又谓曰："既已得鱼，恨无蜀中生姜耳。"放曰："亦可得也。"操恐其近即所取，因曰："吾前遣人到蜀买锦，可过敕使者，增市二端。"语顷，即得姜还，并获操使报命。后操使蜀反，验问增锦之状及时日早晚，若符契焉。

后操出近郊。士大夫从者百许人，慈乃为赍酒一升，脯一斤，手自斟酌，百官莫不醉饱。操怪之，使寻其故，行视诸炉，悉忘其酒脯矣。操怀不喜，因坐上收欲杀之，慈乃却入壁中，霍然不知所在。或见于市者，又捕之，而市人皆变形与慈同，莫知谁是。后人逢慈于阳城山头，因复逐之。遂入走羊群。操知不可得，乃令就羊中告之曰："不复相杀，本试君术耳。"忽有一老羝屈前两膝，人立而言曰："遽如许。"即竞往赴之，而群羊数百皆变为羝，并屈前膝人立，云"遽如许"，遂莫知所取焉。

【译文】

左慈字元放，庐江人。小时候有神道，曾经在司空曹操地坐上，曹操慢慢环顾众宾客说："今天高会，略备了一些好菜，只是少了吴淞江的鲈鱼。"元放在坐上应声道："这可以得到。"便要了一个钢盘贮了些水，用竹竿挂上饵食在盘中钓鱼，一会儿便钓了条鲈鱼出来。曹操拍掌而笑，在场的人都很吃惊。曹操说："一条鱼不够大家吃的，还可以再来一条吗?"元放又放上饵食到盘子中，一会儿工夫又钓了一条上来，都是三尺多长的，活生生的很可爱。曹操让立刻煎了，让大家吃。曹操又对左慈说："已经有了鱼，却遗憾没有蜀中产的生姜。"元放道："也可以搞到。"曹操担心他从近旁去弄，便说："我前些时候曾经派人到蜀地去买锦缎，可以去通知去的人，再多买两匹锦缎。"话说完不一会儿，元放便带了生姜回来，并带回了曹操派去的人的汇报。后来曹操派去的人回来，问他多买锦缎的情况和时间，非常吻合。

后来曹操出行近郊，跟从他的士大夫有一百来人，左慈于是带着酒一升，干肉一斤，亲自用手倒酒，百官没有不喝醉吃饱的。曹操很奇怪，让人查找原因，去查看那些酒店，都没有酒肉了。曹操心中不高兴，想就在席上把他抓起来杀掉，左慈立即躲到墙壁中，弄不清他在哪里。有人看到他在街市上，又去抓他。而街上的人都变了形状，跟左慈一样，不知谁是左慈。后来又有人遇到他在阳城山头上，便去追他，他便走进羊群。曹操知道抓不到他，便命令到羊群那儿去告诉他："不会杀你的，本来就是想试一试你的道术的。"忽然有一头老羊弯着前面的两腿，像人一样站起说话："为什么突然这样做呢?"便跑向前去。而那数百头羊都变为老羊，并且也弯着前腿像人似的站起，说："为什么突然这样做呢?"于是不知哪里才能抓到他。

逸民传

【题解】

汉朝中期，政局动荡，王莽篡汉，光武建立后汉，战争不断，奸邪当权，因而隐逸之风兴盛，出现了很多著名的隐逸之士，动荡之世，或出大奸之人，或出英雄豪杰，或出隐逸之士。这是一条普遍的规律。《后汉书·逸民传》中集中记载的这些隐士，典型地反映出了东汉时期的这一社会状况。

隐逸之士的具体情况各有不同。但总的说来，他们中的大多数都是因为对混乱的现实有清醒的认识，因此产生一种消极抵抗的情绪，从而愤然隐退的。他们骨子里有一股别人不具备的傲气，如王霸所说："有人是天子不能统治的，大臣不能结交的。"严光与光武帝有旧交，光武帝掌权后却隐姓埋名，拒不相见。光武礼贤下士，来到他的住处，走到他睡卧的床边，摸着他的肚子表现亲热，想让他出来帮助治理天下。严光却说："各人本来有自己的志向，为什么要到这儿来强迫我呢？"这些都可反映出隐士的清高胸怀。

隐士的不合作态度，本身便具有积极意义。有些人更具有反抗精神和批判意识。梁鸿所做的《五噫之歌》也是文学史上一首批判现实的优秀诗歌，具有很强的战斗精神。可以说，这种批判现实的战斗精神，是历代隐士能够决然退隐的心理基础。这也是古代隐士最值得我们推崇的地方。

【原文】

《易》称"遁之时义大矣哉"。又曰："不事王侯，高尚其事。"是以尧称则天，不屈颍阳之高；武尽美矣，终全孤竹之洁。自兹以降，风流弥繁，长往之轨未殊，而感致之数匪一。或隐居以求其志，或回避以全其道，或静己以镇其躁，或去危以图其安，或垢俗以动其概，或疵物以激其清。然观其甘心畎亩之中，憔悴江海之上，岂必亲鱼鸟乐林草哉，亦云性分所至而已。故蒙耻之宾，屡黜不去其国；蹈海之节，千乘莫移其情。适使矫易去就，则不能相为矣。彼虽硁硁有类沽名者，然而蝉蜕嚣埃之中，自致寰区之外，异夫饰智巧以逐浮利者乎！荀卿有言曰，"志意修则骄富贵，道义重则轻王公"也。

汉室中微，王莽篡位，士之蕴藉义愤甚矣。是时裂冠毁冕，相携持而去之者，盖不可胜数。扬雄曰："鸿飞冥冥，弋者何篡焉。"言其违患之远也。光武侧席幽人，求之若不及，旌帛蒲车之所徵贲，相望于岩中矣。若薛方、逢萌聘而不肯至，严光、周党、王霸至而不能屈。群方咸遂，志士怀仁，斯固所谓"举逸民天下归心"者乎！肃宗亦礼郑均而徵高凤，以成其节。自后帝德稍衰，邪佞当朝，处子耿介，羞与卿相等列，至乃抗愤而不顾，多失其中行焉。盖录其绝尘不反，同夫作者，列之此篇。

野王二老者，不知何许人也。初，光武贰于更始，会关中扰乱，遣前将军邓禹西征，送之于道。既反，因于野王猎，路见二老者节禽。光武问曰："禽何向？"并举手西指，言："此中多虎，臣每即禽，虎亦即臣，大王勿往也。"光武曰："苟有其备，虎亦何患。"父曰："何大王之谬邪！昔汤即桀于鸣条，而大城于亳；武王亦即纣于牧野，而大城于郏鄏。彼二王者,其备非不深也。是以即人者,人亦即之,虽有其备,庸可忽乎!"光武悟其旨,顾左右曰:"此隐者也。"将用之,辞而去,莫知所在。

向长字子平,河内朝歌人也。隐居不仕,性尚中和,好通《老》《易》。贫无资食,好事者更馈焉,受之取足而反其余。王莽大司空王邑辟之,连年乃至,欲荐之于莽,固辞乃止。潜隐于家。读《易》到《损》《益》卦,喟然叹曰:"吾已知富不如贫,贵不如贱。但未知死何如生耳。"建武中,男女婚嫁既毕,敕断家事勿相关,当如我死也。于是遂肆意,与同好北海禽庆俱游五岳名山,竟不知所终。

逢萌字子康,北海都昌人也。家贫,给事县为亭长。时尉行过亭,萌候迎拜谒,既而掷楯叹曰:"大丈夫安能为人役哉!"遂去之长安学,通《春秋经》。时王莽杀其子宇,萌谓友人:"三纲绝矣!不去,祸将及人。"即解冠挂东都城门,归,将家属浮海,客于辽东。

萌素明阴阳,知莽将败,有顷,乃首戴瓦盎,哭于市曰:"新乎新乎!"因遂潜藏。及光武即位,乃之琅邪劳山,养志修道,人皆化其德。

北海太守素闻其高,遣吏奉谒致礼,萌不答。太守怀恨而使捕之。吏叩头曰:"子康大贤,天下共闻,所在之处,人敬如父,往必不获,只自毁辱。"太守怒,收之系狱,更发它吏。行至劳山,人果相率以兵弩捍御,吏被伤流血,奔而还。后诏书征萌,托以老耄,迷路东西,语使者云:"朝廷所以征我者,以其有益于政,尚不知方面所在,安能济时乎?"即便驾归。连征不起,以寿终。

初,萌与同郡徐房、平原李子云、王君公相友善,并晓阴阳,怀德秽行。房与子云养徒各千人,君公遭乱独不去,侩牛自隐。时人谓之论曰:"避世墙东王君公。"

周党字伯况,太原广武人也。家产千金。少孤,为宗人所养,而遇之不以理,及长,又不还其财,党诣乡县讼,主乃归之。既而散与宗族,悉免遣奴婢,遂至长安游学。

初,乡佐尝众中辱党,党久怀之。后读《春秋》,闻复仇之义,便辍讲而还,与乡佐相闻,期克斗日,既交刃,而党为乡佐所伤,困顿。乡佐服其义,舆归养之。数日方苏,既悟而去。自此敕身修志,州里称其高。

及王莽窃位,托疾杜门。自后贼暴从横,残灭群县,唯至广武,过城不入。

建武中,征为议郎,以病却职,遂将妻子居黾池。复被征,不得已,乃著短布单衣,谷皮绡头,待见尚书。及光武引见,党伏而不谒,自陈愿所志,帝乃许焉。

博士范升奏毁党曰:"臣闻尧不须许由、巢父,而建号天下;周不待伯夷、叔齐,而王道以成。伏见太原周党、东海王良、山阳王成等,蒙受厚恩,使者三聘,乃肯就车。及陛见帝廷,党不以礼屈,伏而不谒,偃蹇骄悍,同时俱逝。党等文不能演义,武不能死君,钓采华名,庶几三公之位。臣愿与坐云台之下,考试图国之道。不如臣言,伏虚妄之罪。而敢私窃虚名,夸上求高,皆大不敬。"书奏,天子以示公卿。诏曰:"自古明王圣主必有不宾之士。伯夷、叔齐不食周粟,太原周党不受朕禄,亦各有志焉。其赐帛四十匹。"党遂隐居黾池,著书上下篇而终。邑人贤而祠之。

初,党与同郡谭贤伯升、雁门殷谟君长,俱守节不仕王莽世。建武中,征并不到。

王霸字儒仲,太原广武人也。少有清节,及王莽篡位,弃冠带,绝交宦。建武中,征到尚书,拜称名,不称臣。有司问其故。霸曰:"天子有所不臣,诸侯有所不友。"司徒侯霸让位于霸。阎阳毁之曰:"太原俗党,儒仲颇有其风。"遂止。以病归。隐居守志,茅屋蓬户。连征不至,以寿终。

严光字子陵，一名遵，会稽余姚人也。少有高名，与光武同游学。及光武即位，乃变名姓，隐身不见。帝思其贤，乃令以物色访之。后齐国上言："有一男子，披羊裘钓泽中。"帝疑其光，乃备安车玄纁，遣使聘之。三反而后至。舍于北军，给床褥，太官朝夕进膳。

司徒侯霸与光素旧，遣使奉书。使人因谓光曰："公闻先生至，区区欲即诣造，迫于典司，是以不获。愿因日暮，自屈语言。"光不答，乃投札与之，口授曰："君房足下：位至鼎足，甚善，怀仁辅义天下悦，阿谀顺旨要领绝。"霸得书，封奏之。帝笑曰："狂奴故态也。"车驾即日幸其馆。光卧不起，帝即其卧所，抚光腹曰："咄咄子陵，不可相助为理邪？"光又眠不应，良久，乃张目熟视，曰："昔唐尧著德，巢父洗耳。士故有志，何至相迫乎！"帝曰："子陵，我竟不能下汝邪？"于是升舆叹息而去。

复引光入，论道旧故，相对累日。帝从容问光曰："朕何如昔时？"对曰："陛下差增于往。"因共偃卧，光以足加帝腹上。明日，太史奏客星犯御坐甚急。帝笑曰："朕故人严子陵共卧耳。"

除为谏议大夫，不屈，乃耕于富春山，后人名其钓处为严陵濑焉。建武十七年，复特征，不至。年八十，终于家。帝伤惜之，诏下郡县赐钱百万、谷千斛。

井丹字大春，扶风郿人也。少受业太学，通五经，善谈论，故京师为之语曰："五经纷纶井大春。"性清高，未尝修刺候人。

建武末，沛王辅等五王居北宫，皆好宾客，更遣请丹，不能致。信阳侯阴就，光烈皇后弟也，以外戚贵盛，乃诡说五王，求钱千万，约能致丹，而别使人要劫之。丹不得已，既至，就故为设麦饭葱叶之食，丹推去之，曰："以君侯能供甘旨，故来相过，何其薄乎？"更置盛馔，乃食。及就起，左右进辇。丹笑曰："吾闻桀驾人车，岂此邪？"坐中皆失色。就不得已而令去辇。自是隐闭不关人事，以寿终。

梁鸿字伯鸾，扶风平陵人也。父让，王莽时为城门校尉，封修远伯，使奉少昊后，寓于北地而卒。鸿时尚幼，以遭乱世，因卷席而葬。

后受业太学，家贫而尚节介，博览无不通，而不为章句。学毕，乃牧豕于上林苑中。曾误遗火延及它舍，鸿乃寻访烧者，问所去失，悉以豕偿之。其主犹以少。鸿曰："无它财，愿以身居作。"主人许之。因为执勤，不懈朝夕。邻家耆老见鸿非恒人，乃共责让主人，而称鸿长者。于是始敬异焉，悉还其豕。鸿不受而去，归乡里。

势家慕其高节，多欲女之，鸿并绝不娶。同县孟氏有女，状肥丑而黑，力举石臼，择对不嫁，至年三十，父母问其故。女曰："欲得贤如梁伯鸾者。"鸿闻而娉之。女求作布衣、麻履，织作筐缉绩之具。及嫁，始以装饰入门。七日而鸿不答。妻乃跪床下请曰："窃闻夫子高义，简斥数妇。妾亦偃蹇数夫矣。今而见择，敢不请罪。"鸿曰："吾欲裘褐之人，可与俱隐深山者尔。今乃衣绮缟，傅粉墨，岂鸿所愿哉？"妻曰："以观夫子之志耳。妾自有隐居之服。"乃更为椎髻，著布衣，操作而前。鸿大喜曰："此真梁鸿妻也。能奉我矣！"字之曰德曜，名孟光。

居有顷，妻曰："常闻夫子欲隐居避患，今何为默默？无乃欲低头就之乎？"鸿曰："诺。"乃共入霸陵山中，以耕织为业，咏诗书，弹琴以自娱。仰慕前世高士，而为四皓以来二十四人作颂。

因东出关，过京师，作《五噫之歌》曰："陟彼北芒兮，噫！顾览帝京兮，噫！宫室崔嵬兮，噫！人之劬劳兮，噫！辽辽未央兮，噫！"肃宗闻而非之，求鸿不得。乃易姓运期，名燿,字侯光,与妻子居齐鲁之间。

有顷,又去适吴。将行,作诗曰:"逝旧邦兮遐征,将遥集兮东南。心惙怛兮伤悴,志菲菲兮升降。欲乘策兮纵迈,疾吾俗兮作谗。竞举枉兮措直,咸先佞兮唲唲。固靡惭兮独建,冀异州兮尚贤。聊逍摇兮遨嬉,缵仲尼兮周流。倪云睇兮我悦,遂舍车兮即浮。过季札兮延陵,求鲁连兮海隅。虽不察兮光貌,幸神灵兮与休。惟季春兮华阜,麦含含兮方秀。哀茂时兮逾迈,愍芳香兮日臭。悼吾心兮不获,长委结兮焉究!口嚣嚣兮余讪,嗟恓恓兮谁留?"

遂至吴,依大家皋伯通,居庑下,为人凭舂。每归,妻为具食,不敢于鸿前仰视,举案齐眉。伯通察而异之,曰:"彼佣能使其妻敬之如此,非凡人也。"乃方舍之于家。鸿潜闭著书十余篇。疾且困,告主人曰:"昔延陵季子葬子于嬴博之间,不归乡里。慎勿令我子持丧归去。"及卒,伯通等为求葬地于吴要离冢傍。咸曰:"要离烈士,而伯鸾清高,可令相近。"葬毕,妻子归扶风。

初,鸿友人京兆高恢,少好《老子》,隐于华阴山中。乃鸿东游思恢,作诗曰:"鸟嘤嘤兮友之期,念高子兮仆怀思,想念恢兮爰集兹。"二人遂不复相见。恢亦高抗,终身不仕。

高凤字文通,南阳叶人也。少为书生,家以农亩为业,而专精诵读,昼夜不息。妻尝之田,曝麦于庭,令凤护鸡,时天暴雨,而凤持竿诵经,不觉潦水流麦。妻还怪问,凤方悟之。其后遂为名儒。乃教授业于西唐山中。

邻里有争财者,持兵而斗,凤往解之,不已,乃脱巾叩头,固请曰:"仁义逊让,奈何弃之!"于是争者怀感,投兵谢罪。

凤年老,执志不倦,名声著闻。太守连召请,恐不得免,自言本巫家,不应为吏,又诈与寡嫂讼田,遂不仕。建初中,将作大匠任隗举凤直言,到公车,托病逃归。推其财产,悉与孤兄子。隐身渔钓,终于家。

论曰:先大夫宣侯尝以讲道余隙,寓乎逸士之篇。至《高文通传》,辍而有感,以为隐者也,因著其行事而论之曰:"古者隐逸,其风尚矣。颍阳洗耳,耻闻禅让;孤竹长饥,羞食周粟。或高栖以违行,或疾物以矫情,虽轨迹异区,其去就一也。若伊人者,志陵青云之上,身晦泥污之下,心名且犹不显,况怨累之为哉!与夫委体渊沙,鸣弦搣日者,不其远乎!"

台佟字孝威,魏郡邺人也。隐于武安山,凿穴为居,采药自业。建初中,州辟不就。刺史行部,乃使从事致谒。佟载病往谢,刺史乃执赞见佟曰:"孝威居身如是,甚苦,如何?"佟曰:"佟幸得保终性命,存神养和。如明使君奉宣诏书,夕惕庶事,反不苦邪?"遂去,隐逸,终不见。

韩康字伯休,一名恬休,京兆霸陵人。家世著姓。常采药名山,卖于长安市,口不二价,三十余年。时有女子从康买药,康守价不移。女子怒曰:"公是韩伯休那?乃不二价乎?"康叹曰:"我本欲避名,今小女子皆知有我,何用药为?"乃遁入霸陵山中。博士公车连征不至。桓帝乃备玄𬘓之礼,以安车聘之。使者奉诏造康,康不得已,乃许诺。辞安车,自乘柴车,冒晨先使者发。至亭,亭长以韩征君当过,方发人牛修道桥。乃见康柴车幅巾,以为田叟也,使夺其牛。康即释驾与之。有顷,使者至,夺牛翁乃征君也。使者欲奏杀亭长。康曰:"此自老子与之,亭长何罪!"乃止。康因中道逃遁,以寿终。

矫慎字仲彦,扶风茂陵人也。少好黄老,隐遁山谷,因穴为室,仰慕松、乔导引之术。

与马融、苏章乡里并时，融以才博显名，章以廉直称，然皆推先于慎。

汝南吴苍甚重之，因遗书以观其志曰："仲彦足下：勤处隐约，虽乘云行泥，栖宿不同，每有西风，何尝不叹！盖闻黄老之言，乘虚入冥，藏身远遁，亦有理国养人，施于为政。至如登山绝迹，神不著其证，人不觌其验。吾欲先生从其可者，于意何如？昔伊尹不怀道以待尧舜之君。方今明明，四海开辟，巢许无为箕山，夷齐悔入首阳。足下审能骑龙弄凤，翔嬉云间者，亦非狐兔燕雀所敢谋也。"慎不答。年七十余，竟不肯娶。后忽归家，自言死日，及期果卒。后人有见慎于敦煌者，故前世异之，或云神仙焉。

慎同郡马瑶隐于汧山，以兔置为事。所居俗化，百姓美之，号马牧先生焉。

戴良字叔鸾，汝南慎阳人也。曾祖父遵，字子高，平帝时，为侍御史。王莽篡位，称病归乡里。家富，好给施，尚侠气，食客常三四百人。时人为之语曰："关东大豪戴子高。"

良少诞节，母不喜驴鸣，良常学之以娱乐焉。及母卒，兄伯鸾居庐啜粥，非礼不行，良独食肉饮酒，哀至乃哭，而二人俱有毁容。或问良曰："子之居丧，礼乎？"良曰："然。礼所以制情佚也，情苟不佚，何礼之论！夫食旨不甘，故致毁容之实。若味不存口，食之可也。"论者不能夺之。

良才既高达，而论议尚奇，多骇流俗。同郡谢季孝问曰："子自视天下孰可为比？"良曰："我若仲尼长东鲁，大禹出西羌，独步天下，谁与为偶！"

举孝廉，不就。再辟司空府，弥年不到，州郡迫之，乃遁辞诣府，悉将妻子，既行在道，因逃入江夏山中。优游不仕，以寿终。

初，良五女并贤，每有求姻，辄便许嫁，疏裳布被，竹笥木屐以遣之。五女能遵其训，皆有隐者之风焉。

法真字高卿，扶风郿人，南郡太守雄之子也。好学而无常家，博通内外图典，为关西大儒，弟子自远方至者，陈留范冉等数百人。

性恬静寡欲，不交人间事。太守请见之，真乃幅巾诣谒。太守曰："昔鲁哀公虽为不肖，而仲尼称臣。太守虚薄，欲以功曹相屈，光赞本朝，何如？"真曰："以明府见待有礼，故敢自同宾末。若欲吏之，真将在北山之北，南山之南矣。"太守惧然，不敢复言。

辟公府，举贤良，皆不就。同郡田弱荐真曰："处士法真，礼兼四业，学穷典奥，幽居恬泊，乐以忘忧，交蹈老氏之高踪，不为玄纁屈也。臣愿圣朝就加衮职，必能唱《清庙》之歌，致来仪之凤矣。"会顺帝西巡，弱又荐之。帝虚心欲致，前后四征，真曰："吾既不能遁形远世，岂饮洗耳之水哉？"遂深自隐绝，终不降屈。友人郭正称之曰："法真名可得闻，身难得而见，逃名而名我随，避名而名我追，可谓百世之师者矣！"乃共刊石颂之，号曰玄德先生。年八十九，中平五年，以寿终。

汉阴老父者，不知何许人也。桓帝延熹中，幸竟陵，过云梦，临沔水，百姓莫不观者，有老父独耕不辍。尚书郎南阳张温异之，使问曰："人皆来观，老父独不辍，何也？"老父笑而不对。温下道百步，自与言。老父曰："我野人耳，不达斯语。请问天下乱而立天子邪？理而立天子邪？立天子以父天下邪？役天下以奉天子邪？昔圣王宰世，茅茨采椽，而万人以宁。今子之君，劳人自纵，逸游无忌。吾为子羞之，子何忍欲人观之乎！"温大惭。问其姓名，不告而去。

陈留老父者，不知何许人也。桓帝世，党锢事起，外守黄令陈留张升去官归乡里，道逢友人，共班草而言。升曰："吾闻赵杀鸣犊，仲尼临河而反；覆巢竭渊，龙凤逝而不至。

今宦竖日乱,陷害忠良,贤人君子其去朝乎?夫德之不建,人之无援,将性命之不免。奈何?"因相抱而泣。老父趋而过之,植其杖,太息言曰:"吁!二大夫何泣之悲也?夫龙不隐鳞,凤不藏羽,网罗高悬,去将安所?虽泣何及乎!"二人欲与之语,不顾而去,莫知所终。

庞公者,南郡襄阳人也。居岘山之南,未尝入城府,夫妻相敬如宾。荆州刺史刘表数延请,不能屈,乃就候之。谓曰:"夫保全一身,孰若保全天下乎?"庞公笑曰:"鸿鹄巢于高林之上,暮而得所栖;鼋鼍穴于深渊之下,夕而得所宿,夫趣舍行止,亦人之巢穴也,且各得其栖宿而已,天下非所保也。"因释耕于垄上,而妻子耘于前。表指而问曰:"先生苦居畎亩而不肯官禄,后世何以遗子孙乎?"庞公曰:"世人皆遗之以危,今独遗之以安,虽所遗不同,未为无所遗也。"表叹息而去。后遂携其妻子登鹿门山,因采药不反。

赞曰:"江海冥灭,山林长往。远性风疏,逸情云上。道就虚全,事违尘枉。"

【译文】

《周易》上说:"'遁'的意义是很重要的。"又说:"不侍奉王侯将相,把隐遁看作一项崇高的事业。"所以虽然用天、帝来称呼尧,但同时也不贬低巢父、许由的崇高;汤武王够尽美尽善了,孤竹国的二君伯夷、叔齐竟也和他一样。从上古以来直到现在,风流人物更加众多,仙逝的归途虽然一样,用来触动君王的方法却有不同。有人以隐居来实现自己的心愿,有人以回避世俗的方法来保全自己的主张;有人以镇静自己改掉急躁的毛病,有人远离危难以求得自己的平安;有人愤世嫉俗以发表自己的感慨,有人假借他物来激励自己的清高。然而观察他们心甘情愿地处在山木田野之中,憔悴老死在江湖草泽之上,一定要亲自捕鱼猎鸟,以林木丛草为乐,也是各人的性情所决定的。所以有些蒙受冤屈的人,虽屡次被免除官职,也不离开自己的国家;君王以武力征服他国,臣子宁愿跳海而死。这样的节操是任何封官许愿所不能改变的。人各有自己尊尚的事物情怀,别人不能改变它。他们虽然固执得像沽名钓誉的人,然而超脱于俗务之中,生活在尘世之外,也就和那些假装聪明的追逐名利的人大不相同了。荀子曾经说:"志向远大的人看不起富贵阶级,看重道义的人则轻视王侯将相。"

汉朝中期衰微,王莽篡夺皇位。各界人士都满含着愤怒的情绪。当时抛弃了官职相约而离开朝廷的人不可胜数。扬雄说:"鸿鹄飞得很高,射猎的人无可奈何它。"说的就是远离祸乱。光武帝空出高位来等待隐者,唯恐寻求不到,用旌旗布帛及安稳的车子征召勇士,盼望能在山林野泽中找到他们。至于薛方、逢萌,受到礼聘不肯出来,严光、周党、王霸虽然出来,但不肯为君王所用。民心向往怀有仁义的志士仁人,这本来就是平时所说的"提拔了有名望的隐士,天下民心就有所归向了"。肃宗也礼遇郑均,征召高凤,以表明他的气度。自那以后皇帝的德行渐渐衰落,奸邪小人当权,隐士们耿介正直,不愿与他们同流合污,以至于表示愤怒,无所顾忌,言行多有偏颇。现在将遁迹山林和避世之人记录在这篇传记中。

野王一带有两位老人,不知道他们到底是什么人。当时,光武帝背叛更始帝刘玄,恰逢关中动乱,派遣前将军郑禹西征,送他上路。回来后在野王一带打猎,路上碰到二位老人在捕鸟。光武帝问道:"鸟向何处飞了?"两人都举手指着西边,说:"那边有很多老虎,我们经常捕鸟,老虎也来袭击我们,愿大王您不要去。"光武帝说:"如果我有准备,老虎怕什么!"老大爷说:"您大错特错了。过去商汤在鸣条地区讨伐夏桀,在亳一带筑大城以自卫;周武王在牧野地区讨伐商纣王,也在郏鄏一带筑大城以自卫。这二位君主,他们的准备不能不算充分。这是因为攻击别人的人,别人也攻击他。虽然有准备,哪可有一点疏忽呢!"光武帝领悟了这番话的意义,对随从人员说:"这二人是隐士啊。"将要任用他们时,他们辞别而去,不知到哪里去了。

向长,字子平,是河内朝歌一带的人。隐居不做官,性情温和,崇尚中庸,喜爱并精通《老子》《周易》。家里贫穷,无法生活,喜欢多事的人轮流赠送食物给他。他只接受一点点,多余的还给他们。王莽的大司空王邑推荐他,每年都如此,想把他推荐给王莽,他坚决不同意,于是,王邑就只好作罢。在家里潜伏隐居,读《周易》读到《损》《益》二卦时,长叹道:"我已知道富裕不如贫穷,高贵不如低贱。只是不知道死与生比怎么样罢了。"建武年间,儿女娶嫁完毕,告诉家里人说家事已与我无关,就当我已死了。于是按照着自己的心愿,与朋友北海人禽庆一起邀游五岳名山,最后不知道死在什么地方。

逢萌,字子康,北海都昌一带人。家里很穷,在县里做事,当了个小亭长。当时有上级官员路过亭子,逢萌等候欢迎并拜见他,事后把盾牌扔在地上,叹息说:"大丈夫怎么能够被人役使!"于是离开家乡到长安学习,通晓《春秋》经。当时王莽杀了他的儿子王宇,逢萌对朋友说:"君臣、夫妇、父子三种关系都要断绝了,不离开这儿,灾祸就要降落到我们身上。"立即解下官帽挂在东都城门上,回到家里,带领家眷向东迁徙,客居在辽东地区。

逢萌一向懂得阴阳方术,知道王莽即要垮台。过了一会儿,便头顶着瓦盆,在大街哭道:"新朝啊,新朝啊。"于是就隐藏起来了。等到光武帝即位,到了琅玡崂山,修道隐居,人们都受到了他的德行的感化。

北海太守早就听说了他的高尚,派遣小官吏拿着名帖去向他表示敬意。逢萌不做答复。太守怀恨在心,因而逮捕了他。小官吏磕头说:"子康是天下的大贤,天下人都知道,凡是到了什么地方别人都很尊敬他,去逮捕他一定逮不到,只会使自己受到侮辱。"太守生气了,逮捕了这名小吏,把他送进了监狱,换了一名官吏去逮捕逢萌。到了崂山时,人们果然成群结队,手里拿着武器,威风凛凛地护卫着逢萌。小官吏被击伤,流了血,逃奔而去。后来皇上下诏书征召逢萌,逢萌以年已老耄为借口,故意迷失方向,对使者说:"朝廷所以征召我去,是想我对政府有所贡献,现在我连方向都摸不到,怎么能对时事有所帮助呢?"于是便往回走。接连征召都不出山,后高龄而终。

早先逢萌和同郡人徐房、平原人李子云、王君公相处很好,都通晓阴阳方术并提倡道德修养。徐房和李子云各收了一千多名徒弟,王君公碰到动乱却不离开,做牛贩子隐居市井中,当时人评论说:"王君公避世在东墙下面。"

周党,字伯况,是太原广武人,家产值千金。年纪很小即成为孤儿,被本家收养,但本家对他不讲道理;成年后,又不归还他的财产。周党到乡里和县里去控告本家,乡县做主归还了他的财物。马上他就把财物散布分给了同族人家,全部免去并遣回了家里的奴婢,到长安去游学去了。

早先乡里收税官曾当众侮辱周党,周党长期怀恨在心。后来读了《春秋》,知道什么是复仇,便停止学业,回到乡里。通知收税官,定下了决斗日期。双方发刃后,周党被对方击伤,伤势较重。收税官佩服他的正义,把他抬回来,让他养伤。几天后才苏配过来,心中有所觉悟，离开了家乡。从此以后，勤奋修行，州里的人都称赞他情操高尚。

王莽篡位后，他借口有病，谢绝别人登门拜访。从那以后乱贼蜂起，到处残害人民百姓，只有到广武，过城不入。

建武中期，皇上征召拜为议郎，因为有病卸任离职，带领妻子儿女定居在黾池。后来又被征召，不得已，穿着短的布做的单衣，戴着楮树皮织成的头巾，进见尚书。到了被光武帝接见时，周党爬在地下不肯拜见皇上，述说自己愿意坚守自己的志向，皇上同意了他的请求。

博士范升上书诋毁周党说："我听说尧不需要许由、巢父，就能统一天下，周朝不依靠伯夷、叔齐，帝王之业也能完成。我认为太原周党、东海王良、山阳王成等，蒙受皇上的恩典，使者多次礼聘，才肯上车。等到在朝廷被皇上接见时，周党还不依据礼仪制度屈从于皇上，趴在地上不晋见君主，粗鄙骄傲，随着时间的流逝而永远消失。周党等人说文不能著书立论，说武不能为君赴汤蹈火，沽名钓誉，几乎要达到三公的职位。我愿和他一起坐在云台下面，比试谁更有振兴、发展国家的计谋主张。如果我说的不是实情，我愿伏欺君之罪。那些敢出于私心，盗窃虚名，向皇上夸耀自己以求提升，都是对皇上的最大不敬。"上书呈递给皇上后，皇上拿给公卿大臣一阅，并诏示说："自古以来，贤明的君主们一定都碰到不能成为自己宾客的人士。伯夷、叔齐不吃周朝配给的粮食，太原周党不接受我的俸禄，也是人各有志啊。赐给他布帛四十匹。"周党于是隐居在黾池，著书上下篇后死去。同乡人认为他很贤明，作祠纪念他。

早些时候，周党与同郡人谭贤伯升、雁门殷谟君长，都保守节操，不在王莽当政时出来做官。建武年间，天子征召，都不出山。

王霸字儒仲，是太原广武人，年轻时即有清明的节操。王莽篡位后，摒弃了官职，和做官的人断绝了往来，建武年间，天子征召他为尚书，拜见时只称自己的名字，不对天子称臣。当官地问他为什么这样做，王霸说，"有人是天子不能统治的，大臣不能结交的。"司徒侯霸把自己的位置让给王霸，阎阳诋毁说："太原人喜欢拉帮结派，钩心斗角，儒仲很有这样的习气。"于是没有接受侯霸的职位。后来因病回乡隐居，住的是茅屋草棚，接连几次征召都不出仕，后高龄而终。

严光字子陵。又名遵，是会稽余姚人。年轻时即有好名声。和光武帝同进学业。到光武帝即位后，却隐姓埋名，隐居而不见。光武帝想到他的贤明，于是按照他的相貌查访他。后齐国报告说："有一名男子，披着羊皮袄在大泽中垂钓。"光武帝怀疑他即是严光，于是准备了舒适的车子和黑色的印带，派使者去聘请他。邀请了多次，他才出来，住在北军，天子赐给他被褥和床，掌管百官膳食的官员给他提供膳食。

司徒侯霸和严光是旧交，派人送信给严光。被派遣的人对严光说："侯霸听说了先生的到来，他诚诚恳恳想到您这儿来拜访您，但是他身居要职，所以不方便，因而没来。想请您晚上委屈一下，到他那儿去说说话。"严光不回答，把信扔还给他。口授一封回信说："君房足下：您已经到了权倾朝廷、举足轻重的地步，很好。您怀有仁德，辅助政义，天下的人都很高兴，但您阿谀逢迎、对皇上的溜须拍马也要做得绝妙，独树一帜，独领风骚。"侯霸得了这封信，封了口把它送给皇上。皇上笑着说："这是狂妄奴才的一贯德性。"坐着车当天就到了严光的住处。严光睡在床上不起来，皇上到了他的床边，摸着严光的肚子说："咄咄逼人的子陵，不能帮助我治理天下国家吗？"严光又闭上眼睛不说话，过了很长时间，才睁开眼睛，看了皇上老半天，才说："过去唐尧那么高尚的德行，让巢父出来做官，巢父听说后恶心得连耳朵都要洗。各人本来有自己的志向，为什么要到这儿来强迫我呢？"皇上说："子陵，我最终也不能降伏你吗？"于是坐着车子叹息着而离去了。

后来又有人领着严光到了皇宫，和皇上评论说到老朋友等旧交，面对面地坐着，说了好几天。皇上不慌不忙地问严光说："我跟过去相比，有什么变化？"严光答："陛下比过去稍强一点。"两个人一起睡觉，严光把脚放在皇上的肚子上。第二天，管天象日历的太史报告说有客星侵犯御坐，很是急迫。皇上笑着说："这是因为我的老朋友严子陵和我一起睡觉。"

皇上拜他为谏议大夫，没有接受，仍然在富春山从事农业生产。后来的人把他钓鱼的地方叫严陵濑。建武十七年，又特意征召他做官，他还是没有出山。八十岁那天，死在家中。皇上哀悼他并为惋惜，下诏书给郡里和县里，赐给严光一百万钱和一千斛谷子。

井丹，字大春，是扶风这个地方的人。年轻时在全国最高学府和贵族子弟就读的学校太学读书，精通"五经"，善于评论，所以京城人评价他是精通"五经"知识渊博的井大春"。品性清高，从不结交达官贵人。

建武末年，沛王刘辅等五王住在北官，都喜欢收养门人，善待宾客，又派人去邀请井丹，还是不能把他召来，信阳侯阴就，是光烈皇后的弟弟，凭借着皇后亲戚这样的显赫地位和强大的势力，欺骗五王说，给他一千万钱币，他就能够和井丹联系，约他出来，而实际上是另外让人在半路上劫持他。井丹迫不得已，被劫持到了阴就这儿。阴就故意给他吃麦饭葱叶等粗鄙食物，井丹把它们推得远远的，说："因为您这样的王公贵族能提供精美的食物，所以才来拜访你的，为什么这样小气舍不得呢？"阴就重新给他准备了丰盛的食物，于是他开始吃。等到阴就一起身，他的手下人就抬着一辆用人拉的车子进来。井丹笑着说："我听说残暴的夏桀曾驾驶用人拉的车子，难道就是这辆吗？"在座的人听了这话都大惊失色。阴就没有办法，下令把人力车抬走了。从此以后井丹闭门隐居，不和任何人来往，不涉及任何社会事务，高龄而终。

梁鸿，字伯鸾，是扶风平陵人。父亲梁让是王莽执政时的城门校尉，封为修远伯，被派来侍奉远古帝王少昊金天氏的后人，家住北地一带，后死于这个地方。当时梁鸿还小，因为碰到了动荡的年代，父亲死后只用席子卷起来就安葬了。

后来梁鸿在太学里学习，虽然家里穷，但崇尚高尚的节操，讲究正直耿介，博览群书，无所不通。然而不著书立说，不轻易发表言论。学习结束后，仍然在上林苑中放猪放羊。曾经因为不小心引起火灾，烧了别人的房屋，于是梁鸿就寻访被烧的人家，问他们损失什么，用所有的生猪来赔偿他。那家的主人还嫌太少了，梁鸿说："我没有其他财产了，愿意到你家来当帮工。"那人同意了。因为梁鸿做事勤快，从来都不懈怠，周围邻居中的老人们发现梁鸿不是普通人，于是一起谴责那家的主人这样对待梁鸿，而把梁鸿尊为长者。于是那人也开始尊敬梁鸿，认为他很奇怪，全部归还了他的生猪，梁鸿没有接受，离开了这个地方，回到家乡去了。

有权势的人家仰慕梁鸿的高尚节操，想把女儿嫁给他，梁鸿都谢绝不娶。本县孟家有一女儿，肥胖丑陋，肤色很黑，力气大得能举起石臼，年龄已经三十岁了，还在选择对象，未曾出嫁。父母问她这样做是为什么，她回答说："我希望得到像梁伯鸾那样贤良的人。"梁鸿听说后，就向她下了聘礼，孟女向父母要求制作布衣服和麻鞋，以及盛放编织物的筐子和纺织的工具。到要出嫁时，才开始装扮自己以出门。过门七天，梁鸿都没有搭理她。妻子跪在床前询问道："我私下里听说您道德高尚，已谢绝了几位女子了，而我也拒绝过几位男子的求婚。现在您选了我，怎么敢不向您请罪呢！"梁鸿说："我要的是穿生毛皮、粗布衣服的人，她可以和我一起隐居在深山老林。现在你穿着华丽难道是我想要的吗？"妻子说："我这样做是想试探您，看看您的志向如何。我自然备有隐居的衣服。"于是改变了发型，梳起了朴素的发髻，穿上了布衣服，一边做着事情，来到了梁鸿面前。梁鸿看了极为高兴，说："这才真是我梁鸿的妻子啊。能侍奉我了！"替她取名孟光，字德曜。

过了一段时间，妻子说："我常听说您想隐居以逃避祸乱，为什么到现在没有行动？怕不是向世俗势力低头了吧？"梁鸿说："好的。"于是一起到了霸陵山中避世隐居，以种田和纺织为事业，闲暇时读读《诗经》《尚书》，弹弹琴，自我娱乐。心里非常景仰、羡慕前代的高洁之士。并为四皓以来的二十四位隐士作了赞颂的文章。

因为出关向东去，路过京城，作了一首《五噫之歌》，歌词是："登上了那座北芒山啊，噫！回头俯瞰京城啊，噫！宫殿宏伟灿烂啊，噫！这是劳苦大众的血汗啊！噫！这种状况没有尽头啊，噫！"肃宗听说后很不高兴，派人搜捕梁鸿，准备逮捕他。梁鸿于是改姓运期，起名叫燿，字为侯光，和妻子隐居在齐鲁一带。

过了一段时间。离开了齐鲁一带去了吴国，临行时做了一首诗，大意是："离开了故乡呀就要远征，将会向东南方向流浪。心情志忐不安，感到悲哀憔悴，我的志愿也是忽而高呀忽而低。想要跃马驰骋奔向远方，痛恨奸邪诬陷的社会风俗。他们竞相推举卑躬屈膝的小人而将正直的人闲置不用，让小人得势，恶人先告状。本来对我自己的独守情操并不惭愧，也希望吴国的人民崇尚贤德。姑且逍遥自在，到处遨游，赞美孔子，使他的风范到处传扬。天上的云彩都看到了我的喜悦，看到我下了车又上船，马不停蹄地到处遨游。经过季札的封地延陵，又到了鲁仲连的隐地海边。虽然再也见不到他二人光辉的仪表，也希望我的灵魂和他们的一样美好高尚。春天三月的花开得那样旺盛，麦子含笑点头正在开花。为这大好的春光即将逝去感到悲哀，也惋惜这芳香的气味日益衰败。为我的心愿不能实现感到忧伤，心情长期郁结不解，什么时候才是尽头。许多小人诬蔑陷害我啊，弄得惶惶不安，不知将要到那里去。"

于是到了吴国地方，投奔了著名人物皋伯通，住在庑廊下的大房子里，帮人家舂谷物。每天回到家里，妻子都为他摆好饭，在梁鸿面前不敢抬头对着他看，于是把饭放在小茶几上，举得与眉毛平齐的高度，将饭食进献给梁鸿。伯通看到这样的情况，觉得很奇怪。说："他能使妻子这样地敬重他，一定不是普通人。于是让他住进家里。梁鸿潜心闭门进行创作，写了十多本书。患了疾病，到了病重的时候，对主人说："过去延陵季札把儿子埋在嬴、博两地之间，不把灵柩运回乡里，切忌不要让我的儿子把我的灵柩运回故乡。"他死了后，伯通等人在要离墓旁为他寻得一块墓地。众人都说："要离是刚烈的人，而伯鸾品格清高，可以让他们葬在一起。"安葬了梁鸿后，他的妻子回到了家乡扶风。

早先，梁鸿有位朋友京兆人高恢，年轻时即喜欢《老子》，隐居在华阴山中。梁鸿东游时很想高恢，写了一首诗："小鸟不停地鸣叫呀，那是寻找和期待朋友、知音。想念高恢啊，我的心里老是在怀想。想念高恢啊，我的思念之情是这样的浓郁。"然而两人没有再相见。高恢的人品也很高尚，一生都没有做官。

高凤，字文通，是南阳叶一带的人。年轻时为一书生，家里是种田的，他自己专心刻苦地读书，夜以继日，昼夜不息。妻子常到田里去劳动，麦子晒在院子里，让高凤看着，别让鸡吃了。当时天下起了暴雨，而高凤手拿着竹竿在那儿朗读经书，一点儿也没有察觉大雨已经淋湿了麦子。妻子回来后惊诧地责问他，高凤方才发觉。从那以后就成了名儒，在西唐山中教授经学典籍。

邻居中有人争夺财产，双方拿着武器互相斗殴，高凤去进行调解，双方不听，高凤于是脱了头巾给他们磕头，坚决地请求道："仁义道德，谦虚礼让，怎么可以抛弃呢!"于是争斗的双方被感动了，放下了武器，互相道了歉。

高凤年纪越大，越发执着地追求实现自己的志愿，不知怠倦，他的名声越来越响。太守接连几次邀请他出来做官，他恐怕自己逃避不了，于是说自己本来是巫士，不应该当官的，又假装伪造了寡嫂的诉讼案，于是终于没有出来做官。建安年间，将作大匠任隗举荐高凤为直言一官，到了来接他的公车的旁边，他还是借口有病逃跑回去了。把他的财产全部都给了他死去哥哥的儿子，过着隐居生活，整天以垂钓为乐，老死于家中。

有评论说：先大夫宣侯曾在研究正统思想的闲暇，致力于隐者逸士的研究。读到高文通传便停了下来，很有一些感慨，认为他是一个隐士，因此叙述他的行为事迹并且并评论道："古代社会人们隐居遁世，那是因为当时的社会风气。许由去河边洗耳朵，是因为听到尧要禅让帝位给他而感到可耻。孤竹国二君子伯夷、叔齐长年饥饿，是因为以吃周朝的俸禄而感到羞耻。他们有的因为高高在上而违背了行为常理，有的因愤世嫉俗而装腔作势，虽然行为轨迹不同，但其原因和效果是一样的。像他们这些人，虽有凌云之志，但深受肮脏社会的压迫，心愿和名声还不能顾及，那谈得上埋怨和反抗呢! 他们和屈原的自沉汨罗江以反抗统治者、和嵇康临刑时的顾日影而弹琴相比，相距是多么远啊。"

台佟，字孝威，是魏郡邺一带的人。隐居在武安山中，凿一个山洞算作房子，以采药为生。建初年间，州官举荐他做官，他不答应。刺史行部也让使者去拜访他。台佟带病去拜谢他。刺史备好礼物，去见台佟，说："孝威你这样生活，很苦，这是为什么呢"台佟说："我台佟只希望保全性命，怡养精神。像您这样早晨受指使到处奔跑，晚上还要警惕那些杂务琐事做完没有，这反而不苦吗?"说完就离开了，隐居遁世，最终再也没有出现。

韩康，字伯休，又名恬休，京兆尹霸陵人。家里是望族。韩康经常到名山中采药，采到后到长安市去卖，开价说一不二，这样做了三十多年。当时有一女子向韩康买药，韩康不让还价。那女子愤怒地说："你是韩伯休吗? 不让还价吗?"韩康叹息地说："我本来想隐姓埋名，现在连小女子都知道有我这个人，还卖药干什么呢!"于是逃到霸陵山中。朝廷派官车多次征召他为博士，他都没有出来。桓帝于是备办了召见贤士的礼品，准备了一辆舒适的车子去聘请他出来。使者捧着桓帝的诏书到韩康住处，韩康没有办法，只得同意。辞退了那辆舒适的车子，自己坐着一辆打柴用的普通的车子，趁着一大早，抢先在使者前面出发了。到乡亭时。亭长因为韩征君要从这里经过，正派遣人力和用牛作为劳力来修路修桥。看见韩康戴着头巾，坐着打柴用的车子，以为是个种田的老头，就让手下人来抢韩康的牛。韩康停下车把牛给了他。过了一会儿，使者也到了这儿，说明了被抢了牛的老翁就是皇帝征召的人。使者要想向皇帝启奏杀掉亭长，韩康说："这本来是我老头子自己给他的。他有什么罪呢?"于是使者只好算了。韩康因此半路逃跑了，后来高寿而终。

矫慎，字仲彦，是扶风茂陵人。年轻时喜爱黄帝、老子的思想，在山谷中隐居，依山洞造了房子，仰慕赤松子、王子乔的按摩导引方法、技术，和马融、苏章同乡并且同时，马融因为才学博大而闻名，苏章因为廉洁正直而受到称赞，然而他们都推举矫慎，认为矫慎应该排在他们前头。

汝南人吴苍很器重他，因而给他写了一封信以考察他的志向，说："仲彦足下：勤于政事和隐居山林，有腾云飘逸和生活在污浊的现实社会两种情况的不同，所以每有您那儿的风吹到这边来，我没有不叹息的。我听说黄帝、老子的主张是利用一切机会与可能修身隐居，并且也可以治理国家，养育人民，做官从政。至于逃入深山灭绝行迹的人应该是神、人不知，神和人都看不出他隐居的迹象。我想先生您应该依着您能做到的去做，您认为如何？过去伊尹以不坚持隐居的态度来对待象尧舜一样贤明的君主商汤。当今社会风气开明，四海开阔幅员广大。如果遇到这样清明的时代，巢父许由不会隐居箕山，伯夷、叔齐后悔逃入首阳。足下您这样的人确实才能非凡，完全可以搏击在上层社会，并且也非一般的等闲之辈所能陷害中伤的。"矫慎没有理睬，不做任何回答。七十多岁了，也不肯结婚。后来忽然回到家乡，自己说了去世的日子，到了那天，果然死了。后世有人在敦煌看见了矫慎，所以前世他就与众不同，有人说他是神仙。

矫慎的同乡马瑶，隐居在汧山，以猎兔为生，他所在的地方教化清明，风俗淳朴，老百姓赞美他，给他起了个号叫马牧先生。

戴良，字叔鸾，是汝南慎阳人。曾祖父戴遵，字子高，平帝时做过侍御史，王莽篡位后，借口有病回到了家乡。家里很富有，喜欢施舍救济穷人，崇尚豪爽侠义，家里门人食客常有三四百人。当时人们议论说："关东的大富豪是戴子高。"

戴良年轻时怪诞，母亲怕听驴叫，而戴良常学驴叫，自以为乐。母亲去世后，哥哥伯鸾住草棚子，只喝稀饭，任何行动都符合礼节，而戴良偏偏吃肉喝酒悲伤时也痛哭。然而两人都形容清瘦，憔悴不堪。有人问戴良说："你为母亲守孝，凡事合乎礼节吗？"戴良说："当然。礼节是用来控制感情放纵的，如果感情不放纵，谈什么礼节不礼节。吃精美的食物不认为味道好，所以才有形体消瘦、面容憔悴的结果。如果嘴里感觉不到味道好，吃肉喝酒是可以的。"说他的人不能反驳他。

戴良的才智既高，言论又奇特，常常惊世骇俗。同乡谢季孝问他说："您自己认为天下谁可与您相比？"戴良说："我像孔子生于东鲁，大禹出现在西羌，一个人在天下独往独来，谁能和我相提并论！"

曾被推举为孝廉，没有应征。又被举荐到司空府，一年时间都不到任，州郡的长官逼迫他，于是假托要到司空府去，却带着妻子儿女上路，趁机逃进江夏山中，悠闲游荡，不出来做官，高龄而终。

早先戴良的五个女儿都很贤惠，一有人求婚，总是马上许嫁。常以粗布衣服、布做的被子、竹制的箱子和木拖鞋打发她们。五个女儿都能遵循他的教诲，都有隐士的风范。

法真，字高卿，是扶风郿一带的人，南郡太守法雄的儿子。好学并且不固定局限在那一家，精通中原和异域的图书典籍，是关西的大儒者。从远方来求学的弟子如陈留、范冉等，有数百人。

法真性格恬静，清心寡欲，不结交官场上的人员，不关心社会上的杂事。太守请他去拜见，法真戴着头巾而没有戴官帽就去了。太守说："过去鲁哀公虽不贤明，孔子还对他称臣。我太守肚子里没货，知识浅薄，想让您屈就一个小官，帮助本朝治理朝政，怎么样？"法真说："因为您太守对我很有礼貌，所以我才做您的客人。如果要想让我当官，我将去北山的北面，南山的南面，跑得远远的。"太守吓了一跳，不敢再说了。

提拔他到公府做官，推举他作贤良之人，他都没有应征。同乡田弱向皇上推荐他说："隐士法真，精通《诗》《书》《礼》《乐》四部典籍，学问已经穷尽了这些典籍的奥秘所在，深居独处，生性恬静、淡泊，常常快乐，忘却烦恼，将沿着老子的足迹遁世隐居，不向礼聘屈服。臣愿意我们的政府给他封官加冕，这样做必定能够倡导《清庙》一诗中体现的社会风气，使社会呈现出一派祥和景象。"恰逢顺帝西巡，田弱又推荐他。顺帝诚心要想让他出来做官；前后共下诏征召他四次。法真说："我既然不能够隐居远离尘世，难道可以喝许由洗了耳朵的水吗？"于是更加隐蔽地隐居起来，最终还是没有屈服。朋友郭政称赞他说："法真只能听说他的名字，却见不到他的身影。他隐姓埋名而名字与我同在，逃避名声而名声我要追赶。真可以算是百世之师啊！"于是和别人一起刻石赞颂他，称他为玄德先生。中平五年去世，时年八十九岁。

汉阴老父，不知是什么地方人。延熹年间，桓帝游历竟陵，经过云梦泽，到了沔水边，老百姓没有一个不围观的，只有一个老头子还在耕田，并不停下来。尚书郎南阳人张温很奇怪，派人去问道："人人都跑来观看，只有你这老头不停止耕田，为什么呢？"老头子笑而不答。张温下来走了百来步，亲自和老头子说话。老头说："我是村野之人，不知道你们说的是什么。请问是天下混乱而确立天子呢？还是天下太平才确立天子呢？立天子是想做天下人的父亲呢？还是你们当官的想奴役天下人以侍奉天子呢？过去的圣主主宰社会，虽然住的是茅屋草棚，但天下万人都感到安宁。现在您的君主劳役别人而放纵自己，到处游玩无所顾忌。我为您感到羞耻。您怎么忍心还要让别人去观看呢？"张温非常惭愧。问他姓甚名谁，没有说就走了。

陈留老父，不知是什么地方的人。桓帝时，宦官和士大夫争权的党锢大案发生。守外黄令陈留人张升罢官回到家乡，路上碰到老朋友，两人铺开茅草，席地而谈。张升说："我听说赵国杀了鸣犊，仲尼到了河边掉头而返。把鸟巢打翻了，让深水干涸了，龙凤也就再也不会到来。现今宦官掌权，朝政越来越乱，他们陷害忠良，贤人君子还是离开朝廷吧？一个朝廷如果不树立良好的道德品行，别人就不会给它援助，他的性命也就难以保全。这将怎么办呢？"说完两人抱头痛哭。老头快步经过这里，把他的拐杖竖在地上，长叹一声："唉！二位大人为什么哭得这么伤心啊？龙终究不隐藏自己的鳞甲，凤也不会藏起自己的羽毛，罗网高悬，你们将要到那里去呢？哭有什么用！"二人刚想和他说话，他头都不回就走了，没有人知道他到哪里去了。

庞公是南郡襄阳人，住在岘山的南边，从未去过城市。夫妻相敬如宾。荆州刺史刘表多次邀请他出山，都不能说服他，于是只能到他那儿去拜望他。对他说："保全自己一人和保全天下相比，怎么样？"庞公笑道："鸿鹄在高高的树上筑巢，傍晚后能够有地方栖息，乌龟在深渊底下挖洞，晚上才有地方住宿。至于人们所追求和放弃的，也是各人的巢穴罢了。姑且让人们各得其所。天下不是我所能够保全的。"因为他把农具放在了田头，他的妻子就拿起农具到前面去耕地了。刘表指着他的妻子问道："先生您艰苦地住在农村种田，不肯出来做官享受俸禄，您死了后拿什么东西遗赠给子孙呢？"庞公说："社会上的人都给子孙遗留了危险，只有我遗留给他们安全，虽然送的东西不同，但并不是什么都没有留给子孙。"刘表叹息着离开了。后来他带着妻子儿女登上鹿门山，有一次出去采药，再也没有返回。

赞说：与江海一起冥灭，永久地奔向山林。性情超远风采疏落，飘逸的情怀直上青云。尊奉虚妄无为，求得闲适平安，远离冤屈与尘世。

【二十五史】

三国志

[西晋] 陈寿·原著

导　读

　　《三国志》是由西晋史学家陈寿所著，其中六十五卷，包括《魏书》三十卷，《蜀书》十五卷，《吴书》二十卷，主要记载魏、蜀、吴三国鼎立时期的历史。家喻户晓的历史人物曹操、孙权、刘备、诸葛亮，都有专门的记载。

　　陈寿写《三国志》以前，已出现一些有关魏、吴的史作，如王沈的《魏书》，鱼豢的《魏略》，韦昭的《吴书》等。《三国志》中的《魏书》《吴书》，主要取材于这些史书。蜀政权没有设置史官，无专人负责搜集材料，编写蜀史。《蜀书》的材料是由陈寿采集和编次的。陈寿写书的时代靠近三国，可资利用的他人成果并不多，加上他是私人著述，没有条件获得大量的文献档案。我们阅读《三国志》时，就会发现陈寿有史料不足的困难，内容显得不够充实，很多重要人物，如徐干、陈琳、应玚、丁仪、丁廙等都没有专传，有专传的人，也往往失之简略。陈寿没有编写志。我们要了解三国时代的典章制度，只好借助于《晋书》。

　　魏、蜀、吴三足鼎立，所以陈寿用"三国"来命名他的史书。他是由三国入晋的人，作了晋的官吏，晋继承魏统一了全国，所以他不得不以《魏书》居前，用本纪来记述魏国的几代帝王。但对蜀、吴二主，形式上称"传"，记事方法却与本纪相同，按年叙事，实际上把蜀、吴放在与魏同等的地位，反映了历史的真实情况。可见陈寿是一个有创见的史学家。

　　《三国志》善于叙事，文笔简洁，剪裁得当，当时就受到赞许。与陈寿同时的夏侯湛写作《魏书》，看到《三国志》，认为没有另写新史的必要，就毁弃了自己的著作。后人更是推崇备至，认为在记载三国历史的史书中，独有陈书可以同《史记》《汉书》相比美。因此，其他各家的三国史相继泯灭无闻，只有《三国志》一直流传到现在。

　　陈寿死后一百多年，陆续出现大量的三国史的新史料。南朝宋文帝认为《三国志》太简略，就令裴松之作注。裴松之与范晔是同时代的人。他的注与重在训释文义的《史记》三家注和《汉书》颜师古注不同，主要是增补史实，资料极为丰富。粗略统计，注中列举魏晋人的著作达二百余种，所截取的史料比较完整，注文条目也相当多，文字总数超出正文三倍。就史料价值来说，并不亚于《三国志》。注中引用的书，现在大部分已经失传，这使裴注更加被人重视。据裴松之自己归纳，注文内容着重四个方面：一、应载而陈寿未载的史事，加以增补；二、同是一事，说法歧异，则采录异闻；三、对错误的记载予以纠正；四、对时事和陈寿的不正确看法进行评论。概括起来就是补缺、备异、纠谬、评论。这种注书方法，打开了注书的新局面。

武帝纪

【题解】

曹操（155~220），东汉沛国谯县（今安徽亳县）人。从小机警，有变应能力。二十岁被荐举为孝廉，任郎。历任洛阳北部尉、顿丘令、议郎。中平元年，以骑都尉身份参与镇压黄巾起义，调任济南相。中平六年，起兵讨董卓。初平三年，接受黄巾降卒三十万，吸收其中精锐，扩充自己兵力。建安元年，把汉献帝迎到许都，从此取得挟天子以令诸侯的政治优势。自建安三年至十二年，先后打败吕布、袁术、袁绍等人，基本统一黄河下游。建安十三年春天，曹操废除汉朝三公官职，设置丞相御史官职，曹操自任丞相。这年秋天，刘琮投降，曹操势力南抵长江。在赤壁被刘备孙权联军打败。建安十六年打败马超，夺取关中。建安十七年被封为魏公，接受九锡。建安二十一年，晋爵为魏王。建安二十五年去世。遗命丧事从简。儿子曹丕嗣位为丞相、魏王。这年冬天，曹丕灭亡汉朝建立魏朝，自立为皇帝，追尊曹操为武皇帝。东汉末年，军阀混战，天下大乱，百姓流离失所。曹操统一北部中国，曾发布抑制兼并命令，惩治豪强，开办学校，组织屯田，兴建水利，发展农业生产，使这一地区社会趋于稳定，经济得到发展。他提倡唯才是举，导致了选拔官吏制度由察举制向九品中正制的转化。他是当时最大的政治家。他身经百战，往往出奇制胜，曾注解《孙子兵法》，是一位杰出的军事家。他会写诗，对当时文学的发展，也有过积极影响。

【原文】

太祖武皇帝，沛国谯人也，姓曹，讳操，字孟德，汉相国参之后。桓帝世，曹腾为中常侍大长秋，封费亭侯。养子嵩嗣，官至太尉，莫能审其生出本末。嵩生太祖。

太祖少机警，有权数，而任侠放荡，不治行业，故世人未之奇也，惟梁国桥玄、南阳何颙异焉。玄谓太祖曰："天下将乱，非命世之才不能济也，能安之者，其在君乎！"年二十，举孝廉，为郎，除洛阳北部尉，迁顿丘令，征拜议郎。光和末，黄巾起，拜骑都尉，讨颍川贼。迁为济南相，国有十余县，长吏多阿附贵戚，赃污狼籍，于是奏免其八，禁断淫祀，奸宄逃窜，郡界肃然。久之，征还为东郡太守，不就，称疾归乡里。

顷之，冀州刺史王芬、南阳许攸、沛国周旌等连接豪杰，谋废灵帝，立合肥侯，以告太祖。太祖拒之，芬等遂败。

金城边章、韩遂杀刺史郡守以叛，众十余万，天下骚动。征太祖为典军校尉。会灵帝崩，太子即位，太后临朝。大将军何进与袁绍谋诛宦官，太后不听。进乃召董卓，欲以胁太后，卓未至而进见杀。卓到，废帝为弘农王而立献帝，京都大乱。卓表太祖为骁骑校尉，欲与计事。太祖乃变易姓名，间行东归。出关，过中牟，为亭长所疑，执诣县，邑中或窃识之，为请得解。卓遂杀太后及弘农王。太祖至陈留，散家财，合义兵，将以诛卓。冬十二月，始起兵于己吾，是岁中平六年也。

初平元年春正月，后将军袁术、冀州牧韩馥、豫州刺史孔伷、兖州刺史刘岱、河内太守王匡、渤海太守袁绍、陈留太守张邈、东郡太守桥瑁、山阳太守袁遗、济北相鲍信同时俱起兵，众各数万，推绍为盟主。太祖行奋武将军。

二月，卓闻兵起，乃徙天子都长安。卓留屯洛阳，遂焚宫室。是时绍屯河内，邈、岱、瑁、遗屯酸枣，术屯南阳，伷屯颍川，馥在邺。卓兵强，绍等莫敢先进。太祖曰："举义兵以诛暴乱，大众已合，诸君何疑？向使董卓闻山东兵起，倚王室之重，据二周之险，东向以临天下；虽以无道行之，犹足为患。今焚烧宫室，劫迁天子，海内震动，不知所归，此天亡之时也。一战而天下定矣，不可失也。"遂引兵西，将据成皋。邈遣将卫兹分兵随太祖，到荥阳

曹操

汴水，遇卓将徐荣，与战不利，士卒死伤甚多。太祖为流矢所中，所乘马被创，从弟洪以马与太祖，得夜遁去。荣见太祖所将兵少，力战尽日，谓酸枣未易攻也，亦引兵还。太祖到酸枣，诸军兵十余万，日置酒高会，不图进取。太祖责让之，因为谋曰："诸君听吾计，使渤海引河内之众临孟津，酸枣诸将守成皋，据敖仓，塞轘辕、太谷，全制其险；使袁将军率南阳之军军丹、析，入武关，以震三辅，皆高垒深壁勿与战，益为疑兵，示天下形势，以顺诛逆，可立定也。今兵以义动，持疑而不进，失天下之望，窃为诸君耻之！"邈等不能用。

太祖兵少，乃与夏侯惇等诣扬州募兵，刺史陈温、丹阳太守周昕与兵四千余人。还到龙亢，士卒多叛。至铚、建平，复收兵得千余人，进屯河内。

刘岱与桥瑁相恶，岱杀瑁，以王肱领东郡太守。

袁绍与韩馥谋立幽州牧刘虞为帝，太祖拒之。绍又尝得一玉印，于太祖坐中举向其肘，太祖由是笑而恶焉。

二年春，绍、馥遂立虞为帝，虞终不敢当。夏四月，卓还长安。秋七月袁绍胁韩馥取冀州。

黑山贼于毒、白绕、眭固等十余万众略魏郡，东郡王肱不能御。太祖引兵入东郡，击白绕于濮阳，破之。袁绍因表太祖为东郡太守，治东武阳。

三年春，太祖军顿丘，毒等攻东武阳。太祖乃引兵西入山，攻毒等本屯。毒闻之，弃武阳还。太祖要击眭固，又击匈奴於夫罗于内黄，皆大破之。

夏四月，司徒王允与吕布共杀卓。卓将李傕、郭汜等杀允攻布，布败，东出武关。傕等擅朝政。

青州黄巾众百万入兖州，杀任城相郑遂，转入东平。刘岱欲击之，鲍信谏曰："今贼众百万，百姓皆震恐，士卒无斗志，不可敌也。观贼众群辈相随，军无辎重，唯以钞略为资，今不若畜士众之力，先为固守。彼欲战不得，攻又不能，其势必离散，后选精锐，据其要

害,击之可破也。"岱不从,遂与战,果为所杀。信乃与州吏万潜等至东郡迎太祖领兖州牧。遂进兵击黄巾于寿张东。信力战斗死,仅而破之。购求信丧不得,众乃刻木如信形状,祭而哭焉。追黄巾至济北。乞降。冬,受降卒三十余万,男女百余万口,收其精锐者,号为青州兵。

袁术与绍有隙,术求援于公孙瓒,瓒使刘备屯高唐,单经屯平原,陶谦屯发干,以逼绍。太祖与绍会击,皆破之。

四年春,军鄄城。荆州牧刘表断术粮道,术引军入陈留,屯封丘,黑山余贼及於夫罗等佐之。术使将刘详屯匡亭。太祖击详,术救之,与战,大破之。术退保封丘,遂围之。未合,术走襄邑。追到太寿,决渠水灌城。走宁陵。又追之。走九江。夏,太祖还军定陶。

下邳阙宣聚众数千人,自称天子,徐州牧陶谦与共举兵,取泰山华、费,略任城。秋,太祖征陶谦,下十余城。谦守城不敢出。是岁,孙策受袁术使渡江,数年间遂有江东。

兴平元年春,太祖自徐州还。初,太祖父嵩,去官后还谯,董卓之乱,避难琅玡,为陶谦所害,故太祖志在复仇东伐。夏,使荀彧、程昱守鄄城,复征陶谦。拔五城,遂略地至东海。还过郯,谦将曹豹与刘备屯郯东,要太祖。太祖击破之。遂攻拔襄贲,所过多所残戮。

会张邈与陈宫叛迎吕布,郡县皆应。荀彧、程昱保鄄城,范、东阿二县固守。太祖乃引军还。布到,攻鄄城不能下,西屯濮阳。太祖曰:"布一旦得一州,不能据东平,断亢父、泰山之道乘险要我,而乃屯濮阳,吾知其无能为也。"遂进军攻之。布出兵战。先以骑犯青州兵,青州兵奔。太祖阵乱,驰突火出,坠马,烧左手掌。司马楼异扶太祖上马,遂引去。未至营止。诸将未与太祖相见,皆怖。太祖乃自力劳军,令军中促为攻具,进复攻之。与布相守百余日。蝗虫起,百姓大饿,布粮食亦尽。各引去。

秋九月,太祖还鄄城。布到乘氏,为其县人李进所破,东屯山阳。于是绍使人说太祖,欲连和。太祖新失兖州,军食尽,将许之。程昱止太祖,太祖从之。冬十月,太祖至东阿。是岁,谷一斛五十余万钱,人相食,乃罢吏兵新募者。陶谦死,刘备代之。

二年春,袭定陶。济阴太守吴资保南城,未拔。会吕布至,又击破之。夏,布将薛兰、李封屯钜野,太祖攻之,布救兰,兰败,布走,遂斩兰等。布复从东缗与陈宫将万余人来战。时太祖兵少,设伏,纵奇兵击,大破之。布夜走,太祖复攻,拔定陶,分兵平诸县。布东奔刘备,张邈从布,使其弟超将家属保雍丘。秋八月,围雍丘。冬十月,天子拜太祖兖州牧。十二月,雍丘溃,超自杀。夷邈三族。邈诣袁术请救,为其众所杀,兖州平。遂东略陈地。是岁,长安乱,天子东迁,败于曹阳,渡河幸安邑。

建安元年春正月,太祖军临武平,袁术所置陈相袁嗣降。

太祖将迎天子,诸将或疑,荀彧、程昱劝之,乃遣曹洪将兵西迎,卫将军董承与袁术将苌奴拒险,洪不得进。

汝南、颍川黄巾何仪、刘辟、黄邵、何曼等,众各数万,初应袁术,又附孙坚。二月,太祖进军讨破之,斩辟、邵等,仪及其众皆降。天子拜太祖建德将军,夏六月,迁镇东将军,封费亭侯。秋七月,杨奉、韩暹以天子还洛阳,奉别屯梁。太祖遂至洛阳,卫京都,暹遁走。天子假太祖节钺,录尚书事。洛阳残破,董昭等劝太祖都许。九月,车驾出辕辕而东,以太祖为大将军,封武平侯。自天子西迁,朝廷日乱,至是,宗庙社稷制度始立。

天子之东也，奉自梁欲要之，不及。冬十月，公征奉，奉南奔袁术，遂攻其梁屯，拔之。于是以袁绍为太尉，绍耻班在公下，不肯受。公乃固辞，以大将军让。天子拜公司空，行车骑将军。是岁用枣祗、韩浩等议，始兴屯田。

吕布袭刘备，取下邳。备来奔。程昱说公曰：“观刘备有雄才而甚得众心，终不为人下，不如早图之。”公曰：“方今收英雄时也，杀一人而失天下之心，不可。”

张济自关中走南阳。济死，从子绣领其众。二年春正月，公到宛。张绣降，既而悔之，复反。公与战，军败，为流矢所中，长子昂、弟子安民遇害。公乃引兵还舞阴，绣将骑来钞，公击破之。绣奔穰，与刘表合。公谓诸将曰：“吾降张绣等，失不便取其质，以至于此。吾知所以败。诸卿观之，自今已后不复败矣。”遂还许。

袁术欲称帝于淮南，使人告吕布。布收其使，上其书。术怒，攻布，为布所破。秋九月，术侵陈，公东征之。术闻公自来，弃军走，留其将桥蕤、李丰、梁纲、乐就。公到，击破蕤等，皆斩之。术走渡淮。公还许。

公之自舞阴还也，南阳、章陵诸县复叛为绣，公遣曹洪击之，不利，还屯叶，数为绣、表所侵。冬十一月，公自南征，至宛。表将邓济据湖阳。攻拔之，生禽济，湖阳降。攻舞阴，下之。

三年春正月，公还许，初置军师祭酒。三月，公围张绣于穰。夏五月，刘表遣兵救绣，以绝军后。公将引还，绣兵来，公军不得进，连营稍前。公与荀彧书曰：“贼来追吾，虽日行数里，吾策之，到安众，破绣必矣。”到安众，绣与表兵合，守险，公军前后受敌。公乃夜凿险为地道，悉过辎重，设奇兵。会明，贼谓公为遁也，悉军来追。乃纵奇兵步骑夹攻，大破之。秋七月，公还许。荀彧问公：“前以策贼必破，何也？”公曰：“虏遏吾归师，而与吾死地战，吾是以知胜矣。”

吕布复为袁术使高顺攻刘备，公遣夏侯惇救之，不利。备为顺所败。九月，公东征布。冬十月，屠彭城，获其相侯谐。进至下邳，布自将骑逆击。大破之，获其骁将成廉。追至城下，布恐，欲降。陈宫等沮其计，求救于术，劝布出战，战又败，乃还固守，攻之不下。时公连战，士卒罢，欲还。用荀攸、郭嘉计，遂决泗、沂水以灌城。月余，布将宋宪、魏续等执陈宫，举城降，生禽布、宫，皆杀之。太山臧霸、孙观、吴敦、尹礼、昌豨各聚众。布之破刘备也，霸等悉从布。布败，获霸等，公厚纳待，遂割青、徐二州附于海以委焉。分琅邪、东海、北海为城阳、利城、昌虑郡。

初，公为兖州，以东平毕谌为别驾。张邈之叛也，邈劫谌母弟妻子。公谢遣之，曰：“卿老母在彼，可去。”谌顿首无二心，公嘉之，为之流涕。既出，遂亡归。及布破，谌生得。众为谌惧。公曰：“夫人孝于其亲者，岂不亦忠于君乎！吾所求也。”以为鲁相。

四年春二月，公还至昌邑。张杨将杨丑杀杨，眭固又杀丑，以其众属袁绍，屯射犬。夏四月，进军临河，使史涣、曹仁渡河击之。固使杨故长史薛洪、河内太守缪尚留守，自将兵北迎绍求救，与涣、仁相遇犬城。交战，大破之，斩固。公遂济河，围射犬。洪、尚率众降，封为列侯，还军敖仓。以魏种为河内太守，属以河北事。

初，公举种孝廉。兖州叛，公曰：“唯魏种且不弃孤也。”及闻种走，公怒曰：“种不南走越，北走胡，不置汝也！”既下射犬，生擒种，公曰：“唯其才也！”释其缚而用之。

是时袁绍既并公孙瓒，兼四州之地，众十余万，将进军攻许。诸将以为不可敌。公曰：“吾知绍之为人，志大而智小，色厉而胆薄，忌克而少威，兵多而分画不明，将骄而政令不一,土地虽广,粮食虽丰,适足以为吾奉也。”秋八月,公进军黎阳,使臧霸等入青州破齐、北海、东安,留于禁屯河上。九月,公还许,分兵守官渡。冬十一月,张绣率众降,封列侯。十二月,公军官渡。

袁术自败于陈,稍困,袁谭讲自青州遣迎之。术欲从下邳北过,公遣刘备、朱灵要之。会术病死。程昱、郭嘉闻公遣备,言于公曰:“刘备不可纵。”公悔,追之不及。备之未东也,阴与董承等谋反,至下邳,遂杀徐州刺史车胄,举兵屯沛。遣刘岱、王忠击之,不克。庐江太守刘勋率众降,封为列侯。

五年春正月,董承等谋泄,皆伏诛。公将自东征备,诸将皆曰:“与公争天下者,袁绍也。今绍方来而弃之东,绍乘人后,若何?”公曰:“夫刘备,人杰也,今不击,必为后患。袁绍虽有大志,而见事迟,必不动也。”郭嘉亦劝公,遂东击备,破之,生禽其将夏侯博。备走奔绍,获其妻子。备将关羽屯下邳,复进攻之,羽降。昌豨叛为备,又攻破之。公还官渡,绍卒不出。

二月,绍遣郭图、淳于琼、颜良攻东郡太守刘延于白马,绍引兵至黎阳,将渡河。夏四月,公北救延。荀攸说公曰:“今兵少不敌,分其势乃可。公到延津,若将渡兵向其后者,绍必西应之,然后轻兵袭白马,掩其不备,颜良可禽也。”公从之。绍闻兵渡,即分兵西应之。公乃引军兼行趣白马,未至十余里,良大惊,来逆战。使张辽、关羽前登,击破,斩良。遂解白马围,徙其民,循河而西。绍于是渡河追公军,至延津南。公勒兵驻营南阪下,使登垒望之。曰:“可五六百骑。”有顷,复曰:“骑稍多,步兵不可胜数。”公曰:“勿复白。”乃令骑解鞍放马。是时,白马辎重就道。诸将以为敌骑多,不如还保营。荀攸曰:“此所以饵敌,如何去之!”绍骑将文丑与刘备将五六千骑前后至。诸将复曰:“可上马。”公曰:“未也。”有顷,骑至稍多,或分趣辎重。公曰:“可矣。”乃皆上马。时骑不满六百,遂纵兵击,大破之,斩丑。良、丑皆绍名将也,再战,悉禽,绍军大震。公还军官渡。绍进保阳武。关羽亡归刘备。

袁绍

八月,绍连营稍前,依沙塠为屯,东西数十里。公亦分营与相当,合战不利。时公兵不满万,伤者十二三。绍复进临官渡,起土山地道。公亦于内作之,以相应。绍射营中,矢如雨下,行者皆蒙楯,众大惧。时公粮少,与荀彧书,议欲还许。彧以为“绍悉众聚官渡,欲与公决胜败。公以至弱当至强,若不能制,必为所乘,是天下之大机也。且绍,布衣之雄耳,能聚人而不能用。夫以公之神武明哲而辅以大顺,何向而不济!”公从之。

孙策闻公与绍相持,乃谋袭许,未发,为刺客所杀。

汝南降贼刘辟等叛应绍,略许下。绍使刘备助辟,公使曹仁击破之。备走,遂破辟屯。

袁绍运谷车数千乘至，公用荀攸计，遣徐晃、史涣邀击，大破之，尽烧其车。公与绍相拒连月，虽比战斩将，然众少粮尽，士卒疲乏。公谓运者曰："却十五日为汝破绍，不复劳汝矣。"冬十月，绍遣车运谷，使淳于琼等五人将兵万余人送之，宿绍营北四十里。绍谋臣许攸贪财，绍不能足，来奔，因说公击琼等。左右疑之，荀攸、贾诩劝公。公乃留曹洪守，自将步骑五千人夜往，会明至。琼等望见公兵少，出阵门外。公急击之，琼退保营，遂攻之。绍遣骑救琼。左右或言："贼骑稍近，请分兵拒之。"公怒曰："贼在背后，乃白！"士卒皆殊死战，大破琼等，皆斩之。绍初闻公之击琼，谓长子谭曰："就彼攻琼等，吾攻拔其营，彼固无所归矣！"乃使张郃、高览攻曹洪。郃等闻琼破，遂来降。绍众大溃，绍及谭弃军走，渡河。追之不及，尽收其辎重图书珍宝，虏其众。公收绍书中，得许下及军中人书，皆焚之。冀州诸郡多举城邑降者。

初，桓帝时有黄星见于楚、宋之分，辽东殷馗善天文，言后五十岁当有真人起于梁、沛之间，其锋不可当。至是凡五十年，而公破绍，天下莫敌矣。

六年夏四月，扬兵河上，击绍仓亭军，破之。绍归，复收散卒，攻定诸叛郡县。九月，公还许。绍之未破也，使刘备略汝南，汝南贼共都等应之。遣蔡扬击都，不利，为都所破。公南征备。备闻公自行，走奔刘表，都等皆散。

七年春正月，公军谯，令曰："吾起义兵，为天下除暴乱。旧土人民，死丧略尽，国中终日行，不见所识，使吾凄怆伤怀。其举义兵以来，将士绝无后者，求其亲戚以后之，授土田，官给耕牛，置学师以教之。为存者立庙，使祀其先人，魂而有灵，吾百年之后何恨哉！"遂至浚仪，治睢阳渠，遣使以太牢祀桥玄。进军官渡。

绍自军破后，发病欧血，夏五月死。小子尚，代谭，自号车骑将军，屯黎阳。秋九月，公征之，连战。谭、尚数败退，固守。

八年春三月，攻其郭，乃出战，击，大破之，谭、尚夜遁。夏四月，进军邺。五月还许，留贾信屯黎阳。

己酉，令曰："《司马法》：'将军死绥'，故赵括之母，乞不坐括。是古之将者，军破于外，而家受罪于内也。自命将征行，但赏功而不罚罪，非国典也。其令诸将出征，败军者抵罪，失利者免官爵。"

秋七月，令曰："丧乱已来，十有五年，后生者不见仁义礼让之风，吾甚伤之。其令郡国各修文学，县满五百户置校官，选其乡之俊造而教学之，庶几先王之道不废，而有以益于天下。"

八月，公征刘表，军西平。公之去邺而南也，谭、尚争冀州，谭为尚所败，走保平原。尚攻之急，谭遣辛毗乞降请救。诸将皆疑，荀攸劝公许之，公乃引军还。冬十月，到黎阳，为子整与谭结婚。尚闻公北，乃释平原还邺。东平吕旷、吕翔叛尚，屯阳平，率其众降，封为列侯。

九年春正月，济河，遏淇水入白沟以通粮道。二月，尚复攻谭，留苏由、审配守邺。公进军到洹水，由降。既至，攻邺，为土山、地道。武安长尹楷屯毛城，通上党粮道。夏四月，留曹洪攻邺，公自将击楷，破之而还。尚将沮鹄守邯郸，又击拔之。易阳令韩范、涉长梁岐举县降，赐爵关内侯。五月，毁土山、地道，作围堑，决漳水灌城，城中饿死者过半。秋七月，尚还救邺，诸将皆以为"此归师，人自为战，不如避之"。公曰："尚从大道来，当避之；若循西山来者，此成禽耳。"尚果循西山来，临滏水为营。夜遣兵犯围，公逆击破走之，遂围其营。未合，尚惧，故豫州刺史阴夔及陈琳乞降，公不许，为围益急。尚夜遁，保祁山，追击之。其将马延、张顗等临阵降，众大溃，尚走中山。尽获其辎重，得尚印绶节钺，使尚降人示其家，城中崩沮。八月，审配兄子荣夜开所守城东门内兵。配逆战，败，生禽配，斩之，邺定。公临祀绍墓，哭之流涕。慰劳绍妻，还其家人宝物，赐杂缯絮，廪食之。

初，绍与公共起兵，绍问公曰："若事不辑，则方面何所可据？"公曰："足下意以为何如？"绍曰："吾南据河，北阻燕、代，兼戎狄之众，南向以争天下，庶可以济乎？"公曰："吾任天下之智力，以道御之，无所不可。"

九月，令曰："河北罹袁氏之难，其令无出今年租赋！"重豪强兼并之法，百姓喜悦。天子以公领冀州牧，公让还兖州。

公之围邺也，谭略取甘陵、安平、渤海、河间。尚败，还中山。谭攻之，尚奔故安，遂并其众。公遗谭书，责以负约，与之绝婚，女还，然后进军。谭惧，拔平原，走保南皮。十二月，公入平原，略定诸县。

十年春正月，攻谭，破之，斩谭，诛其妻子，冀州平。下令曰："其与袁氏同恶者，与之更始。"令民不得复私仇，禁厚葬，皆一之于法。是月，袁熙大将焦触、张南等叛攻熙、尚，熙、尚奔三郡乌丸。触等举其县降，封为列侯。初讨谭时，民亡椎冰，令不得降。顷之，亡民有诣门首者，公谓曰："听汝则违令，杀汝则诛首，归深自藏，无为吏所获。"民垂泣而去，后竟捕得。

夏四月，黑山贼张燕率其众十余万降，封为列侯。故安赵犊、霍奴等杀幽州刺史、涿郡太守。三郡乌丸攻鲜于辅于犷平。秋八月，公征之，斩犊等，乃渡潞河救犷平，乌丸奔走出塞。

九月，令曰："阿党比周，先圣所疾也。闻冀州俗，父子异部，更相毁誉。昔直不疑无兄，世人谓之盗嫂；第五伯鱼三娶孤女，谓之挝妇翁；王凤擅权，谷永比之申伯；王商忠议，张匡谓之左道：此皆以白为黑，欺天罔君者也。吾欲整齐风俗，四者不除，吾以为羞。"冬十月，公还邺。

初，袁绍以甥高干领并州牧，公之拔邺，干降，遂以为刺史。干闻公讨乌丸，乃以州叛，执上党太守，举兵守壶关口。遣乐进、李典击之，干还守壶城。十一年春正月，公征干。干闻之，乃留其别将守城，走入匈奴，求救于单于，单于不受。公围壶关三月，拔之。干遂走荆州，上洛都尉王琰捕斩之。

秋八月，公东征海贼管承，至淳于，遣乐进、李典击破之，承走入海岛。割东海之襄贲、郯、戚以益琅邪，省昌虑郡。

三郡乌丸承天下乱，破幽州，略有汉民合十余万户。袁绍皆立其酋豪为单于，以家人子为己女，妻焉。辽西单于蹋顿尤强，为绍所厚，故尚兄弟归之，数入塞为害。公将征之，凿渠，自呼沲入泒水，名平虏渠；又从泃河口凿入潞河，名泉州渠，以通海。

十二年春二月，公自淳于还邺。丁酉，令曰："吾起义兵诛暴乱，于今十九年，所征必克，岂吾功哉？乃贤士大夫之力也。天下虽未悉定，吾当要与贤士大夫共定之；而专飨其劳，吾何以安焉！其促定功行封。"于是大封功臣二十余人，皆为列侯，其余各以次受封，及复死事之孤，轻重各有差。

将北征三郡乌丸，诸将皆曰："袁尚，亡虏耳，夷狄贪而无亲，岂能为尚用？今深入征之，刘备必说刘表以袭许。万一为变，事不可悔。"惟郭嘉策表必不能任备，劝公行。夏五月，至无终。秋七月，大水，傍海道不通，田畴请为乡导，公从之。引军出卢龙塞，塞外道绝不通，乃堑山堙谷五百余里，经白檀，历平冈，涉鲜卑庭，东指柳城。未至二百里，虏乃知之。尚、熙与蹋顿、辽西单于楼班、右北平单于能臣抵之等将数万骑逆军。八月，登白狼山，卒与虏遇，众甚盛。公车重在后，被甲者少，左右皆惧。公登高，望虏阵不整，乃纵兵击之，使张辽为先锋，虏众大崩，斩蹋顿及名王已下，胡、汉降者二十余万口。辽东单于速仆丸及辽西、北平诸豪，弃其种人，与尚、熙奔辽东，众尚有数千骑。初，辽东太守公孙康恃远不服。及公破乌丸，或说公遂征之，尚兄弟可禽也。公曰："吾方使康斩送尚、熙首，不烦兵矣。"九月，公引兵自柳城还，康即斩尚、熙及速仆丸等，传其首。诸将或问："公还而康斩送尚、熙，何也？"公曰："彼素畏尚等，吾急之则并力，缓之则自相图，其势然也。"十一月至易水，代郡乌丸行单于普富卢、上郡乌丸行单于那楼将其名王来贺。

　　十三年春正月，公还邺，作玄武池以肄舟师。汉罢三公官，置丞相、御史大夫。夏六月，以公为丞相。

曹兵百万下江南，清末年画。

　　秋七月，公南征刘表。八月，表卒，其子琮代屯襄阳，刘备屯樊。九月，公到新野，琮遂降，备走夏口。公进军江陵，下令荆州吏民，与之更始。乃论荆州服从之功，侯者十五人，以刘表大将文聘为江夏太守，使统本兵，引用荆州名士韩嵩、邓义等。益州牧刘璋始受征役，遣兵给军。十二月，孙权为备攻合肥。公自江陵征备，至巴丘，遣张熹救合肥。权闻熹至，乃走。公至赤壁，与备战，不利。于是大疫，吏士多死者，乃引军还。备遂有荆州、江南诸郡。

　　十四年春三月，军至谯，作轻舟，治水军。秋七月，自涡入淮，出肥水，军合肥。辛未，令曰："自顷已来，军数征行，或遇疫气，吏士死亡不归，家室怨旷，百姓流离，而仁者岂乐之哉？不得已也。其令死者家无基业不能自存者，县官勿绝廪，长吏存恤抚循，以称吾意。"置扬州郡县长吏，开芍陂屯田。十二月，军还谯。

十五年春，下令曰："自古受命及中兴之君，曷尝不得贤人君子与之共治天下者乎！及其得贤也，曾不出闾巷，岂幸相遇哉？上之人不求之耳。今天下尚未定，此特求贤之急时也。'孟公绰为赵、魏老则优，不可以为滕、薛大夫。'若必廉士而后可用，则齐桓其何以霸世！今天下得无有被褐怀玉而钓于渭滨者乎？又得无盗嫂受金而未遇无知者乎？二三子其佐我明扬仄陋，唯才是举，吾得而用之。"冬，作铜雀台。

十六年春正月，天子命公世子丕为五官中郎将，置官属，为丞相副。太原商曜等以大陵叛，遣夏侯渊、徐晃围破之。张鲁据汉中，三月，遣钟繇讨之。公使渊等出河东与繇会。

是时关中诸将疑繇欲自袭马超，遂与韩遂、杨秋、李堪、成宜等叛。遣曹仁讨之。超等屯潼关，公敕诸将："关西兵精悍，坚壁勿与战。"秋七月，公西征，与超等夹关而军。公急持之，而潜遣徐晃、朱灵等夜渡蒲阪津，据河西为营。公自潼关北渡，未济，超赴船急战。校尉丁斐因放牛马以饵贼，贼乱取牛马，公乃得渡，循河为甬道而南。贼退，拒渭口，公乃多设疑兵，潜以舟载兵入渭，为浮桥，夜，分兵结营于渭南。贼夜攻营，伏兵击破之。超等屯渭南，遣信求割河以西请和，公不许。

九月，进军渡渭。超等数挑战，又不许；固请割地，求送任子，公用贾诩计，伪许之。韩遂请与公相见，公与遂父同岁孝廉，又与遂同时俦辈，于是交马语移时，不及军事，但说京都旧故，拊手欢笑。既罢，超等问遂："公何言？"遂曰："无所言也。"超等疑之。他日，公又与遂书，多所点窜，如遂改定者。超等愈疑遂。公乃与克日会战，先以轻兵挑之，战良久，乃纵虎骑夹击，大破之，斩成宜、李堪等。遂、超等走凉州，杨秋奔安定，关中平。诸将或问公曰："初，贼守潼关，渭北道缺，不从河东击冯翊而反守潼关，引日而后北渡，何也？"公曰："贼守潼关，若吾入河东，贼必引守诸津，则西河未可渡，吾故盛兵向潼关，贼悉众南守，西河之备虚，故二将得擅取西河。然后引军北渡，贼不能与吾争西河者，以有二将之军也。连车树栅，为甬道而南，既为不可胜，且以示弱。渡渭为坚垒，虏至不出，所以骄之也，故贼不为营垒而求割地。吾顺言许之，所以从其意，使自安而不为备，因畜士卒之力，一旦击之，所谓疾雷不及掩耳，兵之变化，固非一道也。"始，贼每一部到，公辄有喜色。贼破之后，诸将问其故。公答曰："关中长远，若贼各依险阻，征之，不一二年不可定也。今皆来集，其众虽多，莫相归服，军无适主，一举可灭，为功差易，吾是以喜。"

冬十月，军自长安北征杨秋，围安定。秋降，复其爵位，使留抚其民人。十二月，自安定还，留夏侯渊屯长安。

十七年春正月，公还邺。天子命公赞拜不名，入朝不趋，剑履上殿，如萧何故事。马超余众梁兴等屯蓝田，使夏侯渊击平之。割河内之荡阴、朝歌、林虑，东郡之卫国、顿丘、东武阳、发干，钜鹿之廮陶、曲周、南和，广平之任城，赵之襄国、邯郸、易阳以益魏郡。冬十月，公征孙权。

十八年春正月，进军濡须口，攻破权江西营，获权都督公孙阳，乃引军还。诏书并十四州，复为九州。夏四月，至邺。

五月丙申，天子使御史大夫郗虑持节策命公为魏公曰：

朕以不德，少遭愍凶，越在西土，迁于唐、卫。当此之时，若缀旒然，宗庙乏祀，社稷无位，群凶觊觎，分裂诸夏，率土之民，朕无获焉，即我高祖之命将坠于地。朕用夙兴假寐，震悼于厥心，曰："惟祖惟父，股肱先正，其孰能恤朕躬？"乃诱天衷，诞育丞相，保义我皇家，弘济于艰难，朕实赖之。今将授君典礼，其敬听朕命。

　　昔者董卓初兴国难，群臣释位以谋王室，君则摄进，首启戎行，此君之忠于本朝也。后及黄巾反易天常，侵我三州，延及平民，君又剿之以宁东夏，此又君之功也。韩暹、杨奉专用威命，君则致讨，克黜其难，遂迁许都，造我京畿，设官兆祀，不失旧物，天地鬼神于是获乂，此又君之功也。袁术僭逆，肆于淮南，慑惮君灵，用丕显谋，蕲阳之役，桥蕤授首，棱威南迈，术以陨溃，此又君之功也。回戈东征，吕布就戮，乘辕将返，张杨殂毙，眭固服罪，张绣稽服，此又君之功也。袁绍逆乱天常，谋危社稷，凭恃其众，称兵内侮，当此之时，王师寡弱，天下寒心，莫有固志，君执大节，精贯白日，奋其武怒，运其神策，致届官渡，大歼丑类，俾我国家拯于危坠，此又君之功也。济师洪河，拓定四州，袁谭、高干，咸枭其首，海盗奔迸，黑山顺轨，此又君之功也。乌丸三种，崇乱二世，袁尚因之，逼据塞北，束马县车，一征而灭，此又君之功也。刘表背诞，不供贡职，王师首路，威风先逝，百城八郡，交臂曲膝，此又君之功也。马超、成宜，同恶相济，滨据河、潼，求逞所欲，殄之渭南，献馘万计，遂定边境，抚和戎狄，此又君之功也。鲜卑、丁零，重译而至，单于白屋，请吏率职，此又君之功也。君有定天下之功，重之以明德，班叙海内，宣美风俗，旁施勤教，恤慎刑狱，吏无苛政，民无怀慝；敦崇帝族，表继绝世，旧德前功，罔不咸秩；虽伊尹格于皇天，周公光于四海，方之蔑如也。

　　朕闻先王并建明德，胙之以土，分之以民，崇其宠章，备其礼物，所以藩卫王室，左右厥世也。其在周成，管、蔡不静，惩难念功，乃使邵康公赐齐太公履，东至于海，西至于河，南至于穆陵，北至于无棣，五侯九伯，实得征之，世祚太师，以表东海。爰及襄王，亦有楚人不供王职，又命晋文登为侯伯，锡以二辂、虎贲、铁钺、秬鬯、弓矢，大启南阳，世作盟主。故周室之不坏，繄二国是赖。今君称丕显德，明保朕躬，奉答天命，导扬弘烈，绥爰九域，莫不率俾，功高于伊、周，而赏卑于齐、晋，朕甚恶焉。朕以眇眇之身，托于兆民之上，永思厥艰，若涉渊冰，非君攸济，朕无任焉。今以冀州之河东、河内、魏郡、赵国、中山、常山、钜鹿、安平、甘陵、平原凡十郡，封君为魏公。锡君玄土，苴以白茅，爰契尔龟，用建冢社。昔在周室，毕公、毛公入为卿佐、周、邵师保出为二伯，外内之任，君实宜之。其以丞相领冀州牧如故。又加君九锡其敬听朕命。以君经纬礼律，为民轨仪，使安职业，无或迁志，是用锡君大辂，戎辂各一，玄牡二驷。君劝分务本，穑人昏作，粟帛滞积，大业惟兴，是用锡君衮冕之服，赤舄副焉。君敦尚谦让，俾民兴行，少长有礼，上下咸和，是用锡君轩县之乐，六佾之舞。君翼宣风化，爰发四方，远人革面，华夏充实，是用锡君朱户以居。君研其明哲，思帝所难，官才任贤，群善必举，是用锡君纳陛以登。君秉国之钧，正色处中，纤毫之恶，靡不抑退，是用锡君虎贲之士三百人。君纠虔天刑，章厥有罪，犯关干纪，莫不诛殛，是用锡君铁钺各一。君龙骧虎视，旁眺八维，掩讨逆节，折冲四海，是用锡君彤弓一，彤矢百，玈弓十，玈矢千。君以温恭为基，孝友为德，明允笃诚，感于朕思，是用锡君秬鬯一卣，珪瓒副焉。魏国置丞相已下群卿百僚，皆如汉初诸侯王之制。往钦哉，敬服朕命，简恤尔重，时亮庶功，用终尔显德，对扬我高祖之休命。

　　秋七月，始建魏社稷宗庙。天子聘公三女为贵人，少者待年于国。九月，作金虎台。凿渠引漳水入白沟以通河。冬十月，分魏郡为东西部，置都尉。十一月，初置尚书、侍中、六卿。

　　马超在汉阳，复因羌、胡为害，氐王千万叛应超，屯兴国。使夏侯渊讨之。

　　十九年春正月，始耕籍田。南安赵衢、汉阳尹奉等讨超，枭其妻子，超奔汉中。韩遂徙金城,入氐王千万部,率羌、胡万余骑与夏侯渊战,击,大破之,遂走西平。渊与诸将攻兴国,屠之。省安东、永阳郡。

安定太守毋丘兴将之官,公戒之曰:"羌、胡欲与中国通,自当遣人来,慎勿遣人往。善人难得,必将教羌、胡妄有所请求,因欲以自利;不从便为失异俗意,从之则无益事。"兴至,遣校尉范陵至羌中,陵果教羌,使自请为属国都尉。公曰:"吾预知当尔,非圣也,但更事多耳。"

三月,天子使魏公位在诸侯王上,改授金玺、赤绂、远游冠。

秋七月,公征孙权。

初,陇西宋建自称河首平汉王,聚众枹罕,改元,置百官,三十余年。遣夏侯渊自兴国讨冬十月,屠枹罕,斩建,凉州平。

公自合肥还。

十一月,汉皇后伏氏坐昔与父故屯骑校尉完书,云帝以董承被诛怨恨公,辞甚丑恶,发闻,后废黜死,兄弟皆伏法。

十二月,公至孟津。天子命公置旄头,宫殿设钟虡。乙末,令曰:"夫有行之士未必能进取,进取之士未必能有行也。陈平岂笃行,苏秦岂守信邪?而陈平定汉业,苏秦济弱燕。由此言之,士有偏短,庸可废乎!有司明思此义,则士无遗滞,官无废业矣。"又曰:"夫刑,百姓之命也,而军中典狱者或非其人,而任以三军死生之事,吾甚惧之。其选明达法理者,使持典刑。"于是置理曹掾属。

二十年春正月,天子立公中女为皇后。省云中、定襄、五原、朔方郡,郡置一县领其民,合以为新兴郡。

三月,公西征张鲁,至陈仓,将自武都入氐;氐人塞道,先遣张郃、朱灵等攻破之。夏四月,公自陈仓以出散关,至河池。氐王窦茂众万余人,恃险不服,五月,公攻屠之。西平、金城诸将麹演、蒋石等共斩送韩遂首。秋七月,公至阳平。张鲁使弟卫与将杨昂等据阳平关,横山筑城十余里,攻之不能拔,乃引军还。贼见大军退,其守备解散。公乃密遣解慓、高祚等乘险夜袭,大破之,斩其将杨任,进攻卫,卫等夜遁,鲁溃奔巴中。公军入南郑,尽得鲁府库珍宝。巴、汉皆降。复汉宁郡为汉中;分汉中之安阳、西城为西城郡,置太守;分锡、上庸郡,置都尉。

八月,孙权围合肥,张辽、李典击破之。

九月,巴七姓夷王朴胡、賨邑侯杜濩举巴夷、賨民来附,于是分巴郡,以胡为巴东太守,濩为巴西太守,皆封列侯。天子命公承制封拜诸侯守相。

冬十月,始置名号侯至五大夫,与旧列侯、关内侯凡六等,以赏军功。

十一月,鲁自巴中将其余众降。封鲁及五子皆为列侯。刘备袭刘璋,取益州,遂据巴中;遣张郃击之。

十二月,公自南郑还,留夏侯渊屯汉中。

二十一年春二月,公还邺。三月壬寅,公亲耕籍田。夏五月,天子进公爵为魏王。代郡乌丸行单于普富卢与其侯王来朝。天子命王女为公主,食汤沐邑。秋七月,匈奴南单于呼厨泉将其名王来朝,待以客礼,遂留魏,使右贤王去卑监其国。八月,以大理钟繇为相国。冬十月,治兵,遂征孙权,十一月至谯。

二十二年春正月,王军居巢。二月,进军屯江西郝溪。权在濡须口筑城拒守,遂逼攻之,权退之。三月,王引军还,留夏侯惇、曹仁、张辽等屯居巢。

夏四月。天子命王设天子旌旗,出入称警跸。五月,作泮宫。六月,以军师华歆为御史大夫。冬十月,天子命王冕十有二旒,乘金根车,驾六马,设五时副车,以五官中郎将丕为魏太子。

刘备遣张飞、马超、吴兰等屯下辩;遣曹洪拒之。

二十三年春正月,汉太医令吉本与少府耿纪、司直韦晃等反,攻许,烧丞相长史王必营,必与颍川典农中郎将严匡讨斩之。

曹洪破吴兰,斩其将任夔等。三月,张飞、马超走汉中,阴平氐强端斩吴兰,传其首。夏四月,代郡、上谷乌丸无臣氐等叛,遣鄢陵侯彰讨破之。

六月,令曰:"古之葬者,必居瘠薄之地。其规西门豹祠西原上为寿陵,因高为基,不封不树,周礼冢人掌公墓之地,凡诸侯居左右以前,卿大夫居后,汉制亦谓之陪陵。其公卿大臣列将有功者,宜陪寿陵,其广为兆域,使足相容。"

秋七月,治兵,遂西征刘备,九月,至长安。

冬十月,宛守将侯音等反,执南阳太守,劫略民,吏保宛。初,曹仁讨关羽,屯樊城,是月使仁围宛。

二十四年春正月,仁屠宛,斩音。

夏侯渊与刘备战于阳平,为备所杀。三月,王自长安出斜谷,军遮要以临汉中,遂至阳平。备因险拒守。

夏五月,引军还长安。

秋七月,以夫人卞氏为王后。遣于禁助曹仁击关羽。八月,汉水溢,灌禁军,军没,羽获禁,遂围仁。使徐晃救之。九月,相国钟繇坐西曹掾魏讽反免。

冬十月,军还洛阳。孙权遣使上书,以讨关羽自效。王自洛阳南征羽,未至,晃攻羽,破之,羽走,仁围解。王军摩陂。

二十五年春正月,至洛阳。权击斩羽,传其首。

庚子,王崩于洛阳,年六十六。遗令曰:"天下尚未安定,未得遵古也。葬毕,皆除服。其将兵屯戍者,皆不得离屯部。有司各率乃职。敛以时服,无藏金玉珍宝。"谥曰武王。二月丁卯,葬高陵。

评曰:汉末,天下大乱,雄豪并起,而袁绍虎视四州,强盛莫敌。太祖运筹演谋,鞭挞宇内,揽申、商之法术,该韩、白之奇策,官方授材,各因其器,矫情任算,不念旧恶,终能总御皇机,克成洪业者,惟其明略最优也。抑可谓非常之人,超世之杰矣。

【译文】

太祖武皇帝,沛国谯县人,姓曹,名操,字孟德,是汉朝相国曹参的后代。桓帝时候,曹腾为中常侍大长秋,被封为费亭侯。曹腾养子曹嵩继承他的爵位,官做到太尉。谁也说不清曹嵩原来的家世渊源。曹嵩生了儿子这就是魏太祖武皇帝曹操。

太祖小时候机警,有应变本领,但喜好打抱不平,行为不检点,不注意增进自己的操行、事业。所以当时人并没觉得他有什么奇特之处,只有梁国桥玄,南阳何颙认为他不是一般人。桥玄对太祖说:"天下就要乱了,不是出色政治家解决不了问题,能安定天下的,大概就是你了。"二十岁,被推荐为孝廉,任命为郎,转任洛阳北部尉,升为顿丘县令,又被征召入朝任议郎。光和末年,黄巾起事,太祖被任命为骑都尉,讨伐颍川盗贼。升任济南国相,济南国有十多个县,县的主官和属吏大多巴结讨好权贵外戚,贪赃受贿,胡作非为。于是太祖奏请罢免了八个官吏。禁绝不合礼制的祭祀活动。坏人逃奔境外,郡内社会秩序清平安定。过了很长时间,又被调回京城,改任东郡太守;他不去上任,借口有病,返回家乡。

不久,冀州刺史王芬,南阳许攸,沛国周旌等联络地方豪强,策划废黜汉灵帝,立合肥侯为帝,把这个谋划通知了太祖,太祖拒绝参加,王芬等因而失败。

金城边章、韩遂杀死刺史、郡守,发动叛乱,有兵十几万,天下骚动。朝廷征召太祖为典军校尉。这时正碰上灵帝去世,太子即位,太后临朝听政。大将军何进和袁绍谋划屠杀宦官,太后不同意。何进就召董卓进京,想借董卓兵力胁迫太后。董卓还没抵达京城,何进就被杀了。董卓到京城,废黜皇帝为弘农王,另立献帝,京都大乱。董卓奏表请求任命太祖为骁骑校尉,想和太祖共商朝廷大事。太祖于是改名换姓,从小路东行回故乡。出了关,过中牟县,受到亭长怀疑,被逮捕押送到县城,中牟县有人偷偷认出了他,为他说好话,释放了他。这时董卓已经杀了太后和弘农王。太祖抵达陈留,拿出家产,募集义兵,准备讨伐董卓。冬天十二月,在己吾县开始成立部队,这一年是中平六年。

曹操献刀图

初平元年春正月,后将军袁术、冀州牧韩馥、豫州刺史孔伷、兖州刺史刘岱、河内太守王匡、渤海太守袁绍、陈留太守张邈、东郡太守桥瑁、山阳太守袁遗、济北相鲍信同时起兵,各有几万人军队,推袁绍为盟主。太祖代理奋武将军。

二月,董卓听说袁绍等人起兵,就把天子迁到长安去住,自己留驻洛阳,接着烧毁了宫殿。这时袁绍驻扎河内,张邈、刘岱、桥瑁、袁遗驻扎酸枣,袁术驻扎南阳,孔伷驻扎颍川,韩馥驻扎邺县。董卓兵力强大,袁绍等人谁也不敢率先进击。太祖说:"发动义兵,讨伐暴乱,大军已经会合,诸位还迟疑什么呢?假使董卓听说山东发动义兵,他就凭借王室的威势,紧守二周的险要,东向控制天下,虽然他是倒行逆施,那也还值得忧虑。现在他烧毁宫室强制迁徙天子,天下震动,不知道该投向何人,这是老天要他灭亡的时刻,一仗下来天下就安定了,机会不可放过啊。"接着领兵西进,打算去占领成皋。张邈派将军卫兹分领一些军队跟随太祖到荥阳汴水，遇到董卓将军徐荣，和徐荣交战失利了，士兵死伤很多。太祖被流矢射中，骑的马受了伤，堂弟曹洪把马给太祖，太祖才得以趁夜逃开。徐荣见太祖带兵虽然不多，却仍能拼命坚持一整天战斗，估计酸枣不易攻取，也就带兵回去了。

太祖到酸枣，各路军马十多万人，天天酒席聚会，不考虑进取。太祖批评他们，并给他们出主意说："你们诸位接受我的建议，让渤海太守领河内兵据守孟津，酸枣的各位将军守住成皋，占有敖仓，堵住辕、太谷通道，全面控制住险要地势，让袁将军率领南阳军队驻扎丹、淅，攻进武关，威胁三辅。然后各军都高筑壁垒，不出战，多设疑兵，向天下表明讨伐董卓的强大优势。以正义之师，讨伐叛逆。胜利立即可得。现在为伸张正义而发动了军队，却又迟疑不进，让天下失望，我暗暗为诸位感到羞耻。"张邈等不能采纳太祖建议。

太祖兵少，于是和夏侯惇等到扬州去募兵，刺史陈温、丹扬太守周昕拨给他四千多兵。返回的途中在龙亢停歇时，许多兵士叛逃了。到铚县，建平县，又招募一千多兵，进驻河内郡。

刘岱与桥瑁关系恶化，刘岱杀了桥瑁，以王肱代理东郡太守。

袁绍和韩馥策划拥立幽州牧刘虞为皇帝，太祖拒绝支持。袁绍又曾得到一颗玉印，和太祖共坐时，把玉印向太祖臂肘举去，让太祖看。太祖因此耻笑他讨厌他了。

二年春，袁绍、韩馥终于拥立刘虞为皇帝，刘虞却到底也不敢接受。夏四月，董卓回长安。秋七月，袁绍胁迫韩馥攻取冀州。

黑山贼于毒、白绕、眭固等十多万人进占魏郡、东郡，王肱抵挡不住。太祖带兵进东郡，在濮阳进攻白绕，打败了他。袁绍因而表奏朝廷推荐太祖为东郡太守，郡治设在东武阳。

三年春，太祖驻扎顿丘，于毒等进攻东武阳。太祖带兵西行入山，进攻于毒等人的大本营。于毒听说了，放弃武阳回救。太祖在半路拦击眭固，又在内黄攻击匈奴於夫罗，全都把他们打得大败。

夏四月，司徒王允和吕布一起杀了董卓，董卓将军李傕、郭汜等杀了王允，进攻吕布，吕布失败，向东败出武关。李傕等把持朝政。

青州黄巾一百多万人涌进兖州，杀了任城国相郑遂，又转入东平国境。刘岱打算进攻黄巾，鲍信劝阻说："现在贼寇多到一百万人，百姓都非常恐惧，士兵没有斗志，不能和他们硬抗啊。我看贼寇拖家带口，军队没有稳定供应，只靠临时抢夺，现在不如保存兵力，先做好防守，他想打，没人和他打，想攻又攻不进来，他们势必离散解体，然后我们选拔精锐部队，占据他们的要害一进攻，就可以取胜了。"刘岱不听，坚持出战，果然被黄巾杀死。鲍信于是和兖州的属吏万潜等人到东郡迎接太祖来兼任兖州牧。接着太祖和鲍信等进兵，在寿张东攻击黄巾。鲍信奋战而死，才勉强打败了黄巾。悬赏也没找寻到鲍信尸体，大家就雕刻一尊鲍信木像，哭祭一番。追击黄巾直到济北，黄巾请求投降。冬天，接受黄巾投降士兵三十多万人，随行家属一百多万，太祖收编其中精锐部分，号称青州兵。

袁术和袁绍有矛盾，袁术向公孙瓒求援，公孙瓒派刘备驻扎高唐县，单经驻扎平原县，陶谦驻扎发干县，进逼袁绍。太祖和袁绍联合反击，把三支人马全都打败。

　　四年春,太祖驻扎在鄄城。荆州牧刘表截断袁术粮道,袁术带兵进入陈留,驻扎在封丘,黑山残余盗贼以及於夫罗等帮助袁术。袁术派将军刘详驻扎匡亭。太祖进攻刘详,袁术救刘详,太祖和袁术交战,大败袁术。袁术保封丘。太祖包围封丘,还未来得及合围,袁术又逃奔襄邑。太祖追到太寿,决开渠水灌城。袁术逃向宁陵。太祖又追他,他就逃奔九江。夏天,太祖回师驻扎定陶。下邳阙宣聚兵几千人,自称天子,徐州牧陶谦和他共同发兵,夺取了泰山郡的华、费,攻占任城。秋天,太祖征讨陶谦,攻占十几座城。陶谦守徐州不敢出城。

　　这一年,孙策奉袁术命令渡江,几年之内,就占有了江东。

　　兴平元年春天,太祖从徐州返回。当初,太祖父亲曹嵩卸任后回谯县,董卓之乱,在琅玡避难,被陶谦杀害,所以太祖一心想着复仇东伐。夏天,派荀彧、程昱守鄄城,再一次征讨陶谦。攻占五座城,接着扩大占领地区直至东海。回师经过郯县,陶谦的将军曹豹和刘备在郯东驻扎,拦击太祖,太祖打败他们。接着攻占襄贲。对所过之处,都大加摧残。

　　正在这时,张邈和陈宫反叛,去迎接吕布,郡县都起来响应。荀彧、程昱保卫鄄城,范、东阿两县坚守。太祖于是领兵回返。吕布到了,攻打鄄城没能攻下,向西转移,屯驻濮阳。太祖说:"吕布一个早上就得到了一个州,但不能占据东平,切断亢父、泰山之间的通道,利用险要地形拦击我,却远远地屯驻到濮阳去,我知道他办不出什么事了。"于是进兵攻打他。吕布出兵交战。先用骑兵冲青州兵,青州兵溃逃。太祖阵势变乱,太祖冒火奔逃,从马上坠落,烧了右手掌。司马楼异扶太祖上马,于是撤退。还没到营地就停下来了。诸将没见着太祖,都恐慌了。太祖就强撑着身体慰劳军队,下令军中加紧准备攻击器具,把部队向前开进,再一次攻打吕布军队。和吕布相持一百多天。蝗灾开始了,老百姓普遍挨饿,吕布军粮也用尽了。双方各自撤兵。

　　秋九月,太祖回鄄城。吕布到乘氏,被乘氏县人李进打败,向东转移驻扎山阳。这时袁绍派人劝说太祖,想和太祖建立和好关系。太祖新失去兖州,军粮用尽了,打算答应袁绍要求。程昱劝阻太祖,太祖接受了程昱意见。冬十月,太祖到东阿。这一年,谷子一斛五十多万钱,人饿得互相吃,于是太祖解散新招募的官兵。陶谦死了,刘备接替了他。

　　二年春,太祖袭击定陶。济阴太守吴资守卫南城,太祖没攻下来。正碰上吕布领兵来到,太祖又打败了吕布。夏,吕布将军薛兰、李封驻屯巨野,太祖进攻他们,吕布来救薛兰,薛打败了,吕布逃走了,于是杀了薛兰等人。吕布又和陈宫领兵一万多从东缗来交战。当时太祖兵少,布置了埋伏,出其不意,发动攻击,

吕布雕像

大败吕布。吕布连夜逃走，太祖再一次进攻，占领了定陶，分兵平定各县。吕布东逃投奔刘备，张邈跟从吕布，叫弟弟张超携带家属守卫雍丘。秋八月，太祖围雍丘。冬十月，天子任命太祖为兖州牧。十二月，雍丘城破，张超自杀。太祖杀尽张邈三族。张邈去找袁术求救，被自己的部下杀死。兖州平定，太祖接着向东攻打陈地。

这一年，长安发生混乱，天子东迁，在曹阳被打败，渡河到达安邑。

建安元年春正月，太祖兵临武平，袁术任命的陈国国相袁嗣投降。

太祖将要去迎接天子，有的将军怀疑这个举动恰当与否，荀彧、程昱劝太祖迎接。太祖于是派遣曹洪带兵西去迎接，卫将军董承与袁术将军苌奴占据险要地势抗拒，曹洪无法前进。

汝南、颍川黄巾何仪、刘辟、黄邵、何曼等，各有兵几万人，先响应袁术，后来又归附孙坚。二月，太祖进兵打败他们，杀了黄邵等人，刘辟、何仪和他们的部属全都投降。天子任命太祖为建德将军。夏六月，调任镇东将军，封费亭侯。秋七月，杨奉、韩暹带着天子回洛阳，杨奉另外在梁县驻扎。太祖接着到达洛阳，在京都设防，韩暹逃走，天子赐予太祖节钺，录尚书事。洛阳残破，董昭等劝太祖迁都到许县去，九月，皇帝出辕辕关东行到许县，以太祖为大将军，封武平侯。自从天子西迁，朝廷一天比一天混乱，直到这时，才把宗庙、社稷制度建立起来。

天子东迁时，杨奉从梁县出发企图中途拦截，没来得及。冬十月，曹公征讨杨奉，杨奉南逃去投奔袁术，曹公就攻打杨奉的梁县营地，攻下来了。在这时候，朝廷以袁绍为太尉，袁绍耻于班次在曹公之下，不肯接受太尉职位，曹公就坚决辞职，把大将军的职位让给袁绍。天子任命曹公为司空，代理车骑将军。这一年，采纳枣祗、韩浩等人建议，开始兴办屯田。

吕布袭击刘备，攻占下邳。刘备来投奔曹公。程昱劝曹公说："我看刘备有雄才大略而又很得人心，终究是不会甘居人下的，不如趁早除掉。"曹公说："现在正是招收人才的时候，杀一个人而失掉天下人心，这办法不行。"

张济从关中逃到南阳。张济死后，侄子张绣率领他的兵。二年春正月，曹公到宛，张绣投降，接着又后悔，又反叛了。曹公和他交战，失败了，被流矢射中，长子曹昂、侄子曹安民遇害。曹公于是带兵回舞阴，张绣领骑兵来抢夺辎重，曹公打败了他，张绣逃奔穰县，和刘表会合。曹公对诸将说："我接受张绣等人投降，错在没有马上就要他的人质，以至于弄到这个地步。我明白失败的原因了。你们诸位看着，从今以后，不会再有这类失败了。"接着就回许县去。

袁术想在淮南称皇帝，派人告诉吕布。吕布逮捕送信使者，把袁术的信转呈朝廷。袁术愤怒，进攻吕布。被吕布打败。秋九月，袁术侵扰陈郡，曹公东征袁术。袁术听说曹公亲自来了，丢下大军自己逃跑，留下将军桥蕤、李丰、梁纲、乐就统领军队。曹公到，打败桥蕤等将军，把他们都杀了。袁术逃过淮河。曹公回许县。

曹公从舞阴回许县的时候，南阳、章陵等县再次反叛，投向张绣，曹公派曹洪去攻打，战事不顺利，驻叶县，多次受到张绣刘表的侵袭。冬十一月，曹公亲自南征，到达宛县。刘表将军邓济据守湖阳，曹公攻破湖阳，活捉邓济，湖阳军民投降。攻舞阴，攻下来了。

三年春正月，曹公回许县。开始设置军师祭酒官职。三月，曹公把张绣包围在穰县。夏五月，刘表派兵救张绣，抄曹军后路。曹公将要退兵，张绣带兵来追，曹公军队前进不了,就聚拢部队,缓行推进。曹公给荀彧写信说:"贼来追我,我虽然一天只能前进几里,但我预计,走到安众县,一定可以打败张绣。"到了安众,张绣和刘表会师,守住了险要,曹公军队前后受敌。曹公于是趁夜在险要处开凿地下通道,把辎重全部运送过去,埋下伏兵。这时天亮了,贼以为曹公逃走了,调动全军来追。曹公就发动埋伏的步兵夹攻,把贼兵打得大败。秋七月,曹公回许县。荀彧问曹公:"事前已经预计贼必败,是怎么回事?"曹公说:"贼阻拦我回撤的部队,和我身处死地的部队作战,我所以知道必胜。"

吕布又为了袁术而派高顺进攻刘备,曹公派夏侯惇救刘备,战斗不利,刘备被高顺打败。九月,曹公东征吕布。冬十月,曹公屠杀彭城军民,捉住了彭城国相侯谐。进到下邳,吕布亲自带骑兵反击。曹公大败吕布,捉住了吕布的猛将成廉。追到城下,吕布恐惧,打算投降。陈宫等人阻拦吕布投降,派人向袁术求援,又劝吕布出战,出战又败了,于是回城固守。曹公攻不进城,士卒疲苦,打算撤兵回返。后来还是采纳荀攸郭嘉计策,决开泗水沂水灌城。过了一个多月,吕布将军宋宪、魏续等逮捕陈宫,献城投降。曹公活捉吕布、陈宫,都杀了。太山臧霸、孙观、吴敦、尹礼、昌豨各自都聚合了一些部队。吕布打败刘备时,臧霸等全都跟从吕布。吕布失败,捉住了臧霸等人,曹公以优厚待遇接收了他们,接着又割青、徐两州沿海地区委托给他们。从琅玡国、东海郡、北海国中分出一部分地区建立城阳、利城、昌虑郡。

当初,曹公任兖州牧,任命东平国的毕谌为别驾。张邈叛变的时候,张邈劫持了毕谌的母亲、弟弟、妻子、儿女;曹公向他表示歉意,让他走,对他说:"你老母在他那里,你可离开我到他那里去。"毕谌叩头表示没有二心。曹公夸赞了他,为他流了泪,毕谌退出去以后,就逃到张邈那里去了。等到打败吕布,毕谌被活捉了,大家为毕谌担心。营公说:"一个人对父母孝顺,难道能不对君主忠心耿耿吗!这正是我所需要的人啊。"任命他为鲁国国相。

四年春二月,曹公回到昌邑。张杨部将杨丑杀了张杨,睢固又杀了杨丑,带着张杨部队投降袁绍,驻扎在射犬。夏四月,曹公进军到黄河边,派史涣、曹仁渡黄河进攻睢固。睢固派张杨原来的长史薛洪、河内太守缪尚留守,自己带兵北去迎接袁绍求救,在犬城遇到了史涣、曹仁。相互交战,大败睢固,杀了睢固。曹公于是渡过黄河,包围射犬。薛洪、缪尚领兵投降,被封为列侯。曹军回驻敖仓。以魏种为河内太守,把河北地区事务托付给他。

当初,曹公荐举魏种为孝廉。兖州反叛时,曹公说:"只有魏种不会背弃我啊。"等到听说魏种逃跑了,曹公发怒地说:"魏种,你不南逃到越,北逃到胡,我绝不放过你!"攻下射犬后,活捉了魏种,曹公说:"只是考虑到他是个人才啊!"解开了绑他的绳子并任用了他。

当时袁绍已吞并了公孙瓒,兼有了四州的土地,兵有十多万,准备进军攻许县。诸将认为打不过袁绍。曹公说:"我了解袁绍的为人。他志向大,智慧小;声色严厉,内心怯懦;好忌妒人,好争胜,但缺乏威信;兵员多,但组织混乱,隶属关系不明确;将军骄横,不听指挥,政令不统一。土地虽然广阔,粮食虽然丰富,恰好可以变成奉送给我的礼品。"秋八月,曹公进驻黎阳,使臧霸等人进入青州攻打齐、北海、东安等地。留于禁驻扎在黄河边。九月,曹公回许县,分兵守官渡。冬十一月,张绣率兵投降,被封为列侯。十二月,曹公进驻官渡。

袁术自从在陈郡失败，日渐窘困，袁谭从青州派人迎接他。袁术想经由下邳北行，曹公派刘备、朱灵去拦击。就在这时，袁术病死。程昱、郭嘉听说曹公派遣刘备出征，对曹公说："刘备不能放出去。"曹公懊悔，派人追赶，已经来不及。刘备没东去之前，暗地和董承等谋反，到下邳，就杀了徐州刺史车胄，宣布脱离曹公，带兵驻扎在沛国。曹公派刘岱、王忠去攻打，没有取胜。庐江太守刘勋带兵投降、被封为列侯。

五年春正月，董承等人的阴谋泄漏，都被处死。曹公将要亲自东征刘备，诸将都说："和您争天下的，是袁绍啊。现在袁绍正要来，您却丢下袁绍去东征，袁绍趁机抄我们后路，怎么办？"曹公说："那刘备，是人中豪杰啊，现在不打，必成后患。袁绍虽有大志，但遇事反应迟钝，必然来不及动作。"郭嘉也劝曹公，于是向东进攻刘备，打败了刘备，活捉刘备将军夏侯博。刘备逃奔袁绍。曹公俘虏了刘备的妻子和孩子，刘备的将军关羽驻扎下邳，曹公又攻下邳，关羽投降。因为昌狶叛投了刘备，曹公又进兵打垮昌狶。曹公回到官渡，袁绍到底也没有出击。

二月，袁绍派遣郭图、淳于琼、颜良去白马攻打东郡太守刘延，袁绍带兵到黎阳，准备渡河。夏四月，曹公北救刘延。荀攸劝曹公说："现在我军兵少，不是敌人对手，把敌人兵力分散开来才好。您到延津做出要渡河抄他后路的样子，袁绍必然西去救应，然后您用轻兵奔袭白马，攻其不备，颜良可以打败。"曹公接受他的建议。袁绍所说曹军渡河，马上分兵西去救应。曹公就带兵强行军赶奔白马。离白马还有十多里时，颜良大惊，来迎战，曹公派张辽，关羽上前进攻，打败敌军，杀了颜良。于是解了白马之围，迁出白马民众，顺河西行。袁绍于是渡河追赶曹公军队，追到延津南。曹公停住部队，在南阪下扎营，派人登高瞭望，瞭望人报告说："大约五六百个骑兵。"等了一会儿，又报告："骑兵渐渐增加，步兵数不过来。"曹公说："不要报告了。"就下令骑兵解下马鞍放开战马。这时，从白马运出的辎重都已上路，诸将认为敌方骑兵多，不如退回去结营自保。荀攸说："这正是要用辎重引诱敌人，怎么要撤走？"袁绍骑兵将领文丑和刘备带五、六千人先后赶到。诸将又报告："可以上马了。"曹公说："没到时候"等了一会儿，敌骑渐多，有的散开奔向辎重。曹公说："可以了。"可是大家上了马。当时曹公骑兵不到六百，就坚决发动攻击，大败敌军，杀了文丑。颜良、文丑都是

刘备

袁绍名将，两次战斗全被杀掉，袁绍军队大为震动。曹公回军驻扎官渡。袁绍向前推进守卫阳武。关羽逃归刘备。

八月，袁绍聚拢部队，一点儿一点儿向前推进，紧靠沙堆扎营，营垒东西相连几十里。曹公也展开部队和袁军一一对垒。相互交战，曹军不利。当时曹公军队不到一万人，带伤的有十分之二、三。袁绍又向前推进到官渡，堆土山，挖地道。曹公也在营垒里堆土山

挖地道和他对抗。袁绍向曹公营内射箭，箭如雨下，走路的，都要蒙着盾牌，兵士非常恐惧。这时曹公军粮不足，给荀彧写信，和他商量想撤回许县。荀彧认为："袁绍把全都军队集中到了官渡，打算和您决胜败。您是以最弱小的兵力对抗最强大的敌人，若不能战胜他，就要被他战胜，这是决定天下大局的关键啊。再说，袁绍不过是一般人的强者而已，能聚集人，但不会使用。凭您的英明威武，又加上是为朝廷讨伐叛逆名正言顺，能有什么事办不成！"曹公听从了荀彧的意见。

孙策听说曹公和袁绍相持，就计划袭击许县，还没出发，被刺客杀死了。

汝南归降的盗贼刘辟等反叛曹公响应袁绍，进攻许县附近地区。袁绍派刘备援助刘辟，曹公派曹仁击刘备。刘备逃走，曹仁接着攻破刘辟营垒。

袁绍几千辆运粮车到了前线，曹公用荀攸计策派徐晃、史涣拦击，大败袁军，把运粮车全部烧掉。曹公和袁绍对抗几个月，虽然一仗接一仗杀敌斩将，但兵少粮尽，士卒疲乏。曹公对运粮的人说："过十五天为你们打败袁绍，就不再劳累你们了。"冬十月，袁绍调车运输粮食，派淳于琼等五人带兵一万多人护送。停驻在袁绍军营北四十里。袁绍谋臣许攸贪财，袁绍不能满足他，他就来投奔曹公，于是趁机劝曹公进攻淳于琼。曹公左右的人怀疑许攸的建议，荀攸、贾诩劝曹公采纳。曹公于是留曹洪守营，自己带步兵骑兵五千人趁夜出发，天亮就到了。淳于琼等望见曹公兵少，就在营门外列阵。曹公迅速冲击，淳于琼退保营垒，曹公就进攻营垒。袁绍派骑兵救淳于琼。身边有人对曹公说："贼骑渐近了，请您分兵抵抗。"曹公生气地说："贼在我身背后再报告！"士兵都拼死作战，大败淳于琼等人，把他们都杀了。袁绍刚听说曹公进攻淳于琼时，对长子袁谭说："乘他进攻淳于琼，我攻占他的营地，他就没有地方可回了。"就派张郃、高览攻曹洪。张郃等听说淳于琼被打垮，就来投降曹公。袁绍部队彻底崩溃，袁绍和袁谭等人弃军逃走，渡过了黄河。曹公派兵追赶没有追上。缴获了袁绍的全部辎重、图书档案和珍宝，俘虏了袁绍军队。曹公缴获的袁绍书信档案里，发现许县和前线军中人给袁绍的信，曹公把这些信全都烧毁了。冀州各郡大都献出城邑投降。

当初，桓帝时，有黄星在楚宋分野出现，辽东殷馗精通天文，说此后五十年，应当有真人兴起于梁、沛之间，他的发展不可阻挡。到此时一共五十年，而曹公打败袁绍，天下无敌了。

六年夏四月，曹公在黄河边炫耀武力，进攻袁绍在仓亭的驻军，打败了它。袁绍回冀州后，再次收聚走散的兵士，攻取平定各个反叛的郡县。九月，曹公回许县。袁绍没败之前，派刘备攻取汝南，汝南贼共都响应刘备。曹公派遣蔡扬攻打共都，不顺利，被共都打败了。曹公南征刘备。刘备听说曹公自己出征，就逃奔刘表去了，共都等人全部溃散。

七年春正月，曹公驻扎在谯县，下令说："我发动义兵，为天下除暴乱。故乡人民，几乎死光，在故乡走一天，碰不到一个熟人，这让我非常悲痛。现在我命令，发动义兵以来，将士绝了后代的，在亲戚中找人过继给他做后代，授给他们土地，官府供给他们耕牛，设置学校教育他们。替活着的人建立庙宇，让他们祭祀死去的亲人，魂如果有灵，我死之后还有什么遗憾呢！"接着到浚仪县，整修睢阳渠，派人用太牢祭祀桥玄。曹公进驻官渡。

袁绍自从军队被打败以后，发病吐血，夏五月死了。小儿子袁尚继承职位，大儿子袁谭自称车骑将军，驻扎黎阳。秋九月，曹公征讨他们，接连作战，袁谭、袁尚一次一次败退，固守自保。

八年春三月，曹公攻黎阳外城，袁军出战，曹军进击，大败袁军，袁谭、袁尚连夜逃走。夏四月，曹公进驻邺县。五月回许县，留贾信驻扎黎阳。

已酉，下令说："《司马法》说'将军败退的要处死'，所以赵括母亲请求不受赵括连累。这表明古代的将军，在外打败仗的，家中人要牵连承受罪罚。我自从派遣将军出征讨伐以来，只赏功而不罚罪，这不是国家的完善制度。现在我命令：将领出征，损耗军队的，要抵罪，作战失利的，要免官职、爵位。"秋七月，下令说："战乱以来，十五年了，青年人没来得及看到仁义礼让的社会风尚，我很伤心。现在我命令，各郡国都要研究文献典籍，满五百户的县设置校官，选拔当地学有成就的人对青年人施以教育，以便先王之道不被废弃，而有益于天下。"

八月，曹公征刘表，驻军西平。曹公离开邺县南征时，袁谭、袁尚争冀州，袁谭被袁尚打败，逃到平原县设防坚守。袁尚攻打紧急。袁谭派辛毗来找曹公，请接受投降，并请派兵去援救。诸将全都怀疑袁谭，荀攸则劝曹公答应他，曹公于是带兵北返。冬十月，到达黎阳，让儿子曹整和袁谭女儿订立婚约。袁尚听说曹公北来，就解了平原之围回邺县去。东平国吕旷、吕翔反叛袁尚，驻扎在阳平，率领部属投降曹公，被封为列侯。

九年春正月，渡过黄河，拦截淇水导入白沟以通粮道。二月，袁尚又攻袁谭，留苏由、审配守卫邺县。曹公进军到洹水，苏由投降。到邺县，攻城，堆土山，挖地道。袁尚的武安县长尹楷屯驻毛城，保证上党粮道的畅通。夏四月，曹公留曹洪攻邺，自己带兵进攻尹楷，打败了尹楷，然后回师。袁尚将军沮鹄守邯郸，曹公又攻取了邯郸。易阳县令韩范、涉县长梁岐带领全县投降，被封为关内侯。五月。平毁土山、地道，挖围城壕沟，决漳水灌城。城中饿死的人超过总人口的半数。秋七月，袁尚回师救邺。诸将都认为"这是回老家的部队，人人都会自动奋战，不如回避一下。"曹公说："袁尚从大道回来，应当回避，如果顺着西山回来，这就要变成我的俘虏了。"袁尚果然顺着西山回来，在滏水岸边扎营，夜里派军队来冲邺县城外的曹军包围圈。曹公反击，赶走袁军，接着要包围袁尚军营，包围圈还没合拢，袁尚害怕了，派原先的豫州刺史阴夔和陈琳来请求投降。曹公不同意，更加紧包围。袁尚夜里逃出包围，去守祁山。曹公追击袁尚，袁尚将军马延、张等临阵投降，袁军溃散。袁尚逃奔中山。曹公缴获了袁尚的全部辎重，得到了袁尚的印授节钺，让袁尚部下投降的人拿给袁尚家属看，邺县城里人心瓦解。八月，审配哥哥的儿子审荣，夜里打开他把守的城东门放进曹公军队，审配反击，败了，活捉了审配，杀了他，邺县平定了。曹公到墓上去祭祀袁绍，痛哭流泪，慰劳袁绍妻子，归还他们家人的宝物，赐给各种丝织品，由官府供给口粮。当初，袁绍和曹公共同起兵，袁绍问曹公："如果事情不成，那么，什么地区可以据守呢？"曹公说："您的看法呢？"袁绍说："我南面守住黄河，北面守住燕、代，联合戎狄兵力，向南争夺天下，也许可以成功吧？"曹公说："我依靠天下人的才智，用恰当方法去组织、运用他们，没有哪处地方不可以据守。"

九月，曹公下令说："河北遭受袁氏的灾难，特令不交今年的田租、赋税！"加重惩治豪强兼并贫民的刑罚，百姓很高兴。天子任命曹公兼任冀州牧，曹公辞去兖州牧。

曹公围邺的时候，袁谭攻取甘陵、安平、渤海、河间。袁尚败回中山。袁谭攻中山，袁尚逃奔故安，袁谭于是兼并了袁尚的军队。曹公给袁谭写信，责备他不遵守约定，和他断绝婚姻关系，送回袁谭女儿，然后进军。袁谭恐惧，撤出平原郡逃往南皮县据守。十二月，曹公进入平原郡，平定郡内各县。

十年春正月，进攻袁谭，打败了袁军，杀了袁谭，处死了他的妻子儿女，冀州平定。下令说："跟袁氏办过坏事的，允许改过自新。"下令百姓不许报复私仇，禁止厚葬，违者一律依法制裁。这个月，袁熙大将焦触、张南反叛袁熙、袁尚，并进攻熙、尚，袁熙、袁尚逃奔三郡乌丸。焦触等带着他们县投降，被封为列侯。开始讨伐袁谭时，征发百姓凿冰通船，有的百姓畏惧苦累，逃跑了。曹公下令，以后这些人来归降，不得接受。不久，有的逃亡百姓来军营自首，曹公对他们说："允许你们投降，就破坏了军令；杀了你们，那又是杀认罪自首的人。你们赶快回去藏得隐秘一些，别让官吏抓住。"百姓们流着眼泪离去了。以后，到底还是被抓回来办了罪。

夏四月，黑山贼张燕率领十几万兵投降，被封为列侯。故安的赵犊、霍奴等杀幽州刺史、涿郡太守。三郡乌丸攻打驻守犷平的鲜于辅。秋八月，曹公出征，斩了赵犊等人，又渡潞河救犷平，乌丸奔逃出塞。

九月，下令说："偏袒同伙，相互勾结，是古代圣人所痛恨的，听说冀州风俗，即使是父子，也各有帮伙，称颂自己，诽谤对方。以前直不疑本没有哥哥，而世人竟说他通嫂嫂，第五伯鱼三次娶的都是无父的孤女，但有人却说他打过岳父；王凤专权跋扈，谷永却把他比作申伯，王商进献忠言，张匡却说他搞左道骗人，这都是以白为黑，欺骗上天蒙蔽君主的行为，我打算整顿风俗，这四种坏行为铲除不尽，我认为是我的耻辱。"冬十月，曹公回邺县。

当初，袁绍以外甥高干兼并州牧，曹公攻占邺县时，高干投降，就任命他为并州刺史。高干听说曹公讨伐乌丸，就在并州反叛，拘押了上党太守发兵把守住壶关口。曹公派乐进、李典去进攻高干，高干退守壶关城。十一年春十月，曹公征高干。高干听说曹公来征，就留下独立活动的将军守城，自己逃进匈奴，向单于求救，单于不接纳。曹公围壶关三个月，攻下了壶关。高干于是向荆州奔逃，被上洛都尉王琰逮捕杀掉。

秋八月，曹公东征海贼管承，到达淳于，派乐进、李典打败管承，管承逃上海岛。曹公割出东海郡的襄贲、郯、戚县并入琅玡国，撤销昌虑郡。

三郡乌丸趁天下大乱，攻入幽州，掳掠汉民共计十多万户。袁绍把他们的首领都立为单于，以百姓的女儿冒充自己的女儿嫁给他们。辽西单于蹋顿尤其强大，受到袁绍优待，所以袁尚兄弟投奔他，他一次次入塞扰乱。曹公准备去征讨蹋顿，就开凿渠道，从呼沱通入泒水，命名为泉州渠，以通渤海。

十二年春二月，曹公从淳于回邺县。丁酉，下令说："我发动义兵讨灭暴乱，到现在共十九年，所征必胜，难道是我的功劳吗？是贤士大夫的力量啊。天下虽然还没全部平定，我将会同贤士大夫一起去平定；但现在我独自享受功劳奖赏，我怎能心安呢？希望加紧评定功劳施行封赏。"于是大封功臣二十多人，都封为列侯。其余的各按等受封。并且为死者的孤儿免除徭役负担。轻重奖赏各有差别。

曹公将北征三郡乌丸，诸将都说："袁尚是一个在逃的贼寇罢了，夷狄贪婪而不讲交情，哪能被袁尚利用呢？现在深入其境去征讨，刘备必然劝说刘表袭击许县。万一事态恶化，后悔就来不及了。"只有郭嘉料定刘表必不能任用刘备，劝曹公出征。夏五月，到达无终。秋七月，大水泛滥，沿海道路不通，田畴请求当向导，曹公同意了。田畴带领军队出卢龙塞，塞外路断了，无法通行。于是平山填谷五百多里，经过白檀，穿过平冈，到达鲜卑庭，东进柳城。柳城只有二百里了，敌人才发觉。袁尚、袁熙和蹋顿，辽西单于楼班，右北平单于能臣抵之等带领几万骑兵迎战。八月，部队登上白狼山，突然遇上了敌军，敌军声势强大。曹公辎重还在后面，披甲兵士少，身边人都恐惧。曹公登上高处，望见敌阵不严整，于是挥兵进攻，派张辽为先锋，敌军大崩溃，斩了蹋顿及名王以下首领，胡、汉投降的有二十多万人。辽东单于速仆丸及辽西、北平各个乌丸首领，丢下本族人，和袁尚、袁熙逃奔辽东，只剩有骑兵几千人。当初，辽东太守公孙康凭仗地处偏远，不服从朝廷。等到曹公打败乌丸，有人劝曹公接着去征讨公孙康，袁尚兄弟就可以捉住了。曹公说："我正要让公孙康斩送袁尚、袁熙首级来，不需要麻烦兵士了。"九月，曹公领兵从柳城回返，公孙康就斩了袁尚、袁熙及速仆丸等，送来了首级。诸将中有人问："您回师而公孙康斩送袁尚、袁熙，这是什么原因？"曹公说："他一向畏惧袁尚等人，我紧逼，他们就要合力对我，我放松他们，他们就要自相残杀了，这是必然之势啊。"十一月，到达易水，代郡乌丸行单于普富卢、上郡乌丸行单于那楼带着他们的名王来祝贺。

乌桓人牧马图

十三年春正月，曹公回到邺县，开凿玄武池以训练水军。汉朝撤销三公官职，设置丞相、御史大夫。夏六月，以曹公为丞相。

秋七月，曹公南征刘表。八月，刘表去世，他儿子刘琮接替他职位，屯驻襄阳，刘备屯驻樊城。九月，曹公到新野，刘琮就投降了，刘备逃奔夏口。曹公进军江陵，下令荆州吏民，废除旧制度，实行新规定。接着，评论荆州归降者的功绩，封侯的十五个人，以刘表大将文聘为江夏太守，叫他统领本部兵马。邀请任用了荆州名士韩嵩、邓义等人。益州牧刘璋开始接受摊派给他的征调租赋徭役义务，派遣兵卒补给朝廷军队。十二月，孙权为刘备进攻合肥。曹公从江陵出发征讨刘备，到巴丘，派遣张熹救合肥。孙权听说张熹到了，就逃走了。曹公到赤壁，和刘备作战，不利。这时又流行瘟疫，死了不少官兵，于是领兵回返。刘备于是占有荆州、江南诸郡。

十四年春三月，曹公领兵到谯，修造轻便船，整训水军。秋七月，从涡水入淮水，出淝水，驻扎合肥。辛未，下令说："最近以来，多次出征，有时还遇到瘟疫，官兵死亡，不能回家,妻子失去丈夫,百姓流离失所,仁慈的人难道高兴这样吗? 是不得已啊! 现在下令,战死者的家属没有产业不能自己生活的,官府不得断绝食粮供应,主管官吏要抚恤慰问,以称我的心意。"为扬州郡、县委派主管官吏,开辟芍陂地区屯田。十二月,领兵回谯。

十五年春,下令说:"自古接受天命开国及中兴的君主,何曾不是得到贤人君子和他共同治理天下呢! 在他得到贤才的时候,简直不需要走出里巷,难道是侥幸碰到的吗? 只是有时在上位的人不肯去求啊。现在天下还没有平定,这正是求贤最迫切的时候啊。'孟公绰担任赵国、魏国的家臣是才力有余的,但不能任命为滕、薛一类小国的大夫。'如果限定只有廉洁的人才可任用,那齐桓公靠谁帮助成为霸主呢! 现今天下难道没有身穿粗布陋衣,胸怀超凡见识,而在渭水边钓鱼的姜尚一类人吗? 又难道没有蒙受'私通嫂嫂'恶名,确有接受贿赂事实,并且还没有得到魏无知力荐的陈平一类人吗? 希望你们帮助我连最卑微的人也不要漏略,广泛发现人才。只要有才干就荐举,我好选拔任用。"冬,建造铜雀台。

十六年春正月,天子任命曹公嫡长子曹丕为五官中郎将,设置官属,为丞相副手。太原人商曜等在大陵反叛,派夏侯渊、徐晃包围打败了他们。张鲁割据汉中。三月,派钟繇讨伐他。曹公派夏侯渊等从河东出发与钟繇会师。

这时关中诸将怀疑钟繇将要袭击自己,马超于是和韩遂、杨秋、李堪、成宜等反叛。曹公派曹仁讨伐他们。马超等屯驻潼关,曹公告诫诸将:"关西兵精悍,你们坚守营垒别和他们交战。"秋七月,曹公西征,和马超等隔着潼关驻扎。曹公紧紧牵制住敌军,而暗派徐晃、朱灵等夜渡蒲阪津,占据河西扎营。曹公从潼关北渡河,还没渡过去时,马超急攻渡船,校尉丁斐于是放出牛马引诱贼兵,贼乱取牛马,曹公才得渡过河去,顺着河向南,边筑甬道边推进。贼后退,挡住渭口。曹公就多设疑兵,暗地用船运兵进入渭水。架浮桥,夜里,在渭水南岸分兵扎营。贼夜里攻营,伏兵起来打败了他们。马超等屯扎渭水南岸,派使者请求割让黄河西岸土地以缔结和约,曹公不同意。九月,进军渡渭水,马超等多次挑战,曹公又不应战。马超等又坚持请求割地,请求送来人质以缔结和约。曹公用贾诩计策,假装答应他们。韩遂请求与曹公相见。曹公和韩遂父亲同一年被举为孝廉,又和韩遂本人年龄不相上下,于是马头相接交谈多时,但不涉及军事,只谈京都老友往事,拍手欢笑。谈完以后,马超问韩遂:"您和他说了什么?"韩遂说:"没说什么。"马超等怀疑不信。另一天,曹公又给韩遂写信,多处涂改,弄得像是韩遂涂改的一样。马超等更加怀疑韩遂。曹公于是和他们定日子会战,先以轻装士兵挑战,交战很长时间,才派出勇猛骑兵夹攻,于是大败敌军,斩了成宜、李堪等人。韩遂、马超等逃奔凉州,杨秋逃奔安定,关中平定。诸将中有人问曹公:"当初,贼守潼关,渭水北岸防卫空虚,您不从河东攻冯翊而反守潼关,拖延一段时间后才北去渡河,这是为什么呢?"曹公说:"贼守潼关,如果我进入河东,贼必然分守各个渡口,那样一来,西河就不能渡了。我故意大兵向潼关,贼集中全力防守南部,西河守备空虚,所以两位将军能夺取西河! 后来领兵北渡,贼无法和我争西河,那是因为西河已经有了我方两位将军的部队啊。连接兵车树立栅栏,筑甬道掩护着南进,既是要形成敌方不易取胜的态势,又要向敌方故意示弱。渡过渭水后构筑坚固壁垒,敌人来了不出战,为的是助长敌人的骄傲啊。所以贼不筑营垒而要求割地。我顺口答应了他,为的是顺从他的意思,使他们自己感到安全而不做战争准备。因而我得以蓄积士卒战斗力,突然出击,这就是所谓迅雷不及掩耳。兵势的变化,本没有一个固定的格式啊。"开始时，贼兵每有一部到达前线，曹公就有喜色，贼兵失败之后，诸将问他一再有喜色的原因，曹公回答："关中地域长道路远，若贼各在一处据险而守，征讨他们，没有一两年不能平定。现在都来集中，他们兵虽多，但谁也不服从谁，军队没有主帅，一仗就可以消灭，取得成功很容易，我因此高兴。"

冬十月，军队从长安北征杨秋，围安定。杨秋投降，就恢复了他的爵位，让他留任，安抚当地百姓。十二月，从安定回师，留夏侯渊驻扎长安。

十七年春正月，曹公回到邺县。天子特许曹公朝拜时，司仪宣呼行礼仪式，不须直呼其名；入朝时，不须小步快走；上殿时，可以穿鞋佩剑，就像当年萧何一样。马超残余部队梁兴等屯驻在蓝田，曹公派夏侯渊打败了这支军队平定了地方。割河内郡的荡阴、朝歌、林虑、东郡的卫国、顿丘、东武阳、发干、钜鹿郡的廮陶、曲周、南和、广平郡的任城，赵国的襄国、邯郸、易阳等县来扩大魏郡。冬十月，曹公征孙权。

马超雕像

十八年春正月，曹公进军濡须口，攻破孙权的江西营地，捉获孙权都督公孙阳，才带兵回返。天子下诏，把天下由十四州恢复为九州。夏四月，曹公到邺县。五月丙申，天子派御史大夫郗虑持节册命曹公为魏公，册文说：

朕由于不修德行，年少时遭遇忧患，先是远迁在西土，后又东迁到唐、卫，在这时候，象缀旒一样任凭别人执持。宗庙缺乏祭祀，社稷没有确定的位置；许多坏人觊觎皇位，分裂天下。境内百姓，朕不能领有，即使我高祖创建的皇权，也都几乎要坠落在地了。朕因此日夜忧虑，潜心默念："历代祖先啊，先代辅佐大臣们啊，你们谁能怜悯我啊？"这才感动了天心，诞生了丞相，保佑我皇家平安，在艰难中给我皇家巨大帮助，朕于是有了依靠。现在将授予您典法礼仪，希望您恭敬地听我的命令。

以前董卓首先作乱，把国家推进灾难，各位州牧郡守放下本管区域的政务来拯救王室，您引导他们前进，首先进攻敌军，这是您忠于本朝的表现啊。后来黄巾违犯天道，侵扰我三州，祸乱连累到百姓，您又打败他们，安定了东夏。这又是您的功劳啊。韩进、杨奉专擅朝政您就讨伐他们，消除他们制造的灾难。把朝廷迁到许都，建造京城重地，设置官府，开始祭祀，不遗弃应有的典礼制度，天地鬼神于是获得安宁。这又是您的功劳。袁术僭称帝号，在淮南胡作非为，但畏惧您的神威，您运用伟大英明谋略，蕲阳战役，桥蕤被杀，威势南指，袁术毙命，党羽溃散。这又是您的功劳。回师东征，吕布正法，战车将返，张杨丧命，眭固伏罪，张绣来降，这又是您的功劳。袁绍叛逆扰乱天道，阴谋颠覆社稷，凭恃他兵多，发动军队进犯朝廷，当这时候，国家兵力薄弱，上下恐惧，谁也没有坚定信心，您坚守保卫朝廷的大原则，精诚感动上天，发挥您的武威，运用您的神妙策略，亲临官渡，大歼叛贼。把我国家从危亡中拯救出来，这又是您的功劳。挥师渡大河，开拓疆域，平定四州，袁谭、高干，都被杀头，海盗奔逃，黑山归顺，这又是您的功劳啊。三支乌丸，作乱两世，袁尚投奔他们，占据塞北，威胁中原，您包裹马脚，挂牢车子，以防跌滑，穿隘过险，一战就消灭了他们，这又是您的功劳啊。刘表违抗朝廷，放纵胡为，不履行对朝廷的义务，王师出发，威风先到，百城八郡，屈膝投降，这又是您的功劳啊。马超、成宜，狼狈为奸，占据黄河、潼关，企图作恶逞凶，您在渭南把他们打垮，献上万颗首级，接着平定边境，安抚戎、狄并与他们和好。这又是您的功劳啊。鲜卑、丁零通过几层翻译也来朝见，单于白屋也愿意臣服，愿意纳贡，这又是您的功劳啊。您有平定天下的大功，又有完美的德性，您理顺全国上下的社会政治秩序，倡导美好风俗，普遍而辛勤地施行教诲，顾惜民命，审慎处理刑狱，官吏不施残暴，百姓不怀恶意，诚恳地尊崇帝族，显扬、接续中断的封爵，以前有功有德的人，没有谁没有得到应有的安排。虽然伊尹功勋上感皇天，周公业绩光照四海，也全都赶不上您。

朕听说先王都分封德高功大的人为诸侯，赐给他们土地，分给他们人民，增高他们的荣誉，完备他们用以显示特权的礼器，为的是让他们能保卫王室，辅佐朝廷。在周成王时，管叔、蔡叔作乱，叛乱平定以后，吸取叛乱教训，想念有功之臣，于是派邵康公向齐太公授权：在东到海、西到河、南到穆陵、北到无棣的范围之内，大小诸侯有过错，齐太公都有权征讨。把这权利世世赐予太师，使齐成为显赫于东方的大国。到襄王时，也有楚人不对周王尽义务的事发生，又命令晋文公担任侯伯，赐予他二辂、虎贲、铁钺、秬鬯、弓矢，开辟南阳大片土地，世世代代做诸侯盟主。所以周室没有灭亡，就是因为有二国可以依赖。现在您发挥大德，保卫朕的安全，顺应天命，发展大业，平定全国，没有谁不服从，功劳比伊尹、周公还高，而奖赏比齐、晋要低，朕很惭愧。我是一个渺小的人，高居万民之上，常想做皇帝的艰难，就像走近了深渊，就像在薄薄的冰面上行走，不是您帮我走过去，我没有人可以依靠。现在以冀州的河东、河内、魏郡、赵国、中山、常山、钜鹿、安平、甘宁陵、平原共十郡，封您为魏公。赐予您黑红色的土，用白茅包上，您可以去占卜吉日，建您魏国的社稷。过去在周朝时，毕公、毛公身有封国但又入朝任辅佐周王的卿，周公、召公以朝廷太师太保身份出朝兼为诸侯之伯，这种朝内朝外的重任，您都能同时担当起来。我命令您以丞相身份兼任冀州牧像原来一样。再加赐您九锡，希望您听从我的命令。考虑到您筹建制度，为人民提供行动规范，使民安居乐业，没有二心，因此赐予您大辂、戎辂各一辆，黑红色的马八匹。您鼓励农业，农民耕作努力，粮食丝帛都有积存，国家事业因而兴盛，因此赐予您衮服冕服，再配上一双赤舄。您提倡谦让，并使人民实际去做，因而年龄大年龄小的都讲礼貌，社会上下一片和谐，因此赐予您轩悬之车，六佾之舞。您辅佐朝廷发扬汉朝风俗教化，直达四方，使远方民族改变精神面貌，中原精神生活更加充实，因此赐予您用朱红颜色漆门的特权。您深明道理，思念皇帝的困难，把有才能的人任用为官，把善良的人都提拔起来，因此赐予您在殿前纳陛的特权。您执掌国家大政，保持严肃公正不偏不倚态度，即使一点点小的坏人坏事，都不会不加压制、放逐，因此赐予您虎贲战士三百人。您严格按国家法律办事，揭露犯罪行为，触犯国法的，没有谁能逃脱惩处，因此赐予您铁和钺各一件。您高瞻远瞩，明察八方，周密地讨伐逆贼，平息全国的叛乱，因此赐予您彤弓一张，彤矢百支，秬铁弓一张，旅矢千支。您以温和恭敬为根本，孝顺友爱为美德，明智公平忠厚诚实，深深感动了我，因此赐予您秬旅一卣，配上圭瓒。魏国设置丞相以下各种官职，都和汉初诸侯王的制度一样。慎重啊，您要大范围地普遍地关怀您的臣民，辅助他们做好各种事情，用这些行动来完成您的伟大功德，报答、颂扬我高祖传留下来的美好天命。

秋七月，开始建立魏国的社稷宗庙。天子聘魏公的三个女儿为贵人，岁数还小的，就暂且留在魏国等待结婚年龄的到来。九月，建造金虎台，凿渠引漳水进入白沟以通达黄河。冬十月，分魏郡为东西部，设置都尉管辖。十一月，开始设置尚书、侍中、六卿官职。

马超在汉阳，又联合羌、胡作乱，氐王千万反叛朝廷响应马超，在兴国驻兵。魏公派夏侯渊讨伐马超。

十九年春正月，魏公开始举行"耕籍田"礼。南安赵衢、汉阳尹奉等讨伐马超，斩了马超妻子、儿子的头，马超逃奔汉中。韩遂转徙到金城，又进入氐王千万的部落，率领羌、胡一万多骑兵和夏侯渊交战，夏侯渊出击，大败韩遂，韩遂逃奔西平。夏侯渊和诸将攻兴国，屠杀了兴国军民。朝廷撤销了安东、永阳郡。

安定太守毋丘兴将去赴任，魏公告诫他说："羌、胡想和中国交往，自然会派人来联系，你千万不要先派人到羌、胡中去联系。善良人难找到，不善良人一定会教羌、胡乱提要求，他们乘机从中取利。不听从要求，就错失了羌、胡求好的美意，听了要求则对事情没有好处。"毋丘兴到任，派遣校尉范陵进入羌中，范陵果然给羌人出主意，叫他们自己提出，要当属国都尉。魏公说："我预先就知道会出这样的事了，不是我聪明，是我经历的事情多罢了。"

三月，天子命令把魏公位次排列在诸侯王的上面。改授金玺、赤绂、远游冠。秋七月，魏公出征孙权。

当初，陇西宋建自称河首平汉王。在枹罕聚集部队，改纪元，设置百官，三十多年。魏公派夏侯渊从兴国出发去征讨。冬十月，屠杀枹罕军民，斩宋建，凉州平定。魏公从合肥返回。

十一月，汉皇后伏氏，过去因给她的以前任过屯骑校尉的父亲伏完写信，信中说皇帝因为董承被杀而怨恨魏公，语句恶毒，事情被人揭发，因此获罪。皇后被废黜杀死，皇后兄弟也被杀死。

十二月，魏公到孟津。天子命令魏公在出行仪仗队中配置旄头骑兵，宫殿中设置钟虡。已未，魏公下令说："一般地说，品行好的，未必能有所作为，有所作为的，未必品行好。陈平难道厚道，苏秦难道守信吗？但陈平奠定了汉朝基业，苏秦扶助了弱小的燕国。这样说来，士人有缺点，能废弃不用吗？主管部门要是明白这个道理，那么贤士就不会被遗漏丢弃，官府也就不会耽误工作了。"又说："一般说来，刑律，是百姓的生命线啊。但军中负责刑律的，有时不是合适人选，就这样把三军生死大权交给他，我很害怕。希望选择明白法律道理的人，让他主持刑法事务。"于是，设置理曹掾属。

二十年春正月，天子立魏公二女儿为皇后。撤销云中、定襄、五原、朔方郡，在每郡原来辖区设置一个县，管理当地居民，合并原四个郡为一个新兴郡。

三月，魏公西征张鲁，到陈仓，将要从武都进入氐。氐人挡住道路。魏公先派出张郃、朱灵等打败了氏人。夏四月，魏公从陈仓出散关，到河池。氏王窦茂兵有一万多人，凭仗有险可守，不投降。五月，魏公进攻并屠杀了氏人。西平、金城诸将麹演、蒋石等人共同斩了韩遂首级送给魏公。秋七月，魏公到阳平。张鲁派弟弟张卫和将军杨昂等据守阳平关。在山腰筑城十多里，魏公攻不破，于是带兵回撤。贼见大军后退，守备就松解了。魏公趁机秘密派遣解慓、高祚等穿越险要地段，在夜间发起进攻，大败张鲁军队，斩了张鲁将领杨任。进攻张卫，张卫在黑夜中逃走。张鲁军队溃散，逃往巴中。魏公军队进入南郑，全部缴获了张鲁库藏的珍宝。巴和汉地区全都归降。一把汉宁郡恢复为汉中郡，分出汉中郡的安阳县、西城县组成西城郡，设置太守。分锡、上庸为上庸郡，设置都尉。

八月，孙权围合肥，张辽、李典打败了他。

九月，巴人七姓戎王朴胡、賨邑侯杜濩带巴夷、賨民来归附。于是分开巴郡，以朴胡为巴东太守，杜濩为巴西太守，都封为列侯。天子命令魏公可以秉承皇帝旨意分封诸侯，任命太守、国相。

冬十月，开始设置名号侯到五大夫，连同旧有的列侯，关内侯，共六等，用于奖赏军功。

十一月，张鲁从巴中带着残余兵力来投降。张鲁和五个儿子都被封为列侯。刘备袭击刘璋，夺取益州，接着占有巴中。魏公派张郃去攻打刘备。

十二月，魏公从南郑返回，留夏侯渊驻扎汉中。

二十一年春二月，魏公回邺。三月壬寅，魏公亲耕籍田。夏五月，天子把魏公晋爵为魏王。代郡乌丸行单于普富卢和他部下的侯王来朝。天子下令让魏王女儿称公主，享受汤沐邑。秋七月，匈奴南单于呼厨泉带着部下名王来朝，魏王用客礼接待他，接着把他留在魏国，派右贤王去卑监匈奴国。八月，魏王以大理钟繇为相国。冬十月，魏王整训部队，接着出发征讨孙权，十一月，魏王到谯县。

二十二年春正月，魏王驻扎居巢。二月，进军驻扎江西郝溪。孙权在濡须口筑城拒守，于是魏王进逼攻打，孙权后退逃走。三月，魏王带兵回返，留夏侯惇、曹仁、张辽等驻屯居巢。

夏四月，天子命令魏王设置天子旌旗，出入称警跸。五月，建造泮宫。六月，魏王以军师华歆为御史大夫。冬十月，天子命令魏王冕上悬垂十二枚旒，乘坐金根车，驾六匹马，配设五时副车。以五官中郎将曹丕为魏国太子。

刘备派遣张飞、马超、吴兰等驻屯下辩。魏王派遣曹洪去对抗。

二十三春正月，汉太医令吉本和少府耿纪，司直韦晃等造反，进攻许都，烧丞相长史王必的军营，王必和颍川典农中郎将严匡攻杀了吉本等人。

曹洪打败吴兰，杀死吴兰将领任夔等人。三月，张飞、马超逃往汉中，阴平氏人强端杀了吴兰，把首级送给朝廷。夏四月，代郡，上谷乌丸无臣氏等人反叛，魏王派遣鄢陵侯曹彰去打败了他们。

六月，下令说："古代埋葬死者，一定要找瘠薄的地去埋。现命令划出西门豹祠西边原上的一片地，来建造我的寿陵，就用原地高度为基点，不堆坟丘，不栽树为标志。《周礼》家人掌管公墓土地，凡是诸侯都葬在王墓左右两侧的前方，卿大夫在后方。汉朝制度也叫作陪陵。现决定有功的公卿大臣列将，死后陪葬我的寿陵。把寿陵墓地规划得广阔一些,让陪葬的容纳得下。"

秋七月,魏王训练部队,接着西征刘备,九月,到长安。

冬十月,宛县守将侯音等人造反,逮捕南阳太守,掳掠官民,据守宛县。在这以前。曹仁奉命讨伐关羽,屯驻樊城。这个月,魏王派曹仁包围宛县。

二十四年春正月,曹仁屠杀宛县军民,杀了侯音。

夏侯渊与刘备在阳平交战,被刘备杀了。三月,魏王从长安出发,经过斜谷派军队占据了军事要地,进军汉中,接着又到阳平。刘备利用险要地势据守抵抗。

夏五月,魏王带兵回长安。秋七月,魏王以夫人卞氏为王后。魏王派于禁帮助曹仁进攻关羽。八月,汉水泛滥,淹了于禁军队,于禁军队全部溃散,关羽捉了于禁,接着包围曹仁。魏王派徐晃救曹仁。

九月,魏相国钟繇因为西曹掾魏讽造反而获罪,被免职。冬十月,魏王大军回洛阳。孙权送来书信,愿以讨伐关羽作为对朝廷的报效。魏王从洛阳南征关羽,还未到前线,徐晃已经打败了关羽,关羽逃走,曹仁被解围,魏王驻扎摩陂。

二十五年春正月,魏王到达洛阳,孙权攻杀了关羽,把关羽首级传送给朝廷。

庚子,魏王在洛阳去世,年龄是六十六岁。留下遗令说:"天下还没安定,还不能够一切遵从古代礼制办事。埋葬以后,全部除去孝服。那些带兵驻扎戍守的,都不许离开驻屯地。各部门官吏照常做自己的本职事情。用现在流行穿用的服装装殓,不要陪葬金玉珍宝。"魏王被谥为武王。二月丁卯,葬于高陵。

评:汉朝末年,天下大乱,英雄豪杰同时兴起,而袁绍占有四州,虎视眈眈,强盛无敌。太祖运用计谋,征讨天下,采纳申不害、商鞅的法术,兼用韩信、白起的奇谋,把官职授予有知识有才能的人,根据本人情况授予不同官职,控制感情,重视计谋,不记旧仇。终于能全面掌握大权,完成建国大业的原因,在于他有英明的谋略啊。他可以称得上是非常之人,盖世的英杰了。

魏文帝纪

【题解】

魏文帝曹丕(187~226年)字子桓,沛国谯县(今安徽亳县)人,三国时期魏国政权的开国皇帝。他是汉末权臣曹操的次子,因其兄曹昂在随父征讨张绣时被箭射死,无子,他遂成为嫡长。汉献帝建安十六年(211年),他被任命为五官中郎将,协助父亲处理国家政务。建安二十二年,他被立为魏王太子,正式成为曹操的继承人。建安二十五年正月,曹操去世,他嗣为魏王、丞相,改元为延康元年(220年)。他控制朝政后,开始处理父亲所遗留下的问题。为完成政权转移,他对大族采取了妥协态度,依照大族名士代表陈群的建议,设立九品官人之法,各地方长官任命在朝中任职的大族名士的代表为中正,由中正选出当地士人的品第,以此作为吏部选用官吏的依据。这一妥协消除了大族名士对他取代东汉政权的阻碍态度,从而顺利完成了东汉政权向曹魏政权的最后过渡。延康元年十月,他接受汉献帝的禅让,正式登上皇位,建立魏国政权。

他在位期间,将主要精力放在整理内政方面。以征伐孙权为理由,他三次亲自统军出征,以随行兵力为后盾,乘机解除了原来自成体系、不太服从命令的青州军将领的军权,彻底消除了青徐地方势力的潜在威胁,增强了曹魏政权的稳固。同时,他没有妄开战端,与吴、蜀两国都未发生大的战争,使北方地区的人民得到一定时间的休息,促进了北方地区经济的恢复与发展。

【原文】

文皇帝讳丕,字子桓,武帝太子也。中平四年冬,生于谯。建安十六年,为五官中郎将、副丞相。二十二年,立为魏太子。太祖崩,嗣位为丞相、魏王。尊王后曰王太后。改建安二十五年为延康元年。

元年,二月,壬戌,以大中大夫贾诩为太尉,御史大夫华歆为

魏文帝曹丕

相国,大理王朗为御史大夫。置散骑常侍、侍郎各四人。其宦人为官者不得过诸署令,为金策著令,藏之石室。

初,汉熹平五年,黄龙见谯,光禄大夫桥玄问太史令单飏:"此何祥也?"飏曰:"其国后当有王者兴,不及五十年,亦当复见。天事恒象,此其应也。"内黄殷登默而记之。至四十五年,登尚在。三月,黄龙见谯,登闻之曰:"单飏之言,其验兹乎!"

己卯,以前将军夏侯惇为大将军。涉貊、扶余单于、焉耆、于阗王皆各遣使奉献。夏四月,丁巳,饶安县言白雉见。庚午,大将军夏侯惇薨。五月,戊寅,天子命王追尊皇祖太尉曰太王,夫人丁氏曰太王后,封王子睿为武德侯。是月,冯翊山贼郑甘、王照率众降,皆封列侯。酒泉黄华、张掖张进等各执太守以叛。金城太守苏则讨进,斩之。华降。六月,辛亥,治兵于东郊。庚午,遂南征。

秋七月,庚辰,令曰:"轩辕有明台之议,放勋有衢室之问,皆所以广询於下也。百官有司,其务以职尽规谏,将率陈军法,朝士明制度,牧守申政事,缙绅考六艺,吾将兼览焉。"

孙权遣使奉献。蜀将孟达率众降。武都氐王杨仆率种人内附,居汉阳郡。

甲午,军次于谯,大飨六军及谯父老百姓于邑东。八月,石邑县言凤凰集。

冬十月,癸卯,下令曰:"诸将征伐,士卒死亡者或未收敛,吾甚哀之;其告郡国给槥椟

殡敛，送至其家，官为设祭。"丙午，行至曲蠡。

汉帝以众望在魏，乃召群公卿士，告祠高庙。使兼御史大夫张音持节奉玺绶禅位，册曰："咨尔魏王，昔者帝尧禅位于虞舜，舜亦以命禹，天命不于常，惟归有德。汉道陵迟，世失其序，降及朕躬，大乱兹昏，群凶肆逆，宇内颠覆。赖武王神武，拯兹难于四方，惟清区夏，以保绥我宗庙，岂予一人获义，俾九服实受其赐。今王钦承前绪，光于乃德，恢文武之大业，昭尔考之弘烈。皇灵降瑞，人神告徵，诞惟亮采，师锡朕命，佥曰尔度克协于虞舜，用率我唐典，敬逊尔位。于戏！天之历数在尔躬，允执其中，天禄永终；君其祗顺大礼，飨兹万国，以肃承天命。"乃为坛于繁阳。庚午，王升坛即阼，百官陪位。事讫，降坛，视燎成礼而反。改延康为黄初，大赦。

黄初元年，十一月，癸酉，以河内之山阳邑万户奉汉帝为山阳公，行汉正朔，以天子之礼郊祭，上书不称臣，京都有事于太庙，致胙；封公之四子为列侯。追尊皇祖太王曰太皇帝，考武王曰武皇帝，尊王太后曰皇太后。赐男子爵人一级，为父后及孝悌力田人二级。以汉诸侯王为崇德侯，列侯为关中侯。以颍阴之繁阳亭为繁昌县。封爵增位各有差。改相国为司徒，御史大夫为司空，奉常为太常，郎中令为光禄勋，大理为廷尉，大农为大司农。群国县邑，多所改易。更授匈奴南单于呼厨泉魏玺绶，赐青盖车、乘舆、宝剑、玉玦。十二月，初营洛阳宫，戊午，幸洛阳。

是岁，长水校尉戴陵谏不宜数行弋猎，帝大怒；陵减死罪一等。

二年，春正月，郊祀天地、明堂。甲戌，校猎至原陵，遣使者以太牢祠汉世祖。乙亥，朝日于东郊。初令郡国口满十万者，岁察孝廉一人；其有秀异，无拘户口。辛巳，分三公户邑，封子弟各一人为列侯。壬午，复颍川郡一年田租。改许县为许昌县。以魏郡东部为阳平郡，西部为广平郡。

诏曰："昔仲尼资大圣之才，怀帝王之器，当衰周之末，无受命之运，在鲁、卫之朝，教化乎洙、泗之上，棲棲焉，遑遑焉，欲屈己以存道，贬身以救世。于时王公终莫能用之，乃退考五代之礼，修素王之事，因鲁史而制《春秋》，就太师而正《雅颂》，俾千载之后，莫不宗其文以述作，仰其圣以成谋，咨！可谓命世之大圣，亿载之师表者也。遭天下大乱，百祀堕坏，旧居之庙，毁而不修，褒成之后，绝而莫继，阙里不闻讲颂之声，四时不睹蒸尝之位，斯岂所谓崇礼报功，盛德百世必祀者哉！其以议郎孔羡为宗圣侯，邑百户，奉孔子祀。"令鲁郡修起旧庙，置百户吏卒以守卫之，又于其外广为室屋以居学者。

三月，加辽东太守公孙恭为车骑将军。初复五铢钱。夏四月，以车骑将军曹仁为大将军。五月，郑甘复叛，遣曹仁讨斩之。六月，庚子，初祀五岳四渎，咸秩群祀。丁卯，夫人甄氏卒。戊辰晦，日有食之，有司奏免太尉，诏曰："灾异之作，以谴元首，而归过股肱，岂禹、汤罪己之义乎？其令百官各虔厥职，后有天地之眚，勿复劾三公。"

秋八月，孙权遣使奉章，并遣于禁等还。丁巳，使太常邢贞持节拜权为大将军，封吴王，加九锡。冬十月，授杨彪光禄大夫。以谷贵，罢五铢钱。己卯，以大将军曹仁为大司马。十二月，行东巡。是岁筑陵云台。

三年，春正月，丙寅朔，日有蚀之。庚午，行幸许昌宫。诏曰："今之计、孝，古之贡士也；十室之邑，必有忠信，若限年然后取士，是吕尚、周晋不显于前世也。其令郡国所选，勿拘老幼；儒通经术，吏达文法，到皆试用。有司纠故不以实者。"

二月，鄯善、龟兹、于阗王各遣使奉献，诏曰："西戎即叙，氐、羌来王，《诗》《书》美之。

顷者西域外夷并款塞内附，其遣使者抚劳之。"是后西域遂通，置戊己校尉。

三月，乙丑，立齐公睿为平原王，帝弟鄢陵公彰等十一人皆为王。初制封王之庶子为乡公，嗣王之庶子为亭侯，公之庶子为亭伯。甲戌，立皇子霖为河东王。甲午，行幸襄邑。夏四月，戊申，立鄄城侯植为鄄城王。癸亥，行还许昌宫。五月，以荆、扬、江表八郡为荆州，孙权领牧故也；荆州江北诸郡为郢州。

闰月，孙权破刘备于夷陵。初，帝闻备兵东下，与权交战，树栅连营七百余里，谓群臣曰："备不晓兵，岂有七百里营可以拒敌者乎！'苞原隰险阻而为军者为敌所禽'，此兵忌也。孙权上事今至矣。"后七日，破备书到。

秋七月，冀州大蝗，民饥，使尚书杜畿持节开仓廪以振之。八月，蜀大将黄权率众降。九月，甲午，诏曰："夫妇人与政，乱之本也。自今以后，群臣不得奏事太后，后族之家不得当辅政之任，又不得横受茅土之爵。以此诏传后世，若有背违，天下共诛之。"庚子，立皇后郭氏。赐天下男子爵人二级，鳏、寡、笃、癃及贫不能自存者赐谷。

冬十月，甲子，表首阳山东为寿陵，作终制曰："礼，国君即位为椑，存不忘亡也。昔尧葬谷林，通树之，禹葬会稽，农不易亩，故葬于山林，则合乎山林。封树之制，非上古也，吾无取焉。寿陵因山为体，无为封树，无立寝殿，造园邑，通神道。夫葬也者，藏也，欲人之不得见也。骨无痛痒之知，冢非栖神之宅，礼不墓祭，欲存亡之不黩也，为棺椁足以朽骨，衣衾足以朽肉而已。故吾营此丘墟不食之地，欲使易代之后不知其处。无施苇炭，无藏金银铜铁，一以瓦器，合古涂车、刍灵之义。棺但漆际会三过，饭含无以珠玉，无施珠襦玉匣，诸愚俗所为也。季孙以玙璠敛，孔子历级而救之，譬之暴骸中原。宋公厚葬，君子谓华元、乐莒不臣，以为弃君于恶。汉文帝之不发，霸陵无求也；光武之掘，原陵封树也。霸陵之完，功在释之；原陵之掘，罪在明帝。是释之忠以利君，明帝爱以害亲也。忠臣孝子，宜思仲尼、丘明、释之之言，鉴华元、乐莒、明帝之戒，存于所以安君定亲，使魂灵万载无危，斯则贤圣之忠孝矣。自古及今，未有不亡之国，亦无不掘之墓也。丧乱以来，汉氏诸陵无不发掘，至乃烧取玉匣金缕，骸骨并尽，是焚如之刑也，岂不重痛哉！祸由乎厚葬封树。'桑、霍为我戒'，不以明乎？其皇后及贵人以下，不随王之国者，有终没皆葬涧西，前又以表其处矣。盖舜葬苍梧，二妃不从，延陵葬子，远在嬴、博，魂而有灵，无不之也，一涧之间，不足为远。若违今诏，妄有所变改造施，吾为戮尸地下，戮而重戮，死而重死。臣子为蔑死君父，不忠不孝，使死者有知，将不福汝。其以此诏藏之宗庙，副在尚书、秘书、三府。"

是月，孙权复叛，复郢州为荆州。帝自许昌南征，诸军兵并进，权临江拒守。十一月，辛丑，行幸宛。庚申晦，日有食之。是岁，穿灵芝池。

四年春正月，诏曰："丧乱以来，兵革未戢，天下之人，互相残杀。今海内初定，敢有私复仇者皆族之。"筑南巡台于宛。三月，丙申，行自宛还洛阳宫。癸卯，月犯心中央大星。丁未，大司马曹仁薨。是月大疫。

夏五月，有鹈鹕鸟集灵芝池，诏曰："此诗人所谓污泽也。《曹诗》'刺恭公远君子而近小人'，今岂有贤智之士处于下位乎？否则斯鸟何为而至？其博举天下俊德茂才、独行君子，以答曹人之刺。"

六月甲戌，任城王彰薨于京都。甲申，太尉贾诩薨。太白昼见。是月大雨，伊、洛溢流，杀人民，坏庐宅。秋八月，丁卯，以廷尉钟繇为太尉。辛未，校猎于荥阳，遂东巡。论征孙权功,诸将已下进爵增户各有差。九月,甲辰,行幸许昌宫。

五年春正月,初令谋反大逆乃得相告,其余皆勿听治;敢妄相告,以其罪罪之。三月,行自许昌还洛阳宫。夏四月,立太学,制五经课试之法,置《春秋谷梁》博士。五月,有司以公卿朝朔望日,因奏疑事,听断大政,论辩得失。秋七月,行东巡,幸许昌宫。八月,为水军,亲御龙舟,循蔡、颍、浮淮,幸寿春。扬州界将吏士民,犯五岁刑已下,皆原除之。九月,遂至广陵,赦青、徐二州,改易诸将守。冬十月,乙卯,太白昼见。行还许昌宫。十一月,庚寅,以冀州饥,遣使者开仓廪振之。戊申晦,日有食之。

十二月,诏曰:"先王制礼,所以昭孝事祖╮,大则郊社,其次宗庙,三辰五行,名山大川,非此族也,不在祀典。叔世衰乱,崇信巫史,至乃宫殿之内,户牖之间,无不沃酹,甚矣其惑也。自今,其敢设非祀之祭,巫祝之言,皆以执左道论,著于令典。"是岁,穿天渊池。

六年春二月,遣使者循行许昌以东尽沛郡,问民所疾苦,贫者振贷之,三月,行幸召陵,通讨虏渠。乙巳,还许昌宫。并州刺史梁习讨鲜卑轲比能,大破之。辛未,帝为舟师东征。五月,戊申,幸谯。壬戌,荧惑入太微。六月,利成郡兵蔡方等以郡反,杀太守徐质。遣屯骑校尉任福、步兵校尉段昭与青州刺史讨平之;其见胁略及亡命者,皆赦其罪。

秋七月,立皇子鉴为东武阳王。八月,帝遂以舟师自谯循涡入淮,从陆道幸徐。九月,筑东巡台。冬十月,行幸广陵故城,临江观兵,戎卒十余万,旌旗数百里。是岁大寒,水道冰,舟不得入江,乃引还。十一月,东武阳王鉴薨。十二月,行自谯过梁,遣使以太牢祀故汉太尉桥玄。

七年,正月,将幸许昌,许昌城南门无故自崩,帝心恶之,遂不入。壬子,行还洛阳宫。三月,筑九华台。夏五月,丙辰,帝疾笃,召中军大将军曹真、镇军大将军陈群、征东大将军曹休、抚军大将军司马宣王,并受遣诏辅嗣主。遣后宫淑媛、昭仪已下归其家。丁巳,帝崩于嘉福殿,时年四十。六月,戊寅,葬首阳陵。自殡及葬,皆以终制从事。

初,帝好文学,以著述为务,自所勒成垂百篇。又使诸儒撰集经传,随类相从,凡千余篇,号曰《皇览》。

【译文】

魏文帝曹丕,字子桓,是武帝曹操的太子。东汉灵帝中平四年冬季,生于谯县。汉献帝建安十六年,被任命为五官中郎将,成为丞相曹操处理军国事务的副手。建安二十二年,被立为魏王太子。曹操逝世后,他继位为丞相、魏王,把自己的母亲、魏王后卞氏尊称为王太后。同时,把建安二十五年改为延康元年。

延康元年二月壬戌,任命大中大夫贾诩为太尉,御史大夫华歆为相国,大理王朗为御史大夫。设置散骑常侍、散骑侍郎各四人。规定后宫宦官担任官职,不得超过诸署的署令,把这命令用黄金做成的简策记录下来,收藏在石室中。

起初,东汉灵帝熹平五年,有黄龙出现在谯县,光禄大夫桥玄为此询问太史令单飏说:"这是什么祥瑞呢?"单飏回答说:"在这个地方以后会有王者兴起,不到五十年,黄龙还会再度出现。上天安排的事情都会有预兆的,这就是与天意相对应的。"内黄人殷登暗自把这件事记下来。过了四十五年,殷登还活着。这年三月,又有黄龙出现在谯县,殷登听到后说:"单飏的预言,大概就应验在这里了。"

三月己卯,任命前将军夏侯惇为大将军。涉貊单于、扶余单于、焉耆王、于阗王等都分别派遣使者前来进奉贡品。夏季四月丁巳，饶安县上书报告说有白雉出现。庚午，大将军夏侯惇逝世。五月戊寅，东汉献帝命令魏王曹丕为祖父太尉曹嵩追加尊号，称太王，称曹嵩夫人丁氏为太王后。同时，封曹丕的儿子曹睿为武德侯。本月，冯翊山贼郑甘、王照率领部众归降朝廷，都被封为列侯。酒泉人黄华、张掖人张进各自捉住本郡太守，背叛朝廷。金城郡太守苏则讨伐张进，将张进杀死。黄华投降。六月辛亥，在邺城东郊操练军队，庚午，曹丕率大军出发，向南征伐吴国。

秋季，七月庚辰，曹丕下令说："黄帝在明台听取贤人的议论，尧在道路边修建房屋，以便听到百姓的谈话，都是去广泛征询下面的意见。朝廷各部门的官员，都要尽到进行规谏的职责，将帅们可以谈论军务、军纪，朝士们议论制度，地方长官报告政务，士大夫们考察六艺，我都要详细审看。"

孙权派遣使者前来进奉贡品。蜀国大将孟达率领部众归降魏国。氐人武都部落首领杨仆率领部落归附魏国，内迁到汉阳郡居住。

甲午，曹丕统帅大军抵达故乡谯县，在东郊为随行军队及谯县的父老百姓举行盛宴。八月，石邑县上书报告，说有凤凰聚集。

冬季，十月癸卯，曹丕下令说："诸将领在进行征伐时，战死的士兵有的还没有被埋葬，我对此很怜悯。命令各郡、国预备棺材，把战死士兵装入棺内，送回他的家中，由官府为他安排祭礼。"丙午，曹丕率军抵达曲蠡。

汉献帝因为群臣都已依附魏王曹丕，于是召集朝中众官员，祭祀汉高祖刘邦庙，并禀告祖先，命令兼任御史大夫张音持节把皇帝的御玺、绶带进献给曹丕，表示把皇帝的位置让给曹丕。诏书说："告诉魏王：从前帝尧让位给虞舜，舜又让位给大禹，上天的意旨并不固定不变，只是由有德望的人来进行统治。汉朝的统治衰败已久，天下失去正常的秩序，到我这一代，战乱更加严重，许多凶暴之人横行肆虐，汉朝的统治已经被颠覆。幸亏武王曹操英明神武，把天下从这场灾难中拯救出来，重新安定，保护了汉朝的宗庙、社稷，不仅是我一个人享受太平，实在是天下都受到他的恩德。现在魏王曹丕继承父亲的事业，加以发扬光大，恢复周文王、周武王的大业，发展您父亲的宏图大计。上天降下祥瑞，人、神都提出预兆，建立了显赫的业绩，大家献言，让我下达命令，都指出您的品德才干与虞舜相同，因此，我遵循尧的做法，把皇帝的位置恭敬地让给您，呜呼！上天已把使命交付给您，运用得当，就能保天禄。请您恭顺大礼，治理天下万国，以上承天命。"于是，为曹丕在繁阳修筑举行即位仪式的高坛。十月庚午，魏王曹丕登上高坛，正式接受皇帝称号，朝廷大臣都参加了即位仪式。仪式完毕后，曹丕下坛，燃火祭祀天地山川，然后，返回宫殿。改延康元年为黄初元年，大赦天下。

黄初元年十一月癸酉，曹丕封汉献帝刘协为山阳公，把河内郡山阳县一万户百姓所居住的地方作为刘协的封地。在封地内，仍实行汉朝的年号，刘协可以用天子的规格祭祀天地，向皇帝上书时可以不称臣。当皇帝在京城祭祀太庙时，要赐予刘协祭肉。同时，封刘协的四个儿子为列侯。曹丕追尊祖父太王曹嵩为太皇帝，父亲武王曹操为武皇帝，尊称母亲武王太后卞氏为皇太后。赐予天下的男子每人晋爵一级，继承父亲成为家长的、孝顺父母、尊敬兄长以及努力耕田的人晋爵二级。把汉朝的诸侯王降封为崇德侯，列侯降封为关中侯。把颍阴的繁阳亭改为繁昌县。朝廷大臣分别受到增加爵位和晋升官职的赏赐。对官职名称进行改动：相国改为司徒、御史大夫改为司空、奉常改为太常、郎中令改为光禄勋、大理改为廷尉、大农改为大司农。郡、国、县及城镇的名称,也有很多改动。重新授予南匈奴单于呼厨泉魏国的玺印、绶带,赐给他青盖车、帝王用的乘舆、宝剑、玉玦等。十二月,开始修建洛阳宫。戊午,曹丕到达洛阳。

这一年,长水校尉戴陵劝阻曹丕,不要经常出去打猎,曹丕大怒,戴陵被判处比死罪轻一等的处分。

黄初二年春季,正月,曹丕到郊外祭祀天地、明堂。甲戌,曹丕到原陵打猎,派遣使者用太牢的规格祭祀东汉光武帝刘秀。乙亥,在东郊举行朝日仪式。开始命令各郡、国户口在十万以上的,每年推荐孝廉一名,有特别优秀的人才,不受名额限制。辛巳,从三公的封地中划分出一块,各封他们的子弟一人为列侯,以那块划出来的土地为封地。壬午,免除颍川郡一年的田租。改许县为许昌县。把魏郡的东部改为阳平郡,西部改为广平郡。

曹丕下诏说:"从前,孔子有大圣人的才干,怀有帝王的气度,但他生于衰败的周朝末期,没有受天命的机运。他在鲁国与卫国任职,在洙水和泗水流域进行教育,栖栖惶惶,想要委屈自己以保存自己的政治主张和思想,贬低自己的身份去拯救世人。当时,各国的王、公终究不能任用他,于是他就隐退去考证五代的礼仪制度,代替帝王立法,在鲁国史书的基础上编撰《春秋》,到乐官那里去改正《雅》《颂》。使得千年以后,全都按照他的文章进行写作,依靠他的圣明制定谋略。啊! 真可称之为绝世的大圣人,可以作为万代的师表了。现在遭到天下大乱,各种祭祀活动都受到毁坏,他的旧居祭庙,也毁坏而无人修理。他的后裔在汉朝曾被封为褒成侯,但这个爵位现在也没有人继承。在他故乡阙里听不到讲解和诵读经书的声音,每年的四季也没有人进行祭祀,这怎么能称为尊崇礼敬,报答他对世人的恩德,符合百代以后,也要祭祀对天下有大恩德人的制度呢? 现在,任命议郎孔羡为宗圣侯,享有一百户的封地,作为孔子的后裔,负责按时祭祀。"命令鲁郡把孔子的旧祭庙重新修好,设置一百户官吏和士兵专门守卫祭庙,又在祭庙的外面大修房屋,供学者在那里居住、学习。

三月,晋升辽东太守公孙恭为车骑将军。开始恢复五铢钱,可以作为货币在市上流通。夏季,四月,任命车骑将军曹仁为大将军。五月,郑甘再次反叛,派遣曹仁进行讨伐,杀死郑甘。六月庚子,开始祭祀五岳、四渎,规定各种祭祀的规格。丁卯,曹丕的夫人甄氏逝世。戊辰,出现日食。有关部门提出应该罢免太尉,曹丕下诏说:"上天降下灾异,是对元首进行谴责,而把过错都推给辅政的大臣,怎么符合大禹、商汤归罪于自己的本意呢? 现在,命令文、武百官各尽职守,以后天地出现灾异,不要再弹劾三公。"

秋季,八月,孙权派遣使者进奉表章,并送于禁等人回来。丁巳,曹丕命令太常邢贞持符节到江东拜孙权为大将军,封吴王,并赐予九锡——使用九种帝王御用器物的特权。冬季,十月,任命杨彪为光禄大夫。因为粮食价格过高,废止五铢钱的使用。己卯,任命大将军曹仁为大司马。十二月,曹丕向东方出巡。这一年,修筑陵云台。

黄初三年春季,正月丙寅朔,出现日食。庚午,曹丕到达许昌宫。下诏说:"现在的计吏、孝廉,就是古代的贡士。十户人家的村镇,必定会有忠信之人,如果限制年龄然后选取人才,那么,姜子牙、周太子晋就不会在前代有显赫的业绩了。现在,命令各郡、国在选取人才时,不要限制老幼。只要儒士精通经术,吏士通晓文法,一到就可以试用。由有关部门来检举推荐不实的人。"

二月，鄯善、龟兹、于阗等国的国王各自派遣使者前来进献贡品。曹丕下诏说："西戎归附大禹，氐人、羌人服从周朝的统治，《诗经》《尚书》中都大为赞美。最近，西域各国的少数族统治者纷纷都来到边塞，请求归附。派遣使者去安抚、慰劳他们。"以后，与西域的联系再度恢复，设置戊己校尉。

三月乙丑，曹丕封儿子齐公曹睿为平原王，同时，封自己的弟弟鄢陵公曹彰等十一人都为王。开始制定封王的庶子为乡公，嗣王的庶子为亭侯，公的庶子为亭伯的制度。甲戌，曹丕封儿子曹霖为河东王。甲午，曹丕出巡，到达襄邑。夏季，四月戊申，封鄄城侯曹植为鄄城王。癸亥，曹丕回到许昌宫。五月，把荆州、扬州在江南的八个郡称为荆州，是因为由孙权兼任荆州牧的原因。把荆州在长江以北的各郡改设为郢州。

闰六月，孙权在夷陵大败刘备统率的蜀军。起初，曹丕听说刘备统军东下，与孙权交战，建立营寨，绵延不断，有七百余里，就告诉大臣们说："刘备不懂得军事，哪里有七百里连营可以进攻敌人的！'在大片低洼和险要地区驻扎军队的，容易被敌人擒获'，这是兵法中的大忌。孙权报告战况的奏书就要到了。"过了七天，孙权击败刘备的奏书果然送到。

秋季，七月，冀州蝗灾严重，百姓饥饿，派尚书杜畿持符节打开官府粮库赈济饥民。八月，蜀军大将黄权率领部下投降魏国。九月甲午，曹丕下诏说："妇人干预政治，是祸乱的原因。从此以后，大臣们不得向太后奏报政事，外戚不能担任辅政的职务，也不能无故接受封爵。把这个诏书传到后世，如果有人违背，天下共诛之。"庚子，立郭氏为皇后。赐天下男子每人晋爵二级，对鳏夫、寡妇、病重、有残疾以及贫困无法生活的人赐给粮食。

冬季，十月甲子，曹丕把首阳山东侧划定为自己的陵墓，事先安排自己的丧葬事宜，说："依照礼制，国君在即位后就安排制作棺材，表示存不忘亡。从前，尧葬在谷林，都种上树；大禹葬在会稽，农民没有改变耕地的方向，所以埋葬在山林，就要合乎山林自然。修造坟墓，植树作为标志的制度，不是上古的制度，我不采用。我的陵墓依仗山势作为主体，不要再堆土作成高丘及四面种植树木，不要建立寝殿、园林，不要修筑神道。安葬的目的就是把人体埋藏起来，想要不再被别人看到。尸骨已没有痛痒的知觉，坟墓也不是神灵存身的地方。依照礼制，不在坟墓处设祭，是为了不轻慢死者，制作的棺椁能够装殓尸骨，衣服被褥能够遮掩尸体就行了。所以我选择在这丘陵不生长庄稼的地方修建墓，改朝换代之后，不再知道陵墓的位置。在墓内不要放置苇草木炭，不要收藏金、银、铜、铁器物，全部使用陶器，以符合古代用泥作的涂车、茅草扎成的人、马来送葬的制度。棺材只要在应该油漆的时候漆三遍，死后不要把珠玉含在我的嘴里，不要给穿上珠子做成的衣服，盛放在玉匣中，不要搞这些庸俗愚昧之人所做的事情。从前，当季孙要以君王佩戴的美玉殉葬时，孔子赶紧登上台阶去劝阻，把这个举动比喻作将死者的尸骨暴露在原野中。宋国的国君厚葬后，当时的君子都说华元、乐莒没有尽到臣子的职责，因为他们眼看君王犯了错误而不加阻止。汉文帝的霸陵在战乱中没有被发掘，是因为其中没有收藏值得挖掘的宝物。光武帝的原陵被挖掘，是因为修筑了高丘，并四面植树，作为标记，墓中也有大批陪葬的器物。霸陵保存完整的功劳在于张释之，原陵被发掘的过错在于汉明帝。因此，是张释之的忠心有利于君主，而明帝对父亲的爱心反而损害了亲人。忠臣孝子，应该考虑孔子、左丘明、张释之的议论，借鉴华元、乐莒、明帝的错误教训，心里存有怎样能使君主、亲人的遗骨安定不动，使死者的魂灵万年不危的想法，这就是圣贤的忠孝了。从古至今，没有不灭亡的国家，也没有不被掘的坟墓。战乱以来，汉朝皇帝的陵墓都遭到挖掘，甚至放火焚烧，以取得盛放尸骨的玉匣和死者身上穿的金缕衣，使得死者的尸骨也被烧尽，这犹如在受焚刑，怎能不深为痛苦呢！受祸的原因都在于修坟厚葬。前人已说，'要以桑弘羊和霍显因骄奢而招祸为戒，'这不是很明显的道理吗！将来，皇后以及贵人以下的妃嫔，凡不随她儿子到王国去的，死后都埋葬在涧西，以前我早定那里作为墓地。之所以这样做，是因为舜死后安葬在苍梧，他的两个妃子都没有与他葬在一起；延陵季子则把儿子远葬在泰山一带。魂魄如果有灵验，就没有不能到的地方，一涧的距离，不能算远。如果违背我这个诏书，妄加改动，修筑陵墓或厚葬，我死后在地下还将被戮尸，戮后还会再戮，真是死了一遍还要再死一遍。身为臣子的要是那样做，就是轻蔑死去的君父，不忠不孝，假如死者有知，将不会给你降福。把这个诏书收藏在宗庙，副本存在尚书、秘书和三府。"

这个月，孙权再次背叛魏国，恢复鄂州为荆州。曹丕从许昌出军南征孙权，各路兵马齐头并进，孙权沿长江部署军队，抵抗魏军。十一月辛丑，曹丕到达宛城。庚申晦，出现日食。这一年，修凿灵芝池。

黄初四年春季，正月，曹丕下诏说："自从丧乱以来，战事不断，天下的人都互相残杀。现在，四海之内已经初步安定，以后，有敢于私自报仇，杀害别人的，都要处死他的全族。"在宛城修筑南巡台。三月丙申，曹丕从宛城返回洛阳宫，癸卯，月亮运行到心宿中间那一颗大星附近。丁未，大司马曹仁逝世。这一个月，瘟疫流行。

夏季，五月，有鹈鹕鸟聚集在灵芝池。曹丕下诏说："这就是人所称的污泽。《诗经·曹风》讲这是讽刺曹恭公疏远君子而亲近小人。如今，是否有贤能才智之士还被困留在下位？否则，这鸟为什么会来呢？现在，要广泛推荐天下品德出众、才能过人、操行高尚的人，以答复曹人的讽刺。"

六月甲戌，任城王曹彰在京城逝世。甲申，太尉贾诩逝世。太白星在白天出现。这个月大雨不停，伊水、洛水泛滥成灾，淹死百姓，冲坏房屋。秋季，八月丁卯，任命廷尉钟繇为太尉。辛未，曹丕在荥阳打猎，并乘势巡视东方。评定征伐孙权的战功，各军将领以下分别受到晋升爵位、增加封地的赏赐。九月甲辰，曹丕到达许昌宫。

黄初五年春季，正月，开始下令只有犯下谋反和大逆不道的罪过，才允许互相揭发，其余的罪名不再受理。如果有人诬告别人，就以他揭发的罪名来处罚他。三月，曹丕从许昌返回洛阳宫。夏季，四月，建立太学，制定五经考试的方法，设置讲授《春秋谷梁传》的博士。五月，有关部门制订在每月初一、十五日大臣朝见皇帝时，上奏有疑问的事情，听取决断大的施政方针，议论朝政的得失。秋季，七月，曹丕巡视东方，到达许昌宫。八月，曹丕调集水军，自己亲自乘坐龙舟，顺蔡水、颍水进入淮河，直达寿春。扬州界内的将领、官吏、士人和一般百姓，凡犯有判处五年刑期以下轻罪的人，都得到赦免。九月，曹丕到达广陵，下令在青州、徐州境内实行大赦，改换这一地区的统兵将领和官吏。冬季，十月乙卯，太白星在白天出现。曹丕返回许昌宫。十一月庚寅，因为冀州百姓缺粮，派遣使者打开官仓赈济饥民。十一月戊申，出现日食。

十二月，曹丕下诏说："从前，先王制定礼仪制度，是为了侍奉祖先，显示孝道。最重要的是在郊外祭祀天地，其次是在宗庙祭祀祖先，然后是祭祀日、月、星等三辰，金、木、水、火、土等五行以及各地的名山大川，在这范围以外的，都不是经典所记载应该祭祀的。

到了末代,有的人信奉巫史,甚至在宫殿以内,门窗之间,到处都要把酒洒在地上祭祀鬼神,这是太过于困惑了。从此以后,有敢于进行这种经典所不记载的祭祀,相信巫史的话,都以信奉旁门邪道论处,把这点写入法律条文中。"这一年,修凿天渊池。

黄初六年春季二月,派遣使者在许昌以东巡视,直到沛郡,慰问百姓的疾苦,对贫困者发放赈济。三月,曹丕出行到达召陵,派人打通讨虏渠。乙巳,曹丕返回许昌宫。并州刺史梁习率军讨伐鲜卑人首领轲比能,大破鲜卑军。辛未,曹丕统率水军东征孙权。五月戊申,曹丕到达谯县。壬戌,火星运行到天空中被称作"太微"的区域中。六月,利城郡士兵蔡方等造反,占领郡城,杀死太守徐质。派遣屯骑校尉任福、步兵校尉段昭与青州刺史讨伐蔡方,平定了这次叛乱。凡被裹胁叛乱以及逃亡在外的,都赦免了他们的罪过。

秋季,七月,曹丕封儿子曹鉴为东武阳王。八月,曹丕率水军从谯县顺涡水进入淮河,从陆路到达徐州。九月,修筑东巡台。冬季,十月,曹丕到达广陵旧城,在长江边进行阅兵仪式,显示军威。魏军十余万人,旌旗招展,绵延数百里。这一年天气严寒,河流全部结冰,船不能进入长江,于是曹丕率军退回北方。十一月,东武阳王曹鉴逝世。十二月,曹丕从谯县经过梁国,派遣使者以太牢的规格祭祀已故汉朝太尉桥玄。

黄初七年春季,正月,曹丕将要到达许昌,许昌城的南门无缘无故自己崩坏,曹丕心中对此很不愉快,就没有进入许昌。壬子,曹丕返回洛阳宫。三月,修筑九华台。夏季,五月丙辰,曹丕病势垂危,召见中军大将军曹真、镇军大将军陈群、征东大将军曹休、抚军大将军司马懿,他们一齐领受曹丕遗诏,辅佐将要继承皇位的幼主曹睿。曹丕让后宫自淑媛、昭仪已下的妃嫔都出宫回到各自家中。丁巳,曹丕在嘉福殿逝世,终年四十岁。六月戊寅,把曹丕安葬在首阳陵,从殡敛到下葬,都是按照他生前的安排进行的。

起初,曹丕喜好文学,以撰写诗、赋、文、论为工作,自己写成的有将近一百篇。又让儒士们编撰前人所著的经书以及注释等,按类编排在一起,有一千余篇,称作《皇览》。

武宣卞皇后传

【题解】

卞氏,出身娼妓,二十岁时嫁给曹操作妾。生魏文帝曹丕等人。后被尊为皇太后。卒于太和四年(230)。

【原文】

武宣卞皇后,琅玡开阳人,文帝母也。本倡家。年二十,太祖于谯纳后为妾。后随太祖至洛。及董卓为乱,太祖微服东出避难。袁术传太祖凶问,时太祖左右至洛者皆欲归,后止之曰:"曹君吉凶未可知,今日还家,明日若在,何面目复相见也? 正使祸至,共死何苦!"遂从后言。太祖闻而善之。建安初,丁夫人废,遂以后为继室。诸子无母者,太祖皆令后养之。文帝为太子,左右长御贺后曰:"将军拜太子,天下莫不欢喜,后当倾府藏赏赐。"后曰:"王自以丕年大,故用为嗣,我但当以免无教导之过为幸耳,亦何为当重赐遗二十四年，拜为王后，策曰："夫人卞氏，抚养诸子，有母仪之德，今进位王后，太子诸侯陪位，群卿上寿，减国内死罪一等。"二十五年，太祖崩，文帝即王位，尊后曰王太后，乃践阼，尊后曰皇太后，称永寿宫。明帝即位，尊太后曰太皇太后。

黄初中，文帝欲追封太后父母，尚书陈群奏曰："陛下以圣德应运受命，创业革制，当永为后式。案典籍之文，无妇人分土命爵之制。在礼典，妇因夫爵，秦违古法，汉氏因之，非先王之令典也。"帝曰："此议是也，其勿施行。以作著诏下藏之台阁，永为后式。"至太和四年春，明帝乃追谥太后祖父广曰开阳恭侯，父远曰敬侯，祖母周封阳都君及敬侯夫人，皆赠印绶。其年五月，后崩。七月，合葬高陵。

【译文】

武宣卞皇后，是琅邪郡开阳县人，是魏文帝曹丕的亲生母亲。她出身于倡优伶人之家，当她二十岁那年，魏太祖曹操就在谯县纳卞后做了妾。后来，她又随太祖到了洛阳。等到董卓作乱时，魏太祖曹操换便衣向东逃出了洛阳去避难。不久，袁术就误传来了太祖已死的凶讯。当时，左右亲随中跟从太祖到洛阳的那些人，都想要逃回故里去。卞后劝阻他们说："曹君的吉凶眼前还未能确知，今日大家都逃回老家去了，倘若明日曹君还在，我们还有什么脸面再与他相见呢？退一步说，即使如今真的大祸临头，也不过就是大家一起去死，又有什么可怕的呢？"人们于是就听从了卞后的这番劝说，都留下没走。魏太祖曹操闻听此事后，就特别的善待她。汉献帝建安初年，原配丁夫人被废黜，曹操就以卞后做了继室夫人，诸子没了母亲的，魏太祖曹操就让卞后将他们都领过去抚养。魏文帝当时为太子时，左右长御们奉贺卞后说："如今曹丕将军拜为太子，天下人没有不欢喜的，您应当把所有的府藏财宝都赏赐给大家。"卞后却说："魏王只不过是因为曹丕年龄最大，所以才用他作继嗣，我只应当以免于对儿子少教导的过失而庆幸罢了，这又有什么值得重颁赏赐的呢！"长御们回去后，把这事儿全都告了魏太祖曹操。太祖听后高兴地说："发怒而不变容颜，欢喜而不失节制，这才是最为难得的呀！"

汉献帝建安二十四年，卞氏夫人被拜封为王后。册封的命辞中说："夫人卞氏，抚养诸位王子，具有做母亲表率的盛德，现在特进升她的品位作王后。太子与诸侯都要莅临府中作陪，众大臣则需上寿朝贺，国内的死囚们减罪一等。"建安二十五年，魏太祖曹操去世。魏文帝曹丕即魏王位，尊卞后为王太后。等到曹丕即皇帝位后，又尊卞后为皇太后，称之为永寿宫。魏明帝曹睿即位后，又尊卞太后为太皇太后。

魏文帝黄初年间，魏文帝曹丕想要追封卞太后的父母，尚书陈群上奏说："陛下因为有圣德而应运受天命为帝，现在正是创新业、革旧制的非常时期，而今的一切都应当能作为后世永远奉行的法式。现今查案有关典籍里的条文，还没有人因妇人而被封土命爵的古制。在礼典旧章中，妇人只能因承丈夫的爵禄。秦朝违背古法，汉代又因袭秦代，这可不是上古先王们的诰令祀典啊。"文帝便说："陈群的这番议论是对的，就不要按我原先的意思实施了吧。而且，我还要把他今天的奏议作为著作，颁诏下令藏在台阁之中，永远作为后世的法式。"到太和四年的春天，魏明帝才追谥卞太后的祖父卞广为开阳恭侯，父亲卞远为开阳敬侯，祖母周氏被追封为阳都君，以至连敬侯的夫人也都封赠了爵号印绶。就在这一年的五月，卞后驾崩。七月，与太祖合葬在高陵。

文昭甄皇后传

【题解】

甄氏,父亲甄逸,为上蔡县令。甄氏先嫁袁绍二子袁熙,袁绍灭亡后,被曹丕娶为妻,生魏明帝曹睿及东乡公主等,后因失宠,被迫自杀。卒于黄初二年(221)。

【原文】

文昭甄皇后,中山无极人,明帝母,汉太保甄邯后也。世吏二千石。父逸,上蔡令。后三岁失父。后天下兵乱,加以饥馑。百姓皆卖金银珠玉宝物,时后家大有储谷,颇以买之。后年十余岁,白母曰:"今世乱而多买宝物,匹夫无罪,怀璧为罪。又左右皆饥乏,不如以谷振给亲族邻里。广为恩惠也。"举家称善,即从后言。

建安中,袁绍为中子熙纳之。熙出为幽州,后留养姑。及冀州平,文帝纳后于邺,有宠,生明帝及东乡公主。延康元年正月,文帝即王位;六月,南征,后留邺。黄初元年十月,帝践阼。践阼之后。山阳公奉二女以嫔于魏,郭后、李、阴贵人并爱幸,后愈失意,有怨言。帝大怒,二年六月,遣使赐死,葬于邺。

明帝即位,有司奏请追谥,使司空王朗持节奉策以太牢告祠于陵,又别立寝庙。……太和元年四月,初营宗庙,掘地得玉玺,方一寸九分,其文曰"天子羡思慈亲",明帝为之改容,以太牢告庙。……四年十一月,以后旧陵下,使像兼太尉,持节诣邺,昭告后土;十二月,改葬朝阳陵。

景初元年夏,有司议定七庙。冬,又奏曰:"盖帝王之兴,即有受命之君,又有圣妃协于神灵,然后克昌厥世,以成王业焉。昔高辛氏卜其四妃之子皆有天下,而帝挚、陶唐、商、周代兴。周人上推后稷,以配皇天,追述王初,本之姜嫄,特立宫庙,世世享尝,《周礼》所谓"奏夷则,歌中吕,舞大濩,以享先妣"者也。诗人颂之曰:"厥初生民,时维姜嫄。言王化之本,生民所由。"又曰:"閟宫有,实实枚枚,赫赫姜嫄,其德不回。"《诗》《礼》所称姬宗之盛,其美如此。大魏期运,继于有虞;然崇弘帝道,三世弥隆,庙祧之数,实与周同。今武宣皇后、文德皇后各配无穷之祚。至于文昭皇后,膺天灵符,诞育明圣,功济生民,德盈宇庙,开诸后嗣,乃道化之所兴也;寝庙特祀,亦姜嫄之閟宫也。而未著不毁之制,惧论功报德之义,万世或阙焉,非所以昭孝示后世也。文昭庙宜世世享祀奏乐,与祖庙同,永著不毁之典,以播圣善之风。"于是与七庙议并敕金策,藏之金匮。

【译文】

文昭甄皇后,是中山无极人,魏明帝曹睿的母亲,汉朝太保甄邯的后裔。她家世代袭任二千石的吏职。甄后的父亲甄逸是上蔡县县令。甄后三岁那年就死去了父亲。此后,天下兵战为乱,又加上饥馑,百姓们都出卖金银珠玉宝物买粮度荒。当时,甄后家中储藏的粮谷极多,很是借此机会收买进了一批宝物。那时,年龄只有十多岁的甄后告诉母亲说："而今时逢乱世,我家却多多地收买宝物。要知道匹夫百姓是本没有罪过的,但若收藏着宝物玉璧那就成罪过了。况且,左邻右舍的乡亲们又都特别饥饿乏粮,我看,还不如把咱家的粮谷拿出来赈济亲族邻里,广施恩惠呐。"合家听后都齐声说好,当即便听从了甄后的建议。

汉献帝建安年间,袁绍为他的二儿子袁熙纳娶了甄后。袁熙外出为幽州太守,甄后就留在家中奉养婆母。及至冀州被曹军平复,魏文帝曹丕又在邺城纳娶了甄后。婚后的甄后很受宠幸,生育了后来的魏明帝和东乡公主。延康元年的正月,文帝曹丕即魏王位;当年六月,文帝南征,甄后便留在了邺城。黄初元年的十月,魏文帝正式践阼即皇帝位。在即帝位之后,汉逊帝山阳公仿效尧诞纳二女于舜故事,奉献了两个女儿给魏文帝作嫔妃,而郭后、李贵人、阴贵人也都一并受到了魏文帝的喜爱和宠幸,甄后便越来越感到失意,口中颇有怨言。魏文帝听说后大怒,黄初二年的六月,便派遣使节宣旨赐甄后自尽,死后就葬在了邺城。

魏明帝即位后,有关主管部门便奏请追加明帝生母甄后的封谥;明帝便派司空王郎持旄节、捧玉策,用太牢之礼告祠于甄后的陵寝,又为甄后另立了寝庙。……太和元年四月,开始营建魏室的宗庙,在施工掘地时掘到了一方玉玺,有一寸九分见方,上面的印文说:"天子仰慕思念他的慈母亲娘",明帝听说后很动感情,立即就以太牢的祭仪把这事奉告给了宗庙的列祖列宗。……太和四年十一月,因为甄后旧有的陵寝建筑过于低矮,就派了甄后的大侄儿甄像兼任太尉,手持旄节赶往邺城,昭告后土神;十二月,把甄后改葬在了朝阳陵。

景初元年的夏天,有关主管部门议定七庙。冬天,就文昭甄皇后庙又上奏说:"据闻帝王的隆兴,既要有受天命的明君,还要有圣妃在神灵面前给予他协助,然后他的世运才能昌盛,并因而成就霸王之业。过去,高辛氏卜出他的四个嫔妃的儿子将来都能据有天下,于是帝挚、陶唐、商契、周弃代有隆兴。周人上推先祖到后稷,并用他来配享皇天上帝。追述周王的初始,原本来之于姜嫄,所以特地为她建立宫庙,世世被享献蒸尝,这就是《周礼》所说的'演奏夷则之乐,歌唱中吕之曲,跳跃大濩之舞,用这来孝享先妣'啊!"诗人也歌颂她说:'回想我们周人生诞之初,那时我们的祖先只有姜嫄。'他们就是用这句诗来说明其王化的根本和周人生诞的缘由。《诗经》里又说:'閟宫的供奉祭品啊,一颗又一颗,一枚又一枚;威仪赫赫的姜嫄啊,您盛大的功德永不泯灭。'《诗经》《周礼》中所称扬的姬周宗祖的盛德,就是这样美好而高尚。我们大魏的吉期隆运,原本上继自有虞帝舜,然而这崇高宏伟的帝王之道,在夏、商、周三代更为隆盛。本朝庙宇的数目,实在应当与周朝同样。而今武宣皇后、文德皇后都已各自配享有无穷的祭祀,至于文昭甄皇后,原本就配有上天所赐的灵符,正是她诞育了睿明圣哲的陛下圣上。她的功业,可与生民中的姜嫄相齐;她的德义,则充满了整个宇宙。是她,开通诞育了大魏帝王的后嗣;而这,就是我朝帝道王化兴隆的本由。甄皇后的陵寝宗庙,也就像周代所奉祀的姜嫄的閟宫一样。但是,至今它还没有被署明世代不加毁弃的定制。我等害怕这样下去,论功报德的古训圣义,有可能千年万世被人遗忘。这,可是不能用来表明孝思、垂示后代的呀!甄后的文昭庙就应该世世代代地享祀奏乐,与祖庙的礼遇相同,并永远明著于不被毁弃的章典之上,以便用这来传播与弘扬圣德仁善的风尚。"于是,这道奏章与确定七庙的奏议一同被刻在了金策上,收藏在了金匮之中。

文德郭皇后传

【题解】

郭氏,字女王。父亲郭永。郭氏幼年成为孤儿,被铜侯家中收养,献给曹丕为夫人,曹丕称帝后被立为皇后。郭氏有智谋,能谨慎守法,颇具美德,卒于青龙三年(235)。

【原文】

文德郭皇后,安平广宗人也。祖世长吏。后少而父永奇之曰:"此乃吾女中王也。"遂以女王为字。早失二亲,丧乱流离,没在铜鞮侯家。太祖为魏公时,得入东宫。后有智数,时时有所献纳。文帝定为嗣。后有谋焉。太子即王位,后为夫人;及践阼,为贵嫔。甄后之死,由后之宠也。黄初三年,将登后位,文帝欲立为后,中郎栈潜上疏曰:"在昔帝王之治天下,不惟外辅,亦有内助,治乱所由,盛衰从之。故西陵配黄,英娥降妫,并以贤明,流芳上世。桀奔南巢,祸阶妹喜;纣以炮烙,怡悦妲己。是以圣哲慎立元妃,必取先代世族之家,择其令淑,以统六宫,虔奉宗庙,阴教聿修。易曰:'家道正而天下定。'由内及外,先王之令典也。《春秋》书宗人衅夏云,'无以妾为夫人之礼';齐桓誓命于葵丘,亦曰'无以妾为妻'。今后宫嬖宠,常亚乘舆。若因爱而登后,使贱人暴贵,臣恐后世下陵上替,开张非度,乱自上起也。"文帝不从,遂立为皇后。

后早丧兄弟,以从兄表继永后,拜奉车都尉。后外亲刘斐与他国为婚,后闻之。敕曰:"诸亲戚嫁娶,自当与乡里门户匹敌者,不得因势强与他方人婚也。"后姊子孟武还乡时,求小妻,后止之。遂敕诸家曰:"今世妇女少,当配将士,不得因缘取以为妾也。宜各自慎,无为罚首。"

五年,帝东征,后留许昌永始台。时霖雨百余日,城楼多坏,有司奏请移止。后曰:"昔楚昭王出游,贞姜留渐台,江水至,使者迎而无符,不去,卒没。今帝在远,吾幸未有是患,而便移止,奈何?"群臣莫敢复言。六年,帝东征吴,至广陵,后留谯宫。时表留宿卫,欲遏水取鱼。后曰:"水当通运漕,又少材,奴客不在目前,当复私取官竹木作梁遏。今奉车所不足者,岂鱼乎?"

明帝即位,尊后为皇太后,称永安宫。……及孟武母卒,欲厚葬,起祠堂,太后止之曰:"自丧乱以来,坟墓无不发掘,皆由厚葬也。首阳陵可以为法。"青龙三年春,后崩于许昌,以终制营陵。三月庚寅,葬首阳陵西。

【译文】

文德郭皇后,是安平郡广宗人氏,她的祖上世代为长吏。郭后少年时,她的父亲郭永就曾惊奇地说:"这是我们家生出的女中王啊!"于是,就用"女王"作了她的名字。郭后很早就丧失了父母双亲,丧乱流离,身陷为奴婢,沦没在铜侯的家中。魏太祖曹操为魏公的时候,她得以进入了东宫。郭后为人富有智谋数略,对王上时时有所献纳。魏文帝被定为嗣子，郭后也曾献有谋略。太子曹丕即魏王之位后，郭后就被封作了夫人。及至曹丕即帝位时，又封郭后做了贵嫔。甄后的死，就是由于郭后得宠所致。黄初三年，郭氏即将要登上皇后之位。文帝想立郭氏为皇后，中郎栈潜上疏说："往昔的帝王治理天下，不但要有外部的辅佐，而且也要有内部的协助。这是所以治乱的根由，国运的盛衰也将依从它而发生变异。所以西陵氏之女的匹配黄帝，女英和娥皇的降于妫下嫁虞舜，就都是因为她们的贤惠明达而流芳于上古之世的，夏桀奔窜到南巢，妹喜是惹祸的阶梯；商纣王也曾用炮烙的昏乱酷刑，来取悦于妲己。所以先王圣哲都很慎重地册立他们的元妃，都一定要选取先代世族人家，善择其中素有令名的贤淑女子来统率六宫，虔诚地奉礼宗庙，努力地修明妇人的德教。《易经》说：'家道如果正了，天下也就安定了。'由内而及外，这正是先王的法令典制呀！"《春秋》书中的宗人衅夏就曾说：'自古就有不要用妾作夫人的礼数。'齐桓公当年在葵丘与列国诸侯会盟明誓时，也曾说："不要把妾立做妻子。"如今后宫的嬖妃宠妾，常常与乘御銮舆的皇上的地位相近。如果因为受宠，便让这些人中的某个登上皇后的高位的话，使微贱之人突然显贵，臣恐怕后世将会变得下人侵凌君上、君上的权威下降，典制松弛而不合法度，而祸乱也即将要从上面兴起了。"魏文帝不听从这个奏议，便立郭氏做了皇后。

郭后很早就丧失了兄弟，文帝就以郭后的从兄郭表承继郭永为后嗣，拜他作了奉车都尉。郭后外家的姻亲刘斐要与别国人订婚（按：别国，或指封国之外，或者吴蜀），郭后听说这件事，就敕令刘斐说："诸位亲戚今后若有嫁娶这类事，自然应当与乡里中门当户对的人家接洽，不得仗势强与外方人论婚。"郭后姐姐的儿子孟武回到乡里索求小妾，郭后立即便制止住了他，还就此敕令诸家亲戚说："当今之世，妇女缺少，应当尽量将她们配给前方的将士们。你们今后不得假借因由将她们娶来做妾。大家都要各自谨慎，不要充当挨罚的祸首。"

黄初五年，魏文帝东征孙吴，郭后被留在许昌的永始台。当时霖雨淫淫下了一百多天，城楼大多也被雨水浸淋坏了，有关职司人员就奏请郭后暂时挪移一下她居止的地方。郭后说："昔日楚昭王出外游猎，把妃子贞姜留在了渐台，后来江水暴涨而至，楚昭王派来营救的使者未带征信的符节，贞姜宁死也不离开原地，结果就被洪水吞没了。如今皇帝出征在远方，我幸而还没有遇到像贞姜那样的祸患，轻易就挪动居止，这怎么行呢？"群臣一听，就谁也不敢再说了。黄初六年，魏文帝又东征孙吴，到达了广陵郡，郭后则被留在了曹氏故里谯县的行宫里。当时，郭后的堂兄奉车都尉郭表留在行宫充当宿卫，他想动用公家的建材筑坝拦水捉鱼。郭后知道后便劝阻他说："河水首要的应当保证运输军粮的漕舟畅通无阻，况且现下又缺少木料，家中负责经办这些事的奴客不在，说不得又要私取官府的竹木建造拦水的堤坝。如今您奉车都尉觉得不足的，难道就是鱼吗？"

魏明帝曹睿即帝位后，尊郭后为皇太后，称之为永安宫。……及至郭后姐姐的儿子孟武的母亲亡卒时（按：当即郭后之姐）。孟武想要为她厚葬，起盖祠堂，郭太后闻讯后制止他说："自从中原丧乱以来，坟墓无不惨遭发掘，都是由于厚葬啊；关于葬礼，先帝（魏文帝）的首阳陵就可效法。"（按：据说，魏文帝倡薄葬，其首阳陵甚简俭。）魏明帝青龙三年的春天，郭后在许昌驾崩，后人便以她临终时的制令嘱咐为据为她营造了陵墓，三月庚寅这天，将她安葬在了首阳陵西侧。

明悼毛皇后传

【题解】

毛氏,父毛嘉,魏国骑都尉。毛氏黄初年间被选入东宫,魏明帝太后元年被立为皇后,因为失宠被赐死。卒于景初元年。

【原文】

明悼毛皇后,河内人也。黄初中,以选入东宫,明帝时为平原王,进御有宠,出入与同舆辇。及即帝位,以为贵嫔。太和元年,立为皇后,后父嘉,拜骑都尉;后弟曾,郎中。

初,明帝为王,始纳河内虞氏为妃,帝即位,虞氏不得立为后,太皇卞太后慰勉焉;虞氏曰:"曹氏自好立贱,未有能以义举者也。然后职内事,君听外政,其道相由而成,苟不能以善始,未有能以令终者也。殆必由此亡国丧祀矣!"虞氏遂绌还邺宫。进嘉为奉车都尉,曾骑都尉,宠赐隆渥。嘉本典虞车工,卒暴富贵,明帝令朝臣会其家饮宴,其容止举动蚩骇,语辄自谓"侯身",时人以为笑。

帝之幸郭元后也,后爱宠日驰。景初元年,帝游后园,召才人以上曲宴极乐。元后曰:"宜延皇后",帝弗许。乃禁左右,使不得宣。后知之;明日,帝见后,后曰:"昨日游宴北园,乐首?"帝以左右泄之,所杀十余人。赐后死;然犹加谥,葬愍陵。

【译文】

明悼毛皇后,河内郡人。黄初年间,因选秀而进入东宫。当时的魏明帝还是平原王。由于进身被明帝御幸交合而得到宠幸,进出时都与明帝同坐在一副车辇上。等到明帝即位后,就把她晋封成了贵嫔。太和元年,便立她做了皇后。毛皇后的父亲毛嘉,被拜为骑都尉,她的弟弟毛曾,则当上了郎中。

起初,魏明帝作了藩王时,开始曾纳娶河内的虞氏为王妃。明帝即位后,虞氏不能被立为皇后,太皇卞太后曾去安慰劝勉过她。虞氏当时便回答说:"你们曹家自来就喜欢立出身微贱的人做皇后,从来就没有能以德义为重立过什么人。然而皇后职掌宫内事物,君皇听问宫外大政,这两者本是相辅相成的。假如真不能善始,那么,也就不可能会有善终。恐怕大魏的亡国丧祀就要从这里开始了吧!"虞氏于是被废黜,遣还到了邺城行宫。明帝又进封毛嘉做了奉车都尉,封毛曾做了骑都尉,对他俩的宠幸、赏赐特别的隆重、优厚。毛嘉原本只是个造车的工匠,突然间便暴富暴贵起来。有一次,明帝下令朝臣们都到毛家去聚会饮宴,毛嘉的容貌、举止显得十分痴呆,动辄就自称"侯爷我"惹得大家直发笑。

明帝宠幸郭元后,使得毛皇后所得到的爱宠日益稀疏。景初元年,明帝游幸后花园,召集后宫才人以上的女官妃嫔们奏曲饮宴,极尽欢乐。郭元后说:"应该请皇后来。"皇帝不同意,于是禁止左右的人,让她们不得宣泄此事。可是,毛皇后还是立刻就知道了;第二天,明帝见了毛皇后,毛皇后问道:"陛下昨日在北园游宴,还欢乐吗?"明帝因为左右的人泄漏了此事,被他所杀的有十多人。接着,又下诏赐毛皇后死;然而倒还没忘了给她加谥号,并把她葬在了愍陵。

张鲁传

【题解】

被道家尊奉为教主的张陵(即张道陵),于汉顺帝时在蜀郡组织五斗米道。他死后,其子张衡奉行其道。张衡之子张鲁布道时,正逢黄巾军再起。公元191年,张鲁联合五斗米道的另一个组织者张修,攻占了汉中。张鲁袭杀张修,打败益州牧刘焉,以汉中为中心,建立了农民政权。张鲁占据汉中近三十年,公元215年,在曹操进迫之下,投降曹操。

张鲁

张鲁的五斗米道规定,初入道或治病者需要缴纳五斗米,五斗米道之名可能与这一规定有关系。张鲁所建政权,采取政教合一的办法。宗教首领和行政首领一体化。初入道的一般群众称"鬼卒",入道既久,信道笃诚,率领部众的称"祭酒",再上者称"治头大祭酒",张鲁一人凌驾最上层,称"师君"。为了安置流民和减轻农民负担,张鲁政权在大道上设立"义舍",义舍中放置"义米肉",免费供行人取用。

张鲁政权有它的双重性,从它的一些措施来看,反映了农民的愿望和要求,有农民政权的因素。但张鲁出身传道世家,是拥有部曲的地方豪强,长期以合法身份高居统治阶级上层,特别是形成以汉中为中心的割据政权以后,本质上已与封建势力没有什么差别。所以,有的研究者认为张鲁政权始终是政教合一的封建割据政权,不是农民政权。

本篇是记载张鲁事迹最重要,也是最为完备的原始资料。

【原文】

张鲁字公祺,沛国丰人也。祖父陵,客蜀,学道鹄鸣山中,造作道书以惑百姓,从受道者出五斗米,故世号米贼。陵死,子衡行其道。衡死,鲁复行之。益州牧刘焉以鲁为督义司马,与别部司马张修将兵击汉中太守苏固,鲁遂袭修杀之,夺其众。焉死,子璋代立,以鲁不顺,尽杀鲁母家室。鲁遂据汉中,以鬼道教民,自号"师君"。其来学道者,初皆名"鬼,卒"。受本道已信,号"祭酒"。各领部众,多者为治头大祭酒。皆教以诚信不欺诈,有病自首其过，大都与黄巾相似。诸祭酒皆作义舍，如今之亭传。又置义米肉，悬于义舍，行路者量腹取足；若过多，鬼道辄病之。犯法者，三原，然后乃行刑。不置长吏，皆以祭酒为治，民夷便乐之。雄踞巴、汉垂三十年。汉末，力不能征，遂就宠鲁为镇民中郎将，领汉宁太守，通贡献而已。民有地中得玉印者，群下欲尊鲁为汉宁王。鲁功曹巴西阎圃谏鲁曰："汉川之民，户出十万，财富土沃，四面险固；上匡天子，则为桓、文，次及窦融，不失富贵。今承制署置，势足斩断，不烦于王。愿且不称，勿为祸先。"鲁从之。韩遂、马超之乱，关西民从子午谷奔之者数万家。

建安二十年，太祖乃自散关出武都征之，至阳平关。鲁欲举汉中降，其弟卫不肯，率众数万人拒关坚守。太祖攻破之，遂八蜀。鲁闻阳平已陷，将稽颡，圃又曰："今以迫往，功必轻。不如依杜灌赴朴胡相拒，然后委质，功必多。"于是乃奔南山入巴中。左右欲悉烧宝货仓库。鲁曰："本欲归命国家，而意未达。今之走，避锐锋，非有恶意。宝货仓库，国家之有。"遂封藏而去。太祖入南郑，甚嘉之。又以鲁本有善意，遣人慰喻。鲁尽将家出，太祖逆拜鲁镇南将军，待以客礼，封阆中侯，邑万户。封鲁五子及阎圃等皆为列侯。为子彭祖取鲁女。鲁薨，谥之曰原侯。子富嗣。

【译文】

张鲁，字公祺，沛国丰县人。祖父张陵，客居蜀郡，在鹄鸣山中学道，编写道书用来迷惑百姓，跟随他学道的人拿出五斗米，所以世人称之为"米贼"。张陵死后，其子张衡奉行其道。张衡死后，张鲁又奉行其道。益州牧刘焉任命张鲁为督义司马，和别部司马张修率兵攻打汉中太守苏固，张鲁就偷袭并杀死了张修，夺取了张修的军队。刘焉死后，其子刘璋代作了益州牧，认为张鲁不顺从他，把张鲁的母亲和他的家人全都杀了。张鲁便占据汉中，用鬼道教育民众，自称"师君"。那些来学道的人，最初都叫作"鬼卒"。接受其道深信不疑的人，叫作"祭酒"。自率领部众，部众多的人称作治头大祭酒。用诚实、讲信用、不欺诈来进行教育，有了病就坦白自己的过错，大体上和黄巾军相类似。每位祭酒都修建免费的旅舍，就像现在的驿站。又置办了不要钱的米和肉，悬挂在旅舍，过路人根据饭量取够食物，如果拿得过多，鬼道就会让他生病。犯法的人，宥免三次，再犯法就施行刑罚。不设置官吏，都用祭酒来治理，汉人和少数民族都感到方便和满意。张鲁在巴郡、汉中称雄割据将近三十年。汉朝末年，朝廷无力征服，就尊封他为镇民中郎将，担任汉宁太守，只不过进奉贡品罢了。百姓有从地里得到玉印的，部下打算尊奉张鲁为汉宁王。张鲁的功曹巴西郡人阎圃进谏张鲁说："汉中的民众，户数超过十万，物产丰富，土地肥沃，四面地势险固；上则匡辅天子，可以成为齐桓公、晋文公一样的人物，其次也比得上窦融，不失富贵。现在接受皇帝的命令，设置官员，势力足以专断一方，不必急着称王。希望暂且不称王，不要成为祸首。"张鲁采纳了他的话。韩遂、马超叛乱，关西百姓从子午谷投奔张鲁的有几万家。

建安二十年，太祖从散关经过武都征讨张鲁，到达阳平关，张鲁想献出汉中投降，他的弟弟张卫不肯。率领几万人拒关坚守。太祖攻破阳平关，便进入蜀地。张鲁听说阳平关已经被攻陷，将要磕头归降，阎圃又说："现在被迫前往，功劳一定很小。不如依附杜灌和投奔朴胡共同抗拒，然后再投降，功劳一定大。"于是奔向南山进入巴中。身边的人想把宝物财货仓库全都烧了，张鲁说："我本要投降朝廷，但是意愿没有实现。现在出走，避开对方军队的风头，不是有恶意。宝物财货仓库，是归国家所有的。"于是封好仓库离去了。太祖进入南郑，十分赞赏张鲁。又因为张鲁本来是有善意的，派人进行安慰说服。张鲁率全家出来，太祖迎接他，任命为镇南将军，用客人的礼节对待他，封为阆中侯，食邑一万户。封张鲁的五个儿子和阎圃等人都为列侯。为自己的儿子彭祖迎娶张鲁的女儿。张鲁死后，谥号为原侯。他儿子张富继承了爵位。

张䂮、胡昭传

【题解】

本传记述的张䂮、胡昭两人，是三国魏时的两位典型的隐士。说他们是典型的隐士，不仅指他们一生从未出仕，更是因为他们有许多次出仕的机会，但都坚决地加以辞绝。反映了他们意识中的真正的"隐"的思想。从庐毓、太祖及孙狼这几种人物对张䂮、胡昭的态度中，既能看出当时社会普遍尊崇隐士的风尚，又更鲜明地加强了这两位隐者的形象塑造，使之较为生动饱满，令人崇敬。

【原文】

时钜鹿张䂮，字子明，颍川胡昭，字孔明，亦养志不仕。䂮少游太学，学兼内外，后归乡里。袁绍前后辟命，不应，移居上党。并州牧高幹表除乐平令，不就，徙遁常山，门徒且数百人，迁居任县。太祖为丞相，辟，不诣。太和中，诏求隐学之士能消灾复异者，郡累上䂮，发遣，老病不行。广平太守卢毓到官三日，纲纪白承前致版谒䂮。毓教曰："张先生所谓上不事天子，下不友诸侯者也。岂此版谒所可光饰哉！"但遣主簿奉书致羊酒之礼。青龙四年辛亥诏书："张掖郡玄川溢涌，激波奋荡，宝石负图，状像灵龟，宅于川西，巍然磐峙，仓质素章，麟凤龙马，焕炳成形，文字告命，粲然著明。太史令高堂隆上言：古皇圣帝所未尝蒙，实有魏之祯命，东序之世宝。"事班天下。任令于绰连赍以问䂮，䂮密谓绰曰："夫神以知来，不追已往，祯祥先见而后废兴从之。汉已久亡，魏已得之，何所追兴徵祥乎！此石，当今之变异而将来之祯瑞也。"正始元年，戴鵀之鸟，巢鵀门阴。䂮告门人曰："夫戴鵀阳鸟，而巢门阴，此凶祥也。"乃援琴歌诵，作诗二篇，旬日而卒，时年一百五岁。是岁，广平太守王肃至官，教下县曰："前在京都，闻张子明，来至问之，会其已亡，致痛惜之。此君笃学隐居，不与时竞，以道乐身。昔绛县老人屈在泥涂，赵孟升之，诸侯用睦。愍其耄勤好道，而不蒙荣宠，书到，遣吏劳问其家，显题门户，务加殊异，以慰既往，以劝将来。"

胡昭始避地冀州，亦辞袁绍之命，遁还乡里。太祖为司空丞相，频加礼辟。昭往应命，既至，自陈一介野生，无军国之用，归诚求去。太祖曰："人各有志，出处异趣，勉卒雅尚，义不相屈。"昭乃转居陆浑山中，躬耕乐道，以经籍自娱。闾里敬而爱之。建安二十三年，陆浑长张固被书调丁夫，当给汉中。百姓恶惮远役，并怀扰扰。民孙狼等因兴兵杀县主簿，作为叛乱，县邑残破。固率将十余吏卒。依昭住止，招集遗民，安复社稷。狼等遂南附关羽。羽授印给兵，还为贼寇，到陆浑南长乐亭，自相约誓，言："胡居士贤者也，一不得犯其部落。"一川赖昭，咸无怵惕。天下安辑，徙宅宜阳。正始中，骠骑将军赵俨、尚书黄休、郭彝、散骑常侍荀顗、钟毓、太仆庾嶷弘农太守何桢等递荐昭曰："天真高絜，老而弥笃。玄虚静素，有夷、皓之节。宜蒙徵命，以励风俗。至熹平二年，公车特徵，会卒，年八十九。拜子纂郎中。初，昭善史书，与钟繇、邯郸淳、卫觊袁诞并有名，尺牍之迹，动见模楷焉。

【译文】

魏时有钜鹿人张臶，字子明；颍川人胡昭，字孔明。二人也保持着隐遁的志向，不出来做官。张臶年轻时四处游学，到了全国的最高学府太学，佛教方面的学识和一般学识都很好，后来回到了故乡。袁绍前后多次推举任命他当官，他都没有同意，后来移居到了上党地区。并州的州官高干上表任命他为乐平县令，他也没有就任，而是只身逃到了常山，门徒将近数百人跟着他迁居到了任县。太祖当时是丞相，提拔他当官，也不到任。太和年间，皇上下诏征求能消灾灭难、恢复怪异的有学问的隐士，他所在的地方屡次推荐他，派遣了使者，但是因为他年老有病，没有去成。广平太守庐毓上任才三天，州主簿就报告说应依惯例让下面人拿着庐毓的名片去拜访张臶。庐毓教导他们说："张先生是人们平常所说的上不事奉天子、下不和诸侯结为朋友的人。这哪里是拿着当官的名片就能抬高身价的！"便仅仅派遣主簿拿着一封信，带些羊、酒之类的普通礼物去拜访他。青龙四年是辛亥年，皇帝下诏书说："张掖郡有河流黑水泛滥，激波汹涌，荡出一宝石，上刻图案，图案的形状像灵龟，把它埋在河的西边，巍然耸立，大如磐石，质地是青灰色，上面有白色的花纹，麒麟、凤凰、蛟龙、奔马，色彩灿烂，线条清楚；用文字写的告示，也清楚明白。太史令高堂隆上书给皇帝说："这是远古圣明君主都未曾有过的吉兆，实在是伟大魏国的吉星高照，是我们这片伟大国土的传世之宝。"颁布这件事情，让天下人都知道。任县县令于绰接连带着行李去问张臶，张臶偷偷地对于绰说："神怪现象是用来判断将来要发现的事情而不是用来追述已经过去的事的，吉祥的征兆先出现，然后国家的兴衰交替跟着就来了。汉朝灭亡已经很久了，魏国早已得到了天下，从那儿来追述兴旺昌盛的吉兆呢！这块石头，是当今朝代要变的征兆，是未来朝代即将兴起的象征啊。"正始元年，一种名叫戴胜的鸟在张臶家的门檐底下做窝。张臶告诉他的门下人说："那戴胜鸟是一种阳鸟，现在在门檐下阴凉处做窝，这是不祥的征兆。"于是拿过琴来弹琴唱歌，作了两篇诗歌。十来天以后就死了，享年一百零五岁。那一年，广平太守王肃到任，教导属下说："我原先在京城，就听说了张子明这个人，来到这儿后问起他，不巧他已经死了，使我感到非常惋惜。这位先生有志于学习和隐居，不趋时逐利，以道德正义来修养自己的身心。过去绛县老人委屈地埋在下层社会中，赵孟提拔、任用了他，诸侯之间因为有了他才彼此和睦。我同情他年纪很大了，仍勤勤恳恳坚持隐居，而没有任何荣誉和奖励。传我的指示，派遣小官慰劳他家，在他家的大门上题写匾额，一定要给他特殊的荣誉，以安慰他和过去的人，并激励将来的隐士。

胡昭起初隐居在冀州，也曾因拒绝袁绍的任命，逃回了故乡。当时太祖是司空丞相，多次加以推荐。胡昭到了太祖那儿，陈述自己是一介村夫，没有领兵治国的才能，诚恳地请求离开。太祖说："各人有自己的志向，出来做官和隐居避世有不同的乐趣，请您继续您的高雅的爱好，我不应该使您改变。"胡昭于是搬到陆浑山中隐居。亲自种田并以此为乐,常读经籍,用以自娱。乡里人尊敬并热爱他。建安二十三年,陆浑地方官张固收到上级指示,征集调用民夫到汉中去服劳役。老百姓害怕,不愿意到那么远的地方去服役,于是人心惶惶。老百姓孙狼等因此而兴兵杀了县里的主簿,聚众叛乱,攻破了县城。张固带领手下十多人,靠近胡昭所住的地方,招集被遣散的人民,恢复社会治安。孙狼等于是向南边去,投奔了关羽。关羽授权给他,并给他配给了兵力,使他仍然成为叛乱的军队。他们到达陆浑南边长乐亭时,互相发誓说:"胡居士是一个贤明的人,一律不得侵犯他所在的村落。"方圆数里都依赖胡昭的力量,丝毫也不害怕。天下安定、时势太平后,胡昭迁居到了宜阳。颛正始中期,骠骑将军赵俨、尚书黄休和郭彝、散骑常侍荀和钟毓、太仆庾嶷、弘农太守何桢等人推荐胡昭说:"年少时志趣高雅,洁身自好,年纪大了后更是如此。清静无为,淡泊贞静,有伯夷和商的风范。应该受到皇帝的征召,以促进社会风俗的淳化。"嘉平二年时,皇帝派官车特意征召,恰逢他去世,时年八十九。任命他的儿子胡纂为郎中。早先,胡昭善于著录史书,和钟繇、邯郸淳、卫颛、韦诞同样有名,文章墨迹,常被作为典范楷模。

毛玠传

【题解】

毛玠,字孝先,东汉末陈留平丘(今河南封丘东)人。早年为县吏。曹操取兖州,辟为治中从事,因与曹操论天下形势,颇有见地,转为幕府功曹。后为东曹掾,与崔琰共同举荐人才。升任尚书仆射。谏止曹操废立太子之事,被曹操比之汉初周昌。崔琰无罪被杀,毛玠心中不悦,被曹操收捕入狱,经桓阶、和洽相救而免,但仍被免官归家,后在家中去世。毛玠虽居高位,却常布衣蔬食,赏赐多救济贫族,家无余财。

【原文】

毛玠,字孝先,陈留平丘人也。少为县吏,以清公称。将避乱荆州,未至,闻刘表政令不明,遂住鲁阳。太祖临兖州,辟为治中从事。玠语太祖曰:"今天下分崩,国主迁移,生民废业饥馑流亡。公家无经岁之储,百姓无安固之志,难以持久。今袁绍、刘表,虽士民众强,皆无经远之虑,未有树基建本者也。夫兵义者胜,守位以财;宜奉天子以令不臣,修耕植,畜军资,如此则霸王之业可成也。"太祖敬纳其言,转幕府功曹。

太祖为司空丞相,玠尝为东曹掾,与崔琰并典选举。其所举用,皆清正之士;虽于时有盛名,而行不由本者,终莫得进。务以俭率人,由是,天下之士莫不以廉节自励,虽贵宠之臣,舆服不敢过度。太祖叹曰:"用人如此,使天下人自治,吾复何为哉!"文帝为五官将,亲自诣玠,属所亲眷。玠答曰:"老臣以能守职,幸得免戾,今所说人非迁次,是以不敢奉命。"大军还邺,议所并省,玠请谒不行,时人惮之,咸欲省东曹,乃共白曰:"旧西曹为上,东曹为次,宜省东曹。"太祖知其情,令曰:"日出于东,月盛于东;凡人言方,亦复先东,何以省东曹?"遂省西曹。初,太祖平柳城,班所获器物,特以素屏风素冯几赐玠,曰:"君有古人之风,故赐君古人之服。"玠居显位,常布衣蔬食,抚育孤兄子甚笃,赏赐以振施贫族。家无所余。迁右军师,魏国初建,为尚书仆射,复典选举。时太子未定,而临菑侯植有宠,玠密谏曰:"近者袁绍以嫡庶不分,覆宗灭国。废立大事,非所宜闻。"后群僚会,玠起更衣,太祖目指曰:"此古所谓国之司直,我之周昌也。"

崔琰既死,玠内不悦,后有白玠者,"出见黥面反者,其妻子没为官奴婢,玠言曰:'使天不雨者盖此也'。"太祖大怒,收玠付狱,大理钟繇诘玠曰:"自古圣帝明王,罪及妻子。《书》云:'左不共左,右不共右,予则孥戮。'女司之职,男子入于罪隶,女子入于春稿。汉律,罪人妻子没为奴婢,黥面;汉法所行黥墨之刑,存于古典。今真奴婢祖先有罪,虽历百世,犹有黥面供官,一以宽良民之命,二以宥并罪之辜,此何以负于神明之意,而当致旱?案典谋,急恒寒若,舒恒燠若,宽则亢阳,所以为旱。玠之吐言,以为宽邪,以

毛玠

为急也?急当阴霖,何为反旱?成汤圣世,野无生草,周宣令主,旱魃为虐。亢旱以来,积三十年,归咎黥面,为相值不?卫人伐邢,师兴而雨,罪恶无征,何以应天?玠讥谤之言,流于下民;不悦之声,上闻圣听。玠之吐言,势不独语,时见黥面,凡为几人?黥面奴婢,所识知邪?何缘得见,对之叹言?时以语谁,见答云何,以何日月,于何处所?事已发露,不得隐欺,具以状对。"玠曰:"臣闻萧生缢死,困于石显;贾子放外,谗在绛、灌;白起赐剑于杜邮,晁错致诛于东市,伍员绝命于吴都;斯数子者,或妒其前,或害其后。臣垂齠执简,累勤取官,职在机近,人事所审。属臣以私,无势不绝,语臣以冤,无细不理。人情淫利,为法所禁;法禁于利,势能害之。青蝇横生,为臣作谤,谤臣之人,势不在他。昔王叔、陈生争正王廷,宣子平理,命举其契,是非有宜,曲直有所,《春秋》嘉焉,是以书之。臣不言此,无有时、人;说臣此言,必有征要。乞蒙宣子之辨,而求王叔之对。若臣以曲闻,即刑之日,方之安驷之赠;赐剑之来,比之重赏之惠,谨以状对。"时桓阶、和洽进言救玠,玠遂免黜,卒于家,太祖赐棺器钱帛、拜子机郎中。

【译文】

毛玠字孝先,陈留国平丘人。早年在县中为吏,以清廉公正著称。将要到荆州避战乱,还未到达,听说刘表政策法令不明,于是又前往鲁阳。魏太祖曹操占领兖州,征辟他为治中从事。毛玠对曹操说:"如今国家分崩离析,国君四处迁移,百姓的生产废弃,因饥馑而四处流亡,官府连一年的储蓄都没有。百姓没有安心定居的念头,国家在这种形势下是难以持久的。现今袁绍、刘表,虽然手下士人、百姓众多强大,但都没有长远的打算,

不是建立基业的人。用兵以遵守礼义者胜，保住地位必须依靠财力，您应该尊奉天子而向不守臣道的人发号施令，整顿农业耕作，储备军用物资，这样，霸王的业绩就可以成功了。"曹操敬佩地采纳了他的建议，转调他为自己官府的功曹。

曹操担任司空丞相，毛玠曾任东曹掾，与崔琰共同负责选拔官吏。他所举荐任用的人，都是清廉正直的士人，有些人在当时虽有名望，但行为不正派，结果也不能被他选用。他特别以俭朴作为他人表率，因此全国的士人无不以廉洁勉励自己，即使显贵得宠的臣僚，服饰器物也不敢违反法度。曹操赞叹说："这样任用人才，使天下的人自己监督自己，我还再费什么心思呢！"曹丕担任五官中郎将，亲自拜访毛玠，托他照顾自己的亲属。毛玠回答说："老臣因为能够尽忠职守，所以有幸没有获罪，您现在所说的人不应升迁，所以我不敢遵命。"大军回到邺城，讨论合并官署。毛玠请求不要推行，当时人们很忌惮他，都想撤销东曹。于是一起对曹操说："先前西曹为上，东曹为次，应该减省东曹。"曹操知道他们的想法，因而下令说："太阳从东方升起，月亮最圆的时候也在东边，人们谈到方位时，也先说东方，为什么要撤销东曹？"因此把西曹撤销了。当初，曹操平定了柳城，分赏所获得的器物，特别以素屏风和素凭几赏给毛玠，说："你有古人的风范，所以赐给你古人所用的器物。"毛玠身居显要的地位，却常身穿布衣，吃普通菜饭，抚养教育哥哥的遗子非常周到；所得的赏赐也大多赈济施舍给贫困的人家，自己的家中没有什么剩余。迁升为右军师。魏国刚刚建立时，他任尚书仆射，仍然主持选拔任用官吏。当时还没有最后确定谁为太子，临菑侯曹植受到曹操宠爱，毛玠秘密劝谏曹操说："近世袁绍因为不区分嫡子庶子，所以国破家亡。废立太子是大事；我不愿听到有这样的事。"后来群臣聚会讨论，毛玠起身更换衣服，曹操看着他说："他就是古人所说的国家司直，我的周昌。"

崔琰被处死之后，毛玠心中闷闷不乐。后来有人告发说："毛玠出门见到被黥面的反叛者，他们的妻子儿女被判为官家奴婢，他便说'造成天不下雨，就是因为这种做法'。"曹操大怒，把毛玠收捕入狱。大理钟繇诘问毛玠说："自古以来，即使圣明的帝王，对罪犯也要连妻子儿女一同处罚。《尚书》说：'我向左，你们不一同向左；我向右，你们不一同向右，我将诛杀你们的妻子儿女。'司寇的职责，就是使男人判罪为奴，女人判罪舂米锄草。汉代法律，罪犯的妻子儿女要判为奴婢，在面部刺字。汉代法律中的面上刺字之法，在古代刑典中便有。如今真正的奴婢因祖先有罪，虽然经历百年，仍有在面上刺字为官府服役的人，其一是为了宽松良民的夫役，其二用来宽免多种罪行的处罚。这怎么会有负于上天神灵的本意，而造成旱灾？依据经典，法令急迫会使天气寒冷，舒缓则天气变热，宽松就会使阳气上升，天气干旱。毛玠说的话，是认为宽松呢，还是急迫？若是法令急迫，应当是阴雨连绵，为什么反而干旱？成汤那样的圣明朝代，田地中也干得寸草不生；周宣王是英明的帝王，那时旱灾仍肆虐为害。天气干旱，已长达三十年，把原因归于黥面的刑罚，能说得过去吗？春秋时卫国人讨伐邢国，刚出兵便下起雨来，它的罪恶还未显露出来，上天为什么就已经有了反映？毛玠讥讽诽谤的言论，在平民百姓中流传；对朝廷不满的声音，已传到皇上那里。毛玠说话时，不可能自言自语，他见黥面的罪犯时，共有几个人？黥面的奴婢，与他相识吗？是什么原因使他们相见，说出这些感叹之言？当时是对谁说的？对方曾怎样应答？在何月何日？在什么地方？事情已被揭发出来，不得隐瞒欺骗，要把实情全部讲出来。"毛玠说："臣下听说萧望之的死，是因为石显的陷害；贾谊被贬黜，是因为周勃、灌夫的谗言；白起在杜邮被赐剑自杀；晁错在东市外以腰斩；伍员在吴国都城自缢;这几个人之死,或是有妒疾于前,或是有人迫害于后。臣下从青年起便负责文册简牍工作,因多年的勤勉而取得官位,职掌机密亲近之事,从而为人们所忌恨。说臣下有私心,不可能找不到理由;冤枉臣下,会无孔不入。人的本性热衷于利益,往往又为法令所禁止,法令禁止利欲,势必要受到利欲熏心者的破坏。逸言横生,诬陷诽谤臣下;诽谤臣下的人,也不可能有什么其他的理由。先前王叔、陈生在朝廷争论是非,宣子评定谁有道理,命令他们立下誓言,是非得以明辨,曲直各得其所,《春秋》对此表示赞赏,因此记录下来。臣下从未说过人们告发的那些话,也不可能有什么时间及听过这些话的人作证。说臣下有过那些话,一定要有确凿的证据。请求像陈宣子那样为臣辩白,我自己可以同五叔一样对证。如果臣下上面所说确是谎言,受刑之时,我会像乘安车驷马离去一样心安理得;赐剑自杀,如同受到重赏一样的恩惠。请求让我以实情对证。"当时桓阶、和洽也进言救助毛玠,毛玠因而只受免官贬黜的处分,死于家中。曹操赐给他棺木、器物、钱帛、拜他的儿子毛机为郎中。

鲍勋传

【题解】

鲍勋(？～226),泰山平阳(今山东莱芜、费县一带)人。他的父亲鲍信在东汉末年任济北相,曾去迎接曹操来任兖州牧,协助曹操与黄巾军交战,作战中战死。建安十七年(212),曹操追念鲍信的功绩,聘任鲍勋为丞相掾,后任太子中庶子。鲍勋刚直不阿,严格执法,多次触犯魏文帝曹丕,后被曹丕借故处死。

【原文】

鲍勋字叔业,泰山平阳人也,汉司隶校尉鲍宣九世孙。宣后嗣有从上党徙泰山者,遂家焉。勋父信,灵帝时为骑都尉,大将军何进遣东募兵。兵为济北相,协规太祖,身以遇害。建安十七年,太祖追录信功,表封勋兄邵新都亭侯。辟勋丞相掾。

二十二年,立太子,以勋为中庶子。徙黄门侍郎,出为魏郡西部都尉。太子郭夫人弟为曲周县吏,断盗官布,法应弃市,太祖时在谯,太子留邺,数手书为之请罪。勋不敢擅纵,具列上。勋前在东宫,守正不挠,太子固不能悦,及重此事,恚望滋甚。会郡界休兵有失期者,密敕中尉奏免勋官。久之,拜侍御史。延康元年,太祖崩,太子即王位,勋以驸马都尉兼侍中。

文帝受禅,勋每陈"今之所急,唯在军农,宽惠百姓。台榭苑囿,宜以为后。"文帝将出游猎,勋停车上疏曰:"臣闻五帝三王,靡不明本立教,以孝治天下。陛下仁圣恻隐,有同右古。臣冀当继踪前代,令万世可则也。如何在谅闇之中,修驰骋之事乎!臣冒死以闻,唯陛下察焉。"帝手毁其表而竟行猎,中道顿息,闻侍臣曰:"猎之为乐,何如八音也?"侍中刘晔对曰:"猎胜于乐。"勋抗辞曰:"夫乐,上通神明,下和人理,隆治致化,万邦咸义故。移风易俗,莫善于乐。况猎,暴华盖于原野,伤生育之至理,栉风沐雨,不以时隙哉?昔鲁隐观渔于棠，《春秋》讥之。虽陛下以为务，愚臣所不愿也。"因奏："刘晔谀谀不忠，阿顺陛下过戏之言。昔梁丘据取媚于遄台，晔之谓也。请有司议罪以清皇朝。"帝怒作色，罢还，即出勋为右中郎将。

黄初四年，尚书令陈群、仆射司马宣王并举勋为宫正，宫正即御史中丞也。帝不得已而用之，百寮严惮，罔不肃然。六年秋。帝欲征吴，群臣大议，勋面谏曰："王师屡征而未有所克者，盖以吴、蜀唇齿相依，凭阻山水，有难拔之势故也。往年龙舟飘荡，隔在南岸，圣躬蹈危，臣下破胆。此时宗庙几至倾覆，为百世之戒。今又劳兵袭远，日费千金，中国虚耗，令黠虏玩威，臣窃以为不可。"帝益忿之，左迁勋为治书执法。

帝从寿春还，屯陈留郡界。太守孙邕见，出过勋。时营垒未成，但立标埒，邕邪行不从正道，军营令史刘曜欲推之，勋以堑垒未成，解止不举。大军还洛阳，曜有罪，勋奏绌遣，而曜密表勋私解邕事。诏曰："勋指鹿作马，收付廷尉。"廷尉法议："正刑五岁。"三官驳："依律罚金二斤。"帝大怒曰："勋无活分，而汝等敢纵之！收三官已下付刺奸，当令十鼠同穴。"太尉钟繇、司徒华歆、镇军大将军陈群、侍中辛毗、尚书卫臻、守廷尉高柔等并表勋父信有功于太祖，求请勋罪。帝不许，遂诛勋。勋内行既修，廉而能施，死之日，家无余财。后二旬，文帝亦崩，莫不为勋叹恨。

【译文】

鲍勋，字叔业，泰山郡平阳人，是汉代司隶校尉鲍宣的九代孙。鲍宣的子孙中有人从上党迁徙到泰山郡，在那里定居下来。鲍勋的父亲鲍信，在汉灵帝年间任骑都尉。大将军何进派遣鲍信去东方招募士兵。后来鲍信作了济北相，协助魏武帝曹操，在作战中被杀害。建安十七年，魏武帝曹操追记鲍信的功劳，上奏章请皇帝封鲍勋的哥哥鲍邵为新都亭侯，招聘鲍勋作丞相掾。

建安二十二年，魏王曹操册立太子，任命鲍勋做太子中庶子。又改任命他作黄门侍郎，调出任魏郡西部都尉。太子曹丕的郭夫人的弟弟作曲周县吏时，被判定偷盗了官仓的布帛，按照法律应该处以死刑。魏武帝当时在谯郡，只有太子留守邺城，太子几次亲笔写信替郭夫人的弟弟认罪。鲍勋不敢擅自放人，就把全部情况都写清楚上报了。鲍勋以前在东宫作中庶子时，就坚守正道、不肯屈服。太子本来就不喜欢他，再加上这件事，太子对鲍勋的怨恨和不满更加深了。当时魏郡内的士兵在轮休时有人过期不到，太子就秘密地下令叫中尉上奏免去鲍勋的官职。过了很久，才任命鲍勋为侍御史。延康元年，魏武帝去世，太子曹丕继位作魏王。鲍勋以驸马都尉的名分兼任侍中。

魏文帝曹丕接受汉献帝禅让后，鲍勋常向他讲："目前急于处理的事务，只有军事、农业、给百姓宽松和恩惠这几件。修建楼台亭榭花园猎场这类事，应该放在以后办。"魏文帝准备外出游玩打猎。鲍勋拦住车驾上奏章说："臣下听说五帝三王中，没有一个不是了解根本大业，确立教化，用孝道去治理天下的。陛下的圣明仁慈和恻隐之心，与古代的先王一样。臣下希望您能秉承古代帝王的遗训，让千秋万代都把您作为榜样。您怎么能在守表期间到外边奔跑打猎呢？臣下冒着获死罪的危险来讲这些话，只希望陛下能了解臣的苦心。"魏文帝撕毁了鲍勋的奏章，跑出去打猎。在半路上，魏文帝突然停下来，向随从的臣子们问："打猎得到的欢乐，和音乐比起来，哪一种更多呢？"侍中刘晔回答说："打猎比音乐多。"鲍勋大声说："音乐可以向上通向神灵，在下界使人间和谐，使政治兴盛，教化实行，让天下各国都平定安宁。如果要移风易俗，没有比音乐更好的了。何况打猎让皇帝车驾暴露在原野中，伤害了万物生育繁息的根本道理，顶风冒雨，不根据季节让生灵休息！过去鲁隐公在棠地看打鱼，《春秋》中就讽刺了这件事。虽然陛下把打猎当作紧要的事，但臣下却不愿意您这样做。"接着又上奏说："刘晔是个佞臣，阿谀奉迎，不忠于皇帝。他为了奉迎，顺着陛下开玩笑的过分言论说话。过去梁丘据在遄台向国王献媚，刘晔就是这种人。请您让有关官署给刘晔定罪，以便肃清朝廷中的佞臣。"魏文帝怒形于色，马上停止打猎回到宫中，立即把鲍勋调出去任右中郎将。

黄初四年，尚书令陈群、仆射司马懿一起推荐鲍勋作宫正。宫正就是御史中丞。魏文帝迫不得已，任用了鲍勋。朝廷百官都非常畏惧鲍勋，没有人不对他肃然起敬。黄初六年秋季，魏文帝想要征讨吴国，大臣们一起商议。鲍勋当面劝谏说："朝廷的大军多次征伐却没有战胜的原因，是因为吴国、蜀国唇齿相依，依靠山川险要，有很难攻占的地理形势。过去征伐时龙舟被水流带过去，隔绝在长江南岸，使圣上自身处于危险之中，臣子们被吓破了胆。那时，魏国的社稷差一点就覆灭了。这是世世代代应该引以为戒的。现在又要劳累士兵们去袭击远方的吴国，每天耗费上千金的军费，使中原财物耗尽，国库空虚，又让狡黠的敌寇忽视我们的军威。臣在私下考虑，认为是不可行的。"魏文帝更加不满，就把鲍勋贬职为治书执法。

魏文帝从寿春回来后，驻扎在陈留郡境内。陈留太守孙邕来拜见魏文帝，拜见完毕出来后到鲍勋处去。当时营垒还没有修好，只立了标记。孙邕没有走正道，斜穿了过去。军营令史刘曜准备以孙邕犯军法的罪名审理。鲍勋认为营垒还没有修成，劝阻刘曜，没有审讯孙邕。大军回到洛阳后，刘曜犯有罪行，鲍勋上奏请求罢免刘曜。刘曜就秘密地上奏鲍勋私下给孙邕解脱的事。魏文帝下诏书说："鲍勋指鹿为马，把他逮捕交廷尉审讯。"廷尉根据法律定罪，说："判鲍勋五年刑。"三官驳斥了廷尉的意见，认为："按照刑律，该罚鲍勋二斤金子。"魏文帝大怒，说："鲍勋本来就没有活着的道理，你们却敢纵容他。把三官以下的法官们抓起来交给刺奸官。应该让他们和十只老鼠一样一网打尽。"太尉钟繇、司徒华歆、镇军大将军陈群、侍中辛毗、尚书卫臻、守廷尉高柔等人一起上奏章，说鲍勋的父亲鲍信给武帝立过功，请求减免鲍勋的罪。魏文帝不答应，便杀了鲍勋。鲍勋既能修养内在的德行，又廉洁，能帮助别人。他死的时候，家里没有多余的钱财。鲍勋死后，过了二十来天，魏文帝也去世了。人们无不为鲍勋感到遗憾，叹息不止。

司马芝传

【题解】

司马芝（生卒年不详），河内郡温县（今河南温县）人。曾以遵守礼义著名。曹操平定荆州后被任命为菅县长。他能依法办事，不徇私情，善于断案，历任大理正、甘陵等郡太守、大司农、河南尹等。司马芝为人正直，不惧权势，连曹操夫人卞太后的说情也不予通融，又能体贴下属，不谋私利，是魏国历任河南尹中最杰出的清正官员。他的儿子司马岐也是善于断案的正直官员，因为得罪权贵，害怕会招来祸害，早早就称病退休了。

【原文】

司马芝字子华，河内温人也。少为书生，避乱荆州，于鲁阳山遇贼，同行者皆弃老弱走，芝独坐守老母。贼至，以刃临芝，芝叩头曰："母老，唯在诸君！"贼曰："此孝子也，杀之不义。"遂得免害，以鹿车推载母。居南方十余年，躬耕守节。

太祖平荆州，以芝为菅长。时天下草创，多不奉法。郡主簿刘节，旧族豪侠，宾客千余家，出为盗贼，入乱吏治。顷之，芝差节客王同等为兵，掾史据曰："节家前后未尝给繇，若至时藏匿，必为留负。"芝不听，与节书曰："君为大宗，加股肱郡，而宾客每不与役，既众庶怨望，或流声上闻。今调同等为兵，幸时发遣。"兵已集郡，而节藏同等，因令督邮以军兴诡责县，县掾史穷困，乞代同行。芝乃驰檄济南，具陈节罪。太守郝光素敬信芝，即以节代同行，青州号芝"以郡主簿为兵"。迁广平令。征房将军刘勋，贵宠骄豪，又芝故郡将，宾客子弟在界数犯法。勋与芝书，不著姓名，而多所属托，芝不报其书，一皆如法。后勋以不轨诛，交关者皆获罪，而芝以见称。

迁大理正。有盗官练置都厕上者，吏疑女工，收以付狱。芝曰："夫刑罪之失，失在苛暴。今赃物先得而后讯其辞，若不胜掠，或至诬服。诬服之情，不可以折狱。且简，而易从，大人之化也。不失有罪，庸世之治耳。今宥所疑，以隆易从之义，不亦可乎！"太祖从其议。历甘陵、沛、阳平太守，所在有绩。

黄初中，入为河南尹，抑强扶弱，私请不行。会内官欲以事托芝，不敢发言，因芝妻伯父董昭。昭犹惮芝，不为通。芝为教与群下曰："盖君能设教，不能使吏必不犯也。吏能犯教，而不能使君必不闻也。夫设教而犯，君之劣也；犯教而闻，吏之祸也。君劣于上，吏祸于下，此政事所以不理也。可不各勉之哉！"于是下吏莫不自励。门下循行尝疑门干盗簪，干辞不符，曹执为狱。芝教曰："凡物有相似而难分者，自非离娄，鲜能不惑。就其实然，循行何忍重惜一簪，轻伤同类乎！其寝勿问。"

明帝即位，赐爵关内侯。顷之，特进曹洪乳母当，与临汾公主侍者共事无涧神系狱。卞太后遣黄门诣府传令，芝不通，辄敕洛阳狱考竟，而上疏曰："诸应死罪者，皆当先表须报。前制书禁绝淫祀以正风俗。今当等所犯妖刑，辞语始定，黄门吴达诣臣，传太皇太后令。臣不敢通，惧有救护，速闻圣听，若不得已，以垂宿留。由事不早竟，是臣之罪。是以冒犯常科，辄敕县考竟，擅行刑戮、伏须诛罚。"帝手报曰："省表，明卿至心，欲奉诏书，以权行事，是也。此乃卿奉诏之意，何谢之有？后黄门复往，慎勿通也。"芝居官十一年，数议科条所不便者。其在公卿间，直道而行。会诸王来朝，与京都人交通，坐免。

后为大司农。先是诸典农各部吏民，末作治生，以要利人。芝奏曰："王者之治，崇本抑末，务农重谷。《王制》："无三年之储，国非其国也。"《管子·区言》以积谷为急。方今二虏未灭，师旅不息，国家之要，惟在谷帛。武皇帝特开屯田之官，专以农桑为业。建安中，天下仓廪充实，百姓殷足。自黄初以来，听诸典农治生，各为部下之计，诚非国家大体所宜也。夫王者以海内为家，故传曰："百姓不足，君谁与足！"富足之由，在于不失天时而尽地力。今商旅所求，虽有加倍之显利，然于一统之计，已有不赀之损，不如垦田益一亩之收也。夫农民之事田，自正月耕种，耘锄条桑，耕焙种麦，获刈筑场，十月乃毕。治廪系桥,运输租赋,除道理梁,墐涂室屋,以是终岁,无日不为农事也。今诸典农,各言'留者为行者宗田计,课其力,势不得不尔。不有所废,则当素有余力。'臣愚以为不铢室屋,以是终岁,无日不为农事也。今诸典农,各言'留者为行者宗田计,课其力,势不得不尔。不有所废,则当素有余力。'臣愚以为不宜复以商事杂乱,专以农桑为务,于国计为便。"明帝从之。

每上官有所召问,常先见掾史,为断其意故,教其所以答塞之状,皆如所度。芝性亮直,不矜廉隅。与宾客谈论,有不可意,便面折其短,退无异言。卒于官,家无余财,自魏迄今为河南尹者莫及芝。

芝亡,子岐嗣,从河南丞转廷尉正,迁陈留相。梁郡有系囚,多所连及,数岁不决。诏书徙狱于岐属县,县请豫治牢具。岐曰:"今囚有数十,既巧诈难符,且已倦楚毒,其情易见。岂当复久处囹圄邪!"及囚至,诘之,皆莫敢匿诈,一朝决竟,遂超为廷尉。是时大将军爽专权,尚书何晏、邓飏等为之辅翼。南阳圭泰尝以言连指,考系廷尉。飏讯狱,将致泰重刑。岐数飏曰:"夫枢机大臣,王室之佐,既不能辅化成德,齐美古人,而乃肆其私忿,枉论无辜。使百姓危心,非此焉在?"飏于是惭怒而退。岐终恐久获罪,以疾去官。居家未期而卒,年三十五。子肇嗣。

【译文】

司马芝,字子华,河内郡温县人。少年时是书生,到荆州去躲避战乱,在鲁阳山里遇到贼寇。同行的人们都丢下老人和弱小逃走了。只有司马芝一个人坐在那里守护老母亲。贼寇来到后,用刀逼着司马芝。司马芝叩头说道:"母亲老了,她的死活就由诸位决定了。"贼寇们说:"这是个孝子啊! 杀他是不义的。"司马芝因此免于被杀,推着小车把他母亲拉走了。司马芝在南方住了十几年,亲自耕种,恪守礼义节操。

魏武帝曹操平定了荆州,任命司马芝作菅县长。当时天下政权刚刚建立,居民大多不遵守法律。郡主簿刘节是旧日的大族子弟,为人豪爽侠义,拥有一千多位宾客,外出就做盗贼,到官署里则扰乱吏治。不久,司马芝派遣刘节的门客王同等人去当兵。掾史阻止说:"刘节家里从来就没有派人服过徭役,如果他们到时把人藏起来,一定给您造成亏空。"司马芝不答应,给刘节写了封信说:"您是豪门大家族,又在郡里担任重要职务,而您的宾客经常不服劳役,黎民百姓早就心怀怨恨和不满,有些流言已经被上级听到。现在征发王同等人去当兵,希望您能按时派遣他出发。"士兵们已经在郡里集结了。但刘节把王同等人藏了起来,还乘机让郡督邮伪称征调军队士兵去向菅县索要。县里的掾吏没有办法,请求让自己代替王同去当兵。司马芝就派人骑快马把一封信送到郡城济南,信上详细列举了刘节的罪状。太守郝光历来敬重司马芝,很相信他,当即下令让刘节代替王同去当兵。青州人民称司马芝能让郡主簿去当兵。后来司马芝升作广平县令。征虏将军刘勋,地位尊贵,受宠骄横。他又是司马芝原来所在郡里的将军。刘勋宾客和子弟们在司马芝的管界内多次犯法。刘勋给司马芝写信,不署上姓名,却在信中多次嘱托司马芝帮忙。司马芝没有给他回信,一概按照法律处理。以后刘勋由于行为不轨被诛杀,与刘勋交往并有关联的人全都获罪,而司马芝却因为不徇私而被人们称道。

不久,司马芝被提升为大理正。有人偷窃了官府的白绸放在厕所上面。吏卒们怀疑是女工干的,就把她们抓起来关进监狱。司马芝说:"处罚罪行时的失误,都是失误在用刑过分苛刻残暴上。现在先找到了赃物,然后才去审讯,求得供词。如果她们经不住拷打,有可能被迫说假话承认偷窃。根据假话定的案情,是不能用来判断罪案的。而且执政宽大简便,使人民容易服从,这是德行高尚人物的教化。不放过一个有罪的人,只是平庸世道的治理方法罢了。如今我宽恕了这些嫌疑犯,用来发扬使人民容易服从的道义,不也是可以的吗?"魏武帝接受了他的建议。司马芝历任甘陵、沛郡、阳平等地太守,所到之处都有政绩。

黄初年间,司马芝被调入京城任河南尹。他抑制豪强,扶持贫弱,私下请托也行不通了。正遇宫中太监想托司马芝办事,又不敢开口讲,就通过司马芝妻子的伯父董昭传话。董昭也害怕司马芝,不给太监传话。司马芝给下属官员们写了告示,规定教令说:"君王能够设立法令,却不能让吏员们一定不违反法令。吏员们能触犯教令,却不能让君主始终不知道。设立了法令却有人违犯,这是君主的不足,官吏们触犯了教令让君主知道后,就是官吏们的灾祸了。君主在上面有劣政,官吏们在下面造成灾祸,这是政事得不到治理的原因。大家能不以此自勉吗?"于是他下属的官吏们没有不以此勉励自己的。门下循行官曾经怀疑门干偷了发簪,门干的说法与此不相符,曹掾就把他抓来判罪。司马芝下令说:"凡是事物都有相似得难以分别的,如果没有离娄那样的眼力,很少能不受迷惑。即使真是门干偷的,循行官怎么会忍心把一个簪子看得那么重,却把伤害自己的同类看得很轻呢?这件事放下不要再审问了。"

魏明帝继位以后,赐给司马芝关内侯的爵位。不久,特进曹洪的奶妈当和临汾公主的侍者共同祭祀了无涧神,被关进监狱。卞太后派遣黄门官到官府中传达她的命令。司马芝不让通报,当即下令让洛阳监狱把这二人拷打至死,然后上奏章说:"凡是应该判处死刑的罪犯,按理都应该先上表奏明,等候圣上批复。以前圣上下制书命令禁止淫祀,以端正风俗。现在这些犯人兴妖作怪的罪行,刚刚审讯出供词。黄门官吴达就来见臣下,传达太皇太后的命令。臣下不敢接见使者,害怕命令中有救援保护犯罪者的意思,这个命令让圣上听到后,就会不得已下令把犯人们保护起来。这一切又都是由于臣没有尽早把事办完,就是臣下的罪过了。因此臣冒犯了日常的规定制度,马上命令洛阳县把她们拷打死了。臣下擅自施行了刑戮,谨等候圣上予以诛罚。"魏明帝亲笔批复说:"看了你的奏章,已经了解了你的真心。你想要奉行禁止淫祀的诏书,所以权宜从事,做得对啊!这是你奉行诏书的诚意,有什么可谢罪的呢?以后黄门官再去你那里,千万不要接见。"司马芝作了十一年官,多次评议那些法令律条中不便施行的条款。他处在公卿中间,都根据正道办事。正赶上各位亲王来朝见,和京城里的人交结,司马芝因此被免官。

后来,司马芝任大司农。在此之前,各地典农属下的吏员和百姓,纷纷从事商贩行业,以此谋求利益。司马芝上奏说:"王者的治国方法,崇尚农耕本业,抑制商贩这些末梢的行业,发展农业,重视粮食。《王制》记载:'没有三年的粮食储备,国家就不成为国家了。'《管子·区言》中说要把积存粮食作为首要事务。现在吴、蜀二地的贼人还没有被消灭,战争不断,国家最重要的事务就是储备粮食和布帛。武皇帝特地创设了屯田的官员,专门从事农桑事业。建安年间,天下的仓库都装满了,老百姓也家家殷实富足。自从黄初年以来,允许各典农官自己发展经济,他们纷纷给自己的部下打算,这实在不是创立国家大业所应有的作法。王者把四海之内作为自己的家。所以《论语》上说：'百姓不富足，国君哪能够富足呢？'富足的原因，在于不误天时而且能克尽地力。如今商贾们经商谋利，虽然能得到成倍的明显利润，但对于统一天下的大计却已造成了无法估量的损失，还不如去多开垦一亩田地，增加收益。农民从事田间耕作，从正月里耕地播种起，锄地耘田，修整桑树，放火烧荒，种麦、修打谷场，收割庄稼，到十月才完毕。然后修整谷仓，绑起浮桥，运输租赋，修平道路，架设桥梁，粉刷居室，堵塞墙缝，一年里没有一天不从事农业劳动。现在各位典农官都说'留下的人给外出经商的人代干田里的农活，替他们服劳役。形势逼迫下不得不这样做。想不荒废农耕，就应该让我们平素留有余力。'臣下的愚见是，不应该再用商贩的杂事来扰乱农业，要专门把农耕蚕桑当作要事，从国家大业考虑，这样才是方便有利的。"魏明帝听从了他的意见。

　　每当上级官员有事要召见询问，司马芝经常先约见掾史，替他判断上司的想法和事情的缘故，教他怎样回答应付，召见时果然全和他料想的一样。司马芝性情豁亮正直，不以严格廉正自矜。他和宾客们谈论时，有认为不对的，就当面指出他们的短处，回来后再没有什么别的怪话。司马芝在任职期间死去，家里没有一点多余的财产。自从魏国建立以来到现在，历任河南尹中没有一个人能比得上司马芝。

　　司马芝死后，他的儿子司马岐继承了他的爵位。司马岐由河南丞改任廷尉正，再改任陈留相。梁郡有些关在狱里的囚徒，审案时的供词牵涉到很多人，好几年都不能结案。朝廷下诏书指示把牢狱里关的这些囚犯迁到司马岐所属的县里来，让司马岐审理并了结此案。当时县里的官吏请求预先置备一些狱中应用的刑具。司马岐说："如今有几十名囚犯，他们的供词虚伪狡诈，相互不符合，而且他们也对毒刑拷打感到厌倦了。这个案情很容易弄清，难道还要再把他们长久地关在牢狱中吗？"囚犯被押到后，在审问时，谁也不敢隐瞒和说假话。司马岐只用一天工夫就把案子处理完了，因此，被越级升为廷尉。当时大将军曹爽专权，尚书何晏、邓飏等人给他做羽翼，辅佐他。南阳人圭泰曾用言语触犯他们，因此被绑起来拷打，送交廷尉官署。邓飏亲自审讯，准备把圭泰判处重刑。司马岐指责邓飏说："国家中执掌枢密机要的大臣，是王室的重要辅弼，既不能辅弼皇上的教化，形成德政，和古代的圣贤比美，反而要尽情发泄私愤，冤枉无辜的人。这不是让百姓感到恐惧不安，还会是什么呢？"邓飏十分羞愧，恼怒地离开了。司马岐终究害怕长久这样会招致罪过，就以有病为理由离职。他回家以后，不到一年就死了，享年三十五岁。他的儿子司马肇继承了爵位。

钟繇传

【题解】

　　钟繇（公元151~230年），字元常，颍川郡长社县（今河南省长葛县东）人。东汉末年举孝廉，官至侍中，尚书仆射。曹魏代汉，钟繇官至廷尉，封定陵侯。钟繇对于政事、军事都有一定才能，颇得曹氏父子的赏识，魏文帝曹丕称他为"一代伟人"，虽不免过誉，可见他在曹魏时期是颇受尊重的。钟繇晚年被任为太傅，因此人称之为"钟太傅"。

钟繇是三国时期的著名书法家，与书圣王羲之齐名，人称"钟王"。钟繇起初师法曹喜、蔡邕、刘德升，兼善各体，尤精于隶书、楷书、行书。唐人张怀瓘在其《书断》中称钟繇的书法"真书绝世，刚柔备焉，点画之间，多有异趣，可谓幽深无际，古雅有馀，秦汉以来，一人而已"。汉字书体由隶到楷的变化，钟繇是这一时期有代表性的书家，有人说他创造出秦汉以来所未有的楷法，对汉字的定型有很大的贡献。钟繇的行书，对王羲之影响很大。钟繇的墨迹已不存，后人的摹本有《宣示表》《贺捷表》《荐季宣表》等。

钟繇

【原文】

钟繇字元常，颍川长社人也。尝与族父瑜俱至洛阳，道遇相者，曰："此童有贵相，然当厄于水，努力慎之！"行未十里，度桥，马惊，堕水几死。瑜以相者言中，益贵繇，而供给资费，使得专学。举孝廉，除尚书郎、阳陵令，以疾去。辟三府，为廷尉正、黄门侍郎。是时，汉帝在西京，李傕、郭汜等乱长安中，与关东断绝。太祖领兖州牧，始遣使上书。傕、汜等以为"关东欲自立天子，今曹操虽有使命，非其至实"，议留太祖使，拒绝其意。繇说傕、汜等曰："方今英雄并起，各矫命专利，唯曹兖州乃心王室，而逆其忠款，非所以副将来之望也。"傕、汜等用繇言，厚加答报，由是太祖使命遂得通。太祖既数听荀彧之称繇，又闻其说傕、汜，益虚心。后傕胁天子，繇与尚书郎韩斌同策谋，天子得出长安，繇有力焉。拜御史中丞迁侍中尚书仆射，并录前功封东武亭侯。

时关中诸将马腾、韩遂等，各拥强兵相与争。太祖方有事山东，以关右为忧。乃表繇以侍中守司隶校尉，持节督关中诸军，委之以后事，特使不拘科制。繇至长安，移书腾、遂等，为陈祸福，腾、遂各遣子入侍。太祖在官渡，与袁绍相持，繇送马一千余匹给军。太祖与繇书曰："得所送马，甚应其急。关右平定，朝廷无西顾之忧，足下之勋也。昔萧何镇守关中，足食成军，亦适当尔。"其后匈奴单于作乱平阳，繇率诸军围之，未拔；而袁尚所置河东太守郭援到河东，众甚盛。诸将议欲释之去，繇曰："袁氏方强，援之来，关中阴与之通，所以未悉叛者，顾吾威名故耳。若弃而去，示之以弱，所在之民，谁非寇仇？纵吾欲归，其得至乎！此为未战先自败也。且援刚愎好胜，必易吾军，若渡汾为营，及其未济击之，可大克也。"张既说马腾会击援，腾遣子超将精兵逆之。援至，果轻渡汾，众止之，不从。济水未半，击，大破之，斩援，降单于。语在《既传》。其后河东卫固作乱，与张晟、张琰及高干等并为寇，繇又率诸将讨破之。自天子西迁，洛阳人民单尽，繇徙关中民，又招纳亡叛以充之，数年间民户稍实。太祖征关中，得以为资，表繇为前军师。

魏国初建，为大理，迁相国。文帝在东宫赐繇五熟釜，为之铭曰："于赫有魏，作汉藩辅。厥相惟钟，实干心膂。靖恭夙夜，匪遑安处。百僚师师，楷兹度矩。"数年，坐西曹掾魏讽谋反，策罢就第。文帝即王位，复为大理。及践阼，改为廷尉，进封崇高乡侯。迁太尉,转封平阳乡侯。时司徒华歆、司空王朗,并先世名臣。文帝罢朝,谓左右曰:"此三公者,乃一代之伟人也,后世殆难继矣!"明帝即位,进封定陵侯增邑五百,并前千八百户,迁太傅。繇有膝疾,拜起不便。时华歆亦以高年疾病,朝见皆使载舆车,虎贲舁上殿就坐。是后三公有疾,遂以为故事。

初,太祖下令,使平议死刑可宫割者。繇以为"古之肉刑,更历圣人,宜复施行,以代死刑"。议者以为非悦民之道,遂寝。及文帝临飨群臣,诏谓:"太祖欲复肉刑,此诚圣王之法。公卿当善共议。"议未定,会有军事,复寝。太和中,繇上疏曰:"大魏受命,继踪虞、夏。孝文革法,不合古道。先帝圣德,固天所纵,坟典之业,一以贯之。是以继世,仍发明诏,思复古刑,为一代法。连有军事,遂未施行。陛下远追二祖遗意,惜斩趾可以禁恶,恨入死之无辜,使明习律令,与群臣共议。出本当斩趾而入大辟者,复行此刑。《书》云:'皇帝清问下民,鳏寡有辞于苗。'此言尧当除蚩尤、有苗之刑,先审问于下民之有辞者也。若今蔽狱之时,讯问三槐、九棘、群吏、万民,使如孝景之令,其当弃市,欲斩右趾者许之。其黥、劓、左趾、宫刑者,自如孝文,易以髡、笞。能有奸者,率年二十至四五十,虽斩其足,犹任生育。今天下人少于孝文之世,下计所全,岁三千人。张苍除肉刑,所杀岁以万计。臣欲复肉刑,岁生三千人。子贡问能济民可谓仁乎?子曰:'何事于仁,必也圣乎,尧、舜其犹病诸!'又曰:'仁远乎哉?我欲仁,斯仁至矣。'若诚行之,斯民永济。"书奏诏曰太傅学优才,高留心政事又于刑理深远,此大事公卿群僚善共平议司徒王朗议,以为:"繇欲轻减大辟之条,以增益刖刑之数,此即起偃为竖,化尸为人矣。然臣之愚,犹有未合微异之意。夫五刑之属,著在科律,科律自有减死一等之法,不死即为减。施行已久,不待远假斧凿于彼肉刑,然后有罪次也。前世仁者,不忍肉刑之惨酷,是以废而不用。不用已来,历年数百。今复行之,恐所减之文未彰于万民之目,而肉刑之问已宣于冠仇之耳,非所以来远人也。今可按繇所欲轻之死罪,使减死之髡、刖。嫌其轻者,可倍其居作之岁数。内有以生易死不訾之恩,外无以刖易钛骇耳之声。"议者百余人,与朗同者多。帝以吴、蜀未平,且寝。

太和四年,繇薨。帝素服临吊,谥曰成侯。子毓嗣。初,文帝分毓户邑,封繇弟演及子劭、孙豫列侯。

毓字稚叔。年十四为散骑侍郎,机捷谈笑有父风。太和初,蜀相诸葛亮围祁山,明帝欲西征,毓上疏曰:"夫策贵庙胜,功尚帷幄,不下殿堂之上,而决胜千里之外。车驾宜镇守中土,以为四方威势之援,今大军西征虽有百倍之威于关中之费,所损非一。且盛暑行师,诗人所重,实非至尊动轫之时也。"迁黄门侍郎。时大兴洛阳宫室,车驾便幸许昌,天下当朝正许昌。许昌逼狭,于城南以毡为殿,备设鱼龙曼延,民罢劳役。毓谏,以为"水旱不时,帑藏空虚,凡此之类,可须丰年。"又上"宜复关内开荒地,使民肆力于农。"事遂施行。正始中,为散骑侍郎。大将军曹爽盛夏兴军伐蜀,蜀拒守,军不得进。爽方欲增兵,毓与书曰:"窃以为庙胜之策,不临矢石;王者之兵,有征无战。诚以干戚可以服有苗,退舍足以纳原寇,不必纵吴汉于江关,骋韩信于井陉也,见可而进,知难而退,盖自古之政。惟公侯详之!"爽无功而还。后以失爽意,徙侍中,出为魏郡太守。爽既诛,入为御史中丞、侍中廷尉。听君父已没,臣子得为理谤,及士为侯,其妻不复配嫁,毓所创也。

正元中,毋丘俭、文钦反,毓持节至扬、豫州班行赦令,告谕士民,还为尚书。诸葛诞反，大将军司马文王议自诣寿春讨诞。会吴大将孙壹率众降，或以为"吴新有衅，必不能复出军。东兵已多，可须后问"。毓以为："夫论事料敌，当以己度人。今诞举淮南之地以与吴国孙壹所率，口不至千，兵不过三百。吴之所失盖为无几。若寿春之围未解，而吴国之内转安，未可必其不出也。"大将军曰："善。"遂将毓行。淮南既平，为青州刺史，加后将军，迁都督徐州诸军事，假节，又转都督荆州。景元四年薨，追赠车骑将军，谥曰惠侯。子骏嗣。毓弟会，自有传。

【译文】

　　钟繇字元常，是颍川郡长社县人。他曾和他本族的叔父钟瑜一起去洛阳，在路上遇见一位相面先生，相面先生看着钟繇说道："这孩子生有一副尊贵相，只是有溺水之灾，要特别小心谨慎！"往前走了不到十里路，过一座桥，所骑的马受惊，钟繇被摔下河里，差点儿被淹死。钟瑜因相面先生的话很灵验，更加看重钟繇，供应他财物，让他专心从事学问。钟繇考中孝廉，任官尚书郎、阳陵县令，后因疾病去职。应司徒、司马、司空三府的征召，被任为廷尉正、黄门侍郎。当时汉献帝在西京长安，李傕、郭汜等人在长安发动叛乱，长安和关东地区交通断绝。曹操为兖州刺史，派人去向汉献帝上书。李傕、郭汜等人认为，"关东地区想另立天子，现在曹操虽然派来使者表示臣属，恐怕不是出自真心。"打算扣留曹操的使者，表示加以拒绝。钟繇劝李傕、郭汜等人说："现在天下的形势是，各路英雄乘时兴起，都诈称受皇帝的命令而专权行事，只有兖州刺史曹操真心向着皇帝，如果拒绝他的忠诚表示，就会使忠心于皇帝的人感到失望。"李傕、郭汜等人采纳了他的意见，对曹操厚礼报答，从此曹操才和朝廷保持联系。曹操多次听到荀彧称赞钟繇，又听说他对李傕、郭汜等人的劝诫，对他就更加赏识。后来李傕劫持汉献帝，钟繇和尚书郎韩斌共同策划，汉献帝才得以逃出长安，这是钟繇尽力的结果。朝廷任钟繇为御史中丞，又升任侍中尚书仆射，论功行赏，封他为东武亭侯。

　　当时关中割据将领马腾、韩遂等人，都拥有强大的军事力量，互相争夺。曹操在关东因有战事牵制，不能分身，他深为关中的形势忧虑。于是他上奏天子，让钟繇以侍中的身份代理司隶校尉一职，颁发给他符节，统领关中各军，并把以后关中的政事委托给他，还特别授权，行事不必受常规条法的束缚。钟繇来到长安，写信给马腾、韩遂等人，向他们说明利害关系，马腾和韩遂都把他们的儿子送交朝廷，作为人质，表示他们的忠诚。曹操在官渡与袁绍两军相对峙，钟繇给曹操送来两千多匹战马，供军队使用。曹操给钟繇写信说："得到你送来的战马，解决了当前的急需。关中地区得以平定，朝廷没有后顾之忧，这都是您的功劳，过去萧何镇守关中，为前线供应足够的军粮，军队才能行军作战，您也是这么做的。"后来匈奴的头领在平阳骚乱，钟繇率领各路人马把平阳包围起来，但没有攻克；这时袁尚设置的河东太守郭援来到河东地区，他的兵力强盛。钟繇手下的众将领纷纷议论，想解围退走，钟繇说道："现在袁尚的力量还比较强大，郭援来到河东，关中的割据势力暗暗和他联系，现在他们之所以还没有全部背叛朝廷，是顾忌我的威慑力量。如果放弃攻城解围退走，暴露出我们的软弱，那么各地的人，哪个不是我们的敌人？即使我们想撤退，能回得去吗？这是不战而自败。再说郭援这个人，刚愎自用，又使气好胜，他必然不把我军放在眼里，如果他要渡过汾水安营扎寨，在他们还没有渡过汾水时发动攻击,可以大获全胜。"这时张既对说马腾会同钟繇攻击郭援,马腾派他的儿子马超率领精兵强将迎击郭援。郭援来到汾河边,果然就轻率下令渡河,他手下的人劝阻,他不听。兵士们还没渡过一半,钟繇发动攻击,把敌人打得大败,郭援被杀,匈奴头领投降。这事在《张既传》中有记述。后来河东的卫固发动叛乱,和张晟、张琰、高干等人到处抢掠,钟繇又率诸将把他们剿灭。自从汉献帝西去长安,洛阳的百姓也大都逃亡,钟繇从关中迁民至洛阳,又招集逃亡的百姓和失败的叛兵充实洛阳的人口,几年之间,洛阳的民户才稍稍得到充实。曹操征伐关中时,洛阳能够提供人力物力,于是曹操上奏,任钟繇为前军师。

曹操被封为魏王,魏国建立,任钟繇为大理,升任相国。曹丕为魏王世子,赏赐钟繇一口五味锅,锅上镌刻铭文说:"显赫的魏国,是汉朝的拱卫。它的相国钟繇,是魏国的左膀右臂。他不分昼夜操劳国事,没有一时一刻安逸。是百官学习的榜样,百官都以他为规矩。"几年之后,西曹掾魏讽谋反,钟繇受到牵连,罢官回家。曹丕继位为魏王,再任钟繇为大理。曹丕做了皇帝,改任钟繇为廷尉,封爵晋升为崇高分侯。升为太尉,封爵转为平阳乡侯。当时的司徒华歆、司空王朗,都是先朝的名臣。曹丕退朝后曾对身边的人说:"华歆、王朗和钟繇这三个人,是一代伟人,后难为继了!"魏明帝即位,进封钟繇为定陵侯,封邑增加五百户,加上以前的封户,共一千八百户,又升任他为太傅。钟繇患有膝关节病,跪拜很不方便。当时华歆也因年老多病,他们上朝时都乘坐小车,壮士把他们抬至殿上,然后就座。从此以后,三公有病,上朝准许乘车,成为相沿的成例。

当初,曹操下令,让钟繇等人审查将死刑改为宫刑的罪犯。钟繇认为:"古代的肉刑,历代圣人都执行,应该恢复,以代替死刑。"参加讨论的人认为这不是爱民措施,于是这事就搁置起来。文帝宴请群臣,当场下令说:"司法机关想恢复肉刑,这实在是圣王的德政,公卿大臣应该赞成他的意见。"议论了一番,还没定下来,遇上军事行动,这事就又搁置下来。明帝太和年间,钟繇上书说:"魏国建立国家,继承虞舜、复禹的传统。汉文帝变革法律,不符合古代的法律思想。太祖的品德,是上天赋予的,他对古代的典籍,能够融会贯通。文帝继位以后,又颁发诏书,想恢复古刑,使之成为一代成法。因连年有战事,未能付诸施行。陛下您继承二位先帝的遗志,出于爱民之心,以为斩脚足的惩罚罪恶,被判为死刑是无辜的,让我明习法令,和群臣共同议定。罪恶本该斩去右脚而被判为死刑的,仍用斩足之刑。《书经》上说:皇帝请问下民,鳏寡有辞于苗。'这句话是说,尧帝在废除蚩尤、有苗的刑法时,先向有意见的百姓询问。如果现在在审理疑案的时候,首先问三公九卿、各色吏员以及百姓征求意见,按照汉景帝时的律令,罪该判死刑的犯人,如果他愿意斩去右脚,应该允许。另外如刺面、割鼻、斩左脚、阉割等刑罚,按照汉文帝时的律令,改为剃发、杖打。有犯罪能力的人,大都在二十岁至四、五十岁之间,虽然斩去他的脚,仍能够生育。现在国家的人口比汉文帝时代少,如实行上面的改刑措施,每年能够全活三千人。张苍废除肉刑,判死刑的每年数以万计。我想恢复肉刑,每年可使三千人免死。子贡问孔子:'能够拯救百姓,是否可算作仁人?'孔子回答说:'何止是仁人,那一定是圣人了,尧、舜也感到难于做到!'孔子又说:'仁距我们很远吗?我们想做到仁,仁就在我们身边,如果真的实行这种刑法,老百姓可以永世得到周全。"他的这封奏疏呈上去,皇帝下旨说:"太傅钟繇,学问渊博,富有高才,对政事又特别留心,又对于刑法研究很深。这是国家的大事,公卿群臣很好地讨论讨论。"司徒王朗论及此事,他认为:"钟繇想减轻死罪的条款,增加斩足之刑的数量,这就是起死回生,化死尸为活人的措施。但是我的意见和他的意见稍微有些不同。五刑的各种刑罚,在法律上有明文规定,其中本来就有'减死一等'的律条,不够死罪就是减死一等。这条法律实行已经很久了,不需再去借用斧凿等肉刑名目而后才能分别罪恶的轻重。前代出于仁慈之心,不忍心用残酷的肉刑,因此肉刑废而不用。不用肉刑,已经有几百年了。如果现在恢复肉刑,我担心减轻刑罚的条文老百姓还未看到,而恢复肉刑的消息已经传到敌人的耳朵里,远处的百姓谁还敢来归顺我们呢!现在可按照钟繇想法,若想把死罪囚犯减轻,判为减死一等剃发、斩足。如果认为这样太轻的话,可以成倍增加服罪役的年数。这样,对国内犯人有免死全活的大恩,对外也不会产生以斩脚代替脚镣那种骇人听闻的谣传。"参加讨论的有一百多人,同意王朗意见的人居多。皇帝因吴、蜀二国还没有平定,就暂且搁置下来。

太和四年,钟繇逝世。皇帝身穿素服亲自去吊唁,赠谥号为"成侯"。他的儿子钟毓继承他的爵位。当初,文帝下令将钟毓的封邑人户分出一部分,用来分给钟繇的弟弟钟演和钟繇的儿子钟劭、孙子钟豫,都封为列侯。

钟毓字稚叔。他十四岁时就任散骑侍郎,他生性机敏,谈笑风生,很像他的父亲。太和初年,蜀国丞相诸葛亮围攻祁山,魏明帝打算亲自率兵西征,钟毓上疏说:"军事行动所贵的是朝廷的高明决策,建功立业在于运筹帷幄,身不下殿堂,而能决胜于千里之外。陛下您应镇守中原,调动兵力形成四面八方有威势的援军。如果大军西征,虽然对敌人有百倍的威力,但对于关中地区来说,损耗可就大了。再说,盛夏进军,《诗经》的作者都持慎重的态度,这的确不是陛下亲自征伐的时节。"因此,升他为黄门侍郎。当时在洛阳大兴土木,建筑宫殿,皇帝离开洛阳到许昌,全国的官员都到许昌去朝见皇帝。许昌城地方狭小,于是在城南搭盖毡房作为宫殿,并备有各种游艺陈设,老百姓服劳役疲于奔命。钟毓上疏劝谏,他说:"各地不时发生水旱灾害,国库空虚,这一切兴造,可等到丰收年头。"他又上疏说:"应恢复开垦关中荒地的措施,让老百姓尽力于农耕。"他的建议付诸实行。正始年间,他任散骑常侍。大将军曹爽在盛夏兴兵征伐蜀国,蜀军坚守,曹爽的军队无法前进。曹爽正要增兵,钟毓给他写信说:"我认为高明的决策,不会在枪林弹雨中强攻;正义之师,出兵征伐,不会遇到抵抗。诚如大禹舞干戚可以征服三苗,晋文公用退避三舍足以降服楚军,而不必像汉光武帝派吴汉赴江关破敌,也不必像汉王刘邦那样,派韩信去井隆击破赵军。形势有利,可以前进,形势不利,应知难而退,这是自古以来用兵处世之道。希望公侯大人您仔细考虑!"结果曹爽是无功而回。后来因与曹爽意见不合,钟毓被降为侍中,又外任为魏郡太守。曹爽谋反被杀,钟毓调回京师,任御史中丞、侍中廷尉。钟毓在廷尉任上,做出几条新规定:君主和父亲逝世之后,他的臣属和儿子可以替君主或父亲辩白被诬谤的委屈;士人得到侯位封爵,犯罪以后,他的妻子不再强行陪嫁他人。

正元年间,毋丘俭、文钦谋反,钟毓持节出使扬州、豫州,宣布朝廷的大赦令,晓谕各地的官吏、百姓,回京后被任为尚书。诸葛诞反叛,大将军司马懿打算亲自率兵去寿春讨伐诸葛诞。当时正值吴国大将孙壹率部来投降,有人认为:"吴国内部最近出现矛盾,必然不能再派军出征。我军在东部战线的兵力很多,因此可暂不出征,看以后形势发生如何,再做定夺。"钟毓认为:"分析形势,估量敌人的动向,应该从敌我双方面的情况出发。

现在诸葛诞把淮南大块土地拱手送给吴国,而孙壹所率来降的人,总数还不到一千,其中作战的兵士不过三百人。吴国的损失,微乎其微。如果不解除寿春被围困的局面,吴国国内反而会因此而安定,不能认为它一定不会出兵。"司马懿听了,说道:"你说得好。"于是他带领钟毓出兵东征。淮南平定之后,钟毓任青州刺史,加后将军衔,升任都督徐州诸军事、假节,又转任都督荆州诸军事。他在景元四年逝世,追赠他为车骑将军,赠谥号为"惠侯"。他的儿子钟骏继承他的爵位。钟毓的弟弟钟会,本书另有传记。

贾逵传

【题解】

贾逵(?~230),河东郡襄陵(今山西临汾)人,魏国名将。他任地方官时,能镇压住地方秩序,执法严厉果断。贾逵用重刑维护秩序和法律制度,杜绝徇私舞弊,又能领兵打仗,多次对吴国作战,得到魏明帝和地方官吏、人民的称赞。

【原文】

贾逵字梁道,河东襄陵人也。自为儿童,戏弄常设部伍,祖父习异之,曰:"汝大必为将率。"口授兵法数万言。初为郡吏,守绛邑长。郭援之攻河东,所经城邑皆下,逵坚守,援攻之不拔,乃召单于并军急攻之。城将溃,绛父老与援要,不害逵。绛人既溃,援闻逵名,欲使为将,以兵劫之,逵不动。左右引逵使叩头,逵叱之曰:"安有国家长吏为贼叩头!"援怒,将斩之。绛吏民闻将杀逵,皆乘城呼曰:"负要杀我贤君,宁俱死耳!"左右义逵,多为请,遂得免。初,逵过皮氏,曰:"争地先据者胜。"及围急,知不免,乃使人间行送印绶归郡,且曰"急据皮氏。"援既并绛众,将进兵。逵恐其先得皮氏,乃以他计疑援谋人祝奥,援由是留七日。郡从逵言,故得无败。

后举茂才,除渑池令。高干之反,张琰将举兵以应之。逵不知其谋,往见琰。闻变起,欲还,恐见执,乃为琰画计,如与同谋者,琰信之。时县寄治蠡城,城堑不固,逵从琰求兵修城。诸欲为乱者皆不隐其谋,故逵得尽诛之。遂修城拒琰。琰败,逵以丧祖父去官,司徒辟为掾,以议郎参司隶军事。太祖征马超,至弘农,曰:"此西道之要。"以逵领弘农太守。召见计事,大悦之,谓左右曰:"使天下二千石悉如贾逵,吾何忧?"其后发兵,逵疑屯田都尉藏亡民。都尉自以不属郡,言语不顺。逵怒,收之,数以罪,挝折脚,坐免。然太祖心善逵,以为丞相主簿。太祖征刘备,先遣逵至斜谷观形势。道逢水衡,载囚人数十车,逵以军事急,辄竟重者一人,皆放其余。太祖善之,拜谏议大夫,与夏侯尚并掌军计。太祖崩洛阳,逵典丧事、时鄢陵侯彰行越骑将军,从长安来赴,问逵先王玺绶所在。逵正色曰:"太子在邺,国有储副。先王玺绶,非君侯所宜问也。"遂奉梓宫还邺。

文帝即王位,以邺县户数万在都下,多不法,乃以逵为邺令。月余,迁魏郡太守。大军出征,复为丞相主簿祭酒。逵尝坐人为罪,王曰:"叔向犹十世宥之,况逵功德亲在其身乎?"从至黎阳,津渡者乱行,逵斩之,乃整。至谯,以逵为豫州刺史。是时天下初复,州郡多不摄。逵曰："州本以御史出监诸郡，以六条诏书察长吏二千石已下，故其状皆言严能鹰扬有督察之才，不言安静宽仁有恺悌之德也。今长吏慢法，盗贼公行，州知而不纠，天下复何取正乎?"兵曹从事受前刺吏假，逵到官数月，乃还，考竟。其二千石以下阿纵不如法者，皆举奏免之。帝曰："逵真刺史矣。"布告天下，当以豫州为法。赐爵关内侯。

州南与吴接，逵明斥候，缮甲兵，为守战之备，贼不敢犯。外修军旅，内治民事，遏鄢、汝，造新陂，又断山溜长溪水，造小弋阳陂，又通运渠二百余里，所谓贾侯渠者也。黄初中，与诸将并征吴，破吕范于洞浦，进封阳里亭侯，加建威将军。明帝即位，增邑二百户，并前四百户。时孙权在东关，当豫州南，去江四百余里。每出兵为寇，辄西从江夏，东从庐江。国家征伐，亦由淮、沔。是时州军在项，汝南弋阳诸郡，守境而已。权无北方之虞，东西有急并军相救，故常少败。逵以为宜开直道临江，若权自守，则二方无救；若二方无救，则东关可取。乃移屯潦口，陈攻取之计，帝善之。

吴将张婴、王崇率众降。太和二年，帝使逵督前将军满宠，东莞太守胡质等四军，从西阳直向东关，曹休从皖，司马宣王从江陵。逵至五将山，休更表贼有请降者，求深入应之。诏宣王驻军，逵东与休合进。逵度贼无东关之备，必并军于皖；休深入与贼战，必败。乃部署诸将，水陆并进，行二百里，得生贼，言休战败，权遣兵断夹石。诸将不知所出，或欲待后军。逵曰："休兵败于外，路绝于内，进不能战，退不得还，安危之机，不及终日。贼以军无后继，故至此；今疾进，出其不意，此所谓先人以夺其心也，贼见吾兵必走。若待后军，贼以断险，兵虽多何益!"乃兼道进军，多设旗鼓为疑兵，贼见逵军，遂退。逵据夹石，以兵粮给休，休军乃振。初，逵与休不善。黄初中，文帝欲假逵节，休曰："逵性刚，素侮易诸将，不可为督。"帝乃止。及夹石之败，微逵，休军几无救。

会病笃，谓左右曰："受国厚恩，恨不斩孙权以下见先帝。丧事一不得有所修作。"薨，谥曰肃侯。子充嗣。豫州吏民追思之，为刻石立祠。青龙中，帝东征，乘辇入逵祠，诏曰："昨过项，见贾逵碑像，念之怆然。古人有言，患名之不立，不患年之不长。逵存有忠勋，没而见思，可谓死而不朽者矣。其布告天下，以劝将来。"充咸熙中为中护军。

【译文】

贾逵，字梁道，河东郡襄陵县人。在他还是孩子的时候，就在游戏玩耍中经常仿效军队打仗。他的祖父贾习认为他很奇特，说："你长大以后准会成为将帅。"贾习亲口向贾逵传授了几万字的兵法。贾逵起初作郡吏，代理绛邑县长。郭援攻打河东的时候，经过的城市都被他占领了。只有贾逵坚守绛邑，郭援攻不下来，就把单于的军队召来合在一起猛攻。绛邑城快被攻下时，绛邑的父老们和郭援约定，不能杀害贾逵。绛邑军队溃败后，郭援听说贾逵的名声，想要让他作将军，就用武器威胁他。贾逵毫不动摇。郭援的侍卫拉着贾逵让他叩头。贾逵叱责他们说："哪里有国家的官吏给贼人叩头的。"郭援非常愤怒，准备要杀死他。绛邑的官吏和平民们听说要杀贾逵，全都登上城墙，大声喊道："你们违背誓约，要杀死我们的贤明长官，我们宁可和他一起去死!"郭援的部下也感到贾逵仁义，很多人替他求情，才得以免死。以前，贾逵经过皮氏，说："这里是兵家争夺的要地，先占据它的人就会胜利。"到了被围攻得很紧急时，贾逵知道绛邑无法幸免了，就派人从小路把印绶送回郡府，并且说："赶快去占领皮氏。"郭援把绛邑的军队兼并后，准备进军。

贾逵恐怕他们先占领皮氏，就用别的计策迷惑郭援的谋士祝奥。郭援因此停留了七天。郡里按照贾逵的话去办，所以没有失败。

以后贾逵被推举为茂才，被任命为渑池令。高干造反时，张琰准备发兵响应他们。贾逵不知道他的阴谋，去见张琰，听到兵变的消息，想要回去，又恐怕被扣留，就给张琰出谋划策，好像参与同谋的人一样。张琰就相信了他。当时县的官署暂时设在蠡城，城池不够坚固。贾逵从张琰那里借来军队修城。凡是要参与叛乱的人都不隐瞒他们的阴谋，所以贾逵能够把他们全都杀死了，接着就修筑城墙抵御张琰。张琰失败后，贾逵由于祖父去世离职。司徒府聘请他作掾。官以议郎的职位参司隶军事。魏武帝曹操征伐马超时，到了弘农，说："这是西方通道上的要地。"任命贾逵兼任弘农太守。魏武帝召见贾逵和他商议政事，非常高兴，对身边的官员说："假如天下年俸二千石的官员都像贾逵一样，我还有什么可担忧的呢！"以后在征发士兵时，贾逵怀疑屯田都尉隐藏了逃亡的百姓。屯田都尉自认为不归郡管辖，言语中不恭逊。贾逵发怒了，把他抓起来，指责他的罪过，把他的脚打折了，因此获罪被免去官职。但是魏武帝心里喜欢贾逵，任命他作丞相主簿。魏武帝去征讨刘备时，先派贾逵到斜谷去观察形势。贾逵在半路上遇到水衡都尉的部属，押着几十车犯人。贾逵因为军情紧急，就只杀死一个犯重罪的犯人，把其他的犯人全放了。魏武帝很看重他，拜请他作谏议大夫，让他和夏侯尚一起掌管军中的审计。魏武帝在洛阳去世，贾逵主管丧事。当时鄢陵侯曹彰兼任越骑将军，从长安赶来，向贾逵询问先王的玺印和绶带在什么地方。贾逵严肃地说："太子在邺城，国家有继承人。先王的玺印绶带不是君侯您应该打听的！"就奉送魏武帝的棺柩回到邺城去了。

魏文帝继承了王位后，因为邺县的居民中有几万户在都城中住，很多人横行不法，就让贾逵作邺县令。一个多月以后，升任魏郡太守。大军出征时，又任丞相主簿祭酒。贾逵曾经受到别人的牵连该判处刑罚。魏文帝说："叔向尚且被宽赦十代子孙，何况贾逵自身就具有功德呢？"贾逵跟随军队来到黎阳，在渡口争渡的人乱挤乱抢。贾逵杀死了胡乱抢行的人，秩序才被整顿好。到了谯郡以后，任命贾逵作豫州刺史。当时天下刚开始恢复，州郡大多无法管理政务。贾逵说："设置州本来是让御史来监督各郡，颁布六条诏书考察二千石俸禄级别以下的各级长官，所以他们的评语中都是说此人有严厉威武的气魄，有督察的才能，不说他们安静宽厚，有简易仁爱的德行。现在长官们轻视法令，盗贼公然横行。如果州里知道后不去纠察，天下再从什么地方找到正道呢？"兵曹从事由前任刺史批准去休假，在贾逵到任几个月后才回来，贾逵把他拷打至死。把那些二千石以下的官员中徇私放纵，不依法办事的人一一列出罪状，上奏请求罢免他们。魏文帝说："贾逵是真正的刺史啊！"向天下各地发出布告，要以豫州作为榜样。赐给贾逵关内侯的爵位。

豫州南边和吴国接壤。贾逵派出哨兵，修理武器甲胄，做好防守作战的准备。敌军不敢进犯。他在外面整顿军队，在内部治理民政，截断了鄢水和汝水，修建了新的蓄水池，又截住山上的洞水使溪水水位升高，建造了小弋阳陂。贾逵又开通了二百多里运输用的水渠，这就是人们所说的"贾侯渠"。黄初年间，贾逵和各位将领一起征伐吴国，在洞浦打败了吕范，被晋封为阳里亭侯，加封建威将军。魏明帝即位时，给贾逵增加了二百户的食邑，和以前封赏的一共有四百户。当时孙权在东关，正在豫州南面，距离长江四百多里。每当出兵进犯时，就西面从江夏出动，东面从卢江出动。魏国出兵征伐，也是从淮河、沔河运兵前往。这时豫州的军队驻扎在项、汝南、弋阳各郡里，只是守卫自己的边境而已。孙权没有来自北方的威胁，东西两面有紧急军情时，可以把军队会合在一起去救援，所以就很少被打败。贾逵认为应该开出一条通路直达长江边上。如果孙权自己采取防御，就无法让东西两面来救援；如果东西两面无人救援，就可以攻下东关。贾逵就把军队移到潦口驻扎，并且向朝廷讲述了自己攻取吴国的计策。魏明帝认为很好。

吴国的将军张婴和王崇率领部下投降。太和二年，魏明帝派遣贾逵统帅前将军满宠、东莞太守胡质等四支军队，从西阳一直向东关进军。曹休从皖县出发，司马懿从江陵出发。贾逵到了五将山，曹休又上表报告吴国军队有人要投降，请求深入吴国去接应他们。朝廷下诏书命令司马懿把军队驻在原地，贾逵向东和曹休合兵前进。贾逵估计敌人不需要在东关防备，一定会把军队集合在皖县。曹休深入敌国和敌军作战，一定会失败。他就部署各路将领，从水路、陆路一齐前进，走了二百里路后，活捉了吴军士兵。他们说曹休已经战败了，孙权派兵截断了夹石。各位将领不知道该怎么办，有的想要等后续部队。贾逵说："曹休的军队在国外战败，我军在内地也被截断了退路。前进无法交战，后退又无法返回，我们已经到了生死存亡的关头，都等不到明天了。敌军认为我军没有后续部队，所以才这样做。现在我们迅速进军，出其不意。这就是所谓的先声夺人，敌军见到我军后肯定会逃跑。如果我们等待后续部队，敌人已经截断了道路上的险要地段，来的军队再多又有什么用处？"于是领兵日夜兼程前进，设置了很多军旗鼓乐作疑兵来迷惑敌人。敌军见到贾逵的军队就撤退了。贾逵占据了夹石，把军粮供给曹休的军队。曹休的军队重新振作起来。以前，贾逵和曹休不和。黄初年间，魏文帝想要授给贾逵符节。曹休说："贾逵性情刚强，一直轻视和欺侮各位将领，不能让他督军。"魏文帝才没有办。到了曹休军队在夹石失败时，如果没有贾逵，曹休的军队就几乎无法挽救了。

贾逵病重时，他对左右部下讲："我蒙受国家的厚恩，只遗憾没有能在杀死孙权后再去地下见先帝。我的丧事不能有任何铺张，不能大事操办。"贾逵去世后，赠谥号为肃侯，他的儿子贾充继承了爵位，豫州的官吏和百姓怀念贾逵，给他刻了石碑，建立了祠堂。青龙年间，魏明帝东征时，乘坐御车进了贾逵的祠堂，下诏说："昨天经过项县，见到贾逵的碑、石像，使我想起他来，悲痛不已。古人说，只怕不能树立名望，不怕寿命不长久。贾逵留存下来忠于王室的功勋，死后仍然被人们思念，可以说是死而不朽的人了。特此向天下宣告，以鼓励将来的人。"贾充在咸熙年间担任中护军。

苏则传

【题解】

苏则，三国时魏国人。他在边郡是文武全才的能吏，在朝廷是有胆有识的直臣。曹操有识才之鉴，委以西北重任，边郡得以安定。曹丕心胸狭窄，容纳不了他，使他贬死于道上。

【原文】

苏则字文师,扶风武功人也。少以学行闻,奉孝廉茂才,辟公府皆不就。起家为酒泉太守,转安定、武都,所在有威名。太祖征张鲁,过其郡,见则悦之,使为军导。鲁破,则绥定下辩诸氐,通河西道,徙为金城太守。是时丧乱之后,吏民流散饥穷,户口损耗,则抚循之甚谨。外招怀羌胡,得其牛羊,以养贫老。与民分粮而食,旬月之间,流民皆归,得数千家。乃明为禁令,有干犯者辄戮,其从教者必赏。亲自教民耕种,其岁大丰收,由是归附者日多。李越以陇西反,则率羌胡围越,越既请服。太祖崩,西平麹演叛,称护羌校尉。则勒兵讨之。演恐,乞降。文帝以其功,加则护羌校尉,赐爵关内侯。

后演复结旁郡为乱,张掖张进执太守杜通,酒泉黄华不受太守辛机,进、华皆自称太守以应之。又武威三种胡并寇钞,道路断绝。武威太守毋丘兴告急於则。时雍、凉诸豪皆驱略羌胡以从进等,郡人咸以为进不可当。又将军郝昭、魏平先是各屯守金城,亦受诏不得西度。则乃见郡中大吏及昭等与羌豪帅谋曰:“今贼虽盛,然皆新合,或有协从,未必同心;因衅击之,善恶必离,离而归我,我增而彼损矣。既获益众之实,且有倍气之势,率以进讨,破之必矣。若待大军,旷日持久,善人无归,必合於恶,善恶既合,势难卒离。虽有诏命,违而合权,专之可也。”於是昭等从之,乃发兵救武威,降其三种胡,与兴击进於张掖。演闻之,将步骑三千迎则,辞来助军,而实欲为变。则诱与相见,因斩之,出以徇军,其党皆散走。则遂与诸军围张掖,破之,斩进及其支党,众皆降。演军败,华惧,出所执乞降。河西平,乃还金城。进封都亭侯,邑三百户。

徵拜侍中,与董昭同寮。昭尝枕则膝卧,则推下之,曰:“苏则之膝,非佞人之枕也。”初,则及临菑侯植闻魏氏代汉,皆发服悲哭,文帝闻植如此,而不闻则也。帝在洛阳,尝从容言曰:“吾应天受禅,而闻有哭者,何也?”则谓为见问须髯悉张欲正论以对。侍中傅巽掐则曰:“不谓卿也。”于是乃止,文帝问则曰:“前破酒泉、张掖,西域通使,敦煌献径寸大珠,可复求市益得不?”则对曰:“若陛下化洽中国,德流沙漠,即不求自至;求而得之,不足贵也。”帝默然。后则从行猎,槎桎拔,失鹿,帝大怒,踞床拔刀,悉收督吏,将斩之。则稽首曰:“臣闻古之圣王不以禽兽害人,今陛下方隆唐尧之化,而以猎戏多杀群吏,愚臣以为不可,敢以死请!”帝曰:“卿,直臣也。”遂皆赦之。然以此见惮。黄初四年,左迁东平相。未至,道病薨,谥曰刚侯。子怡嗣。怡薨,无子,弟愉袭封。愉,咸熙中为尚书。

【译文】

苏则,字文师。扶风武功县人。自少以学问品行知名,被举为孝廉茂才,被公府征辟,他都不接受。从起家用为酒泉太守,转任安定太守、武都太守,所在之处,都有威名。曹操征讨张鲁,路过他所在的郡城,见到苏则,很喜欢他,任命为军导。击破张鲁以后,苏则安定下辩那里的氐人诸部,打通河西大道,迁官为金城太守。当时正值丧乱之后,官民流离,饥饿贫困,户口损耗很多,苏则很注意抚慰当地吏民。对境外的羌人他尽力交好,得到他们的牛羊,用以养育贫民和老人。他和百姓分粮而食,旬月之间,流民都回归家园,得数千家。于是他公布禁令,有触犯者辄加以刑戮,而遵守教令者加以赏赐。他亲自教百姓耕种,这年得到了大丰收,因此归附的人越来越多。李越据陇西造反,苏则率领羌人包围李越,李越当即请求投降。曹操去世之后,西平人麴演叛变,自称护羌校尉。苏则率兵讨伐,麴演恐惧,请求投降。魏文帝曹丕因其有功,加苏则为护羌校尉,赐爵关内侯。

后来麴演又联合附近各郡为乱,张掖人张进扣押了太守杜通,酒泉人黄华拒纳太守辛机,张进、黄华都自称太守以响应麴演。另外武威郡的三种胡人一起入寇抄掠,道路断绝。武威太守毋丘兴向苏则告急。当时雍州、凉州一带的豪杰都驱使羌人以响应张进等,苏则所在的金城郡人都认为张进锐不可当。另外将军郝昭、魏平此前一直屯驻金城,但也接受诏命不许向西进军。苏则召见郡中主要官吏和郝昭等人以及诸羌的首领,建议说:"如今贼兵虽然盛大,但都是刚刚拼凑起来,其中还有胁从的,未必与他们同心;如果乘其间隙而击之,善恶必然相离,脱离贼兵而归顺我们,则我方兵力增加而敌人就减损了。我们既得到兵众增加的实力,又有声气倍增的气势,率领军队进讨,必然要击破他们。如果等待大军,则旷日持久,良善者无所归从,必然附和恶人,善恶相合之后,其势难于立刻分离。虽然诏命不许西进,但违背诏命却合于权变之理,独自做主也是可以的。"于是郝昭等人同意了,便发兵救援武威,使,三种胡人投降,又与毋丘兴击张进于张掖。麴演听说了,率领步骑三千迎接苏则,名义上说是来助战,其实是想待机生变。苏则诱使他相见,因而斩之,出其首级以向他的军队徇示,他的徒党都逃散了。苏则便和诸军包围张掖,击破之,斩张进及其党羽,众人都投降了。麴演之军败后,黄华害怕了,交出他们所扣押的人请求投降。河西平定,苏则才回到金城。进封都亭侯,食邑三百户。

征调入朝,拜为侍中,与董昭为同僚。董昭曾经枕着苏则的膝盖躺卧,苏则把他推下去,说:"苏则的膝盖,可不是佞人的枕头。"开初,苏则和临淄侯曹植听说曹丕取代汉朝为帝,都穿上丧服悲哭过,魏文帝听说曹植如此,但不知道苏则也这样做了。文帝在洛阳,曾经从容说:"我是顺应天命而禅代,却听说有为此悲哭的,这是为什么?"苏则以为是问他自己,便须髯奋张,想要以正言答对。侍中傅巽用手指着苏则说:"说的不是你。"于是苏则才止住。文帝问苏则说:"以前你击破酒泉、张掖,通使西域,敦煌贡献过径寸的大珠,现在能要求贸易再得到吗?"苏则答道:"如果陛下的教化融洽中国,仁德流被沙漠,就可以不求而自至;通过求取而得到,这是不足为贵的。"文帝默然。后来苏则随从文帝行猎,栅栏被拔,跑失了被追逐的鹿,文帝大怒,踞坐在胡床上,拔出刀,把监管栅栏的官吏都逮捕,准备斩首。苏则叩头说:"我听说古代的圣王不因禽兽而杀人,如今陛下正要隆兴唐尧之治,却因游猎而杀死那么多官吏,愚臣以为不可。敢以死相请!"文帝说:"你真是直臣呀!"于是就都赦免了众人,但因此而为文帝所惧惮。黄初四年,他降职为东平国相。没有到达任所,就死于道上,谥为刚侯。儿子苏怡承袭封爵。苏怡去世,无子,其弟苏愉承袭封爵。苏愉在魏元帝咸熙年间任尚书。

张辽传

【题解】

张辽(169~222),三国时期曹操的著名大将。字文远,雁门马邑(故城在今山西省朔县）人。生于乱世，出身行伍。东汉末年，为并州刺史丁原属官。初平三年（192），张辽归属于吕布，升为骑都尉。建安三年（198），张辽归降曹操，被任命为中郎将。其后，张辽以其智勇，屡建战功。建安五年（200），曹操与袁绍大战于官渡，张辽与关羽率军解白马之围。建安十二年（207），随曹操北征乌桓和袁尚，他自请为先锋，奋力冲击，大破敌众，阵斩乌桓单于蹋顿，收降众十余万口。建安二十年（215），孙权率十万军队进围合肥，他与李典率步卒八百人，大破孙权，创造了历史上的重要战例，因而威震东南，被任命为征东将军。黄初三年（222），率军攻吴，病死军中。魏文帝接到丧耗后，为之流涕，赐谥号叫刚侯。

【原文】

张辽字文远，雁门马邑人也。本聂壹之后，以避怨变姓。少为郡吏。汉末，并州刺史丁原以辽武力过人，召为从事，使将兵诣京都。何进遣诣河北募兵，得千馀人。还，进败，以兵属董卓。卓败，以兵属吕布，迁骑都尉。布为李催所败，从布东奔徐州，领鲁相，时年二十八。太祖破吕布於下邳，辽将其众降，拜中郎将，赐爵关内侯。数有战功，迁裨将军。袁绍破，别遣辽定鲁国诸县。与夏侯渊围昌豨於东海，数月粮尽，议引军还，辽谓渊曰："数日已来，每行诸围，豨辄属目视辽。又其射矢更稀，此必豨计犹豫，故不力战。辽欲挑与语，傥可诱也"，乃使谓豨曰："公有命，使辽传之"。豨果下与辽语，辽为说"太祖神武，方以德怀四方，先附者受大赏。"豨乃许降。辽遂单身上三公山，入豨家，拜妻子。豨欢喜，随诣太祖。太祖遣豨还，责辽曰："此非大将法也。"辽谢曰："以明公威信著於四海，辽奉圣旨，豨必不敢害故也。"从讨袁谭、袁尚於黎阳，有功，行中坚将军。从攻尚於邺；尚坚守不下。太祖还许，使辽与乐进拔阴安，徙其民河南。复从攻邺，邺破，辽别徇赵国、常山，招降缘山诸贼及黑山孙轻等。从攻袁谭，谭破，别将徇海滨，破辽东贼柳毅等。还邺，太祖自出迎辽，引共载，以辽为荡寇将军。复别击荆州，定江夏诸县，还屯临颍，封都亭侯。从征袁尚於柳城，卒与虏遇，辽劝太祖战，气甚奋，太祖壮之，自以所持麾授辽。遂击，大破之，斩单于蹋顿。

时荆州未定，复遣辽屯长社。临发，军中有谋反者，夜惊乱起火，一军尽扰，辽谓左右曰："勿动。是不一营尽反，必有造变者，欲以动乱人耳。"乃令军中，其不反者安坐。辽将亲兵数十人，中陈而立，有顷定，即得首谋者杀之。陈兰、梅成以氐六县叛，太祖遣于禁、臧霸等讨成，辽督张郃、牛盖等讨兰。成伪降禁，禁还。成遂将其众就兰，转入灊山。灊中有天柱山，高峻二十馀里，道险狭，步径裁通，兰等壁其上。辽欲进，诸将曰："兵少道险，难用深入。"辽曰："此所谓一与一，勇者得前耳。"遂进到山下安营，攻之，斩兰、成首，尽虏其众。太祖论诸将功曰："登天山，履峻险，以取兰、成，荡寇功也。"增邑，假节。

太祖既征孙权还，使辽与乐进、李典等将七千馀人屯合肥。太祖征张鲁，教与护军薛悌，署函边曰：贼至乃发。俄而权率十万众围合肥，乃共发教，教曰："若孙权至者，张、李将军出战；乐将军守，护军勿得与战。"诸将皆疑。辽曰："公远征在外，比救至，彼破我必矣。是以教指及其未合逆击之，折其盛势，以安众心，然后可守也。成败之机，在此一战，诸君何疑？"李典亦与辽同。於是辽夜募敢从之士，得八百人，椎牛飨将士，明日大战，平旦，辽被甲持戟，先登陷陈，杀数十人，斩二将，大呼自名，冲垒入，至权麾下。权大惊，众不知所为，走登高冢，以长戟自守。辽叱权下战，权不敢动，望见辽所将众少，乃聚围辽数重。辽左右麾围，直前急击，围开，辽将麾下数十人得出，馀众号呼曰："将军弃我乎！"辽复还突围，拔出馀众。权人马皆披靡，无敢当者。自旦战至日中，吴人夺气，还修守备，众心乃安，诸将咸服。权守合肥十馀日，城不可拔，乃引退。辽率诸军追击，几复获权。太祖大壮辽，拜征东将军。建安二十一年，太祖复征孙权，到合肥，循行辽战处，叹息者良久。乃增辽兵，多留诸军，徙屯居巢。

关羽围曹仁於樊，会权称藩，召辽及诸军悉还救仁。辽未至，徐晃已破关羽，仁围解。辽与太祖会摩陂。辽军至，太祖乘辇出劳之，还屯陈郡。文帝即王位，转前将军。分封兄汎及一子列侯。孙权复叛，遣辽还屯合肥，进辽爵都乡侯。给辽母舆车，及兵马送辽家诣屯，敕辽母至，导从出迎。所督诸军将吏皆罗拜道侧，观者荣之。文帝践阼，封晋阳侯，增邑千户，并前二千六百户。黄初二年，辽朝洛阳宫，文帝引辽会建始殿，亲问破吴意状。帝叹息顾左右曰："此亦古之召虎也。"为起第舍，又特为辽母作殿，以辽所从破吴军应募步卒，皆为虎贲。孙权复称藩。辽还屯雍丘，得疾。帝遣侍中刘晔将太医视疾，虎贲问消息，道路相属。疾未瘳，帝迎辽就行在所，车驾亲临，执其手，赐以御衣，太官日送御食。疾小差，还屯。孙权复叛，帝遣辽乘舟，与曹休至海陵，临江。权甚惮焉，敕诸将："张辽虽病，不可当也，慎之！"是岁，辽与诸将破权将吕范。辽病笃，遂薨于江都。帝为流涕，谥曰刚侯。子虎嗣。六年，帝追念辽、典在合肥之功，诏曰："合肥之役，辽、典以步卒八百，破贼十万，自古用兵，未之有也，使贼至今夺气，可谓国之爪牙矣。其分辽、典邑各百户，赐一子爵关内侯。"虎为偏将军，薨。子统嗣。

【译文】

张辽，字文远，雁门郡马邑县人。原本是聂壹的后人。因躲避怨家而改姓。他年轻时充当郡吏。东汉末叶，并州刺史丁原因为张辽武力过人，召他充当州从事，派他率领部队前往京师，何进又派遣他前往河北招募士兵，招募了一千多人。回到京师时，何进已被杀害，张辽率兵隶属董卓。董卓失败后，他又带兵隶属吕布，升为骑都尉。吕布被李傕战败，张辽跟随吕布向东逃到徐州，兼任鲁国相，当时年仅二十八岁。魏太祖曹操在下邳打垮吕布，张辽带领他的部下投降曹操，任命为中郎将，给予爵位关内侯，多次建立战功，升为裨将军。袁绍失败以后，曹操另外派遣张辽平定鲁国各县。和夏侯渊在东海围攻昌豨，几个月后粮食吃光了，商议退兵。张辽对夏侯渊说：几天以来，我每次巡视东海城，昌豨总是向我凝视。另外，他们射箭变得稀少。这一定是因为昌豨在计谋上犹豫不决，所以才不努力作战。我打算邀他随便谈谈，或许可以劝他投降。"于是派人对昌豨说："曹公有信，派张辽转告你。"昌豨果然下城和张辽交谈，张辽劝他说："曹公神明威武，正用仁德安抚四方，先归附他的人会受到大的赏赐。"昌豨就答应投降。张辽于是一人登上三公山，进入昌豨家里，拜访他的妻子儿女。昌豨高兴，就跟随他前往见太祖。太祖派遣昌豨回去驻守，并责备张辽说："这不是大将的做法。"张辽认错说："因为明公的威信在四海都明显，我奉您的旨令到昌豨家，昌豨一定不敢加害于我，我才敢这样做。"跟随太祖到黎阳讨伐袁谭、袁尚，建立了战功，代理中坚将军。跟随太祖去邺城攻打袁尚，由于袁尚坚守，没有攻下。太祖回到许昌，派张辽和乐进攻克阴安，迁徙那里的百姓到黄河南岸。重新跟随曹操攻打邺城,邺城被攻破。张辽男外带兵夺取赵国、常山,招降沿山抢劫的众贼和黑山贼孙轻等。跟随太祖攻打袁谭、袁谭失败。另外率兵夺取海滨地区,打败辽东贼柳毅等。回到邺,太祖亲自出来迎接张辽,引导他和他共同乘坐一辆车,任用张辽充当荡寇将军。又另外率兵攻打荆州,平定江夏各县,回师驻守临颍,晋爵都亭侯。跟随太祖到柳城征讨袁尚,仓促和敌人遭遇,张辽劝太祖迎战,精神非常奋发,太祖支持他,就把所拿用来指挥军队的旗帜送给张辽。于是进击,大败袁尚,斩杀乌桓单于蹋顿。

当时荆州还未平定,又派张辽驻守长社。临出发时,军中有人图谋反叛,夜里军中受惊大乱,又着起火来,全军士兵都陷于混乱之中。张辽对身旁的人说:"不要动。这不是一营都反叛,一定是有人想造反,打算用骚动来扰乱人心。于是下令军中,不反叛的人都安静坐下。张辽率领亲兵几十人,站在军营中间。片刻就平定下来,捉拿到谋反者的头杀了。陈兰、梅成据氏六县反叛,太祖派于禁、臧霸等征伐梅成,张辽监督指挥张郃、牛盖征伐陈兰。梅成假装投降于禁,于禁回师。梅成于是率领他的部下投奔陈兰,转移进入灊山。灊中有座天柱山,山势陡峭,高二十余里,道路艰险狭窄,步行才能通过,陈兰等在山上构筑壁垒。张辽打算进攻,众将说:"我们兵少,道路艰险,难于用深入攻敌的战术。"张辽说:"这就是所说的势均力敌,勇敢的一方得到胜利。"于是进军到山下扎下营寨,然后进攻,杀了陈兰、梅成,全部俘虏了他们的部下。太祖评论众将的功劳,说:"登天山,踩险峻,以便攻取陈兰、梅成,是荡寇将军的功劳。"给张辽增封了食邑,并让他持节。

太祖征伐孙权回来以后,派遣张辽和乐进、李典等率领七千多人驻守合肥。太祖征伐张鲁时,给护军薛悌一封亲笔信,在信封沿边上写着"敌人到时再拆开"。不久,孙权率领十万军队围攻合肥。于是众将共同拆开信,信上说:"如果孙权来到,张辽、李典将军出城迎战,乐进将军守城,护军不得参战。"众将满腹疑团,张辽说:"曹公远征在外,等到救兵来到,敌人必然会攻破城池。因此信上指示我们在敌人还没有集合前给以迎头痛击,挫败他们的锐气,来安抚众心,然后才能守住城池。成败的关键,在此一战,各位君子还有什么疑惑的?"李典和张辽见解相同。于是张辽当夜募集敢于跟随自己出战的士兵,得到八百人,杀牛设宴犒劳将士,准备明日大战。清晨,张辽身披盔甲,手持长戟,身先士卒,冲锋陷阵,杀敌数十人,斩将二员,他大声喊着"我是张辽",冲入敌兵营垒,直到孙权的指挥旗下。孙权大惊,众将不知所措,退着登上一座高丘,众将用长戟护着孙权。张辽呵斥孙权下来交战,孙权不敢动弹,望见张辽所带的兵少,才下令将张辽重重包围。张辽指挥左右突围,向前突击,冲开了包围圈,张辽率领部下几十人冲出了重围,剩下的士兵呼喊:"将军!抛下我们不管吗?"张辽又回马冲进包围圈,救出了余下的士兵。孙权的人马都望风溃散,没有敢抵挡的人。从清晨到中午,东吴的士兵丧失了斗志。张辽命令回城,整修守备,军心人心得以安定,众将都佩服张辽。孙权围攻合肥十余天,不能攻克,就带兵走了。张辽率领众军追击,差一点又抓获孙权。太祖十分赏识张辽的勇猛无畏,授官征东将军。建安二十一年,太祖重新征伐孙权,来到合肥后,巡视张辽当年战斗过的地方,感慨叹息许久。于是增加张辽的兵力,多留众军,由张辽总管,迁到居巢驻守。

关羽在樊县围攻曹仁,恰巧碰上这时孙权向魏称臣,太祖召张辽和众军都回来救曹仁。张辽还没有到,徐晃已经打败关羽,解除了对曹仁的包围。张辽与太祖在摩陂会合。张辽军队赶到时,太祖乘辇车出来慰劳他们,回来驻守陈郡。魏文帝即王位后,张辽转任前将军。又封他哥哥张汎和一个儿子做列侯。孙权重新反叛，文帝派遣张辽回军驻守合肥，晋升张辽的爵位为都乡侯。把皇帝乘坐的车，送给张辽的妈妈。又派兵马把张辽的家人送到驻守的地方，并下诏：张辽的妈妈到达时，仪仗队要出来迎接。张辽所监督指挥的众军将吏都在路旁围着下拜，观看的人都认为张辽很荣耀。文帝登基后，封张辽为晋阳侯，加封食邑千户，加上以前封的共二千六百户。黄初二年，张辽到洛阳宫朝见文帝，文帝在建始殿接见了他。亲自询问打败吴军时的情景。文帝听后感叹地回顾左右说："这也是古代的召虎啊！"为他兴建府第，又特意为张辽的母亲建造殿堂，由张辽招募跟随他打败吴军的步兵，都被任用作虎贲。孙权再次向魏称臣。张辽回军驻守雍丘，得病。文帝派侍中刘晔带太医给他看病，询问他病情的虎贲在路上络绎不绝。病没有愈，文帝就迎接张辽到他的住所，文帝亲自去看望张辽，握着他的手，赐给他皇上的衣服，太官每天送给他皇帝的饮食。病刚好一点儿，就回到驻地。孙权又反叛，文帝派遣张辽和曹休乘船到达海陵，来到长江之滨。孙权十分害怕他。告诫众将："张辽虽然患病，但勇不可当。要对他谨慎。"这一年，张辽和众将打败孙权的将领吕范。张辽病重，于是在江都去世。文帝为他流泪，谥号叫刚侯。儿子张虎继承爵位。黄初六年，文帝追念张辽、李典在合肥的战功，下诏说："合肥战役，张辽、李典用步兵八百人打败敌人十万，自古用兵，不曾有过。使敌人至今丧气，真可以说是国家的武臣啊！从张辽、李典食邑中各分出一百户，赐给一个儿子爵关内侯。"张虎充当偏将军，去世。张虎的儿子张统继承爵位。

徐晃传

【题解】

徐晃（？~227），三国时期魏国的名将。字公明，河南杨邑（今山西省洪洞县东南人）。生于东汉末年。青年时期为郡吏。后授官为骑都尉。初追随杨奉，曾建议献帝还洛阳。建安元年（196），出归曹操，深得曹操器重，先后参与了征吕布、伐眭固、击刘备、解白马之围等战役，因作战勇敢升为偏将军。又奉命与史涣袭击袁绍的运粮车队，因功被封为都亭侯。建安九年（204），他讨平易阳（今河北省涉县境内），又征讨毛城（今河北省武安县西），连破三屯。然后挥师东向，随曹军主力大破袁谭于南皮，略定诸县。建安十二年（207），徐晃随曹操北征乌桓，授官为横野将军。建安十三年，（208），徐晃随曹军主力南征荆州，与曹仁阻击东吴大将周瑜于江陵。建安十五年（210）他平定商曜在太原的叛乱。建安十六年（211），他配合曹操，大败马超、韩遂于渭河南岸，并与夏侯渊一起平定了隃糜、汧县氏族诸部。建安二十年（215），随曹操往征汉中张鲁，张鲁投降。建安二十四年（219），曹仁于樊城被关羽围困，力孤势危，徐晃率军驰援，大败关羽军，解樊城之围。于是回师，曹操迎出七里，置酒慰劳徐晃，赞扬徐晃有周亚夫之风。黄初元年（220），曹丕授官徐晃为右将军，进封逯乡侯。曹丕登极后，又定封为杨侯。曾与夏侯尚一起在上庸打败刘备的部将孟达。魏明帝即位后，徐晃受命拒吴将诸葛瑾于襄阳，因病重回到都城，不久去世，皇上赐谥号叫壮侯。徐晃一生戎马，在长期的战争实践中增长了才干，积累了经验,他智勇双全,治军严谨,是当时杰出的将领之一。

【原文】

徐晃字公明,河东杨人也。为郡吏,从车骑将军杨奉讨贼有功,拜骑都尉。李傕、郭汜之乱长安也,晃说奉,令与天子还洛阳,奉从其计。天子渡河至安邑,封晃都亭侯。及到洛阳。韩暹、董承日争斗,晃说奉令归太祖;奉欲从之,后悔。太祖讨奉於梁,晃遂归太祖。

太祖授晃兵,使击卷、原武贼,破之,拜裨将军。从征吕布,别降布将赵庶、李邹等。与史涣斩眭固於河内。从破刘备,又从破颜良,拔白马,进至延津,破文丑,拜偏将军。与曹洪击濦强贼祝臂,破之,又与史涣击袁绍运车於故市,功最多,封都亭侯。太祖既围邺,破邯郸,易阳令韩范伪以城降而拒守,太祖遣晃攻之。晃至,飞矢城中,为陈成败。范悔,晃辄降之。既而言於太祖曰:"二袁未破,诸城未下者倾耳而听,今日灭易阳,明日皆以死守,恐河北无定时也。愿公降易阳以示诸城,则莫不望风。"太祖善之。别讨毛城,设伏兵掩击,破三屯。从破袁谭於南皮,讨平原叛贼,克之。从征蹋顿,拜横野将军。从征荆州,别屯樊,讨中庐、临沮、宜城贼。又与满宠讨关羽於汉津,与曹仁击周瑜於江陵。十五年,讨太原反者,围太陵,拔之,斩贼帅商曜。韩遂、马超等反关右,遣晃屯汾阴以抚河东,赐牛酒,令上先人墓。太祖至潼关,恐不得渡,召问晃。晃曰:"公盛兵於此,而贼不复别守蒲坂,知其无谋也。令假臣精兵渡蒲坂津,为军先置,以截其里,贼可擒也。"太祖曰:"善。"使晃以步骑四千人渡津。作堑栅未成,贼梁兴夜将步骑五千余人攻晃,晃击走之,太祖军得渡。遂破超等,使晃与夏侯渊平隃糜、汧诸氐,与太祖会安定。太祖还邺,使晃与夏侯渊平鄠、夏阳余贼,斩梁兴,降三千余户。从征张鲁。别遣晃讨攻椟、仇夷诸山氐,皆降之。迁平寇将军。解将军张顺围。击贼陈福等三十余屯,皆破之。

太祖还邺,留晃与夏侯渊拒刘备於阳平。备遣陈式等十余营绝马鸣阁道,晃别征破之,贼自投山谷,多死者。太祖闻,甚喜,假晃节,令曰:"此阁道,汉中之险要咽喉也。刘备欲断绝外内,以取汉中。将军一举,克夺贼计,善之善者也。"太祖遂自至阳平,引出汉中诸军。复遣晃助曹仁讨关羽,屯宛。会汉水暴溢,于禁等没。羽围仁於樊,又围将军吕常于襄阳。晃所将多新卒。以羽难与争锋,遂前至阳陵陂屯。太祖复还,遣将军徐商、吕建等诣晃,令曰:"须兵马集至,乃俱前。"贼屯偃城。晃到,诡道作都堑,示欲截其后,贼烧屯走。晃得偃城,两面连营,稍前,去贼围三丈所。未攻,太祖前后遣殷署、朱盖等凡十二营诣晃。贼围头有屯,又别屯四冢。晃扬声当攻围头屯,而密攻四冢。羽见四冢欲坏,自将步骑五千出战,晃击之,退走,遂追陷与俱入围,破之,或自投沔水死。太祖令曰:"贼围堑鹿角十重,将军致战全胜,遂陷贼围,多斩首虏。吾用兵三十余年,及所闻古之善用兵者,未有长驱径入敌围者也。且樊、襄阳之在围。过於莒、即墨,将军之功,逾孙武、穰苴。"晃振旅还摩陂,太祖迎晃七里,置酒大会。太祖举卮酒劝晃,且劳之曰:"全樊、襄阳,将军之功也。"时诸军皆集,太祖案行诸营,士卒咸离陈观,而晃军营整齐,将士驻陈不动。太祖叹曰:"徐将军可谓有周亚夫之风矣。"

文帝即王位,以晃为右将军,进封逯乡侯。及践阼,进封杨侯。与夏侯尚讨刘备於上庸,破之。以晃镇阳平,徒封阳平侯。明帝即位。拒吴将诸葛瑾於襄阳。增邑二百,并前三千一百户。病笃，遗令敛以时服。

性俭约畏慎，将军常远斥候，先为不可胜，然后战，追奔争利，士不暇食。常叹曰："古人患不遭明君，今幸遇之，当以功自效，何用私誉为！"终不广交援。太和元年薨，谥曰壮侯。子盖嗣。盖薨，子霸嗣。明帝分晃户，封晃子孙二人列侯。

【译文】

徐晃，字公明，河东郡杨县人。充当郡吏时，跟随车骑将军杨奉征伐贼子立功，授官骑都尉。李傕、郭汜交战，使长安大乱时，徐晃劝谏杨奉，让他和汉献帝退到洛阳，杨奉听从了他的建议。汉献帝渡过黄河到达安邑后，赐封徐晃充当都亭侯。等到了洛阳以后，韩暹、董承每天明争暗斗，徐晃劝谏杨奉归附太祖曹操，杨奉开始打算听从他的建议，后来又懊悔了。太祖到梁县征伐杨奉，徐晃于是归附了太祖。

太祖授给徐晃兵力，让他攻打卷和原武县的贼子，打败了他们，授官裨将军。跟随太祖讨伐吕布，另外招降吕布将领赵庶、李邹等。和史涣在河内杀睦固。跟随太祖打败刘备，又跟随太祖打败了颜良，攻克了白马县，进军到达延津，打败文丑，授官偏将军。和曹洪攻打濦强贼子祝臂，打败了他，又与史涣到故市袭击袁绍的运粮车队，建功最多，封都亭侯。太祖包围邺城以后，攻破邯郸，易阳令韩范假意率城投降，然后抗拒坚守，太祖派遣徐晃去攻打他。徐晃到达以后，写了封劝降信射到城内，向韩范陈述成败得失。韩范懊悔了，徐晃就招降他。回来以后对太祖说："袁谭、袁尚没有被打垮，没有攻克的各城侧耳倾听，如果今天屠灭易阳，那么明天都誓死坚守，恐怕河北就没有平定的那一天了。希望您招降易阳用来示意各城，那么没有不望风投降的。"太祖认为他说得正确。另外率兵征伐毛城，安排伏兵乘人不备而袭击，攻破三个壁垒。跟随太祖在南皮打败了袁谭，征伐平原叛乱的贼子，战胜了他们。跟随太祖征伐乌丸单于蹋顿，授官横野将军。跟随太祖征伐荆州，单独率兵驻守在樊，征伐中庐、临沮、宜城县的贼子，又和满宠在汉津征伐关羽，和曹仁在江陵攻打周瑜。建安十五年，出兵征代太原郡的叛军，围攻大陵县，攻克了它，杀了他们的统帅商曜。韩遂、马超等在关西反叛，曹操派遣徐晃驻守汾阴县以便安抚河东郡，赏赐牛和酒，让他到祖先墓上扫墓。太祖到潼关，担心渡不过黄河，召见徐晃询问他的看法。徐晃说："您在这里集结大军，而贼子不另外派兵把守蒲坂，可知他们没有计谋。现在让我率领精兵，渡过蒲坂津，为我军打前站，从里面截击贼子，贼子就可以抓获了。"太祖说："好！"令徐晃率步兵、骑兵四千人渡过蒲坂津。挖壕沟置栅栏，还没有完成，贼子梁兴乘黑夜率五千多步骑兵进攻徐晃，徐晃击退了他们，使太祖的部队得以渡河。于是打败马超等，又派徐晃、夏侯渊平定隃糜，汧等县氐人，和太祖在安定会师。太祖回到邺城，让徐晃和夏侯渊平定鄜、夏阳等地残余贼子，杀梁兴、招降三千多户人家。跟随太祖征伐张鲁。另外派遣徐晃征伐攻打椟、仇夷等山氐，全都招降了他们。升平寇将军。解救了被围困的将军张顺。攻打贼子陈福等三十多个壁垒，都攻破了。

太祖回到邺城，留下徐晃和夏侯渊在阳平抵御刘备。刘备派遣陈式等十多营的兵力断绝马鸣阁道，徐晃率兵绕道攻击贼子，贼子被迫跳下山涧，摔死很多。太祖听说后，非常高兴，赐徐晃持节，下令说："这个阁道是汉中的险要咽喉。刘备打算断绝内外，以便取得汉中。将军一举破坏了敌人的计划，真是太好了。"太祖于是亲自到阳平，领回汉中众军。又派遣徐晃协助曹仁征伐关羽，驻守在宛城。恰巧碰上汉水暴涨，于禁等被汉水淹没投降。关羽在樊城围攻曹仁，又在襄阳围攻将军吕常。徐晃统率的大都是新兵，因此难于和关羽正面交锋，于是前进到阳陵陂驻守。太祖从阳平回来后，又派遣将军徐商、吕建等来见徐晃，传令说："等到我军兵马到齐后，再一起进攻。"贼子在郾城驻守。徐晃到郾城后，扬言挖壕沟，表示打算断绝敌人的后路，贼子烧掉壁垒撤走。徐晃夺得郾城后，和贼子营垒相连，稍微向前，在离贼子的包围圈三丈远的地方扎下营盘。还没有进攻，太祖先后派遣殷署、朱盖等共计十二营的兵力前往与徐晃会师。贼子在围头驻守，又另外在四冢驻守。徐晃故意对外宣扬说应当攻打围头的驻军，却隐蔽地攻打四冢。关羽看见四冢将要被攻破，亲自率领步、骑兵五千人出来与徐晃交战，徐晃把关羽击败，于是乘胜追击与关羽一起进入了包围圈内，打败了贼子，有的贼子走投无路，就跳入沔水被淹死。太祖下令说："贼子围城的壕沟、鹿寨有十层，将军精力专注于作战获得全胜，于是攻破贼子的包围，斩杀了很多敌方的首级，我用兵三十多年，以及所听说的古代善于用兵的人，还没有长驱直入冲进敌人包围圈的。而且樊城、襄阳被围困的程度比当年莒、即墨的围困还要严重，将军的功勋，超过了孙武、穰苴。"徐晃整顿部队回到摩陂，太祖在城外七里迎接徐晃，设酒席举行盛大的宴会。大祖举杯向徐晃劝酒，并且慰劳他说："保全樊城、襄阳，是将军的功劳啊！"当时众军都集合在这里，太祖巡视各营，其他营的士兵都离开队列观看太祖，唯独徐晃军营整齐，将士站在队列里不动，太祖感叹说："徐将军可以说有周亚夫的风度。"

文帝即魏王位后，任用徐晃为右将军，晋封逯乡侯。等到文帝登基，徐晃晋爵为杨侯。和夏侯尚到上庸征伐刘备，打败了他。文帝任用徐晃镇守阳平，改封阳平侯。明帝登基后，徐晃在襄阳抵御吴将诸葛瑾。增封食邑二百户，加上以前封的，共三千一百户。徐晃病重，遗嘱按当时普通人的丧服来收敛他。

徐晃生性节俭谨慎，率领军队经常在远处设进行侦察的士兵，先使自己立于不败之地，然后才发起进攻，追击敌人争立战功，士兵没有闲暇吃饭。他时常感叹说："古时人忧虑遇不上贤明的君主，而今我幸运地遇上了，应当立功报效，怎么能追求个人荣誉呢？"最终不交结亲贵。太和元年去世，起谥号叫壮侯。儿子徐盖继承侯位。徐盖去世，儿子徐霸继承侯位。明帝从徐晃食邑中分出一部分，封徐晃子孙二人充当列侯。

曹植传

【题解】

曹植（192～232），三国时魏诗人。字子建，谯（今安徽亳县）人。曹操第三子，因最后受封陈郡，卒谥思，后人又称他"陈王"或"陈思王"。因富于才学，早年受曹操宠爱，一度欲立为太子，后曹丕、曹叡为帝，曹植备受猜忌，抑郁而终。

诗歌是曹植文学活动的主要领域，前期诗歌或写贵公子的优游生活，或写"生乎乱，长乎军"的时代感受，后期诗歌多抒发压制下的愤懑和哀怨。他的诗得益于乐府诗的营养,在五言诗歌艺术的发展上做出重大贡献。善用比兴手法,语言凝练精工,音韵和谐,钟嵘评价说:"骨气奇高,词采华茂,情兼雅怨,体破文质。"(《诗品》)曹植被视为五言诗的一代宗匠。

曹植兼工辞赋和散文,《洛神赋》等堪称传世佳作。原有集已散佚,今存南宋本《曹子建集》十卷。

曹植

【原文】

陈思王植字子建。年十岁馀,诵读诗、论及辞赋数十万言,善属文。太祖尝视其文,谓植曰:"汝倩人邪?"植跪曰:"言出为论,下笔成章,顾当面试,奈何倩人?"时邺铜爵台新成,太祖悉将诸子登台,使各为赋。植援笔立成,可观,太祖甚异之。性简易,不治威仪。舆马服饰,不尚华丽。每进见难问,应声而对,特见宠爱。建安十六年,封平原侯。十九年,徙封临菑侯。太祖征孙权,使植留守邺,戒之曰:"吾昔为顿邱令,年二十三。思此时所行,无悔於今。今汝年亦二十三矣,可不勉与!"植即以才见异,而丁仪、丁廙、杨修等为之羽翼。太祖狐疑,几为太子者数矣。而植任性而行,不自雕励,饮酒不节。文帝御之以术,矫情自饰,宫人左右,并为之说,故遂定为嗣。二十二年,增植邑五千,并前万户。植尝乘车行驰道中,开司马门出。太祖大怒,公车令坐死。由是重诸侯科禁,而植宠日衰。太祖既虑终始之变,以杨修颇有才策,而又袁氏之甥也,於是以罪诛修。植益内不自安。二十四年,曹仁为关羽所围。太祖以植为南中郎将,行征虏将军,欲遣救仁,呼有所敕戒。植醉不能受命,於是悔而罢之。

文帝即王位,诛丁仪、丁廙并其男口。植与诸侯并就国。黄初二年,监国谒者灌均希指,奏"植醉酒悖慢,劫胁使者"。有司请治罪,帝以太后故,贬爵安乡侯。其年改封鄄城侯。三年,立为鄄城王,邑二千五百户。

四年,徙封雍丘王。其年,朝京都。上疏曰:

臣自抱衅归藩,刻肌刻骨,追思罪戾,昼分而食,夜分而寝。诚以天网不可重离,圣恩难可再恃。窃感相鼠之篇,无礼遄死之义,形影相吊,五情愧赧。以罪弃生,则违古贤"夕改"之劝,忍活苟全,则犯诗人"胡颜"之讥。伏惟陛下德象天地,恩隆父母,施畅春风,泽如时雨。是以不别荆棘者,庆云之惠也;七子均养者,尸鸠之仁也;舍罪责功者,明君之举也;矜愚爱能者,慈父之恩也:是以愚臣徘徊於恩泽而不能自弃者也。

前奉诏书,臣等绝朝,心离志绝,自分黄耇无复执珪之望。不图圣诏猥垂齿召,至止之日,驰心辇毂。僻处西馆,未奉阙廷,踊跃之怀,瞻望反仄。谨拜表献诗二篇,其辞曰:"於穆显考,时惟武皇,受命于天,宁济四方。朱旗所拂,九土披攘,玄化滂流,荒服来王。超商越周,与唐比踪。笃生我皇,奕世载聪,武则肃烈,文则时雍,受禅炎汉,临君万邦。万邦即化,率由旧则;广命懿亲,以藩王国。帝曰尔侯,君兹青土,奄有海滨,方周于鲁,车服有辉,旗章有叙,济济隽乂,我弼我辅。伊予小子,恃宠骄盈,举挂时网,动乱国经。作藩作屏,先轨是坠,傲我皇使,犯我朝仪。国有典刑,我削我绌,将宾于理,元凶是率。明明天子，时笃同类，不忍我刑，暴予朝肆，违彼执宪，哀予小子。改封兖邑，于河之滨，股肱弗置，有君无臣，芜淫之阙，谁弼予身？茕茕仆夫，于彼冀方。嗟予小子。乃罹斯殃。赫赫天子，恩不遗物，冠我玄冕，要我朱绂。朱绂光大，使我荣华，剖符授玉，王爵是加。仰齿金玺，俯执圣策，皇恩过隆，祗承怵惕。咨我小子，顽凶是婴，逝惭陵墓，存愧阙廷。匪敢傲德，实恩是恃，威灵改加，足以没齿。昊天罔极，性命不图，常惧颠沛，抱罪黄垆。愿蒙矢石，建旗东岳，庶立豪牦，微功自赎。危躯授命，知足免戾，甘赴江、湘，奋戈吴、越。天启其衷，得会京畿，迟奉圣颜，如渴如饥。心之云慕，怆矣其悲，天高听卑，皇肯照微！"又曰："肃承明诏，应会皇都，星陈凤驾，秣马脂车。命彼掌徒，肃我征旅，朝发鸾台，夕宿兰渚。芒芒原隰，祁祁士女，经彼公田，乐我稷黍。爰有樛木。重阴匪息；虽有糇粮，饥不遑食。望城不过，面邑匪游。仆走警策，平路是由。玄驷蔼蔼，扬镳漂沫；流风翼衡，轻云承盖。涉涧之滨，缘山之隈，遵彼河浒，黄阪是阶。西济关谷，或降或升；骈骖倦路，再寝再兴。将朝圣皇，匪敢晏宁；弭节长骛，指日遄征。前驱举燧，后乘抗旌，轮不辍运，鸾无废声。爰暨帝室，税此西墉；嘉诏未赐，朝觐莫从，仰瞻城阈，俯惟阙廷；长怀永慕，忧心始醒。"帝嘉其辞义，优诏答勉之。

六年，帝东征，还过雍丘，幸植宫，增户五百。太和元年，徙封浚仪。二年复还雍丘。植常自愤怨，抱利器而无所施，上疏求自试曰：

臣闻士之生世，入则事父，出则事君；事父尚於荣亲，事君贵於兴国。故慈父不能爱无益之子，仁君不能畜无用之臣。夫论德而授官者，成功之君也；量能而受爵者，毕命之臣也。故君无虚授，臣无虚受；虚授谓之谬举，虚受谓之尸禄，诗之"素餐所由作也。昔二虢不辞两国之任，其德厚也，旦、奭不让燕、鲁之封，其功大也。今臣蒙国重恩，三世于今矣。正值陛下升平之际，沐浴圣泽，潜润德教，可谓厚幸矣。而窃位东藩。爵在上列，身被轻暖，口厌百味，目极华靡，耳倦丝竹者，爵重禄厚之所致也。退念古之授爵禄者，有异於此，皆以功勤济国，辅主惠民。今臣无德可述，无功可纪，若此终年无益国朝，将挂风人"彼己"之讥。是以上惭玄冕，俯愧朱绂。

方今天下一统，九州晏如，而顾西有违命之蜀，东有不臣之吴，使边境未得脱甲，谋士未得高枕者，诚欲混同宇内以致太和也。故启灭有扈而夏功昭，成克商、奄而周德著。今陛下以圣明统世，将欲卒文、武之功，继成、康之隆，简贤授能，以方叔、召虎之臣镇御四境，为国爪牙者，可谓当矣。然而高鸟未挂於轻缴，渊鱼未县於钩饵者，恐钓射之术或未尽也昔耿弇不俟光武，亟击张步，言不以贼遗於君父。故车右伏剑於鸣毂，雍门刎首於齐境，若此二士，岂恶生而尚死哉？诚忿其慢主而陵君也。夫君之宠臣，欲以除患兴利；臣之事君。必以杀身靖乱，以功报主也。昔贾谊弱冠，求试属国，请系单于之颈而制其命；终军以妙年使越，欲得长缨缨其王，羁致北阙。此二臣，岂好为夸主而耀世哉？志成郁结，欲逞其才力，输能於明君也。昔汉武为霍去病治第，辞曰："匈奴未灭，臣无以家为！"固夫忧国忘家，捐躯济难，忠臣之志也。今臣居外，非不厚也，而寝不安席，食不遑味者，伏以二方未克为念。

伏见先武皇帝武臣宿将，年者即世者有闻矣。虽贤不乏世，宿将旧卒，犹习战阵。窃不自量，志在效命，庶立毛发之功，以报所受之恩。若使陛下出不世之诏，效臣锥刀之用，使得西属大将军，当一校之队，若东属大司马，统偏舟之任，必乘危蹈险，骋舟奋骊，突刃触锋,为士卒先。虽未能禽权馘亮,庶将虏其雄率,歼其丑类,必效须臾之捷,以灭终身之愧,使名挂史笔,事列朝策。虽身分蜀境,首县吴阙,犹生之年也。如微才弗试,没世无闻,徒荣其躯而丰其体,生无益於事,死无损於数,虚荷上位而忝重禄,禽息鸟视,终於白首,此徒圈牢之养物,非臣之所志也。流闻东军失备,师徒小衄,辍食弃餐,奋袂攘衽,抚剑东顾,而心已驰於吴会矣。

臣昔从先武皇帝南极赤岸,东临沧海,西望玉门,北出玄塞,伏见所以行军用兵之势,可谓神妙矣。故兵者不可豫言,临难而制变者也。志欲自效於明时,立功於圣世。每览史籍,观古忠臣义士,出一朝之命,以徇国家之难,身虽屠裂,而功铭著於鼎钟,名称垂於竹帛,未尝不拊心而叹息也。臣闻明主使臣,不废有罪。故奔北败军之将用,秦、鲁以成其功;绝缨盗马之臣赦,楚、赵以济其难。臣窃感先帝早崩,威王弃世,臣独何人,以堪长久!常恐先朝露,填沟壑,坟土未乾,而身名并灭。臣闻骐骥长鸣,则伯乐照其能;卢狗悲号,则韩国知其才。是以效之齐、楚之路,以逞千里之任;试之狡兔之捷,以验搏噬之用。今臣志狗马之微功,窃自惟度,终无伯乐、韩国之举,是以於邑而窃自痛者也。

夫临博而企竦,闻乐而窃抃者,或有赏音而识道也。昔毛遂,赵之陪隶,犹假锥囊之喻,以寤主立功,何况巍巍大魏多士之朝,而无慷慨死难之臣乎!夫自炫自媒者,士女之丑行也。干时求进者,道家之明忌也。而臣敢陈闻於陛下者,诚与国分形同气,忧患共之者也。冀以尘雾之微补益山海,荧烛末光增辉日月,是以敢冒其丑而献其忠。三年,徙封东阿。五年,复上疏求存问亲戚,因致其意曰:

臣闻天称其高者,以无不覆;地称其广者,以无不载;日月称其明者,以无不照;江海称其大者,以无不容。故孔子曰:"大哉尧之为君!惟天为大,惟尧则之。"夫天德之於万物,可谓弘广矣。盖尧之为教,先亲后疏,自近及远。其传曰:"克明峻德,以亲九族;九族既睦,平章百姓。"及周之文王亦崇厥化,其诗曰:"刑于寡妻,至于兄弟,以御于家邦。"是以雍雍穆穆,风人咏之。昔周公吊管、蔡之不咸,广封懿亲以藩屏王室,传曰:"周之宗盟,异姓为后。"诚骨肉之恩爽而不离,亲亲之义实在敦固,未有义而后其君,仁而遗其亲者也。

伏惟陛下资帝唐钦明之德,体文王翼翼之仁,惠洽椒房,恩昭九族,群后百寮,番休递上,执政不废於公朝,下情得展於私室,亲理之路通,庆吊之情展,诚可谓恕己治人,推惠施恩者矣。至於臣者,人道绝绪,禁锢明时,臣窃自伤也。不敢过望交气类,修人事,叙人伦。近且婚媾不通,兄弟乖绝,吉凶之问塞,庆吊之礼废,恩纪之违,甚於路人,隔阂之异,殊於胡越。今臣以一切之制,永无朝觐之望,至于注心皇极,结情紫闼,神明知之矣。然天实为之,谓之何哉!退惟诸王常有戚戚具尔之心,愿陛下沛然垂诏,使诸国庆问、四节得展,以叙骨肉之欢恩,全怡怡之笃义。妃姜之家,膏沐之遗,岁得再通,齐义於贵宗,等惠於百司,如此,则古人之所叹,风雅之所咏,复存於圣世矣。

臣伏自惟省,无锥刀之用。及观陛下之所拔授,若以臣为异姓,窃自料度,不后於朝士矣。若得辞远游,戴武弁,解朱组,佩青绶,驸马、奉车,趣得一号,安宅京室,执鞭珥笔,出从华盖,入侍辇毂,承答圣问,拾遗左右,乃臣丹诚之至愿,不离於梦想者也。远慕鹿鸣君臣之宴,中咏常棣匪他之诫,下思伐木友生之义,终怀蓼莪罔极之哀;每四节之会,块然独处,左右惟仆隶,所对惟妻子,高谈无所与陈,发义无所兴展,未尝不闻乐而拊心。临觞而叹息也。臣伏以为犬马之诚不能动人，譬人之诚不能动天。崩城、陨霜，臣初信之，以臣心况，徒虚语耳。若葵藿之倾叶，太阳虽不为之回光，然向之者诚也。窃自比於葵藿，若降天地之施，垂三光之明者，实在陛下。

臣闻文子曰："不为福始，不为祸先。"今之否隔，友于同忧，而臣独倡言者，窃不愿於圣世使有不蒙施之物。有不蒙施之物，必有惨毒之怀，故《柏舟》有"天只"之怨，《谷风》有'弃予'之叹。故伊尹耻其君不为尧舜，孟子曰："不以舜之所以事尧事其君者，不敬其君者也。"臣之愚蔽，固非虞、伊，至於欲使陛下崇光被时雍之美，宣绪熙章明之德者，是臣慺慺之诚，窃所独守，实怀鹤立企伫之心。敢复陈闻者，冀陛下倘发天聪而垂神听也。

诏报曰："盖教化所由，各有隆弊，非皆善始而恶终也，事使之然。故夫忠厚仁及草木，则《行苇》之诗作；恩泽衰薄，不亲九族，则角弓之章刺。今令诸国兄弟，情理简怠。妃妾之家，膏沐疏略，朕纵不能敦而睦之，王援古喻义备悉矣，何言精诚不足以感通哉？夫明贵贱，崇亲亲，礼贤良，顺少长，国之纲纪，本无禁固诸国通问之诏也，矫枉过正，下吏惧谴，以至於此耳，已敕有司，如王所诉。"

植复上疏陈审举之义，曰：

臣闻天地协气而万物生，君臣合德而庶政成；五帝之世非皆智，三季之末非皆愚，用与不用，知与不知也。即时有举贤之名，而无得贤之实，必各援其类而进矣。谚曰："相门有相，将门有将。"夫相者，文德昭者也；将者，武功烈者也。文德昭，则可以匡国朝，致雍熙，稷、契、夔、龙是也；武功烈，则所以征不庭，威四夷，南仲、方叔是矣。昔伊尹之为媵臣，至贱也，吕尚之处屠钓，至陋也，及其见举於武汤、周文，诚道合志同，玄谟神通，岂复假近习之荐，因左右之介哉。书曰："有不世之君，必能用不世之臣；用不世之臣，必能立不世之功。"殷周二王是矣。若夫龌龊近步，遵常守故，安足为陛下言哉？故阴阳不和，三光不畅，官旷无人，庶政不整者，三司之责也。疆场骚动，方隅内侵，没军丧众，干戈不息者，边将之忧也。岂可虚荷国宠而不称其任哉？故任益隆者负益重，位益高者责益深，书称"无旷庶官"，诗有"职思其忧"，此其义也。

陛下体天真之淑圣，登神机以继统，冀闻康哉之歌，偃武行文之美。而数年以来，水旱不时，民困衣食，师徒之发，岁岁增调，加东有覆败之军，西有殪没之将，至使蚌蛤浮翔於淮、泗，鼲鼬谨诈於林木。臣每念之，未尝不辍食而挥餐，临觞而扼腕矣。昔汉之发代，疑朝有变，宋昌曰："内有朱虚、东牟之亲，外有齐、楚、淮南、琅玡，此则磐石之宗，愿王勿疑。"臣伏惟陛下远览姬文二虢之援，中虑周成召、毕之辅，下存宋昌磐石之固。昔骐骥之於吴阪，可谓困矣，及其伯乐相之，孙邮御之，形体不劳而坐取千里。盖伯乐善御马，明君善御臣；伯乐驰千里，明君致太平；诚任贤使能之明效也。若朝司惟良，万机内理，武将行师，方难克弭。陛下可得雍容都城，何事劳动銮驾，暴露於边境哉？

臣闻羊质虎皮，见草则悦，见豺则战，忘其皮之虎也。今置将不良，有似於此。故语曰："患为之者不知，知之者不得为也。"昔乐毅奔赵，心不忘燕；廉颇在楚，思为赵将。臣生乎乱，长乎军，又数承教于武皇帝，伏见行师用兵之要，不必取孙、吴而暗与之合。窃揆之於心，常愿得一奉朝觐，排金门，蹈玉陛，列有职之臣，赐须臾之间，使臣得一散所怀，摅舒蕴积，死不恨矣。

被鸿胪所下发士息书，期会甚急。又闻豹尾已建，戎轩鸾驾，陛下将复劳玉躬，扰挂神思。臣诚竦息，不遑宁处。愿得策马执鞭，首当尘露，撮风后之奇，接孙、吴之要，追慕卜商起予左右，效命先驱，毕命轮毂，虽无大益，冀有小补。然天高听远，情不上通，徒独望青云而拊心，仰高天而叹息耳。屈平曰："国有骥而不知乘，焉皇皇而更索！"昔管、蔡放诛，周、召依弼；叔鱼陷刑，叔向匡国。三监之衅，臣自当之；二南之辅，求必不远。华宗贵族，藩王之中，必有应斯举者。故传曰："无周公之亲，不得行周公之事。"唯陛下少留意焉。

近者汉氏广建藩王，丰则连城数十，约则饩食祖祭而已，未若姬周之树国，五等之品制也。若扶苏之谏始皇，淳于越之难周青臣，可谓知时变矣，夫能使天下倾耳注目者当权者是矣，故谋能移主，威能慑下，豪右执政，不在亲戚；权之所在，虽疏必重，势之所去，虽亲必轻，盖取齐者田族，非吕宗也。分晋者赵、魏，非姬姓也。惟陛下察之。苟吉专其位，凶离其患者，异姓之臣也。欲国之安，祈家之贵，存共其荣，没同其祸者，公族之臣也。今反公族疏而异姓亲，臣窃惑焉。

臣闻孟子曰："君子穷则独善其身，达则兼善天下。"今臣与陛下践冰履炭，登山浮涧，寒温燥湿，高下共之，岂得离陛下哉？不胜愤懑，拜表陈情。若有不合，乞且藏之书府，不便灭弃，臣死之后，事或可思。若有豪厘少挂圣意者，乞出之朝堂，使夫博古之士，纠臣表之不合义者。如是，则臣愿足矣。

帝辄优文答报。

其年冬，诏诸王朝六年正月。其二月，以陈四县封植为陈王，邑三千五百户。植每欲求别见独谈，论及时政，幸冀试用，终不能得。既还，怅然绝望。时法制，待藩国既自峻迫，寮属皆贾竖下才，兵人给其残老，大数不过二百人。又植以前过，事事复减半，十一年中而三徙都，常汲汲无欢，遂发疾薨，时年四十一。遗令薄葬。以小子志，保家之主也，欲立之。初，植登鱼山，临东阿，喟然有终焉之心，遂营为墓。子志嗣，徙封济北王。景初中诏曰："陈思王昔虽有过失，既克己慎行，以补前阙，且自少至终，篇籍不离於手，诚难能也。其收黄初中诸奏植罪状，公卿已下议尚书、中书、秘书三府、大鸿胪者皆削除之。撰录植前后所著赋颂诗铭杂论凡百馀篇，副藏内外。"志累增邑，并前九百九十户。

【译文】

陈思王曹植，字子建，年纪才十余岁就能诵读《诗经》《论语》及辞赋几十万言，擅长写文章。魏太祖曹操曾在看过他的文章后，问他："你这篇文章是请人代笔的吗？"曹植跪下回答说："出口成文，下笔成章，可以当面考试，为什么要请人代笔呢？"当时，邺城（故城在今河北临漳北）铜雀台刚刚建成，魏太祖就领着儿子们到台上，让他们各自写赋赞颂。曹植提笔撰写，片刻则成，写得极好，魏太祖十分惊异。曹植性情坦率随和，不讲究威严、礼仪。车马服饰，不追求华艳、富丽。每次进见父王便被诘难考问，他总是应声而答，因此，特别受魏太祖宠爱。建安十六年（211），被封为平原侯。建安十九年（214），改封为临菑侯。魏太祖讨伐孙权时，派他留守邺城，告诫他说："我过去做顿丘令时，年纪二十三岁，回想那时的所作所为，至今没有什么可后悔的。现在，你也二十三岁了，不可不勤勉自励呀！"曹植既因才气被刮目相看，又有丁仪、丁廙、杨修等人作为羽翼。魏太祖生性多疑虑，频繁改变太子的人选。曹植行事任性，自己不能谨言慎行，饮酒又不节制。魏文帝则善用手段，能克制感情，自我掩饰，宫廷的嫔妃、魏太祖左右的官员又一起说他的好话，所以他被确定为继承人。

建安二十二年（217），曹植增加食邑五千户，和以前的加起来共一万户。他曾经擅自驾车行驶在帝王行走的道上，打开司马门奔驰而出。魏太祖大怒，把掌管王室车马的公车令处死。因为这件事，曹操重视了对各位王侯的法令条规。而对曹植的宠爱越来越差了。魏太祖既担心他身后王位交接时会有变故，又因为杨修很有才华计谋，又是袁绍的外甥，因此，找个罪名杀了杨修。曹植为此内心更为不安。建安二十四年（219），曹仁被关羽所围困，魏太祖命曹植为南中郎将、行征虏将军，要派他援救曹仁，派人叫他前去亲受命令，曹植却喝得酩酊大醉，以致不能前往受命？魏太祖因此后悔，并罢免了曹植的官职。

魏文帝继承王位后，诛杀了丁仪、丁廙及他们家的全部男子。曹植和各位王侯一起被集中到京城。黄初二年（221），监国谒者灌均迎合旨意，上书启奏，说曹植"醉于酒而违逆傲慢，并且威胁使者"，管事的大臣要求皇帝治他的罪，魏文帝因为太后的干预，只贬他为安乡侯。同年又改封为鄄城侯，三年后，立他为鄄城王，食邑二千五百户。

黄初四年（233），改封为雍丘王，那年，到京城朝见皇帝，上疏说：

臣自从戴罪归返分封之地后，刻骨铭心，追思罪过，中午才吃饭，半夜才睡眠，委实感到国家法制不可再犯，圣上恩典难以再依赖，私下感到《相鼠篇》里说的'人如果不懂礼仪，为什么不快死'的深义。孤身只影，内心感到羞愧！如果因自己的罪过而轻生，会违背古代圣贤朝过夕改的告诫；如果忍着羞耻而苟全生命，就会犯了诗人所说的'有何面目'的讥讽。只因仰仗陛下的天地间人们所效法的大德，如恩谊深厚的父母，如吹遍大地的春风，如润泽万物的时雨。不另眼看待荆棘等无用之物的，是祥云的恩惠；对七个孩子平等抚养的，是布谷鸟的仁爱；赦免过错让人立功的，是明君的做法；怜恤愚儿爱惜智儿的，是慈父的恩情。这就是愚臣往复思念陛下恩泽而不忍轻生自弃的原因。

以前接到陛下的诏书，愚臣则离开朝廷，感到心灰意冷，自以为到老都没有再朝见陛下的希望了。没想到陛下有辱垂召，颁发诏书，至到达之日，便心驰朝廷了。孤寂地住在邸第，久未奉诏来朝，热烈向往，日夜瞻望，内心辗转不安。谨拜献这表章和诗歌两篇。歌辞中说："壮美啊，显赫的父王，当时唯独魏武皇帝接受上苍之命，安定四方州郡。朱旗飘拂之处，九州扰攘尽消。道德归化如滂沱的雨水，流布四方，蛮荒之邦也来朝拜。挥师胜过商汤、周武，禅让与唐尧、虞舜齐步，圣性感灵气之厚而生吾皇陛下，陛下前世聪敏，武则威烈，文则和畅，接受了汉室的禅让，成为万邦君王。万邦既已归顺，悉心遵循旧的章则。分封兄弟，以捍卫国家。先帝命我为临菑侯，管理这青州之地，地到海滨，如周国、鲁国，车马服饰，熠熠生辉，旌旗徽帜，次第井然。贤能济济，辅佐朝政。小臣该死，依仗恩宠而骄傲自满，触动了体制，扰乱了国法。作为国家的藩篱、屏障，却毁废了先世的典章，对帝皇的使者傲慢不逊，触犯了朝廷的威仪。国家自有典章刑制。削减了我的食邑的户数，贬低了我的爵位。要致于坐狱，与元凶同类。圣明的天子，兄弟情深，不忍对我施刑，将我暴尸朝市。对我的违法，哀怜我这小人，改封邑于黄河之滨的兖州。没有得力的助手，有君王而无朝臣，全因我的荒唐过失，还有谁肯来辅佐我呢？我孤身一人，悽然孑立，置身于冀州，嗟叹我这小人竟遭此祸殃。显赫圣明的天子，广施恩泽，不遗一物，仍对我授予冠冕，给我系上朱绶。朱绶光彩耀眼，让我荣耀华贵，授予我官府、玉玺，继而封王晋爵。仰承玉侯金玺，俯受圣上方策，陛下恩典如此厚重，真令我诚惶诚恐。感叹我这小人，受凶顽羁绊，愧对先父的坟地，愧对兄长的朝廷。自当不敢再对兄长不敬，确实是依靠着恩宠。由于圣上的威灵，才改封我为雍丘王，这足以令我没齿不忘了。天地无极，人寿难测，常恐颠沛不测，至死未能赎罪。愿意冒着飞箭走石，出征东吴，或许能建立微末之功，以赎过去之罪。冒着生命的危险接受使命，方足以免去罪孽。甘愿奔赴江汉、湘水，奋战于三吴、百越。苍天启迪我的诚心，使我得以奉召赴京，等待拜见圣上容颜，此心如饥似渴。内心的仰慕追悔，真是悲切难言啊！与天齐高的陛下，一定愿意听取卑下的诉说；辉煌无比的吾皇，一定会光照小臣的！

疏中又说：

敬承圣上贤明的诏书，应召与诸王到皇都朝觐，及早备好车驾，饲饱马匹，润滑车轴。命令侍从官员，备好朝京行装。早晨从鸾台出发，晚上歇息于兰渚。广阔的原野，众多的人群，行经公田，看到庄稼丰收，无限欣喜。为了赶路，看到树下绿荫重重，不敢歇息；虽带了食物，饿了也顾不上吃；望见城市，不敢穿过；面对城邑，不敢逗留。随从策马，一路奔走。驾车的四匹黑马，整整齐齐，昂首直奔。飘风扶起车辕，轻云托起车盖。涉水淌过涧边，沿着山坳而行，顺着黄河岸边，又来到黄坂。西渡伊阙太谷，有时下山有时上行，不顾车马路途的疲倦，几经晓行夜宿。想到即将朝拜圣皇，不敢有片刻的安宁；专心驱驰，定日速行。前有举着火把的车子，后有扛着旌旗的车辆。车轮不停地转动，车铃不停地鸣响，抵达帝京，住在邸第。圣上诏书尚未赐下，微臣无从朝觐。仰着高瞻皇门，俯伏朝廷之下，永怀追慕之心，忧虑如醉如痴。

魏文帝赞许他的辞义削切，宽和地以诏书答复，嘉勉他。

黄初六年（225），魏文帝东征，班师时路过雍丘（故城在今河南杞县），驾幸曹植宫中，给他增加了五百户食邑。魏明帝太和元年（227）转封浚仪（今河南开封），太和二年（228），又回到雍丘。曹植常常自感忧愤，觉得有才华而无处施展，于是上疏自荐，疏中说：

臣听说过，士大夫生于世，在家侍奉父亲，出仕侍奉君主，侍奉父亲只求使父亲荣耀；侍奉君王贵在使国家振兴。因此，慈祥的父亲不能眷爱无益的儿子，仁爱的君王不能养无用的臣子。考核其德行而授予官职，这才是可成就伟大功业的国君，估量自己的才能而接受爵位，才是尽力效命的大臣。所以，国君没有凭空授予官职的，大臣没有凭、空得官晋爵的。凭空授官被称为错误的选拔，凭空得官被称为白食其禄。这就是《诗经》中《素餐》的写作缘由。过去，虢仲、虢叔不推辞两个国君的任命，是因为他的德行深厚；周公旦、召公奭不退让燕国、鲁国的封地，是因为他们的功勋巨大。现在微臣承蒙国家深厚的恩典，至今已历经三世。正当陛下治理国家举世太平的时候，我沐浴圣上雨露，深受恩惠教化，可称极为幸运。我占有东藩王位，爵位在上乘之列，身披轻暖的衣服，口里吃的，连美味佳肴也厌倦，举目看尽美人，侧耳听倦了丝竹之音，这正是因为我爵位高、食禄厚才拥有的呀！回想古代那些授予爵位俸禄的人，与这有所不同，他们都以功劳救济国家，辅佐君主，恩惠百姓。如今，微臣无德行可以述说，无功劳可以记载，如果这样终生，则无益于国家朝廷，就将应了诗人写的《彼己》中的嘲讽了。因此，对上有愧于天子冕服，俯身有愧于朱色绶带。

如今，天下统一，九州安定。但向西看，有违抗朝廷的蜀国，东边又有不称臣的吴国，这使边境不能解除武装，谋士不能高枕无忧，实在必须使宇内统一，以达到天下太平。所以，夏启消灭有扈氏，使夏朝功业显赫，周成王战败蔡商、徐奄，使周朝的德威显著。如今，陛下以圣贤明德统治天下，将要完成魏武帝、魏文帝的功业，继承周成王、康王的盛世，选贤授能，用方叔、召虎这样的大臣镇守四方边境，作为国家的武臣，可以说是妥当的。但是，高飞的鸟还未被轻箭所中，深水里的鱼还未悬挂在钩铒上，恐怕是钓鱼射箭的技术还不尽精深。过去耿弇不等光武帝到达，就猛攻张步，说是不让贼子留于君父面前，所以，车右因车轮响而饮剑，雍门狄自杀于齐国国境。像这样两位义士，难道是厌生乐死吗？实在是对敌人傲慢君王、欺凌君主表示愤怒啊！君主的宠臣，应当铲除灾难，振兴民利；臣子侍奉君王，必须殉身平乱，以功绩报答君主。过去贾谊年少时，请求皇上授予属国官衔，让他去擒杀单于；终军少年就出使南越，要用长缨缚住越王，捆送汉廷。这两位大臣，难道是为了向君主夸口、向世间炫耀吗？只因壮志受到压抑，想表明其才能、力量，为贤明的君主贡献才能。过去，汉武帝为霍去病建府邸，霍去病说："匈奴未灭，臣无心建家！"因此，忧国忘家，捐躯救难，是忠臣的志向。如今，臣居住在京畿以外，并非不宽裕，但寝不安席，食不甘味，是因为常常忧虑到蜀、吴两方还未征服。

微臣看到先武皇帝的武臣老将，年老辞世的消息常常传出。虽然，现在世上并不缺乏贤能的人，老将旧兵，还在操练作战阵法。我私下不自量力，志在为陛下效命，希望立下毛发小功，以报答所受的恩典。陛下如能下个非同寻常的诏书，让我发挥锥刀一样的小作用，使我在西属大将军麾下当一名校尉，或在东属大司马军中负责管单船的责任，臣下必定踏危履险、驰舟策马、推锋出刃、身先士卒，即使不能擒孙权，斩孔明，也要擒其大将，灭其兵众，定以短暂的胜利，来消除终生的惭愧，使自己名声出现在史笔之下，业绩陈述于国史之中。即使身体分裂于蜀国境内，首级悬挂于吴国城门，也是虽死犹生。如果微臣小才不能得以一试，终生默默无闻，白白使身躯荣耀、肥胖，活着无益于国家大事，死了也无损于命运。白白辜负王侯爵位、占有优厚的利禄，像飞禽一样栖息，如鸟一样浅见，直到白头老死，这只是圈牢里饲养的畜生，绝不是臣子的志向啊！传闻东吴前线疏于防备，军队遭到小挫折，我停食弃餐，挥袖提襟，按剑东望，心早已飞往吴会(今江苏东部、浙江西部)了。

臣过去随从先武皇帝出征，南抵赤岸，东至渤海，西望玉门关，北出卢龙塞，微臣见到当时用兵的势头，可谓神妙。因此用兵不可能预言，必须面对强敌随时应变。微臣立志效命于昌明之时，立功于圣主之世，每每览阅史书，看到古代忠臣义士，舍去短暂的生命，来殉国家的危难，身躯虽遭屠戮割袭，但功勋铭刻于鼎钟之上，英名永垂于史书之中，我无不打心长叹啊！微臣听说贤明的君主使用臣子，不因其有罪而弃之不用，所以，使用了败北的将军，秦国、鲁国以此战胜敌方取得了成功；赦免了被拔掉帽缨和盗食骏马的臣子，楚王、秦王因此难中得救。微臣自深感先帝早逝，威王辞世，臣是何人，哪堪独自长活于世上！常恐先于朝露而去，尸填沟壑，坟土未干，身与名已一起泯灭。微臣听说，骏马长鸣是因为伯乐明白它的性能；卢狗哀叫，是因为韩国知道它的才能。因此，要效法齐、楚的道路，来显示能承担驰骋千里重任的本领；请以狡兔的敏捷，来验证它善于攫食的能力。现在微臣志在建立狗、马的微功，但私下揣度，终究没有伯乐、韩国的举荐，因此内心压抑，自感痛苦啊！

踮起脚尖观棋的人，听音乐听得拍起手来的人，说不定也有知音，懂行的呢！过去，毛遂只是赵国的陪客，他还借襄中的锥子可以脱颖而出的比喻，来提醒主人让他去立功，何况巍然于世的大魏国是贤士众多的王朝，难道会没有慷慨殉身国难的大臣吗？自卖自夸，对士大夫、女子而言都是可耻的行为。迎合时势，追求官位，是道家的大禁忌，而臣之所以敢于向陛下陈情表意，确实是因为与国家虽然形体分开，却气息相同，忧患与共的呀！希望以尘雾般的微薄来使山海有所补益，以萤火、蜡烛的微光来使日月增辉。因此，才敢于不顾自己的丑陋，来向陛下献上忠心。太和三年（229）改封东阿（在今山东）。太和五年（231）再度上疏请求慰问亲戚，以表达他的心意，疏中说：

臣听说过，天之所以称之为"高"，是因为它无所不盖；地之所以称之为"广"，是因为它无所不负载；日月之所以称之为明，是因为它无所不照耀；江海之所以称之为大，是因为它无所不容纳。因此，孔子说："尧作为君主真是伟大，只有天伟大，也只有尧能效法它。"天穹的德行对于地上的万物，可称为宏大广阔。尧的政教准则是先亲后疏，由近及远，《尚书·尧典》说他"大德昭显，光照万物，与九族亲善，而九族和睦，又光照百官。"到了周朝的文王也尊崇教化。《诗经·思齐篇》写道："周公以法制对待嫡妻，以致他的兄弟也用此治理家庭、国家。"这就是诗人所咏颂的"雍雍""穆穆"。过去，周公感慨管叔、蔡叔和他不一致，广泛分封宗亲，以便作为屏障来捍卫王室。《左传》中说："周朝的同宗之盟，取不周的姓给予后代。"实在是骨肉之情虽疏远但不离散，同宗相亲之义真诚深厚。没有那种讲道义而怠慢君王、讲仁政却遗弃宗亲的人。

陛下秉承唐尧光辉的品德，实行文王恭慎的仁义，仁惠施遍后宫，恩典光照九族，列侯百官轮番休息，依次入值，朝廷上公务畅行，在家里人情畅达，亲人和睦之路坦荡，喜庆吊伤之情展现，实在可称为以己体人，广施恩惠。至于微臣，与人情世道断绝联系，盛明之世却被禁锢，私下暗自悲伤。臣不敢奢望交结朋友，从事往来，畅叙人伦。近来，更是婚嫁不知，兄弟隔绝，吉凶讯息不通，庆吊的礼节废弃，不念亲情比对路人还严重，相互隔阂，超过胡越、蛮夷。如今，微臣因法制的束缚，永无朝见陛下的希望，以致心向皇天，情系宫廷，只有神明才知道了，但老天真是这样做，能说它什么呢？退思诸位王侯，都有兄弟相亲的心情，愿陛下宽容颁下诏书，使各诸侯庆吊可以互相致意，四个气节可以互相见面，以款叙骨肉欢聚之情，成全兄弟和悦的深厚情谊。如对妃姜之家，赠予胭脂甘浆，每年给了还要再给。对贵族宗亲一样仁义，对文武百官同等施惠。这样，古人所赞叹的圣王之为，风雅所咏颂的兄弟情闲，便再度出现在当今圣明之世了。

臣反省自己，至今未发挥锥刀一样的作用。看到陛下对我的提拔、授职，如果臣是异姓，臣私下揣摩，这种提拔绝不比朝廷士大夫差。如果准予辞去王爵之位，戴上武冠，解开朱色绶带，佩上青色绶带，驸马都尉或奉东都尉任授一职，在京城安家，为陛下执鞭戴笔，出宫追随华盖，入宫侍奉在东旁，回答陛下的垂问，在左右拾遗补阙，这乃是臣衷心向往的最大心愿，在梦中时时出现。首先常羡慕古代《诗经·鹿鸣》中的君臣欢宴，其次常吟咏《常棣》篇中对不肯宴乐同姓的告诫，再次常思索《伐木》篇中与朋友饮宴的意义，最后常怀着《蓼莪》篇中对父母恩德无限的哀悼。每逢四个节气理当相会，我却独在一处，左右只有仆人下隶，所对的只有妻子、子女。高谈阔论没有可以听的人，阐述道理没有可以充分施展的地方，无不听到音乐而扣心，面对酒杯而叹息。臣总认为犬、马的忠诚不能打动主人，就如人的诚心不能感动上苍一样。孟姜女哭夫使城墙崩塌，邹衍遭囚使夏日飘霜，臣起初相信，但以臣的心相比，这只是荒诞的话了。就如葵菜叶倾向太阳，太阳虽然不以光辉回照，但它向往之心实在真诚。臣把自己比作葵菜，而降，下天地一般的施惠，垂下三重光芒的，便是陛下了。

臣听辛文子说过："不论招福或是致祸，都不率先为之。"今天这种隔阂的情况，兄弟都感到忧虑，而臣独先言及，实在是不愿意让这圣明之世还有不蒙受陛下施惠的东西。如果有不蒙受施惠的东西，必然怀有深切怨恨之情，所以《柏舟》篇有"母啊天啊。不谅人啊"的抱怨，《谷风》有"将要得到安乐，你反而丢弃我"的哀叹。因此，伊尹以其君不效法尧舜为耻辱，孟说："不用舜侍奉尧的做法去侍奉君主，就是不敬重君主。"臣愚蠢蒙昧、固然不是虞舜、伊尹之辈，但想要让陛下崇尚德光普照、时世和睦的美德，宣扬光明昭彰的品德，这是臣谨敬的诚意。臣独自想到的确是怀有竦身伫立、献言陛下的忠心。敢于再次陈述，希望陛下或许肯垂耳下听。

魏明帝下诏书答复道："道德教化所施，有昌盛也有败劣，并非都是以善开始而以恶告终的，事情的发展就是这样。因此，忠义仁厚施及草木，便出现了《行苇》这诗篇；恩德施惠衰竭单薄，不亲善九族，就有《角弓》的诗章加以讽刺。如今，使得诸侯兄弟感情伦理简慢解怠，妻妾后宫，脂粉稀少，简单，朕限使不能督促而使之和睦，但陈思王引用古事比喻道理的意思全都明白了。准说精诚不足以打动人心、沟通感情呢？分清贵贱，推崇亲人相亲，礼遇贤才良士，遵循长幼之序，是国家纲常法纪，本来就没有限制诸侯互通讯息的诏书，只是矫枉过正，下面的官吏恐受指责，才出现这种情况罢了。已下令有关官员，按照陈思王所诉说的那样去做了。"

曹植再次上疏陈述用人的道理，疏中说：

臣听说，天地间气候适宜，万物才能生长；君臣同心同德，政事才能成功。五帝时代的人并非都十分聪慧，夏、商、周末年的人并非都十分愚蠢，其实就在于是否知人善任。时世既然只有举贤授能之名，而没有获得使用贤能之实，势必各自引进他的同类来当官。谚语说："相门有相，将门有将。"作为宰相的人才，一定是政治举措十分显著的；作为将领的人才，一定是军事功绩十分显赫的。政德显著，就可以挽救国家、朝廷，达到富足和悦，稷、契、夔、龙就是这样的人；武功显赫，就能用来征服不肯归顺的人，威震四邻，南仲、方叔就是这样的人。过去，伊尹作为一个随嫁的奴仆，是最卑贱的；吕尚处于屠宰、钓鱼地位，是最为鄙陋的。到了他们为商汤、周文王所选用，实在是志同道合，他们深远的谋略神通广大，哪里是凭天子所近幸的人的举荐或天子近臣的干预而当官的人呢？《尚书》上说："有非凡的君主，必定能任用非凡的大臣，任用非凡的大臣，必定能建立非凡的功业。"商汤、周文王两位就是这样的国君。如果裹足不前，墨守成规旧法，哪里值得上向陛下进言呢？因此，寒暑不协和，日、月、星光不顺畅，官职空缺无人，政事不整饬，是太尉、司徒、司空三公的责任；边疆战场骚乱不定，四邻侵扰，兵败丧师，战事不息，这是边关将领的忧虑。哪里可以空负国家的恩宠而不称其职的呢？因此，任职越高的人，责任越重；官位越高的人，责任越大。《尚书》说："不能有旷废职守、才不称其任的空官。"《诗经》有"在其职要忧虑其政"，就是这个意思。

陛下体现了善美神圣的天然真质，登上了帝位，继承了帝业，希望能听到"君主圣明啊，大臣贤良啊，诸事安康啊"的歌咏，能听到偃武修文的赞美。但几年以来，水灾、旱灾从不间断，人民衣食困乏，军队一味征伐，年年增派，加上东部有覆没败北的军队，西部有战死的将军，这样，致使蚌蛤浮游于淮水、泗水之中，黄鼠狼喧哗于山林、树木之间。臣每当想到这些，无不停餐弃食，对酒扼腕啊！过去，汉文帝去代国（今山西离石、灵石、昔阳及河北蔚县、阳原、怀安等地）担心朝廷里会有变故，宋昌说："京城里有朱虚侯刘章、东牟侯刘兴居这样的至亲，外地有齐王刘肥、楚王刘交、淮南王刘长、琅琊王刘泽，这些都是牢固如磐石的宗亲，请君王不必多虑。"臣愿陛下远则看到虢仲、虢叔对周文王的辅佐，次则考虑召公奭、毕公高对周成王的辅助，再则想到宋昌说的盘石坚固的道理。过去，骏马对于吴国山坡，可说是困顿的，到了伯乐看中它，孙邮驾驭它，驰骋千里，形体一点也不劳顿。伯乐善于驾驭马匹，明君善于使用大臣；伯乐驰骋千里明君实现太平，实在都是举贤授能的明显效果。如果朝廷官员贤良，处理国家纷繁政务，武将带兵，四方的兵灾都可以制止，陛下可以从容住在京城，有什么事要起动銮驾、亲征边境呢？

臣听说，羊披上虎皮，见到青草仍十分高兴，见到豺狼就颤抖不已，忘了它披着虎皮了，如今，任用的边将不好，就像是这样。所以常言道："就怕做事的人不明智，明智的人没机会去做。"过去，乐毅逃到赵国，心不忘燕国；廉颇在楚国，心里想着当赵国的将军。臣生于动乱时代，成长于军旅之中，又一再承蒙魏武皇帝的教导，看到统兵用兵的要领，不必取自孙子、吴起兵书却与它默契，私自在心中揣度，总是希望一旦奉旨朝觐，推开金马门，走上玉石阶，站在有职务的大臣之列，赐予短暂的时间，使臣有机会一抒心怀，排除心中的积郁，死而无憾啊！

及至鸿胪发下致士家子弟的公文，知道时限紧迫。又听说天子出行的车马已经备好，兵车疾行，陛下又要御驾亲征，花费心神了。臣确实忧虑不安，无暇安居。但愿能策马执鞭，在驾前为陛下挡住尘土露水，施行风后用兵奇术，掌握孙子、吴起兵书的要领，追忆羡慕卜商，愿像他那样在君王左右为前驱去拼命，以至殉命于车轮之下，这样做虽然没有大的用处，但希望有小小的补益。但是陛下位高处远，此情未能上达，只有独自徒然望着青云抚心思虑，仰望高天长声叹息而已。屈平说："国家有良马却不知道驾乘，何故惶惶然另行追求？"过去管叔、蔡叔遭流放被杀死，周公、召公作为辅佐，叔鱼受到酷刑，叔向辅助朝廷。监国大夫的罪过，臣自当领受，周、召二公的辅佐，可望求得。荣华的宗亲、显贵的家族，诸侯王之中必定有响应这种举荐的。所以《左传》说："不是周公的亲族，不能做周公的事。"只请陛下对此稍加留意。

近代，汉朝广泛设立诸侯国，大的接连几十座城市，小的只能供养祭祀而已，不如周朝树立诸侯国，分设五等品制。像扶苏劝谏秦始皇分封诸侯，淳于越责难周青臣而主张分封，可说都是知道时世变化的。能令天下倾听注视的，是当权的人，因此，其谋略能使君主改变主意，威严能使下属畏惧。如果大豪族执政，不重视亲戚，权势所在必倚重疏远的异姓，权势丧失必定轻视亲戚。窃取齐国政权的是田氏家族而非吕姓宗亲；分裂晋国的是赵、魏而非姬姓，只请陛下明察。如果是吉则专擅其位，凶则遭其荼毒的，总是异姓的大臣。要使国家安定，祈求家族富贵，存在就共享荣耀，遭难就同受其祸的，是宗亲同族的大臣。如今反而是宗亲同族疏远而异姓大臣亲近,臣对此心下十分疑惑。

臣听说孟子讲过:'君子困窘时就会善其身,发迹时就兼利天下。'如今,臣与陛下踩冰层,步炭火,登高山,涉深涧,冷暖干湿,休戚与共,哪能离得开陛下呢?承受不了烦闷之苦,所以拜献此表,陈抒感情。如有不合意的地方,乞请暂且把它收藏在书馆里,不要立即焚毁抛弃,臣死之后,有些事也许值思念。如有点滴稍合陛下圣意的,乞求示知朝廷,让博通古事的士人,来举察臣表中不合情理的地方。如果这样,那么,臣的心愿就满足了。

明魏帝以嘉许的诏书答复。

那年冬天,魏明帝诏令诸位王侯于太和六年(232)正月朝会京城。这年二月,以陈国四县封曹植为陈王,食邑三千五百户。曹植每每要求明帝能另外召见,单独交谈,讨论时政,希望能幸运地得到试用,但终究不能如愿。回封地以后,惆怅绝望。当时的典章制度,对分封诸侯国已是十分严峻,官佐属史都是市侩小子卑下的人物,兵丁佣人都是伤残病老的,最多不超过二百人。曹植又因为过去的过失,事事都被削减一半,十一年当中三次被改换封地,总是郁郁寡欢,因此就发病逝世,终年四十一岁,他遗嘱予以薄葬。由儿子曹志作为一家之主,立他为继承人。初时,曹植登上鱼山,面对东阿,油然产生安寝于此的愿望,于是在这里建立墓地。儿子曹志继位,改封济北王。景初年间,魏明帝下诏书道:"陈思王过去虽然有过失,但已经约束自己,行为谨慎,可以弥补以前的缺陷,而且从年少到终老,不停地著述,实在难能可贵。他所收集的黄初年间弹劾曹植罪状的各种奏章,公卿们已经下达到尚书、秘书、中书三府,以及大鸿胪等部门,全部予以废除。编撰、抄录了曹植前后所著的赋、颂、诗、铭文、杂论共百余篇,收复本藏于宫廷内外。"曹志连连增加食邑,同以前的食邑加在一起,共有九百九十户。

曹彰传

【题解】

曹彰,曹操之子,一生英武,曾数从曹操出征,为建立曹魏立下奇功,在曹操诸子中为善武之士。

【原文】

任城威王彰,字子文。少善射御,膂力过人,手格猛兽,不避险阻。数从征伐,志意慷慨。太祖常抑之曰:"汝不念读书慕圣道,而好乘汗马击剑,此一夫之用,何足贵也!"课彰读《诗》《书》。彰谓左右曰:"丈夫一为卫、霍,将十万骑驰沙漠,驱戎狄,立功建号耳,何能作博士邪?"太祖尝问诸子所好,使各言其志。彰曰:"好为将。"太祖曰:"为将奈何?"对曰:"被坚执锐,临难不顾,为士卒先;赏必行,罚必信。"太祖大笑。建安二十一年,封鄢陵侯。

二十三年,代郡乌丸反,以彰为北中郎将,行骁骑将军。临发,太祖戒彰曰:"居家为父子,受事为君臣,动以王法从事,尔其戒之!"彰北征,入涿郡界,叛胡数千骑卒至。时兵马未集,唯有步卒千人,骑数百匹。用田豫计,固守要隙,虏乃退散。彰追之,身自搏战,射胡骑,应弦而倒者前后相属。战过半日,彰铠中数箭,意气益厉,乘胜逐北,至于桑乾,去代二百余里。长史诸将皆以为新涉远,士马疲顿,又受节度,不得过代,不可深进,违令轻敌。彰曰:"率师而行,唯利所在,何节度乎?胡走未远,追之必破。从令纵敌,非良将也。"遂上马。令军中:"后出者斩。"一日一夜与虏相及,击,大破之,斩首获生以千数。彰乃倍常科大赐将士,将士无不悦喜。时鲜卑大人轲比能将数万骑观望强弱,见彰力战,所向皆破,乃请服。北方悉平。时太祖在长安,召彰诣行在所。彰自代过邺,太子谓彰曰:"卿新有功,今西见上,宜勿自伐,应对常若不足者。"彰到,如太子言,归功诸将。太祖喜,持彰须曰:"黄须儿竟大奇也!"

太祖东还,以彰行越骑将军,留长安。太祖至洛阳,得疾,驿召彰,未至,太祖崩。文帝即王位,彰与诸侯就国。诏曰:"先生之道,庸勋亲亲,并建母弟,开国承家,故能藩屏大宗,御侮厌难。彰前受命北伐,清定朔土,厥功茂焉。增邑五千,并前万户。"黄初二年,进爵为公。三年立为任城王。四年,朝京都,疾薨于邸,谥曰威。至葬,赐銮辂,龙旗,虎贲百人,如汉东平王故事。子楷嗣,徙封中牟。五年,改封任城县。太和六年,复改封任城国,食五县二千五百户。青龙三年,楷坐私遣官属诣中尚方作禁物,削县二千户。正始七年,徙封济南,三千户。正元、景元初,连增邑,凡四千四百户。

【译文】

任城威王曹彰,字子文。少年时就善于骑马射箭,气力超过一般的常人,徒手格斗猛兽,不会考虑回避险阻。多次跟从太祖曹操征战讨伐,志趣慷慨激昂,意气风发。太祖曹操曾想阻止他这样,说:"你不去诵读诗书,仰慕追求圣贤治国的道理,反而喜欢驾驭汗马,学会击剑,这只不过是获得了一介匹夫的器用,何以达到尊贵的程度。"罚曹彰读《诗经》《尚书》。曹彰对他手下的侍从说:"作大丈夫一律应该如卫青、霍光那样,统率十万骑兵驰骋沙场疆漠,驱除进犯的戎狄,立功劳于国家,受封爵建立自己的名号。哪里用得上做学问为博士呢?"太祖曹操曾经询问几个儿子的爱好,让他们各自说说自己的志向。曹彰说:"喜欢作将领。"太祖曹操说:"作将领又怎么样呢?"曹彰回答说:"披坚执锐,遇到危难不迟疑,以此冲锋陷阵当好士卒的表率;行赏给人必当其功,处罚治罪一定要真实不欺。"太祖曹操大笑。建安二十一年,册封曹彰为鄢陵侯。

建安二十三年,代郡乌丸造反。太祖曹操任命曹彰为北中郎将,行骁骑军事。临出发时,太祖曹操告诫曹彰说:"居处在家,是父亲与儿子的关系;任事在外,即确立君臣的关系,凡事都要按照王法的规定来办,你要牢牢记住这些。"曹彰向北征伐乌丸,深入涿郡地界,乌丸的叛军数千骑也到达了那里。这时,曹彰的兵马还没有集结起来,只有步兵千人,骑兵几百人。采用田预的计策,曹彰坚守要害不出战,乌丸叛军只好退兵离散。曹彰追杀他们,亲自搏击战斗,射杀胡人,应声而倒的人前后相枕藉。战斗经历了半天,曹彰的铠甲被胡人射中数箭,他恋战的情绪和气概更加激昂,乘胜向北追杀胡人,到达了桑乾县,离开代郡已经二百多里。长史和诸将领者认为刚刚征战了二百多里,战士与战马都已疲劳困顿,又受战前节度限制,不许超过代郡,因此不能深入进攻到敌人的占领区去,违背命令,犯下轻敌的过失。曹彰说:"统率部队征伐敌人,唯独只看利益如何,除此之外还用什么来节度限制呢? 胡人逃窜不远,再追击他们,叛军就破了。服从先前节度的命令,纵使敌人逃跑,不是好的将领。"于是上马,命令军中将士说:"出征在后的受斩!"一天一夜,追上了逃窜的胡人,入击他们大破敌阵,斩首和生擒敌人数以千计。曹彰于是按常规增加一倍犒赏将领和士兵,将领和士兵没有一个不高兴的。这时鲜卑族大人轲比能率领数万骑兵在观望曹彰分乌丸战争双方的强弱,看到曹彰拼力战斗,所向报靡,都被他所攻破,于是请求降服魏国。北方都已安定。这时,太祖曹操在长安,召唤曹彰到曹操的行客去。曹彰从代郡经过邺,太子曹丕对曹彰说:"你刚好有了功劳,现在到西面的长安去见太祖皇帝曹操,宜于将功劳归于将士们,不要自己邀功,应对时讲你还曾有过不足的地方。"曹彰到了曹操那儿,按照太子曹丕说的,将功劳归于诸将领。太祖曹操高兴,手握曹彰的胡须说:"我的黄须儿竟是个大奇人!"

太祖曹操东巡归还,册封曹彰为代理越骑将军,留守长安。太祖曹操到洛阳,得重病,派驿马召见曹彰,曹彰没有到洛阳,曹操就去世了。太子曹丕即位为皇帝,曹彰分其他诸侯者按便到他们的封国去。文帝曹丕下诏说:"自古以来,有法可依,以勋爵授亲戚而使之更加亲近,乃至母亲的弟弟都要受封。掌理朝政,依靠宗室。因此,能够藩佑和屏护朝廷的宗族统治,防御外敌侵侮,克服国内危难。曹彰在以前受武帝曹操诏命北伐乌丸,平定北方疆土,使之得以清静没有动乱,为朝廷建立了大功。增加封邑五千户,与以前所封其一万户。"黄初二年,曹彰晋爵为公。黄初三年,册立曹彰为任城王。黄初四年,到京师朝见魏文帝曹丕,因生病死在官邸。封谥号称威。安葬时,赐给銮辂、龙旗。虎贲一百人,赏赐同东汉东平王刘苍死时一样。曹彰的儿子曹楷继立为王,迁移受封到中牟。黄初五年,改封任城县。魏明帝曹叡年,又改封为任城国,领食邑为五县,共二千五百户。青龙三年,曹楷因为私自派遣官吏到中尚方制作禁物,受罚被削减县邑二行户。齐王曹芳正始七年,迁移受封到济南,领食邑三千户。曹髦正元、曹奂景元初年,连续增加封邑,食邑总共达到四千四百户。

王粲传

【题解】

王粲(公元 177~217 年)是一位诗人,"建安七子"之一,与曹操的儿子曹丕友谊深厚。据说王粲死,曹丕为王粲送葬,葬毕,曹丕说:"王粲好听驴鸣,大家都学一声驴鸣来送他。"吊客们都学了一声驴鸣。王粲的两个儿子后来因参与魏讽的叛乱,被在京留守的曹丕杀掉。此时曹操正在前方与刘备作战,听到这消息以后说:"我若在家,决不让王粲绝后。"

王粲不仅诗写得好,学问也好。蔡邕当时可算是学界泰斗。年幼的王粲能得到蔡邕的特殊礼遇,说明他确有过人之处。

据传文看,王粲还精通数学。然而除了传文的"性善算,作算术,略尽其理"十个字以

外,再没有关于王粲数学成就的记载。古代科学资料的缺失以及当时对科学的轻视,这件事又是一个例子。

蔡邕也精通天文学,曾多次参与当时天文学界的理论斗争,拥护浑天说,反对天人感应及谶纬迷信。蔡邕曾推荐刘洪,刘洪后来制成的《乾象历》成为具有划时代意义的历法。蔡邕赏识王粲,是否也因为王粲卓有数学才能呢?

【原文】

王粲字仲宣,山阳高平人也。曾祖父龚,祖父畅,皆为汉三公。父谦,为大将军何进长史。进以谦名公之胄,欲与为婚,见其二子,使择焉。谦弗许。以疾免,卒于家。

献帝西迁,粲徙长安,左中郎将蔡邕见而奇之。时邕才学显著,贵重朝廷,常车骑填巷,宾客盈坐。闻粲在门,倒屣迎之。粲至,年既幼弱,容状短小,一坐尽惊。邕曰:"此王公孙也,有异才,吾不如也。吾家书籍文章,尽当与之。"年十七,司徒辟,诏除黄门侍郎,以西京扰乱,皆不就。乃之荆州依刘表。表以粲貌寝而体弱通侻,不甚重也。表卒。粲劝表子琮,令归太祖。太祖辟为丞相掾赐爵关内侯太祖置酒汉滨,粲举觞贺曰:"方今袁绍起河北,杖大众,志兼天下,然好贤而不能用,故奇士去之。刘表雍容荆楚,坐观时变,自以为西伯可规。士之避乱荆州者,皆海内之俊杰也;表不知所任,故国危而无辅。明公定冀州之日,下车即缮其甲卒,收其豪杰而用之,以横行天下;及平江、汉,引其贤俊而置之列位,使海内回心,望风而愿治,文武并用,英雄毕力,此三王之举也。"后迁军谋祭酒。魏国既建,拜侍中。博物多识,问无不对。时旧仪废驰、兴造制度,粲恒典之。

初,粲与人共行,读道边碑,人问曰:"卿能暗诵乎?"曰:"能。"因使背而诵之,不失一字。观人围棋局坏,粲为复之。棋者不信,以帊盖局,使更以他局为之。用相比校,不误一道。其强记默识如此。性善算,作算术,略尽其理。善属文,举笔便成,无所改定,时人常以为宿构;然正复精意覃思,亦不能加也。著诗、赋、论、议垂六十篇。建安二十一年,从征吴。二十二年春,道病卒,时年四十一。粲二子,为魏讽所引,诛,后绝。

始文帝为五官将,及平原侯植皆好文学。粲与北海徐干字伟长、广陵陈琳字孔璋、陈留阮瑀字元瑜、汝南应瑒字得琏、东平刘桢字公干并见友善。

【译文】

王粲,字仲宣,山阳高平人。曾祖父王龚,祖父王畅,官职都做到汉朝的三公。父亲王谦,是大将军何进的长史。何进觉得王谦是名公的后代,想和他结为亲家。何进领自己的两个儿子来见王谦,让他挑选。王谦没有应许。后来因有病免职,死于家中。

汉献帝向西迁都。王粲也跟到长安,左中郎将蔡邕见到他大为惊奇。当时蔡邕的才学已是非常著名,是朝廷重视的尊贵人物,常常是车骑填街塞巷,宾客坐满厅堂。他听说王粲来在门外,慌得倒穿着鞋子出来迎接。等王粲来到家中,年幼体弱,又长得矮小,满座宾客都感到惊讶。蔡邕说:"这是王公的孙子,有出众的才华,我不如他呀。我家里的书籍文章,以后都要全部送给他。"年十七岁时,宰相要征用他,皇帝也要任命他作黄门侍郎,因为长安战乱,他都没有就任。而是到荆州,投靠了刘表。刘表因为王粲貌不惊人,又体态瘦弱,也不加修饰,所以不太重视他。刘表去世。王粲劝刘表的儿子刘琮,让刘琮归顺了曹操。曹操任命王粲为丞相助手，赐爵位为关内侯。曹操在汉水之滨大摆宴席，王粲举杯祝贺道："如今袁绍从河北起兵，依仗人多势众，有志兼并天下，然而他爱好人才贤士而不能重用，所以有奇才的贤士离开了他。刘表悠然自得地看守荆楚，坐观时局变化，自以为可以做周文王那样的人物。在荆州避乱的士人们，都是海内的俊杰人物，刘表不知怎么任用，所以国家危亡而无有人辅佐。明公您平定冀州的时候，一到那里就整顿军备，收纳英雄豪杰并重用他们，因此能够横行天下，现在又平定了荆州，把这里的贤才俊士置于百官之列，使海内人士倾心，望风而愿受治理，文武一齐重用，英雄们愿尽毕生精力，这是三王一样的伟大举动啊。"后来王粲升任军谋祭酒。魏国建立后，封他为侍中。他博通万物，知识渊博，别人提出的问题他没有答不上来的。当时传统的礼仪已荒废，要重新建立各种制度，王粲一直是主持者。

当初，王粲和别人一起走路，读道路旁边的碑文，人家问他："您能背诵吗？"他说："能"。人们让他背过脸去朗诵，一字不差。他看别人下棋，布局弄乱了，王粲就替人家恢复原来的布局。下棋的人不信，用手帕盖起来，让他用另一棋盘再摆一局，用来相比较，结果一道也不差。他的记忆力就是如此之强。他特别精通计算。他著的算术著作，能简明扼要地说清其中的道理。善于写文章，提笔一挥而就，无有可改动的。当时人们常以为他预先就构思好了。然而假若让他重新深思熟虑，也不能再写得好一些。他著有诗、赋、论、议近六十篇。建安二十一年（公元 216 年），跟随曹操去征伐吴国。二十二年（公元 217 年）春天，在路上病死。当时四十一岁。王粲的两个儿子，因受魏讽谋反的牵连，被诛杀。王粲就绝了后。

原来曹丕当五官中郎将的时候，和平原侯曹植，都爱好文学。王粲与北海徐干字伟长、广陵陈琳，字孔璋、陈留阮瑀字元瑜，汝南的应玚字德琏、东平刘桢字公干，都是好朋友。

邯郸淳传

【题解】

邯郸淳，一名竺，字子叔，颍川（治今河南省阳翟县）人。他博学多才，颇受曹氏父子器重，官至博士给事中。他对文字学有较深的研究，又长于书写鸟虫书大篆，他与卫觊、韦诞并以善书知名当时。他曾师事曹喜，深究篆隶之法。魏初传习古文，以邯郸淳为大家，卫觊、韦诞都曾向他学习古文。传世魏正始三体石经（残石），是邯郸淳书写的。

【原文】

淳一名竺，字子叔。博学有才章，又善《苍》《雅》、虫、篆，许氏字指。初平时，从三辅客荆州。荆州内附，太祖素闻其名，召与相见，甚敬异之。时五官将博延英儒，亦宿闻淳名，因启淳欲使在文学官属中。会临菑侯植亦求淳，太祖遣淳诣植。植初得淳甚喜，延入坐，不先与谈。时天暑热，植因呼常从取水自澡讫，傅粉。遂科头拍袒，胡舞五椎锻，跳丸击剑,诵俳优小说数千言讫,谓淳曰:"邯郸生,何如邪?"于是乃更着衣帻,整仪容,与淳评说混元造化之端,品物区别之意,然后论羲皇以来贤圣名臣烈士优劣之差,次颂古今文章赋诔及当官政事宜所先后,又论用武行兵倚伏之势。乃命厨宰,酒炙交至,坐席默然,无与伉者。及暮,淳归,对其所知叹植之材,谓之"天人"。而于时世子未立,太祖俄有意于植,而淳屡称植材。由是五官将颇不悦。及黄初初,以淳为博士给事中。淳作《投壶赋》千余言奏之,文帝以为工,赐帛千匹。

【译文】

邯郸淳,又名邯郸竺,字子叔。他博学有才能,又长于文字之学,对于鸟虫术、篆书和许慎的《说文解字》很有研究。汉献帝初平年间,他从关中客居荆州。后来荆州归服曹魏,魏太祖曹操平时就久闻邯郸淳的大名,请他来相见,对他十分敬重。当时五官中郎将曹丕广开人才之路,聘请出类拔萃的读书人,曹丕也闻邯郸淳的大名,于是给邯郸淳下聘书,打算安排他为文学官。正好当时临菑侯曹植也要求聘任邯郸淳,曹操就把他送到曹植那里。曹植见到邯郸淳,非常高兴,请他落座,但并不和他交谈。当时正是伏天时节,天气很热,曹植传唤侍从备下洗澡水,曹植自己洗完澡,又涂粉化妆,于是光着头,裸露上身,跳起少数民族的五椎锻舞,又投弹舞剑朗诵戏文小说几千字,然后对邯郸淳说:"邯郸生,你看我表演得怎么样?"于是穿起衣服,戴上头巾,重新整理了一下装束,和邯郸淳讨论天地形成的原因,万物区别之所在,然后又评品从伏羲、皇帝以来圣贤、名臣、杰出人物的优劣高下,接着又吟诵古今文章辞赋的名篇佳作,又讨论为官施政的孰先孰后,又探讨行武用兵起伏变化形势,等等。于是传令厨师上菜,在宴席上他大口大口地吃肉,大口大口地饮酒,席上的客人都默默无语,没人比得上他的豪迈不羁。到天黑的时候,邯郸淳回到住处,在他的朋友面前盛赞曹植的才能,称他为"天人"。当时曹操还没有选定王位的继承人,他有意立曹植,邯郸淳经常在曹操面前称赞曹植的才能。因此,五官中郎将曹丕心里很不高兴。到魏文帝黄初初年,任邯郸淳为博士给事中。邯郸淳作了一篇千余字的《投壶赋》呈送给魏文帝曹丕,曹丕认为文章写得很好,赏给他丝帛一千匹。

卫觊传

【题解】

卫觊,字伯儒,河东安邑(今山西省运城市)人。卫觊生活在汉末曹魏时代,汉献帝时他在曹操手下任事,官至尚书。魏代汉,他仍为尚书,封闵乡侯。在政治上,他对曹魏代汉以及魏初的政事,曾起过一定作用,汉禅位于魏,禅位诏书即出自卫觊之手。卫觊是汉末魏初的著名书法家,他擅长古文、鸟篆、隶书、章书,各种书体俱见工力。他的书法成就,与邯郸淳、韦诞齐名。他的儿子卫瓘、孙子卫恒都是晋代著名书法家,成就在其父其祖之上。

卫觊字伯儒，河东发邑人也。少夙成，以才学称。太祖辟为司空掾属，除茂除陵令，尚书郎，太祖征袁绍，而刘表为绍援，关中诸将又中立。益州牧刘璋与表有隙，觊以治书侍御史使益州令璋下兵以缀表军。至长安，道路不通，觊不得进，遂留镇关中。时四方大有还民，关中诸将多引为部曲，觊书与荀彧曰："关中膏腴之地，顷遭荒乱，人民流入荆州者十万余家，闻本土安宁，皆企望思归。而归者无以自业，诸将各竞招怀，以为部曲。郡县贫弱，不能与争，兵家遂强。一旦变动，必有后忧。夫盐，国之大宝也，自乱来放散，宜如旧置使者监卖，以其直益市犁牛。若有归民，以供给之。勤耕积粟，以丰殖关中。远民闻之，必日夜竞还。又使司隶校尉留治关中，以为之主，则诸将日削，官民日盛，此强本弱敌之利也。"或以白太祖。太祖从之。始遣谒者仆射监盐官，司隶校尉治弘农。关中服从，乃白召觊还，稍迁尚书。魏国既建，拜侍中，与王粲并典制度。文帝即王位，徙为尚书。倾之，还汉朝为侍郎，劝赞禅代之义，为文诰之诏。文帝践阼，复为尚书，封阳吉亭侯。

明帝即位，进封闵乡侯，三百户。觊奏曰："九章之律，自古所传，断定刑罪，其意微妙。百里长吏，皆宜知律。刑法者，国家之所贵重，而私议之所轻贱；狱吏者，百姓之所县命，而选用者之所卑下。王政之弊，未必不由此也。请置律博士，转相数授。"事遂施行。时百姓凋匮而役务方殷，觊上疏曰："夫变情厉性强所不能，人臣言之既不易，人主受之又艰难。且人之所乐者富贵显荣也，所恶者贫贱死亡也，然此四者，君上之所制也，君爱之则富贵显荣，君恶之则贫贱死亡；顺指者爱所由来，逆意者恶所从至也。故人臣皆争顺指而避逆意，非破家，为国，杀身成君者，谁能犯颜色，触忌讳，建一言，开一说哉？陛下留意察之，则臣下之情可见矣。今议者多好悦耳，其言政治则比陛下于尧、舜，其言征伐则比二虏于狸鼠。臣以为不然。昔汉文之时，诸侯强大，贾谊累息以为至危。况今四海之内，分而为三，群士陈力，各为其主。其来降者，未肯言舍邪就正，咸称迫于困急，是与六国分治，无以为异也。当今千里无烟，遗民困若，陛下不善留意，将遂凋敝，难可复振。礼，天子之器必有金玉之饰，饮食之肴必有八珍之味，至于凶荒，则撤膳降服。然则奢俭之节，必视世之丰约也。武皇帝之时，后宫食不过一肉，衣不用锦绣，茵褥不缘饰，器物无丹漆，用能平定天下，遗福子孙。此皆陛下之所亲览也。当今之务，宜君臣上下，并用筹策，计校府库，量入为出。深思勾践滋民之术，由恐不及，而尚方所造金银之物，渐更增广，工役不辍，侈靡日崇，帑藏日竭。昔汉武信求神仙之道，谓当得云表之露以餐玉屑，故立仙掌以承高露。陛下通明。每所非笑。汉武有求于露，而由尚见非，陛下无求于露而空设之；不益于好而糜费功夫，诚皆圣虑所宜裁制也。"觊历汉、魏、时献忠言，率如此。

受诏典著作，又为《魏官仪》，凡所撰述数十篇。好古文、鸟篆、隶草，无所不善。建安末，尚书右丞河南潘勖，黄初时，散骑常侍河内王象，亦与觊并以文章显，觊死，谥曰敬侯。子瓘嗣，瓘咸熙中为镇西将军。

卫觊字伯儒，是河东郡安邑县人。在少年时就积学有所成就，因有才学被世人所称许。魏太祖曹操征召他为司空掾属官，升任他为茂陵县令、尚书郎。曹操征讨袁绍，刘表援助袁绍，关中诸割据将领保持中立。益州牧刘璋和刘表有矛盾，卫觊以治书侍御史的身份出使益州，劝刘璋出兵牵制刘表的军队。他回至长安，道路隔绝不通，卫觊不得前进，于是留下来镇守关中地区。当时外逃的百姓从四面八方回到关中，关中各割据将领把回归的百姓收为部卒，卫觊写信给荀彧说："关中肥沃良田，因遭受荒乱，百姓逃到荆州的有十万多家，他们听说故乡已安定下来，皆盼望回到故土。但回来的人无法谋生，割据的将领竞相招徕，把他们收编为部卒。各地方政府因又穷又弱，没法和他们争夺，这样各军事割据势力不断强大。一旦发生变化，必然形成后患。食盐是国家的贵重物资，从战乱以来，食盐的发卖处于自流分散的状态，应该和从前一样，设置盐官，监督发卖，用卖盐的收入购买农具和耕牛，如逃散的百姓回来，供给百姓耕作。通过勤劳耕种，积蓄粮食，使关中地区得到发展。远在外地的逃民听到这种情况后，必然日夜兼程地竞相回来。并派司隶校尉坐镇关中主持其事，那么割据诸将领的力量必然日见削弱，当地政府和百姓的力量则日见强盛，这是培植根本削弱敌人的有力措施。"荀彧向曹操做了汇报。曹操采纳了他的意见，派遣谒者仆射监督盐务，司隶校尉坐镇弘农。关中地区得以治理，才把卫觊召回，并升任他为尚书。曹操被封为魏王，任卫觊为侍中，他和王粲共同制定各种制度。曹丕继为魏王，他转任尚书。过了不久，他到汉朝中央任侍郎，劝汉献帝禅让政权，并起草禅让的文告。曹丕登上市位，他并任尚书，被封为阳吉亭侯。

魏明亮即位，卫觊晋封为闵乡侯，封邑三百户。卫觊向皇帝上奏说："九章律令，是从古代传下来的，根据它断案定罪，它的内容精到入微。凡是地方长官，都应该通晓法律。刑法是维持国家政权的重要手段，但人们私下议论，对它却很轻贱；司法官员，是百姓们身家性命之所系，而往往被选官部门所轻视。国家政事之所以出弊端，大概是因此而产生的。请求设置法律博士，以便转相教授法律。"他的建议于是付诸实施。当时百姓们疲惫不堪、生计维艰，但是各种徭役却越来越多，卫觊上书说："百姓们的情绪变化，强权是不能解决问题的，对这种情况，作为臣子提出建议是很不容易的，作为君主采纳建议又是很难做到的。人们所希望的是得到富贵和荣耀，所讨厌的是贫贱和死亡，但是无论是富贵荣耀，君主讨厌他，就会贫贱死亡；随声附和就会得到君主的喜爱，违背君主的意志就会惹得君主厌恶。因此，臣子们都争相随声附和，而避免讳背君主的意志，除非舍弃身家性命，一心为国，杀身成仁的人，谁能犯颜直谏不顾君主的忌讳说一句话提一条建议呢？陛下您如果留心观察，那么臣子们的内心状况就能看到很清楚。现在议论政事的人大多数为说些顺耳的好听话，说到治理国家，则把您比作尧舜，说到征讨，就把吴、蜀比作狐狸鼠辈。我以为情况并不是这样。过去汉文帝时代，诸侯王力量强大，贾谊却感忧虑，认为十分危险。而今天的形势是，天下一分为三，各种人物施展自己的人力，各为其主。那些来降顺的人，并不肯声明改邪归正，都说是被形势所迫，这和战国时期的六国分治的情况，没有什么不同。现在国家的状况是，民生凋敝，千里没有人烟，勉强活下来的人，也是在困苦中挣扎，如果陛下您不留心安抚，那就会凋敝至死，再也没法恢复元气。按照礼仪的规定，天子使用的器物一定用黄金和宝玉来装饰，吃的饭菜必须具备各种山珍海味，但遇上灾荒年头，则降低饮食标准，服饰也不再那么讲究。那么饮食服饰的豪华和节俭，要根据百姓的丰足和荒俭来决定。武皇帝在世的时候，就是后宫嫔妃的饮食，每顿饭不过只有一道肉菜，衣服也不用绫罗绸缎，被褥也不加装饰，所用的器皿也不加油漆，因此才能够平定天下，造福子孙。这些都是陛下您亲眼所见。当务之急，君臣上下的费用，应该精打细算，清仓点库，量入为出。应时刻把勾践的富民政策放在心上，唯恐做不到，但现在的情况，却是内府所造的金银器物越来越多，使用面越来越广，各种工程接连不断，奢侈之风越来越盛，弄得国库日益枯竭。过去汉武帝沉迷于求仙求道，认为得到上天的甘露，和着美玉细末，吃下去可以长生不老，于是不惜工本建造仙掌来承接甘露。陛下您通达圣明，对汉武帝的所作所为，经常加以讥笑。但是汉武帝有求于甘露，尚且受到讥笑，而陛下您并不想求得甘露以长生不老，但却毫无目的地打造那些金银器物，不是更加热衷此道而浪费人力物力吗？对这些确应深思熟虑，加以裁革。"卫觊经历汉、魏二朝，经常向朝廷尽忠建言，大都和这事一样。

卫觊奉命主管书籍的编纂，他又个人编成《魏官仪》一书，他的著述共有数十篇。他爱好古文大篆、鸟篆、隶书、草书，每种书体都写得很好。建安末年的尚书右丞河南人潘勖，黄初年间的散骑常侍何内人王象，和卫觊都以文章在当时著名。卫觊死后，赠谥号为"敬侯"。他的儿子卫瓘继承他的爵位。卫瓘在咸熙年间官至镇西将军。

韦诞传

【题解】

韦诞，字仲将，京兆（今陕西省西安市）人。其父韦端，曾任太仆卿。韦诞历官至武都太守、侍中。他长于书法，与邯郸淳、卫觊齐名，魏代许多宝物上的铭文，都出自韦诞之笔。他曾师事邯郸淳，善作古文大篆。他又善于制作毛笔，曾著《笔经》一书。

【原文】

诞字仲将，太仆端之子。有文才，善属词章。建安中，为郡上计吏，特拜郎中，稍迁侍中中书监，以光禄大夫逊位，年七十五卒于家。

初，邯郸淳，卫觊及诞并善书，有名。觊孙恒撰《四体书势》，其序古文曰："自秦用篆书，焚烧先典，而古文绝矣。汉武帝时，鲁恭玉坏孔子宅，得《尚书》《春秋》《论语》《孝经》，时人已不复知有古文，谓之科斗书，汉世秘藏，希得见之。魏初传古文者，出于邯郸淳。敬侯写定《尚书》，后以示淳，而淳不别。至正始中，立三字石经，转失淳法。因科斗之名，遂效其法。太康元年，汲县民盗发魏襄王冢，得策书十余万言。案敬侯所书，犹有彷佛。"敬侯谓觊也。其序篆书曰："秦时李斯号为工篆，诸山及铜人铭皆斯书也。汉建初中，扶风曹喜少异于斯而亦称善。邯郸淳师焉，略究其妙。韦诞师淳而不及也。太和中，诞为武都太守，以能书留补侍中，魏氏宝器铭题皆诞书云。汉末又有蔡邕，采斯、喜之法，为古今杂形，然精密简理不如淳也。"其序录隶书，已略见《武纪》。又曰："师宜官为大字，邯郸淳为小字。梁鹄谓淳得次仲法，然鹄之用笔，尽其势矣。"其序草书曰："汉兴而有草书，不知作者姓名。至章帝时，齐相杜度号善作篇，后有崔瑗、崔寔，亦皆称工。杜氏结字甚安而书体微瘦,崔氏甚得笔势而结字小疏。弘农张伯英者因而转精其巧。凡家之衣帛,必书而后练之,临池学书,池水尽黑。下笔必为楷则,号'忽忽不暇草',寸纸不见遗,至今世人尤宝之,韦仲将谓之草圣。伯英弟文舒者,次伯英。又有姜孟颖、梁孔达,田彦和及韦仲将之徒,皆伯英弟子,有名于世,然殊不及文舒也。"

【译文】

　　韦诞,字仲将,他是太仆韦端的儿子。他很有文采,文章写得很漂亮。建安年间,他担任州郡掌管人口、钱粮、狱颂的统计吏员,后来超升为郎中,又升为侍中中书监,最后以光禄大夫退休,七十五岁时死在家中。

　　当初,邯郸淳、韦诞、卫觊都以书法著名。卫觊的孙子卫恒著《四体书势》,他在论及古文时说道:"从秦朝以小篆为通用字体,把前代的典籍都烧毁,古代的文字就绝迹了。汉武帝时,鲁恭王拆孔子的旧屋,发现了用古文写成的《尚书》《春秋》《论语》《孝经》,当时人已经不知道这是古文学,称之为蝌蚪书,在汉代将这批古文书秘密收藏起来,很少有人看到。曹魏初年传习古文的人,都是从邯郸淳那里学来的。我的祖先敬候抄写了一部邯郸淳所传的《尚书》,拿来给邯郸淳看,他也分辨不出是抄本,在晋朝正始年间所立的三体石经碑,已经失去邯郸淳的古文书写规矩。因当时称之为蝌蚪书,于是按照这个名称,书体模仿蝌蚪的形状。太康元年,汲县人盗掘魏襄王的坟墓,发现竹简书,有十余万字。用此来对比敬候书体,大致还相像。"他所说的敬候,即是卫觊。卫恒在论及篆书时,说道:"秦朝时李斯号称工于篆书,各大山上有封禅石刻以及铜人身上的铭文,都是李斯书写的。汉章帝建初年间,扶风人曹喜写得篆书比李斯的篆书稍加变异,也被称为能手。邯郸淳学曹喜,还能够保留曹喜书法的妙趣。韦诞学习邯郸淳,但学得不到家。魏明帝太和年间,韦诞任武都郡太守,因他擅长书法,留在京师补官侍中,魏国宝物上的铭文,都是韦诞书写的。汉代末年又有蔡邕,吸收李斯、曹喜的笔法,形成古今相杂的书体,但在结体严密、风格娴娴雅方面远不如邯郸淳。"他论述隶书的文字,已经在《武帝记》中述及。卫恒又说:"师宜官适合写大字,邯郸淳适合写小字。梁鹄认为邯郸淳继承了王次仲的笔法,然而梁鹄的用笔法充分发挥了王次仲的笔意。"卫恒论及草书时,说道:"汉代出现了草书,不知创始者是谁。到汉章帝时,齐国相杜度以擅长草书著名。后来有崔瑗、崔寔,也工于草书。杜度的书体结构稳妥,但字形稍瘦。二崔深深领会了草书的笔意,但结体显得松散。弘农人张伯英,草书技艺十分精巧。凡是他家白衣白布,他拿来写满字以后再去漂染,他在池塘边练字,池水因洗笔变成黑色。他下笔一丝不苟,规规矩矩,他常说:'时间紧迫,来不及写草书。'他的只字片纸,人都不肯丢掉,现在人们对他的墨迹更视为珍宝,韦诞称他为'草圣'。张伯英的弟弟张文舒,草书成就仅次于张伯英。同时又有姜孟颖、梁孔达、田彦以及韦诞之辈,都是张伯英的门徒,也著称于世,但都远不如张文舒。"

刘劭传

【题解】

刘劭，字孔才，三国时广平邯郸（今属河北）人。魏文帝时，官至尚书郎、散骑侍郎，受诏编撰《皇览》。魏明帝时，任陈留太守、骑都尉，与议郎庾嶷等制定律令，撰《新律》十八篇，著《律略论》。升任散骑常侍，受诏作《许都赋》《洛阳赋》《都官考课》，并著《乐论》十四篇。魏齐王时，从事讲学，赐关内侯。死后赠光禄勋。刘劭的著作还有《法论》《人物志》等。本篇传记突出了刘邵的多才多艺，他不仅擅长著书立说，而且在政治、军事、教育等方面都有所作为，对辞赋、乐理亦有所建树。夏侯惠在荐书中几乎将刘邵说成是十全十美的完人。

【原文】

刘劭字孔才，广平邯郸人也。建安中，为计吏，诣许。太史上言："正旦当日蚀。"劭时在尚书令荀彧所，坐者数十人，或云当废朝，或云宜却会。劭曰："梓慎、裨灶，古之良史，犹占水火，错失天时。《礼记》曰诸侯旅见天子，及门不得终礼者四，日蚀在一。然则圣人垂制，不为变〔异〕豫废朝礼者，或灾消异伏，或推术谬误也。"或善其言。敕朝会如旧，日亦不蚀。

御史大夫郗虑辟劭，会虑免，拜太子舍人，迁秘书郎。黄初中，为尚书郎、散骑侍郎。受诏集五经群书，以类相从，作《皇览》。明帝即位，出为陈留太守，敦崇教化，百姓称之。徵拜骑都尉，与议郎庾嶷、荀诜等定科令，作《新律》十八篇，著《律略论》。迁散骑常侍。时闻公孙渊受孙权燕王之号，议者欲留渊计吏，遣兵讨之。

刘劭《绣余论画图卷》（局部）

邵以为"昔袁尚兄弟归渊父康，康斩送其首，是渊先世之效忠也。又所闻虚实，未可审知。古者要荒未服，修德而不征，重劳民也。宜加宽贷，使有以自新。"后渊果断送权使张弥等首。劭尝作《赵都赋》，明帝美之，诏劭作《许都》《洛都》赋。时外兴军旅，内营宫室，劭作二赋，皆讽谏焉。

青龙中，吴围合肥，时东方吏士皆分休，征东将军满宠表请中军兵，并召休将士，须集击之。劭议以为"贼众新至，心专气锐。宠以少人自战其地，若便进击，不必能制。宠求待兵，未有所失也。以为可先遣步兵五千，精骑三千，军前发，扬声进道，震曜形势。骑到合肥，疏其行队，多其旌鼓，曜兵城下，引出贼后，拟其归路，要其粮道。贼闻大军来，骑断其后，必震怖遁走，不战自破贼矣。"帝从之。兵比至合肥，贼果退还。

时诏书博求众贤。散骑侍郎夏侯惠荐劭曰："伏见常侍刘劭，深忠笃思，体周于数，心所错综,源流弘远,是以群才大小,咸取所同而斟酌焉。故性实之士服其平和良正,清静之人慕其玄虚退让,文学之士嘉其推步详密,法理之士明其分数精比,意思之士知其沈深笃固,文章之士爱其著论属辞,制度之士贵其化略较要,策谋之士赞其明思通微,凡此诸论,皆取适己所长而举其支流者也。臣数听其清谈,览其笃论,渐渍历年,服膺弥久,实为朝廷奇其器量。以为若此人者,宜辅翼机事,纳谋帏幄,当与国道俱隆,非世俗所常有也。惟陛下垂优游之听,使劭承清闲之欢,得自尽于前,则德音上通,辉耀日新矣。”

景初中,受诏作《都官考课》。劭上疏曰:“百官考课,王政之大较,然而历代弗务,是以治典阙而未补,能否混而相蒙。陛下以上圣之宏略,愍王纲之弛颓,神虑内鉴,明诏外发。臣奉恩旷然,得以启曚,辄作《都官考课》七十二条,又作《说略》一篇。臣学寡识浅,诚不足以宣畅圣旨,著定典制。”又以为宜制礼作乐,以移风俗,著《乐论》十四篇,事成未上。会明帝崩,不施行。正始中,执经讲学,赐爵关内侯。凡所撰述,《法论》《人物志》之类百余篇。卒,追赠光禄勋。子琳嗣。

【译文】

刘邵,字孔才,是广平邯郸人。汉献帝建安中,任计吏,到达许昌。太史进言说:“正月初一正当日蚀。”刘劭当时在尚书令荀彧那里,在座的有数十人,有的说应当免去上朝,有的说应当推却朝见。刘劭说:“梓慎和裨灶,是古时候的出色史官,尚且占卜水火之灾而错失天时。《礼记》说,诸侯谒见天子,到宫门不能完成拜谒礼仪的原因有四个,日蚀是其中之一。但是圣人留下制度不因为灾变怪异而预先废除朝廷礼仪,是由于有的灾变消除怪异隐伏的,有的推算谬误。”荀彧赞同他的说法。敕命朝见照旧,日蚀也没有发生。

御史太夫郗虑征召刘劭,恰好郗虑被免职,刘邵被任命为太子舍人,升为秘书郎。魏文帝黄初中,为尚书郎、散骑侍郎。接受诏命会集五经群书,分类编排,著《皇览》。魏明帝曹叡即位,出任陈留太守,一心推崇教化,百姓十分感戴他。调任骑都尉,与议郎庾嶷、荀诜等编定法令条例,著《新律》十八篇,撰《律略论》。升任散骑常侍。当时听说公孙渊接受孙权封赠的燕王称号,商议的人想将公孙渊作为计吏留在洛阳,派遣军队讨伐他的部属。刘劭认为:“从前袁尚兄弟归顺公孙渊的父亲公孙康,公孙康将他们的头砍下来送给魏武帝曹操,这是公孙渊前辈效忠的表现。同时听到的消息是虚是实,还没有真正搞清楚。古时候边远地区没有归顺,天子推行仁政而不进行征讨,对安抚百姓十分重视,应当加以宽恕,给他自新的机会。”后来公孙渊果真将孙权使者张弥等人的头砍下来送给魏明帝曹叡。刘劭曾作《赵都赋》,明帝十分赞赏,诏命刘劭作《许都赋》《洛阳赋》。当时对外用兵,在内营建宫室。刘劭写作两篇赋,对此都进行了讽谏。

明帝青龙中,吴国兵围合肥,当时东部的将士都分别休假,征东将军满宠上表请用中军兵,并召回休假将士,将集结军队后进击他们。刘劭建议以为“贼人众多,刚刚到达,思想专注,气势逼人。满宠因人少在自己的地盘内自卫,如果立即进击,必定不能取胜。满宠请求等待集结兵力,没有不对的地方。”认为“可以先派步兵五千,精锐骑兵三千,军队向前进发,一路上大造声势,耀武扬威。骑兵到达合肥,将队伍疏散,多置旌旗军鼓,在城下炫耀武力,将贼人引出城后,摸清他们的归路,截断他们的粮道。贼人听说大军到来,骑兵截断他们的后路,必定惊慌逃跑,不用交战便将贼人打败了。”明帝听从了他的主张。

军队到达合肥,贼人果真退回。

当时下诏书广求各种贤人,散骑侍郎夏侯惠举荐刘劭说:"伏见常侍刘劭,忠心耿耿,深谋远虑,对于礼数领悟周详,凡是经他归纳总结的,均源流广大深远,因此各种大小才干的人,都从他那里取出共同点而加以吸收。所以性情老实的士人佩服他平和正直,追求清静的人仰慕他沉着谦让,博学的士人赞美他对天文历法推算周密,原则性强的士人了解他剖刺精审,头脑清醒的士人知道他深沉稳重,文人学士喜欢他著书立说,拟议法规的士人看重他去粗取精,出谋划策的士人颂扬他思想敏锐明察秋毫,所有这些议论,都是选择符合自己的口味的长处而举出他的支流罢了。我多次听他清谈,察看他的高论,浸渍经年,服膺良久,替朝廷着想,实在惊叹他的器量。让为像这样的人才,适宜辅佐机密要事,在军中出谋献策,理当与国家的治道同样受到尊崇,不是世俗间经常具有的。愿陛下愉快地倾听意见,让刘劭轻松地得到信用,能在陛下面前奉献自己的全部才华,那么就美言上达,光辉灿烂,日新月异了。"

魏明帝景初中,接受诏命作《都官考课》。刘劭上书说:"考验百官的功过,是王政的大法,然而历代不加重视,因此治国的大典残缺而没有进行修补,使得能与不能混杂而相互遮掩。陛下凭借上等圣人的宏图大略,忧心王纲的废弛,思虑如神,心地似镜,高明的诏书向外发出。我接受恩典,豁然开朗,茅塞顿开,便作《都官考课》七十二条,又作《说略》一篇。我学识浅薄,实在不足以表达圣意,制定典章制度。"又认为应当制礼作乐,以移风易俗,著《乐论》十四篇,大功告成,没有来得及上奏。恰好明帝逝世,没有施行。魏齐王正始中,手持经书讲学,赐爵关内侯。他的全部著作,有《法论》《人物志》等一百多篇。死后,追赠光禄勋。儿子刘琳世袭。

和洽传

【题解】

和洽,字阳士,汉末魏初汝南西平(今河南舞阳东南)人。汉末被举为孝廉,初时投刘表。曹操夺取荆州,拜和洽为丞相掾属。曹操被封为魏王,拜和洽为侍中,力谏曹操免毛玠罪。曹丕代汉为魏文帝,拜和洽为光禄勋,封安成亭侯,明帝时晋封为西城乡侯。转官为太常。为官清贫俭约,以至卖田宅以自给,死后谥为简侯。

【原文】

和洽,字阳士,汝南西平人也,举孝廉,大将军辟,皆不就。袁绍在冀州,遣使迎汝南士大夫,洽独以"冀州土平兵强,英杰所利,四战之地;本初乘资,虽能强大,然雄豪四起,全未可必也。荆州刘表无他远志,爱人乐士,土地险阻,山夷民弱,易依倚也"。遂与亲旧俱南,从表,表以上宾待之。洽曰:"所以不从本初,辟争地也;昏世之主不可亲近,久而阽危,必有谗慝间其中者。"遂南度武陵。

太祖定荆州,辟为丞相掾属。时毛玠、崔琰并以忠清干事,其选用先尚俭节,洽言曰:

"天下大器在位与人，不可以一节俭也，俭素过中，自以处身则可，以此节格物，所失或多。今朝廷之议，吏有著新衣，乘好车者，谓之不清；长吏过营，形容不饰、衣裘弊坏者，谓之廉洁。至令士大夫故污辱其衣，藏其舆服；朝府大吏，或自挈壶餐以入官寺。夫立教观俗，贵处中庸，为可继也，今崇一概难堪之行以检殊涂，勉而为之，必有疲瘁。古之大教，务在通人情而已，凡激诡之行，则容隐伪矣。"

魏国既建，为侍中。后有白毛玠谤毁太祖，太祖见近臣，怒甚。洽陈玠素行有本，求案实其事。罢朝，太祖令曰："今言事者白玠不但谤吾也，乃复为崔琰觖望，此损君臣恩义，妄为死友怨叹，殆不可忍也。昔萧曹与高祖并起微贱，致功立勋，高祖每在屈笮，二相恭顺，臣道益彰，所以祚及后世也。和侍中比求实之，所以不听，欲重参之耳。"洽对曰："如言事者言，玠罪过深重，非天地所覆载，臣非敢曲理玠以枉大伦也。以玠出群吏之中，特见拔擢，显在首职，历年荷宠，刚直忠公，为众所惮，不宜有此。然人情难保，要宜考核，两验其实。今圣恩垂含垢之仁，不忍致之于理，更使曲直之分不明，疑自近始。"太祖曰："所以不考，欲两全玠及言事者耳。"洽对曰："玠信有谤上之言，当肆之市朝；若玠无此，言事者加诬大臣以误主听；二者不加检核，臣窃不安。"太祖曰："方有军事，安可受人言便考之邪？狐射姑刺阳处父于朝，此为君之诫也。"

太祖克张鲁，洽陈便宜以时拔军徙民，可省置守之费，太祖未纳。其后竟徙民弃汉中。出为郎中令。文帝践阼，为光禄勋，封安成亭侯。明帝即位，进封西陵乡侯，邑二百户。

太和中，散骑常侍高堂隆奏："时风不至，而有休废之气，必有司不勤职事以失天常也。"诏书谦虚引咎，博谘异同。洽以为"民稀耕少，浮食者多；国以民为本，民以谷为命。故费一时之农，则失育民之本，是以先王务蠲烦费，以专耕农。自春夏以来，民穷于役，农业有废，百姓嚣然，时风不至，未必不由此也，消复之术，莫大于节俭。太祖建立洪业，奉师徒之费，供军赏之用，吏士丰于资食，仓府衍于谷帛，由不饰无用之宫，绝浮华之费。方今之要，固在息省劳烦之役，损除他余之务，以为军戎之储；三边守御，宜在备豫；料贼虚实，蓄士养、众算庙胜之策，明攻取之谋，详询众庶以求厥中。若谋不素定，轻弱小敌，军人数举，举而无庸，所谓'悦武无震'，古人之诫也。"

转为太常，清贫守约，至卖田宅以自给，明帝闻之，加赐谷帛。薨，谥曰简侯。子离嗣。离弟适，才爽开济，官至廷尉，吏部尚书。

【译文】

和洽，字阳士，汝南郡西平县人。被举为孝廉，大将军幕府征其为官，皆不就任。袁绍占据冀州，派遣使臣迎接汝南郡的士大夫。唯独和洽认为"冀州土地平坦，民众强悍，为英雄俊杰所利用，是四方皆可出战的地区。袁本初依靠自己的有利条件，虽然能够强大，然而英雄豪杰正蜂拥而起，他未必可以保全。荆州的刘表没有远大的志向，爱惜人才，乐于交结士人，地势险要，山中的民众软弱，容易依靠倚赖。"于是与亲戚故旧都向南投靠刘表，刘表以对待上宾的礼节接待他们。和洽说："之所以不投靠袁本初，是为了躲避群雄争夺的地区。昏聩的主人，不能轻易接近，时间长久定会受到危害，其间必有进谗言的人离间挑拨。"于是又向南到了武陵郡。

曹操夺取荆州，征辟和洽为丞相掾属。当时毛玠、崔琰都以忠正清廉受到重用，他们选拔官吏以节俭为主要条件。和洽进言说："国家大政，在于权位与人才，不能只凭一个方面选用官员。过于注重俭约朴素，作为自己的处世原则是可以的，但若只以这个方面作为衡量人和物的标准，失掉的人才一定会很多。如今朝廷议论，官员穿件新衣，乘坐好的车子，便认为不清廉；长官在官府中，面容不加修饰，衣服破旧的，则称之为廉洁。致使士大夫有意弄脏自己的衣服，把车马服饰收藏起来；朝廷各官府的长官，有的自己提壶携饭入官署办公。设立教令，观察风俗，贵在合度适宜，这样才可以推广。如今一概推崇难以做到的做法来检核官吏，勉强能够做到，也一定会有很多弊端。古代推行大政教化，务必使其通达人情而已。凡是偏激过分的做法，都容易使人隐瞒真情。"

魏国建立后，和洽被任命为侍中。后来发生了毛玠诽谤曹操的事件，曹操见到近臣时，极度愤怒。和洽陈述说，毛玠素来信守节操，请求调查确实。退朝后，曹操下令说："如今言事的官员告发毛玠不但诽谤我，而且又为崔琰的事打抱不平。这些都有损于君臣之间的恩义，狂妄地为被处死的朋友怨怼叹息，实在为国法所不容。先前萧何、曹参和汉高祖一起从微贱中起事，建立了很大功勋。高祖每次陷入困境，二人都非常恭顺，更充分地表现出为臣之道，因此享受的福分能延至后代。和侍中请求调查确实，我所以没有同意，是要表明重视臣下报告的情况。"和洽应对说："如果确实如告发者所说，毛玠的确罪过深重，不是天地所能承载。臣下并不是胆敢歪曲天理、偏袒毛玠，以此来破坏天理人伦。只是认为毛玠出身于一般官员，受到特别的提拔，处于显要地位，多年来一直受到宠信，刚直忠诚公正，为很多官员所忌惮，不应该有不良行为。然而人心难保不变，应该明确妥当地考察复核，从两个方面验证属实。如今圣上恩德地、含忍污垢地施加仁义，不会忍心因为涉及君臣伦理，而使是非曲直分辨不清，对近臣产生疑心。"曹操说："正有军事行动，怎么可接受他人告发后又加以复查？狐射姑在朝廷上将阳处父刺伤，这是君主应该警戒之事。"

曹操讨平张鲁，和洽建议趁机调回军队、迁徙百姓，可减省防守的费用，曹操没有采纳。但此后还是迁徙了百姓，把汉中放弃了。和洽出任郎中令。魏文帝受禅让称帝，拜和洽为光禄勋，封他为安城亭侯。魏明帝即位后，又晋封为西陵乡侯，食邑二百户。

太和年间，散骑常侍高堂隆上奏："到了季节，还没有风，却有荒废的气象，一定是官员们不勤于自己的职责，而使天气反常。"皇帝下诏谦虚地反省自己的过失，广博地咨询不同意见。和洽认为"民众不多，耕地且少，白吃饭的人很多。国家以百姓为根本，而百姓又依靠粮谷维持生命。所以说一时废弃耕种，便失去了延续生命的根本。因此先代君王务必省减繁杂的费用，以便专心注重农业耕作。自春夏以来，百姓为徭役所困扰，农业被荒废，而百姓叫苦不迭，季节风不来，未必不是由于这个原因。消除天气反常的办法，莫过于节俭。太祖皇帝建立宏伟的业绩，使用了大量费用供应军事行动，还要供军人的赏赐，但是官兵食用丰富，仓库的谷帛也很充足，原因就在于不装饰无用的宫殿，禁绝浮华的费用。如今的关键，就在于减省劳务繁杂的徭役，减免其他的多余事务，以便为军队提供储备。三方边境的防守，应该早做准备。要观察分析敌人的虚实，招募训练士兵，在朝廷上筹划好战胜敌人的策略，明确攻取的计划，再详细地征求众人的意见以求没有缺漏。如果计划不能及早明确，轻视小看敌方的实力，军队多次行动，出动后毫无成效，就后又转任太常，生活清贫，信守节操，以至出卖田宅生活。魏明帝知道后，加赐给他粮谷绢帛。死后，赐谥号为简侯。儿子和离继承了他的爵位。他的另一个儿子和适，聪明豁达，官至廷尉、吏部尚书。

满宠传

【题解】

满宠，字伯宁，汉末魏初山阳昌邑（今山东巨野南）人。十八岁为郡督邮，打击郡中豪强李朔。又守高平令，后弃官归家。曹操占据兖州，征辟他为从事，又辟署大将军西曹属，为许令，不避权贵。任汝南太守，拒袁绍。救樊城有功，进封安昌亭侯。曹丕即王位，迁满弘扬武将军、拜伏波将军。魏明帝即位，进封昌邑侯，领豫州刺史。后以前将军任代都督扬州诸军事，抗拒孙权，多次挫败孙权北犯的行动。魏明帝景初二年（238），以年老被召还，迁为太尉。满宠为官不治产业，生活俭约，家无余财，为时人所称道。

【原文】

满宠，字伯宁，山阳昌邑人也。年十八，为郡督邮，时郡内李朔等各拥部曲，害于平民，太守使宠纠焉，朔等请罪，不复钞略。守高平令，县人张苞为郡督邮，贪秽受取，干乱吏政；宠因其来在传舍，率吏卒出收之，诘责所犯，即日考竟，遂弃官归。

太祖临兖州，辟为从事。及为大将军，辟署西曹属，为许令。时曹洪宗室亲贵，有宾客在界，数犯法，宠收治之。洪书报宠，宠不听。洪白太祖，太祖召许主者，宠知将欲原，乃速杀之。太祖喜曰："当事不当尔邪？"故太尉杨彪收付县狱，尚书令荀彧、少府孔融等，并属宠："但当受辞，勿加考掠。"宠一无所报，考讯如法。数日，求见太祖，言之曰："杨彪考讯无他辞语。当杀者宜先彰其罪，此人有名海内，若罪不明，必大失民望，窃为明公惜之。"太祖即日赦出彪。初，彧、融闻考掠彪，皆怒；及因此得了，更善宠。

时袁绍盛于河朔，而汝南绍之本郡，门生宾客布在诸县，拥兵拒守，太祖忧之，以宠为汝南太守。宠募其服从者五百人，率攻下二十余壁，诱其未降渠帅，于坐上杀十余人，一时皆平，得户二万，兵二千人，令就田业。

建安十三年，从太祖征荆州，大军还，留宠行奋威将军，屯当阳。孙权数扰东陲，复召宠还为汝南太守，赐爵关内侯。关羽围襄阳，宠助征南将军曹仁屯樊城拒之，而左将军于禁等军以霖雨水长为羽所没。羽急攻樊城，樊城得水往往崩坏，众皆失色，或谓仁曰："今日之危，非力所支，可及羽围未合，乘轻船夜走，虽失城，尚可全身。"宠曰："山水速疾，冀其不久；闻羽遣别将已在郏下，自许以南，百姓扰扰，羽所以不敢遂进者，恐吾军掎其后耳；今若遁去，洪河以南，非复国家有也，君宜待之。"仁曰："善。"宠乃沈白马，与军人盟誓，会徐晃等救至，宠力战有功，羽遂退，进封安昌亭侯。

文帝即王位，迁扬武将军。破吴于江陵有功，更拜伏波将军，屯新野。大军南征，到精湖,宠帅诸军在前,与贼隔水相对,宠敕诸将曰:"今夕风甚猛,贼必来烧军,宜为其备。"诸军皆警,夜半贼果遣十部伏夜来烧,宠掩击破之,进封南乡侯。黄初三年,假宠节钺;五年,拜前将军。

明帝即位,进封昌邑侯;太和二年,领豫州刺史。三年春,降人称吴大严,扬声欲诣江北猎,孙权欲自出;宠度其必袭西阳而为之备,权闻之,退还。秋,使曹休从庐江南入合肥,令宠向夏口,宠上疏曰:"曹休虽明果,而希用兵,今所从道,背湖旁江,易进难退,此兵之洼地也。若入无疆口,宜深为之备。"宠表未报,休遂深入。贼果从无疆口断夹石,要休还路。休战不利,退走;会朱灵等从后来断道,与贼相遇,贼惊走,休军乃得还。是岁休薨,宠以前将军代都督扬州诸军事;汝南兵民恋慕,大小相率奔随道路,不可禁止,护军表上,欲杀其为首者,诏使宠将亲兵千人自随,其余一无所问。四年,拜宠征东将军。其冬,孙权扬声欲至合肥,宠表召兖、豫诸军,皆集,贼寻退还,被诏罢兵。宠以为今贼大举而还,非本意也,此必欲伪退以罢吾兵,而倒还乘虚,掩不备也,表不罢兵。后十余日,权果更来,到合肥城,不克而还。

其明年,吴将孙布遣人诣扬州求降,辞云:"道远不能自致,乞兵见迎。"刺史王凌腾布书,请兵马迎之,宠以为必诈,不与兵,而为凌作报书曰:"知识邪正,欲避祸就顺,去暴归道,甚相嘉尚。今欲遣兵相迎,然计兵少则不足相卫,多则事必远闻;且先密计以成本志,临时节度其宜。"宠会被书当入朝,敕留府长史:"若凌欲往迎,勿与兵也。"凌于后索兵不得,乃单遣一督将步骑七百人往迎之;布夜掩击,督将迸走,死伤过半。初,宠与凌共事不平,凌支党毁宠疲老悖谬,故明帝召之,既至,体气康强,见而遣还。宠屡求留,诏报曰:"昔廉颇强食,马援据鞍,今君未老而自谓已老,何与廉、马之相背邪?其思安边境,惠此中国。"

明年,吴将陆逊向庐江,论者以为宜速赴之。宠曰:"庐江虽小,将劲兵精,守则经时。又贼舍船二百里来,后尾空县,尚欲诱致,今宜听其遂进,但恐走不可及耳。"整军趋杨宜口,贼闻大兵东下,即夜遁。时权岁有来计,青龙元年,宠上疏曰:"合肥城南临江、湖,北远寿春,贼攻围之,得据水为势;官兵救之,当先破贼大辈,然而围乃得解,贼往甚易,而兵往救之甚难。宜移城内之兵,其西三十里,有奇险可依,更立城以固守,此为引贼平地而掎其归路,于计为便。"护军将军蒋济议,以为:"既示天下以弱,且望贼烟火而坏城,此为未攻而自拔,一至于此,劫略无限,必以淮北为守。"帝未许。宠重表曰:"孙子言:'兵者,诡道也。'故能而示之以弱不能,骄之以利,示之以慑。此为形实不必相应也。又曰'善动敌者形之'。今贼未至而移城却内,此所谓形而诱之也;引贼远水,择利而动,举得于外,则福生于内矣。"尚书赵咨以宠策为长,诏遂报听。其年,权自出,欲围新城,以其远水,积二十日不敢下船,宠谓诸将曰:"权得吾移城,必于其众中有自大之言,今大举来欲要一切之功,虽不敢至,必当上岸耀兵以示有余。"乃潜遣步骑兵六千伏肥城隐处以待之。权果上岸耀兵,宠伏军卒起击之,斩首数百,或有赴水死者。明年,权自将号十万至合肥新城。宠驰往赴,募壮士数十人,折松为炬,灌以麻油,从上风放火烧贼攻具,射杀权弟子孙泰,贼于是引退。三年春,权遣兵数千家佃于江北。至八月,宠以为田向收熟,男女布野,其屯卫兵去城远者数而里,可掩击也。遣长吏督二军循江东下,摧破诸屯,焚烧谷物而还,诏美之,因以所获尽为将士赏。

景初二年，以宠年老征还，迁为太尉。宠不治产业，家无余财，诏曰："君典兵在外，专心忧公，有行父、祭遵之风，赐田十顷，谷五百斛，钱二十万，以明清忠俭约之节焉。"宠前后增邑，凡九千六百户，封子孙二人亭侯。正始三年薨，谥曰景侯，子伟嗣。伟以格度知名，官至卫尉。

【译文】

满宠，字伯宁，山阳郡昌邑人。十八岁时，任郡督邮。当时郡中的李朔等人各自拥有兵众，迫害平民，郡太守派满宠前去纠察。李朔等人向满宠请罪，不再抄掠。又任守高平县令。县里人张苞在郡中任督邮，贪污受贿，干扰破坏官府政令。满宠在他来到传舍时，趁机率领官兵将其收捕，诘问他所犯过失，当日拷打审问，然后便弃官归家了。

曹操占据兖州，征辟满宠为从事；及至出任大将军，又征聘为西曹属，任许县令。当时曹洪为曹操的宗室亲戚，他手下的宾客在满宠辖界内多次犯法，被满宠收捕治罪。曹洪为此写信给满宠，满宠不加理会。曹洪又报告了曹操，曹操召见许县负责此案官员，满宠知道将要宽免，于是立即将罪犯处死。曹操大喜说："做事难道不该这样吗？"前任太尉杨彪被收捕在县监狱，尚书令荀彧、少府孔融等人都嘱咐满宠说："只让他出口供，不要拷打。"满宠对谁都不予答复，依照法令行刑审讯。数日后，求见曹操，上报说："经过行刑讯问，杨彪没有其他话说。要处死他应该先弄清其罪状，此人在全国都很有名，如果罪责不清楚，一定会大大失去人心，我实在为圣明的阁下惋惜？"曹操当天便赦免了杨彪。当初，荀彧、孔融听说杨彪受到拷打，都很愤怒；及至这样了结了此案，他们更加推重满宠了。

当时袁绍在黄河北岸势力强大，而汝南郡又是袁绍的家乡，他的门生宾客散布各县，拥兵拒守。曹操对此深感忧虑，任命满宠为汝南太守。满宠招募了服从自己的五百人，率领他们攻下二十余座寨堡，诱捕没有投降的首领，在座上杀死了其中的十余人，一时间，汝南都被平定了。得到民户二万，士兵二千人，满宠令他们回家务农。

建安十三年，随从曹操讨伐荆州。大军退回时，留满宠任行奋威将军，驻屯在当阳。孙权多次骚扰东部边境，曹操又召回满宠任汝南太守，赐爵为关内侯。关羽包围襄阳，满宠协助征南将军曹仁屯驻在樊城抗拒关羽，于禁等部因天降大雨，洪水泛滥而被关羽消灭。关羽紧急进攻樊城，樊城因为进水，城墙多处被毁，众人都惊慌失色，有人对曹仁说："今日情况之危急，不是我们的力量所能挽救。应趁关羽的包围圈尚未形成，乘坐轻便小船连夜冲出，虽然失去樊城，尚可保全性命。"满宠说："山上的洪水急速而来，我想不会停留很久。听说关羽派遣的偏将已经到达郏县，从许都以南，百姓纷纷扰扰，关羽之所以不敢迅速北进，是害怕我军断其后路。如今我们若退走，黄河以南地区，就不再为国家所有了；阁下应该等待下去。"曹仁说："很对。"满宠于是将白马沉入水中，与将士们盟誓守城。正值徐晃率救兵前来，满宠奋力出战有功，关羽退走。晋封为安昌亭侯。

魏文帝即魏王位，迁升满宠为扬武将军。因在江陵打破吴军有功，再拜为伏波将军，驻屯在新野。魏文帝率大军南征东吴，抵达精湖，满宠率领各军在前面，与东吴军队隔水相望。满宠对诸将下令说："今晚风力很猛，敌兵一定会来趁风进攻我军，应该小心戒备！"各军都加强了警戒。半夜时，敌人果然派出十路人马趁夜前来烧营，满宠率兵掩杀，将其击溃，晋封为南乡侯。黄初三年，又给予满宠假黄钺的待遇。五年，拜他为前将军。

魏明常继位,进封满宠为昌邑侯。太和二年,任命为领豫州刺史。三年春天,投降的人说吴军正在调发军队,扬言欲到长江北岸会猎,孙权本人也要亲自出马。满宠估计吴兵一定会袭击西阳,因此作了防备,孙权听说后,便退回了。秋天,朝廷派曹休从庐江向南进入合肥,命令满宠进兵夏口。满宠上疏说:"曹休虽然聪明果断,但很少用兵打仗,如今进攻的路线,背靠湖泊,沿江而行,容易进军,撤退可就困难了,这对行动是很不利的。如果进入无强口,应该很严密地做好准备。"满宠的上疏还未奏报,曹休已经率兵深入。敌人果然从无强口切断夹石的通道,断了曹休的退兵之路。曹休出战不利,退兵。正巧朱灵等人从后面赶来阻断退路,与贼人相遇,贼人惊惧而逃,曹休的军队才得以返回。这一年,曹休去世。满宠以前将军代理都督扬州诸军事。汝南郡的军人百姓都敬慕满宠,大人孩子相率跟随在道路上,无法禁止。护军上表,要杀掉为首的人。诏令让满宠率亲兵一千人随从,对其他人也不再追究。四年,拜满宠为征东将军。这一年冬天,孙权扬言要到合肥,满宠上表调集兖州和豫州的各路军队。大军会合到一起。敌人不久便退兵了,朝廷也下诏停止行动。满宠则认为,如今敌人大举退兵,并不是他们的本意,这样做一定是以假装退兵而使我军罢兵,然后乘虚而入,趁我军不备而发动攻击,因此上表请求不要撤军。此后十余天,孙权果然又回来了,抵合肥城,未能攻克而回。

第二年,吴国将领孙布派人到扬州请降,带话说:"路远不能亲自前来,请您派兵来接应我们。"刺史王凌送来孙布的信,请求派兵马前去迎接。满宠认为其中必定有诡计,没有派兵,而是以王凌的名义回信说:"能够识别邪正,想要逃避灾祸而归顺正统,离开暴君而归附有道明主,我对此深表赞扬推崇。如今想派兵迎接,然而考虑兵少了不能保护你们,兵多了事情又会广为传播,因此暂且先秘密谋划以期实现你们的心愿,然后再随机应变。"凑巧满宠接到诏书入朝,临行前命令都督府长史说:"如果王凌要前去迎接,不要派给他兵马。"此后,王凌请求调兵不能如愿,于是只派遣一名督将率七百人前去迎接。孙布连夜发动袭击,督将逃走,部下死伤过半。当初,满宠与王凌共事,双方发生矛盾,王凌的党羽诋毁满宠疲弱衰老昏聩,所以魏明帝将其召回。到朝廷后,明帝见他身体健康、精力充沛,于是又把他派了回去。满宠屡次上表请求留在朝廷。诏令回复说:"先前廉颇勉强进食,马援倚靠马鞍显示强壮,如今你还没上年纪而自称已经衰老,为什么与廉颇、马援的志向相背呢?还是考虑如何安定边境,为国家做些贡献吧。"

次年,吴国将领陆逊进趋庐江,议论的人认为应迅速前去对付。满宠说:"庐江虽然很小,但守将强悍,士兵精锐,能够防守很长时间。此外,敌人舍去船只,二百里远道而来,后面空虚,欲图诱惑我军,现在应听凭他们进兵,只恐怕他们退兵时我们都难以追击。"他整顿军队直奔杨宜口,敌人听说大军东下,当夜便逃遁了。当时孙权每年都谋划北上。青龙元年,满宠上疏说:"合肥城南面临江临湖,北面远离寿春,敌人围攻它,可以依靠水上作为据点,官军若去救援,应该先打败大股敌军,然而才可以解围。敌人到那里容易,我们赶到那里却很难。应该调出城内的军队,在城西三十里,有很险要的地形可以依托,我们可在那里筑城固守。这样做,可以把贼人引到平地而切断他们的归路,对于我们甚为有利。"护军将军蒋济认为:"这样便是向天下表示我们软弱,况且望见敌人的烽火便毁坏城池,如同敌人还未进攻,城池便被攻破。这样一来,敌人的进攻会连绵不断,我们只好在淮河北岸防守了。"明帝因此没有同意满宠的建议。满宠又上表说:"孙子有言:

'军事行动,是诡诈的斗争方式。'所以,有能力时表示软弱无能,使敌人骄傲,以为有利可图,显示我们惧怕他。这就是说外表与实际不必一致。又说:'善于调动敌人者,要创造条件。'如今敌人未到,我们放弃城池,调兵出城,这就是创造条件引诱他们。引诱敌人远离水域,我们选择有利时机,采取行动。这样做虽然表面上有所损失,但实际上却获利很多。"尚书赵咨认为满宠的计划考虑长远,明帝下诏采纳。这一年,孙权亲率大军出动,欲图围困新城,因为远离水域,二十余日不敢下船。满宠对各位将领说:"孙权得知我已移筑城池,一定曾在部众中自夸过,如今大举前来,欲图一举成功,虽不敢来到我军城下,但却必定要上岸显耀兵力,以表明有充分的实力。"于是暗中派遣步骑兵六千人,埋伏在肥城的隐蔽之处等待吴军。孙权果然上岸炫耀兵力,满宠派出的伏兵突然发动进攻,杀敌数百名,有些敌人投水而死。次年,孙权号称亲率十万大军,兵抵合肥的新城。满宠驱驰赴援,招募数十名壮士,折断松枝,做成火炬,再灌上麻油,从上风放火,焚烧敌人进攻的兵器,射死孙权的侄子孙泰。敌人因此退兵。三年春天,孙权派遣士卒数千家在江北种田。到了八月,满宠认为粮食成熟,正在收获,种田的男女布满田野,而其守卫的士兵离城远的有数百里,可以趁机偷袭。于是派遣长史率领三军沿江东下,摧毁破坏敌人的屯田处所,焚烧收获的谷物而回。皇帝下诏表彰,并把掠获的物品全部赏给将士。

景初二年,因为年老,满宠被召回,迁升为太尉。满宠不置产业,家中没有多余的财物,皇帝下诏说:"你在外统帅军队,一心思虑公事,有行父、祭遵的风骨。特别赐给田地十顷,谷五百斛,钱二十万,以表彰清廉忠诚俭约的节操。"满宠前后增加的封邑,共九千六百户,子孙二人被封为亭侯。正始三年,满宠去世,谥号为景侯。儿子满伟继承了他的爵位。满伟以胸怀大度而知名,官至卫尉。

田豫传

【题解】

田豫,字国让,东汉末魏初渔阳雍奴(今河北安次东)人。少年时投奔刘备,后被公孙瓒任命为守东州县令。投曹操,为丞相军谋掾,先后任颍阴、朗陵等县令,迁弋阳太守。从鄢陵侯曹彰征讨代郡乌丸。再迁南阳太守。魏文帝初,任持节护乌丸校尉,威震北边,封长乐亭侯。转汝南太守,加殄夷将军。正始年间,迁使持节护匈奴中郎将,加振威将军,领并州刺史。州界安定,百姓称道,胡人相率归附。征为卫尉,后拜太中大夫。田预为官清廉俭朴,所得赏赐全部分发给将士。胡人所送资财,皆入官府,家中常贫穷困乏。

【原文】

田豫,字国让,渔阳雍奴人。刘备之奔公孙瓒也,豫时年少,自托于备,备甚奇之。备为豫州刺史,豫以母老求归,备涕泣与别,曰:"恨不与君共成大事也。"公孙瓒使豫守东州令,瓒将王门叛瓒,为袁绍将万余人来攻。众惧欲降,豫登城谓门曰:"卿为公孙所厚而去,意有所不得已也;今还作贼,乃知卿乱人耳。夫挈瓶之智,守不假器;吾既受之矣,何不急攻乎?"门惭而退。瓒虽知豫有权谋而不能任也。瓒败,而鲜于辅为国人所推,行太守事,素善豫,以为长史;时雄杰并起,辅莫知所从。豫谓辅曰:"终能定天下者,必曹氏也,宜速归命,无后祸期。"辅从其计,用受封宠。太祖召豫为丞相军谋掾,除颍阴、朗陵令,迁弋阳太守,所在有治。

鄢陵侯彰征代郡,以豫为相,军次易北,虏伏骑击之,军人扰乱,莫知所为。豫因地形,回车结圜阵,弓弩持满于内,疑兵塞其隙,胡不能进,散去;追击,大破之。遂前平代,皆豫策也。

迁南阳太守。先时,郡人侯音反,众数千人在山中为群盗,大为郡患,前太守收其党与五百余人,表奏皆当死。豫悉见诸系囚慰喻,开其自新之路,一时破械遣之;诸囚叩头愿自效,即相告语,群贼一朝解散,郡内清静。具以状上,太祖善之。

文帝初,北狄强盛,侵扰边塞,乃使豫持节护乌丸校尉,牵招、解俊并护鲜卑。自高柳以东,濊貊以西,鲜卑数十部,比能、弥加、素利割地统御,各有分界,乃共要誓,皆不得以马与中国市。豫以戎狄为一,非中国之利,乃先构离之,使自为仇敌,互相攻伐。素利违盟出马千匹与官,为比能所攻,求救于豫,豫恐遂相兼并为害滋深,宜救善讨恶,示信众狄,单将锐卒,深入虏廷,胡人众多,钞军前后,断截归路;豫乃进军,去虏十余里结屯营,多聚牛马粪然之,从他道引去。胡见烟火不绝,以为尚在,去,行数十里乃知之。追豫到马城,围之十重;豫密严,使司马建旌旗,鸣鼓吹,将步骑从南门出,胡人皆属目往赴之。豫将精锐自北门出,鼓噪而起,两头俱发,出虏不意,虏众散乱,皆弃弓马步走,追讨二十余里,僵尸蔽地。又乌丸王骨进桀黠不恭,豫因出塞案行,单将麾下百余骑,入进部,进逆拜,遂使左右斩进,显其罪恶以令众,众皆怖慑不敢动,便以进弟代进。自是胡人破胆,威震沙漠。山贼高艾,众数千人寇钞,为幽冀害。豫诱使鲜卑素利部斩艾,传首京都,封豫长乐亭侯。为校尉九年,其御夷狄,恒摧抑兼并,乖散强猾。凡逋亡奸宄,为胡作计不利官者,豫皆构刺搅离,使凶邪之谋不遂,聚居之类不安。事业未究,而幽州刺史王雄支党欲令雄领乌丸校尉,毁豫乱边,为国生事;遂转豫为汝南太守,加殄夷将军。

太和末,公孙渊以辽东叛,帝欲征之而难其人,中领军杨暨举豫应选,乃使豫以本官督青州诸军,假节,往讨之。会吴贼遣使与渊相结,帝以贼众多,又以渡海,诏豫使罢军。豫度贼船垂还岁晚风急,必畏漂浪,东随无岸,当赴成山;成山无藏船之处,辄便循海,案行地形,及诸山岛,缴截险要,列兵屯守。自入成山,登汉武之观。贼还,果遇恶风,船皆触山沉没,波荡着岸,无所逃窜,尽虏其众。初,诸将皆笑于空地待贼;及贼破,竟欲与谋,求入海钩取浪船。豫惧穷虏死战,皆不听。初,豫以太守督青州,青州刺史程喜内怀不服,军事之际,多相违错;喜知帝宝爱明珠,乃密上:"豫虽有战功而禁令宽驰,所得器仗珠金甚多,放散皆不纳官。"由是功不见列。

后孙权号十万众攻新城,征东将军满宠欲率诸军救之,豫曰:"贼悉众大举,非徒投射小利,欲质新城以致大军耳;宜听使攻城,挫其锐气,不当与争锋也。城不可拔,众必罢怠,罢怠然后击之,可大克也。若贼见计,必不攻城,势将自走;若便进兵,适入其计。又大军相向,当使难知,不当使自画也。"豫辄上状天子,从之,会贼遁走。后吴复来寇豫往拒之,贼即退,诸军夜惊,云"贼复来!"豫卧不起,令众"敢动者斩"。有顷,竟无贼。

景初末增邑三百,并前五百户。正始初迁使持节护匈奴中郎将,加振威将军,领并州刺史，外胡闻其威名，相率来献；州界宁肃，百姓怀之。征为卫尉，屡乞逊位，太傅司马宣王以为豫克壮，书喻未听。豫书答曰："年过七十而以居位，譬犹钟鸣漏尽而夜行不休，是罪人也。"遂固称疾笃，拜太中大夫，食卿禄。年八十二薨，子彭祖嗣。

豫清约俭素，赏赐皆散之将士，每胡、狄私遗，悉薄藏官，不入家，家常贫匮。虽殊类，咸高豫节，嘉平六年，下诏褒扬，赐其家钱谷。

【译文】

田豫，字国让，渔阳郡雍奴县人。刘备投奔公孙瓒，田豫当时年纪还少，自己托身于刘备，刘备非常看重他。刘备任豫州刺史，田豫以母亲年老为理由请求回乡，刘备涕泣着与他告别，说："只恨不能与君一起建立大业。"公孙瓒命田豫为守东州县令，公孙瓒的部将王门背叛公孙瓒，为袁绍率领一万余人前来进攻。众人恐惧，准备投降。田豫登上城墙对王门说："你受到公孙将军厚待，却离开他，其中定有不得已的原因；如今却回来为贼人出力，由此可知你是无情无义之人。人们虽然只有提瓶打水的才智，也知道守护自己的瓶子。我已接受了公孙将军的委任，你为什么不赶紧来进攻？"王门惭愧地退走了。公孙瓒失败后，鲜于辅为属下官民所推重，代行太守之事，他与田豫素来关系很好，任命田豫为太守府长史。当时群雄并起，鲜于辅不知依从谁好。田豫对鲜于辅说："最终能够安定天下的，一定是曹操。应该赶紧投奔他，不要等着以后遭祸。"鲜于辅听从了他的建议，因而受到曹操的重用和封官、尊崇。曹操召田豫为丞相府军谋掾，任命为颍阴、郎陵令，迁升为弋阳太守，所到之处，都得到很好的治理。

鄢陵侯曹彰征讨代郡，以田豫为相。军队进抵易水北岸，敌人埋伏下骑兵偷袭，军人乱成一团，不知如何是好。田豫根据地形，用战车围绕成战阵，弓弩手拉满弓在里面，在空隙中布下疑兵。胡人攻不进来，便溃散了。大军乘势追击，大破敌兵。田豫于是挥兵前进，平定了代郡，这些都是田豫谋划的。

又迁升为南阳太守。先前，郡里人侯音反叛，率众数千人在山中作盗匪，给南阳造成极大祸患。前任太守收捕了侯音的党羽五百余人，上表奏请全部处死。田豫召见全体在押囚犯，加以安慰晓谕，为他们指明悔过自新之路，打开刑具，一次全部释放。各位囚犯都叩头感恩，希望为田豫效命，当即互相转告，各部盗贼一天之内便都解散了，郡中得以清静安定。田豫如实向上汇报，曹操予以表扬。

魏文帝初年，北方的部族强盛，侵扰边塞，于是任命田豫为持节护乌丸校尉，牵招、解俊同为护鲜卑校尉。从高柳以东，濊貊以西，有鲜卑人数十个部落，比能、弥加、素利分割地区加以统领，各自有自己的地界；他们共同立下誓言，都不得把马卖给中原人。田豫认为，少数部族联合在一起，对中原朝廷不利。于是先挑拨离间他们，让他自相仇视，互相攻杀。素利违反盟约，把一千匹马送给官府，因而遭到比能的攻击，向田豫求救。田豫恐怕因此互相兼并，造成更大的危害，认为应该救助善良、惩治凶恶，向各部族显示威信。于是单独率领精锐士兵，深入到胡虏控制的地区，胡人很多，在官兵前后进行抄掠，截断退兵之路。田豫遂率军挺进，距胡人十余里时，扎下营寨，收集许多牛马的粪便烧了起来，从另外一条路撤走了。胡人见烟火不断，以为田豫的军队还在，便离去了，走了数十里之后；才发现田豫已撤走。他们又追击田豫至马城，将其重重围困，田豫严密防守，令司马树立起旗帜，奏起鼓乐，率步骑兵从南门杀出，胡人把注意力集中到哪里，便向哪里攻击。田豫则率领精锐骑兵从北门冲了出来，擂鼓呼叫冲杀，两面发起冲击，胡人措手不及，阵脚大乱，都丢弃弓、马逃走了。田豫率兵追击二十余里，胡人的尸体布满了原野。此后，乌丸王骨进对官府不恭敬，田豫到塞外调查，自己仅率领百余人到了骨进的部落中，骨进出来迎接拜见，田豫命令手下人将骨进斩首，又公布了他的罪恶，以号令其部众。骨进的部众者恐惧不敢行动，田豫便以骨进的弟弟统领其部众。从此后，胡人吓破了胆，田豫的声威震动沙漠。山贼高艾，有部众数千人，四处抢劫抄掠，在幽、冀两州为害，田豫引诱鲜卑素利部杀死高艾，将其首级送到京城。朝廷封田豫为长乐亭侯。他担任护乌丸校尉九年，统治少数部族，对兼并者予以压服，对豪强者使其离散。凡是逃走的奸邪之人，为胡人出谋划策不利官府的，田豫都挑拨离间他们之间的关系，使他们的凶恶阴谋不能得逞，聚居在一起却不得安宁。田豫的计划还没有完全实现，幽州刺史王雄的党羽欲图让王雄担任领乌丸校尉，因此诋毁田豫扰乱边境，为国家生事。朝廷于是把田豫调任汝南太守，加官为殄夷将军。

太和末年，公孙渊在辽东反叛，魏明帝要征讨他，却找不到合适的人选，中领军杨暨推举田豫，于是使田豫以本官统帅青州的各路军队，假予符节，前往讨伐。正值吴国派使臣与公孙渊相勾结，明帝因为贼人众多，又要渡海，诏令田豫停止出兵。田豫估计，贼人船只将要返回，正是年底风急的季节，一定惧怕风大浪高，东面又无岸可依，肯定要到成山。成山没有藏船的地方，只好依傍岸边行进。他观察好地形，在各个山岛的险要之处，布置军队防守，他亲自到成山，登上汉武帝所建的楼观。贼人返回时，果然遇到大风，船只都触山沉没，飘荡到岸边，无处逃窜，全为田豫布置的将士俘虏。当初，各位将领都笑他在空地等待贼人，及至贼人惨败，都争相执行他的计划，请求入海夺取漂泊的敌船。田豫恐怕敌人在陷入穷途末路时，会拼死反抗，但将领都不听他的命令。当初，田豫以太守的官职统帅青州军队，青州刺史程喜心中不服，在进行部署时，多与他意见不一致。程喜知道明帝喜欢明珠，于是秘密上奏说："田豫虽然立下战功，但是军令松弛；得到了许多珠宝器物，都发放给官兵而不交纳给官府。"因此，田豫的功劳没有受到奖赏。

以后，孙权号称统帅十万大军攻打新城，征东将军满宠准备率兵前去救援。田豫说："敌人竭尽全力大举出动，不只是为了争夺小利，他们是要借助攻打新城以引诱我出动大军。应该听任他们攻城，挫败他们的锐气，不应该与他们争高低。他们攻新城不下，士兵必然疲惫；等其疲惫之后，我们再出击，可大获全胜。如果敌人知道我们的计划，就不会再攻城，必定会自动退走。我们若现在进兵，正中了他们的诡计。此外，大军出动的方向，应该使人难以预料，不应该让军队自己筹划。"田豫都予以上奏，明帝表示同意。敌人只得退走了。后来吴军又来侵扰，田豫前往抵御，敌兵立即退走。许多军士深夜惊喊："敌人又来了！"田豫安卧不动，对众人下令说"敢行动者处死"。此后，果然不见敌兵。

景初末年，朝廷增加给他三百户封邑，加上先前所封，共五百户。正始初年，迁升为使持节护匈奴中郎将，加官振威将军，领并州刺史。境外胡人闻知他的威名，相继来朝贡献。他所管辖的并州界内清静安宁，百姓都归心于官府。又被征召为卫尉。多次请求退职，太傅司马懿认为田豫年纪正壮，下书告谕不予同意。田豫复信说："年纪已经七十岁而占据着官位，犹如滴漏已经漏尽，钟声已响完，而黑夜却还没有结束，这是罪人啊。"于是坚决称病辞职。朝廷拜他为太中大夫,仍领取九卿的俸禄。田豫八十二岁时去世。儿子田彭祖继承了他的爵位。

田豫生活俭朴清贫,朝廷给他的赏赐都分发给部下将士。每次胡人给他个人送来礼品,都登记好收入官府,从不拿到家里;因此他家中常常贫困。他虽然性情孤傲,与他人很少来往,但人们都很看重他的节操。嘉平六年,朝廷发布诏令褒扬,下令赐给他的家属钱谷。

徐邈传

【题解】

徐邈(170~249)字景山,东汉末魏初燕国蓟(今北京市)人。早年被曹操征辟为丞相军谋掾,试守奉高县令,入朝为东曹议令史。魏国初建时,任尚书郎。后领陇西太守,转为南安太守。曹丕受禅称帝,他历任谯国国相,平阳、安平太守,颍川典农中郎将,所任皆有政绩,赐爵为关内侯。再迁任抚军大将军军师。明帝时任凉州刺史、持节领护羌校尉。任职期间,广修盐池,开水田,募贫民耕种,家家丰足,仓库充溢;进善黜恶,风化大行,百姓归心。赏赐皆散给将士,从不入家,致使妻子儿女衣食常困乏。归朝任大司农,迁为司隶校尉。后为光禄大夫,拜司空,不受。七十岁时,死于家中,死后家无余财。

【原文】

徐邈,字景山,燕国蓟人也。太祖平河朔,召为丞相军谋掾,试守奉高令。入为东曹议令史,魏国初建,为尚书郎,时科禁酒,而邈私饮至于沈醉,校事赵达问以曹事,邈曰:"中圣人。"达白之太祖,太祖甚怒,度辽将军鲜于辅进曰:"平日醉客谓酒清者为圣人,浊者为贤人,邈性修慎,偶醉言耳。"竟坐得免刑。后领陇西太守,转为南安。

文帝践阼,历谯相、平阳、安平太守,颍川典农中郎将,所在著称,赐爵关内侯。车驾幸许昌,问邈曰:"颇复中圣人不?"邈对曰:"昔子反毙于谷阳,御叔罚于饮酒,臣嗜同二子,不能自惩,时复中之。然宿瘤以丑见传,而臣以醉见识。"帝大笑,顾左右曰:"名不虚立。"迁抚军大将军军师。

徐邈

明帝以凉州绝远,南接蜀寇,以邈为凉州刺史,使持节领护羌校尉,至,值诸葛亮出祁山,陇右三郡反,邈辄遣参军及金城太守等击南安贼,破之。河右少雨,常苦之谷。邈上修武威、酒泉盐池以收虏谷,又广开水田,募贫民佃之,家家丰足,仓库盈溢;乃支度州界军用之余,以市金帛犬马,通供中国之费;以渐收敛民间私仗,藏之府库;然后率以仁义,立学明训,禁厚葬,断淫祀,进善黜恶,风化大行,百姓归心焉。西域流通,荒戎入贡,皆邈勋也。讨叛羌柯吾有功,封都亭侯,邑三百户,加建威将军。邈与羌胡从事,不问小过,若犯大罪,先告部帅使知,应死者乃斩以徇,是以信服畏威。赏赐皆散与将士,无入家者,妻子衣食不充,天子闻而嘉之,随时供给其家。弹邪绳枉,州界肃清。

正始元年,还为大司农,迁为司隶校尉,百僚敬惮之。公事去官。后为光禄大夫,数岁即拜司空,邈叹曰:"三公论道之官,无其人则缺,岂可以老病忝之哉?遂固辞不受。嘉平元年,年七十八,以大夫薨于家,用公礼葬,谥曰穆侯,子武嗣。

六年,朝廷追思清节之士,诏曰:"夫显贤表德,圣王所重,举圣而教,仲尼所美,故司空徐邈、征东将军胡质、卫尉田豫皆服职前朝,历事四世,出统戎马,入赞庶政,忠清在公,忧国忘私,不营产业,身没之后,家无余财,朕甚嘉之。其赐邈等家谷二千斛、钱三十万,布告天下。"邈同郡韩观曼游,有鉴识器干,与邈齐名,而在孙礼、卢毓先,为豫州刺史,其有治功,卒官。

【译文】

徐邈,字景山,燕国蓟县人。曹操平定黄河以北地区,征召他为丞相军谋掾,任试守奉高县令,入朝担任东曹议令史。魏国刚建立时,任尚书郎。当时法令禁止饮酒,而徐邈却偷着饮酒直至沉醉不醒。校事赵达向他询问曹中的事务,徐邈回答:"中圣人。"赵达将此事报告了曹操,曹操大怒。度辽将军鲜于辅进言说:"平常人们喝醉酒称酒醒的人为圣人,大醉不醒者称作贤人,徐邈本性谨慎重节操,只是偶然喝醉酒才说出这样的话。"他因此才得以免于刑事处罚。后来任领陇西太守,转调南安太守。

魏文帝受禅登基,他历任谯国国相,平阳、安平太守,颍川典农中郎将,所到之处,都令人称道,赐予爵位为关内侯。皇帝御驾幸临许昌,问徐邈说:"经常作中圣人没有?"徐邈回答:"先前子反在谷阳死去,御督因饮酒而受罚,臣下嗜酒如同他们两人一样,不能自制,时常仍做圣人。然而身上长瘤子的人因为丑陋而留下名字,而臣下却因为醉酒为陛下所认识。"皇帝大笑,看着左右的人说:"名不虚传。"迁升他为抚军大将军军师。

魏明帝认为凉州距内地很远,南面与蜀汉相接,于是任命徐邈为凉州刺史,使持节领护羌校尉。到任后,正巧蜀汉丞相诸葛亮出祁山来攻,陇右的三个郡都反叛了。徐邈立即派参军及金城太守等讨伐南安的贼人,将他们击溃。黄河西部地区少雨,经常被缺少谷物所困扰。徐邈在武威和酒泉修建盐池以收购少数部族的谷物,又广泛开辟水田,招募贫民租佃,从而使这一地区家家丰衣足食,官府的仓库也装得满满的。于是又在供给本州界内的军事费用之外,用其余的钱来购买金帛和犬马,以供应中原地区。他还逐渐收缴了民间的私人兵器,保存在官府之中,然后以仁义劝导百姓,建立学校,申明教化和法令,禁止厚葬,拆毁滥设的祠堂,进用善良的人,贬黜邪恶之辈,良好的社会风气逐渐树立起来,百姓都归心于官府。西域地区同中原发展了关系,蛮荒地区的部族也前来进贡,这些都是徐邈的功劳。因为征讨羌人柯吾有功,被封为都亭侯,食邑三百户,加官为建威将军。徐邈对待羌人和胡人,不过问小的过错;若罪行严重,他便先通知其所部首领,使他们知道,然后再将犯死罪者斩首示众,所以少数部族信任和畏惧他的威严。他所得到的赏赐都分发给部下将士,从不拿到自己家中,他的妻子儿女经常衣食不足;皇帝听说后,予以嘉奖,并按时供给他的家用。他在任内镇压邪恶,洗雪冤屈,使凉州界内清静安宁。

正始元年回朝廷任大司农,升迁为司隶校尉,百官都敬重忌惮他。后因为公事离任。又任光禄大夫,数年之后被拜为司空,徐邈感叹说:"三公是讨论国家大政的官员,没有合适的人选便空着位置,怎么能让我这样又老又病的人充任呢?"于是坚决推辞不到任。嘉平元年,年七十八岁,以大夫的职位死于家中,按三公的礼仪下葬,谥号为穆侯。儿子徐武继承了他的爵位。

六年,朝廷追念清廉有节操的官员,下诏说:"彰显贤良,表扬德性,为圣明的帝王所重视;尊崇善行以推行教化,为孔子所褒美。已故的司空徐邈、征东将军胡质、卫尉田豫皆在前朝任职,为四代君王服务,不论出外统率兵马,入朝协助处理朝政,都忠心清廉,一心为公,忧国忘家,不营置产业,自己去世后,家中没有剩余的财物,朕对此深表嘉奖。现赏赐徐邈等人家属谷物二千斛,钱三十万,布告全国。"徐邈同郡人韩观,字曼游,有鉴别人才的才干和能力,名气与徐邈相等,而在孙礼、卢毓的名声之上。韩观担任豫州刺史时,治理地方很有政绩,死在任上。

胡质传

【题解】

胡质(?~250),字文德,东汉末魏初楚国寿春(今安徽寿县)人。少年时知名于江、淮间,在州郡中任官。曹操召其为顿丘令,入朝为丞相东曹议令史,后在州中任治中。曹操辟为丞相。魏文帝黄初年间,迁任吏部郎,调常山太守。迁荆州刺史,加振威将军,赐爵关内侯。救樊城有功,迁征东将军,假节都督青、徐诸军事。任上广积粮谷,发展农业,加强守备。嘉平二年去世,死后家无余财,唯有赏赐的衣物、书箧而已。追封为阳陵亭侯。

【原文】

胡质,字文德,楚国寿春人也。少与蒋济、朱绩俱知名江、淮间,仕州郡。蒋济为别驾,使见太祖,太祖问曰:"胡通达,长者也,宁有子孙不?"济曰:"有子曰质,规模大略不及于其父,至于精良综事过之。"太祖即召质,为顿丘令。县民郭政通于从妹,杀其夫程他,郡吏冯谅系狱为证。政与妹皆耐掠隐抵。谅不胜痛,自诬,当反其罪。质至官,察其情色,更详其事,检验具服。

入为丞相东曹议令史,州请为治中。将军张辽与其护军武周有隙,辽见刺史温恢求请质,质辞以疾,辽出谓质曰:"仆委意于君,何以相辜如此?"质曰:"古人之交也,取多知其不贪,奔北知其不怯,闻流言不信,故可终也。武伯南身为雅士,往者将军称之,不容于口;今以睚眦之恨,乃成嫌隙。况质才薄,岂能终好?是以不愿也。"辽感言,复与周平。

太祖辟为丞相属,黄初中,徙吏部郎,为常山太守,迁任东莞。士卢显为人所杀,质曰："此士无仇而有少妻，所以死乎！"悉见其比居年少，书吏李若见问而色动，遂穷诘情状，若即自首，罪人斯得。每军功赏赐，皆散之于众，无人家者。在郡九年，吏民便安，将士用命。

迁荆州刺史，加振威将军，赐爵关内侯。吴大将朱然围樊城质轻军赴之。议者皆以为贼盛不可迫，质曰："樊城卑下，兵少，故当进军为之外援；不然，危矣。"遂勒兵临围，城中乃安。迁征东将军，假节都督青、徐诸军事，广农积谷，有兼年之储，置东征台，且佃且守；又通渠诸郡，利舟楫，严设备以待敌，海边无事。

性沈实内察，不以其节检物，所在见思。嘉平二年薨，家无余财，惟有赐衣书箧而已，军师以闻。追进封阳陵亭侯，邑百户，谥曰贞侯。子威嗣。六年，诏书褒述质清行，赐其家钱谷。语在《徐邈传》。威，咸熙中官至徐州刺史，有殊绩，历三郡守，所在有名。卒于安定。

【译文】

胡质，字文德，楚国寿春人。少年时，与蒋济、朱绩在江、淮一带都很有名气，在州郡任官。蒋济任别驾，前去见曹操。曹操问道："胡通达，是个有威望的人，他有没有子孙呢？"蒋济说："他有个儿子，名叫胡质，规划国家大事不如他的父亲，至于精密细致、处理事务则超过其父。"曹操便征召胡质任顿兵县令。县民郭政与堂妹私通，杀了她的丈夫程他，郡里的属吏冯谅被抓起来作证。郭政与堂妹都强忍住疼痛死不认罪，冯凉忍不住痛苦，便屈打成招了，这样，他就要被处以诬陷之罪。胡质到任后，察出了其中内情，便重新详细审讯，验证后，郭政及堂妹都只好认罪了。

入朝后他担任丞相东曹议令史，州中请他担任治中。将军张辽与他的护军武周有矛盾，张辽面见州刺史温恢请求让胡质担任他的护军，胡质以有病推辞。张辽出来后对胡质说："我诚心待你，为什么这样辜负我的心意呢？"胡质说："古人交往，对方虽然拿得多，但却知其不贪；打仗时败逃，但能知道他并不怯懦；听到他人的流言蜚语而不相信，这样才可善始善终。武伯南是位高雅之人，先前将军称道他赞不绝口，如今却为一点点小误会，便结成怨仇。更何况胡质才识浅陋，怎么能和您长久友好相处？所以我才不愿答应您的请求。"张辽被胡质的一番话所感动，又与武周和好了。

曹操征召胡质为丞相属。黄初年间，调任为吏部郎，任常山太守，迁任东莞太守。士人卢显被人所杀，胡质说："此人没有仇人而有个年轻的妻子，他是因此而死的！"他把与卢显住得较近的年轻男子都叫来询问，书吏李若见问此事，脸色马上变了，于是胡质严加审问，李若当即自首，真正的罪犯都被抓住了。每次有军功得到赏赐，他都是分发给部下，从不拿到家里。在郡中任太守九年，官民都安定太平，将士也肯为他效命。

迁升为荆州刺史，加官为振威将军，赐爵关内侯。吴国大将朱然包围樊城，胡质率兵轻装赴援。讨论的人都认为敌人士气太盛，难以退敌。胡质说："樊城很小，兵力也少，所以应当进兵作为外援，不然，就危险了。"于是率兵解围，城中才得以安定。迁升为征东将军，假予符节都督青、徐诸州军事。在任上广开农田，积蓄粮谷，有多年的储备，还设置东征台，一边耕作，一边守备。又在各郡中修通渠道，以便舟船通行，严加防守以对付敌人来犯。沿海地区因此没有战事。

胡质天性深沉,心中对事情明察秋毫,不以表面现象判断事物,能够深加思索。嘉平二年去世,死后家中没有剩余的财物,唯有赏赐的衣物、书箱而已。军师将此事上奏,追加晋封为阳陵亭侯,食邑一百户,谥号为贞侯。他的儿子胡威继承了爵位。嘉平六年,下诏褒扬胡质清廉节操,赐给他家中钱谷。诏书内容在《徐邈传》中。胡威,咸熙年间官至徐州刺史,有特殊的政绩,官历三郡太守,所到之处,都有名望。死于安定。

邓艾传

【题解】

邓艾(197~264),三国时期魏国名将。字士载,棘阳(今河南省南阳市)人。邓艾生于三国初年,社会动荡。他少孤家贫,为屯田农民。后稍长,作小吏,司马懿发现邓艾颇具才能,擢作掾吏,后升尚书郎。建议屯田两淮,且佃且守,广开漕渠,引河入汴,灌溉淮北农田,广为储谷,并著《济河论》,加以阐述,从而保证了征吴所需的军粮。累升城阳、汝南太守,所到之处荒地开辟,粮食增加,军民都得到充足供应。魏嘉平五年(253年),因邓艾的建议合宜,被调升为兖州刺史,加振威将军。魏正元元年,邓艾因有打败毋丘俭和文钦的功劳,授官长水校尉,进封方城乡侯。魏甘露元年,邓艾因大破蜀汉姜维功,升任镇西将军,都督陇右诸军,进封邓侯。魏景元四年(263),奉诏以征西将军,与钟会诸葛绪分三路伐蜀。邓艾出奇兵,自阴平经人烟稀少地区行军七百余里,凿山开道,造桥梁,修栈道,山高谷深,极为艰险,而且粮运又十分困难,即将断炊,差一点陷

邓艾

于绝境。邓艾用毡子裹着身体从山上滚下去,将士们都抓着树枝藤条,沿着悬崖陡壁,一个紧接一个前进,夺取江油,进克涪县,在绵竹(今四川省德阳北)击斩蜀将诸葛瞻,攻至成都,迫使蜀后主刘禅投降。进位太尉。邓艾又依东汉邓禹成例,自行任命官职,以安抚初附。司马昭认为邓艾恃功专断,心甚不悦。钟会借机诬他谋反,槛车征还解京。后钟会作乱被杀,邓艾虽为部曲解救,复为监军卫瓘派兵追杀而死。邓艾功高遭忌被杀,是封建时代的一种悲剧。经人梳理鸣冤,晋武帝时平反。

【原文】

邓艾字士载,义阳棘阳人也。少孤,太祖破荆州,徙汝南,为农民养犊。年十二,随母至颍川,读故太丘长陈寔碑文,言"文为世范,行为士则",艾遂自名范,字士则。后宗族有与同者,故改焉。为都尉学士,以口吃,不得作干佐。为稻田守丛草吏。同郡吏父怜其家贫,资给甚厚,艾初不称谢。每见高山大泽,辄规度指画军营处所,时人多笑焉。后为典

农纲纪，上计吏，因使见太尉司马宣王。宣王奇之，辟之为掾，迁尚书郎。

时欲广田畜谷，为灭贼资，使艾行陈、项已东至寿春。艾以为"田良水少，不足以尽地利，宜开河渠，可以引水浇溉，大积军粮，又通运漕之道。乃著《济河论》以喻其指。"又以为"昔破黄巾，因为屯田，积谷于许都以制四方。今三隅已定，事在淮南，每大军征举，运兵过半，功费巨亿，以为大役。陈、蔡之间，上下田良，可省许昌左右诸稻田，并水东下，令淮北屯二万人，淮南三万人，十二分休，常有四万人，且田且守。水丰常收三倍於西，计除众费，岁完五百万斛以为军资。六七年间，可积三千万斛於淮上，此则十万之众五年食也。以此乘吴，无往而不克矣。"宣王善之，事皆施行。正始二年，乃开广漕渠，每东南有事，大军兴众，泛舟而下，达于江、淮，资食有储而无水害，艾所建也。

出参征西军事，迁南安太守。嘉平元年，与征西将军郭淮拒蜀偏将军姜维。维退，淮因，西击羌。艾曰："贼去未远，或能复还。宜分诸军以备不虞。"于是留艾屯白水北。三日，维遣廖化自白水南向艾结营。艾谓诸将曰："维今卒还，吾军人少，法当来渡而不作桥。此维使化持吾，令不得还。维必自东袭取洮城。"洮城在水北，去艾屯六十里。艾即夜潜军径列，维果来渡，而艾先至据城，得以不败。赐爵关内侯。加讨冠将军，后迁城阳太守。

是时并州右贤王刘豹并为一部，艾上言曰："戎狄兽心，不以义亲，强则侵暴，弱则内附，故周宣有猃狁之寇，汉祖有平城之围。每匈奴一盛，为前代重患。自单于在外，莫能牵制长卑。诱而致之，使来入侍。由是羌夷失统，合散无主。以单于在内，万里顺轨。今单于之尊日疏，外土之威浸重，则胡虏不可不深备也。闻刘豹部有叛胡，可因叛割为二国，以分其势。去卑功显前朝，而子不继业，宜加其子显号，使居雁门。离国弱寇，追录旧勋，此御边长计也。"又陈："羌胡与民同处者，宜以渐出之，使居民表崇廉耻之教，塞奸宄之路。"大将军司马景王新辅政，多纳用焉。迁汝南太守，至则寻求昔所厚己吏父，久已死，遣吏祭之，重遗其母，举其子与计吏。艾所在，荒野开辟，军民并丰。

诸葛恪围合肥新城，不克，退归。艾言景王曰："孙权已没，大臣未附，吴名宗大族，皆有部曲，阻兵仗势，足以建命。恪新秉国政，而内无其主，不念抚恤上下以立根基，竞于外事，虐用其民，悉国之众，顿于坚城，死者万数，载祸而归，此恪获罪之日也。昔子胥、吴起、商鞅、乐毅皆见任时君，主没而败。况恪才非四贤，而不虑大患，其亡可待也。"恪归，果见诛，迁兖州刺史，加振威将军。上言："国之所急，惟农与战，国富则兵强，兵强则战胜。然农者，胜之本也。孔子曰'足食足兵'，食在兵前也。上无设爵之劝，则下无财畜之功。今使考绩之赏，在於积粟富民，则交游之路绝，浮华之原塞矣。"

高贵乡公即尊位，进封方城亭侯。毋丘俭作乱，遣健步赍书，欲疑惑大众，艾斩之，兼道进军，先趣乐嘉城，作浮桥。司马景王至，遂据之。文钦以后大军破败於城下，艾追之至丘头。钦奔吴。吴大将军孙峻等号十万众，将渡江，镇东将军诸葛诞遣艾据肥阳，艾以与贼势相远，非要害之地，辄移屯附亭，遣泰山太守诸葛绪等于黎浆拒战，遂走之。其年徵拜长水校尉。以破钦等功，进封方城乡侯，行安西将军。解雍州刺史王经围於狄道，姜维退驻钟提，乃以艾为安西将军，假节，领护东羌校尉。议者多以为维力已竭，未能更出。艾曰："洮西之败，非小失也；破军杀将，仓廪空虚，百姓流离，几於危亡。今以策言之，彼有乘胜之势，我有虚弱之实，一也。彼上下相习，五兵犀利，我将易兵新，器杖未复，二也。

彼以船行，吾以陆军，劳逸不同，三也。狄道、陇西、南安、祁山，各当有守，彼专为一，我分为四，四也。从南安、陇西，因食羌谷，若趣祁山，熟麦千顷，为之县饵，五也。贼有黠数，其来必矣。"顷之，维果向祁山，闻艾已有备，乃回从董亭趣南安，艾据武城山以相持。维与艾争险，不克，其夜，渡渭东行，缘山趣上邽，艾与战於段谷，大破之，甘露元年诏曰："逆贼姜维连年狡黠，民夷骚动，西土不宁。艾筹画有方，忠勇奋发，斩将十数，馘首千计；国威震於巴、蜀，武声扬於江、岷。今以艾为镇西将军、都督陇右诸军事，进封邓侯。分五百户封子忠为亭侯。"二年，拒姜维于长城，维退还。迁征西将军，前后增邑凡六千六百户。景元三年，又破维于侯和，维却保沓中。四年秋，诏诸军征蜀，大将军司马文王皆指授节度，使艾与维相缀连；雍州刺史诸葛绪要维，令不得归。艾遣天水太守王颀等直攻维营，陇西太守牵弘等邀其前，金城太守杨欣等诣甘松。维闻钟会诸军已入汉中，引退还。欣等追蹑於强川口，大战，维败走。闻雍州已塞道，屯桥头，从孔函谷入北道，欲出雍州后。诸葛绪闻之，却还三十里。维入北道三十馀里，闻绪军却，寻还，从桥头过，绪趣截维，较一日不及。维遂东引，还守剑阁。钟会攻维未能克。艾上言："今贼摧折，宜遂乘之，从阴平由邪径经汉德阳亭趣涪，出剑阁西百里，去成都三百馀里，奇兵冲其腹心。剑阁之守必还赴涪，则会方轨而进；剑阁之军不还，则应涪之兵寡矣。军志有之曰：'攻其无备，出其不意。'今掩其空虚，破之必矣。"

冬十月，艾自阴平道行无人之地七百馀里，凿山通道，造作桥阁，山高谷深，至为艰险，又粮运将匮，频於危殆，艾以毡自裹，推转而下。将士皆攀木缘崖，鱼贯而进，先登至江由，蜀守将马邈降。蜀卫将军诸葛瞻自涪还绵竹，列陈待艾。艾遣子惠唐亭侯忠等出其右，司马师纂等出其左。忠、纂战不利，并退还，曰："贼未可击"，艾怒曰："存亡之分，在此一举，何不可之有？"乃叱忠、纂等，将斩之。忠纂驰还更战，大破之，斩瞻及尚书张遵等首，进军到雒。刘禅遣使奉皇帝玺绶，为笺诣艾请降。

艾至成都，禅率太子诸王及群臣六十馀人面缚舆榇诣军门，艾执节解缚焚榇，受而宥之，检御将士，无所虏略，绥纳降附，使复旧业，蜀人称焉。辄依邓禹故事，承制拜禅行骠骑将军，太子奉车、诸王驸马都尉。蜀群司各随高下拜为王官，或领艾官属。以师纂领益州刺史，陇西太守牵弘等领蜀中诸郡。使於绵竹筑台以为京观，用彰战功，士卒死事者皆与蜀兵同共埋藏。艾深自矜伐，谓蜀士大夫曰："诸君赖遭某，故得有今日耳。若遇吴汉之徒，已殄灭矣。"又曰："姜维自一时雄儿也，与某相值，故穷耳。"有识者笑之。

十二月，诏曰："艾曜威奋武，深入虏庭，斩将搴旗，枭其鲸鲵，使僭号之主，稽首系颈，历世逋诛，一朝而平。兵不逾时，战不终日，云彻席卷，荡定巴蜀。虽白起破强楚，韩信克劲赵，吴汉禽子阳，亚夫灭七国，计功论美，不足比勋也。其以艾为太尉，增邑二万户，封子二人亭侯，各食邑千户。"艾言司马文王曰："兵有先声而后实者，今因平蜀之势以乘吴，吴人震恐，席卷之时也。然大举之后，将士疲劳，不可便用，且徐缓之；留陇右兵二万人，蜀兵二万人，煮盐兴冶，为军农要用，并作舟船，豫顺流之事，然后发使告以利害，吴必归化，可不征而定也。今宜厚刘禅以致孙休，安士民以来远人，若便送禅於京都，吴以为流徒，则於向化之心不劝。宜权停留，须来年秋冬，比尔吴亦足平。以为可封禅为扶风王，锡其资财，供其左右。郡有董卓坞，为之宫舍。爵其子为公侯，食郡内县，以显归命之宠。开广陵、城阳以待吴人，则畏威怀德，望风而从矣。"文王使监军卫瓘喻艾："事当须报，不宜辄行。"艾重言曰:"御命征行,奉指授之策,元恶既服,至于承制拜假,以安初附,谓合权宜。今蜀举众归命,地尽南海,东接吴会,宜早镇定。若待国命,往复道途,延引日月。《春秋》之义,大夫出疆,有可以安社稷,利国家,专之可也。今吴未宾,势与蜀连,不可拘常以失事机。兵法,进不求名,退不避罪,艾虽无古人之节,终不自嫌以损于国也。"钟会、胡烈、师纂等皆白艾所作悖逆,变衅以结。诏书槛车徵艾。

艾父子既囚,钟会至成都,先送艾,然后作乱。会已死,艾本营将士追出艾槛车,迎还。瓘遣田续等讨艾,遇於绵竹西,斩之。子忠与艾俱死馀子在洛阳者悉诛,徙艾妻子及孙於西域。

初,艾当伐蜀,梦坐山上而有流水,以问殄虏护军爰邵。邵曰:"按《易》卦,山上有水曰蹇。蹇繇曰:'蹇利西南,不利东北。'孔子曰:'蹇利西南,往有功也;不利东北,其道穷也。'往必克蜀,殆不还乎!"艾怃然不乐。

泰始元年,晋室践阼,诏曰:"昔太尉王凌谋废齐王,而王竟不足以守位。征西将军邓艾,矜功失节,实应大辟。然被书之日,罢遣人众,束手受罪,比于求生遂为恶者,诚复不同。今大赦得还,若无子孙者听使立后,令祭祀不绝"三年,议郎段灼上疏理艾曰:"艾心怀至忠而荷反逆之名,平定巴蜀而受夷灭之诛,臣窃悼之。惜哉,言艾之反也!艾性刚急,轻犯雅俗,不能协同朋类,故莫肯理之。臣敢言艾不反之状。昔姜维有断陇右之志,艾修治备守,积谷强兵。值岁凶旱,艾为区种,身被乌衣,手执耒耜,以率将士。上下相感,莫不尽力。艾持节守边,所统万数,而不难仆虏之劳,士民之役,非执节忠勤,孰能若此? 故落门、段谷之战,以少击多,摧破强贼。先帝知其可任,委艾庙胜,授以长策。艾受命忘身,束马县车,自投死地,勇气陵云,士众乘势,使刘禅君臣面缚,又手屈膝。艾功名以成,当书之竹帛,传祚万世。七十老公,反欲何求!艾诚恃养育之恩,心不自疑,矫命承制,权安社稷;虽违常科,有合古义,原心定罪,本在可论。钟会忌艾威名,构成其事。忠而受诛,信而见疑,头县马市,诸子并斩,见之者垂泣,闻之者叹息。陛下龙兴,阐弘大度,释诸嫌忌,受诛之家,不拘叙用。昔秦民怜白起之无罪,吴人伤子胥之冤酷,皆为立祠。今天下民人为艾悼心痛恨,亦犹是也。臣以为艾身首分离,捐弃草土,宜收尸丧,还其田宅。以平蜀之功,绍封其孙,使阖棺定谥,死无馀恨,赦冤魂于黄泉,收信义于后世,葬一人而天下慕其行,埋一魂而天下归其义,所为者寡而悦者众矣。? 九年,诏曰:"艾有功勋,受罪不逃刑,而子孙为民隶,朕常愍之。其以嫡孙朗为郎中。"

艾在西时,修治障塞,筑起城坞。泰始中,羌虏大叛,频杀刺史,凉州道断。吏民安全者,皆保艾所筑坞焉。

【译文】

邓艾,字士载,义阳棘阳人。少年时代就失去了父亲,魏太祖曹操攻破荆州,邓艾迁居汝南,替农民养小牛。十二岁时,跟随母亲到颍川,读前任太丘长陈寔的碑文,看到碑文中说:"文章为世人典范,行为是读书人的准则。"邓艾于是自己起名为范,字士则。后因与宗族有人同名,所以改名为艾,字士则。曾充当都尉学士,因为口吃,不能作干佐,充当稻田守丛小吏。同郡一个可作他父辈的官吏同情他家中清贫,赠给他家的财物很多,邓艾最初不表示感谢。每次看见高山大泽,就指点规划设立军营的地方,当时人们大多后来充当典农纲纪、上计吏,奉使往见太尉司马宣王。司马宣王认为他才能出众,召征他为掾吏,又升任尚书郎。

当时打算拓广田地,储备谷物,作为消灭贼军的资本。派邓艾巡查陈、项以东直至寿春地区一带,邓艾认为"土地虽好,但缺少水源,不能够充分发挥土地适宜种植作物的条件,应当开凿河渠,可以引水灌溉。能大量储积军队用粮,又可以开通运输粮食供应京城或送往指定公仓的水路。"于是撰写《济河论》,来说明他的意图。又认为"从前打败黄巾军,因为实行屯田,在许昌积蓄谷物,用以控制四方。现在三面的边境都已平定,战事发生在淮南,每次大军出动征伐,运输粮食的士兵超过半数,人力费用以上亿计算,被认为是巨大的劳役。陈、蔡之间,土地低平,耕田优良,可以省去许昌附近的各处稻田,把水积聚起来向东流。命令淮北驻屯垦兵二万人,淮南驻屯垦兵三万人。十分之二轮流休息,平常可有四万,一边耕种田地,一边进行防守。水源丰足,常年收获要三倍于西部地区,计算中扣除屯田者自费,每年交纳五百万斛充作军资。六七年之间,可以在淮河一带积蓄三千万斛粮食,这就足够十万大军五年的食用。用这些力量利用机会攻打吴国,没有不被攻破的。"司马宣王认为他说的好。事情全都得到施行。正始二年,就把运粮的河渠开凿宽阔,每次东南发生战事,出动大军,乘船而下,到达长江、淮河一带,军资粮食有所储备而没有水的灾害,这都是邓艾所建立的功劳。

司马懿命邓艾参与征西军事,调升为南安太守。嘉平元年,邓艾和征西将军郭淮抗拒蜀国偏将军姜维。姜维受阻,引军退还,郭淮趁机向西方攻打羌人。邓艾说:"贼军离开不远,或者能够又回来,应当分兵防守以防意外。"于是留下邓艾驻守在白水北边。三天后,姜维派遣廖化从白水南岸向邓艾驻守的地方进发并扎下营垒。邓艾对各位将领说:"姜维的军队现在突然返回,我军人少。依照兵法,敌人应当渡河进攻,却不兴建桥梁。这是姜维指使廖化来牵制我,叫我不能返回。姜维一定从东边袭取洮城。洮城在白水北岸,距离邓艾的军营有六十里。邓艾立即在夜晚秘密地行军一直赶到洮城,姜维果然前来渡河,而邓艾的军先到占据了洮城,因此没有失败。赐封邓艾爵位关内侯,加封讨冠将军,后来又调任城阳太守。

这时并州右贤王刘豹把匈奴合并为一部。邓艾上书说:"戎狄是野兽心肠,不讲正义姻亲,强大了就要侵犯中原,实施强暴,弱小时就向中央依顺附从,所以周宣王时有猃狁的侵扰,汉高祖在平城遇到围困,每次匈奴一强盛起来,都是前代的重大祸患。由于匈奴的单于在中国之外,中国不能牵制他们的君王和臣子。后来诱使他们接近,得到他们的单于,让他们来入朝服侍。因此羌、夷失去统帅,聚合分散都没有人主管。因为单于在中国内部,所以万里之内都沿着一个轨道前进。现在单于的尊严日益减少,外地首领的威望逐渐提高。那么对胡贼就不能不加深防备了。听说刘豹的部下有叛逆的胡人,可以乘着叛变把他们分割为二国,用来分散他的势力。去卑的功劳在前朝很显著,而他的儿子不能继承他的事业,应该给他的儿子加封显贵的称号,让他居住在雁门。分裂匈奴的国家,削弱敌人的力量,追忆记录旧日的功臣,这是治理边疆的长久计策。"又陈述说:"羌胡与汉民同住一个地方的,应该逐渐把他们分离开来。使得汉民以崇尚礼义廉耻教化的人为榜样,堵塞邪恶犯法作乱的人的道路。"大将军司马景王刚刚辅佐国政,对邓艾的建议大多能采纳施行。调邓艾任汝南太守。邓艾到了汝南,就去寻找从前厚待自己的父辈官吏，由于时间长久，他已经去世了，邓艾就派遣官吏去祭祀他，赠送他母亲贵重的财物，推举他的儿子做计吏。邓艾所治理的地方，荒芜的原野都开辟成良田，军队和百姓都过着丰足的生活。

诸葛恪围攻合肥新城，没有攻取，退兵回师。邓艾对司马景王说："孙权现在已经去世，大臣还没有归服，吴国的名宗大族，全都有自己的部曲，依仗兵势，足以夺取帝位。诸葛恪刚刚执掌国政，而内部还没有君主。他不想去抚慰救济上上下下，以建立自己的根基，却在外部事情上争逐，暴虐地使用他的民众，用全国的军队力量打新城，在坚固的城下陷于困境，死的人有一万多，结果带着灾祸返回了吴国，这是诸葛恪获罪的日子。从前伍子胥、吴起、商鞅、乐毅都被当时的君主所重用，君主去世后就遭到惨败。何况诸葛恪的才干赶不上这四位贤人，而不忧虑大的祸害，他的灭亡指日可待了。"诸葛恪回师后，果然被杀害。邓艾又调升为兖州刺史，加封为振威将军。邓艾上书说："国家所急需做好的，只是农业与打仗。国家富裕就会兵力强大，兵力强大，作战才能取得胜利。然而农业才是胜利的根本。孔子说'粮食、军备都很充足'，把粮食放在军备的前面。上面如果没有设置爵位奖励耕作储粮，下面就没有创造、积蓄财富的干劲。如果现在把考察政绩时的奖赏，给予储积粮食、使民众富裕的人，那么托人情游说的道路会断绝，追求浮华的根源也堵塞了。"

高贵乡公登基，进封邓艾为方城亭侯。毋丘俭发动叛乱，派遣善于奔走的士兵带去书信，打算迷惑大众，邓艾杀了使者，兼程进军，首选奔赴乐嘉城，架设浮桥。司马景王来到后，就占据了乐嘉。文钦的大军因为来晚了而战败在城下，邓艾追击文钦，追到丘头。文钦逃跑到吴国。吴国大将军孙峻等人率领大军，号称十万，准备渡过长江。镇东将军诸葛诞派遣邓艾去据守肥城，邓艾认为肥城跟贼军攻击方向相距很远，不是要害地方，就自己转移到附亭驻守，派遣泰山太守诸葛绪等在黎浆拒敌作战，于是把敌人赶走。这一年授官长水校尉。因为他有打败文钦等战功，进封他的爵位为方城乡侯，代行安西将军的职务。邓艾在狄道解除了对雍州刺史王经的包围，姜维退军，驻地钟提，于是任命邓艾为安西将军，持节，兼任护东羌校尉。朝廷中的谏议官员们大多认为姜维的兵力已经竭尽，没有能力再出兵进攻。邓艾说："洮西之败，不是小的失败。打败了我们的军队，杀死将领，仓库空虚了，百姓流徙离散，差不多陷于危亡。现在通过比较计算说一下，对方有乘胜进攻的气势，我们有虚弱的实际，这是第一。对方将士上下互相熟悉，矛、戟、弓、剑、戈等五种兵器锋利，我们改换了将领，新增了士兵，损坏了的兵器没有修复，这是第二。对方用船运兵行军，我们军队走陆路，辛劳安逸不同，这是第三。狄道、陇西、南安、祁山，每个地方都应当有兵防守，对方把兵力集中在一起，我方军队分为四处，这是第四。姜维从南安、陇西出兵，可以顺便食用羌人的粮食，倘若奔赴祁山，那里有成熟的麦子上千顷之多，是吸引他们前来的饵料，这是第五。逆贼狡黠善算，他一定会来。"不久，姜维果然向祁山进军，听说邓艾已有防备，便返回从董亭奔赴南安。邓艾占据了武城山，与姜维相持。姜维与邓艾争夺险要地形，没有攻下。这天夜里，姜维渡过渭河向东进军，沿着山路奔赴上邽。邓艾与姜维在段谷交战，把姜维打得大败。甘露元年下诏说："逆贼姜维狡猾，连续多年，使民众和夷人骚动，西方边境不得安宁。邓艾筹划有方，忠诚勇敢，奋发进取，杀死敌军将领十几员，杀死敌军士兵以千计算，国家的威望震动了巴、蜀，武力的名声在长江、岷江一带传扬。现在任命邓艾充当镇西将军，统领陇右各军军务，进封爵位为邓侯。把他的食邑分出五百户封给他的儿子邓忠，封邓忠充当亭侯。"二年，邓艾在长城抗拒姜维。姜维退回去。迁升邓艾作征西将军，前后赐封的食邑一共六千六百户。景元三年，又在侯和打败姜维，姜维退回去保住沓中。景元四年秋天，下诏命令各军征伐蜀国，大将军司马文王统帅全部军队，亲自指挥，让邓艾和姜维交兵相持；派雍州刺史诸葛绪拦腰堵截姜维，让姜维无法退回去。邓艾派遣天水太守王颀等人直接进攻姜维的营地，陇西太守牵弘等人在姜维前面阻拦，金城太守杨欣等人前往甘松。姜维听说钟会各军已经进入汉中，带领军队退回。杨欣等人跟踪追击到强川口，双方发生大战，姜维战败逃走。姜维听说雍州的军队已经阻塞了道路，占据了桥头，于是便从孔函谷进入北部道路，打算出兵绕到雍州军队的背后。诸葛绪听说后，往回退去三十里。姜维进入北道三十多里后，听说诸葛绪退兵，赶紧往回走，从桥头过去。诸葛绪赶上去阻截姜维，但晚了一天，没有赶上。姜维于是领兵向东，退回去坚守剑阁。钟会的军队进攻姜维没能攻下。邓艾上书说："现在贼军的力量已经受到摧折，应该乘胜进军，如果从阴平出发由小路经过蜀汉的德阳亭奔赴涪县，此地在剑阁西一百里，离成都三百多里，在这里出奇兵冲击蜀汉的心腹地区，那么剑阁的守军必然往回东赴涪县，而钟会就可以两车并行着向前推进。如果剑阁的留军不往回撤，那么接应涪县的兵就很少了。军志上有句话叫：'乘对方没有防备的时候，而突然出兵攻击他。'现在偷袭他们的空虚地带，打败他们是确定不疑的。"

冬季十月，邓艾从阴平出发，走了七百余里的无人之地，凿山开路，架桥梁，建阁道，山高谷深，极为艰险，运来的粮食也将吃尽，濒临危险的绝境，邓艾用毡毯裹着自己，翻转着滚下山去，将士们也都攀缘着树木崖壁，鱼贯而进。邓艾首先到达江油，蜀国守将马邈投降。蜀国卫将军诸葛瞻从涪城回到绵竹，列好兵阵等待邓艾进攻。邓艾派他儿子惠唐亭侯邓忠等人攻其右翼，派司马师纂等人攻其左翼。邓忠、师纂战斗不利，都退了回来，说："贼军不可击破。"邓艾恼怒说："存亡之别在此一举，有什么不可以被打败的？"就责叱邓忠、师纂等人，要把他们斩首，邓忠、师纂等策马奔回再次交战，大败贼军。斩下诸葛瞻和尚书张遵等人的人头，进军到雒城。刘禅派遣使者送上皇帝玺印绶带，写了信前往邓艾那里请求投降。

邓艾到了成都，刘禅率领太子诸王和群臣六十余人反绑双手，而脸朝前，又用车拉棺材，前往军营门前表示投降。邓艾手持节，解开他们的绑缚，焚烧了棺材，接受投降并且宽恕了他们。邓艾检查约束手下将士，没有掳掠抢劫的现象，安抚任命投降归顺人员，使他们全回复旧业。蜀人赞扬邓艾。邓艾就依照邓禹的成例，授官刘禅为行骠骑将军，授官太子为奉车都尉，各位亲王为驸马都尉。蜀群臣各自根据地位的高低授官为王官，有的人领受了邓艾属下的官职。任命师纂代理益州刺史，任命陇西太守牵弘等人代管蜀中各郡。派人在绵竹修理高台作为京观，用来表彰战功。士兵在战争中死亡的，全和蜀兵一起埋葬。邓艾甚为居功自傲，他对蜀国的士大夫们说："各位君子多亏遇到了我，所以才能有今日，如果遇到吴汉那样的人，恐怕已经被杀光了。"又说："姜维自然是一时的英雄，只是遇上了我，才失败了。"有见识的人都嘲笑他。

十二月，下诏书说："邓艾显示军威，奋扬武力，深入敌人的腹地，杀死敌将夺取旗帜，斩杀了他们带头作恶的人，使得冒用帝王尊号的首领，被绑着颈项，磕头求饶，历经几代该杀的逃犯，一个早晨就被平定。用兵没有超过时间，作战没有用一整天，浮云尽散，势如卷席。扫荡平定了巴蜀地区。虽然白起打败强大的楚国，韩信攻克强劲的赵国，吴汉捕获公孙子阳，周亚夫灭亡七国，计算功劳，评论美德，还不足以与这次功勋相比。任命邓艾充当太尉，增加食邑二万户，封他的两个儿子充当亭侯，各食邑一千户。"邓艾对司马文王说："用兵有先造成声势然后发兵的情况，如今乘平定蜀国的声势去攻打吴国，吴人必将受到震恐，这是一举攻灭吴国的大好时机。但是我们在大规模用兵之后，将士们都十分疲劳，不能立即用兵，应暂缓一些时日。我想留下陇右兵二万人、蜀兵二万人，在这里煮盐、炼铁，以备军事、农事之用。同时制作舟船，予先为顺流攻吴做准备。然后派出使者告以利害，吴国必定归顺，可以不用征伐就平定吴国。如今应厚待刘禅以招致孙休，安抚读书人和老百姓，使远方的人民来归顺，倘若马上就把刘禅送到京师，吴国会以为把刘禅流放了，就没法再劝说他们归顺了。应该暂时停下来不发兵，等到明年秋天、冬天，到了那时，吴国也可以平定了。我以为可封刘禅为扶风王，赐给他资财，供给他左右侍奉之人。扶风郡有董卓坞，可当作他的官府，赐给他儿子以公侯的爵位，以郡内的县为食邑，以此来显示归顺所受到的恩宠。再开放广陵、城阳二郡作为封国以等待吴人归顺，这样他们畏惧我们的威严，感激我们的恩德，就会望风而顺从了。"司马文王让监军卫瓘去晓喻邓艾说："做事应当上报，不宜就按己意实行。"邓艾再次上书说："我受命出征，奉行指示给我的计策，现在首恶已经归附，至于秉承旨意授给他们官爵，以安抚刚刚依附之人，我认为也是合乎权宜的计策。如今蜀国举国上下都已归顺，国土南至南海，东接吴国，应该尽早使其安定下来。如果等待国命，来往于道路，就会拖延时日。《春秋》之义说：'大夫出国在外，如果有可以安社稷、利国家之事，自行决断是可以的。'如今吴国尚未归附，势必与蜀国联合，所以不可以拘于常理，而失去事情成功的机会。《兵法》上说："进不求名，退不避罪。我虽然没有古人的节操，也终究不会自我疑惑、而损害国家利益！"钟会、胡烈、师纂等人全部告发邓艾所做的大逆不道的事，认为他有变乱的征兆，并且具结担保所说是实。朝廷下诏书命令用槛车把邓艾送到京师来。

邓艾父子被囚禁后，钟会到了成都，先送走邓艾，然后叛乱。钟会被杀死以后，邓艾本营将士追赶囚禁邓艾的槛车，把邓艾放出，迎接回去。卫瓘派遣田续等人征伐邓艾，在绵竹西边相遇，把邓艾杀了。儿子邓忠和邓艾一块被杀，在洛阳的其余儿子也都被诛杀，把邓艾的妻子和孙子迁到西域居住。

当初，邓艾在征伐蜀国时，做梦梦见坐在山上，又有流水。把此梦告诉殄虏护军爰邵，并向他询问。爰邵说："依照《易》卦，山上有水叫《蹇》卦。《蹇》卦的卦辞说：'《蹇》利于西南，不利于东北。'孙子说：'《蹇》利西南，前往会有功劳；不利东北，是他的路穷尽了。'这次前往一定能攻下蜀国，但是大概回不来呀！"邓艾茫然失意，很不高兴。

泰始元年，晋朝皇帝即位，下诏书说："从前太尉王凌策划废掉齐王，而齐王竟然不能守住自己的王位。征西将军邓艾，夸耀军功，失去名节，确实应该受到斩首的刑罚。然而接受诏书之日，制止部下，把他们支派走，自己把手捆起来，接受惩罚，比起那些为了活命就作恶的，实在又有区别。现在大赦，他们的家属可以回来，倘若没有子孙的，允许他们自己确立后嗣，让他们的祭祀不致断绝。"三年，议郎段灼上书为邓艾辩冤说："邓艾心怀最大的忠诚却承担了反叛的名声，平定巴蜀却受到杀尽全家的惩罚，臣下暗中悼念他。

说邓艾叛逆,真令人痛心啊!邓艾性格刚毅急躁,轻易地得罪了高雅的人士和俗人,不能和同僚协调合作,所以没有什么人肯理他。臣下有勇气诉说邓艾不会叛逆的实情。以前姜维有截断陇右的志向,邓艾修整防备设施严加守卫,积聚粮食使兵力强大。正赶上遭受大旱灾,邓艾亲自安排耕种,身披黑衣服,手里拿着耒耜,用这种实际行动作为将士的表率。上上下下都受到感动,没有谁不尽力而为的。邓艾持符节防守边疆,所统率的军队用万来计算,而不驱使奴仆俘虏服苦役,不加重士兵、百姓的劳役,不是秉持节义忠心尽力的人,谁能如此?所以在洛门、段谷的战役里,以少击多,大败强大的贼军。先皇帝知道他是可以任用的,把朝廷确定的胜利方略托付给了邓艾,给他统率大军的权力。邓艾接受命令,忘我作战,束住骏马不骑,悬起大车不用,亲自投身于极其艰险的死路上,勇气凌云,统率将士乘着胜利的形势前进,使得刘禅君臣把自己绑起来,而脸朝前,表示投降,叉手屈膝,以示顺从。邓艾的功名,已经告成,应当把它书写在竹简丝织品上,使他的福禄流传万代。七十岁的老人,反叛打算求取什么呢!邓艾诚心依恃君王养育的恩情,内心不怀疑自己的言行,假传命令说是承受了帝王的诏书,权且安定国家;虽然违背通常的法律条文,但有符合古义的地方。根据他的本心来定罪,本来是可以讨论的。钟会忌恨邓艾的威望名声,才造成这件事情的。忠心耿耿反而受到诛杀,诚信可靠却被怀疑。邓艾的头被悬挂在马市上,各个儿子一块被杀,看见的人都落泪,听到这件事的人为他们叹息。陛下登基,阐明您的弘明大度,开释了各个受到猜嫌疑忌的人,受过诛罚的人家也不受限制,得到任用。从前秦国民众可怜白起无罪被杀,吴国人伤感伍子胥受的冤枉深重,都给他们建立了祠堂。现在天下民众悼念邓艾,痛恨不平的心情也还是这样。臣下认为邓艾的身子和头颅分离,丢弃在荒野里,应该收殓他的尸体举行丧礼,归还他原有的田地房屋。用平定蜀国的功劳,继续赐封他的孙子,使他能在盖上棺盖后确定谥号,死了也没有遗恨了。赦免了邓艾的黄泉的冤魂,在后世取得信义的名声。安葬一人而使天下仰慕您的德行,埋葬一个灵魂而天下归向您的仁义。所做的事少而高兴的人多啊!"九年,下诏书说:"邓艾有功勋,受处罚时不逃避刑法,而孙子却充当平民奴隶,朕常常哀怜他们,现在任命嫡孙邓朗充当郎中。"

邓艾在西部时,整修治理边防界墙和关塞,修筑城堡。泰始年间,羌人举行大叛乱,多次杀死刺史,通向凉州的道路被切断。而官吏平民能够得到安全的,都是依靠邓艾所修筑的城堡的保护。

华佗传

【题解】

华佗是历史上著名的神医,这篇传记中记载的他治病的情况,颇具传奇色彩,可见他的医术之高妙,也说明古代医学的发展情况。马王堆医书中的《五十二病方》《导引图》等,很多处与华佗的医术一脉相承,证实了传记的可信性。华佗最杰出的贡献是使用麻醉进行外科手术,以及"五禽戏"等养生方法。当我们看到华佗竟死于非命,医学著作被焚毁时，是一幕多么悲惨的情景啊！封建专制下统治阶级对科学技术的摧残，从这里可以清楚地反映出来。

【原文】

华佗字元化，沛国谯人也，一名敷。游学徐土，兼通数经。沛相陈珪举孝廉，太尉黄琬辟，皆不就。晓养性之术，时人以为年且百岁而貌有壮容。又精方药，其疗疾，合汤不过数种，心解分剂，不复称量，煮熟便饮，语其节度，舍去辄愈。若当炙，一两处，每处七八壮，病亦应除。若当针，亦不过一两处，下针言"当引某许，若至，语人"。病者言"已到"，应便拔针，病亦行差。若病结积在内，针药所不能及，当须刳割者，饮其麻沸散，须臾便如醉死无所知，因破取。病若在肠中，便断肠湔洗，缝腹膏摩，四五日差，不痛，人亦不自寤，一月之间，即平复矣。

故甘陵相夫人有娠六月，腹痛不安，佗视脉，曰："胎已死矣。"使人手摸知所在，在左则男，在右则女。人云"在左"，於是为汤下之，果下男形，即愈。

华佗

县吏尹世苦四支烦，口中干，不欲闻人声，小便不利。佗曰："试作热食，得汗则愈；不汗，后三日死。"即作热食而不汗出，佗曰："藏气已绝於内，当啼泣而绝。"果如佗言。

府吏儿寻、李延共止，俱头痛身热，所苦正同。佗曰："寻当下之，延当发汗。"或难其异，佗曰："寻外实，延内实，故治之宜殊。"即各与药，明旦并起。

盐渎严昕与数人共候佗，适至，佗谓昕曰："君身中佳否？"昕曰："自如常。"佗曰："君有急病见於面，莫多饮酒。"坐毕归，行数里，昕卒头眩坠车，人扶将还，载归家，中宿死。

故督邮顿子献得病已差，诣佗视脉，曰："尚虚，未得复，勿为劳事，御内即死。临死，当吐舌数寸。"其妻闻其病除，从百余里来省之，止宿交接，中间三日发病，一如佗言。

督邮徐毅得病，佗往省之。毅谓佗曰："昨使医曹吏刘租针胃管讫，便苦咳嗽，欲卧不安。"佗曰："刺不得胃管，误中肝也，食当日减，五日不救。"遂如佗言。

东阳陈叔山小男二岁得疾，下利常先啼，日以羸困。问佗，佗曰："其母怀躯，阳气内养，乳中虚冷，儿得母寒，故令不时愈。"佗与四物女宛丸，十日即除。

彭城夫人夜之厕，虿螫其手，呻呼无赖。佗令温汤近热，渍手其中，卒可得寐，但旁人数为易汤，汤令暖之，其旦即愈。

军吏梅平得病，除名还家，家居广陵，未至二百里，止亲人舍。有顷，佗偶至主人许，主人令佗视平，佗谓平曰："君早见我，可不至此。今疾已结，促去可得与家相见，五日卒。"应时归，如佗所刻。

佗行道，见一人病咽塞，嗜食而不得下，家人车载欲往就医。佗闻其呻吟，驻车往视，语之曰："向来道边有卖饼家蒜齑大酢，从取三升饮之，病自当去。"即如佗言，立吐蛇一枚，县车边，欲造佗。佗尚未还，小儿戏门前，逆见，自相谓曰："似逢我公，车边病是也。"

疾者前入坐，见佗北壁县此蛇辈约以十数。

又有一郡守病，佗以为其人盛怒则差，乃多受其货而不加治，无何弃去，留书骂之。郡守果大怒，令人追捉杀佗。郡守子知之，属使勿逐。守嗔恚既甚，吐黑血数升而愈。

又有一士大夫不快，佗云："君病甚，当破腹取。然君寿亦不过十年，病不能杀君，忍病十岁，寿俱当尽，不足故自刳裂。"士大夫不耐痛痒，必欲除之。佗遂下手，所患寻差，十年竟死。

广陵太守陈登得病，胸中烦懑，面赤不食。佗脉之曰："府君胃中有虫数升，欲成内疽，食腥物所为也。"即作汤二升，先服一升，斯须尽服之。食顷，吐出三升许虫，赤头皆动，半身是生鱼脍也，所苦便愈。佗曰："此病后三期当发，遇良医乃可济救。"依期果发动，时佗不在，如言而死。

太祖闻而召佗，佗常在左右。太祖苦头风，每发，心乱目眩，佗针鬲，随手而差。

李将军妻病甚，呼佗视脉，曰："伤娠而胎不去。"将军言："闻实伤娠，胎已去矣。"佗曰："案脉，胎未去也。"将军以为不然。佗舍去，妇稍小差。百余日复动，更呼佗。佗曰："此脉故事有胎。前当生两儿，一儿先出，血出甚多，后儿不及生。母不自觉，旁人亦不寤，不复迎，遂不得生。胎死，血脉不复归，必燥著母脊，故使多脊痛。今当与汤，并针一处，此死胎必出。"汤针既加，妇痛急如欲生者。佗曰："此死胎久枯，不能自出，宜使人探之。"果得一死男，手足完具，色黑，长可尺所。

佗之绝技，凡此类也。然本作士人，以医见业，意常自悔，后太祖亲理，得病笃重，使佗专视。佗曰："此近难济，恒事攻治，可延岁月。"佗久远家思归，因曰："当得家书，方欲暂还耳"。到家，辞以妻病，数乞期不反。太祖累书呼，又敕郡县发遣。佗恃能厌食事，犹不上道。太祖大怒使人往检。若妻信病，赐小豆四十斛，宽假限日；若其虚诈，便收送之。于是传付许狱，考验首服。荀彧请曰："佗术实工，人命所县，宜含宥之。"太祖曰："不忧，天下当无此鼠辈耶？"遂考竟佗。佗临死，出一卷书与狱吏，曰："此可以活人。"吏畏法不受，佗亦不强，索火烧之。佗死后，太祖头风未除。太祖曰："佗能愈此。小人养吾病，欲以自重，然吾不杀此子，亦终当不为我断此根原耳。"及后爱子仓舒病困，太祖叹曰："吾悔杀华佗，令此儿强死也。"

初，军吏李成苦咳嗽，昼夜不寤，时吐脓血，以问佗。佗言："君病肠臃，咳之所吐，非从肺来也。与君散两钱，当吐二升馀脓血讫，快自养，一月可小起，好自将爱，一年便健。十八岁当一小发，服此散，亦行复差。若不得此药，故当死。"复与两钱散，成得药去。五六岁，亲中人有病如成者，谓成曰："卿今强健，我欲死，何忍无急去药，以待不祥？先持贷我，我差为卿从华佗更索。"成与之。已故到谯，适值佗见收，匆匆不忍从求。后十八岁，成病竟发，无药可服，以至于死。

广陵吴普、彭城樊阿皆从佗学。普依准佗治，多所全济。佗语普曰："人体欲得劳动，但不当使极尔。动摇则谷气得消，血脉流通，病不得生，譬犹户枢不朽是也。是以古之仙者为导引之事，熊颈鸱顾，引挽腰体，动诸关节，以求难老。吾有一术，名五禽之戏，一曰虎，二曰鹿，三曰熊，四曰猿，五曰鸟，亦以除疾，并利蹄足，以当导引。体中不快，起作一禽之戏，沾濡汗出，因上著粉，身体轻便，腹中欲食。"普施行之，年九十馀，耳目聪明，齿牙完坚。阿善针术。凡医咸言背及胸藏之间不可妄针，针之不过四分，而阿针背入一二寸，巨阙胸藏针下五六寸,而病辄皆瘳。阿从佗求可服食益於人者,佗授以漆叶青黏散。漆叶屑一升,青黏屑十四两,以是为率,言久服去三虫,利五藏,轻体,使人头不白。阿从其言,寿百馀岁。漆叶处所而有,青黏生於丰、沛、彭城及朝歌云。

【译文】

华佗,字元化,沛国谯县人,又名敷。曾在徐州一带到处求学,通晓几种经典。沛国相陈珪推举他作孝廉,太尉黄琬聘请他做官,他全都不去。华佗通晓养生的方法。当时人们认为他快有一百岁了,但他还保留着壮年人的面容。华佗精于开药方。他治疗病的处方,配制汤剂只用几种药物。他心中掌握药物的分量,配药时不用称量,煮好药就让病人饮用,同时告诉他们用药的次数,用完药后就会痊愈。如果要给病人针灸,也不过选一两个穴位,每处不过灸七、八个艾炷,病就消除了。如果扎针,也不过一两处。下针时对病人说:"入针的感觉应该传到某处,如果感到了,就告诉我。"病人说:"针感已经到了。"随即拔针,病痛也跟着消失。如果疾病聚结在身体内部,针灸、药物都不能达到,必须开刀割去的,就给病人喝麻沸散,不一会儿,病人就和醉死一样,什么也不知道了。华佗就开刀割取病患。病患如果在肠子中,就切开肠子清洗,然后缝合腹部,用药膏涂抹伤口,四五天就好了,不会疼痛,病人自己也不会感觉到。一个月以内,伤口就全部长好了。

前任甘陵相的夫人怀孕六个月,腹中疼痛不安。华佗给她号脉,说:"胎儿已经死了。"让人用手探查胎儿的位置,胎儿在左边是男孩,在右边就是女孩。人家回答说:"在左边。"华佗就配了汤药给她打胎,果然打下来一个男形的胎儿,病也就好了。

县吏尹世苦于四肢发热,口中干燥,不想听到人说话的声音,小便不通畅。华佗说:"试着做些热饭给他吃,出了汗就能痊愈,不出汗的话,三天以后就要死。"立即做了热饭给他吃,但他不出汗。华佗说:"内脏的气息已经断绝了,他会哭着断气的。"果然和华佗说的一样。

府吏兒寻、李延一起患病来求治,都是头痛,身体发热,受到的痛苦一样。华佗说:"兒寻应该下泻,李延应当发汗。"有的人提出疑问,为什么他们的治法不同?华佗说:"兒寻身体外实,而李延身体内实,所以治疗的方法不一样。"就分别给了药物。第二天早上两个人都能起床了。

盐渎人严昕和几个人一起来探望华佗,刚一进门,华佗就对严昕说:"您身体感觉好吗?"严昕说:"和平常一样。"华佗说:"从脸上看,您有急病,不要多喝酒。"严昕等人坐了一会儿回去。走了几里地,严昕头晕,从车上掉了下来。别人把他扶起来,用车拉回家里,第二天半夜就死了。

前任督邮顿子献得了病,已经治好了,又去请华佗诊脉。华佗说:"你身体还很虚弱,没有完全恢复,不要做过于劳累的事,如性交就会立刻死去。临死时,会把舌头吐出几寸长。"顿献的妻子听说他病好了,从一百多里地以外赶来看他,住在他那里,夜晚性交。隔了三天,顿子献就发病了,结果和华佗说的一样。

督邮徐毅得了病,华佗去看他。徐毅对华佗说:"昨天让医曹吏刘租给胃管扎针,扎完针,就苦于咳嗽不止,想躺下,不得安宁。"华佗说:"扎针没有扎到胃管上,错扎到肝上了。以后饮食会一天天减少,五天以后死去,无法救活了。"果然和华佗的预言相同。

东阳人陈叔山的小儿子两岁时得了病,泻肚之前经常哭啼不止,一天天瘦弱下去。他来问华佗。华佗说:"这个孩子的母亲怀孕时,阳气聚在内脏养护,乳汁变得虚冷,孩子受了母亲的寒气,所以不能很快痊愈。"华佗给了他四物女宛丸这种药,十天以后病就好了。

彭城夫人晚上去厕所,被毒蝎螫了手,痛得呻吟呼喊,没有办法。华佗让人把汤药烧热,让夫人把手泡在汤药中。夫人终于可以睡着了。但是要由别人多次换汤药,让汤药保持温暖,天亮时手就好了。

军吏梅平得了病,被军队除名回家。他的家住在广陵,走了不到二百里,在亲戚的家里住宿。不一会儿,华佗也偶然地来到这个人家中,主人让华佗来看梅平的病。华佗对梅平说:"您早点来见我,就不至于到这个地步了。现在您的疾病已经无法治疗了,赶快回去还可以见到家人,五天后就要死了。"梅平马上赶回家,死的日子与华佗的说法一样。

华佗在路上走时,见到一个人得病,咽喉堵塞,想吃东西又咽不下去,他的家人用车拉着他准备去求医。华佗听到他的呻吟声,停下车去看他,对他说:"刚才经过的道路边上有卖饼的,那里有蒜泥和醋。你们从那里取三升来给他喝了,病自然就好了。"他们就照华佗的话做了。病人马上吐出了一条蛇。他们把蛇挂在车边,想到华佗家去拜谢。华佗还没有回来,小孩子们在门前玩耍,迎面见到了,就互相说道:"这些人好像遇到我家公公了,车边挂的蛇就是公公给除灭的。"这个病人近前到华佗家里坐下,看到华佗屋里北墙上挂的这类蛇虫大约有几十条。

又有一个郡守得了病。华佗认为让这个人大怒就能痊愈,就收下了他的很多财物,却不给他治病,不久就扔下病人走了,还留下一封信骂他。郡守果然大怒,命令人去追赶华佗,把他捉来杀死。郡守的儿子知道内情,嘱咐下属不要去追。太守愤怒极了,然后吐出几升黑血。病就好了。

又有一个士大夫身体不适。华佗说:"您的病患在内脏深处,必须剖腹切除。但是您的寿命也超不过十年了,病不会要您的命,您忍受十年的病痛,寿命也和疾病一同完结了。不值得特地去剖腹切除。"士大夫忍受不了这种痛痒,一定要切除它。华佗就做了手术,士大夫的病很快好了,但他终究在十年后死了。

广陵太守陈登得了病,胸中憋闷,脸色红涨,吃不下东西。华佗给他诊脉后说:"您的胃里有几升虫子,快要在里面形成痈疽了。这是吃生腥的食物造成的。"华佗就配了二升汤药,让他先喝一升,过一会儿再把汤药全部服下。过了有一顿饭的工夫,陈登吐出大约三升的虫子。虫子有红色的头,全在蠕动,一半身子像是生鱼片。陈登的病痛就痊愈了。华佗说:"这个病三年以后还会发作,遇到良医才可以救治。"到了三年后陈登果然又犯病了,当时华佗不在,陈登象华佗所说的那样死去了。

魏太祖曹操听说以后,把华佗召去,让他经常在自己身边。太祖苦于头风病,每次发病都感到眼花心乱。华佗用针扎他的膈间,手到病除。

李将军的妻子病得很厉害,叫华佗来诊脉。华佗说:"伤了胎,但胎儿没有流产。"李将军说:"听说确实是伤了胎,但是胎儿已经打下去了。"华佗说:"根据脉象,胎儿还没有打下去。"李将军认为华佗说的不对。华佗就离去了。妇人也稍微有些好转。一百多天后,病情又加重,再次来找华佗。华佗说:"这个脉象的惯例是有胎儿。前一次应当生两个孩子,一个孩子先生出来,血出得很多,后一个孩子来不及生出来。母亲自己没有感觉,别人也不明白,不再帮助接生,所以没有生下来。胎儿死了,血脉不再通畅,胎儿一定会干枯,贴在母亲的脊背内部,所以造成母亲脊背经常疼痛。现在应该给他汤药,同时用针扎一个地方,这个死胎一定会下来。"用完汤药和针刺后,妇人剧烈疼痛,像要临产时一样。华佗说:"这个死胎时间长了,已经枯干,没办法自己生下它,应该让人去掏出来。"果然取出一个死了的男胎,手足都齐全了,颜色变黑,大约有一尺来长。

华佗的高超医术,全都与此相类似。但是华佗本来是读书人,却被人看作是依靠医术成名的,心中常感到后悔。以后太祖亲自管理国事时,得了很严重的病,让华佗专门给他治病。华佗说:"这种病很难在短期内治好,长期坚持医治,才能延长您的生命。"华佗离家时间太长了,想回家去,就对太祖说:"接到家信了,想要暂时回家去一趟。"华佗回家后,借口妻子有病,多次请求延长假期,不肯返回。太祖连续去信叫他回来,又命令郡县官员把他遣送回来。华佗依恃自己的本领,厌恶吃官府的粮饷,还是不肯上路回去。太祖大怒,派人去查验,如果华佗的妻子真病了,赐给他小豆四十斛,再宽限他一些假期,如果他说谎骗人,就把他抓起来送回。于是华佗就被押送到许都的监狱,经审问拷打,华佗认了罪。荀彧请求说:"华佗的医术确实精深,关系到人的生命,应该给予宽恕。"太祖说:"不用担心,天底下还会没有这样的鼠辈吗?"便把华佗处死。华佗临死时,拿出一卷书来给狱吏,说:"这卷书可以救活人命。"狱吏害怕犯法,不敢接受。华佗也不勉强他,要了火,把这卷书烧了。华佗死后,太祖的头风病还没有除掉。太祖说:"华佗能把这种病治好,这个小人却让我的病延续下去,想用它抬高自己的身价。如果我不杀死这个小子,他也始终不肯给我除去这个病根的。"等到后来太祖的爱子仓舒病危时,太祖叹息道:"我后悔把华佗杀掉,眼睁睁地看着孩子死去了。"

当初,军吏李成苦于咳嗽,白天黑夜都无法睡觉,常常吐出脓血。他把这些病情告诉华佗。华佗说:"您的病是肠痈,咳嗽时吐出来的脓,不是从肺里出来的。我给您两钱药散。吃了后要吐出两升多脓血,吐完后自己保养,心情愉快,一个月就可以见到一些起色,好好地爱护调养身体,一年以后就可以恢复健康。十八年后会有一次小发作。服这个药散,就还会治好。如果没有这个药,就要死了。"又给了他两钱药散。李成得到药以后,过了五六年,他的亲戚里面有人也得了同样的病。他就对李成说:"您现在身体强壮,我却要死了。您怎么忍心藏着不急用的药,等待有病时再用呢?先把药借给我用。我病好了后,替您去找华佗再要这种药。"李成给了他。李成以后有机会到谯县,正巧碰上华佗被抓走,匆忙之中,不忍心去向他求药。后来十八年到了,李成的病终于发作,没有药服用,以致死去。

广陵人吴普、彭城人樊阿全跟随华佗学医。吴普依照华佗的治疗方法治病,很多病人都被治好了。华佗对吴普说:"人的身体需要劳动,只是不要让身体过分疲劳罢了。活动就可以使食物得到消化吸收,血脉流通,不会产生疾病,这就是同门的转轴不会腐朽一样的道理。由此古代成仙的人都做导引术,模仿熊晃动脖子,模仿鸱鹰四下张望,伸展拉长腰肢和身体,活动各个关节,用来求得长生不老。我有一个方法,叫作'五禽戏',一是模仿虎,二是模仿鹿,三是模仿熊,四是模仿猿猴,五是模仿鸟,既可以用来除去疾病,同时还有利于手脚健康,用它来代替导引术。身体不舒服了,就起身做一种动物的活动,做得身上出汗,沾湿了衣服后,再在身上擦一些药粉,就会感到身体轻便,食欲大振。"吴普按照"五禽戏"锻炼,活到九十多岁了,仍然耳聪目明,牙齿完整结实。樊阿善于扎针。所有的医生都说人的背部和胸腹部位不能轻易针刺,如果扎针,深不能超过四分。而樊阿扎背上的穴位入针深一、二寸,扎巨阙、胸藏等穴位下针达五、六寸。而病就全能治好。樊阿向华佗求教,要吃下去有益于人的药方。华佗传授给他漆叶青粘散。用漆叶碎屑一升,青粘屑十四两,按照这个比例配药,据说长期服用可以去除人体内的三种寄生虫,对五脏有益,使身体轻便,头发不会变白。樊阿按照他的话去做,活到一百多岁。漆叶到处都有,青粘生长在丰县、沛县、彭城和朝歌等地。

朱建平、周宣、管辂传

【题解】

朱建平、周宣、管辂三人,与著名医学家华佗、音乐家杜夔都收入《三国志·方技传》中。传入"方技"的人物,都身怀方术,有一技之长。诸如通晓天文(包括占侯、星占)、医学(包括巫医)、神仙术、占卜、相术、命相、遁甲、堪舆者,在古代人的眼界里,都是技术,这与现代的标准截然不同。按着今天的科学观念,朱建平、周宣、管辂是不能作为科学技术的代表人物收入本书的。但是,朱、周、管三人,在古代规范出来的方术领域里,皆属佼佼者,具有较高的知名度。为了让读者了解中国古老文化的每一个侧面,把朱、周、管三人的传记译出来,不是毫无意义。

朱建平擅长相术,不但会相人,还会相马;周宣擅长说梦,说中的十之八九;管辂精于卜筮,世人折服。虽然《三国志》的作者陈寿在《方技传》的评论中盛赞三人玄妙精巧,有不同寻常的绝技,但科学上的可信程度是不言而喻的。

【原文】

朱建平,沛国人也。善于相术,于闾巷之间,效验非一。太祖为魏公,闻之,召为郎。文帝为五官将,坐上会客三十余人,文帝问己年寿,又令遍相众宾。建平曰:"将军当寿八十,至四十时当有小厄,愿谨护之。"谓夏侯威曰:"君四十九位为州牧,而当有厄,厄若得过,可年至七十,至位公辅。"谓应璩曰:"君六十二位为常伯,而当有厄,先此一年,当独见一白狗,而旁人不见也。"谓曹彪曰:"君据藩国,至五十七当厄於兵,宜善防之。"

初,颍川荀攸、钟繇相与亲善。攸先亡,子幼。繇经纪其门户,欲嫁其妾。与人书曰:"吾与公达共使朱建平相,建平曰:'荀君虽少,然当以后事付钟君。'吾时啁之曰:'惟当嫁卿阿鹜耳。'何意此子竟早陨没,戏言遂验乎!今欲嫁阿鹜,使得善处。追思建平之妙,虽唐举,许负何以复加也!"

文帝黄初七年,年四十,病困,谓左右曰:"建平所言八十,谓昼夜也,吾其决矣。"顷之,果崩。夏侯威为兖州刺史,年四十九,十二月上旬得疾,念建平之言,自分必死,豫作遗令及送丧之备,咸使素办。至下旬转差,垂以平复。三十日日昃,请纪纲大吏设酒,曰:

"吾所苦渐平，明日鸡鸣，年便五十，建平之戒，真必过矣。"威罢客之后，合瞑疾动，夜半遂卒。璩六十一为侍中，直省内，欻见白狗，问之众人，悉无见者。於是数聚会，并急游观田里，饮宴自娱，过期一年，六十三卒。曹彪封楚王，年五十七，坐与王凌通谋，赐死。凡说此辈，无不如言，不能具详，故粗记数事，惟相司空王昶、征北将军程喜、中领军王肃有蹉跌云。肃年六十二，疾笃，众医并以为不愈。肃夫人问以遗言，肃云："建平相我逾七十，位至三公，今皆未也，将何虑乎！"而肃竟卒。

　　建平又善相马，文帝将出，取马外入，建平道遇之，语曰："此马之相，今日死矣。"帝将乘马，马恶衣香，惊啮文帝膝，帝大怒，即便杀之。建平黄初中卒。

　　周宣字孔和，乐安人也。为郡吏，太守杨沛梦人曰："八月一日曹公当至，必与君杖，饮以药酒。"使宣占之。是时黄巾贼起，宣封曰："夫杖起弱者，药治人病，八月一日，贼必除灭。"至期，贼果破。

　　后东平刘桢梦蛇生四足，穴居门中，使宣占之，宣曰："此为国梦，非君家之事也。当杀女子而作贼者。"顷之，女贼郑、姜遂俱夷讨，以蛇女子之祥，足非蛇之所宜故也。

　　文帝问宣曰："吾梦殿屋两瓦堕地，化为双鸳鸯，此何谓也？"宣对曰。"后宫当有暴死者。"帝："吾诈卿耳！"宣对曰："夫梦者意耳，苟以形言，便占吉凶。"言未毕，而黄门令奏宫人相杀，无几，帝复问："我昨夜梦青气自地属天。"宣对曰："天下当有贵女子冤死。"是时，帝已遣使赐甄后玺书，闻宣言而悔之，遣人追使者不及。帝复问："吾梦摩钱文，欲令灭而更愈明，此何谓邪？"宣怅然不对。帝重问之，宣对曰："此自陛下家事，虽意欲尔而太后不听，是以文欲灭而明耳。"！时帝欲治弟植之罪，逼於太后，但加贬爵。以宣为中郎，属太史。

　　尝有问宣曰："吾昨夜梦见刍狗，其占何也？"宣答曰："君欲得美食耳！"有顷出行，果过丰膳。后又问宣曰："昨夜复梦见刍狗，何也？"宣曰："君欲堕车折脚，宜戒慎之。"顷之，果如宣言。后又问宣："昨夜复梦见刍狗，何也？"宣曰："君家欲失火，当善护之。"俄遂火起。语宣曰："前后三时，皆不梦也。聊试君耳，何以皆验邪？"宣封曰："此神灵动君使言，故与真梦无异也。"又问宣曰："三梦刍狗而其占不同，何也？"宣曰："刍狗者，祭神之物。故君始梦，当得饮食。祭祀既讫，则刍狗为车所轹，故中梦当堕车折脚也。刍狗既车轹之后，必载以为樵，故后梦忧失火也。"宣之叙梦，凡此类也。十中八九，世以比建平之相矣。其馀效故不次列。明帝末卒。

　　管辂字公明，平原人也。容貌粗丑，无威仪而嗜酒，饮食言戏，不择非类，故人多爱之而不敬也。

　　父为利漕，利漕民郭恩兄弟三人，皆得躄疾，使辂筮其所由。辂曰："卦中有君本墓，墓中有女鬼，非君伯母，当叔母也。昔饥荒之世，当有利其数升米者，排著井中，啧啧有声，推一大石，下破其头，孤魂冤痛，自诉於天。"于是恩涕泣服罪。

　　广平刘奉林妇病困，已买棺器。时正月也，使辂占，曰："命在八月辛卯日日中之时。"林谓必不然，而妇渐差，至秋发动，一如辂言。

　　辂往见安平太守王基，基令作卦，辂曰："当有贱妇人，生一男儿，堕地便走入灶中死。又庄上当有一大蛇衔笔，小大共视，须臾去之也。又乌来入室中，与燕共斗，燕死，乌去。有此三怪。"基大惊，问其吉凶。辂曰："直客舍久远，魑魅魍魉为怪耳。儿生便走，非能自走，直宋无忌之妖将其入灶也。大蛇衔笔，直老书佐耳。乌与燕斗，直老铃下耳。今卦中见象而不见其凶，知非妖咎之征，自无所忧也。"后卒无患。

时信都令家妇女惊恐，更互疾病，使辂筮之。辂曰："君此堂西头，有两死男子，一男持矛，一男持弓箭，头在壁内，脚在壁外。持矛者主刺头，故头重痛不得举也。持弓箭者主射胸腹，故心中县痛不得饮食也。昼则浮游，夜来病人，故使惊恐也。"於是掘徙骸骨，家中皆愈。

清河王经去官还家，辂与相见。经曰："近有一怪，大不喜之，欲烦作卦。"卦成，辂曰："爻吉，不为怪也。君夜在堂户前，有一流光如燕爵者，入居怀中，殷殷有声，内神不安，解衣彷徉，招呼妇人，觅索余光。"经大笑曰："实如君言。"辂曰："吉，迁官之征也，其应行至。"顷之经为江夏太守。

辂又至郭恩家，有飞鸠来在梁头，鸣甚悲。辂曰："当有老公从东方来，携豚一头，酒一壶。主人虽喜，当有小故。"明日果有客，如所占。恩使客节酒、戒肉、慎火，而射鸡作食，箭从树间激中数岁女子手，流血惊怖。

辂至安德令刘长仁家，有鸣鹊来在阁屋上，其声甚急。辂曰："鹊言东北有妇昨杀夫，牵引西家人夫离娄，候不过日在虞渊之际，告者至矣。"到时，果有东北同伍民来告，邻妇手杀其夫，诈言西家人与夫有嫌，来杀我婿。

辂至列人典农王弘直许，有飘风高三尺馀，从申上来，在庭中幢幢回转，息以复起，良久乃止。直以问辂，辂曰："东方当有马吏至，恐父哭子，如何！"明日胶东吏到，直子果亡。直问其故，辂曰："其日乙卯，则长子之候也。木落於申，斗建申，申破寅，死丧之候也。日加午而风发，则马之候也。离为文章，则吏之候也。申未为虎，虎为大人，则父之候也。"有雄雉飞来，登直内铃柱头，直大以不安，令辂作卦，辂曰："到五月必迁。"时三月也，至期，直果为勃海太守。

馆陶令诸葛原迁新兴太守，辂往祖饯之，宾客并会。原自起取燕卵、蜂窠、蛛蜘著器中，使射覆。卦成，辂曰："第一物，含气须变，依乎宇堂，雄雌以形，翅翼舒张，此燕卵也。第二物，家室倒县，门户众多，藏精育毒，得秋乃化，此蜂窠也。第三物，觳觫长足，吐丝成罗，寻网求食，利在昏夜，此蛛蜘也。"举坐惊喜。

辂族兄孝国，居在斥丘，辂往从之，与二客会。客去后，辂谓孝国曰："此二人天庭及口耳之间同有凶气，异变俱起，双魂无宅，流魂于海，骨归于家，少许时当并死也。"复数十日，二人饮酒醉，夜共载车，牛惊下道入漳河中，皆即溺死也。

当此之时，辂之邻里，外户不闭，无相偷窃者。清河太守华表，召辂为文学掾。安平赵孔曜荐辂於冀州刺史裴徽曰："辂雅性宽大，与世无忌，仰观天文则同妙甘公、石申俯览《周易》则齐思季主。今明使君方垂神幽薮，留神九皋，辂宜蒙阴和之应，得及羽仪之时。"徽於是辟为文学从事，引与相见，大善友之，徙部钜鹿，迁治中别驾。

初应州召，与弟季儒共载，至武城西，自卦吉凶，语儒云："当在故城中见三狸，尔者乃显前到河西故城角，正见三狸共踞城侧，兄弟并喜，正始九年举秀九。

十二月二十八日，吏部尚书何晏请之，邓扬在晏许。晏谓辂曰："闻君著爻神妙，试为作一卦，知位当至三公不？"又问："连梦见青蝇数十头，来在鼻上，驱之不肯去，有何意故？"辂曰："夫飞鸮，天下贱鸟，及其在林食椹，则怀我好音，况辂心非草木，敢不尽忠？昔元、凯之弼重华,宣慈惠和,周公之翼成王,坐而待旦,故能流光六合,万国咸宁。此乃履道休应,非卜筮之所明也。今君侯位重山岳,势若雷电,而怀德者鲜,畏威者众,殆非小心翼翼多福之仁,又鼻者艮,此天中之山,高而不危,所以长守贵。今青蝇臭恶,而集之焉。位峻者颠,轻豪者亡,不可不思害盈,之数,盛衰之期,是故山在地中曰谦,雷在天上曰壮;谦则衰益寡,壮则非礼不履。未有损已而不光大,行非而不伤败。愿君侯上追文王六爻之旨,下思尼父象之义,然后三公可决,青蝇可驱也。"扬曰:"此老生之常谭。"辂答曰:"夫老生者见不生,常谭者见不谭。"晏曰:"过岁更当相见。"辂还邑舍,具以此言语舅氏,舅氏责辂言太切至。辂曰:"与死人语,何所畏邪?"舅大怒,谓辂狂悖。岁朝,西北风大,尘埃蔽天,十馀日,耳晏、扬,皆诛,然后舅乃服。

始辂过魏郡太守钟毓,共论易义,辂因言"卜可知君生死之日"。毓使筮其生日月,如言无蹉跌。毓大愕然,曰:"君可畏他。死以付天,不以付君。"遂不复筮。毓问辂"天下当太平否?"辂曰:"方今四九天飞,利见大人,神武升建,王道大明,何忧不平?"毓未解辂言,无几,曹爽等诛,乃觉寤云。

平原太守刘邠取印囊及山鸡毛著器中,便筮。辂曰:"内方外圆,五色成文,含宝守信,出则有章,此印囊也。高岳岩岩,有鸟朱身,羽翼玄黄,鸣不失晨,此山鸡毛也。"邠曰:"此郡官舍,连有变怪,使人恐怖,其理何由?"略曰:"或因汉末之乱,兵马扰攘,军尸流血,污染丘山,故因昏夕,多有怪形也。明府道德高妙,自天祐之,愿安百禄,以光休宠。"

清河令徐季龙使人行猎,令辂筮其所得。辂曰:"当获小兽,复非食禽,虽有爪牙,微而不强,虽有文章,蔚而不明,非虎非雉,其名曰狸。"猎人暮归,果如辂言。季龙取十三种物,著大篚中,使辂射。云:"器中藉藉有十三种物。"先说鸡子,后道蚕蛹,遂一一名之,惟以梳为枇耳。

辂随军西行,过毋丘俭墓下,倚树哀吟,精神不乐。人问其故,辂曰:"林木虽茂,无形可久;碑诔虽美,无后可守。玄武藏头,苍龙无足,白虎衔尸,朱雀悲哭,四危以备,法当灭族。不过二载,其应至矣。"卒如其言。后得休,过清河倪太守。时天旱,倪问辂雨期,辂曰:"今夕当雨。"是日阳燥,昼无形似,府丞及令在坐,咸谓不然。到鼓一中,星月皆没,风云并起,竟成快雨。於是倪盛修主人礼,共为欢乐。

正元二年,弟辰谓辂曰:"大将军待君意厚,冀当富贵乎?"辂长叹曰:"吾自知有分直耳,然天与我才,明不与我寿,恐四十七八间,不见女嫁儿取妇也。若得免此,欲作洛阳令,可使路不拾遗,桴鼓不鸣。但恐至太山治鬼,不得治生人,如何!"辰问其故,辂曰:"吾额上无生骨,眼中无守精,鼻无梁柱,脚无天根,背无三甲,腹无三壬,此皆不寿之验。又吾本命在寅,加月食夜生。天有常数,不可得讳,但人不知耳。吾前后相当死者过百人,略无错也。"是岁八月,为少府丞。明年二月卒,年四十八。

【译文】

朱建平是沛国人,精通相术,在街头巷尾为人看相,有效应的不是一件两件事。曹操封为魏公时,听说朱建平这个人,召来封为郎。曹丕作五官将时,设宴待客三十多人,曹丕问朱建平自己的寿命,又令他给每一位宾客看相。朱建平说:"将军寿命八十,到四十时会有小难,愿您小心保护。"朱建平对夏侯威说:"您四十九被封为州长,会有灾难,如果避过灾难，可以活到七十，官到公辅。"他又对应璩说："您六十二时官至侍中，会有灾祸，在此前一年，单独看见一条白狗，而别人却看不见。"又说曹彪："您居于自己的封国，到五十七当遭兵灾，要好好提防此事。"

当初，颍川荀攸、钟繇是知心好友。荀攸先去世，儿子还年幼。钟繇料理荀攸，要出嫁荀攸的妾。钟繇给人写信说："我和荀攸曾经一起让朱建平看相，朱建平说：'荀先生虽然比钟先生年少，然而却要把后事托付给钟先生。'我当时对荀攸开玩笑说：'唯有嫁你的阿骜了。'怎么料到他竟先去世了，玩笑话还灵验了。现在打算出嫁阿骜，使她得到一个好的安排。回想朱建平的妙算，即使是唐举、许负也比不上啊！"

文帝黄初七年，曹丕四十岁，重病在身，对左右亲近说："朱建平所说的八十，指的是昼夜，我快要死了。"没多久，果然去。夏侯威为兖州刺史时，是四十九岁，十二月上旬得病，想起朱建平的话，自己认为必死无疑，预先留下遗言，准备送丧的物品，一切都让人办理妥当。到了下旬病情转好，接近康复。三十日下午，请主管事务的官员摆好了酒筵，夏侯威说："我的病情日渐好转，明天鸡叫时，我就是五十岁了，朱建平的告诫，一定躲过去了。"夏侯威在客人散去后，睡着时疾病复发，半夜就身亡了。应璩六十一岁拜官侍中，在宫中值班，忽然看见一条白狗，询问许多人，都说没有看见。于是，应璩多次与人聚会，并且迅速地游览故里，设酒宴自得其乐，过了一年期限，六十三岁去世。曹彪封为楚王时，五十七岁，犯了与王凌合谋罪，被赐死。凡是说的这一班人，都应了朱建平的话，对此不能全部记述，只大略记载了几件事。只有相司空王昶、征北将军程喜、中领军王肃，朱建平没有相准。王肃的夫人问他有什么遗言，王肃说："建平为我看相，说我能活过七十，官至三公，现在都没有实现，我还有什么可思虑的！"而后王肃终于死了。

朱建平还精通相马。文帝将要外出，马匹从外面牵入，朱建平路上遇见了，说："看这匹马的相，今天要死了。"文帝将要乘马，马厌恶衣服的香味，受惊咬了文帝膝盖。文帝大怒，立即杀了这匹马。朱建平在黄初中去世。

周宣字孔和，乐安人。作郡吏，太守杨沛梦见有人对他说："八月一日曹操到，一定给你杖，并给您药酒喝。"杨沛令周宣占卜。当时黄巾叛乱，周宣回答说："杖能支撑体弱的人，药能治人的疾病，八月一日，叛贼一定会消灭。"到了八月一日，贼军果然被消灭。

后来乐平的刘桢梦见蛇生四足，穴居在门道内，就让周宣占卜。周宣说："这是有关国家大事的梦，不是您家中的事。应当杀死做贼的女子。"不久，女贼郑、姜都被讨平。这是因为蛇是女子的征兆，足不是蛇所能适应的。

文帝问周宣："我梦见殿堂上两片瓦落在地上，化为一对鸳鸯，这是怎么回事？"周宣回答说："后宫会有人暴死。"文帝说："我骗你哪！"周宣回答说："梦是人的心愿，如果用言语表现出来，就可以占卜吉凶。"话还没有说完，黄门令上奏宫人互相残杀。没有多久，文帝又问周宣："我昨夜梦见青气自地与天相连。"周宣回答说："天下要有高贵的女子冤死。"当时，文帝已派使者赐给甄后诏书，听见周宣的话，文帝后悔了，派人追赶使者，没有追上。文帝又问周宣："我梦见要磨平钱的文字，想让文字消失，但它却更明显，这是怎么回事？"周宣怅然不答。文帝再次问他，周宣回答说："这是陛下的家事，虽然你自己想要那样，但太后不听，所以虽然想磨掉文字，却更加明显。"当时，文帝相治罪他的弟弟曹植，但被太后逼迫，只将他贬爵。文帝以周宣为中郎，归属太史。

曾有人问周宣："我昨夜梦见用草做的狗，这在占卜上是怎么回事？"周宣回答说："您想得到一顿美餐。"不一会儿，这人外出，果然碰上了丰盛的饭菜。后来又问周宣："昨夜我又梦见用草做的狗，是怎么回事？"周宣说："您要从车上掉下来摔折了脚，要小心防范。"不久，果然像周宣说的那样。后来这人又问周宣："昨夜又梦见用草做的狗，是怎么回事？"周宣说："您家失火，要好好防护。"不一会大火起来了。这人对周宣说："前后三次，我都没有梦见草狗。只不过试试您罢了，为何都灵验了？"周宣回答说："这是神灵操纵您这么说的，所以和真的梦见没有什么不同。"这人又问周宣："三次梦见草狗而占卜结果都不相同，这是为什么？"周宣说："草狗是祭神的物品。因此您开始梦见，会得祭祀剩下的食物。祭祀已经结束，那么草狗就被车轮碾过，所以第二个梦后，就会从车上掉下来脚摔折了。草狗既然已被车碾过，必然车装回去作柴草，所以第三次做梦后，担心您失火。"周宣述说梦，都是这一类。十次有八九次说中，世人把他与朱建平的相术相比。其他灵验的不一一罗列。明帝末，周宣去世。

管辂字公明，平原人。容貌粗陋，没有堂堂仪表，爱喝酒，吃饭喝酒，谈吐调笑，不分什么人，因此人们大多喜爱他，但不敬重他。

管辂的父亲为利漕令，利漕百姓郭恩兄弟三人，都是瘸腿，他就让管辂占卜其中的缘由。管辂说："卦中有您自己的坟墓，墓中有一女鬼，不是您伯母，是您叔母。从前饥荒时期，有贪图几升米的人，把她推下井，井中喷喷有声，这人又推下一块大石头，砸破了她的头，孤魂受冤含痛，向上天申诉。"于是郭恩痛哭流涕，俯首认罪。

广平刘奉林的妻子病危，已经买来棺材。当时是正月，让管辂占卜。管辂说："生命在八月辛卯太阳当头时结束。"刘奉林认为一定不会这样。他妻子病情日益好转，到了秋天病情发作，一切像管辂所说的那样。

管辂去见安平太守王基，王基让他卜卦。管辂说："会有一个卑贱的妇人，生下一个男孩，孩子出生后便跑入灶中死了。床上又会有一条大蛇衔笔，全家大小都看着它，不一会蛇就离去了。又有乌鸦飞入室内，和燕子一起争斗，燕子死了，乌鸦飞走了。有这三种怪异。"王基大惊，询问是吉是凶。管辂说："是客舍陈旧，鬼魅作怪。孩子生下来就跑，不是自己能跑，是宋无忌的鬼魂把他投入灶中。大蛇衔笔，是老书吏作怪。乌鸦与燕争斗，是老卫兵作怪。现在卦中显示了现象，而没有显示凶象，知道不是妖异为害的征兆，自然没有什么可担忧的。"后来终究没有祸患。

当时信都令家的妇女惊恐，交替生病，让管辂占卜。管辂说："你北堂西头，有两个死去的男子，一男手持矛，一男手持弓箭，头在墙壁内，脚在墙壁外。持矛的负责刺头，所以头痛得很厉害，抬不起来。持弓箭的负责射胸腹，所以心痛，无法饮食。白天他们漫游，夜晚来害人，所以使人惊恐。"于是挖掘移去骸骨，家中人的病都好了。

清河王经离职回家，管辂与他相见。王经说："近来有一怪，我很不喜欢它，想烦你卜一卦。"卦卜成了，管辂说："卦爻吉利，不会作怪。您夜晚在堂户前，有一如燕雀般的流光，落在您怀里，发出殷殷的声响，你心神不安，解开衣服，彷徨不安，招呼妇人，寻找余光。"王经大笑说："确实像你说的那样。"管辂说："吉利，升官的征兆，这种应验马上就要实现。"不久，王经封为江夏太守。

管辂又到郭恩家，有鸠鸟飞来落在屋梁上，啼声很悲切。管辂说："会有一老人从东方来，带着一头猪，一壶酒。主人虽然高兴，但会有小事故。"第二天果然有客人来，就像占卜的那样。郭恩让客人节制酒量，戒吃肉，小心火，射鸡作食物，箭从树间穿过，迅速射中一个几岁女孩子的手，血流出来，惊慌恐怖。

管辂到安德令刘长仁家，有啼叫着的喜鹊飞来落在屋子上，叫声很急。管辂说："喜鹊说东北方向有一妇人昨天杀了她丈夫，牵连了她家西边的人家，等不到黄昏时，上告的人就会来了。"到了时候，果然有东北方向同里居民告发，邻居家的妇人亲手杀死她的丈夫，诈称西面邻居家人和她丈夫有仇隙，来杀了我的夫婿。

管辂到列人典农王弘直的处所，有旋风高三尺多，从申上吹来，在院子中回转，停息后又再次刮起来，很久才停止。王弘直问管辂是什么缘故，管辂说："东方当有主管马匹的官吏到来，恐怕父亲要哭吊儿子，不知怎么办才好！"第二天胶东官吏到达，王弘直的儿子果然身亡。王弘直问管辂缘由，管辂说："那天是乙卯，是长子的兆候。木落于申，北斗指向申，申克寅，死丧的兆候。日头过了午间而风起，是马的兆候。离是文采，是官吏的兆候。申未是虎，虎是尊者，是父亲的兆候。"有雄野鸡飞来，落在王弘直屋内铃柱头，王弘直大为不安。让管辂占卜。管辂说："到五月一定升官。"当时是三月，到了五月，王弘直果然升为渤海太守。

管陶令诸葛原迁升为新兴太守，管辂前去为他饯行，宾客聚集在一起。诸葛原亲自起来取燕卵、蜂穴、蜘蛛放在器具中，让管辂猜测。卜卦后，管辂说："第一件东西，含有生气，等待变化，靠在房屋上，形体有雌雄，羽翼舒张，这是燕卵。第二件东西，住室倒悬，门户繁多，藏着精华，孕育着毒液，到秋天就转化，这是蜂穴。第三件东西，怕死的样子，长有长足，时丝成网，用网寻求食物，在天黑时能多获利，这是蜘蛛。"满座惊喜。

管辂同族兄长管孝国，居住在斥丘，管辂前去跟随他，与两位宾客见面。宾客走后，管辂对管孝国说："这两人额头及口耳之间都有凶气，要同遭奇怪的变故，两人的魂魄没有归处，魂魄在海中流动，尸骨返回家乡，不久他们两人当一块儿死去。"又过了几十天，两人喝醉了酒，夜里同乘一辆车，牛受惊跑下车道掉入漳河中，都立刻溺死了。

当时，管辂的邻居，不关外门，没有行窃的人。清河太守华表召管辂为文学掾。安平赵孔曜向冀州刺史裴徽推荐管辂说："管辂向来生性宽大，与世无仇无恨，仰观天空星象，可同甘公、石申相媲美，俯览《周易》，思虑与司马季主一样。现在您留意隐士，注意民间的贤人，管辂应该像阴顺从着阳一样，跟附着您，得到为人仪表的机会。"裴徽于是拜管辂为文学从事，召来同他相见，非常赞许管辂，与他很友好，迁移到钜鹿，升职为治中、别驾。

当初应州召辟，与弟弟管季儒一起乘车前去，到了武城西面，自己占卜吉凶，对管季儒说："当在旧城中看见三只狐狸，这样就会显达。"前行到河西旧城角，正好看见三只狐狸共同蹲在城墙旁侧，兄弟都很高兴。正始九年，举为秀才。

十二月二十八日，吏部尚书何晏请管辂，邓飏在何晏处所。何晏对管辂说："听说你卜卦神妙，请试着为我作一卦，看我能否官至三公？"又问："我接连梦见青蝇几十头，落在鼻子上，驱赶它们也不肯离开，是什么缘故？"管辂说："这飞鸮，是天下低贱的鸟，等到它在林中食桑葚，还怀念恩德，况且我心非草木，敢不竭尽忠诚？从前贤人辅佐舜，广施恩惠，仁慈谦和，周公辅助成王，坐而待旦，勤于政事，所以能流辉天下，各国安宁。这是践行道义得到的美好报应，不是卜筮所能表明的。现在您位重如山，势如雷电，但怀念您恩德的人少，畏惧您威势的人多，恐怕不是小心翼翼，多福的仁人，再说鼻子是坚硬的，在脸上居中，形状似山，高而不危，所以长期地位高贵，现在青蝇臭恶，聚集在鼻子上。地位高的人容易坠落，轻佻强横的人容易灭亡，不能不考虑过盈则亏，极盛则衰的道理。因此山在地中叫'谦'，雷在天上叫'壮'。谦者损有余以补不足，壮则不合乎礼便不实行。未曾有贬损自己而不使自己强盛的，为非作歹而不毁败的。愿您上采文王六爻的精神，下思孔子象象的意义，然后三公之事才能决断，青蝇可以驱除。"邓飏说："这些都是老生常谈。"管辂回答说："老书生现在不是老书生，常谈的现在不谈论。"何晏说："过了年再相见。"管辂回到邑舍，把这些话都告诉了舅父，舅父责怪管辂的话过于透彻。管辂说："与死人说话，还怕什么？"舅父大怒，说管辂太狂谬。元旦，西北大风，尘埃遮蔽了天空，十多天后，听说何晏、邓飏被杀，后来舅父才心服。

当初，管辂到魏郡太守钟毓家，共同探讨《周易》的含义，管辂说："占卜可知你的生死之日。"钟毓让管辂卜算他的出生月日，像他说的一样，毫无差错。钟毓大为惊愕，说："您令人敬畏。死要交付上天，不交付给您了。"于是不再占卜。钟毓问管辂："天下可否太平？"管辂说："（根据《周易》，四九该是或者腾跃上进，或者退处在渊，这样才能没有咎害。）方今（却是）龙在天上高飞，利于出现大人，建立了神武之业，王道光辉灿烂，还担忧不太平？"钟毓没有理解管辂的话，没有多久，曹爽等人被杀，钟毓才领悟了管辂的话。

平原太守刘邠取印囊及山鸡毛放在器皿中，让管辂占卜。管辂说："内方外圆，五色组成文理，装有宝物，遵守信用，显露出来则有印章，这是印囊。高山险峻，有鸟全身红色，羽翼玄黄色，鸣叫不错过早晨，这是山鸡毛。"刘邠说："这郡的官舍，接连有怪异现象，让人恐怖，这是什么原因？"管辂说："也许因为汉末战乱，兵马扰攘，士兵尸体流血污染山丘，所以天体黑时，多有怪异。您道德高尚美好，上天保佑，希望您安于职位，发扬光大美好的恩宠。"

清河令徐季龙派人打猎，让管辂卜问他所捕获的猎物。管辂说："应该捕获小兽，又不是给人吃的禽鸟，虽然有爪牙，但小而不壮，虽有花纹，密集却不明显，不是虎，也不是野鸡，它的名字叫狸。"猎人傍晚归来，果然像管辂所说的那样。徐季龙取来十三种东西，放在大箱子中，让管辂猜测出来。管辂说："器中纷乱地装有十三种东西。"先说鸡子，后说蚕蛹，一一说出各种东西的名称，只是把梳子当成了篦子。

管辂随军西行，经过毋丘俭的墓，倚靠着树悲伤地吟咏，精神不愉快。有人问他缘故，管辂说："林木虽然繁茂，不可以长久；碑文虽然漂亮，但没有后代守护。玄武藏起了脑袋，苍龙没有足，白虎衔尸，朱雀悲哭，四种危险已经具备，按法当夷灭全族。不超过二年，就该应验了。"最终象管辂所说那样。后来休闲，探访清河倪太守。当时天旱，倪太守问管辂下雨的日期，管辂说："今夜当下雨。"这天天气燥热，白天没有下雨的迹象，府丞和清河令在座，都说夜晚不会下雨。到了打第一鼓时，星星月亮都没有了，风云并起，竟然下了暴雨。于是倪太守隆重地尽主人之礼，共为欢宴。

正元二年，弟弟管辰对管辂说："大将军对你情深义重，有希望富贵吗？"管辂长叹说："我知道自己有身份，但上天给了我才智是明显的，却没有给我年寿，恐怕只能活到四十七八岁之间，见不到女儿出嫁，儿子娶媳妇。如果能免去一死，打算作洛阳令，可以做到路不拾遗，报警的大鼓不响。但恐怕要到太山管鬼，而不能治理生民，怎么办！"管辰问他缘故,管辂说:"我额上没生有福相长寿之骨,眼中没有精神,鼻子没有梁柱,脚上没有天跟,背上没有长寿的三甲之形,腹部没有长寿之兆的三壬,这些都是不长寿的征兆。再说我本命在寅,加上是月食夜降生。天有定数,无法避忌,只不过人们不知道罢了。我前后给人看相,当死的人超过一百,大体没有错误。"这年八月,作了少府丞。第二年二月去世,年四十八。

后主传

【题解】

蜀后主刘禅(260～271),字公嗣,小名阿斗,是先主刘备的儿子。建安二十四年(219),刘备为汉中王,立刘禅为王太子。章武三年(223),刘备去世,刘禅即位为蜀汉皇帝,时年十七岁。

刘禅才能平庸,性格懦弱。称帝初期,有诸葛亮辅佐,六出祁山,七擒孟获,国称大治。诸葛亮死后,虽有蒋琬、姜维等人扶植,终因宠任宦官,朝政日衰。景耀六年(263),魏派邓艾、钟会大举入川,姜维战败,刘禅投降,蜀汉至此灭亡。

刘禅降魏后,全家迁到洛阳,魏元帝曹奂封他为安乐公。刘禅在洛阳贪图享乐,全不以故国为念。司马昭问他是否想家,他回答:"此间乐,不思蜀。"后人遂以"乐不思蜀",讥笑那些亡国昏君。

【原文】

后主讳禅,字公嗣,先主子也。建安二十四年,先主为汉中王,立为王太子。及即尊号,册曰:"惟章武元年五月辛巳,皇帝若曰:太子禅,朕遭汉运艰难,贼臣篡盗,社稷无主,格人群正,以天明命,朕继大统。今以禅为皇太子,以承宗庙,祗肃社稷。使使持节丞相亮授印绶,敬听师傅,行一物而三善皆得焉,可不勉与!三年夏四月,先主殂于永安宫。五月,后主袭位于成都,时年十七。尊皇后曰皇太后。太赦,改元。是岁魏黄初四年也。

建兴元年夏,牂牁太守朱褒拥郡反。先是,益州郡有大姓雍闿反,流太守张裔于吴,据郡不宾,越巂夷王高定亦背叛。是岁,立皇后张氏。遣尚书郎邓芝固好于吴,吴王孙权与蜀和亲使聘,是岁通好。

二年春,务农殖谷,闭关息民。

三年春三月,丞相亮南征四郡,四郡皆平。改益州郡为建宁郡,分建宁、永昌郡为云南郡,又分建宁、牂牁为兴古郡。十二月,亮还成都。

四年春,都护李严自永安还住江州,筑大城。

五年春,丞相亮出屯汉中,营沔北阳平石马。

六年春,亮出攻祁山,不克。冬,复出散关,围陈仓,粮尽退。魏将王双率军追亮,亮与战,破之,斩双,还汉中。

七年春,亮遣陈式攻武都、阴平,遂克定二郡。冬,亮徙府营于南山下原上,筑汉、乐二城。是岁，孙权称帝，与蜀约盟，共交分天下。

八年秋，魏使司马懿由西城，张郃由子午，曹真由斜谷，欲攻汉中。丞相亮待之于城固、赤阪，大雨道绝，真等皆还。是岁，魏延破魏雍州刺史郭淮于阳溪。徙鲁王永为甘陵王，梁王理为安平王，皆以鲁、梁在吴分界故也。

九年春二月，亮复出军围祁山，始以木牛运。魏司马懿、张郃救祁山。夏六月，亮粮尽退军，郃追至青封，与亮交战，被箭死。秋八月，都护李平废徙梓潼郡。

十年，亮休士劝农于黄沙，作流马木牛毕，教兵讲武。

十一年冬，亮使诸军运米，集于斜谷口，治斜谷邸阁。是岁，南夷刘胄反，将军马忠破平之。

十二年春二月，亮由斜谷出，始以流马运。

刘禅

秋八月，亮卒于渭滨。征西大将军魏延与丞相长史杨仪争权不知，举兵相攻，延败走；斩延首，仪率诸军还成都。大赦。以左将军吴壹为车骑将军，假节督汉中。以丞相留府长史蒋琬为尚书令，总统国事。

十三年春正月，中军师杨仪废徙汉嘉郡。夏四月，进蒋琬位为大将军。

十四年夏四月，后主至湔，登观阪，看汶水之流，旬日还成都。徙武都氐王苻健及氐民四百余户于广都。

十五年夏六月，皇后张氏薨。

延熙元年春正月，立皇后张氏。大赦，改元。立子璿为太子，子瑶为安定王。冬十一月，大将军蒋琬出屯汉中。

二年春三月，进蒋琬位为大司马。

三年春，使越巂太守张嶷平定越巂郡。

四年冬十月，尚书令费祎至汉中，与蒋琬咨论事计，岁尽还。

五年春正月，监军姜维督偏军，自汉中还屯涪县。

六年冬十月，大司马蒋琬自汉中还，住涪。十一月，大赦。以尚书令费祎为大将军。

七年闰月，魏大将军曹爽、夏侯玄等向汉中，镇北大将军王平拒兴势围，大将军费祎督诸军往赴救，魏军退。夏四月，安平王理卒。秋九月，祎还成都。

八年秋八月，皇太后薨。十二月，大将军费祎至汉中，行围守。

九年夏六月，费祎还成都。秋，大赦。冬十一月，大司马蒋琬卒。

十年，凉州胡王白虎文、治无戴等率众降，卫将军姜维迎逆安抚，居之于繁县。是岁，汶山平康夷反，维往讨，破平之。

十一年夏五月，大将军费祎出屯汉中。秋，涪陵属国民夷反，车骑将军邓芝往讨，皆破平之。

十二年春正月，魏诛大将军曹爽等，右将军夏侯霸来降。夏四月，大赦。秋，卫将军姜维出攻雍州,不克而还。将军句安、李韶降魏。

十三年,姜维复出西平,不克而还。

十四年夏,大将军费祎还成都。冬,复北驻汉寿。大赦。

十五年,吴王孙权薨。立子琮为西河王。

十六年春正月,大将军费祎为魏降人郭循所杀于汉寿。夏四月,卫将军姜维复率众围南安,不克而还。

十七年春正月,姜维还成都。大赦。夏六月,维复率众出陇西。冬,拔狄道、河关、临洮三县民,居于绵竹、繁县。

十八月春,姜维还成都。夏,复率诸军出狄道,与魏雍州刺史王经战于洮西,大破之。经退保狄道城,维却住钟题。

十九年春,进姜维位为大将军,督戎马,与镇西将军胡济期会上邽,济失誓不至。秋八月,维为魏大将军邓艾所破于上邽。维退军还成都。是岁,立子瓒为新平王。大赦。

二十年,闻魏大将军诸葛诞据寿春以叛,姜维复率众出骆谷,至芒水。是岁大赦。

景耀元年,姜维还成都。史官言景星见,于是大赦,改年。宦人黄皓始专政。吴大将军孙綝废其主亮,立琅玡王休。

二年夏六月,立子谌为北地王,恂为新兴王,虔为上党王。

三年秋九月,追谥故将军关羽、张飞、马超、庞统、黄忠。

四年春三月,追谥故将军赵云。冬十月,大赦。

五年春正月,西河王琮卒。是岁,姜维复率众出侯和,为邓艾所破,还住沓中。

六年夏,魏大兴徒众,命征西将军邓艾、镇西将军钟会、雍州刺史诸葛绪数道并攻。于是遣左右车骑将军张翼、廖化、辅国大将军董厥等拒之。大赦。改元为炎兴。冬,邓艾破卫将军诸葛瞻于绵竹。用光禄大夫谯周策,降于艾,奉书曰:“限分江、汉,遇值深远,阶缘蜀土,斗绝一隅,干运犯冒,渐苒历载,遂与京畿攸隔万里。每惟黄初中,文皇帝命虎牙将军鲜于辅,宣温密之诏,申三好之恩,开示门户,大义炳然,而否德暗弱,窃贪遗绪,免仰累纪,未率大教。天威既震,人鬼归能之数,怖骇王师,神武所次,敢不革面,顺以从命!辄敕群帅投戈释甲,官府帑藏一无所毁,百姓布野,余粮栖亩,以俟后来之惠,全元元之命。伏惟大魏布德施化,宰辅伊、周,含覆藏疾。谨遣私署侍中张绍、光禄大夫谯周、驸马都尉邓良奉赍印绶,请命告诚,敬输忠款,存亡敕赐,惟所裁之。舆榇在近,不复缕陈。”是曰,北地王谌伤国之亡,先杀妻子,次以自杀。绍,良与艾相遇于雒县。艾得书,大喜,即报书,遣绍、良先还。艾至城北,后主舆榇自缚,诣军垒门。艾解缚焚榇,延请相见。因承制拜后主为骠骑将军。诸围守悉被后主敕,然后降下。艾使后主止其故宫,身往造焉。资严未发。明年春正月,艾见收。钟会自涪至成都作乱。会既死,蜀中军众钞略,死丧狼藉,数日乃安集。

后主举家东迁,既至洛阳,策命之曰:“惟景元五年三月丁亥,皇帝临轩,使太常嘉命刘禅为安乐县公。于戏,其进听朕命!盖统天载物,以咸宁为大,光宅天下,以时雍为盛。故孕育群生者,君人之道也,乃顺承天者,坤元之义也。上下交畅,然后万物协和,庶类获义。乃者汉氏失统,六合震扰。我太祖承运龙兴,弘济八极,是顺应天顺民,抚有区夏。于时乃考因群杰虎争,九服不静,乘间阻远,保据庸蜀,遂使西隅殊封,方外壅隔。自是以来,干戈不戢,元元之民,不得保全其性,几将五纪。朕永惟祖考遗志,思在绥缉四海,率土同轨,故爰整六师,耀威梁、益。公恢崇德度,深秉大正,不惮屈身委质,以爱民全国为贵,降心回虑,应机豹变,履信思顺,以享左右无疆之休,岂不远欤! 朕嘉与君公长飨显禄,用考咨前训,开国祚土,率遵旧典,锡兹玄牡,苴以白茅,永为魏藩辅,往钦哉! 公其祗服朕命,克广德心,以终乃显烈。”食邑万户,赐绢万匹,奴婢百人,他物称是。子孙为三都尉封侯者五十余人。尚书令樊建、侍中张绍、光禄大夫谯周、秘书令郤正、殿中督张通并封列侯。公泰始七年薨于洛阳。

【译文】

后主名禅,字公嗣,是先主刘备的儿子。建安二十四年,先主作汉中王,立刘禅为王太子。到刘备称帝以后,册书说:“章武元年五月辛巳日,皇帝说:‘太子刘禅,我遭遇汉朝国运艰难之时,贼臣窃国,社稷没有主人,识天命者和正直的群臣向我昭示天命,我继承了帝位。现在以禅为皇太子,用来继承宗庙,恭奉社稷。派遣丞相诸葛亮持节授给玺印和绶带,太子要恭敬地听从丞相师傅的教诲,行一件事而得到三种善,怎么能不努力呢?”章武三年夏天四月,先主在永安宫去世。五月,后主刘禅在成都即位,当时他才十七岁。尊称皇后为皇太后,大赦天下,改年号。这一年是魏国的黄初四年。

建兴元年夏天,牂柯郡太守朱褒率全郡谋反。前些时候,益州郡大姓雍闿造反,把太守张裔流放天吴国去,占据全郡,不服从朝廷。越巂郡夷人首领高定也叛变了。这一年,后主立张氏为皇后。派尚书郎邓芝去吴国巩固友好关系。吴王孙权和蜀国和亲,派遣使者下聘。这一年两国友好往来。

建兴二年春天,努力务农,增产五谷,关闭关口,休养生息。

建兴三年春三月,丞相诸葛亮向南征伐四郡,四郡都被平定。把益州郡改名为建宁郡,把建宁、永昌两郡的部分土地划成云南郡,又把建宁、牂柯两郡的部分土地划成兴古郡。十二月,诸葛亮回到成都。

建兴四年春天,都护李严从永安回到江州居住,修筑大城。

建兴五年春天,丞相诸葛亮出兵屯驻汉中,在沔河北岸的阳平石马地区扎营。

建兴六年春天,诸葛亮出兵攻打祁山,没攻下。冬天,又出兵散关,包围陈仓,因为粮草用尽而退兵。魏国将领王双率军队追赶诸葛亮。诸葛亮和王双交战,打败并且杀死了王双,回到汉中。

建兴七年春天,诸葛亮派陈式攻打武都、阴平,占领了二郡。冬天,诸葛亮把幕府和军营迁到南山下面的平原上,修筑了汉、乐两城。这一年孙权称帝,和蜀汉订立盟约,两国建交,共分天下。

建兴八年秋天,魏国派司马懿从西城出兵,派张郃从子午出兵,派曹真从斜谷出兵。进攻汉中。丞相诸葛亮在城固、赤坂一带守候。天降大雨,道路不通,曹真等人全部退回。这一年,魏延在阳溪打败了魏国雍州刺史郭淮。把鲁王刘永迁封为甘陵王,把梁王刘理迁封为安平王,都是因为鲁、梁二地在吴分界内。

建兴九年春二月,诸葛亮再次出兵包围祁山,开始用木牛运输粮草。魏国司马懿、张郃救援祁山。夏六月,诸葛亮因军粮吃光而退军,张郃追到青封,和诸葛亮交战,张郃中建兴十年,诸葛亮停止作战,在黄沙地方鼓励农耕,制造出完整的木牛流马,教练士兵,讲习武事。

建兴十一年冬天,诸葛亮让各部军队运粮米,集中在斜谷口,修建斜谷军队粮仓。这一年,南方蛮夷刘胄造反,马忠率兵打败了他,平定了叛乱。

建兴十二年春二月,诸葛亮从斜谷出兵,开始用流马运输粮草。秋八月,诸葛亮在渭滨去世,征西大将军魏延和丞相长史杨仪争权,反目成仇,互相发兵攻击。魏延败逃,杨仪斩杀了魏延,率各路军队回到成都。大赦天下,任命左将军吴壹为车骑将军,持符节督察汉中。任命丞相留府长史蒋琬为尚书令,总领国家政事。

建兴十三年春正月,中军师杨仪被免职,迁徙到汉嘉郡。夏四月,蒋琬晋升为大将军。

建兴十四年夏四月,后主到达湔县,登上观坂,观看汶水河,十天后回到成都。把武都氐王苻健以及四百余户氐民迁徙到广都。

建兴十五年夏六月,皇后张氏去世。

延熙元年春正月,立张氏为皇后。大赦天下,改年号。立儿子刘璿为太子,封儿子刘瑶为安定王。冬十一月,大将军蒋琬出兵驻扎汉中。

延熙二年春三月,蒋琬晋升为大司马。

延熙三年春天,派越巂太守张嶷平定了越巂郡。

延熙四年冬十月,尚书令费祎到汉中,和蒋琬商讨政事,年底返回成都。

延熙五年春正月,监军姜维统领一部分军队从汉中返回,驻屯涪县。

延熙六年冬十月,大司马蒋琬从汉中返回,住在涪县。十一月大赦天下。任命沿书令费祎为大将军。

延熙七年闰月,魏国大将军曹爽、夏侯玄出兵汉中,镇北大将军王平抵御对兴势的包围,大将军费祎督率各路军马前往救援。魏国军队撤退。夏四月,安平王刘理去世。秋九月,费祎回到成都。

延熙八年秋八月,皇太后去世。十二月,大将军费祎到汉中筑围防守。

延熙九年夏六月,费祎回成都。秋天,大赦天下。冬十一月,大司马蒋琬去世。

延熙十年,凉州胡人首领白虎文、治无戴等率领部众投降,卫将军姜维前往迎接并加以安抚,让他们住在繁县。这一年,汶山郡平康的蛮夷造反,姜维前往讨伐,打败他们,平定了叛乱。

延熙十一年夏五月,大将军费祎出兵屯驻汉中。秋天,涪陵属国管下的异族百姓造反,车骑将军邓芝前往讨伐,把他们全部击败,平定了叛乱。

延熙十二年春正月,魏国诛杀大将军曹爽等人,右将军夏侯霸来投降。夏四月,大赦天下。秋天,卫将军姜维出兵攻打雍州,没有攻下就回来了。将军句安、李韶投降了魏国。

延熙十三年,姜维又出兵攻西平,没有攻下就退回。

延熙十四年夏天,大将军费祎回到成都。冬天,又北上进驻汉寿。大赦天下。

延熙十五年,吴国国王孙权去世。后主封儿子刘琮为西河王。

延熙十六年春正月，大将军费祎在汉寿被投降的魏国人郭修杀害。夏四月，卫将军姜维又率领部众围攻南安，没有攻而退回。

延熙十七年春正月，姜维回成都。大赦天下。夏六月，姜维再次率部众出击陇西。冬天，攻克狄道、河关、临洮三县，把三县居民迁居到绵竹、繁县。

延熙十八年春天，姜维回到成都。夏天，又率领各路军队进攻狄道，和魏国雍州刺史王经在洮西交战，大败王经。王经退守狄道城，姜维也退军驻扎钟题。

延熙十九年春天，晋升姜维为大将军，总领各路兵马。姜维和镇西将军胡济约定时间在上邽会合，胡济失约，没有按时到达。秋八月，姜维在上邽被魏国大将军邓艾击败。姜维撤军，回到成都。这一年，后主封儿子刘璿为新平王。大赦天下。

延熙二十年，听说魏国大将军诸葛诞占据寿春叛变，姜维又率领部众出兵骆谷，到达芒水。这一年大赦天下。

景耀元年，姜维回到成都。史官说景星出现了，于是大赦天下，改年号。宦官黄皓开始独揽大权。吴国大将军孙綝废黜了国君孙亮，立琅琊王孙休为吴国君主。

景耀二年夏六月，后主封儿子刘谌为北地王，刘恂为新兴王，刘虔为上党王。

景耀三年秋九月，为已故将军关羽、张飞、马超、庞统、黄忠追赠谥号。

景耀四年春三月，为已故将军赵云追赠谥号。冬十月，大赦天下。

景耀五年春正月，西河王刘琮去世。这一年，姜维又率领部众进攻侯和，被邓艾打败，退军驻扎沓中。

景耀六年夏天，魏国出动大批军队，命征西将军邓艾、镇西将军钟会、雍州刺史诸葛绪，分几路同时进攻。蜀国派左右军骑将军张翼、廖化、辅国大将军董厥等人抵抗。大赦天下。改年号为炎兴。冬天，邓艾在绵竹打败卫将军诸葛瞻。后主采纳光禄大夫谯周的建议，向邓艾投降。呈上的降书说："江水和汉水分隔了我们，路途遥远，天各一方，难以相见。我依靠蜀郡土地，处在偏远的一角，干犯天威国统，荏苒也有数年了，竟和京师隔绝万里。每每想到黄初年间，文皇帝命虎牙将军鲜于辅来蜀国宣读亲切的诏书，申明对三方都好的恩德，大开门户，指明道路，大义凛然，而我昏愦软弱德行不修，私下贪恋先帝留下的事业，随波逐流地混了好多年，没有遵奉文皇帝的教诲。现在皇帝的威严已震撼天地，人、鬼都应归降已成定数，皇帝的大军使我恐惧惊骇，大军所到之处，怎敢不洗心革面，顺从听命！我立即命令各将帅放下武器，官府的财物一点都没损伤，百姓在田野耕作，粮食存放在土地中，专等皇帝赐给恩惠，以保全黎民的生命。我恭敬地希望大魏国散布恩德、施行教化，有伊尹、周公那样的宰相，包容亡国的臣民，收留我们这些造成疾患的人，我谨派遣私自任命的侍中张绍、光禄大夫谯周、驸马都尉邓良携带玺印绶带，表达我们的诚意，请求您的指示，恭敬地献上我们的忠心，要我们死还是要我们活，悉听诏令，由您裁夺。棺木、灵车都在近旁，就不再一一陈述了。"这一天，北地王刘谌哀伤国家灭亡，先杀死妻子儿女，然后自杀。张绍、邓良和邓艾在雒县相遇。邓艾见到降书非常高兴，马上写了回信，让张绍、邓良先回去。邓艾到达成都城北，后主用灵车拉着棺木，自行绑缚到邓艾军营门前。邓艾解开绑缚，烧了棺木，请后主进军营相见。接着就奉魏国皇帝命令拜后主为骠骑将军。各城守军都接到后主的命令，然后投降。邓艾让后主继续住在以前的皇宫中，亲自前往拜访。蜀国府库资财都严密封存，没有动用。第二年春天正月，邓艾被逮捕问罪。钟会从涪县到成都作乱。钟会死后，驻扎蜀地的军队到处抢掠，杀死的人尸首狼藉，几天之后军队才安定下来。

后主全家迁移东方。到达洛阳之后，魏国皇帝颁布策命说："景元五年三月丁亥日，皇帝来到殿前，派太常嘉册命刘禅为安乐县公。呜呼！请进前来听候我的命令。统理天下，抚育万物，以普遍安宁为最大的要务。占有天下以太平安乐为最好的盛世。所以养育万物、繁衍百姓，是管理天下臣民的根本天道，顺应秉承上天，是大地的根本原则。天地上下畅通，然后才会使万物协调融洽，各种物类才能获得安定。前一时期汉朝失去皇位，四方动乱纷争。我们太祖皇帝秉承天命建立新的王朝，拯救了八方的民众，因此上合天意、下顺民心，占有了中原。那时，你父亲趁群雄争斗、各地都不平静的时机，插空子凭借边远险阻，割据巴蜀，于是让西方一角与中原分裂为不同国家，边远地区和中原的交往被隔绝。从那时以来，将近六十年的时间，战争不曾停止，百姓不能保全生命。我一直牢记祖父、父亲的遗志，想安定四海，统一天下，所以才整顿军队，在梁州、益州耀武扬威，您恢宏大度，品德高尚，深明大义，不怕委屈自己来归顺，把爱护人民保全国土视为最重要的事，回心转意，顺应时机改变心志，履行信义，一心顺从，以便使您家人和左右臣子享受无穷无尽的幸福，这难道不是深谋远虑！我赞赏您，让您长期享用尊贵的禄位，因此考查、咨询前代经验，开设封国，赠赐土地，一切遵照旧制，赐给你这黑色公牛、用白茅草包着的土块，您要永远做作辅弼魏国的藩国。去吧，善自珍重！您要恭敬地服从我的命令，要能够开拓仁德之心，使您显赫的名声和事业保持到底。"让刘禅食一万户的租税，赏赐给一万匹丝绢，一百名奴婢，其他物品也和这些相配。刘禅的子孙，有三名封为都尉，五十多名封侯。尚书令樊建、侍中张绍、光禄大夫谯周、秘书令郤正、殿中督张通等都被封为列侯。刘禅在泰始七年死于洛阳。

甘皇后传

【题解】

甘氏，生卒年不详，蜀汉昭烈帝刘备之妾，生后主刘禅，后被尊为皇后。

【原文】

先主甘皇后，沛人也。先主临豫州，住小沛，纳以为妾。先主数丧嫡室，常摄内事。随先主于荆州，产后主。值曹公军至，追及先主于当阳长坂。于时困逼，弃后及后主，赖赵云保护，得免于难。后卒，葬于南郡。章武二年，追谥皇思夫人，迁葬于蜀，未至而先主殂陨。丞相亮上言："皇思夫人履行修仁，淑慎其身。大行皇帝昔在上将，嫔妃作合，载育圣躬，大命不融。大行皇帝存时，笃义垂恩，念皇思夫人神枢在远飘飘，特遣使者奉迎。会大行皇帝崩，今皇思夫人神枢以到，又梓宫在道，园陵将成，安厝有期。臣辄与太常臣赖恭等议：《礼记》曰：'立爱自亲始，教民孝也。立敬自长始，教民顺也。'不忘其亲，所由生也。春秋之义，母以子贵。昔高皇帝追尊太上昭灵夫人为昭灵皇后，孝和皇帝改葬其母梁贵人,尊号曰恭怀皇后,孝愍皇帝亦改葬其母王夫人,尊号曰灵怀皇后。今皇思夫人宜有尊号,以慰寒泉之思,辄与恭等案谥法,宜曰昭烈皇后。《诗》:'谷则异室,死则同穴。'故昭烈皇后宜与大行皇帝合葬,臣请太尉告宗庙,布露天下,具礼仪别奏。"制曰:"可。"

【译文】

先主刘备的甘皇后,沛县人。刘备到豫州任职,住在小沛,娶她做妾。刘备多次丧失了正妻。甘皇后当时经常管理家中的事务,又随从刘备来到荆州,生下了后主刘禅。遇到曹操的军队打来,在当阳长坂这个地方追上先主刘备。当时情况十分紧迫危急,刘备丢弃了甘皇后和后主刘禅。依赖赵云的保护,她们才幸免于难。甘皇后去世后,埋葬在南郡。章武二年,刘备追谥甘皇后为皇思夫人,把灵柩迁到蜀地来安葬,灵柩还没有到达,刘备却已经病死了。丞相诸葛亮上书说:"皇思夫人奉行美好的仁德,她自身婉善又恭顺。大行皇帝从前做大将的时候,夫人以嫔妃的身份和皇帝结合,生育了圣上,夫人的生命未能久长。大行皇帝在世时,情义深厚,降下恩惠,想到皇思夫人的灵柩留在远方,漂泊在外,特地派遣使者前去迎请。正遇上大行皇帝去世。现在皇思夫人的灵柩已经接来,皇帝的棺材也在道上运输。皇帝的陵墓即将修成,安葬皇帝灵柩的时间已经定好了。臣子专门和太常臣赖恭等人商议:《礼记》说:'培育爱的感情要从亲人开始,用来教育人民树立孝的品德。建立尊敬的感情要从长辈开始,用来教育人民恭敬和顺。'不忘记他的父亲母亲,是因为他们生育了他。《春秋》中表明的义理是:母亲因为儿子显达而尊贵。以前高皇帝追赠太上皇昭灵夫人为昭灵皇后。孝和皇帝改葬他的母亲梁贵人,上尊号为恭怀皇后,孝愍皇帝也将他的母亲王夫人改葬,上尊号为灵怀皇后。现在皇思夫人也应该有尊号,用来安慰夫人在寒冷黄泉下的遗魂。臣子与赖恭等人专门查考了谥法。夫人应该称作昭烈皇后。《诗经》说:'活着的时候分在两间房屋里,死了就埋在同一个墓穴里。'所以昭烈皇后应该和大行皇帝埋葬在一起,臣子请您命令太尉到宗庙去祭祀告知祖先,向天下公布。所有的礼仪程式另外奏明。"后主刘禅批示说:"可以。"

诸葛亮传

【题解】

诸葛亮(181~234)字孔明,东汉末琅玡国阳都县(今山东沂南)人。幼年丧父,随叔父流寓荆州。叔父死后,诸葛亮在襄阳隆中隐居,亲身参加耕作,常自比于管仲、乐毅,人称"卧龙"。汉献帝建安十二年(207),刘备往访,三次登门,诸葛亮才出见刘备。诸葛亮建议刘备先占荆州、益州,东联孙权,北拒曹操,形成独立势力,然后相机进取,统一天下。这就是有名的《隆中对》。刘备对此建议深为赞许,于是诸葛亮决定追随刘备。此后他协助刘备逐步实施隆中建议,联合孙权在赤壁打退曹操,接着夺得荆州、益州,与曹操、孙权形成鼎足之势。曹丕代汉自立后,刘备在成都称帝,任命诸葛亮为丞相。刘备病危时,向诸葛亮托孤。刘备死，后主即位，诸葛亮被封为武乡侯，以丞相身份兼领益州牧，大小政事，全都取决于他。诸葛亮志在辅佐后主讨魏、兴汉、统一天下，于是对外恢复与孙权的友好，对内整顿官制，修订法律，改良社会风气，改善与边疆民族的关系，增强经济、军事实力。后主建兴五年（公元227年）率师北驻汉中，临行前向后主奏表辞行，这份表，就是有名的《出师表》，表中洋溢着诸葛亮忠君谋国深情。从建兴六年起，多次出兵伐魏。建兴十二年春，进据武功五丈原，与魏将司马懿对峙。鉴于军粮转运困难往往牵制军事活动，于是分兵就地屯田，以求长久驻守。当年八月，诸葛亮病死军中。司马懿察看其营垒遗址，叹他是"天下奇才"。他遗命丧事简办，不用陪葬品。身死之后，家无余财。

诸葛亮品德高尚，政治才能杰出，精通军事。他的活动对三国时代的天下大局产生过重大作用。他的品德言行对中华民族优秀传统文化的形成有积极影响。

诸葛亮雕像

【原文】

诸葛亮，字孔明，琅邪阳都人也。汉司隶校尉诸葛丰后也。父珪，字君贡，汉末为太山郡丞。亮早孤，从父玄为袁术所署豫章太守，玄将亮及亮弟均之官。会汉朝更选朱皓代玄。玄素与荆州牧刘表有旧，往依之。玄卒，亮躬耕陇亩，好为《梁父吟》。身长八尺，每自比于管仲、乐毅，时人莫之许也。惟博陵崔州平、颍川徐庶元直与亮友善，谓为信然。

时先主屯新野。徐庶见先主，先主器之，谓先主曰："诸葛孔明者，卧龙也，将军岂愿见之乎？"先主曰："君与俱来。"庶曰："此人可就见，不可屈致也。将军宜枉驾顾之。"由是先主遂诣亮，凡三往，乃见。因屏人曰："汉室倾颓，奸臣窃命，主上蒙尘。孤不度德量力，欲信大义于天下，而智术浅短，遂用猖蹶，至于今日。然志犹未已，君谓计将安出？"亮答曰："自董卓以来，豪杰并起，跨州连郡者不可胜数。曹操比于袁绍，则名微而众寡，然操遂能克绍，以弱为强者，非惟天时，抑亦人谋也。今操已拥百万之众，挟天子而令诸侯，此诚不可与争锋。孙权据有江东，已历三世，国险而民附，贤能为之用，此可以为援而不可图也。荆州北据汉、沔，利尽南海，东连吴会，西通巴、蜀，此用武之国，而其主不能守，此殆天所以资将军，将军岂有意乎？益州险塞，沃野千里，天府之土，高祖因之以成帝业。刘璋暗弱，张鲁在北，民殷国富而不知存恤，智能之士思得明君。将军既帝室之胄，信义著于四海，总揽英雄，思贤如渴，若跨有荆、益，保其岩阻，西和诸戎，南抚夷越，外结好孙权，内修政理，天下有变，则命一上将将荆州之军以向宛、洛，将军身率益州之众出于秦川，百姓孰敢不箪食壶浆以迎将军者乎？诚如是，则霸业可成，汉室可兴矣。"先主曰："善！"于是与亮情好日密。关羽、张飞等不悦，先主解之曰："孤之有孔明，犹鱼之有水也。

愿诸君勿复言。"羽、飞乃止。

刘表长子琦,亦深器亮。表受后妻之言,爱少子琮,不悦于琦。琦每欲与亮谋自安之术,亮辄拒塞,未与处画。琦乃将亮游观后园,共上高楼,饮宴之间,令人去梯,因谓亮曰:"今日上不至天,下不至地,言出子口,入于吾耳,可以言未?"亮答曰:"君不见申生在内而危,重耳在外而安乎?"琦意感悟,阴规出计。会黄祖死,得出,遂为江夏太守。俄而表卒,琮闻曹公来征,遣使请降。先主在樊闻之,率其众南行,亮与徐庶并从,为曹公所追破,获庶母。庶辞先主而指其心曰:"本欲与将军共图王霸之业者,以此方寸之地也。今已失老母,方寸乱矣,无益于事,请从此别。"遂诣曹公。

先主至于夏口,亮曰:"事急矣,请奉命求救于孙将军。"时权拥军在柴桑,观望成败。亮说权曰:"海内大乱,将军起兵据有江东,刘豫州亦收众汉南,与曹操并争天下。今操芟夷大难,略已平矣,遂破荆州,威震四海。英雄无所用武,故豫州遁逃至此。将军量力而处之:若能以吴、越之众与中国抗衡,不如早与之绝;若不能当,何不案兵束甲,北面而事之!今将军外托服从之名,而内怀犹豫之计,事急而不断,祸至无日矣!"权曰:"苟如君言,刘豫州何不遂事之乎?"亮曰:"田横,齐之壮士耳,犹守义不辱,况刘豫州王室之胄,英才盖世,众士慕仰,若水之归海,若事之不济,此乃天也,安能复为之下乎!"权勃然曰:"吾不能举全吴之地,十万之众,受制于人。吾计决矣!非刘豫州莫可以当曹操者,然豫州新败之后,安能抗此难乎?"亮曰:"豫州军虽败于长阪,今战士还者及关羽水军精甲万人,刘琦合江夏战士亦不下万人,曹操之众,远来疲弊,闻追豫州,轻骑一日一夜行三百余里,此所谓'强弩之末,势不能穿鲁缟'者也。故兵法忌之,曰'必蹶上将军'。且北方之人,不习水战;又荆州之民附操者,逼兵势耳,非心服也。今将军诚能命猛将统兵数万,与豫州协规同力,破操军必矣。操军破,必北还,如此则荆、吴之势强,鼎足之形成矣。成败之机,在于今日。"权大悦,即遣周瑜、程普、鲁肃等水军三万,随亮诣先主,并力拒曹。曹公败于赤壁,引军归邺。先主遂收江南,以亮为军师中郎将,使督零陵、桂阳、长沙三郡,调其赋税,以充军实。

建安十六年,益州牧刘璋遣法正迎先主,使击张鲁。亮与关羽镇荆州。先主自葭萌还攻璋,亮与张飞、赵云等率众溯江,分定郡县,与先主共围成都。成都平,以亮为军师将军,署左将军府事。先主外出,亮常镇守成都,足食足兵。二十六年,群下劝先主称尊号,先主未许,亮说曰:"昔吴汉、耿弇等初劝世祖即帝位,世祖辞让,前后数四,耿纯进言曰:'天下英雄喁喁,冀有所望。如不从议者,士大夫各归求主,无为从公也。'世祖感纯言深至,遂然诺之。今曹氏篡汉,天下无主,大王刘氏苗族,绍世而起,今即帝位,乃其宜也。士大夫随大王久勤苦者,亦欲望尺寸之功如纯言耳。"先主于是即帝位,策亮为丞相曰:"朕遭家不造,奉承大统,兢兢业业,不敢康宁,思靖百姓,惧未能绥。於戏!丞相亮其悉朕意,无怠辅朕之阙,助宣重光,以照明天下,君其勖哉!"亮以丞相录尚书事,假节。张飞卒后,领司隶校尉。

章武三年春,先主于永安病笃,召亮于成都,属以后事,谓亮曰:"君才十倍曹丕,必能安国,终定大事。若嗣子可辅,辅之;如其不才,君可自取。"亮涕泣曰:"臣敢竭股肱之力,效忠贞之节,继之以死!"先主又为诏敕后主曰:"汝与丞相从事,事之如父。"建兴元年,封亮武乡侯,开府治事。顷之,又领益州牧。政事无巨细,咸决于亮。南中诸郡,并皆叛乱,亮以新遭大丧，故未便加兵，且遣使聘吴，因结和亲，遂为与国。

三年春，亮率众南征，其秋悉平。军资所出，国以富饶，乃治戎讲武，以俟大举。五年，率诸军北驻汉中，临发，上疏曰：

先帝创业未半而中道崩殂，今天下三分，益州疲弊，此诚危急存亡之秋也。然侍卫之臣不懈于内，忠志之士忘身于外者，盖追先帝之殊遇，欲报之于陛下也。诚宜开张圣听，以光先帝遗德，恢弘志士之气，不宜妄自菲薄，引喻失义，以塞忠谏之路也。宫中府中，俱为一体，陟罚臧否，不宜异同。若有作奸犯科及为忠善者，宜付有司论其刑赏，以昭陛下平明之理，不宜偏私，使内外异法也。侍中侍郎郭攸之、费祎、董允等，此皆良实，志虑忠纯，是以先帝简拔以遗陛下。愚以为宫中之事，事无大小，悉以咨之，然后施行，必能裨补阙漏，有所广益。将军向宠，性行淑均，晓畅军事，试用于昔日，先帝称之曰能，是以众议举宠为督。愚以为营中之事，悉以咨之，必能使行阵和睦，优劣得所。亲贤臣，远小人，此先汉所以兴隆也；亲小人，远贤臣，此后汉所以倾颓也。先帝在时，每与臣论此事，未尝不叹息痛恨于桓、灵也。侍中、尚书、长史、参军，此悉贞良死节之臣，愿陛下亲之信之，则汉室之隆，可计日而待也。

臣本布衣，躬耕于南阳，苟全性命于乱世，不求闻达于诸侯。先帝不以臣卑鄙，猥自枉屈，三顾臣于草庐之中，咨臣以当世之事，由是感激，遂许先帝以驱驰。后值倾覆，受任于败军之际，奉命于危难之间，尔来二十有一年矣。先帝知臣谨慎，故临崩寄臣以大事也。受命以来，夙夜忧叹，恐托付不效，以伤先帝之明。故五月渡泸，深入不毛。今南方已定，兵甲已足，当奖率三军，北定中原，庶竭驽钝，攘除奸凶，兴复汉室，还于旧都。此臣所以报先帝，而忠陛下之职分也。

至于斟酌损益，进尽忠言，则攸之、祎、允之任也。愿陛下托臣以讨贼兴复之效，不效，则治臣之罪，以告先帝之灵。责攸之、祎、允等之慢，以彰其咎。陛下亦宜自谋，以咨诹善道，察纳雅言，深追先帝遗诏。臣不胜受恩感激。今当远离，临表涕零，不知所言。

遂行，屯于沔阳。

六年春，扬声由斜谷道取郿，使赵云、邓芝为疑军，据箕谷，魏大将军曹真举众拒之。亮身率诸军攻祁山，戎陈整齐，赏罚肃而号令明，南安、天水、安定三郡叛魏应亮，关中响震。魏明帝西镇长安，命张郃拒亮，亮使马谡督诸军在前，与郃战于街亭。谡违亮节度，举动失宜，大为郃所破。亮拔西县千余家，还于汉中。戮谡以谢众，上疏曰："臣以弱才，叨窃非据，亲秉旄钺以厉三军，不能训章明法，临事而惧，至有街亭违命之阙，箕谷不戒之失，咎皆在臣，授任无方。臣明不知人，恤事多暗，《春秋》责帅，臣职是当。请自贬三等，以督厥咎。"于是以亮为右将军，行丞相事，所总统如前。

冬，亮复出散关，围陈仓，曹真拒之，亮粮尽而还。魏将王双率骑追亮，亮与战，破之，斩双。七年，亮遣陈式攻武都、阴平。魏雍州刺史郭淮率众欲击式，亮自出至建威，淮退还，遂平二郡。诏策亮曰："街亭之役，咎由马谡，而君引愆，深自贬抑，重违君意，听顺所守。前年耀师，馘斩王双，今岁爰征，郭淮遁走，降集氐、羌，兴复二郡，威镇凶暴，功勋显然。方今天下骚扰，元恶未枭，君受大任，干国之重，而久自挹损，非所以光扬洪烈矣。今复君丞相，君其勿辞。"

九年，亮复出祁山，以木牛运，粮尽退军，与魏将张郃交战，射杀郃。十二年春，亮悉大众由斜谷出，以流马运，据武功五丈原，与司马宣王对于渭南。亮每患粮不继，使己志不伸，是以分兵屯田，为久驻之基，耕者杂于渭滨居民之间，而百姓安堵，军无私焉。相持百余日。其年八月，亮疾病，卒于军，时年五十四。及军退，宣王案行其营垒处所，曰："天下奇才也！"

亮遗命葬汉中定军山，因山为坟，冢足容棺，敛以时服，不须器物。诏策曰："惟君体资文武，明睿笃诚，受遗托孤，匡辅朕躬，继绝兴微，志存靖乱；爰整六师，无岁不征，神武赫然，威镇八荒，将建殊功于季汉，参伊、周之巨勋。如何不吊，事临垂克，遭疾陨丧！朕用伤悼，肝心若裂。夫崇德序功，纪行命谥，所以光昭将来，刊载不朽。今使使持节左中郎将杜琼，赠君丞相武乡侯印绶，谥君为忠武侯。魂而有灵，嘉兹宠荣。呜呼哀哉！呜呼哀哉！"

初，亮自表后主曰："成都有桑八百株，薄田十五顷，子弟衣食，自有余饶。至于臣在外任，无别调度，随身衣食，悉仰于官，不别治生，以长尺寸。若臣死之日，不使内有余帛，外有赢财，以负陛下。"及卒，如其所言。

亮性长于巧思，损益连弩，木牛流马，皆出其意；推演兵法，作八阵图，咸得其要云。亮言教书奏多可观，别为一集。

景耀六年春，诏为亮立庙于沔阳。秋，魏镇西将军钟会征蜀，至汉川，祭亮之庙，令军士不得于亮墓所左右刍牧樵采。亮弟均，官至长水校尉。亮子瞻，嗣爵。

《诸葛氏集》目录

右二十四篇，凡十万四千一百一十二字。

臣寿等言：臣前在著作郎，侍中领中书监济北侯臣荀勖、中书令关内侯臣和峤奏，使臣定故蜀丞相诸葛亮故事。亮毗佐危国，负阻不宾，然犹存录其言，耻善有遗，诚是大晋光明至德，泽被无疆，自古以来，未之有伦也。辄删除复重，随类相从，凡为二十四篇，篇名如右。

亮少有逸群之才，英霸之器，身长八尺，容貌甚伟，时人异焉。遭汉末扰乱，随叔父玄避难荆州，躬耕于野，不求闻达。时左将军刘备以亮有殊量，乃三顾亮于草庐之中；亮深谓备雄姿杰出，遂解带写诚，厚相结纳。及魏武帝南征荆州，刘琮举州委质，而备失势众寡，无立锥之地。亮时年二十七，乃建奇策，身使孙权，求援吴会。权既宿服仰备，又睹亮奇雅，甚敬重之，即遣兵三万人以助备。备得用与武帝交战，大破其军，乘胜克捷，江南悉平。后备又西取益州。益州既定，以亮为军师将军。备称尊号，拜亮为丞相，录尚书事。及备殂没，嗣子幼弱，事无巨细，亮皆专之。于是外连东吴，内平南越，立法施度，整理戎旅、工械技巧，物究其极，科教严明，赏罚必信，无恶不惩，无善不显，至于吏不容奸，人怀自厉，道不拾遗，强不侵弱，风化肃然也。

当此之时，亮之素志，进欲龙骧虎视，苞括四海，退欲跨陵边疆，震荡宇内。又自以为无身之日，则未有能蹈涉中原，抗衡上国者，是以用兵不戢，屡耀其武。然亮才，于治戎为长，奇谋为短，理民之干，优于将略。而所与对敌，或值人杰，加众寡不侔，攻守异体，故虽连年动众，未能有克。昔萧何荐韩信，管仲举王子城父，皆忖己之长，未能兼有故也。亮之器能政理，抑亦管、萧之亚匹也，而时之名将无城父、韩信，故使功业陵迟，大义不及邪？盖天命有归，不可以智力争也。

青龙二年春，亮帅众出武功，分兵屯田，为久驻之基。其秋病卒。黎庶追思，以为口实。至今梁、益之民，咨述亮者，言犹在耳，虽《甘棠》之咏召公，郑人之歌子产，无以远譬也。孟轲有云："以逸道使民，虽劳不怨；以生道杀人，虽死不忿。"信矣！论者或怪亮文采不艳，而过于丁宁周至。臣愚以为咎繇大贤也，周公圣人也，考之《尚书》，咎繇之谟略而雅，周公之诰烦而悉。何则？咎繇与舜、禹共谈，周公与群下矢誓故也。亮所与言，尽众人凡士，故其文指不得及远也。然其声教遗言，皆经事综物，公诚之心，形于文墨，足以知其人之意理，而有补于当世。

伏惟陛下迈踪古圣，荡然无忌，故虽敌国诽谤之言，咸肆其辞而无所革讳，所以明大通之道也。谨录写上诣著作。臣寿诚惶诚恐，顿首顿首，死罪死罪。泰始十年二月一日癸巳，平阳侯相臣陈寿上。

乔字伯松，亮兄瑾之第二子也。本字仲慎。与兄元逊俱有名于时，论者以为乔才不及兄，而性业过之。初，亮未有子，求乔为嗣。瑾启孙权遣乔来西，亮以乔为己适子，故易其字焉。拜为驸马都尉，随亮至汉中。年二十五，建兴六年卒。子攀，官至行护军翊武将军，亦早卒。诸葛恪见诛于吴，子孙皆尽，而亮自有胄裔，故攀还复为瑾后。

瞻字思远。建兴十二年，亮出武功，与兄瑾书曰："瞻今已八岁，聪慧可爱，嫌其早成，恐不为重器耳。"年十七，尚公主，拜骑都尉。其明年为羽林中郎将，屡迁射声校尉、侍中、尚书仆射，加军师将军。瞻工书画，强识念。蜀人追思亮，咸爱其才敏。每朝廷有一善政佳事，虽非瞻所建倡，百姓皆传相告曰："葛侯之所为也。"是以美声溢誉，有过其实。景耀四年，为行都护卫将军，与辅国大将军南乡侯董厥并平尚书事。六年冬，魏征西将军邓艾伐蜀，自阴平由景谷道旁入。瞻督诸军至涪停住，前锋破，退还，住绵竹。艾遣书诱瞻曰："若降者必表为琅玡王。"瞻怒，斩艾使。遂战，大败，临陈死，时年三十七。众皆离散。艾长驱至成都，瞻长子尚，与瞻俱没。次子京及攀子显等，咸熙元年内移河东。

董厥者，丞相亮时为府令史，亮称之曰："董令史，良士也。吾每与之言，思慎宜适。"徙为主薄。亮卒后，稍迁至尚书仆射，代陈祗为尚书令，迁大将军平台事，而义阳樊建代焉。延熙十四年，以校尉使吴，值孙权病笃，不自见建。权问诸葛恪曰："樊建何如宗预也？"恪对曰："才识不及预，而雅性过之。"后为侍中，守尚书令。自瞻、厥、建统事，姜维常征伐在外，宦人黄皓窃弄机柄，咸共将护，无能匡矫，然建特不与皓和好往来。蜀破之明年春，厥、建俱诣京都，同为相国参军，其秋并兼散骑常侍，使蜀慰劳。

【译文】

　　诸葛亮，字孔明，琅玡郡阳都县人，汉朝司隶校尉诸葛丰的后代。父亲名珪，字君贡，汉末任太山郡丞。诸葛亮很早就死了父亲，叔父诸葛玄是袁术任命的豫章太守，诸葛玄携带诸葛亮和诸葛亮弟弟诸葛均去赴任。正碰上汉朝改派朱皓取代诸葛玄。诸葛玄一向和荆州牧刘表有交往，就去投奔刘表。诸葛玄死后，诸葛亮亲自参加农田耕种，喜欢吟诵《梁父吟》。身高八尺，常常拿自己和管仲、乐毅相提并论，当时人没有谁赞成他的自我评价。只有和诸葛亮友好的博陵崔州平，颍川徐庶元直，认为诸葛亮的自我评价符合实际。

　　当时先主（刘备）屯驻新野，徐庶拜见先主，先主器重徐庶。徐庶对先主说："诸葛孔明，是一条卧龙，将军是否愿意见见他？"先主说："您陪他一起来吧。"徐庶说："此人可以去拜见，不能委曲他来拜见将军。将军应当委屈自己前去拜见他。"于是先主就去拜见诸葛亮，共去了三次，才见到。于是屏退其他人，对诸葛亮说："汉朝陷入危机，奸臣窃取了大权，皇帝流离失所。我不考虑自己的品德能力，想在全天下伸张大义，可是智慧和办法不够，因此遭受挫折，直到今天。

三顾茅庐

但我志向还没放弃，您说怎么办好？"诸葛亮回答说："从董卓以来，豪杰并起，地跨几个州几个郡的，多得数不过来。曹操和袁绍相比，名声小，兵力少，但曹操终能打垮袁绍，变弱为强，这不仅时机碰得好，也是人的谋略强啊。现在曹操已经拥有百万之众，挟持了天子，以天子名义号令诸侯，这的确不能和他正面冲突了。孙权占有江东，已经历了三代，地势险要，人民拥护，贤士能人愿为他效力。这支力量可结为外援，而不能去并吞。荆州北面有汉水沔水可供据守，远接南海的广阔地域可以提供丰盛财源，东与吴会相连，西面通达巴蜀，这是兵家必争的地方，但它的主人没有能力来守护。这可能是老天为将军提供的，将军有意吗？益州地形险要，肥田沃土上千里，是座物产富饶的天然仓库，高祖凭借它建成了帝业。刘璋糊涂软弱，北受张鲁威胁，境内人口众多，财源充沛，但不懂得关怀体贴民众，有智慧有才干的人希望得到贤明君主。将军既是皇室后代，信义天下皆知，多方招求英雄，思慕贤才如饥如渴，如能跨有荆、益两州，守住险要，西面和各支戎人和好，南面安抚夷越各族，对外和孙权建立友好关系，对内改进政治，天下形势一有变化，就派一员上将率领荆州兵力进军宛、洛，将军亲自率领益州兵力出击秦川，百姓有谁敢不用篮子盛饭，用壶装酒欢迎您的部队呢？如果真像这样了，那霸业就可建成，汉朝就可复兴了。"先主说："说得好！"于是和诸葛亮一天比一天友好亲密起来。关羽、张飞等不高兴，先主向他们解释说："我有了孔明，就像鱼得了水一样，希望你们各位不要再说什么了。"关羽、张飞于是不再议论。

刘表长子刘琦，也非常器重诸葛亮。刘表听了后妻的话，爱小儿子刘琮，不爱刘琦。刘琦常想和诸葛亮研究自保安全的办法，诸葛亮总是拒绝，不给他出主意。刘琦于是领诸葛亮游览后花园，一同登上高楼。喝酒时，叫人把楼梯撤了，然后对诸葛亮说："现在上不连天，下不连地，话从你口中出来，只进我的耳朵，可以说了吗？"诸葛亮说："您没看到申生在内遭遇了灾祸，重耳在外获得了安全吗？"刘琦领悟了这话的含意，暗地谋划去外地任职的办法。正巧黄祖死了，有了外出任职的机会，就当了江夏太守，不久刘表死了，刘琮听说曹操来攻荆州，就派去使者请求投降。先主在樊城听说了，率领部下向南走，诸葛亮和徐庶都随行，被曹操追上来击溃，俘虏了徐庶的母亲。徐庶向先主告辞，指着心说："本来想和您一起创建王霸大业的，是这一小块地方，现在失去了老母，这小块地方乱了，不能再对事情有所帮助了，请允许我从此和您分别。"于是就到曹操那里去了。

先主到达夏口，诸葛亮说："事情危急了，请派我去向孙将军求救。"当时孙权带兵驻扎柴桑，观望成败。诸葛亮劝孙权说："天下大乱，将军起兵占有了江东，刘豫州也在汉南招募军队，和曹操争夺天下。现在曹操已经破除大敌，基本控制了北方局势，接着又击破荆州，威镇四海。英雄没有用武之地了，所以刘豫州逃到这里。希望将军量力而行。如果能凭借吴、越兵力和中原对抗，不如早点和曹操决裂；如果不能抵挡，为什么不放下刀枪卷起盔甲，屈膝投降称臣呢！现在将军表面装作服从，内心还在犹豫，事情紧急而不下决断，大祸就要降临了。"孙权说："如果像您说的这样，刘豫州为什么不干脆投降他呢？"诸葛亮说："田横只不过是齐国一个壮士罢了，还坚守原则不屈辱投降呢，更何况刘豫州是王室后代，英才盖世无双，众多贤士思慕敬仰他就像水归大海一样？如果事情不成功，那是天意，怎么能向曹操投降称臣呢？"孙权激动地说："我不能拿全吴土地十万大军，交给别人控制。我考虑定了！不是刘豫州，没有谁可以抵挡曹操。但豫州刚刚战败，能担当起这重任吗？"诸葛亮说："豫州军队虽在长阪战败，现在从战场回来的战士加上关羽精锐水军有一万人，刘琦会合江夏战士也不下万人。曹操军队，远来疲劳，听说追击刘豫州时，轻骑一天一夜行三百多里，这就是所谓的'即使是强弓射出的箭，飞到尽头时，力量也要衰减得连薄薄的鲁地丝绸也穿不过去了。'所以兵法上禁止这样进军，说'必定会导致主帅的失败。'加上北方人不习惯水战，还有荆州民众归附曹操，是曹操用军事力量威逼的结果，不是心服。现在将军果真能派遣猛将带几万军队和豫州同心协力，则打败曹操，必定无疑。曹操失败，必然退回北方，如此则荆、吴势力增强，鼎足三分局面就确立下来了。成败关键，在于您今天的决定。"孙权非常高兴，就派周瑜、程普、鲁肃等水军三万人，随诸葛亮去见先主，合力抵抗曹操。曹操在赤壁战败，带兵回返邺城。先主于是占领江南，以诸葛亮为军师中郎将，让他督察零陵、桂阳、长沙三郡事务，征调三郡赋税，供应军需。

建安十六年，益州牧刘璋派法正迎接先主，要先主攻打张鲁。诸葛亮和关羽镇守荆州。先主从葭萌出发回师攻击刘璋，诸葛亮与张飞、赵云等率兵溯江而上，分头平定郡县，和先主合围成都。成都攻克，以诸葛亮为军师将军，署左将军府事。先主外出，诸葛亮常镇守成都，确保钱粮足用，兵力充实。二十六年，部下劝先主称皇帝，先主没答应。诸葛亮劝说道："当年吴汉、耿弇等开始劝世祖称皇帝，世祖辞让，劝说好几次也没答应。耿纯对世祖说：'天下英雄敬仰归向您，都在您身上寄托着希望，如果您坚持不听从大家建议，士大夫们就各自转回去另找主人，没有必要再跟从您了。'世祖被耿纯真挚深刻的谈话感动了，就接受了大家的建议。现在曹氏篡夺了汉朝政权，天下无主，大王是刘氏后裔，是为了延续刘氏帝统才奋起斗争的，现在接受帝号，是应当的事。士大夫随大王长期辛苦，也是想建点小功，如耿纯所说的那样。"先主于是即位为皇帝，任命诸葛亮为丞相，任命书说："朕遭遇家族不幸，恭敬地承接了帝位。小心谨慎，不敢安逸，希望丞相诸葛亮了解朕的意思，不要放松弥补朕的不足，帮助朕发扬伟大的汉室光辉，以照明天下。希望您努力啊。"诸葛亮以丞相录尚书事，假节。张飞死后，诸葛亮兼司隶校尉。

章武三年春，先主在永安病重，把诸葛亮从成都召去，托付后事。对诸葛亮说："您的才能是曹丕的十倍，必能安定国家，最终完成统一大业。如果太子可以辅佐，就辅佐他，如果他不成才，您可以取而代之。"诸葛亮流着泪说："我一定竭尽全力辅佐，坚守忠贞原则，一直到死。"先主又写一份诏书告诫后主："您和丞相共事，要把他当父亲一样看待。"建兴元年，封诸葛亮为武乡侯，设立丞相府署办理政务。不久，又兼益州牧。政事不分大小，都由诸葛亮决定。南中地区各个郡，全都叛乱了，诸葛亮因为新遭国丧，所以没有马上派兵镇压。暂且先遣派使者出访东吴，趁便建立和平友善关系，进而结成盟国。

三年春，诸葛亮率兵南征，当年秋天全都平定，南中能提供军事物资，国家因而逐渐富饶。于是整军练武，等待机会出兵伐魏。五年，率领各路大军北驻汉中，出发前，给皇帝呈上奏疏说：

先帝创建大业没有一半就中途逝世了，现在天下三分，益州困难重重，这确实是危急存亡的关键时刻。但侍卫大臣在朝廷依然兢兢业业，毫不懈怠；忠诚将士在疆场依然英勇奋战，不顾个人安危，这是因为他们追念先帝的特殊恩惠，想向陛下报答啊。陛下确实应当广泛听取意见，以发扬先帝遗留的美德，进一步振奋志士们的精神，不应该无缘无故看轻自己，用不恰当的借口去堵塞臣下进献忠谏的途径。皇宫和丞相府的臣僚是一个整体，赏罚褒贬，不应当标准不同。如果有作恶犯法和尽忠行善的，应该交付主管官吏研究奖惩，以显示陛下处理国事的公正严明。不应该有所偏袒，使宫内宫外有不同，准则。侍中、侍郎郭攸之、费祎、董允等，这些都是善良诚实人，心怀忠贞思想纯洁，所以先帝选拔出来遗留给陛下。我认为宫里的事，不论大小，全都听取他们意见，然后施行，必定能减少缺漏，增强效果。将军向宠，性格温和善良，办事公正，通晓军事，以前试用过他，先帝称赞他"有才能"，所以大家讨论推举他为中部督。我认为军营中的事全都听取他的意见，必能使将士和睦，不同才能的人都各得其所。亲近贤臣疏远小人，这是前汉兴隆的原因；亲近小人疏远贤臣，这是后汉衰落的原因，先帝在世时，常和我议论这些事，没有一次不对桓、灵时的情况深感遗憾。侍中、尚书、长史、参军，这些都是忠贞善良宁死也要坚持原则的人，希望陛下亲近他们信任他们，这样，汉室的兴盛就不用许多日子了。

我本是平民百姓，在南阳亲身从事耕作，只想在乱世里勉强保全性命，并没想在诸侯间扬名做官。先帝不在乎我低贱鄙陋，他降低身份，三次到草屋中来看望我，征询我对当世的看法，我从而受到感动，就答应追随先帝奋斗。后来遭遇失败，在军事溃退中接受重任，在艰难危险时奉命出使，从那以来已经二十一个年头了。先帝知道我谨慎，所以临终把大事托付给我。接受托付以来，日夜忧虑，唯恐托付的事不能实现，伤了先帝知人之明。所以五月里渡涉泸水，深入荒凉地带。现在南方已经平定，兵力已经充足，应该鼓舞、率领三军，北进平定中原。希望能竭尽我平庸的才能，扫除奸邪恶人，兴复汉朝，返回旧都，这是我报答先帝和效忠陛下的职责啊。

至于斟酌内政，除弊兴利，尽忠劝谏，那是攸之、祎、允的职责。希望陛下把消灭贼寇兴复汉朝的成效托付给我，不见成效，就治我的罪，报告先帝在天之灵。责备攸之、祎、允的怠慢，公布他们的过错。陛下也应当自己多加考虑，访询安邦治国的好办法，考察接纳正确意见，深入追念先帝遗诏。我承受大恩无限感激，现在就要远离陛下了，面对这份表章，不禁落泪，不知自己说了什么。

于是率军出发，屯驻于沔阳。

六年春，扬言经由斜谷道进攻郿县，派赵云、邓艾作为疑兵，占据箕谷，魏大将军曹真带兵抵挡赵云、邓芝。诸葛亮亲领各路兵马攻祁山，队伍整齐，赏罚严肃，号令分明，南安、天水、安定三郡反叛魏国响应诸葛亮，整个关中震动。魏明帝西行坐镇长安，派张郃抵挡诸葛亮，诸葛亮派马谡督领各路大军前行，和张郃战于街亭。马谡违背诸葛亮部署，行动失当，被张郃打得大败。诸葛亮迁徙西县居民一千多家回到汉中。杀掉马谡，以向将士承认错误。上疏说："我以微薄才能，占据了不应占有的高位，亲任统帅，整训三军，没能讲清制度，严明法规，没能临事警惕慎思，所以出现街亭违背部署的错误，箕谷戒备不周的过失，错误都在于我任人不当。我缺乏知人之明，考虑事情多有糊涂之处。《春秋》有追究主帅责任的原则，根据我的职务，应当承当责任，请允许我自己降职三级，以惩罚我的罪过。"于是以诸葛亮为右将军，代行丞相职务，所管辖事务和以前一样。

冬季，诸葛亮又从散关出击，包围陈仓，曹真率军抵挡。诸葛亮军粮用尽，只好后撤，魏将王双率骑兵追击，诸葛亮与他交战，打败了他，斩了他。七年，诸葛亮派陈式攻武都、阴平，魏国雍州刺史郭淮率兵想进击陈式，诸葛亮亲自进到建威，郭淮退回，于是平定了武都、阴平两郡。后主给诸葛亮下诏书说："街亭战役，罪在马谡，而您把罪责加在自己身上，深深贬低压抑自己。我不便违背您的心意，听从了您的要求。前年出兵，斩了王双，今年出征，郭淮遁逃，招降氏、羌，收复两郡，威镇残暴敌人，功勋卓著。现在天下还不安定，首恶尚未铲除，您肩负重任，主持国家大事，却长久自我贬低压制，这不是光大弘扬兴复大业的办法，现在恢复您的丞相官职，希望您不要推辞。"

九年，诸葛亮又取道祁山出击，以木牛运输，军粮用尽只好退兵。和魏将张郃交战，射死张郃。十二年春，诸葛亮统率全部大军由斜谷出兵，用流马运输，占据武功的五丈原和司马宣王对峙于渭水南岸。诸葛亮常担忧军粮供应不上，使自己大志不能实现，所以就分出军队就地屯田耕种，作为长久驻扎的基础，屯田士兵散住在渭水沿岸居民之间，而百姓安居，军队不扰民自利。相持一百多天，当年八月，诸葛亮患重病，在军营中逝世。年龄是五十四岁。军队撤退以后，宣王巡察诸葛亮的营垒故址，说："真是天下奇才啊！"

诸葛亮临终时嘱咐，把他葬在汉中定军山，依山造坟，墓坑仅能放下棺柩，就以当时的服装入殓，不用殉葬品。后主下诏书说："您兼具文武才能，明智、忠厚、诚实。接受托孤遗诏，匡正辅佐朕，接续中断的汉朝，兴复衰落的皇室，志在平定大乱。于是您整顿军队，没有一年不出兵征讨，英武神奇，威震八方。即将为第三次崛起的汉朝建立特殊功勋，建立可与伊尹、周公媲美的功勋，老天为什么不施仁慈，事情接近完成，却患病去世！我为此非常伤心，心肝像碎裂一样难受。尊崇美德，评定功勋，条例事迹，议定谥号，为的是让您的光辉照耀后世,让您青史留名永垂不朽。现在派遣使持节左中郎将杜琼,赠您丞相武乡侯印绶,谥您为忠武侯,魂如果有灵,您将因获得这份荣誉而高兴。唉,伤心啊!唉,伤心啊!"

当初,诸葛亮自己上表给后主说:"成都我家有桑树八百棵,薄田十五顷,我后代的穿衣吃饭,会有富余。至于我在外任官,没有别的开支,随身衣食,全由官府供给。我不再另外经营产业,增加少许财富。到我死的时候,不让家中、任上有多余财物,而辜负陛下恩德。"到他死时,情况像他所说的一样。

诸葛亮天性擅长于巧思,改进连弩,制造木牛流马,都出于他的设计。研究运用兵法,设计八阵图,都掌握住了要害。诸葛亮言论、教令、书信、奏议大多值得阅读,另编为一集。

景耀六年春天,后主下诏在沔阳为诸葛亮建庙。当年秋天,魏国镇西将军钟会征蜀,抵达汉川,祭祀诸葛亮的庙,下令军士不许在诸葛亮墓地左右放牧打柴。诸葛亮弟弟诸葛均,官做到长水校尉。诸葛亮儿子诸葛瞻,继承了诸葛亮的封爵。

《诸葛氏集》目录:

右二十四篇,共十万四千一百一十二字。

臣陈寿等奏报陛下:我以前任著作郎时,侍中领中书监济北侯臣荀勖、中书令关内侯臣和峤上奏,建议让我编定故蜀丞相诸葛亮故事。诸葛亮辅佐垂危的国家,凭借险要地势不肯降服,但现在仍然记录保存他的言论,以遗漏美好言行不加记载为羞耻,这真是大晋朝光辉崇高美德,恩泽广施无边的具体表现。自古以来,没有谁能与大晋朝相比。所以我就删除重复内容,分类编辑,共为二十四篇,篇名如右所列。

诸葛亮年轻时就有超群才能,出众气概,身高八尺,相貌堂堂,当时人都对他另眼相看。遭逢汉末的混乱,跟随叔父诸葛玄到荆州避难,亲身从事田野耕作,不求出名做官。当时左将军刘备认为诸葛亮有特殊才能,就三次去诸葛亮草屋拜访他,诸葛亮也深深感到刘备抱负宏伟才智杰出,于是彼此坦诚交谈,缔结深交。等到魏武帝南征荆州,刘琮献荆州投降,刘备失去依靠,兵力又单薄,没有立锥之地。诸葛亮当时二十七岁,就献出奇计,亲自出使孙权,向吴求援。孙权早就佩服敬仰刘备,又看到诸葛亮见识出众,谈吐高雅,很敬重他,就派兵三万协助刘备,刘备借助这支力量与魏武帝交战,大破武帝军队。又乘胜进军,江南全部平定。后来刘备又西取益州。益州平定后,以诸葛亮为军师将军。刘备称皇帝,任命诸葛亮为丞相,录尚书事。等到刘备去世,后主年纪轻才能弱,事情不管大小,诸葛亮都全权决定。于是向外联络东吴,对内平定南越。制定法令,颁布制度,

整顿军队,极力改进机械工艺。法禁、教化严明,该赏必赏,该罚必罚,没有一件罪恶不受惩处,没有一种好事不受表彰,直到官吏中再也藏不住奸邪,社会上人人想着上进,路上没有人拾取别人遗失的财物,没有恃强凌弱,社会风气严肃清新。

在这时候,诸葛亮的一贯想法是,最好能长驱直进统一全国,退一步也要能夺占边疆,威胁中原。又考虑到身死之后,怕没人能接替他进兵中原抗击魏国。所以他就用兵不止,屡次出击。但诸葛亮擅长组织训练军队,而缺乏指挥战争的奇谋,政治才能超过军事才能,而与他对敌的有的恰是人中豪杰,加上众寡悬殊,攻守形势不同,所以虽然连年用兵也没能取胜。过去,萧何推荐韩信,管仲推荐王子城父,都是考虑到自己的擅长,不能兼有各个方面。诸葛亮的政治才能,可以和管、萧匹敌,但当时没有城父、韩信那样的名将,所以才使他功业日衰,统一大志不能实现吧?这大概是天命注定,不可凭个人智力去争的啊。

青龙二年春,诸葛亮率兵进驻武功,分兵屯田,建设长期驻守的基地。当年秋天病死,百姓追念他,把他作为日常话题,至今梁州、益州百姓关于诸葛亮的讲述,仍然可以听到。即使《甘棠》歌颂召公,郑国人歌颂子产,也不会超过这种程度吧。孟轲有句话说:"为人民的安逸而使用民力,即使劳苦,人民也不抱怨;为了人民的生存而让人民做出牺牲,即使丢去生命,人民也无愤恨。"真是如此啊。有人嫌诸葛亮文章的文采不足,而过于具体周到。我认为,咎繇是大贤人,周公是圣人,考察《尚书》可见,咎繇陈述计谋的话语简略而典雅,周公的诰语烦琐而详细,为什么呢?因为咎繇是和舜、禹对谈,而周公是和众多的下属共立誓言啊。诸葛亮所与对话的,都是平凡众人,所以文章意旨不能深奥啊。但他的训教遗言,都是关于实际事物的分析或处理,他的公正诚实思想,洋溢于字句之间,从中可了解他的志趣、观点,对当代也具有启发意义。

陛下效法古代圣王,胸怀坦荡,不存忌讳,所以虽是敌国的诽谤言论,也都让它保留全文,而不予删削,为的是阐明古今通用的道理啊。我恭敬地抄写诸葛亮故事上交著作郎。臣陈寿诚惶诚恐,顿首顿首,死罪死罪。泰始十年二月一日癸已,平阳侯相陈寿上。

诸葛乔字伯松,诸葛亮哥哥诸葛瑾的第二儿子。本来字仲慎,和哥哥元逊在当时都有名气。评论的人认为,诸葛乔的才干不如哥哥,而性格、学业则超过哥哥。起初,诸葛亮没有儿子,请求把诸葛乔过继给自己。诸葛瑾请示孙权后把诸葛乔送来西边。诸葛亮以诸葛乔为自己嫡子,所以改了他的字。诸葛乔被任命为驸马都尉,随诸葛亮到汉中。活到二十五岁,建兴六年死了。他儿子诸葛攀官做到护军翊武将军,也死得早。诸葛恪在吴国被杀,子孙全被杀光,而诸葛亮自己有了后代,所以诸葛攀回过去又做诸葛瑾的后代。

诸葛瞻字思远,建兴十二年,诸葛亮出兵武功,给哥哥诸葛瑾写信说:"瞻今已八岁,聪明可爱,我嫌他早熟,怕成不了大器。"十七岁时和公主结婚,被任命为骑都尉。第二年,为羽林中郎将。先后升为射声校尉、侍中、尚书仆射、加军师将军。诸葛瞻擅长书画,记忆力强。蜀人追念诸葛亮,都爱诸葛瞻的才能和聪敏。每逢朝廷有一件好政策好事情,即使不是诸葛瞻建议倡导,百姓也都相互转告:"这是葛侯办的。"所以好名声超过了实际情况。景耀四年,为行都护卫将军,和辅国大将军南乡侯董厥一起平尚书事。六年冬,魏征西将军邓艾伐蜀,从阴平经由景谷道旁进入蜀境,诸葛瞻督领各路军队集中涪县驻扎，前锋被邓艾打败，就后撤到锦竹驻扎。邓艾写信给诸葛瞻诱降："如果投降，一定请求封你为琅玡王。"诸葛瞻大怒，斩了邓艾使者，于是交战，大败，阵亡了。当时是三十七岁。军队全部溃散，邓艾长驱进入成都。诸葛瞻长子诸葛尚，和诸葛瞻一起阵亡。次子诸葛京和诸葛攀儿子诸葛显等在咸熙元年，被迁到内地，安置在河东。

董厥，在诸葛亮做丞相时担任丞相府令史，诸葛亮称赞说："董令史是优秀人才啊，我常和他交谈，他思虑谨慎，举措适宜。"调为主薄。诸葛亮死后，逐渐升到尚书仆射，代替陈祗为尚书令。延熙十四年，樊建以校尉身份出使吴国，碰上孙权病重，不亲自接见樊建。孙权问诸葛恪："樊建和宗预比怎么样？"诸葛恪说："才干见识不如宗预，而品性、高雅超过宗预。"后来任侍中，守尚书令。自从诸葛瞻、董厥、樊建主持政事，姜维经常在外作战，宦人黄皓就趁机窃夺大权，诸葛瞻等容忍迁就，不能纠正，但樊建独不和黄皓和好往来。蜀国灭亡的第二年春天，董厥、樊建一起到京都，同被任命为相国参军。当年秋天，又同都兼任散骑常侍，被派到蜀地去慰劳。

关羽传

【题解】

关羽(？~219)，东汉末年名将。字云长，河东解(今山西临猗西南)人。早年和张飞一起追随刘备，参加兼并战争，充当别部司马。三人情同手足。建安五年(200)，刘备被曹操打败，关羽为曹操所擒，很受优待，授官偏将军。官渡之战中，袁绍与曹操交战，袁绍大将严良进攻白马(今河南滑县东)，关羽策马于万众之中刺斩颜良，解白马之围，作为对曹操的报答，然后奔归刘备。建安十三年(208)，曹操南征，刘备撤离樊城，并且命令关羽率领水军乘船经汉水到江陵会合，后共同到夏口，与孙吴联军在赤壁(今湖北蒲圻境内)大战曹军，曹操兵败退归许昌。赤壁之战后，关羽授官襄阳太守、荡寇将军。刘备西取益州，又任命关羽统理荆州之事，镇守江陵。关羽勇冠三军而好学，读《左传》"略皆上口"。建安二十四年(219)升前将军，得持符节斧钺，率军围曹操大将曹仁于樊城(今湖北襄樊)，适值汉水暴涨，水淹曹操七军，收降于禁，擒斩庞德，威震北方。曹操曾计议将都城由许昌徙于他处，以避其锋。谋士司马懿、蒋济建议，利用孙、刘矛盾，以割江南地为条件，劝孙权袭击关羽后方，曹操采纳。当年，孙权派吕蒙趁关羽在襄樊作战的机会，袭击荆州。关羽后方空虚，平日对待部下又骄矜少恩。江陵守将不战而降，家属均为吴军所得。关羽闻讯，从襄阳赶回，将士皆无斗志，不得已西保麦城。并使人召孟达、刘封速发援军，两人竟不奉命。关羽见势穷援绝，只好弃城突围，行至章乡(今湖北当阳东北)，与子关平均被吴将擒斩。关羽戎马一生，为人武勇，雄烈忠义，是刘备集团的重要大将，但孤傲自负，终致失败。关羽死后，被追谥为壮缪侯。

【原文】

关羽字云长，本字长生，河东解人也。亡命奔涿郡。先主於乡里合徒众，而羽与张飞为之御侮。先主为平原相,以羽、飞为别部司马,分统部曲。先主与二人寝则同床,恩若兄弟。而稠人广坐,侍立终日,随先主周旋,不避艰险。先主之袭杀徐州刺史车胄,使羽守下邳城,行太守事,而身还小沛。

关羽

建安五年,曹公东征,先主奔袁绍。曹公禽羽以归,拜为偏将军,礼之甚厚。绍遣大将(军)颜良攻东郡太守刘延於白马,曹公使张辽及羽为先锋击之。羽望见良麾盖,策马刺良於万众之中,斩其首还,绍诸将莫能当者,遂解白马围。曹公即表封羽为汉寿亭侯。初,曹公壮羽为人,而察其心神无久留之意,谓张辽曰:"卿试以情问之。"即而辽以问羽,羽叹曰:"吾极知曹公待我厚,然吾受刘将军厚恩,誓以共死,不可背之。吾终不留,吾要当立效以报曹公乃去。"辽以羽言报曹公,曹公义之。及羽杀颜良,曹公知其必去,重加赏赐。羽尽封其所赐,拜书告辞,而奔先主於袁军。左右欲追之,曹公曰:"彼各为其主,勿追也。"

从先主就刘表。表卒,曹公定荆州,先主自樊将南渡江,别遣羽乘船数百艘会江陵。曹公追至当阳长阪,先主斜趣汉津,适与羽船相值,共至夏口。孙权遣兵佐先主拒曹公,曹公引军退归。先主收江南诸郡,乃封拜元勋,以羽为襄阳太守、荡寇将军,驻江北。先主西定益州,拜羽董督荆州事。羽闻马超来降,旧非故人,羽书与诸葛亮,问超人才可谁比类。亮知羽护前,乃答之曰:"孟起兼资文武,雄烈过人,一世之杰,黥、彭之徒,当与益德并驱争先,犹未及髯之绝伦逸群也。"羽美须髯,故亮谓之髯。羽省书大悦,以示宾客。

羽尝为流矢所中,贯其左臂,后创虽愈,每至阴雨,骨常疼痛,医曰:"矢镞有毒,毒入于骨,当破臂作创,刮骨去毒,然后此患乃除耳。"羽便伸臂令医劈之。时羽适请诸将饮食相对,臂血流离,盈於盘器,而羽割炙引酒,言笑自若。

二十四年,先主为汉中王,拜羽为前将军,假节钺。是岁,羽率众攻曹仁於樊。曹公遣于禁助仁。秋,大霖雨,汉水泛溢,禁所督七军皆没。禁降羽,羽又斩将军庞德。梁郏、陆浑群盗或遥受羽印号,为之支党,羽威震华夏。曹公议徙许都以避其锐,司马宣王、蒋济以为关羽得志,孙权必不愿也。可遣人劝权蹑其后,许割江南以封权,则樊围自解。曹公从之,先是,权遣使为子索羽女,羽骂辱其使,不许婚,权大怒。又南郡太守麋芳在江陵,将军傅士仁屯公安,素皆嫌羽轻己。自羽之出军,芳、仁供给军资,不悉相救。羽言"还当治之",芳、仁咸怀惧不安。於是权阴诱芳、仁,芳、仁使人迎权。而曹公遣徐晃救曹仁,羽不能克引军退还,权已据江陵,尽虏羽士众妻子,羽军遂散。权遣将逆击羽,斩羽及子平于临沮。追谥羽曰壮缪侯。子兴嗣。兴字安国,少有令问,丞相诸葛亮深器异之。弱冠为侍中、中监军,数岁卒。子统嗣,尚公主,官至虎贲中郎将。卒,无子,以兴庶子彝续封。

【译文】

关羽,字云长,原来字长生,河东解县人。逃亡到涿郡。先主在家乡会聚党徒兵众,关羽和张飞为他担任护卫。先主做了平原相后，任命关羽、张飞充当别部司马，分别统领士兵。先主和他们俩睡觉同在一个床上，情谊如同兄弟一样。而在大庭广众之中，他们两人整天侍立在先主身后，跟随先主驰骋于战场，不躲避艰难险阻。先主袭击徐州，杀死了徐州刺史车胄，让关羽驻守下邳城，代行太守的职责，而自己则回到小沛。

建安五年，曹公东征，先主投奔袁绍。曹公捉拿关羽而回，授官关羽充当偏将军，对他的礼遇非常优厚。袁绍派遣大将颜良在白马进攻东郡太守刘延，曹公让张飞和关羽充当先锋攻打颜良。关羽从远处看见颜良的指挥旗帜之顶，便鞭打坐骑，在万军之中刺杀了颜良，并斩其首级而回，袁绍的众将没有人能够抵挡他，于是解除了对白马的包围。曹公马上上奏章给朝廷，请封关羽充当汉寿亭侯。当初，曹公器重关羽为人勇猛而有气概，但察觉他的心神不安，没有长久留下的意思，就对张辽说："凭着您和关羽的交情，试着去问问他。"不久，张辽去问关羽，关羽感叹说："我深知曹公待我厚道，然而我受刘将军恩惠更深，曾发誓同生死，我不能背叛他。我最终是不能留在这里的，我要等立了功，报答曹公以后才离去。"张辽把关羽的话向曹公做了汇报，曹公认为他很讲义气。等到关羽杀了颜良。曹公知道他一定要离开，就对他赏赐很重。关羽把曹公的赏赐全部封存起来，恭敬地写了封告别信，就跑到袁绍军中去投奔先主。曹公身边的人打算追回关羽，曹公说："人家是各自为自己的主人，不要追了。"

关羽跟随先主去荆州投靠刘表。刘表去世后，曹公平定了荆州。先主从樊城将要南渡长江，另外派遣关羽率领战船几百艘在江陵会合。曹公追到当阳县的长坂坡，先主抄近路奔赴汉津，恰巧和关羽的船队相遇，共同来到夏口。孙权派兵帮助先主抵御曹公，曹公领兵退回。先主收复了长江以南各郡，就给立了大功的臣下授官封爵，任命关羽充当襄阳太守、荡寇将军，驻守长江以北。先主向西平定益州，授权关羽管理监督荆州事务。关羽听说马超前来投降，而他从前并不是旧友，关羽写信给诸葛亮，询问马超为人、才干可以同谁相类比。诸葛亮知道关羽不愿屈居他人之下，就回信说："马超文武双全，勇猛刚强超过一般人，是一代的俊杰，是英布、彭越一类的人物，能够和张益德并驾齐驱，争个先后，但是还赶不上美髯公您的超群绝伦啊！"关羽的胡须很好看，因此诸葛亮称他为美髯公。关羽看了信后十分喜悦，把它交给宾客们传阅。

关羽曾经被乱飞的或无端飞来的箭所射中，穿透了他的左臂，后来创口虽然好了，但每到阴雨天气，骨头就时常疼痛，医生说："箭头有毒，毒素进入了骨头里，应当割掉左臂上的伤口，刮去骨头上的毒素，然后这个病痛才会消除。"关羽便伸出臂膀，让医生把伤口割开。当时关羽正宴请众将相对吃喝，手臂上鲜血淋漓，装满了接血的盘子，然而关羽割肉取酒，说说笑笑好像平时一样。

建安二十四年，先主成为汉中王，授官关羽充当前将军，持符节斧钺。此年，关羽率领部众在樊城进攻曹仁。曹公派遣于禁援助曹仁。秋天，大雨绵绵未断，汉水泛滥，于禁所监督指挥的七军全被淹没。于禁投降了关羽，关羽又斩杀了将军庞德。梁县、郏县、陆浑县反抗曹操的势力有的在远方接受了关羽的印信和号令，作为他的分支部队，关羽的威望名声震动了中原。曹公提议迁离许都来躲避关羽的锋芒。司马懿、蒋济认为，关羽的志愿或欲望得以实现，孙权一定不愿意，可以派遣人劝说孙权偷袭关羽的后方，并许诺事成之后把长江以南地区分封孙权，那么对樊城的围困自然就解除了。曹公听从了他们的建议。在这之前,孙权派遣使者为自己的儿子向关羽的女儿求婚,关羽辱骂了他的使者,不答应这门婚事,孙权十分恼怒。另外,南郡太守麋芳驻守江陵,将军士仁驻守公安,平素全怨恨关羽轻视自己。从关羽出兵以来,麋芳、士仁供给他军需物资,但却不尽力援助他。关羽说:"回去以后一定要惩治他们。"麋芳、士仁内心恐惧不安。于是孙权秘密地引诱麋芳和士仁,麋芳和士仁就派人去迎接孙权。而曹公派遣徐晃援救曹仁,关公不能战胜,便带兵退回。孙权已经占据了江陵,全部俘虏了关羽及其将士们的妻子、儿女,关羽的军队于是溃散了。孙权派遣将领迎击关羽,在临沮杀了关羽和他的儿子关平。

后主追封关羽的谥号叫壮缪侯。儿子关兴继承了爵位。关兴,字安国,年轻时就有很好的名声,丞相诸葛亮很器重他,认为他与众不同。二十岁左右充当侍中、中监军,几年以后去世。儿子关统继承爵位,娶公主为妻,官做到虎贲中郎将。关统死后没有儿子,由关兴庶子关彝续封。

马超传

【题解】

马超(176~222)三国时期蜀国名将。字孟起,扶风茂陵(今陕西兴平东北)人。父马腾与韩遂等人于汉灵帝时起兵割据凉州。后来因为内部矛盾,马腾又归汉,至京师任卫尉,马超因领其众,做偏将军,很得羌胡等族人心。建安十六年(211)曹操西征关陇,马超与韩遂等关中割据势力屯兵据守潼关,联合抵抗,曹操采纳谋士贾诩的离间计,致使马超与韩遂互相猜疑,于是一举将马超击溃。马超率羌、胡退出关中,转战陇上,攻取冀城,杀凉州刺史韦康,兼并他的部众,自称征西将军,督凉州军事。不久,降将杨阜、姜叙等合谋进袭马超,杀其妻子。马超无所依托,于是南奔汉中,依附张鲁,不得志。建安十九年(214),归附刘备。当时刘璋被刘备围于成都,马超率军抵城下,城中震怖,加速了刘璋的失败。建安二十三年,刘备率军进攻汉中,马超从征。建安二十四年,刘备进位汉中王,授官马超为左将军,持节;章武元年(221),升骠骑将军,兼任凉州牧,封牦乡侯。次年病逝,追谥号为威侯。马超文武全才,勇猛过人,但谋略不足。

【原文】

马超字孟起,扶风茂陵人也。父腾,灵帝末与边章、韩遂等俱起事於西州。初平三年,遂、腾率众诣长安。汉朝以遂为镇西将军,遣还金城,腾为征西将军,遣屯郿。后腾袭长安,败走,退还凉州。司隶校尉钟繇镇关中,移书遂、腾,为陈祸福。腾遣超随繇讨郭援、高幹於平阳,超将庞德亲斩援首。后腾与韩遂不和,求还京畿。於是徵为卫尉,以超为偏将军,封都亭侯,领腾部曲。

超既统众,遂与韩遂合从,及杨秋、李堪,成宜等相结,进军至潼关。曹公与遂、超单马会语,超负其多力,阴欲突前捉曹公,曹公左右将许褚瞋目盻之,超乃不敢动。曹公用贾诩谋,离间超、遂,更相猜疑,军以大败。超走保诸戎,曹公追至安定,会北方有事,引军东还。杨阜说曹公曰："超有信、布之勇，甚得羌、胡心。若大军还，不严为其备，陇上诸郡非国家之有也。"超果率诸戎以击陇上郡县，陇上郡县皆应之，杀凉州刺史韦康，据冀城，有其众。超自称征西将军，领并州牧，督凉州军事。康故吏民杨阜、姜叙、梁宽、赵衢等，合谋击超。阜、叙起於卤城，超出攻之，不能下；宽、衢闭冀城门，超不得入。进退狼狈，乃奔汉中依张鲁。鲁不足与计事，内怀於邑，闻先主围刘璋於成都，密书请降。

先主遣人迎超，超将兵径到城下。城中震怖，璋即稽首，以超为平西将军，督临沮，因为前都亭侯。先主为汉中王，拜超为左将军，假节。章武元年，迁骠骑将军，领凉州牧，进封斄乡侯，策曰："朕以不德，获继至尊，奉承宗庙。曹操父子，世载其罪，朕用惨怛，疢如疾首。海内怨愤，归正反本，暨于氐、羌率服，獯鬻慕义。以君信著北土，威武并昭，是以委任授君，抗飔虓虎，兼董万里，求民之瘼。其明宣朝化，怀保远迩，肃慎赏罚，以笃汉祜，以对于天下。"二年卒，时年四十七。临没上疏曰："臣门宗二百馀口，为孟德所诛略尽，惟有从弟岱，当为微宗血食之继，深托陛下，馀无复言。"追谥超曰威侯，子承嗣。岱位至平北将军，晋爵陈仓侯。超女配安平王理。

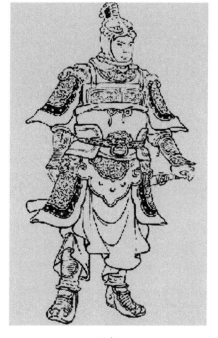

马超

【译文】

马超，字孟起，扶风茂陵人。他的父亲马腾，在灵帝末年与边章、韩遂等人一起在西州起事。初平三年，韩遂、马腾率领部众前往长安勤王。汉朝任命韩遂充当镇西将军，派遣他回到金城；任命马腾充当征西将军，派遣他驻守在郿县。后来马腾袭击长安，失败后逃走，退回凉州。司隶校尉钟繇镇守关中，写信给韩遂、马腾，向他们陈述利害祸福。马腾派遣马超跟随钟繇到平阳征伐郭援、高干，马超的部将庞德亲手砍下了郭援的头颅。后来马腾和韩遂有隙，要求回到京城一带。于是朝廷就征召马腾充当卫尉，任命马超充当偏将军，封爵都亭侯，代领马腾的部众。

马超代领马腾的部众后，就和韩遂联合，并与杨秋、李堪、成宜等互相串通，进军来到潼关。曹操和韩遂、马超单人匹马会面谈话，马超仗着他的力气大，暗中打算冲到曹操跟前把曹操活捉，曹操身边大将许褚瞪眼怒视他，马超才不敢轻举妄动。曹公采纳谋士贾诩的计策，离间马超和韩遂的关系，二人彼此猜疑，他们的军队因此大败。马超逃跑到北方戎人里据守，曹公追击到安定，恰巧碰上北方有战事，他只好统领部队东回。杨阜劝谏曹公说："马超有韩信、英布的勇猛，又很得羌人、胡人的心。如果大军回去，而不对他严加防备，那么陇上各郡就将不为国家所有了。"曹军离开后，马超果然率领各戎人部落去进攻陇上郡县，陇上郡县都响应他，杀死了凉州刺史韦康，占领了冀城，占有了该城的官

兵和百姓。马超自称征西将军,兼任并州州牧,管理、指挥凉州军事。韦康原来的官吏和平民杨阜、姜叙、梁宽、赵衢等人,共同谋划攻打马超。杨阜、姜叙在卤城起兵,马超从冀城出发攻打卤城,不能攻下;梁宽、赵衢关闭了冀城门,马超不得退入。进退两难,狼狈不堪,就跑到汉中,依附了张鲁。张鲁不能够和他共谋大事,马超的内心抑郁,听说先主刘备在成都把刘璋包围起来,就秘密写信请求归降先主。

先主派遣人迎接马超,马超率兵径直来到成都城下。城中官兵都震惊惶恐,刘璋就跪拜于地,停留一段较长的时间,表示投降了。先主任命马超充当平西将军,督率临沮,沿袭了以前朝廷封给他的都亭侯。先主做汉中王,授官马超充当左将军、持节。章武元年,升骠骑将军,兼任凉州牧,进封牦乡侯,册文说:"朕凭着无德之身,得以继承皇位,奉上天之命,接续汉朝皇室。曹操父子,他们的罪恶充满人世间。朕因此十分忧伤,痛心疾首。海内的人怨恨愤怒,思归汉朝正统,乃至于氏、羌之族顺服,獯鬻人倾慕正义。由于您的信义著称于北方,威望和勇武都很昭著,因此我把重任交给您。让您克制强敌,兼管万里,体察关心平民百姓的疾苦。您要公开宣扬朝廷的教化,招抚和安置远近各族,严肃审慎地进行赏罚,以加深汉朝的福运,以对得起天下的黎民百姓。"章武二年,马超离开人世,享年四十七岁。他在弥留之际上书说:"臣家宗族二百多口人,大概被曹孟德杀戮光了,只有堂弟马岱应该充当马氏孤弱宗族接续香火的人,我恳切地把他托付给陛下。其余没有什么再要说的了。"追谥马超叫威侯,他的儿子马承继承了爵位。马岱官位做到平北将军,进爵陈仓侯。马超的女儿嫁给了安平王刘理。

赵云传

【题解】

赵云(?~229),三国时期蜀汉名将。字子龙,常山真定人。行伍出身。初依公孙瓒,后归刘备。建安十三年(208),曹操率军进袭荆州,刘备败于当阳长阪,他力战救护甘夫人和刘备儿子刘禅。这年冬天,赵云又参加了孙刘联军与曹军在赤壁的大战。大战刚结束,他率军往取桂阳郡,升任为牙门将军,兼任桂阳太守。建安十九年(214),他随孔明入川,参与刘备夺取益州的战斗。刘备得益州,任命赵云为翊军将军,他谏阻刘备大肆封赏。建安二十二年(217),赵云随刘备进取汉中,曾在汉中摆空城计吓退曹兵。蜀汉章武元年(221),刘备兴兵为关羽报仇,赵云予以谏阻,指出国贼是曹丕而非孙权,表现了远大政治眼光。蜀汉建兴六年(228),随诸葛亮伐魏,进攻关中,分军抵御曹真主力,因众寡不敌,退回汉中,但没有遭到大的损失。次年病故,追谥为顺平侯。总之,赵云是刘备阵营中一位智勇双全的重要将领,被誉为"一身都是胆"。

【原文】

赵云字子龙,常山真定人也。本属公孙瓒,瓒遣先主为田楷拒袁绍,云遂随从,为先主主骑。及先主为曹公所追於当阳长阪,弃妻子南走,云身抱弱子,即后主也,保护甘夫人，即后主母也。皆得免难。迁为牙门将军。先主入蜀，云留荆州。

先主自葭萌还攻刘璋，召诸葛亮。亮率云与张飞等俱溯江西上，平定郡县。至江州分遣云从外水上江阳，与亮会于成都。成都既定，以云为翊军将军。建兴元年，为中护军，征南将军，封永昌亭侯，迁镇东将军。五年随诸葛亮驻汉中。明年，亮出军，扬声由斜谷道，曹真遣大众当之。亮令云与邓芝往拒，而身攻祁山。云、芝兵弱敌强，失利於箕谷，然敛众固守，不至大败。军退，贬为镇军将军。七年卒，追谥顺平侯。

初，先主时，惟法正见谥；后主时，诸葛亮功德盖世，蒋琬、费祎荷国之重，亦见谥；陈祗宠待，特加殊奖，夏侯霸远来归国，故复得谥；於是关羽、张飞、马超、庞统、黄忠及云乃追谥，时论以为荣。云子统嗣，官至虎贲中郎，督行领军，次子广，牙门将，随姜维沓中，临阵战死。

【译文】

赵云，字子龙，常山郡真定县人。他本来是公孙瓒的部下，公孙瓒派遣先主刘备为田楷抗拒袁绍，赵云于是跟随先主，充当先主的主要骑从。等到先主被曹公追击到当阳长坂，抛弃妻子儿女向南逃跑，赵云亲自抱着先主的幼子，就是后主刘禅，并保护甘夫人，就是后主的母亲，使他们全得以免于死难。赵云被升任为牙门将军。先主进入四川时，赵云留守荆州。

先主从葭萌回军进攻刘璋，征召诸葛亮。诸葛亮率领赵云和张飞等人一起逆江西上，沿途平定郡县。进抵江州时，分派赵云从岷江而上江阳，与诸葛亮在成都会师。成都平定以后，任命赵云充当翊军将军。建兴元年，充当中护军、征南将军，被封为永昌亭侯，后又升为镇东将军。建兴五年，赵云跟随诸葛亮驻守汉中。建兴六年，诸葛亮出动军队征伐魏国，宣扬说要经过斜谷道，曹真派遣大部队在此抵挡蜀军。诸葛亮下令赵云与邓芝前往抗拒，而亲自率领军队进攻祁山。赵云、邓芝的兵力弱小而敌军强大，因此在箕谷失利，然而他们聚集军队固守，不至于大败。军队退回来后，他被降为镇军将军。建兴七年，赵云逝世，追加谥号为顺平侯。

当初，先主在世时，只有法正被赐谥号。后主在位时，诸葛亮功勋、德行超过世人，蒋琬、费祎担负国家重任，也被加以谥号。陈祗被宠幸，特别给予特殊的奖励，夏侯霸从远方前来归附，所以也得到了谥号；于是关羽、张飞、马超、庞统、黄忠和赵云就都追加了谥号，时人议论认为光荣。赵云的儿子赵统继承爵位，官至虎贲中郎，监管率领军队。赵云的次子赵广，官做到牙门将，跟随姜维出征沓中，在战场上战死。

赵云

吴主徐夫人传

【题解】

徐氏，生卒年不详。祖母为孙坚妹妹。父亲徐琨为平虏将军，与孙策共同开辟江东。徐氏原嫁陆尚。陆尚死后，被孙权纳为妃，抚养孙登。孙权因为她妒忌，把她废黜，让她在吴郡居住。后因病去世。

【原文】

吴主权徐夫人，吴郡富春人也。祖父真，与权父坚相亲。坚以妹妻真，生琨。琨少仕州郡，汉末扰乱，去吏，随坚征伐有功，拜偏将军。坚薨，随孙策讨樊能、于麋等于横江，击张英于当利口，而船少，欲驻军更求。琨母时在军中，谓琨曰："恐州家多发水军来逆人，则不利矣，如何可驻邪？宜伐芦苇以为泭，佐船渡军。"琨具启策。策即行之。众悉俱济，遂破英，击走笮融、刘繇，事业克定。策表琨领丹杨太守，会吴景委广陵来东，复为丹杨守。琨以督军中郎将领兵，从破庐江太守李术，封广德侯，迁平虏将军。后从征黄祖，中流矢卒。

琨生夫人，初适同郡陆尚。尚卒。权为讨虏将军在吴，聘以为妃，使母养子登。后权迁移，以夫人妒忌，废处吴，积十余年，权为吴王及即尊号，登为太子，群臣请立夫人为后，权意在步氏，卒不许。后以疾卒。兄矫，嗣父琨侯，讨平山越，拜偏将军，先夫人卒，无子。弟祚袭封，亦以战功至芜湖督、平魏将军。

【译文】

吴王孙权的徐夫人，是吴郡富春人。她的祖父徐真与孙权的父亲孙坚关系密切。孙坚把妹妹许配给他，生下徐琨。徐琨年轻时在州郡做官吏，汉末天下大乱，他抛弃官职，跟随孙坚征伐有功，被任命为偏将军。孙坚去世后，他跟随孙策在横江讨伐樊能、于麋等人，在当，利口攻打张英。由于船少，孙策想让军队驻扎下来，再去找船。当时徐琨的母亲在军营里，她对徐琨说："恐怕张英会派遣很多的水军来攻击，形势就对我们不利了，怎么可以驻扎下来呢？应当砍伐芦苇做筏子，辅助船只渡过军队。"徐琨把母亲的话全部禀告孙策。孙策立即实行这个办法，大部队全部渡过江，终于打败了张英，赶走了笮融、刘繇，孙策的事业才取得成功。孙策宣布徐琨兼任丹杨太守。恰好这时吴景放弃广陵回到江东，重新做丹杨太守。徐琨就以督军中郎将的身份统率军队，参加打败庐江太守李术的战斗，被封为广德侯，升为平虏将军。他后来参加讨伐黄祖的战斗，被流箭射中而死。

徐琨生养了徐夫人。起初徐夫人嫁给同郡的陆尚，陆尚去世。孙权在吴郡担任讨虏将军的时候，聘娶徐夫人为妃子，让她抚养儿子孙登。后来孙权迁离吴郡，因为徐夫人生性嫉妒，就把她抛弃在吴郡。过了十几年，孙权做了吴王以及即位称帝，孙登立为太子。群臣请求把徐夫人立为皇后，孙权的心意想立步氏，始终不答应。后来徐夫人因病去世。

她的哥哥徐矫继承了父亲徐琨的侯爵,讨伐平定了山越,被任命为偏将军。他在徐夫人之前去世,没有儿子。弟弟徐祚继承了爵位,也由于战功,做到芜湖督、平魏将军。

吴主潘夫人传

【题解】

潘氏,生卒年不详,因父亲犯罪被收入宫中织室,后被孙权纳为妃,生会稽王孙亮。潘氏生性险恶,陷害了袁夫人等很多妃妾,后被宫女们勒死。

【原文】

吴主权潘夫人,会稽句章人也。父为吏,坐法死。夫人与姊俱输织室,权见而异之,召充后宫。得幸有娠,梦有以龙头授己者,己以蔽膝受之,遂生亮。赤乌十三年,亮立为太子,请出嫁夫人之姊,权听许之。明年,立夫人为皇后。性险妒容媚,自始至卒,谮害袁夫人等甚众。权不豫,夫人使问中书令孙弘吕后专制故事。侍疾疲劳,因以羸疾,诸宫人伺其昏卧,共缢杀之,托言中恶。后事泄,坐死者六七人。权寻薨,合葬蒋陵。孙亮即位,以夫人姊婿谭绍为骑都尉,授兵。亮废,绍与家属送本郡庐陵。

【译文】

吴主孙权的潘夫人,会稽句章人。她的父亲为吏,因犯法被处死。夫人和姐姐一同被送到宫中织室,孙权见了觉得她与众不同,便召来充入后宫。受到宠爱怀了孕。她梦见有人把龙头授予她,她自己则用蔽膝接受龙头,于是生下孙亮。赤乌十三年,孙亮被立为太子,请求把潘夫人的姐姐嫁出去,孙权同意了。第二年,立潘夫人为皇后。潘夫人生性阴险嫉妒,喜欢诣媚,自始至终,她都在诬陷迫害袁夫人等很多人。孙权身体不适时,她就派人向中书令孙弘询问吕后专制的旧事。由于侍奉生病的孙权时过于疲劳,因而她也患上了疾病,一些宫女趁她昏睡时,一起用绳子勒死了她,然后扬言说她中了邪。后来事情败露,被处死的有六七人。孙权不久也去世了,与潘夫人合葬在蒋陵。孙亮即位后,任命潘夫人的姐夫谭绍为骑都尉,并授给他兵权。孙亮被废黜以后,谭绍及其家属被送回家乡庐陵。

周瑜传

【题解】

周瑜(175~210),东汉末年孙策、孙权的重要将领。字公瑾。庐江舒县(今安徽庐江西南)人。出身官宦世家,年轻时与孙策友好。初依袁术,为居巢县长,后投奔孙策,时年二十四,人称周郎,充当建威中郎将。孙策打算攻取荆州,任命他为中护军,兼任江夏太

守。从此，跟随孙策征伐，助其奠定割据江东基础，深得信任，互为连襟。建安五年（200），孙策去世，孙权继立，但地位不稳，江南形势存在着土崩瓦解的可能，而周瑜与长史张昭共掌众事，尽心扶持，对孙权站稳脚跟起了重要作用。不久，曹操挟新破袁绍之势，要孙权送子作为人质，群臣犹豫不决，只有周瑜分析江东有利条件，坚决主张不要派遣，并且建议占据江东，拥兵观变，以争取主动，避免受制于他人。建安十三年（208），刘琮以荆州降曹操。率大军由江陵顺流东下，群臣震恐，多主归降。周瑜同鲁肃一起力排众议，坚决主张抵抗，他列举江南地方数千里，兵精粮足，臣下用命等理由，又分析了曹军存在的种种矛盾和弱点。终于坚定了孙权抗战的决心。孙权就与刘备联合，共同抗曹。此时曹军已经染了疫病，初战即小败，曹操于是屯兵江北乌林，隔江对阵。周瑜部将黄盖献火攻之策，用苦肉计诈降曹操，率满装柴草、膏油并饰以帷幕的蒙冲斗舰十艘，在接近曹营时顺风放火，致使曹军战舰与岸上营寨皆遭火焚。周瑜亲率主力擂鼓前进，曹操大败北归。周瑜以其亲自指挥了这场著名的战役而彪炳史册。赤壁之战后，周瑜被拜为偏将军，兼任南郡太守。后建议攻取益州刘璋，而后并汉中张鲁，再联合凉州势力，共同讨伐曹操，以统一北方。这一建议获得了采纳，尚未施行，周瑜就病故了。周瑜精于音乐，时人有"曲有误，周郎顾"之语。

【原文】

周瑜字公瑾，庐江舒人也。从祖父景，景子忠，皆为汉太尉。父异，洛阳令。

瑜长壮有姿貌。初，孙坚兴义兵讨董卓，徙家於舒。坚子策与瑜同年，独相友善，瑜推道南大宅以舍策，升堂拜母，有无通共。瑜从父尚为丹杨太守，瑜往省之。会策将东渡，到历阳，驰书报瑜，瑜将兵迎策。策大喜曰："吾得卿，谐也。"遂从攻横江、当利，皆拔之。乃渡击秣陵，破笮融、薛礼，转下湖孰、江乘，进入曲阿，刘繇奔走，而策之众已数万矣。因谓瑜曰："吾以此众取吴会平山越已足。卿还镇丹杨。"瑜还。顷之，袁术遣从弟胤代尚为太守，而瑜与尚俱还寿春。术欲以瑜为将，瑜观术终无所成，故求为居巢长，欲假涂东归，术听之，遂自居巢还吴。是岁，建安三年也。策亲自迎瑜，授建威中郎将，即与兵二千人，骑五十匹。瑜时年二十四，吴中皆呼为周郎。以瑜恩信著于庐江，出备牛渚，后领春谷长。顷之，策欲取荆州，以瑜为中护军，领江夏太守，从攻皖，拔之。时得桥公两女，皆国色也。策自纳大桥，瑜纳小桥。复进寻阳，破刘勋，讨江夏，还定豫章、庐陵，留镇巴丘。

周瑜

五年，策薨，权统事。瑜将兵赴丧，遂留吴，以中护军与长史张昭共掌众事。十一年，督孙瑜等讨麻、保二屯，枭其渠帅，囚俘万余口，还备宫亭。江夏太守黄祖遣将邓龙将兵数千人入柴桑，瑜追讨击，生虏龙送吴。十三年春，权讨江夏，瑜为前部大督。

其年九月，曹公入荆州。刘琮举众降，曹公得其水军，船步兵数十万，将士闻之皆恐。权延见群下，问以计策。议者咸曰："曹公豺虎也，然托名汉相，挟天子以征四方，动以朝廷为辞，今日拒之，事更不顺。且将军大势，可以拒操者，长江也。今操得荆州，奄有其地，刘表治水军，蒙冲斗舰，乃以千数，操悉浮以沿江，兼有步兵，水陆俱下，此为长江之险，已与我共之矣。而势力众寡，又不可论。愚谓大计不如迎之。"瑜曰："不然。操虽托名汉相，其实汉贼也。将军以神武雄才，兼仗父兄之烈，割据江东，地方数千里，兵精足用，英雄乐业，尚当横行天下，为汉家除残去秽。况操自送死，而可迎之邪？请为将军筹之：今使北土已安，操无内忧，能旷日持久，来争疆场，又能与我校胜负於船楫间乎？今北土既未平安，加马超、韩遂尚在关西，为操后患。且舍鞍马，仗舟楫，与吴越争衡，本非中国所长。又今盛寒，马无藁草，驱中国士众远涉江湖之间，不习水土，必生疾病。此数四者，用兵之患也，而操皆冒行之。将军禽操，宜在今日。瑜请得精兵三万人，进住夏口，保为将军破之。"权曰："老贼欲废汉自立久矣，徒忌二袁、吕布、刘表与孤耳。今数雄已灭，惟孤尚存，孤与老贼，势不两立。君言当击，甚与孤合，此天以君授孤也。"

时刘备为曹公所破，欲引南渡江，与鲁肃遇於当阳，遂共图计，因进住夏口，遣诸葛亮诣权。权遂遣瑜及程普等与备并力逆曹公，遇於赤壁。时曹公军众已有疾病，初一交战，公军败退，引次江北。瑜等在南岸。瑜部将黄盖曰："今寇众我寡，难与持久。然观操军船舰首尾相接，可烧而走也。"乃取蒙冲斗舰数十艘，实以薪草，膏油灌其中，裹以帷幕，上建牙旗，先书报曹公，欺以欲降。又豫备走舸，各系大船后，因引次俱前。曹公军吏士皆延颈观望，指言盖降。盖放诸船，同时发火。时风盛猛，悉延烧岸上营落。顷之，烟炎张天，人马烧溺死者甚众，军遂败退，还保南郡。备与瑜等复共追。曹公留曹仁等守江陵城，径自北归。

瑜与程普又进南郡，与仁相对，各隔大江。兵未交锋，瑜即遣甘宁前据夷陵。仁分兵骑别攻围宁。宁告急於瑜。瑜用吕蒙计，留凌统以守其后，身与蒙上救宁。宁围既解，乃渡屯北岸，克期大战。瑜亲跨马擽陈，会流矢中右胁，疮甚，便还。后仁闻瑜卧未起，勒兵就陈。瑜乃自兴，案行军营，激扬吏士，仁由是遂退。

权拜瑜偏将军，领南郡太守。以下隽、汉昌、浏阳、州陵为奉邑，屯据江陵。刘备以左将军领荆州牧，治公安。备诣京见权，瑜上疏曰："刘备以枭雄之姿，而有关羽、张飞熊虎之将，必非久屈为人用者。愚谓大计宜徒备置吴，盛为筑宫室，多其美女玩好，以娱其耳目，分此二人，各置一方，使如瑜者得挟与攻战，大事可定也。今猥割土地以资业之，聚此三人，俱在疆场，恐蛟龙得云雨，终非池中物也。"权以曹公在北方，当广揽英雄，又恐备难卒制，故不纳。

是时刘璋为益州牧，外有张鲁寇侵，瑜乃诣京见权曰："今曹操新折衄，方忧在腹心，未能与将军连兵相事也。乞与奋威俱进取蜀，得蜀而并张鲁，因留奋威固守其地，好与马超结援。瑜还与将军据襄阳以蹙曹，北方可图也。"权许之。瑜还江陵，为行装，而道於巴丘病卒，时年三十六。权素服举哀，感动左右，丧当还吴，又迎之芜湖，众事费度，一为供给。后著令曰："故将军周瑜、程普，其有人客，皆不得问。"初瑜见友於策，太妃又使权以兄奉之。是时权位为将军,诸将宾客为礼尚简,而瑜独先尽敬,便执臣节。性度恢廓,大率为得人,惟与程普不睦。

瑜少精意於音乐,虽三爵之后,其有阙误,瑜必知之,知之必顾,故时人谣曰:"曲有误,周郎顾。"

瑜两男一女。女配太子登,男循尚公主,拜骑都尉,有瑜风,早卒。循弟胤,初拜兴业都尉,妻以宗女,授兵千人,屯公安。黄龙元年,封都乡侯,后以罪徙庐陵郡。赤乌二年,诸葛瑾、步骘连名上疏曰:"故将军周瑜子胤,昔蒙粉饰,受封为将,不能养之以福,思立功效,至纵情欲,招速罪辟。臣窃以瑜昔见宠任,入作心膂,出为爪牙,衔命出征,身当矢石,尽节用命,视死如归,故能摧曹操於乌林,走曹仁於郢都,扬国威德,华夏是震,蠢尔蛮荆,莫不宾服,虽周之方叔,汉之信、布,诚无以尚也。夫折冲扞难之臣,自古帝王莫不贵重,故汉高帝封爵之誓曰'使黄河如带,太山如砺,国以永存,爰及苗裔',申以丹书,重以盟诅,藏於宗庙,传於无穷,欲使功臣之后,世世相踵,非徒子孙,乃关苗裔,报德明功,勤勤恳恳,如此之至,欲以劝戒后人,用命之臣,死而无悔也。况於瑜身没未久,而其子胤降为匹夫,益可悼伤。窃惟陛下钦明稽古,隆於兴继,为胤归诉,乞丐馀罪,还兵复爵,使失旦之鸡,复得一鸣,抱罪之臣,展其后效。"权答曰:"腹心旧勋,与孤协事,公瑾有之,诚所不忘。昔胤年少,初无功劳,横授精兵,爵以侯将,盖念公瑾以及於胤也。而胤恃此,酗淫自恣,前后告喻,曾无悛改。孤于公瑾,义犹二君,乐胤成就,岂有已哉?迫胤罪恶,未宜便还,且欲苦之,使自知耳。今二君勤勤援引汉高河山之誓,孤用恻然。虽德非其畴,犹欲庶几,事亦如尔,故未顺旨。以公瑾之子,而二君在中间,苟使能改,亦何患乎!"瑾、骘表比上,朱然及全琮亦俱陈乞,权乃许之。会胤病死。

瑜兄子峻,亦以瑜元功为偏将军,领吏士千人。峻卒,全琮表峻子护为将。权曰:"昔走曹操,拓有荆州,皆是公瑾,常不忘之。初闻峻亡,仍欲用护,闻护性行危险,用之适为作祸,故便止之。孤念公瑾,岂有已乎?"

【译文】

周瑜,字公瑾,庐江郡舒县人。堂祖父周景、周景的儿子周忠,都充当过汉朝的太尉。父亲周异,做过洛阳令。

周瑜长得健壮美貌。当初孙坚举义兵讨伐董卓,把家迁徙到舒县。孙坚的儿子孙策和周瑜同岁,两人互相友好,周瑜把路南大宅院让给孙策居住,到上房去跪拜孙策的母亲,生活上互通有无,互相帮助。周瑜的堂父周尚充当丹杨太守,周瑜前往看望他。恰巧碰上孙策将要东渡,到了历阳,写信告诉周瑜,周瑜率领军队来迎接孙策。孙策很高兴地说:"我得到您,我们会配合适当的。"周瑜于是就跟随孙策攻打横江、当利,都攻下了。又渡过长江攻打秣陵,打败了笮融、薛礼,转而又攻克了湖孰、江乘,进入曲阿,刘繇逃走了。这时孙策的部众已达到几万人。他对周瑜说:"我用这许多人攻取吴郡、会稽二郡,平定山越,已经足够了。你回去镇守丹杨吧。"周瑜回到丹杨。不久,袁术派遣堂弟袁胤取代周尚充当太守,周瑜和周尚一起回到寿春。袁术打算任用周瑜充当自己的部将,周瑜察看袁术最终不会有什么成就,所以只请求充当居巢县长,打算借路回到江东,袁术听从了。于是周瑜从居巢回到了吴郡。这年,正是建安三年。孙策亲自迎接周瑜,授予他建威中郎将的官职,立即给他二千名士兵、五十名骑兵。周瑜当时二十四岁,吴郡人都称他为"周郎"。因为周瑜在庐江恩德信义昭著,孙策派他防守牛渚,后来兼任春谷县长。不久,孙策打算攻取荆州,任用周瑜充当中护军,兼任江夏太守,跟随孙策攻打皖县,也攻下了。当时得到桥公的两个女儿,都长得极其美丽,倾国倾城。孙策自己娶了大桥,周瑜娶了小桥。又进攻寻阳,打败了刘勋,征伐江夏郡,回后平定了豫章、庐陵,周瑜留下来镇守巴丘。

建安五年,孙策去世,孙权主管各项事务。周瑜率领军队前来吊丧,于是留在吴郡,用中护军的身份和长史张昭一块掌管军政等大事。建安十一年,他指挥监督孙瑜等人征伐麻、保两个军事据点,杀了两个据点的首领,俘虏了一万多人,然后回军防守宫亭。江夏太守黄祖派遣部将邓龙率领军队几千人进入柴桑,周瑜追击他们,活捉邓龙押送吴郡。建安十三年春天,孙权征伐江夏,周瑜充当前部大督。

这年九月,曹公进入荆州,刘综带领他的全部人马投降,曹公得到了他的水军,水兵、步兵发展到几十万人,东吴官兵听说了无不惶恐。孙权召集部下,询问计策。议论的人都说:"曹公真是豺虎啊,然而他假借汉朝丞相的名义。挟持天子以讨伐四方,动不动就用朝廷的名义来发布命令。今天我们如果进行抗拒,就更显得名不正而言不顺。况且将军可以抵抗曹操的是依仗长江天险。现在,曹操占有荆州的土地,刘表所训练的水军,包括数以千计的蒙冲战船,已由曹操接管,曹操让全部船只沿长江而下,再加上步兵,水陆并进。这样,长江天险已由曹操与我们共有,而双方兵力的多少,又不能相提并论。因此,依我们的意见,最好是去迎接曹操,投降朝廷。"周瑜说:"不对,曹操虽然假借汉朝丞相的名义,但实际上是汉朝的贼臣。将军用神武英雄的才略,又凭借父兄的威名,割据长江以东,统治的地方有几千里,精兵足够使用,英雄乐于效力,还应当横行天下,为汉朝清除残暴污秽。何况曹操自己前来送死,怎么可以去迎降?请允许我为将军分析:现在假设北方已经完全安定,曹操没有后顾之忧,能够旷日持久地来与我们争夺地盘,但是能否在水战上和我们一决胜负呢?如今北方尚未完全平定,加以马超、韩遂还在函谷关以西,是曹操的后患。而曹操舍弃鞍马,改用船舰,与生长在水乡的江东人决一胜负,本来就不是中原士兵的长处。又,现在正是严寒,战马缺乏草料。而且,驱使中原地区的士兵远道跋涉来到江湖地区,不服水土,必然会发生疾病。所列举的四点,都是用兵者所应该深为担心的,而曹操却冒险行动,将军活捉曹操,应该在今天。我请求率领精兵三万人,进驻夏口,保证能为将军打败曹操。"孙权说:"曹操老贼早就想要废掉汉朝皇帝,自己篡位了,只是顾忌袁绍、袁术、吕布、刘表和我孙权。现在,那几个英雄都已被消灭,只剩下我还存在。我与老贼势不两立。你主张迎战曹军,正合我意,这是上天把你授给了我!"

这时刘备被曹公打败,打算带领军队向南渡长江,在当阳和鲁肃相遇,于是共同商量计划,因此进驻夏口,派遣诸葛亮前往拜见孙权。孙权于是派遣周瑜和程普等人和刘备合力抗击曹公,两军在赤壁相遇。当时曹操的部队中已发生疾疫,两军初次交战,曹军就败退。退兵驻扎在长江北岸。周瑜等人率军驻扎在长江南岸。周瑜的部将黄盖说:"如今敌众我寡,难以长期相持。然而我看到曹军正把战船连在一起,首尾相接,可以用火攻,击败曹军,迫其逃走。"于是,选取蒙冲战舰几十艘,装满柴草,中间灌上油脂,外面裹着帷幕,上面插上牙旗,事先让黄盖写信报告曹公,以打算投降欺骗他,又准备了快船,分别系在大船的后面，于是依次一起向前驶去。曹操军队的官兵都伸长脖子观看，指着船说是黄盖来投降了。黄盖解开各条船只，同时点起火来。当时风势盛大凶猛，大火蔓延到岸上的所有营寨。顷刻之间，曹营烟火冲天，人马烧死、淹死的很多，曹军于是败退，退保南郡。刘备和周瑜又共同追击。曹公留下曹仁守卫江陵城，自己径直回到北方。

周瑜和程普又进军南郡，和曹仁对峙，中间隔着长江。两军还没有交锋，周瑜立即派遣甘宁前往占据夷陵。曹仁分出一部分步兵，骑兵另外去围攻甘宁。甘宁向周瑜报告危急。周瑜采纳吕蒙的计策，留下凌统守卫后方，亲自和吕蒙一起到长江上游去救援甘宁。对甘宁的包围被解除后，周瑜就渡过长江到北岸驻守，约定日期与曹仁大战。周瑜亲自骑马督战，恰巧碰上乱箭射中右肋，伤势很重，便回到营地。后来曹仁听到周瑜卧床不起，就率领军队上阵。周瑜于是强打精神，到军营巡行视察，使官兵激奋昂扬，曹仁因此就退兵。

孙权授任周瑜充当偏将军，兼任南郡太守。用下隽、汉昌、刘阳、州陵做供他薪俸的食邑，让他驻守江陵。刘备以左将军的身份兼任荆州牧，驻在公安。刘备前往京（镇江）拜见孙权的时候，周瑜上书说："刘备是一代枭雄，而且有关羽、张飞这些熊、虎一样的猛将辅佐，一定不是长久屈居人下，为您所任用的人。我认为最好的办法，应该把刘备迁走，安置在吴郡，为他大兴土木，建筑豪华舒适的住宅，多给他供应美女和其他玩赏娱乐的物品，使他耳目感官得到娱乐享受。与此同时，把关羽和张飞分开，派他们各驻一地，使像我周瑜这样的将领能统率他们作战，这样，天下大事可定。如今多割土地资助他们，使这三人都聚在疆界，恐怕就会像蛟龙得到了云雨，终究不会再留在水池中了。"孙权认为曹公在北方，正应该广为招揽英雄豪杰，又担心刘备难以很快制服，所以没有听从他的建议。

这时刘璋充当益州牧，外面有张鲁的掠夺侵扰，周瑜就前往京城拜见孙权说："现在曹操刚刚遭到挫折，担心内部有人借机叛乱，所以，他不能再对将军发动大规模进攻，我请求与奋威将军一起率军攻取蜀地，进而吞并张鲁，然后，留奋威将军牢固地守卫那里，与马超结成联盟互相声援。我回来与将军据守襄阳，紧逼曹操，这样，就可以规划进取北方了。"孙权同意这个计划。周瑜回到江陵，整顿行装，路过巴丘时病死了，当时年仅三十六岁。孙权穿着丧服为他举哀，感动了身旁的人。周瑜的灵柩要运回吴郡，孙权又亲自到芜湖迎接，各项费用，一概为之供给。后来又颁布命令说："对已故将军周瑜、程普的所有佃客，都不得向他们索取东西。"当初周瑜被孙策当作好友对待，太妃又让孙权以兄长之礼尊奉他。那时孙权的职位是讨虏将军，各位将领宾客对待他的礼节还较为简单，而只有周瑜带头，以极其恭敬的臣属礼节拜见孙权。周瑜有大度，其心胸宽阔，大体能得人心，只是和程普不相和睦。

周瑜年轻时精心研究音乐，即使喝了三爵酒以后，弹唱的音乐如有错误，周瑜也一定知道，知道了一定要回头看看，所以当时人唱的歌谣说："曲有误，周郎顾。"

周郎有两个儿子一个女儿。女儿嫁给太子孙登。儿子周循娶公主为妻，授官骑都尉，有周瑜的遗风，年轻时就去世了。周循的弟弟周胤，最初授官兴业都尉，取了宗室的女儿为妻，给予他一千军队，驻守公安。黄龙元年，封他为都乡侯，后因罪迁徙庐陵郡。赤乌二年，诸葛瑾、步骘联名上书说："已故将军周瑜的儿子周胤，过去因受到过度的赞扬,被封充当将军。他不能在得到国家优厚待遇时,思虑为国家立功,取得成效,反而放纵情欲,以致迅速招致罪罚。臣等私下考虑,从前周瑜被主上宠爱信任,在内是心腹重臣,在外是得力的猛将,受命出征,用身子抵挡箭和石头,冒死完成使命,视死如归,所以能够在乌林打垮曹操,在郢都赶跑曹仁,张扬了国家的威德,中原受到震动,连愚昧的蛮荆,没有不服从的。虽说是周朝的方叔、汉朝的韩信、英布,功劳也没有他高。能够挫败敌人进攻,解除国家危难的大臣,从古以来的帝王没有不敬重的。所以汉高祖封爵的誓词说:'即使黄河小得像衣带,太行山小得像块磨刀石,他们的封国也将永远保存,传到后代子子孙孙'。并用丹砂写成誓词申明,又以盟誓的隆重仪式,把誓词藏在祖庙里。让它永远流传,打算使功臣的后代,世世代代继承。不只是子孙,就连更远的后代也要关心到。以报答臣子的德行,表彰他们的功劳。恳切到如此的地步,是打算用来劝导告诫后世的人,以使为国效命之臣,死了也不后悔。何况周瑜去世不久,而他儿子周胤就降为平民,更加使人哀伤。只有陛下能够亲自明白地考察古代的事,重视兴灭继绝的道理,因此我们为周胤求情,乞求赦免他的罪过,归还他带的军队,恢复他原有的爵位,使失去了报晓机会的雄鸡,能够鸣叫一次;负罪的臣下,以后能有效力的机会。"孙权回答说:"视为心腹的老功臣,和我协作共事的,其中有周公瑾,确实是不能忘记的。从前周胤年幼,开始并无功劳,平白地领受精兵,封以侯爵,全都是思念周瑜才对他宠爱的。但周胤依仗恩宠,酗酒荒淫,恣意放纵,前后多次告诫,没有改悔。我对周瑜的情义同你们二位一样,乐于看到周胤有成就,岂有终止? 可是迫于周胤罪恶太重,未必就能马上转变,我还想让他尝点苦头,使他能自己了解自己。现在你们二位诚恳地引用汉高祖封爵的誓词,我感到惭愧。虽然我的德行不敢和汉高祖相比,还是打算要和他差不多,事情就是如此,所以没有听从你们的建议。就凭他是周瑜的儿子,又有你们二位在中间保驾,假如他能改正,还有什么担忧呢?"诸葛瑾、步骘的奏章屡次呈上,朱然和全琮也都来陈述意见为周胤求情,孙权于是同意了他们的请求。恰巧碰上周胤病死。

周瑜的侄子周峻,也因为周瑜的大功被封为偏将军,率领官兵一千人。周峻去世后,全琮上表举荐周峻的儿子周护充当将领。孙权说:"从前打败曹操,吞并荆州,全是周瑜的功劳,我是常记不忘。起初听说周峻去世,便想任用周护。后听说周护性情凶狠,任用他恰恰是毁了他,所以改变了主意。我思念周瑜,难道有终止吗?"

吕蒙传

【题解】

吕蒙(178~219),东汉末孙权阵营的重要将领。字子明,汝南富波(今安徽阜南东南)人。少为孙权别部司马,治军有方,士兵操练娴熟,得到信任。建安十三年(208),跟随孙权征伐消灭刘表将领黄祖,升横野中郎将。同年,又跟随周瑜、程普大败曹操于赤壁。建安十九年(214),吕蒙与甘宁一起攻破皖城(今安徽潜山),获曹操将朱光及男女数万口,被任命为庐江太守。次年,奉命西取长沙、零陵、桂阳三郡,计赚刘备零陵太守郝

普。后来升任左护军、虎威将军。鲁肃去世，取代他指挥军队，驻守陆口，与关羽为邻。建安二十四年（219），孙权采纳吕蒙献计，令其称病回建业，使威名尚未显著的陆逊代守陆口，用此麻痹关羽不以吴军为患，而调大军北至樊城进攻曹军。乘其后方空虚之际，吕蒙暗率精兵攻取南郡（今湖北江陵）。入城后军纪严明，抚恤老病，优待关羽将士家属，使随关羽回救的将士丧失斗志，从而斩关羽父子，荆州遂定。因平定荆州之功，吕蒙升南郡太守，被封为孱陵侯。不久，病逝。临终前嘱咐所得赏赐在他死后全部上缴给国家，丧事力求节俭。吕蒙显贵后，勤于读书，见识大增，筹略奇善。总之，吕蒙是一位有胆有识，英武过人的良将，他一生中对孙吴的主要贡献，是策划和主持了袭取荆州的战役，使孙权的势力从局促的江东向长江中游发展，同时也解除了来自荆州上游的威胁，为孙吴政权的稳定奠定了基础。

吕蒙

【原文】

吕蒙字子明，汝南富陂人也。少南渡，依姊夫邓当。当为孙策将，数讨山越。蒙年十五六，窃随当击贼，当顾见大惊，呵叱不能禁止。归以告蒙母，母恚欲罚之，蒙曰："贫贱难可居，脱误有功，富贵可致。且不探虎穴，安得虎子？"母哀而舍之。时当职吏以蒙年小轻之，曰："彼竖子何能为？此欲以肉馁虎耳。"他日与蒙会，又蚩辱之。蒙大怒，引刀杀吏，出走，逃邑子郑长家。出因校尉袁雄自首，承间为言，策召见奇之，引置左右。

数岁，邓当死，张昭荐蒙代当，拜别部司马。权统事，料诸小将兵少而用薄者，欲并合之。蒙阴赊贳，为兵作绛衣行縢，及简日，陈列赫然，兵人练习，权见之大悦，增其兵。从讨丹杨，所向有功，拜平北都尉，领广德长。

从征黄祖，祖令都督陈就逆以水军出战。蒙勒前锋，亲枭就首，将士乘胜，进攻其城。祖闻就死，委城走，兵追禽之。权曰："事之克，由陈就先获也。"以蒙为横野中郎将，赐钱千万。

是岁，又与周瑜、程普等西破曹公於乌林，围曹仁於南郡。益州将袭肃举军来附，瑜表以肃兵益蒙，蒙盛称肃有胆用，且慕化远来，于义宜益不宜夺也。权善其言，还肃兵。瑜使甘宁前据夷陵，曹仁分众攻宁，宁困急，使使请救。诸将以兵少不足分，蒙谓瑜、普曰："留凌公绩，蒙与君行，解围释急，势亦不久，蒙保公绩能十日守也。"又说瑜分遣三百人柴断险道，贼走可得其马。瑜从之。军到夷陵，即日交战，所杀过半。敌夜遁去，行遇柴道，骑皆舍马步走。兵追蹑击，获马三百匹，方船载还。於是将士形势自倍，乃渡江立屯，与相攻击，曹仁退走。遂据南郡，抚定荆州。还，拜偏将军，领寻阳令。

鲁肃代周瑜，当之陆口，过蒙屯下。肃意尚轻蒙，或说肃曰："吕将军功名日显，不可以故意待也，君宜顾之。"遂往诣蒙。酒酣，蒙问肃曰："君受重任，与关羽为邻，将何计略，以备不虞？"肃造次应曰："临时施宜。"蒙曰："今东西虽为一家，而关羽实熊虎也，计安可不豫定?"因为肃画五策。肃於是越席就之,拊其背曰:"吕子明,吾不知卿才略所及乃至於此也。"遂拜蒙母,结友而别。

时蒙与成当、宋定、徐顾屯次比近,三将死,子弟幼弱,权悉以兵并蒙。蒙固辞,陈启顾等皆勤劳国事,子弟虽小,不可废也。书三上,权乃听。蒙於是又为择师,使辅导之,其操心率如此。

魏使庐江谢奇为蕲春典农,屯皖田乡,数为边寇。蒙使人诱之,不从,则伺隙袭击,奇遂缩退,其部伍孙子才、宋豪等,皆携负老弱,诣蒙降。后从权拒曹公於濡须,数进奇计,又劝权夹水口立坞,所以备御甚精,曹公不能下而退。

曹公遣朱光为庐江太守,屯皖,大开稻田,又令间人招诱鄱阳贼帅,使做内应。蒙曰:"皖田肥美,若一收孰,彼众必增,如是数岁,操态见矣,宜早除之。"乃具陈其状。於是权亲征皖,引见诸将,问以计策。蒙乃荐甘宁为升城督,督攻在前,蒙以精锐继之。侵晨进攻,蒙手执枹鼓,士卒皆腾踊自升,食时破之。既而张辽至夹石,闻城已拔,乃退。权嘉其功,即拜庐江太守,所得人马皆分与之,别赐寻阳屯田六百人,官属三十人,蒙还寻阳,未期而庐陵贼起,诸将讨击不能禽,权曰:"鸷鸟累百,不如一鹗。"复令蒙讨之。蒙至,诛其首恶,馀皆释放,复为平民。

是时刘备令关羽镇守,专有荆土,权命蒙西取长沙、零、桂三郡。蒙移书二郡,望风归服,惟零陵太守郝普城守不降。而备自蜀亲至公安,遣羽争三郡。权时住陆口,使鲁肃将万人屯益阳拒羽,而飞书召蒙,使舍零陵,急还助肃。初,蒙既定长沙,当之零陵,过酃,载南阳邓玄之,玄之者郝普之旧也,欲令诱普。及被书当还,蒙秘之,夜召诸将,授以方略,晨当攻城,顾谓玄之曰:"郝子太闻世间有忠义事,亦欲为之,而不知时也。左将军在汉中,为夏侯渊所围。关羽在南郡,今至尊身自临之。近者破樊本屯,救酃,逆为孙规所破。此皆目前之事,君所亲见也。彼方首尾倒悬,救死不给,岂有馀力复营此哉?令吾士卒精锐,人思致命,至尊遣兵,相继於道,今子太以旦夕之命,待不可望之救,犹牛蹄中鱼,冀赖江汉,其不可恃亦明矣。若子太必能一士卒之心,保孤城之守,尚能稽延旦夕,以待所归者,可也。今吾计力度虑,而以此,曾不移日,而城必破,城破之后,身死何益於事,而令百岁老母,戴白受诛,岂不痛哉?度此家不得外问,谓援可恃,故至於此耳。君可见之,为陈祸福。"玄之见普,具宣蒙意,普惧而听之。玄之先出报蒙,普寻后当至,蒙豫敕四将,各选百人,普出,便入守城门。须臾普出,蒙迎执其手,与俱下船。语毕,出书示之,因拊手大笑。普见书,知备在公安,而羽在益阳,惭恨入地。蒙留孙皎,委以后事。即日引军赴益阳。刘备请盟,权乃归普等,割湘水,以零陵还之。以寻阳、阳新为蒙奉邑。

师还,遂征合肥,即彻兵,为张辽等所袭,蒙与凌统以死捍卫。后曹公又大出濡须,权以蒙为督,据前所立坞,置强弩万张於其上,以拒曹公。曹公前锋屯未就,蒙攻破之,曹公引退。拜蒙左护军、虎威将军。

鲁肃卒,蒙西屯陆口,肃军人马万馀尽以属蒙。又拜汉昌太守,食下隽、刘阳、汉昌、州陵。与关羽分土接境,知羽骁雄,有并兼心,且居国上流,其势难久。初,鲁肃等以为曹公尚存,祸难始构,宜相辅协,与之同仇,不可失也,蒙又密陈计策曰:"令征虏守南郡,潘璋住白帝,蒋钦将游兵万人,循江上下,应敌所在,蒙为国家前据襄阳,如此,何忧於操,何赖於羽?且羽君臣,矜其诈力,所在反覆,不可以腹心待也。今羽所以未便东向者,以至尊圣明，蒙等尚存也。今不於强壮时图之，一旦僵仆，欲复陈力，其可得邪？"权深纳其策，又聊复与论取徐州意，蒙对曰："今操远在河北，新破诸袁，抚集幽、冀，未暇东顾。徐土守兵，闻不足言，往自可克。然地势陆通，骁骑所骋，至尊今日得徐州，操后旬必来争，虽以七八万人守之，犹当怀忧，不如取羽，全据长江，形势益张。"权尤以此言为当。及蒙代肃，初至陆口，外倍修恩厚，与羽结好。

后羽讨樊，留兵将备公安，南郡。蒙上疏曰："羽讨樊而多留备兵，必恐蒙图其后故也。蒙常有病，乞分士众还建业，以治疾为名。羽闻之，必撤备兵，尽赴襄阳。大军浮江，昼夜驰上，袭其空虚，则南郡可下，而羽可禽也。"遂称病笃，权乃露檄召蒙还，阻与图计。羽果信之，稍撤兵以赴樊。魏使于禁救樊，羽尽禽禁等，人马数万，托以粮乏，擅取相关米。权闻之，遂行，先遣蒙在前。蒙至寻阳，尽伏其精兵舸艣中，使白衣摇橹，作商贾人服，昼夜兼行，至羽所置江边屯候，尽收缚之，是故羽不闻知。遂到南郡，士仁、麋芳皆降。蒙入据城，尽得羽及将士家属，皆抚慰，约令军中不得干历人家，有所求取。蒙麾下士，是汝南人，取民家一笠，以覆官铠，官铠虽公，蒙犹以为犯军令，不可以乡里故而废法，遂垂涕斩之。於是军中震慄，道不拾遗。蒙旦暮使亲近存恤耆老，问所不足，疾病者给医药，饥寒者赐衣粮。羽府藏财宝，皆封闭以待权至。羽还，在道路，数使人与蒙相闻，蒙辄厚遇其使，周游城中，家家致问，或手书示信。羽人还，私相参讯，咸知家门无恙，见待过於平时，故羽吏士无斗心。会权寻至，羽自知孤穷，乃走麦城，西至漳乡，众皆委羽而降，权使朱然、潘璋断其径路，即父子俱获，荆州遂定。

以蒙为南郡太守，封孱陵侯，赐钱一亿，黄金五百斤，蒙固辞金钱，权不许。封爵未下，会蒙疾发，权时在公安，迎置内殿，所以治护者万方，募封内有能愈蒙疾者，赐千金。时有针加，权为之惨戚，欲数见其颜色，又恐劳动，常穿壁瞻之，见小能下食则喜，顾左右言笑，不然则咄唶，夜不能寐。病中瘳，为下赦令，群臣毕贺。后更增笃，权自临视，命道士於星辰下为之请命。年四十二，遂卒於内殿。时权哀痛甚，为之降损，蒙未死时，所得金宝诸赐尽付府藏，敕主者命绝之日皆上还，丧事务约。权闻之，益以悲感。

蒙少不修书传，每陈大事，常口占为笺疏。常以部曲事为江夏太守蔡遗所白，蒙无恨意。及豫章太守顾邵卒，权问所用，蒙因荐遗奉职佳吏，权笑曰："君欲为祁奚耶？"於是用之。甘宁粗暴好杀，既常失蒙意，又时违权令，权怒之，蒙辄陈请："天下未定，斗将如宁难得，宜容忍之。"权遂厚宁，卒得其用。

蒙子霸袭爵，与守冢三百家，复田五十顷，霸卒，兄琮袭侯。琮卒，弟睦嗣。

孙权与陆逊论周瑜、鲁肃及蒙曰："公瑾雄烈，胆略兼人，遂破孟德，开拓荆州，邈焉难继，君今继之。公瑾昔要子敬来东，致达於孤，孤与宴语，便及大略帝王之业，此一快也。后孟德因获刘琮之势，张言方率数十万众水步俱下。孤普请诸将，咨问所宜，无适先对，至子布、文表，俱言宜遣使修檄迎之，子敬即驳言不可，劝孤急呼公瑾，付任以众，逆而击之，此二快也。且其决计策，意出张苏远矣；后虽劝吾借玄德地，是其一短，不足以损其二长也。周公不求备於一人，故孤忘其短而贵其长，常以比方邓禹也。又子明少时，孤谓不辞剧易，果敢有胆而已；及身长大，学问开益，筹略奇至，可以次於公瑾，但言议英发不及之耳。图取关羽，胜於子敬。子敬答孤书云：'帝王之起，皆有驱除，羽不足忌。'此子敬内不能办，外为大言耳，孤亦恕之，不苟责也。然其作军屯营，不失令行禁止，部界无废负，路无拾遗，其法亦美也。"

【译文】

　　吕蒙，字子明，是汝南富陂人。他年轻时南渡长江，投靠姐夫邓当。邓当是孙策的部将，多次征伐山越。吕蒙十五六岁时，秘密地跟随邓当袭击强盗，邓当回头看见吕蒙，非常吃惊，大声斥责也禁止不住。回来后邓当将这件事告诉了吕蒙的母亲，吕母很恼怒，打算处罚他。吕蒙说："贫穷卑贱难于活下去，虽说是疏忽失误，万一有功劳，便可得到富贵。而且不进老虎洞，怎能捉到小老虎？"吕母因怜爱而放了他。当时邓当部下的小吏因为吕蒙年纪小而轻视他，说："那个小子能有什么作为呢？这是想拿肉来喂老虎罢了。"过几天和吕蒙相会时，又侮辱他。吕蒙很生气，抽刀杀了那个小吏，逃跑了，逃到同乡郑长的家里。以后出来到校尉袁雄那里检举自己，袁雄又趁机会向孙策为他求情，孙策召见吕蒙，感到奇异，把他安排在自己身边。

　　过了几年，邓当去世，张昭推荐吕蒙接替邓当领兵，被任命为别部司马。孙权主管军政大事时，考虑到各小将兵少而费用又不足，打算合并部队。吕蒙秘密地赊买布料，为士兵做了大红色衣服和绑腿，等到检阅的日子，吕蒙的军队队列整齐，使人惊讶，士兵人人都在操练习武，孙权看了很喜悦，于是增加了他的兵员。他跟随孙权征伐丹杨，打到哪里都有功劳，被提升充当平北都尉，兼任广德县长。

　　吕蒙跟随孙权征伐黄祖，黄祖命令都督陈就率水军迎战孙权。吕蒙率领先锋部队，亲自杀死陈就，将士们乘胜进攻黄祖的城池。黄祖听说陈就阵亡，弃城逃跑，士兵追击抓住了他。孙权说："这次战役能够取胜，是由于先抓着陈就的缘故。"提升吕蒙充当横野中郎将，赏赐钱千万。

　　这一年，吕蒙又和周瑜、程普等向西在乌林打败曹公，在南郡包围了曹仁。益州将领袭肃率领全军前来归附，周瑜上表建议把袭肃部队增补给吕蒙，吕蒙大力称赞袭肃有胆略，并且仰慕德化远来归附，从道义上讲应该增加他的兵力，而不应夺取他的兵权。孙权认为他说的很好，就交还了袭肃的部队。周瑜派甘宁前去占领夷陵，曹仁分出一部分军队去进攻甘宁，甘宁被困危急，派使者请求救援。众将都认为兵力少，不能再分兵救援，吕蒙对周瑜、程普说："让凌公绩留下来，我与你们同行，前去解围排急，看形势也不会时间长了，我担保公绩能够守城十日。"又劝谏周瑜分派三百人去用木柴阻断险要的道路，贼军逃跑时就可以得到他们的战马。周瑜听从了他的建议。援军来到夷陵，当天交战，杀伤敌军超过半数。敌军夜晚逃离，前进中遇到干柴堵塞的道路，骑兵都丢下马匹徒步逃跑。大军追击紧迫，获得战马三百匹，用两只船合并而成的大船运回。于是将士斗志倍增，就渡江建立兵营，双方互相攻击，曹仁败退逃走，于是占据南郡，安抚平定了荆州。吕蒙回京后，被任命为偏将军，兼任寻阳县令。

　　鲁肃接替周瑜，将去陆口，路过吕蒙的军营。鲁肃内心还轻视吕蒙，有人劝谏鲁肃说："吕将军功名日益显著，不可以旧情对待他，您应该去拜访他。"于是来到吕蒙的军营，酒喝到尽兴的时候，吕蒙问鲁肃说："您接受重任，与关羽的军队相邻，将采用什么计策谋略，以防备预料不到的事情呢？"鲁肃随随便便地回答说："临时采取适宜的措施。"吕蒙说："现在东、西的吴、蜀虽然联盟，而关羽确实是一位熊虎一样的猛将，计策怎能不预先计划好?"因此他给鲁肃提出了五条计策。鲁肃于是离开自己的席位,接近吕蒙,轻拍吕蒙的背说:"吕子明,我不知道您的才能计略竟然达到这样高的水平。"于是拜见吕蒙的母亲,和吕蒙结成朋友而后告别。

当时吕蒙与成当、宋定、徐顾的军营紧挨着,这三位将军死后,他们的子弟还幼小,孙权准备把他们的军队全部并给吕蒙。吕蒙坚决推辞,并陈述徐顾等人都为国家大事辛勤劳苦,他们的子弟虽然幼小,但是不可废除他们的军权。上书三次,孙权于是听从了他的意见。吕蒙就给他们选择老师,让老师辅助教导他们,他操心的事像这个样子。

魏国派庐江人谢奇充当蕲春典农,驻守在皖县乡村,多次侵犯吴国边境。吕蒙让人引诱他投降,他不听从,于是看准机会袭击他,他就退缩回去了,他的部属孙子才、宋豪等人都牵着小孩背着老人,前往吕蒙的军营投降。后来跟随孙权在濡须口抵御曹公,多次进献奇妙的计策,又劝孙权在濡须口两面建筑堡坞,所以战备御敌的工作做得很精细,曹公不能攻下就退回去了。

曹公派遣朱光充当庐江太守,驻守皖县,大力开垦稻田,又命令间谍引诱招降鄱阳贼兵头子,让他们做内应。吕蒙说:"皖县的田地很肥沃,如果稻子丰收,他们的兵员必然增加,如此几年,曹操的有利态势就出现了。应该早点除掉他们。"就具体地向孙权陈述情况。于是孙权亲自征伐皖县,接见众将,询问他们用什么计策。吕蒙就推荐甘宁充当登城指挥,在前面指挥进攻,吕蒙率领精锐部队作后援。凌晨时进攻,吕蒙亲自拿鼓槌击鼓,士兵都奔腾跳跃,勇敢登城,吃早饭的时候,攻下了皖县。不久张辽来到夹石,听说皖县城已被攻取,就退回去了。孙权嘉奖吕蒙的功劳,立即授任庐江太守,缴获的人马都分给他,另外赐给他寻阳屯田客六百人,属官三十人。吕蒙回到寻阳,不到一年,庐陵的贼人又起事了,众将征伐进击不能擒拿,孙权说:"鸷鸟一百,不如一鹗。"重新命令吕蒙征伐他们。吕蒙来到庐陵,杀了贼人中的首恶分子,对其余的人都予以释放,恢复他们的平民身份。

这时刘备命令关羽镇守荆州,占有了荆州的全部土地,孙权命令吕蒙向西夺取长沙、零陵、桂阳三郡。他传递文书给长沙、桂阳两个郡,它们都望风归附孙权,只有零陵太守郝普坚守城池,不肯投降。而刘备从蜀亲自来到公安,派遣关羽争夺三郡。当时孙权住在陆口,指使鲁肃率领一万人驻守益阳抵御关羽,又火速传信征召吕蒙,指使他放弃零陵,急速返回援助鲁肃。起初,吕蒙已经平定了长沙,应当去零陵,经过酃县时,同车载着南阳人邓玄之,邓玄之是郝普的老朋友,打算让他诱降郝普。等到接到孙权的信,应当返回时,吕蒙对来信保密,夜晚召集众将,授给计谋,议定次日早晨攻城,回头对邓玄之说:"郝子太知道人世间的忠义的事,也打算去做,而不知道时机。左将军在汉中,被夏侯渊所包围。关羽在南郡,现在最尊贵的人(孙权)也亲临南郡,近来攻破了樊城关羽的大本营,援救酃县,又被孙规打败。这全是眼前发生的事,是您亲自目睹的。他们正在头脚倒悬,救死都来不及,难道还有余力再营救零陵吗? 现在我方军队装备好,战斗力强,人人都想为国拼命效力,最尊贵的人调遣兵力,在路上相继而来。如今子太将危在旦夕的生命,等待没有希望的援救,犹如牛蹄玩弄下水中的鱼,还希望依赖长江、汉水来活命,其不可依仗也是明若观火的。如果子太一定能够统一士卒的心,保守孤城,尚且能拖延很短的时间,以等待有所投奔,也是可以的。今天我计划好兵力,深思熟虑,攻取零陵城,不过一天,城必然会被攻破,城破以后,自身死了于事有何益处,而使百岁老母,满头白发被杀,难道不痛心吗?我估计郝普得不到外面的消息,以为可以依仗救援,所以到了这样的地步。您可以去见他,为他陈述利害祸福。"邓玄之见郝普,具体地转达了吕蒙的意见,郝普因害怕而听从了。邓玄之先出城向吕蒙报告,说明郝普不久以后就到,吕蒙事先告诫四个将领,各选拔一百人,待郝普一出城,马上入城守住城门。过了片刻,郝普出了城,吕蒙迎上去握住他的手,和他一块上船。寒暄完毕,取出孙权的信让他看,因而拍手大笑。郝普看了信,知道刘备驻扎公安,而关羽驻扎益阳,惭愧悔恨得想钻进地下去。吕蒙留下孙皎,把后事委托给他,当日带领军队奔赴益阳。刘备请求结盟和好,孙权就归还了郝普等人,以湘水为界,把零陵郡还给刘备,孙权把寻阳、阳新作为吕蒙的食邑。

吕蒙回师,就征伐合肥,军队撤退以后,被张辽等人袭击,吕蒙和凌统拼死力战,捍卫孙权。以后曹公又大量出兵濡须。孙权任命吕蒙充当都督,依据从前所建立的堡坞,在上面设置一万张强弩,用来抗拒曹公。趁曹公前锋扎营未完之机,吕蒙攻破了他们,曹公率军退回。因此,任命吕蒙为左护军、虎威将军。

鲁肃去世后,吕蒙在西边陆口驻守,孙权把鲁肃的军队一万多人都交给吕蒙管辖。又被任命为汉昌太守,把下隽、刘阳、汉昌、州陵四县作他的食邑。和关羽划分荆州地区分别治理,彼此边境相接,吕蒙知道关羽是勇猛雄健的人物,有兼并邻郡之心,并且处于有权势的社会地位,结盟和好的形势难于长久。当初,鲁肃等人认为曹公还存在,由于祸患和灾难才双方结合,应该互相辅助协同,彼此同心协力,不能失却联盟关系。吕蒙向孙权秘密陈述计策说:"如今命令征虏将军守南郡,潘璋驻守白帝,蒋钦率领机动部队一万人在长江上下往返,哪里出现敌人,就在哪里投入战斗,吕蒙在我方的上游据守襄阳,这样,既不担忧曹操,也不依赖关羽!况且关羽等人依靠阴谋诡计,反复无常,不可以真心相待。现在关羽之所以没有向东进攻我们,是因为至尊圣贤英明,我和其他将领们还存在。如今,不在我们强壮时解除这一后患,一旦我们死了,再与他较量,还有可能吗?"孙权全部采纳了他的计策,又随便和他讨论攻取徐州的利弊。吕蒙回答说:"当今曹操远在黄河以北,新近攻破了诸袁,安抚幽州、冀州,以和民心,来不及考虑东部的事情,徐州地区的守军,据说力量不强,只要我们去,自然可以取胜。然而该地位于陆路交通的要冲,适合骁勇的骑兵驰骋,至尊今天夺取了徐州,曹操随后就会来争,尽管用七、八万人防守,仍然令人担忧。不如击败关羽,全部占据长江,我们的势力更加壮大,也就容易守卫了。"孙权特别认为他的这些分析很得当。等到吕蒙代替鲁肃,初到陆口驻兵,外表上加倍与关羽修好,来往亲密。

后来关羽征伐樊城,留下一部分兵力防守公安、南郡。吕蒙向孙权上书说:"关羽征伐樊城,却留下很多军队防守,一定是害怕我从后面进攻他。我经常害病,请求您允许我以治病为名,率一部分士兵回建业,关羽知道后,必然撤回防守的军队,全力进攻襄阳。我军大队人马溯长江而上,昼夜兼行,趁他的防守空虚,进行袭击,南郡就可攻取,关羽他会被我擒获。"于是,吕蒙自称病重,孙权则公开下令,要吕蒙返回,暗中参与策划。关羽果然信以为真,逐渐撤掉南郡兵力,开赴樊城,魏国命令于禁援救樊城,关羽全部俘虏了于禁等人,人马几万,借口缺粮,便擅自取用孙权湘关的粮米。孙权听到这种情况,就采取行动,先派遣吕蒙在前面行军。吕蒙到达寻阳,把精锐士卒都埋伏在名为舸舻的船中,招募一些平民百姓摇橹,令将士化装成商人,昼夜兼程,关羽设置在江边守望的官兵,都被活捉,所以关羽对吕蒙的行动一无所知。于是到达南郡,蜀将士仁和南郡太守糜芳都投降了。吕蒙进入并占据了江陵城,全部得到关羽和将士们的家属,都给予安抚慰问,约法命令全军不得骚扰百姓和向百姓索取财物。吕蒙账下有一亲兵,是汝南人,从百姓家中拿了一个斗笠遮盖官府的铠甲;铠甲虽然属于公物,吕蒙仍认为他违犯了军令,不能因为是同乡的缘故,就破坏军法,便流着眼泪将这个亲兵处死了。全军都因此事震惊,恐惧,南郡从此道不拾遗。吕蒙还在早晨和夜晚派亲近的人慰问和抚恤老人,询问他们生活有什么困难,给病人送去医药,给饥寒的人送去衣服和粮食。关羽官府中的财物、珍宝,全部封存起来,等候孙权前来处理。关羽返回江陵途中,多次派使者与吕蒙互通消息,吕蒙每次都热情款待关羽的使者,允许他在城中各处游览,关羽部下将士的家属看见使者,都上前询问,还有人托他给自己的亲人带去书信。使者返回,关羽部属私下里询问家中情况,尽知家中平安,所受对待超过以前,因此关羽的将士都无心再战了。恰巧碰上孙权紧跟着到了江陵。关羽自知势孤力穷,就逃往麦城,再向西到了漳乡,众士兵都抛弃关羽而投降孙权。孙权派遣朱然、潘璋堵住关羽必经的路,关羽父子立即一块被抓获,荆州于是平定了。

孙权任命吕蒙为南郡太守,封为孱陵侯,赏赐钱一亿,黄金五百斤。吕蒙坚决不接收黄金和钱,孙权不许可,封爵还没有颁下,恰巧碰上吕蒙的病发作。孙权当时住在公安,把吕蒙迎接安置在他所住的内殿,千方百计为吕蒙治疗和护理,广泛征求国内有能治好吕蒙疾病的,赏赐黄金一千斤。医生为吕蒙针灸时,孙权便为他感到愁苦悲伤;想多去看望几次,又恐怕影响他的休息,只好在墙壁上挖个小洞偷偷地看,见到吕蒙可以吃少量的食物,即喜形于色,回头对左右的人又说又笑;看到吕蒙不能进食,便唉声叹气,叹息不止,夜不成眠。吕蒙的病好了一半,孙权便下令赦免罪犯,以示庆贺,文武官员都来道喜。以后病情加重,孙权亲自到病榻前看望,命令道士晚上对着星辰为他祈求延长寿命。吕蒙四十二岁时,就死于内殿。当时孙权非常悲痛,为他的丧事减乐损膳以示哀悼。吕蒙没有死的时候,他所得到赏赐给他的金银珠宝等贵重物品全部交给府库收藏,命令主管的人在他死后全部上交,丧事务必简单节约。孙权听到这些事,更加悲哀而感动。

吕蒙年少时不学习经传典籍,每次陈述大事,常常口授其词由他人记录后作为上奏的文书。曾经因为部下的事故,被江夏太守蔡遗所弹劾,而吕蒙却无怨恨之意。等到豫章太守顾邵死后,孙权问吕蒙由谁取代,昌蒙趁机推荐蔡遗是胜任这个职务的好官吏,孙权笑着说:“你打算充当祁奚吗?”于是任用了蔡遗。甘宁粗暴,喜欢滥杀人,既常常使吕蒙不满意,又时时违背孙权的意图,孙权对他很恼怒,吕蒙总是陈情请求说:“天下还没有安定,战将像甘宁这样的人难得,应对他宽容忍耐。”孙权于是厚待甘宁,最终还是得到重任。

吕蒙的儿子吕霸继承了爵位,赐给守护坟墓的人三百家,免除租税的田地五十顷。吕霸去世后,他哥哥吕琮继承了侯爵。吕琮去世后,他弟弟吕睦继承了爵位。

孙权和陆逊谈论周瑜、鲁肃及吕蒙时说:“周公瑾有雄心大志,胆略过人,因此能打败曹操,攻取荆州,能够和他相比的人,实在太少了。他的高才,难于找到接替他的人,如今你继承了。公瑾过去拦截鲁子敬到东吴,把他推荐给我,我和他喝酒说话,便谈及建立帝王大业的雄才大略,这是第一大痛快事。后来,曹操收纳了刘琮的势力,声言亲率水、陆军几十万同时来江东,我询问所有将领,请教对策,谁都不愿回答,问到张子布、秦文表时,都说应派使者带着公文,前去迎接。鲁子敬当即反驳说不可,劝我迅速召回周公瑾,命令他率大军迎头痛击曹操,这是第二大痛快事。而且他决定的计谋、策略,远远超过了张仪、苏秦,后来,他虽然劝我把土地借给刘备,这是他的一个短处,但却不足以损害他的两个长处。周公对人不求全责备,所以我不计较他的短处而重视他的长处,常常将他比作邓禹。吕子明年轻时,我认为他只是不怕艰难,勇敢不怕死而已;在他年长以后,学问愈来愈好,韬略常常出奇制胜,可以说仅次于周公瑾,但是言谈议论略有不如。谋划消灭关羽这一点,却超过鲁子敬。鲁子敬给我的信中说:'成就帝王大业的人,都要利用他人的力量,对关羽不必有所顾忌。'这是鲁子敬不能对付关羽,却空说大话;我仍原谅了他,没有轻易责备。可是他行军作战。安营驻守,能做到令行禁止,他的辖区内,文武官员都尽心尽职,治安良好,路不拾遗,他的治军很令人称道。"

陆绩传

【题解】

陆绩,生卒年不详。汉朝末年人。博学多才,在孙权的政权机构中作郁林太守(今广西玉林县),三十二岁去世。

陆绩是二十四孝之一。"陆绩怀橘",说的就是他五六岁时到袁术家做客的故事。《三国演义》中诸葛亮"舌战群儒"一节,陆绩也被作为群儒之一。他质问诸葛亮,然而诸葛亮一句"那不是怀橘的陆郎吗",竟使他闭口吞声。

陆绩是个天文学家。他著的《浑天图》已不存在,但他拥护浑天说的言论却影响深远,经常被当时和以后的天文学家引用,甚至把他和张衡并提。陆绩曾造了一部浑天象即天球仪,形状像鸟卵,为椭圆。依浑天象,则黄道直径应长于赤道。测量天球大小,现在看来是很可笑的。但陆绩把浑天象做成椭圆,说明他已朦胧地觉得,天球(实际上是地球)不是正圆。这个认识是很宝贵的。

【原文】

陆绩字公纪,吴人也。父康,汉末为庐江太守。绩年六岁,于九江见袁术。术出桔,绩怀三枚,去,拜辞堕地,术谓曰:"陆郎作宾客面怀桔乎?"绩跪答曰:"欲归遗母。"术大奇之。孙策在吴,张昭、张紘、秦松为上宾,共论四海未泰,须当用武治而平之,绩年少末坐,遥大声言曰:"昔管夷吾相齐桓公,九合诸侯,一匡天下,不用兵车。孔子曰:'远人不服,则修文德以来之。'今论者不务道德怀取之术,而惟尚武,绩虽童蒙,窃所未安也。"昭等异焉。

绩容貌雄壮,博学多识,星历算数无不该览。虞翻旧齿名盛,庞统荆州令士,年亦差长,皆与绩友善。孙权统事,辟为奏曹掾,以直道见惮,出为郁林太守,加偏将军,给兵二千人。绩即有瘖疾，又意在儒雅，非其志也。虽有军事，著述不废。作《浑天图》，注《易》释《玄》，皆传于世。豫自知亡日，乃为辞曰："有汉志士吴郡陆绩，幼敦《诗》《书》，长玩《礼》《易》，受命南征，遘疾遇厄，遭命不幸，呜呼悲隔！"又曰："从今已去，六十年之外，车同轨，书同文，恨不及见也。"年三十二卒。长子宏，会稽南部都尉。次子叡，长水校尉。

【译文】

陆绩，字公纪，吴郡吴县人（今苏州市人）。父亲陆康，汉朝末年任庐江太守。陆绩六岁时，在九江袁术家做客，袁术拿出橘子招待他。陆绩揣了三个橘子在怀里，离去时，向袁术拜别，掉在了地上。袁术对他说："陆郎做客还要揣橘子吗？"陆绩跪下回答说："想带回去给母亲吃。"袁术大为惊奇。孙策占据吴地时，张昭、张纮、秦松都是上宾，他们在一起议论，四海尚未太平，必须用武力镇压来平定天下。陆绩年龄小坐在末座上，他远远地大声说："过去管仲辅佐齐桓公，九次和诸侯会盟，终于拯救了天下，而不用武力。孔子说：'远方的人不服从，就要很好地修养自己的德行以感召吸引他们。'现在你们不讲求用道德怀柔的办法，而只崇尚武力，我虽年幼无知，可觉得心里不安。"张昭等人异常惊奇。

陆绩魁梧健壮，学识渊博，天文、历法和算术，没有不研究的。虞翻很早就已进入名流行列，庞统是荆州的有识高士，年龄也比陆绩大不少，他们都和陆绩友好。孙权执政时，委任他在主管奏议的部门工作。因为他说话太直而使孙权害怕。被调出去做郁林太守兼偏将军，给他二千兵。陆绩本来就有脚病，他的志愿是要做儒生雅士，领兵不是他的志愿。虽然有战事，但从不放弃著述。作《浑天图》，注释《周易》《太玄》，都流传后世。自己预先知道要去世的日子，就写了遗言说："汉朝的志士吴郡陆绩，从小攻读《诗经》《尚书》，长大熟悉《礼》和《周易》，接受命令来到南方，身染疾病，困于灾祸，这意外的遭遇使我命不久长。唉，悲痛难忍"。又说："从现在起六十年之后，'车同轨，书同文'（天下统一）。遗憾我不能看到了。"三十二岁去世。他的大儿子陆宏，是会稽南部的都尉，二儿子陆叡，是长水的校尉。

是仪传

【题解】

是仪，字子羽，东汉末北海营陆（今山东潍坊市南）人。本姓氏，初时在县中任官吏，后在郡任官，因"氏"似民而无上，遂改姓"是"。汉末大乱，他避乱江东，被东吴孙权征召，拜骑都尉。讨关羽时拜忠义校尉。后任侍中，封都亭侯。又拜尚书仆射。领鲁王傅。为官不治产业，不受恩惠，所居屋舍仅足以自容。时时进献治国之策，从不言人之短。事东吴数十年，未尝有过。

【原文】

是仪，字子羽，北海营陵人也。本姓氏，初为县吏。后仕郡，郡相孔融嘲仪，言"氏"字

"民"无上,可改为"是",乃遂改焉。后依刘繇,避乱江东,繇军败,仪徙会稽。

孙权承摄大业,优文征仪,到见亲任,专典机密,拜骑都尉。

吕蒙图袭关羽,权以问仪,仪善其计,劝权听之,从讨羽,拜忠义校尉,仪陈谢,权令曰:"孤虽非赵简子,卿安得不自屈为周舍邪?"既定荆州,都武昌,拜裨将军,后封都亭侯,守侍中。欲复授兵,仪自以非材,因辞不受。黄武中,遣仪之皖就将军刘邵,欲诱致曹休。休到,大破之,迁偏将军,入阙省尚书事,外总平诸官,兼领辞讼,又令教诸公子书学。

大驾东迁,太子登留镇武昌,使仪辅太子。太子敬之,事先咨询,然后施行。进封都乡侯。后从太子还建业,复拜侍中,中执法,平诸官事,领辞讼如旧。典校郎吕壹诬白故江夏太守刁嘉谤讪国政,权怒,收嘉系狱,悉验问。时同坐人皆怖畏壹,并言闻之,仪独云无闻。于是见穷诘累日。诏旨转厉,群臣为之屏息。仪对回:"今刀锯已在臣颈,臣何敢为嘉隐讳,自取夷灭,为不忠之鬼!顾以闻知当有本末。"据实答问,辞不倾移,权遂舍之,嘉亦得免。

蜀相诸葛亮卒,权垂心西州,遣仪使蜀申固盟好,奉使称意,后拜尚书仆射。

南、鲁二宫初立,仪以本职领鲁王傅。仪嫌二宫相近切,乃上疏曰:"臣窃以鲁王天挺懿德,兼资文武,当今之宜,宜镇四方,为国藩辅。宣扬德美,广耀威灵,乃国家之良规,海内之所瞻望。但臣言辞鄙野,不能究尽其意,愚以二宫宜有降杀,正上下之序,明教化之本。"书三四上。为傅尽忠,动辄规谏;事上勤,与人恭。

不治产业,不受施惠,为屋舍财足自容。邻家有起大宅者,权出望见,问起大室者谁,左右对曰:"似是仪家也。"权曰:"仪俭,必非也"。问果他家。其见知信如此。

服不精细,食不重膳,拯赡贫困,家无储蓄。权闻之,幸仪舍,求视蔬饭,亲尝之,对之叹息,即增俸赐,益田宅。仪累辞让,以恩为戚。

时时有所进达,未尝言人之短。权常责仪以不言事,无所是非,仪对曰:"圣主在上,臣下守职,惧于不称,实不敢以愚管之言,上干天听。"

事国数十年,未尝有过。吕壹历白将相大臣,或一人以罪闻者数四,独无以白仪,权叹曰:"使人尽如是仪,当安用科法为"。

及寝疾,遗令素棺,敛以时服,务从省约。年八十一卒。

【译文】

是仪,字子心,北海营陵县人。本来姓氏,最初在县里为属吏,后到郡中任官。郡相孔融嘲笑他,你"氏"字似"民"而无上,可以改为"是",他于是改姓"是"。后来又依附刘繇,在江南躲避战乱。刘繇失败以后,是仪又迁徙到会稽。

孙权主持东吴大政之后,优待文人,征召是仪。见面后予以亲信任用,专门负责机密事务,拜官为骑都尉。

吕蒙企图偷袭关羽,孙权向是仪咨询,是仪很赞同吕蒙的主张,劝孙权予以采纳。随同大军征讨关羽,拜为忠义校尉。是仪面陈孙权谢恩。孙权对他说:"我虽然不是赵简子,爱卿怎么不自己委屈些做周舍呢?"平定荆州之后,东吴定都武昌,拜是仪为裨将军,后又封为都亭侯,任守侍中。孙权欲授给他兵权,是仪认为自己不是带兵的人才,坚决推辞,拒不接受。黄武年间,派是仪到皖城刘邵那里,设计引诱曹休前来。曹休来到后,遭到惨败,是仪因功迁升为偏将军,回朝负责尚书事务,对外总领评定官员们的成绩,兼任辞讼之事,还受命教各位公子书学。

东吴向东迁都之后,太子孙登留下镇守武昌,孙权命是仪辅佐太子。太子对他非常敬重,有事都先征询他的意见,然后再去施行。晋封为都乡侯。后来随从太子回到建业,又被拜为侍中、中执法,评定各官、负责辞讼依然如旧。典校郎吕壹诬告前江夏太守刁嘉诽谤国家政策,孙权大怒,将刁嘉逮捕入狱,彻底追查审问。当时与刁嘉一起在座的人都惧怕吕壹,同声说刁嘉曾有过此事,只有是仪说没听到过。当时追究深查,诘问数日,诏令愈来愈严厉,群臣吓得连大气都不敢出。是仪回答说:"如今刀锯已压在臣的脖子上,臣下怎敢为刁嘉隐瞒,自取灭亡,成为对君王不忠之鬼!但是知与不知当有始末。"他据实回答,毫不改口。孙权只好把他放了,刁嘉也因此而免遭处罚。

蜀汉丞相诸葛亮去世,孙权留心西部事务,派是仪出使蜀汉,重申固守盟约,双方和好。是仪奉命出使,很合孙权之意,后拜为尚书仆射。

南王和鲁王初封,是仪以本职兼领鲁王王傅。是仪认为二王地位太高,很不好。于是上疏说:"臣认为鲁王天生具有高贵的品德,文武兼备,当今妥善的办法是,应当派他镇守四方,作为国家的屏障。宣扬他的美德,广泛显耀其威望,这是国家良好的制度,全国人民的期望。只是臣下言辞粗俗,不能完全表达出这些意思。我认为对二王的地位应有所降低,以端正上下的等级秩序,申明教化的根本。"接连上书三四次。作为王傅,他忠心耿耿,动辄规谏劝止;对上勤勉,对他人恭敬。

他不治自家产业,不受人恩惠,所居的房子刚够自家居住。他有位邻居盖起大宅院,孙权外出时看见了,便问这所大宅院的主人是谁,左右随从回答说:"大概是是仪的家。"孙权说:"是仪很俭朴。肯定不是。"一询问,果然是别人的房子。是仪就是这样被孙权所了解信任。

他从不穿华贵的衣服,不吃讲究的饭菜,能够忍受清贫,家中没有储蓄。孙权听说后,亲到他的家中,来看看他们吃的饭菜,并亲口尝过,非常感叹,当即增加他的俸禄和赏赐,扩大他的田地、宅邸。是仪多次推辞,对这样的恩宠深感不安。

是仪经常向孙权提出建议,从不谈论他人的短处。孙权常责备是仪不谈论时事,是非不明,是仪回答说:"圣明的君主在上,臣下尽忠职守,唯恐不能称职,实在不敢以臣下愚陋的言论,干扰圣上的视听。"

他为国家服务数十年,未曾有过过错。吕壹普遍告发将相大臣,有些人,一个人便有三、四项过错,唯独没告发过是仪。孙权感叹说:"假使人们都像是仪一样,还用得着法令科条吗?"

及至病危,留下遗嘱要用素棺,以平时所穿的衣服下葬,务必要减省节约。八十一岁时去世。

濮阳兴传

【题解】

濮阳兴(？～264)，陈留郡(今河南开封)人。东汉末年避乱迁往江南。濮阳兴有才名，曾任会稽太守，与孙休私交很好，因此在孙休即皇帝位以后，被任命为吴国太常、卫将军，后任丞相。濮阳兴执政残酷，滥用民力，后因孙皓对其不满，被杀死。

【原文】

濮阳兴字子元，陈留人也。父逸，汉末避乱江东，官至长沙太守。兴少有士名，孙权时除上虞令，稍迁至尚书左曹，以五官中郎将使蜀，还为会稽太守。时琅琊王休居会稽，兴深与相结。及休即位，征兴为太常卫将军，平军国事，封外黄侯。

永安三年，都尉严密建丹阳湖田，作浦里塘。诏百官会议，咸以为用功多而田不保成，唯兴以为可成，遂会诸兵民就作，功佣之费不可胜数，士卒死亡，或自贼杀，百姓大怨之。

兴迁为丞相，与休宠臣左将军张布共相表里，邦内失望。

七年七月，休薨。左曲军万彧素与乌程侯孙皓善，乃劝兴、布，于是兴、布废休适子而迎立皓。皓即践阼，加兴侍郎，领青州牧。俄彧谮兴，布追悔前事。十一月朔入朝，皓因收兴、布，徙广州，道追杀之，夷三族。

【译文】

濮阳兴，字子元，陈留人。父亲濮阳逸在汉代末年到江东避乱，曾作过长沙太守。濮阳兴在年轻时已在士人中颇有名气。孙权提拔他作上虞县令，逐渐升至尚书左曹，以五官中郎将军的身份出使蜀国，回来后任会稽太守。当时琅玡王孙休住在会稽，濮阳兴对孙休深相结纳，来往密切。到了孙休即位以后，就征召濮阳兴任太常、卫将军，参与讨论军队和国家的要事，被封为外黄侯。

永安三年，都尉严密在丹杨修建湖田，筑起浦里塘。孙休下令百官聚集一起商讨此事，大家都认为费工很多，而且湖田不一定能成功。只有濮阳兴认为它能成功。于是吴国就召集大量士兵和平民前去施工，工程费用不可胜数。士兵们死亡逃走，有些人干脆自杀。百姓们非常怨恨濮阳兴。

濮阳兴升迁为丞相，和孙休宠信的大臣左将军张布置相勾结，内外援助。国内人民感到很失望。

永安七年七月，孙休去世。左典军万彧平素和乌程侯孙皓关系友好，就劝说濮阳兴和张布，使得濮阳兴和张布废黜孙休嫡子，迎立孙皓为皇帝。孙皓登基后，给濮阳兴加封侍郎，让他兼任青州牧。过了不久，万彧诬陷濮阳兴和张布对先前废嫡立长的事感到后悔。在十一月初一百官进宫朝拜时，孙皓乘机抓住了濮阳兴和张布，把他们流放到广州，半路上又派人去追杀他们,并杀光了他们的父、母、妻子的亲属。

王蕃传

【题解】

王蕃(公元228～266年),三国时代天文学家。学问渊博,志节高尚。因性情耿直,得罪东吴皇帝孙皓,被孙皓杀害。东汉末年,刘洪制订了当时最为先进的历法:《乾象历》,但未被采用。王蕃在东吴,极力推崇刘洪的历法,所以吴国一直用《乾象历》。王蕃根据《乾象历》中所体现的浑天说思想,造了一部浑天象,即天球仪,并根据天球仪测算了天球的大小。《晋书·天文志》《宋书·天文志》都原文照录了王蕃关于天球形状、大小的论文。王蕃测量天球大小的工作现在看来十分可笑,然而科学多是在后人看来十分荒唐可笑的情况下不断前进的。尤为重要的,是王蕃打破了"周三径一"这个自古相传的数据。王蕃在自己的论文中明确指出:"考之径一不啻周三"。虽然他的数据很不精确,但对于后世圆周率数据的日益精确,具有碎冰开冻之功。

【原文】

王蕃字永元,庐江人也。博览多闻,兼通术艺,始为尚书郎,去官。孙休即位,与贺邵、薛莹、虞汜俱为散骑中常侍,皆加驸马都尉。时论清之。遣使至蜀,蜀人称焉,还为夏口监军。

孙皓初,复入为常侍,与万彧同官。彧与皓有旧,俗士挟侵,谓蕃自轻。又中书丞陈声,皓之嬖臣,数谮毁蕃。蕃体气高亮,不能承颜顺旨,时或迕意,积以见责。

甘露二年,丁忠使晋还,皓大会群臣,蕃沉醉顿伏。皓疑而不悦,舆蕃出外。顷之请还,酒亦不解。蕃性有威严,行止自若,皓大怒,呵左右于殿下斩之。卫将军滕牧、征西将军留平请,不能得。

丞相陆凯上疏曰:"常侍王蕃黄中通理,知天知物,处朝忠蹇,斯社稷之重镇,大吴之龙逢也。昔事景皇,纳言左右,景皇钦嘉,叹为异伦。而陛下忿其苦辞,恶其直对,枭之殿堂,尸骸暴弃,郡内伤心,有识悲悼。"其痛蕃如此。蕃死时年三十九。皓徙蕃家属广州。二弟著、延皆作佳器,郭马起事,不为马用,见害。

【译文】

王蕃字永元,庐江人,博览群书,见多识广,兼通工艺制造以及术数之学。起初作尚书郎,后离职去官。孙休即位,与贺邵、薛莹、虞汜都做了散骑中常侍,也都兼任驸马都尉。当时的与论都论为是令人羡慕的清高显要的职位。作为使臣被派到蜀国,受到蜀人的称赞。回国后,作夏口的监军。

孙皓初年,又调入中央任常侍,和万彧官职相同。万彧和孙皓有旧交情。有个下等士人欺辱王蕃,万彧反说王蕃不自重,中书丞陈声,是孙皓的宠臣,屡次诽谤王蕃。王蕃气节高尚光明磊落,不会低眉顺眼看人脸色办事。时常违背孙皓的旨意。天长日久,于是受到责难。

甘露二年(公元 266 年),丁忠出使晋国回来,孙皓召集群臣大摆宴席。王蕃沉醉,伏在案上。孙皓怀疑他装醉,心中不快,让人把王蕃抬出去。不大一会儿,王蕃请求回来,酒还没有醒。王蕃生性威武严肃,行走起来和平素一样,孙皓勃然大怒,吆喝左右将王蕃斩杀于殿下。卫将军滕牧、征西将军留平为王蕃说情,没有得到应允。

丞相陆凯上书奏道:"常侍王蕃德行纯美,为臣忠顺,通晓天文、博识万物,在朝中处事,稳重可靠。真是国家的栋梁,大吴国的龙逢。过去为景皇帝做事,处理章奏诏命深得景皇钦佩和赞赏。称赞他是出类拔萃的人。而陛下却气愤他逆耳的言辞,厌恶他的直言不讳,在殿堂之下,杀死了他,尸体暴露丢弃,郡内的人都为之伤心,有识之士都为之悲哀。"他是这样的痛惜王蕃啊。王蕃死时,三十九岁。孙皓将王蕃的家属远迁到广州。两个弟弟,叫王著、王延,都能做精良的器械,郭马作乱,他们不为郭马做事,被杀害。

晋书

[唐] 房玄龄 等 ⊙ 原著

导　读

　　《晋书》是中国的《二十五史》之一,是唐朝时期编写的,全书共一百三十卷,包括帝纪十卷,志二十卷,列传七十卷,载记三十卷。记载了从司马懿开始到晋恭帝元熙二年(420 年)为止,包括西晋和东晋的历史,并用"载记"的形式兼述了十六国割据政权的兴亡。

　　本书成于众手。唐太宗贞观二十年(646 年),诏令房玄龄、褚遂良、许敬宗为监修,组织编写《晋书》,参加的人员有令狐德棻、李淳风、李延寿等人。唐太宗给宣帝司马懿、武帝司马炎两篇帝纪和陆机、王羲之两篇传写了论赞,所以旧本《晋书》又题"御撰"。

　　唐代以前,曾有二十多部关于两晋的史书,房玄龄等人修《晋书》,主要利用齐臧荣绪的《晋书》作蓝本,参考了其他各史。因为有各家晋史为基础,修史人员众多,所以只经过三年就写完了全书。

　　《宋书》成书于《晋书》之前,它的志追溯到三国或东西晋。《晋书》效法《宋书》,各志都从汉末讲起。后人一致推重李淳风写的《天文志》《律历志》。因为他熟悉天文历法,所以《天文志》中记载的天体、仪象、星宿位置等,达到了一定的科学水平。当然,其中糅杂的唯心主义是应该别除的。《食货志》虽然有些疏略,但其中关于曹魏屯田,兴修水利,发展农业,经营西北,以及对晋朝占田制的记载,都是难得的史料。

　　《晋书》的体例与前四史有一点明显的不同,即增设了"载记",记载既不是"正统"君主,又不是"正统"臣属的"僭伪"人物。十六国中的前赵、后赵、前燕、前秦、后秦、后蜀、后梁、后燕、西秦、北燕、南凉、南燕、北凉、夏等国,都收入"载记",只有前凉、西凉载入列传。因为前凉的最高统治者张轨原为晋臣,西凉的最高统治者李暠是唐朝皇帝的始祖,在作者看来显然不宜列入"载记"。

　　《晋书》在取材方面,不十分注意史料的甄别取舍,喜欢采用小说笔记里的奇闻轶事,《搜神记》《幽明录》中一些荒诞不经之谈也加以收录,损害了它的史料价值。另外,书中有记事前后矛盾和疏漏遗脱的地方。《冯紞传》说:"紞兄恢,自有传。"实际上本书并没有冯恢传。魏晋盛行九品中正制,《武帝纪》记载政府命令郡中正用六条标准选拔官吏,这样一件值得重视的事情,《职官志》却没有记载。《晋书》的执笔人,大多数擅长诗词文赋,有片面追求辞藻华丽的倾向。因此,后人批评它"竟为绮艳,不求笃实"。这也是它的一个缺点。

晋武帝纪

【题解】

　　晋武帝司马炎(236~290),字安世,河内郡温县(今河南省温县)人,魏相国司马昭的长子。公元265年8月,继其父任晋王、相国,同年12月即皇帝位。死后庙号世祖,武帝是他的谥号。

　　司马炎是在其父祖辈经营近半个世纪的基础上,接受魏帝的禅让而建立晋国的。在其执政期间,消灭南方的孙氏政权,结束了近百年的分裂,恢复了全国的统一。又颁布了户调令,用强制兼鼓励的政策使农民务尽地利,采取承认又适当限制的措施以缓和大族兼并土地。全国在统一的、促进生产发展的政策法令下,逐渐恢复和发展了社会经济,出现了太康年间“天下无事,赋税平均,人咸安其业而乐其事”的局面,是一个难得的安定时期。但是,随着政权的稳定,天下的统一,司马炎滋长了自满情绪,倦怠于处理国政,后宫多达万人,沉溺在游宴享乐之中,助长了魏末以来的奢靡风气。加上司马氏的政权,是在大族的拥戴和支持下取得的,司马炎即位之后,便在政治上、经济上给予这些大族种种特权,形成了“门阀制度”,使奢侈之风更加泛滥,败坏了社会风气。当时就有“奢侈之费,甚于天灾”的说法。晚年,明知惠帝司马衷不堪重任,仍然将帝位传给了他。采取广封宗室,委以重任,扶植后族,授予大权的措施,使他们互相制约,辅翼惠帝,以求得晋王朝的长治久安。但事与愿违,当他身死之日,便是祸乱开端之时,爆发了历史上罕见的宗室戚属间的相互残杀,从而使刚刚统一的国家又陷入长时间的战乱分裂。虽说这是由当时的各种因素所造成,但司马炎晚年所推行的政策起了重要的作用。

【原文】

　　武皇帝讳炎,字安世,文帝长子也。宽惠仁厚,沈深有度量。魏嘉平中,封北平亭侯,历给事中、奉车都尉、中垒将军,加散骑常侍,累迁中护军、假节。迎常道乡公於东武阳,迁中抚军,进封新昌乡侯。及晋国建,立为世子,拜抚军大将军、开府,副贰相国。

　　初,文帝以景帝既宣帝之嫡,早世无后,以帝弟攸为嗣,特加爱异,自谓摄居相位,百年之后,大业宜归攸。每曰:“此景王之天下也,吾何与焉。”将议立世子,属意於攸。何曾等固争曰:“中抚军聪明神武,有超世之才。发委地,手过膝,此非人臣之相也。”由是遂定。咸熙二年五月,立为晋王太子。

　　八月辛卯,文帝崩,太子嗣相国、晋王位。下令:宽刑宥罪,抚众息役,国内行服三日。是月,长人见於襄武,长三丈,告县人王始曰:“今当太平。”

　　九月戊午,以魏司徒何曾为丞相,镇南将军王沈为御史大夫,中护军贾充为卫将军,议郎裴秀为尚书令、光禄大夫;皆开府。

　　十一月,初置四护军,以统城外诸军。闰月乙未,令诸郡中正以六条举淹滞:一曰忠恪匪躬,二曰孝敬尽礼,三曰友于兄弟,四曰洁身劳谦,五曰信义可复,六曰学以为己。

是时,晋德既洽,四海宅心。於是天子知历数有在,乃使太保郑冲奉策曰:"咨尔晋王:我皇祖有虞氏诞膺灵运,受终于陶唐,亦以命于有夏。惟三后陟配于天,而咸用光敷圣德。自兹厥后,天又辑大命于汉。火德既衰,乃眷命我高祖。方轨虞夏四代之明显,我不敢知。惟王乃祖乃父,服膺明哲,辅亮我皇家,勋德光于四海,格尔上下神祇,罔不克顺,地平天成,万邦以乂。应受上帝之命,协皇极之中。肆予一人,祗承天序,以敬授尔位。历数实在尔躬,允执其中,天禄永终。於戏!王其钦顺天命,率循训典,底绥四国,用保天休,无替我二皇之弘烈。"帝初以礼让,魏朝公卿何曾、王沈等固请,乃从之。

泰始元年冬十二月丙寅,设坛于南郊,百僚在位及匈奴南单于四夷会者数万人,柴燎告类于上帝曰:"皇帝臣炎敢用玄牡明告于皇皇后帝:魏帝稽协皇运,绍天明命以命炎:昔者唐尧,熙隆大道,禅位虞舜,舜又以禅禹,迈德垂训,多历年载。暨汉德既衰,太祖武皇帝拨乱济时,扶翼刘氏,又用受命于汉。粤在魏室,仍世多故,几於颠坠,实赖有晋匡拯之德,用获保厥肆祀,弘济于艰难,此则晋之有大造于魏也。诞惟四方,罔不祗顺、廓清梁、岷,包怀扬、越,八纮同轨,祥瑞屡臻,天人协应,无思不服。肆予宪章三后,用集大命于兹。炎维德不嗣,辞不获命。於是群公卿士,百辟庶僚,黎献陪隶,暨于百蛮君长,佥曰'皇天鉴下,求人之瘼,既有成命,固非克让所得距违。天序不可以无统,人神不可以旷主。'炎虔奉皇运,寅畏天威,敬简元辰,升坛受禅,告类上帝,永答众望。"礼毕,即洛阳宫幸太极前殿,诏曰:"昔朕皇祖宣王,圣哲钦明,诞应期运,熙帝之载,肇启洪基。伯考景王,履道宣猷,缉熙诸夏。至于皇考文王,睿哲光远,允协灵祇,应天顺时,受兹明命。仁济于宇宙,功格于上下。肆魏氏弘鉴于古训,仪刑于唐虞,畴咨群后,爰辑大命于朕身。予一人畏天之命,用不敢违。惟朕寡德,负荷洪烈,托于王公之上,以君临四海,惴惴惟惧,罔知所济。惟尔股肱爪牙之佐,文武不贰之臣,乃祖乃父,实左右我先王,光隆我大业。思与万国,共享休祚。"於是大赦,改元。赐天下爵,人五级;鳏寡孤独不能自存者谷,人五斛。复天下租赋及关市之税一年,逋债宿负皆勿收。除旧嫌,解禁锢,亡官失爵者悉复之。

丁卯,遣太仆刘原告于太庙。封魏帝为陈留王,邑万户,居於邺宫;魏氏诸王皆为县侯。追尊宣王为宣皇帝,景王为景皇帝,文王为文皇帝,宣王妃张氏为宣穆皇后。尊太妃王氏曰皇太后,宫曰崇化。封皇叔祖父孚为安平王,皇叔父干为平原王、亮为扶风王、伷为东莞王、骏为汝阴王、肜为梁王、伦为琅琊王,皇弟攸为齐王、鉴为乐安王、机为燕王,皇从伯父望为义阳王,皇从叔父辅为渤海王、晃为下邳王、瑰为太原王、珪为高阳王、衡为常山王、子文为沛王、泰为陇西王、权为彭城王、绥为范阳王、遂为济南王、逊为谯王、睦为中山王、陵为北海王、斌为陈王,皇从父兄洪为河间王,皇从父弟茂为东平王。以骠骑将军石苞为大司马,封乐陵公,车骑将军陈骞为高平公,卫将军贾充为车骑将军、鲁公,尚书令裴秀为钜鹿公,侍中荀勖为济北公,太保郑冲为太傅、寿光公,太尉王祥为太保、睢陵公,丞相何曾为太尉、朗陵公,御史大夫王沈为骠骑将军、博陵公,司空荀顗为临淮公,镇北大将军卫瓘为菑阳公。其余增封进爵各有差,文武普增位二等。改景初历为太始历,腊以酉,社以丑。

戊辰,下诏大弘俭约,出御府珠玉玩好之物,颁赐王公以下各有差。置中军将军,以统宿卫七军。

己巳,诏陈留王载天子旌旗,备五时副车,行魏正朔,郊祀天地,礼乐制度皆如魏旧,上书不称臣。赐山阳公刘康、安乐公刘禅子弟一人为驸马都尉。乙亥,以安平王孚为太宰、假黄钺、大都督中外诸军事。诏曰:"昔王凌谋废齐王,而王竟不足以守位。邓艾虽矜功失节,然束手受罪。今大赦其家,还使立后。兴灭继绝,约法省刑。除魏氏宗室禁锢。诸将吏遭三年丧者,遣宁终丧。百姓复其徭役。罢部曲将、长吏以下质任。省郡国御调,禁乐府靡丽百戏之伎及雕文游畋之具。开直言之路,置谏官以掌之。"

是月,凤凰六、青龙三、白龙二、麒麟各一见于郡国。

二年春正月丙戌,遣兼侍中侯史光等持节四方,循省风俗,除襄祝之不在祀典者。丁亥,有司请建七庙,帝重其役,不许。庚寅,罢鸡鸣歌。辛丑,尊景皇帝夫人羊氏曰景皇后,宫曰弘训。丙午,立皇后杨氏。

二月,除汉宗室禁锢。己未,常山王衡薨。诏曰:"五等之封,皆录旧勋。本为县侯者传封次子为亭侯,乡侯为关内侯,亭侯为关中侯,皆食本户十分之一。"丁丑,郊祀宣皇帝以配天,宗祀文皇帝於明堂以配上帝。庚午,诏曰:"古者百官,官箴王阙。然保氏特以谏诤为职,今之侍中、常侍实处此位。择其能正色弼违、匡救不逮者,以兼此选。"

三月戊戌,吴人来吊祭,有司奏为答诏。帝曰:"昔汉文、光武怀抚尉他、公孙述,皆未正君臣之仪,所以羁縻未宾也。皓遣使之始未知国庆,但以书答之。"

夏五月戊辰,诏曰:"陈留王操尚谦冲,每事辄表,非所以优崇之也。主者喻意,非大事皆使王官表上之。"壬子,骠骑将军、博陵公王沈卒。

六月壬申,济南王遂薨。

秋七月辛巳,营太庙,致荆山之木,采华山之石;铸铜柱十二,涂以黄金,镂以百物,缀以明珠。戊戌,谯王逊薨。丙午晦,日有蚀之。

八月丙辰,省右将军官。

初,帝虽从汉魏之制,既葬除服,而深衣素冠,降席撤膳,哀敬如丧者。戊辰,有司奏攻服进膳,不许;遂礼终而后复吉。及太后之丧,亦如之。九月乙未,散骑常侍皇甫陶、傅玄领谏官,上书谏诤,有司奏请寝之。诏曰:"凡关言人主,人臣所至难,而苦不能听纳,自古忠臣直士之所慷慨也。每陈事出付主者,多从深刻,乃云恩贷当由主上,是何言乎?其详评议。"

戊戌,有司奏:"大晋继三皇之踪,蹈舜禹之迹,应天顺时,受禅有魏,宜一用前代正朔服色,皆如虞遵唐故事。"奏可。

冬十月丙午朔,日有蚀之。丁未,诏曰:"昔舜葬苍梧,农不易亩;禹葬成纪,市不改肆。上惟祖考清简之旨,所徙陵十里内居人,动为烦扰,一切停之。"

十一月己卯,倭人来献方物。并圜丘、方丘於南、北郊,二至之祀合於二郊。罢山阳公国督军,除其禁制。己丑,追尊景帝夫人夏侯氏为景怀皇后。辛卯,迁祖称神主于太庙。

十二月。罢农官为郡县。

是岁,凤凰六、青龙十、黄龙九、麒麟各一见於郡国。

三年春正月癸丑,白龙二见於弘农渑池。

丁卯,立皇子衷为皇太子。诏曰:"朕以不德,托于四海之上,兢兢祇畏,惧无以康济寓内，思与天下式明王度，正本清源，於置胤树嫡，非所先务。又近世每建太子，宽宥施惠之事，间不获已，顺从王公卿士之议耳。方今世运垂年，将陈之以德义，示之以好恶，使百姓蠲多幸之虑，笃终始之行，曲惠小仁，故无取焉。咸使知闻。"

三月戊寅，初令二千石得终三年丧。丁未，昼昏。罢武卫将军官。以李熹为太子太傅。太山石崩。

夏四月戊午，张掖太守焦胜上言：氏池县大柳谷口有玄石一所，白昼成文，实大晋之休祥，图之以献。诏以制币告于太庙，藏之天府。

秋八月，罢都护将军，以其五署还光禄勋。

九月甲申，诏曰："古者以德诏爵，以庸制禄，虽下士犹食上农，外足以奉公忘私，内足以养亲施惠。今在位者禄不代耕，非所以崇化之本也。其议增吏俸。"赐王公以下帛各有差。以太尉何曾为太保、义阳王望为太尉、司空荀颛为司徒。

冬十月，听士卒遭父母丧者，非在疆场，皆得奔赴。

十二月，徙宗圣侯孔震为奉圣亭侯。山阳公刘康来朝。禁星气谶纬之学。

四年春正月辛未，以尚书令裴秀为司空。

丙戌，律令成，封爵、赐帛各有差。有星孛于轸。丁亥，帝耕於藉田。戊子，诏曰："古设象刑而众不犯，今虽参夷而奸不绝，何德刑相去之远哉！先帝深愍黎元，哀矜庶狱，乃命群后，考正典刑。朕守遗业，永惟保乂皇基，思与万国以无为为政。方今阳春养物，东作始兴，朕亲率王公卿士耕藉田千亩。又律令既就，班之天下，将以简法务本，惠育海内。宜宽有罪，使得自新，其大赦天下。长吏、郡丞、长史各赐马一匹。"

二月庚子，增置山阳公国相、郎中令、陵令、杂工宰人、鼓吹车马各有差。罢中军将军，置北军中候官。甲寅，以东海刘俭有至行，拜为郎。以中军将军羊祜为尚书左仆射、东莞王伷为尚书右仆射。

三月戊子，皇太后王氏崩。

夏四月戊戌，太保、睢陵公王祥薨。己亥，祔葬文明皇后王氏於崇阳陵。罢振威、振威护军官，置左、右积弩将军。

六月丙申朔，诏曰："郡国守相，三载一巡行属县，必以春，此古者所以述职宣风展义也。见长吏，观风俗，协礼律，考度量，存问耆老，亲见百年；录囚徒，理冤枉，详察政刑得失，知百姓所患苦。无有远近，便若朕亲临之。敦喻五教，劝务农功；勉励学者，思勤正典，无为百家庸末，致远必泥。士庶有好学笃道，孝弟忠信，清白异行者，举而进之；有不孝敬於父母，不长悌於族党，悖礼弃常，不率法令者，纠而罪之。田畴辟，生业修，礼教设，禁令行，则长吏之能也；人穷匮，农事荒，奸盗起，刑狱烦，下陵上替，礼义不兴，斯长吏之否也。若长吏在官公廉，虑不及私，正色直节，不饰名誉者，及身行贪秽，谄黩求容，公节不立，而私门日富者，并谨察之。扬清激浊，举善弹违，此朕所以垂拱总纲，责成於良二千石也。於戏戒哉！"

秋七月，太山石崩，众星西流。戊午，遣使者侯史光循行天下。己卯，谒崇阳陵。

九月，青、徐、兖、豫四州大水，伊洛溢，合於河，开仓以振之。诏曰："虽诏有所欲，及奏得可而於事不便者，皆不可隐情。"

冬十月，吴将施绩入江夏，万郁寇襄阳。遣太尉、义阳王望屯龙陂。荆州刺史胡烈击败郁。吴将顾容寇郁林，太守毛炅大破之，斩其交州刺史刘俊、将军修则。

十一月，吴将丁奉等出苪陂，安东将军、汝阴王骏与义阳王望击走之。己未，诏王公卿尹及郡国守相、举贤良方正直言之士。

十二月，班五条诏书於郡国：一曰正身，二曰勤百姓，三曰抚孤寡，四曰敦本息末，五曰日去人事。庚寅，帝临听讼观，录廷尉洛阳狱囚，亲平决焉。扶南、林邑各遣使来献。

五年春正月癸巳，申戒郡国计吏、守相令长，务尽地利，禁游食商贩。丙申，帝临听讼观录囚徒，多所原遣。青龙二见於荥阳。

二月，以雍州陇右五郡及凉州之金城、梁州之阴平置秦州。辛巳，白龙二见于赵国。青、徐、兖三州水，遣使振恤之。壬寅，以尚书左仆射羊祜都督荆州诸军事，征东大将军卫瓘都督青州诸军事，东莞王伷镇东大将军，都督徐州诸军事。丁亥，诏曰：“古者岁书群吏之能否，三年而诛赏之。诸令史前后，但简遣疏劣，而无有功进，非黜陟之谓也。其条勤能有称尤异者，岁以为常。吾将议其功劳。”三月己未，诏蜀相诸葛亮孙京随才署吏。

夏四月，地震。

五月辛卯朔，凤凰见于赵国。曲赦交趾、九真、日南五岁刑。

六月，邺奚官督郭廙上疏陈五事以谏，言甚切直，擢为屯留令。西平人麹路伐登闻鼓，言多妖谤，有司奏弃市。帝曰：“朕之过也。”舍而不问。罢镇军将军，复置左、右将军官。

秋七月，延群公，询谠言。

九月，有星孛于紫宫。

冬十月丙子，以汲郡太守王宏有政绩，赐谷千斛。

十一月，追封谥皇弟兆为城阳哀王，以皇子景度嗣。

十二月，诏州郡举勇猛秀异之才。

六月春正月丁亥朔，帝临轩，不设乐。吴将丁奉入涡口，扬州刺史牵弘击走之。

三月，赦五岁刑已下。

夏四月，白龙二见於东莞。

五月，立寿安亭侯承为南宫王。

六月戊午，秦州刺史胡烈击叛虏於万斛堆，力战，死之。诏遣尚书石鉴行安西将军、都督秦州诸军事，与奋威护军田章讨之。

秋七月丁酉，复陇右五郡遇寇害者租赋，不能自存者廪贷之。乙巳，城阳王景度薨。诏曰：“自泰始以来，大事皆撰录秘书，写副。后有其事，辄宜缀集以为常。”丁未，以汝阴王骏为镇西大将军、都督雍、凉二州诸军事。

九月，大宛献汗血马，焉耆来贡方物。

冬十一月，幸辟雍，行乡饮酒之礼，赐太常博士、学生帛牛酒各有差。立皇子柬为汝南王。

十二月，吴夏口督、前将军孙秀帅众来奔，拜骠骑将军、开府仪同三司，封会稽公。戊辰，复置镇军官。

七年春正月丙午，皇太子冠，赐王公以下帛各有差。匈奴帅刘猛叛出塞。

三月，孙皓帅众趋寿阳，遣大司马望屯淮北以距之。丙戌，司空、钜鹿公裴秀薨。癸巳，以中护军王业为尚书左仆射，高阳王珪为尚书右仆射。孙秀部将何崇帅众五千人来降。

夏四月，九真太守董元为吴将虞汜所攻，军败，死之。北地胡寇金城，凉州刺史牵弘讨之。群虏内叛，围弘於青山；弘军败，死之。

五月，立皇子宪为城阳王。雍、凉、秦三州饥，赦其境内殊死以下。

闰月，大雩，太官减膳。诏交趾三郡、南中诸郡无出今年户调。

六月，诏公卿以下举将帅各一人。辛丑，大司马、义阳王望薨。大雨霖，伊、洛、河溢，流居人四千余家，杀三百余人，有诏振贷、给棺。

秋七月癸酉，以车骑将军贾充为都督秦、凉二州诸军事。吴将陶璜等围交趾，太守杨稷与郁林太守毛炅及日南等三郡降於吴。

八月丙戌，以征东大将军卫瓘为征北大将军、都督幽州诸军事。丙申，城阳王宪薨。分益州之南中四郡置宁州，曲赦四郡殊死已下。

冬十月丁丑，日有蚀之。

十一月丁巳，卫公姬署薨。

十二月，大雪。罢中领军，并北军中候。以光禄大夫郑袤为司空。

八年春正月，监军何桢讨匈奴刘猛，累破之，左部帅李恪杀猛而降。癸亥，帝耕于藉田。

二月乙亥，禁雕文绮组非法之物。壬辰，太宰、安平王孚薨。诏内外群官举任边郡者各三人。帝与右将军皇甫陶论事，陶与帝争言，散骑常侍郑徽表请罪之。帝曰："谠言謇谔，所望於左右也。人主常以阿媚为患，岂以争臣为损哉！徽越职妄奏，岂朕之意。"遂免徽官。

夏四月，置后将军，以备四军。六月，益州牙门张弘诬其刺史皇甫晏反，杀之，传首京师。弘坐伏诛，夷三族。壬辰，大赦。丙申，诏复陇右四郡遇寇害者田租。

秋七月，以车骑将军贾充为司空。

九月，吴西陵督步阐来降，拜卫将军、开府仪同三司，封宜都公。吴将陆抗攻阐，遣车骑将军羊祜帅众出江陵，荆州刺史杨肇迎阐於西陵，巴东监军徐胤击建平以救阐。

冬十月辛未朔，日有蚀之。

十二月，肇攻抗，不克而还。阐城陷，为抗所擒。

九年春正月辛酉，司空、密陵侯郑袤薨。

二月癸巳，司徒、乐陵公石苞薨。立安平亭侯隆为安平王。

三月，立皇子祗为东海王。

夏四月戊辰朔，日有蚀之。

五月，旱。以太保何曾领司徒。

六月乙未，东海王祗薨。

秋七月丁酉朔，日有蚀之。吴将鲁淑围弋阳，征虏将军王浑击败之。罢五官、左、右中郎将、弘训太仆、卫尉、大长秋等官。鲜卑寇广宁，杀略五千人。诏聘公卿以下子女以备六宫，采择未毕，权禁断婚姻。

冬十月辛巳，制女年十七父母不嫁者，使长吏配之。

十一月丁酉,临宣武观大阅诸军,甲辰乃罢。

十年春正月辛亥,帝耕于藉田。

闰月癸酉,太傅、寿光公郑冲薨。己卯,高阳王珪薨。庚辰,太原王瑰薨。

丁亥,诏曰:"嫡庶之别,所以辨上下,明贵贱。而近世以来,多皆内宠,登妃后之职,乱尊卑之序。自今以后,皆不得登用妾媵为嫡正。"

二月,分幽州五郡置平州。

三月癸亥,日有蚀之。

夏四月己未,太尉、临淮公荀颉薨。

六月癸巳,临听讼观录囚徒,多所原遣。是夏,大蝗。

秋七月丙寅,皇后杨氏崩。壬午,吴平虏将军孟泰、偏将军王嗣等帅众降。

八月,凉州虏寇金城诸郡,镇西将军、汝阴王骏讨之,斩其帅乞文泥等。戊申,葬元皇后于峻阳陵。

九月癸亥,以大将军陈骞为太尉。攻拔吴枳里城,获吴立信校尉庄祐。吴将孙遵、李承帅众寇江夏,太守嵇喜击破之。立河桥于富平津。

冬十一月,立城东七里涧石桥。庚午,帝临宣武观,大阅诸军。

十二月,有星孛于轸。置藉田令。立太原王子辑为高阳王。吴威北将军严聪、扬威将军严整、偏将军朱买来降。

是岁,凿陕南山,决河,东注洛,以通运漕。

咸宁元年春正月戊午朔,大赦,改元。

二月,以将士应已娶者多,家有五女者给复。辛酉,以故邺令夏谡有清称,赐谷百斛。以奉禄薄,赐公卿以下帛有差。叛虏树机能送质请降。

夏五月,下邳、广陵大风,拔木,坏庐舍。

六月,鲜卑力微遣子来献。吴人寇江夏。西域戊己校尉马循讨叛鲜卑,破之,斩其渠帅。戊申,置太子詹事官。

秋七月甲申晦,日有蚀之。郡国螟。

八月壬寅,沛王子文薨。以故太傅郑冲、太尉荀颉、司徒石苞、司空裴秀、骠骑将军王沈、安平献王孚等及太保何曾、司空贾充、太尉陈骞、中书监荀勖、平南将军羊祜、齐王攸等,皆列於铭飨。

九月甲子,青州螟,徐州大水。

冬十月乙酉,常山王殷薨。癸巳,彭城王权薨。

十一月癸亥,大阅於宣武观,至于己巳。

十二月丁亥,追尊宣帝庙曰高祖,景帝曰世宗,文帝曰太祖。是月大疫,洛阳死者太半。封裴颓为钜鹿公。

二年春正月,以疾疫废朝。赐诸散吏至于士卒丝各有差。

二月丙戌,河间王洪薨。甲午,赦五岁刑以下。东夷八国归化。并州虏犯塞,监并州诸军事胡奋击破之。

初,敦煌太守尹璩卒,州以敦煌令梁澄领太守事,议郎令狐丰废澄,自领郡事。丰死,弟宏代之。至是,凉州刺史杨欣斩宏,传首洛阳。

先是,帝不豫,及瘳,群臣上寿。诏曰:"每念顷遇疫气死亡,为之怆然。岂以一身之休息,忘百姓之艰邪?诸上礼者皆绝之。"

夏五月,镇西大将军、汝阴王骏讨北胡,斩其渠帅吐敦。立国子学。庚午,大雩。

六月癸丑,荐荔支于太庙。甲戌,有星孛于氐。自春旱,至于是月始雨。吴京下督孙楷帅众来降,以为车骑将军,封丹杨侯。白龙二见于新兴井中。

秋七月,有星孛于大角。吴临平湖自汉末壅塞,至是自开。父老相传云:"此湖塞,天下乱;此湖开,天下平。"癸丑,安平王隆薨。东夷十七国内附。河南、魏郡暴水,杀百余人,诏给棺。鲜卑阿罗多等寇边,西域戊己校尉马循讨之,斩首四千余级,获生九千余人,於是来降。

八月庚辰,河东、平阳地震。己亥,以太保何曾为太傅,太尉陈骞为大司马,司空贾充为太尉,镇军大将军、齐王攸为司空。有星孛于太微,九月又孛于翼。丁未,起太仓於城东,常平仓於东、西市。

闰月,荆州五郡水,流四千余家。

冬十月,以汝阴王骏为征西大将军、平南将军羊祜为征南大将军。丁卯,立皇后杨氏,大赦,赐王公以下及于鳏寡各有差。

十一月,白龙二见于梁国。

十二月,征处士安定皇甫谧为太子中庶子。封后父镇军将军杨骏为临晋侯。是日,以平州刺史傅询、前广平太守孟桓清白有闻,询赐帛二百匹,桓百匹。

三年春正月丙子朔,日有蚀之。立皇子裕为始平王、安平穆王隆弟敦为安平王。诏曰:"宗室戚属,国之枝叶,欲令奉率德义,为天下式。然处富贵而能慎行者寡,召穆公纠合兄弟而赋唐棣之诗,此姬氏所以本枝百世也。今以卫将军、扶风王亮为宗师,所当施行、皆谘之於宗师也。"庚寅,始平王裕薨。有星孛於西方。使征北大将军卫瓘讨鲜卑力微。

三月,平虏护军文淑讨叛虏树机能等,并破之。有星孛于胃。乙未,帝将射雉,虑损麦苗而止。

夏五月戊子,吴将邵凯、夏祥帅众七千余人来降。

六月,益、梁八郡水,杀三百余人,没邸阁别仓。

秋七月,以都督豫州诸军事王浑为都督扬州诸军事。中山王睦以罪废为丹水侯。

八月癸亥,徙扶风王亮为汝南王、东莞王伷为琅邪王、汝阴王骏为扶风王、琅邪王伦为赵王、渤海王辅为太原王、太原王颙为河间王、北海王陵为任城王、陈王斌为西河王、汝南王柬为南阳王、济南王耽为中山王、河间王威为章武王。立皇子玮为始平王、允为濮阳王、该为新都王、遐为清河王,钜平侯羊祜为南城侯。以汝南王亮为镇南大将军。大风拔树,暴寒且冰,郡国五陨霜,伤谷。

九月戊子,以左将军胡奋为都督江北诸军事。兖、豫、徐、青、荆、益、梁七州大水,伤秋稼,诏振给之。立齐王子蕤为辽东王、赞为广汉王。

冬十一月丙戌,帝临宣武观大阅,至于壬辰。

十二月,吴将孙慎入江夏、汝南,略千余家而去。

是岁,西北杂虏及鲜卑、匈奴、五溪蛮夷、东夷三国前后十余辈,各帅种人部落内附。

四年春正月庚午朔,日有蚀之。

三月甲申,尚书左仆射卢钦卒。辛酉,以尚书右仆射山涛为尚书左仆射。东夷六国来献。

夏四月,蚩尤旗见於东井。

六月丁未,阴平广武地震,甲子又震。凉州刺史杨欣与虏若罗拔能等战於武威,败绩,死之。弘训皇后羊氏崩。

秋七月己丑,附葬景献皇后羊氏于峻平陵。庚寅,高阳正缉薨。癸巳,范阳王绥薨。荆、扬郡国二十皆大水。

九月,以太傅何曾为太宰。辛巳,以尚书令李胤为司徒。

冬十月,以征北大将军卫瓘为尚书令。扬州刺史应绰伐吴皖城,斩首五千级,焚谷米百八十万斛。

十一月辛巳,太医司马程据献雉头裘,帝以奇技异服,典礼所禁,焚之於殿前。甲申,敕内外敢有犯者,罪之。吴昭武将军刘翻、厉武将军祖始来降。辛卯,以尚书杜预都督荆州诸军事;征南大将军羊祜卒。

十二月乙未,西河王斌薨。丁未,太宰、朗陵公何曾薨。

是岁,东夷九国内附。

五年春正月,虏帅树机能攻陷凉州。乙丑,使讨虏护军、武威太守马隆击之。

二月甲午,白麟见於平原。

三月,匈奴都督拔弈虚帅部落归化。乙亥,以百姓饥馑,减御膳之半。有星孛于柳。

夏四月,又孛于女御。大赦,降除部曲督以下质任。〔五月〕丁亥、郡国八雨雹,伤秋稼,坏百姓庐舍。

秋七月,有星孛于紫宫。

九月甲午,麟见于河南。

冬十月戊寅,匈奴徐渠都督独雍等帅部落归化。汲郡人不准掘魏襄王冢,得竹简小篆古书十余万言,藏于秘府。

十一月,大举伐吴,遣镇军将军、琅玡王伷出涂中,安东将军王浑出江西,建威将军王戎出武昌,平南将军胡奋出夏口,镇南大将军杜预出江陵,龙骧将军王浚、广武将军唐彬率巴蜀之卒浮江而下,东西凡二十余万。以太尉贾充为大都督,行冠军将军杨济为副,总统众军。

十二月,马隆击叛虏树机能,大破,斩之,凉州平。肃慎来献楛矢石砮。

太康元年春正月己丑朔,五色气冠日。癸丑,王浑克吴寻阳、赖乡诸城,获吴武威将军周兴。

二月戊午,王浚、唐彬等克丹杨城。庚申,又克西陵,杀西陵都督、镇军将军留宪,征南将军成璩,西陵监郑广。壬戌,浚又克夷道乐乡城,杀夷道监陆延;平南将军胡奋克江平夏口、武昌,顺流长鹜,直造秣陵,与奋、戎审量其宜。杜预当镇静零、桂、怀辑衡阳。大兵既过,荆州南境固当传檄而定,预当分万人给浚,七千给彬;夏口既平,奋宜以七千人给浚;武昌既了,戎当以六千人增彬。太尉充移屯项,总督诸方。浚进破夏口、武昌,遂泛舟东下,所至皆平。王浑、周浚与吴丞相张悌战于版桥,大破之,斩悌及其将孙震、沈莹,传首洛阳。孙皓穷蹙请降,送玺绶於琅玡王伷。

三月壬寅,王浚以舟师至于建邺之石头,孙皓大惧,面缚舆榇,降于军门。浚仗节解缚焚榇,送于京都。收其图籍,克州四,郡四十三,县三百一十三,户五十二万三千,吏三万二千,兵二十三万,男女口二百三十万。其牧守已下皆因吴所置,除其苛政,示之简易,吴人大悦。

夏四月乙酉,大赦,改元、大酺五日,恤孤老困穷。河东,高平雨雹,伤秋稼。遣兼侍中张侧、黄门侍郎朱震分使扬、越,慰其初附。白麟见于顿丘。三河、魏郡、弘农雨雹,伤宿麦。

五月辛亥,封孙皓为归命侯,拜其太子为中郎,诸子为郎中。吴之旧望,随才擢叙;孙氏大将战亡之家徙於寿阳;将吏渡江复十年,百姓及百工复二十年。

(六月)丙寅,帝临轩大会,引皓入殿,群臣咸称万岁。丁卯,荐酃渌酒于太庙。郡国六雹,伤秋稼。庚午,诏诸士卒年六十以上罢归于家。庚辰,以王浚为辅国大将军、襄阳侯,杜预当阳侯,王戎安丰侯,唐彬上庸侯,贾充、琅玡王伷以下增封。於是论功行封,赐公卿以下帛各有差。

(六月)丁丑,初置翊军校尉官。封丹水侯睦为高阳王。甲申,东夷十国归化。

秋七月,虏轲成泥寇西平、浩亹,杀督将以下三百余人。东夷二十国朝献。庚寅;以尚书魏舒为尚书右仆射。

八月,车师前部遣子入侍。己未,封皇弟延祚为乐平王。白龙三见于永昌。

九月,群臣以天下一统,屡请封禅,帝谦让弗许。

冬十月丁巳,除五女复。

十二月戊辰,广汉王赞薨。

二年春二月,淮南、丹杨地震。

三月丙申,安平王敦薨。赐王公以下吴生口各有差。诏选孙皓妓妾五千人入宫。东夷五国朝献。

夏六月,东夷五国内附。郡国十六雨雹,大风拔树,坏百姓庐舍。江夏、泰山水,流居人三百余家。

秋七月,上党又暴风、雨雹,伤秋稼。

八月,有星孛于张。

冬十月,鲜卑慕容廆寇昌黎。

十一月壬寅,大司马陈骞薨。有星孛于轩辕。鲜卑寇辽西,平州刺史鲜于婴讨破之。

三年春正月丁丑,罢秦州,并雍州。甲午,以尚书张华都督幽州诸军事。

三月,安北将军严询败鲜卑慕容廆於昌黎。杀伤数万人。

夏四月庚午,太尉、鲁公贾充薨。

闰月丙子,司徒、广陆侯李胤薨。五月癸丑,白龙二见于济南。

秋七月,罢平州、宁州刺史三年一入奏事。

九月,东夷二十九国归化,献其方物。吴故将莞恭、帛奉举兵反,攻害建邺令,遂围扬州;徐州刺史嵇喜讨平之。

冬十二月甲申,以司空、齐王攸为大司马、督青州诸军事,镇东大将军、琅玡王伷为抚军大将军,汝南王亮为太尉,光禄大夫山涛为司徒,尚书令卫瓘为司空。丙申,诏四方水旱甚者无出田租。

四年春二月甲申,以尚书右仆射魏舒为尚书左仆射、下邳王晃为尚书右仆射。戊午,司徒山涛薨。

二月己丑,立长乐亭侯寔为北海王。

三月庚子朔,日有蚀之。癸丑,大司马、齐王攸薨。

夏四月,任城王陵薨。

五月己亥,大将军、琅玡王伷薨。徙辽东王蕤为东莱王。

六月,增九卿礼秩。牂柯獠二千余落内属。

秋七月壬子,以尚书右仆射、下邳王晃为都督青州诸军事。丙寅,兖州大水,复其田租。

八月,鄯善国遣子入侍,假其归义侯。以陇西王泰为尚书右仆射。

冬十一月戊午,新都王该薨。以尚书左仆射魏舒为司徒。

十二月庚午,大阅于宣武观。

是岁,河内及荆州、扬州大水。

五年春正月己亥,青龙二见于武库井中。

二月丙寅,立南宫王子祐为长乐王。壬辰,地震。

夏四月,任城、鲁国池水赤如血。五月丙午,宣帝庙梁折。

六月,初置黄沙狱。

秋七月戊申,皇子恢薨。任城、梁国、中山雨雹,伤秋稼。减天下户课三分之一。

九月,南安大风折木。郡国五大水、陨霜,伤秋稼。

冬十一月甲辰,太原王辅薨。

十二月庚午,大赦。林邑、大秦国各遣使来献。

闰月,镇南大将军、当阳侯杜预卒。

六年春正月甲申朔,以比岁不登,免租贷宿负。戊辰,以征南大将军王浑为尚书左仆射、尚书褚䂮都督扬州诸军事、杨济都督荆州诸军事。

三月,郡国六陨霜,伤桑麦。

夏四月,扶南等十国来献,参离四千余落内附。郡国四旱,十大水,坏百姓庐舍。

秋七月,巴西地震。

八月丙戌朔,日有蚀之。减百姓绵绢三分之一。白龙见于京兆。以镇军大将军王浚为抚军大将军。

九月丙子,山阳公刘康薨。

冬十月,南安山崩,水出。南阳郡获两足兽。龟兹、焉耆国遣子入侍。

十二月甲申,大阅于宣武观,旬日而罢。庚子,抚军大将军、襄阳侯王浚卒。

七年春正月甲寅朔,日有蚀之。乙卯,诏曰:"比年灾异屡发,日蚀三朝,地震山崩。邦之不减,实在朕躬。公卿大臣各上封事,极言其故,勿有所讳。"

夏五月,郡国十三旱。鲜卑慕容瘣寇辽东。

秋七月,朱提山崩;犍为地震。

八月,东夷十一国内附。京兆地震。

九月戊寅,骠骑将军、扶风王骏薨。郡国八大水。

冬十一月壬子,以陇西王泰都督关中诸军事。

十二月,遣侍御史巡遭水诸郡。出后宫才人、妓女以下二百七十人归于家。始制大臣听终丧三年。己亥,河阴雨赤雪二顷。

是岁,扶南等二十一国、马韩等十一国遣使来献。

八年春正月戊申朔,日有蚀之。太庙殿陷。

三月乙丑,临商观震。

夏四月,齐国、天水陨霜,伤麦。

六月鲁国大风,拔树木,坏百姓庐舍。郡国八大水。

秋七月,前殿地陷,深数丈,中有破船。

八月,东夷二国内附。

九月,改营太庙。

冬十月,南康平固县吏李丰反,聚众攻郡县,自号将军。

十一月,海安令萧辅聚众反。

十二月,吴兴人蒋迪聚党反,围阳羡县。州郡捕讨,皆伏诛。南夷扶南、西域康居国各遣使来献。

是岁,郡国五地震。

九年春正月壬申朔,日有蚀之。诏曰:“兴化之本,由政平讼理也。二千石长吏不能勤恤人隐,而轻挟私故,兴长刑狱;又多贪浊,烦扰百姓。其敕刺史二千石纠其秽浊,举其公清,有司议其黜陟。”令内外群官举清能,拔寒素。江东四郡地震。

二月,尚书右仆射、阳夏侯胡奋卒,以尚书朱整为尚书右仆射。

三月丁丑,皇后亲桑于西郊,赐帛各有差。壬辰,初并二社为一。

夏四月,江南郡国八地震;陇西陨霜,伤宿麦。

五月,义阳王奇有罪,黜为三纵亭侯。诏内外群官举守令之才。

六月庚子朔,日有蚀之。徙章武王威为义阳王。郡国三十二大旱,伤麦。

秋八月壬子,星陨如雨。诏郡国五岁刑以下决遣,无留庶狱。

九月,东夷七国诣校尉内附。郡国二十四螟。

冬十二月癸卯,立河间平王洪子英为章武王。戊申,青龙、黄龙各一见于鲁国。

十年夏四月,以京兆太守刘霄、阳平太守梁柳有政绩,各赐谷千斛。郡国八陨霜。太庙成。乙巳,迁神主于新庙,帝迎于道左,遂袷祭。大赦,文武增位一等,作庙者二等。丁未,尚书右仆射、广兴侯朱整卒。癸丑,崇贤殿灾。

五月,鲜卑慕容瘣来降,东夷十一国内附。

六月庚子,山阳公刘瑾薨。复置二社。

冬十月壬子,徙南宫王承为武邑王。

十一月丙辰,守尚书令、左光禄大夫荀勖卒。帝疾瘳,赐王公以下帛有差。含章殿鞠室火。

甲申,以汝南王亮为大司马、大都督、假黄钺。改封南阳王柬为秦王、始平王玮为楚王、濮阳王允为淮南王,并假节之国,各统方州军事。立皇子义为长沙王、颖为成都王、晏为吴王、炽为豫章王、演为代王、皇孙遹为广陵王。立濮阳王子迪为汉王、始平王子仪为毗陵王、汝南王次子羕为西阳公。徒扶风王畅为顺阳王、畅弟歆为新野公、琅玡王觐弟谵为东武公、繇为东安公、漼为广陵公、卷为东莞公。改诸王国相为内史。

(十二月)庚寅,太庙梁折。

是岁,东夷绝远三十馀国、西南夷二十馀国来献。虏奚轲男女十万口来降。

太熙元年春正月辛酉朔,改元。己巳,以尚书左仆射王浑为司徒、司空瓘为太保。

二月辛丑,东夷七国朝贡。琅玡王觐薨。

三月甲子,以右光禄大夫石鉴为司空。

夏四月辛丑,以侍中、车骑将军杨骏为太尉、都督中外诸军、录尚书事。己酉,帝崩于含章殿,时年五十五,葬峻阳陵,庙号世祖。

帝宇量弘厚,造次必于仁恕;容纳谠正,未尝失色于人;明达善谋,能断大事。故得抚宁万国,绥静四方。承魏氏奢侈刻弊之后,百姓思古之遗风,乃厉以恭俭,敦以寡欲。有司尝奏御牛青丝纼断,诏以青麻代之。临朝宽裕,法度有恒。高阳许允既为文帝所杀,允子奇为太常丞。帝将有事于太庙,朝议以奇受害之门,不欲接近左右,请出为长史。帝乃追述允凤望,称奇之才,擢为祠部郎,时论称其夷旷。平吴之后,天下义安,遂怠于政术,耽于游宴,宠爱后党,亲贵当权,旧臣不得专任,彝章斋废,请谒行矣。爰至末年,知惠帝弗克负荷,然恃皇孙聪睿,故无废立之心。复虑非贾后所生,终致危败,遂与腹心共图后事。说者纷然,久而不定,竟用王佑之谋,遣太子母弟秦王柬都督关中,楚王玮、淮南王允并镇守要害,以强帝室。又恐杨氏之逼,复以佑为北军中候,以典禁兵。既而寝疾弥留,至于大渐,佐命元勋,皆已先没,群臣惶惑,计无所从。会帝小差,有诏以汝南王亮辅政,又欲令朝士之有名望年少者数人佐之;杨骏秘而不宣。帝复寻至迷乱,杨后辄为诏以骏辅政,促亮进发。帝寻小间,问汝南王来未,意欲见之,有所付托。左右答言未至,帝遂困笃。中朝之乱,实始于斯矣。

【译文】

武皇帝名炎,字安世,是文帝司马昭的长子。为人宽容厚道,慈善好施,喜怒不形于色,有容人的气量。魏国嘉平年间,赐爵北平亭侯,历任给事中、奉车都尉、中垒将军,同时还兼任散骑常侍,经过多次提拔后做了中护军、假节。奉命到东武阳县去迎接常道乡公曹奂,被提升作中抚军,进封爵位为新昌乡侯。到晋王国建立的时候,便被确定为王国的继承人,授官抚军大将军、开府,作相国的副手。

开初,文帝因为景帝司马师是宣帝司马懿的直系长子,早年去世,没有后代,便将武帝的弟弟司马攸过继给他,作为子嗣,并特别加以宠爱,自己认为是代司马攸担任相国职位的,今后死了,晋王的王位应当交还给攸。常常说:"这是景王的天下,我怎么去分享啊。"当议论王国继承人的时候,便有意使司马攸继承。何曾等人坚决反对说:"中抚军聪察明智,神明威武,才华出众,旷世少有。又立发垂地,手长过膝,这不是一般人臣的长相啊。"由于大臣们的坚持,就定了下来。咸熙二年五月,司马炎被立为晋王的太子。

八月初九,文帝司马昭去世,太子司马炎继承了相国、晋王的职位。发布命令:放宽

晋武帝司马炎

刑罚,赦免犯人,安抚百姓,减轻徭役,国内举行三日的丧礼。这一月,身材高大的人出现在襄武县境,长达三丈,告诉该县县民王始说:"现在天下应当太平了。"

九月初七,任命魏国的司徒何曾担任晋王国的丞相,镇南将军王沈担任御史大夫,中护军贾充担任卫将军,议郎裴秀担任尚书令、光禄大夫;他们都设置办公机构,聘请办事人员。

十一月,初次设立四护军,来统率京城以外的军队。

〔闰十一月〕十五日,下令各郡中正官,按六条标准推荐沉抑在下、不得升进的人员:一是忠诚恭谨,奋不顾身,二是善事尊长,合乎礼仪,三是友爱兄弟,尊敬兄长,四是洁身自好,勤劳谦虚,五是讲究信义,遵守诺言,六是努力学习,陶冶自身。

这时候,晋王的恩德普及,四方归心。由于这样,魏国的皇帝曹奂知道天命已经有了归属,就派遣太保郑冲送策书说:"啊!你这位晋王:我的祖先虞舜大受上天安排的命运,从唐尧处承继了帝位,也因天命又禅让给了夏禹。三位君主死后的灵魂上升天庭,配享天帝,而且都能广布天子恩德。自从夏禹受禅以后,上天又将伟大的使命降落在汉帝身上。因火德而兴起的汉帝已经衰微,于是又选中并授命给我的高祖。媲美于虞夏四代的光明显赫,这不是我一个人知道,是四海公认的。晋王你的祖辈和父辈,衷心信服贤明的先哲,辅弼光大我曹氏宗族,功业德泽广布四方。至于天地神灵,无不亲善和顺,水土得到平治,万物得到成长,各方因此得到安宁。应当接受上天的使命,协调帝王统治天下的中正法则。于是,我虔诚地遵守帝王世系的传递,将帝位恭敬地禅让给你。帝王相继的次序已经落在你身上了,诚实的执行公平合理的原则吧,上天赐予的禄位得以长久。啊!晋王,你应恭敬地顺从天帝的意旨,一切遵循常规法则,安抚周边国家,用来保持上天赐予的吉祥,不要废弃我武帝、文皇伟大功业。"武帝开始表示礼貌的谦让,魏国的公卿大臣何曾、王沈等人坚持请求,才接受了魏帝的禅让。

泰始元年冬季十二月十七日,在南郊设置坛场,百官有爵位的以及匈奴南单于等四方各国到会的有数万人,举行烧柴祭天的仪式,将继承帝位的事报告天帝说:"新任皇帝臣司马炎冒昧使用黑色的公牛做祭品,明白地告诉光明而伟大的天帝:魏帝考查了帝位转移的运数,秉承了上天神圣的意旨来命令我:从前的唐尧,发扬光大了崇高的理想,禅让帝位给虞舜,舜又将帝位禅让给夏禹,他们都努力推行德政,留下了光辉的典范,得以世代相传,历年久远。到了汉朝,火德衰微,太祖武皇帝平息动乱,匡时救世,扶持拥戴刘氏,因此又接受了汉帝的禅让。就说进入魏朝吧,仍然是几代动乱,几乎到了灭亡的地步,实实在在依靠晋王匡扶拯救的功德,因此得以保存魏国的宗庙祭祀,在艰难危险的时候,给予了极大的帮助,这都是晋王有大功于魏国啊。广阔的四方,无不恭敬顺从,肃清梁、岷,席卷扬、越,极远的荒外也得到统一,吉祥与符瑞多次出现,天命与人事互相呼应,四方无不服从。于是,我效法尧、舜、禹三帝,接受上天授予的帝位。我司马炎的威德不足以继承帝统,辞让又得不到准许。在这时候,公卿大臣,百官僚佐,庶民仆隶以及各族酋长,都说:'皇天洞察下方,寻求民间的疾苦,既然授命为贤明的君主,就不是谦让可以拒绝和违背的事情。帝王的世系不可以无人继统,庶民的生计与神灵的祭祀不可以无人主持。'我虔诚地奉行帝王传递的命运,恭谨地畏惧天命的威严,慎重地选择了吉日良辰,登坛接受魏国的禅让,举行祭天仪式将登基的事报告天帝,并永久地满足众人的厚望。"禅让的典礼结束,武帝就来到洛阳宫,亲临太极前殿,发布诏令说:"从前,我的祖父宣王,聪慧明智,敬慎明察,顺应上天的运数,弘扬帝王的功德,开创了宏伟的基业。伯父景王,身行正道,明达事理,兴旺发达了中国。到了父亲文王,思虑精密远大,和洽天地神灵,适应天命,顺从时运,接受了晋王的封爵。仁慈普及四海,功业惊动天地。因此,魏国曹氏借鉴先王的法则,效法唐尧的禅让,访求诸侯公卿,归结天命于我本人。我敬畏上天的成命,因此不敢违背。想到我的威德不足,承担如此宏大的功业,置身在王侯公卿的上面,得以主宰天下,内心不安,十分畏惧,不知该如何治理国家。只有依靠你们这些在我左右的得力助手,忠心耿耿的文武大臣,你们的祖辈父辈,已经辅佐过我的祖先,光大兴隆了我晋国的基业。打算与天下各界共同享受这美好的岁月。"与此同时,颁布对已判刑囚犯的减免令,更改年号。赏赐天下人的爵位,每人五级;鳏寡孤独生活困难的人以稻谷,每人五斛。免收一年的田租、户调和关市的商税,老账、旧债全部免去。调解过去嫌隙,废除原来的禁令,撤去官职、削除爵位的人,全都给予恢复。

　　十八日,武帝派遣太仆刘原到太庙禀告接受禅让的事。分封魏帝曹奂为陈留王,食邑一万户,居住在邺城的王宫中;曹氏诸王都降为县侯。追加尊号:宣王司马懿称宣皇帝,景王司马师称景皇帝,文王司马昭称文皇帝,宣王妃张氏称宣穆皇后。尊称太妃王氏为皇太后,居住的宫名崇化宫。分封叔祖父司马孚为安平王,叔父司马干为平原王、司马亮为扶风王、司马伷为东莞王、司马骏为汝阴王、司马肜为梁王、司马伦为琅玡王,弟弟司马攸为齐王、司马鉴为乐安王、司马机为燕王,堂伯父司马望为义阳王,堂叔父司马辅为渤海王、司马晃为下邳王、司马瑰为太原王、司马珪为高阳王、司马衡为常山王、司马子文为沛王、司马泰为陇西王、司马权为彭城王、司马绥为范阳王、司马遂为济南王、司马逊为谯王、司马睦为中山王、司马陵为北海王、司马斌为陈王,堂兄司马洪为河间王,堂弟司马楙为东平王。以骠骑将军石苞任大司马,赐爵乐陵公,车骑将军陈骞赐爵高平公,卫将军贾充任车骑将军、鲁公,尚书令裴秀赐爵钜鹿公,侍中荀勖赐爵济北公,太保郑冲任太傅、寿光公,太尉王祥任太保、睢陵公,王国丞相何曾任太尉、朗陵公,御史大夫王沈任骠骑将军、博陵公,司空荀顗赐爵临淮公,镇北大将军卫瓘赐爵菖阳公。其余人员增加封邑、进封爵位各有不同的等次,文武百官普遍增加爵位二级。改《景初历》名为《太始历》,腊祭百神用酉日,祭祀社神用丑日。

　　十九日,武帝下达诏令,大力倡导勤俭节约,拿出皇宫库藏的珍珠玉石、赏玩嗜好这类物品，分赏王公以下人员，按不同等次进行。设置中军将军，用来统领宿卫的左卫、右卫、骁骑、游击、前军、左军、右军等七军。

二十日，武帝诏令陈留王曹奂使用天子的旗帜，备用按东、西、南、北、中方位配置的青、白、红、黑、黄五色侍从车，继续沿用魏国的历法，照常在南郊祭天、北郊祭地，礼乐制度也不改变，上书晋帝不必称臣。赐给山阳公刘康、安乐公刘禅的子弟各一人为驸马都尉。二十六日，任命安平王司马孚担任太宰、假黄钺、大都督中外诸军事。又下诏令说："从前，王凌策划废黜齐王曹芳，但曹芳终究未能保住自己的帝位。邓艾虽然自夸功勋，有失臣节，但他没有反抗，接受处罚。现在，彻底赦免他们家属的罪行，各自回到原地并确定他们的直系继承人。使衰败的世家兴旺起来，灭绝的大族后继有人，简化法典，省并刑律。废除曹魏时期对宗室担任官职的禁令。将官佐吏遭遇三年丧期的丧事，准许回家服完丧礼。百姓免去他们的徭役。停止部曲将领、州郡长吏以下人员的人质制度。减少郡国供给皇宫的征调，禁止主管音乐的部门演出奢侈华丽的散乐、杂技等伎艺，以及雕刻彩饰这类出游、田猎的器具。鼓励众人敢于讲真话，设置谏官来主管这件事情。"

这一月，凤凰六只、青龙三条、白龙二条、麒麟各一只，出现在郡国境内。

二年春季正月初七，武帝派遣兼任侍中侯史光等人，给予符节，出使四方，视察民间的风俗，禁止不合礼制的祭祀。初八，有关部门请求建立供奉七代祖先的庙堂，武帝难于为这事征发徭役，没有批准。十一日，罢黜宫中在五更的时候，主唱鸡歌的卫士。二十二日，尊称景皇帝夫人羊氏为景皇后，居住的宫名弘训宫。二十七日，册立杨氏为皇后。

二月，解除原魏国对汉朝宗室任官的禁令。十一日，常山王司马衡去世。武帝下诏书说："五等爵位的分封，都是选取过去建立了功勋的人。本封是县侯的传爵位给次子降为亭侯，乡侯的降为关内侯，亭侯的降为关中侯，都收取他的封户租税的十分之一作为俸禄。"二十九日，郊外祭天，用宣皇帝司马懿配享，在太庙中祭祀祖先，用文皇帝司马昭配天帝。二十二日，诏书说："古代百官，都可以规诫帝王的过失。但是，保氏官特别以直言规劝天子作为自己的职责，现在的侍中、散骑常侍，实际上处在保氏官这样的职位上。挑选那些能够打破情面、矫正过误、匡扶救助、弥补不足的人，来兼任侍中、散骑常侍。"

三月二十日，吴国派遣使臣前来吊唁文帝司马昭，有关部门上奏回答吴国称诏书。武帝说："从前，汉文帝、后汉光武帝怀柔安抚尉他、公孙述，都没有辩证君臣的名分礼仪，这是用来笼络还没有归服的人的啊。孙皓派遣使臣的时候，还不知道晋国已经接受了魏帝的禅让，只用书信的方式来回答他。"

夏季五月戊辰，武帝下达诏令说："陈留王品德谦恭，每有一事就上表奏闻，这不是优待尊崇他的办法啊。主管的人应该向他讲明用意，不是重大的事情，就由王国的官属用表的方式上奏。"壬子，骠骑将军、博陵公王沈去世。

六月二十五日，济南王司马遂去世。

秋季七月初五，营建太庙，运来荆山的木材，开采华山的石料；铸造铜柱十二根，表面涂上黄金，雕刻各种物象，用明珠加以装饰。二十二日，谯王司马逊去世。三十日，发生日蚀。

八月初十，裁减右将军官职。

起初，武帝虽然遵从汉魏的制度，已安葬了文帝，便脱去丧服，但是身穿居家的衣服，头戴白色的帽子，不侍御座，撤去御膳，悲哀恭敬如同居丧时期一样。二十二日，有关部门上奏，请求改穿官服，恢复御膳，武帝不允许；直到三年丧期服满以后，才恢复平日的服食起居。后来服太后的丧礼，也是这样。九月二十日，散骑常侍皇甫陶、傅玄兼任谏官，上书直言规诫，有关部门上奏武帝，请求搁置这件事。武帝下诏书说："大凡涉及谈论人主的过失，臣下最感困难，又苦于人主不能倾听与采纳，这就是从古以来忠臣直士所以情绪激昂的原因啊。常常将陈述的事交主管的人，又大多近乎严厉的挑剔，说是优容宽厚应该由皇上施予，这像什么话吗？一定要详细评论议定。"

二十三日，有关部门上奏："晋继承伏羲、神农、黄帝的业绩，踏着虞舜、夏禹的脚印，适应天命，顺从时运，接受魏帝的禅让，应当统一使用前朝的历法和车马、祭牲的颜色，都如同虞舜遵守唐尧典制的先例。"奏章被批准。

冬季十月初一，发生日蚀。初二，武帝下诏书说："从前，虞舜下葬苍梧，当地的农夫并未让出耕地；夏禹下葬成纪。那里的市井依旧照常营业。追思祖先清廉简易的宗旨，所迁徙陵地十里以内居民这件事，动辄引起烦扰骚乱，应该完全停止它。"

十一月初五，倭国人来朝进献特产。合并冬至圆坛祭天、夏至方坛祭地于南郊祭天、北郊祭地，使冬至与夏至的祭祀统一于南郊与北郊。撤销原魏国监视山阳公国的督军官职，废除对它的有关禁令与限制。十五日，景帝夫人夏侯氏被追加尊号为景怀皇后。十七日，迁徙已死祖先的牌位进入太庙。

十二月，撤销屯田制的农官系统，将它与郡县合并。

这一年，凤凰六只、青龙十条、黄龙九条、麒麟各一只，出现在郡国境内。

三年春季正月癸丑，白龙二条，出现在弘农郡的渑池县境。

丁卯，武帝册立长子司马衷作晋国的太子。颁布诏令说："我以不足的德望，被推尊为天子，小心恭谨，心怀畏惧，担心不能安定匡救天下，想同全国上下，共同整饬、发扬王者的政教，从根本上进行变革，对于设置继承人，明确嫡长子，不是最紧迫的事情。加上近代每次建置太子，必定有赦免罪犯、施行恩惠的事，其间往往是不得已才这样做的，都是顺从王公百官的奏请罢了。当今，盛衰治乱的更迭变化即将稳定，准备用道德仁义的道理去教化他们，用真善丑恶的典型去诱导和警戒他们，使百姓放弃投机侥幸的念头，笃守终始如一的行为，小恩小惠，所以没有必要采用它了。这样的政策要使大家都能明白。"

三月初六，初次准许二千石以上的官吏，可以守完三年的丧礼。丁未，白天如同黄昏一样黑暗。裁减武卫将军官职。任命李熹做太子太傅。太山发生石崖崩裂。

夏季四月十六日，张掖郡的太守焦胜上书说：氐池县的大柳谷口有一处黑色石崖，白天显现出彩色纹理，实在是大晋国的吉祥，将它描画下来，进献朝廷。武帝下令用一丈八尺长的绢帛作祭品，上告于太庙，并将图像藏在秘府中。

秋季八月，撤销都护将军机构，将它所管辖的五官、左、右以及虎贲、羽林五署交还给光禄勋。

九月十四日，武帝下诏书说："古时候，用德行高低来显示爵位等级，按功劳大小来制定俸禄多少，虽然是最低一级的官吏，还享有上等农夫的收入，对外能够做到奉公守法，丢掉私念，对内完全可以赡养家人，周济亲友。现在，有爵位的官员，俸禄还不能养家糊口。这不是用来倡导教化的根本方法啊。当议论增加官吏的薪俸。"赏赐王侯公卿以下人员数量不等的绢帛。升太尉何曾任太保、义阳王司马望任太尉、司空荀顗任司徒。

冬季十月,准许士兵中遭遇父母死亡的人,只要不是在边疆战场上,都可以回家奔丧。

十二月,改封宗圣侯孔震为奉圣亭侯。山阳公刘康入京朝见。禁止占星望气、预言吉凶的法术。

四年春季正月初三,武帝任命尚书令裴秀担任司空。

十八日,晋国的律令修订完成,参与的人增封爵位、赏赐绢帛各有不同的等级。光芒四射的彗星名字称孛地出现在轸宿星区。十九日,武帝在用于宗庙祭祀的农田上,举行耕田的仪式。二十日。下诏令说:"古代,设置象征五刑的特异服饰来表示耻辱,但是百姓都不去犯法,如今,虽然有诛灭父族、母族和妻族的酷刑,可是作奸犯科的事不断发生,为什么德化与刑治的差别有这么大呢!文帝十分爱惜百姓,怜悯狱讼,于是命令众大臣参考历代刑典,修订晋朝的法律。我继承父祖留下的基业,想使天下长治久安,愿同各方用德化作为治国的根本。当前,温暖的春天繁殖着万物,春耕刚刚开始,我亲自带领王公百官,耕种用于宗庙祭祀的农田千亩。加上律令已经修订完成,将它颁布于天下,准备采用简化刑律、致力德化,来慈爱抚育境内的百姓。应当从宽处理犯法的人,使他们得到改正过误、重新做人的机会,对天下已经判刑的罪犯,实行免刑或减刑吧。长吏、郡丞、长史每人赐马一匹。"

二月初三,山阳公国增加设置相、郎中令、陵令、杂工宰人、鼓吹车马各有不同的数量。废除中军将军官、设置北军中候代替它。十七日,由于东海人刘俭有突出的德行,被任命为郎官。调中军将军羊祜担任尚书左仆射、东莞王司马伷担任尚书右仆射。

三月二十一日,皇太后王氏去世。

夏季四月初二,太保、睢陵公王祥去世。初三,将文明皇后王氏在崇阳陵内与文帝合葬。废除振威、扬威护军等官,设置左、右积弩将军。

六月初一,武帝下达诏书说:"郡国的守相,每三年一次巡视所属的各县,必定在春季,这是古代地方官吏用来陈述职守、传布风化、展示礼仪的方式啊。接见长吏,观察风俗,协调礼律,考查度量,慰问老人,拜访高年;讯视囚徒,受理冤狱,仔细考察政令、刑罚的成功与失败。深入了解百姓所忧虑与痛苦的事情。不分远近,都如同我亲身巡视这些地方。督促教导五常,勉励从事农耕;劝勉求学的人,使他们专心致意于六经,不要学习诸子百家的非根本之学,妨碍了自己的远大前程。士人和庶民中有勤奋学习,遵循道德,孝亲敬兄,诚实守信,廉洁奉公,品行优异的人,推荐并进用他们;有在父母面前不孝敬,在亲族面前不仁爱,违反礼义,抛弃纲常,不遵守法令的人,举发并惩治他们。田地垦辟,生产发展,礼教普及,令行禁止,这是地方官吏的能干啊;百姓穷困,农田荒芜,盗贼四起,狱讼繁多,欺下瞒上,礼教废弛,这是地方官吏的无能啊。如果地方官吏任职期间,有秉公廉洁,不谋私利,刚正不阿,不图虚名的人,以及那些自身贪赃受贿,靠献媚黩货求得安身,公正节操没有树立,但是私家财富却日益增加的人,都要细心考察他们。奖善惩恶,进贤去邪,这正是我垂衣拱手,总揽大纲,督责完成治理天下的任务于贤能的郡国守相的目的啊。唉,你们要警戒啊!"

秋季七月，太山发生石崩，一群陨星向西流失。戊午，武帝派遣使臣侯史光巡视天下。十四日，祭拜崇阳陵。

九月，青、徐、兖、豫四州发生严重的水灾，伊河、洛河洪水泛滥，与黄河连成一片，政府开仓以赈救灾民。武帝下诏书说："即使诏令已做了规定，以及奏请得到批准的事情，但在实施中有不符合实际的，都要如实上报，不可隐瞒。"

冬季十月，吴国将领施绩入侵江夏，万郁寇扰襄阳。武帝派遣太尉、义阳王司马望出屯龙陂。荆州刺史胡烈打败了万郁。吴将顾容入寇郁林，太守毛炅沉重地打击了他，杀了吴国的交州刺史刘俊、将军修则。

十一月，吴国将领丁奉等人出兵苟陂，安东将军、汝阴王司马骏与义阳王司马望反击，打退了这次入侵。二十七日，武帝诏令王公百官以及郡国守相，推荐德行高尚、公正耿介、直言不讳的人士。

十二月，武帝向郡国守相颁布五条诏书：一是修养心身，二是厚待百姓，三是体恤孤寡，四是重农抑商，五是杜绝请托。二十八日，武帝到听讼观查阅廷尉府洛阳地区在押囚犯的案卷，并亲自审讯罪犯，进行判决。扶南、林邑国分别派遣使臣来朝，贡献物品。

五年春季正月初一，武帝一再告诫郡国掌管税收、财务的计吏，以及守相、令长，务必使农民充分利用土地资源，禁止他们弃农经商。初四，武帝到听讼观，查阅囚犯的案卷，并亲自审讯，大多从宽释放。青龙二条出现在荥阳郡境内。

二月，分雍州的陇右五郡以及凉州的金城、梁州的阴平，建置秦州。二十日，二条白龙出现在赵国境内。青、徐、兖三州发生水灾，武帝派遣使臣去救济慰问灾民。壬寅，任命尚书左仆射羊祜都督荆州诸军事，征东大将军卫瓘都督青州诸军事，东莞王司马伷镇东大将军、都督徐州诸军事。二十六日，武帝下诏令说："古时候，每年记录各种属吏的功绩与过误，积累三年再惩罚或奖励他们。现在，令史这类属吏，只选择粗疏低劣的人加以淘汰，起不到鼓励、劝进的作用，不是晋升勤能、罢黜疏劣的好办法啊。当分别记录勤恪能干、功绩卓著，德行优异这样的人，年年如此，成为制度，我将评论他们的事功劳绩。"

三月二十八日，诏令蜀汉丞相诸葛亮的孙子诸葛京，根据他的才能，安排适当的官职。

夏季四月，发生地震。

五月初一，凤凰出现在赵国境内。特赦交趾、九真、日南这三郡判处五年以下刑期的囚犯。

六月，邺城的奚官督郭廙上书武帝，陈述五件事情，用来谏诤，言辞十分恳切直率，武帝破格提升他担任屯留县的县令。西平人麹路敲打朝堂外面供吏民进谏、明冤用的登闻鼓，上奏的言辞大多妖妄诽谤，有关部门奏请将他斩于市场，陈尸示众。武帝说："是我的过错啊。"释放了麹路，不加追究。撤销镇军将军，重新设置左、右将军的官职。

秋季七月，延请诸公入朝，征询正直的言论。

九月，彗星出现在紫宫星座。

冬季十月十九日，武帝因汲郡太守王宏治理有方，成效卓著，赐谷一千斛。

十一月，武帝给弟弟司马兆追加封爵、谥号为城阳哀王，并将儿子景度过继给司马兆，作为后嗣，继承他的爵位。

十二月，武帝下令州郡推荐勇敢有力、优秀奇异的人才。

六年春季正月初一，武帝不待正殿而来到殿前，也没有陈列乐队。吴国将领丁奉入侵涡口，扬州刺史牵弘打败并赶走了他。

三月，武帝下令赦免判处五年以下刑期的囚犯。

夏季四月，白龙二条出现在东莞境内。

五月，分封寿安亭侯司马承为南宫王。

六月初四，秦州刺史胡烈在万斛堆处进讨叛虏秃发树机能，奋力战斗，死在战场上。武帝下诏派遣尚书石鉴代行安西将军、都督秦州诸军事，和奋威将军田章共同讨伐叛虏。

秋季七月十四日，武帝下令陇右五郡遭受叛虏侵扰的百姓，免收田租、户调，无法维持生活的人，开仓救济他们。二十二日，城阳王司马景度去世。武帝下诏令说："自从泰始初到现在，重大的事件都编撰记录下来，保存在秘书府内，还抄写有副本。今后凡有这类事件，都应加以编撰汇集，并把它作为经常的制度。"二十四日，任命汝阴王司马骏担任镇西大将军、都督雍、凉二州诸军事。

九月，大宛国进献汗血马，焉耆来朝进贡特产。

冬季十一月，武帝亲自来至太学，举行祝贺学业有成的"乡饮酒"古礼，并分别不同的等次，赏赐太常博士、学生的绢帛牛酒。分封儿子司马柬为汝南王。

十二月，吴国的夏口督、前将军孙秀率领兵众前来投降，授官骠骑将军、开府仪同三司，赐爵会稽公。十七日，又恢复设置镇军将军官职。

七年春季正月二十六日，武帝给太子司马衷举行表示成人的加冠典礼，赏赐王公以下人员分别以不同等次的绢帛。匈奴族酋帅刘猛反叛，出奔塞外。

三月，吴帝孙皓率领兵将进军寿阳，武帝派遣大司马司马望出屯淮北来防御他。初七，司空、钜鹿公裴秀去世。十四日，任命中护军王业担任尚书左仆射、高阳王司马珪担任尚书右仆射。孙秀所部将领何崇带领五千人，前来投降。

夏季四月，九真郡太守董元被吴国将领虞汜围攻，军队战败，死在战斗中。北地胡人寇金城，凉州刺史牵弘讨伐叛胡。鲜卑等族在内地叛变，将牵弘围困在青山地界；弘军战败，死在战场上。

五月，武帝封儿子司马宪为城阳王。雍、凉、秦三州发生饥荒，武帝下令赦免这三州境内判处斩刑以下的罪犯。

闰五月，武帝举行求雨的祭祀，太官也减低膳食标准。又下令交趾三郡、南中各郡，免交今年的户调。

六月，武帝诏令公卿以下人员，每人推荐将帅一名。二十四日，大司马、义阳王司马望去世。大雨连绵，伊河、洛河、黄河洪水泛滥成灾，漂流居民四千多家，淹死三百多人，诏令救济灾民，死了的赐予棺材。

秋季七月二十六日，调车骑将军贾充担任都督秦、凉二州诸军事。吴国将领陶璜等人围攻交趾，太守杨稷和郁林太守毛炅以及日南三郡向吴国投降。

八月初九，调征东大将军卫瓘担任征北大将军、都督幽州诸军事。十九日，城阳王司马宪去世。分益州的南中四郡建置宁州，特赦这四郡判处斩刑以下的囚犯。

冬季十月初一，发生日蚀。

冬十一月十二日，卫公姬署去世。

十二月，天降大雪。撤销中领军官署，将它与北军中候机构合并。调光禄大夫郑袤担任司空。

八年春季正月，监军何桢出讨匈奴族刘猛，多次打败了他，匈奴左部酋帅李恪杀了刘猛，前来投降。十九日，武帝在用来祭祀宗庙的农田里，举行耕田仪式。

二月初一，禁止制造违反规定的装饰品、丝织物。十八日，太宰、安平王司马孚去世。诏令中央、地方各级官吏，每人推荐能胜任边郡职事的人三名。武帝和右将军皇甫陶议论政事，陶与武帝发生争论，散骑常侍郑徽上表请求依法处置皇甫陶。武帝说："敢于讲真话，这是殷切希望在我身边的人，都能做到的事情啊。君主常常因为有了阿谀奉承的人，才造成祸患，那里会由于有了正直的大臣，使国家遭受损害的啊！郑徽超越职权，妄自上奏，难道符合我的本意吗。"于是，撤了郑徽的官职。

夏季四月，增设后将军，用来完备前、后、左、右四军的建制。六月，益州牙门张弘诬陷他的刺史皇甫晏谋反，并将晏杀害，通过驿站送人头到京都。张弘坐罪被处死，诛灭了他的父、母、妻三族。二十日，武帝颁布对已判刑囚犯的减免令。二十四日，诏令陇右四郡遭受叛虏侵害的人家，免交田租。

秋季七月，调车骑将军贾充担任司空。

九月，吴国西陵督步阐前来投降，授官卫将军、开府仪同三司，赐爵宜都公。吴国将领陆抗进攻步阐，武帝派遣车骑将军羊祜带领兵众从江陵进军，荆州刺史杨肇到西陵迎接步阐，巴东监军徐胤进攻吴国的建平郡，来牵制吴国，救援步阐。

冬季十月初一，发生日蚀。

十二月，杨肇进攻陆抗，不能取胜，被迫撤军退回。步阐因西陵城陷落，被陆抗擒获。

九年春季正月二十二日，司空、密陵侯郑袤去世。

二月二十五日，司徒、乐陵公石苞去世。武帝分封安平亭侯司马隆为安平王。

三月，分封儿子司马祗为东海王。

夏季四月初一，出现日蚀。

五月，发生旱灾。任命太保何曾兼领司徒。

六月二十九日，东海王司马祗去世。

秋季七月初一，发生日蚀。吴国的将领鲁淑围攻弋阳，征虏将军王浑打败了他。撤销五官、左、右中郎将、弘训太仆、卫尉、大长秋等官职。鲜卑族入侵广宁，杀戮、掳掠五千人。武帝下诏选聘公卿以下人员的女儿来充实后宫，搜罗挑选没有结束以前，暂时禁止婚嫁。

冬季十月十七日，武帝发布命令，女子满了十七岁，父母还没有将她出嫁的，由当地官吏给她婚配。

十一月初三，武帝来到宣武观，举行盛大的阅兵典礼，初十才结束。

十年春季正月十八日，武帝在用于宗庙祭祀的农田里，举行耕田仪式。

闰正月十一日，太傅、寿光公郑冲去世。十七日，高阳王司马珪去世。十八日，太原王司马瑰去世。

二十五日，武帝下诏书说："嫡子与庶子的区别，用来分辨上下，表明贵贱。但是，近

代以来,大多宠爱姬妾,使她们升上了后妃的位置,搞乱了尊卑贵贱的秩序。从现在起以至将来,都不准选用妾媵作为嫡系正妻。"

二月,分幽州的五郡建置平州。

三月初二,发生日蚀。

夏季四月二十八日,太尉、临淮公荀颛去世。

六月初三,武帝到听讼观,查阅囚徒的案卷,亲自审讯犯人,多数被从宽发落,得到释放。这一年的夏季,出现严重的蝗灾。

秋季七月初六,杨皇后去世。二十二日,吴国平房将军孟泰,偏将军王嗣等人,带领军队来投降。

八月,凉州的叛房入寇金城等郡,镇西将军、汝阴王司马骏讨伐叛房,杀了他的酋帅乞文泥等人。十九日,将元皇后杨氏安葬在峻阳陵内。

九月初四,武帝调大将军陈骞担任太尉。晋军攻下了吴国的枳里城,活捉吴的立信校尉庄祐。吴国将领孙遵、李承率领军队,入侵江夏,太守嵇喜打败了他们。在富平津处修建了黄河大桥。

冬季十一月,在洛阳城东的七里涧处,修建了石桥。十二日,武帝来到宣武观,大规模地检阅军队。

十二月,彗星出现在轸宿星区。武帝设置管理在春耕前举行亲耕仪式这种农田的藉田令。分封太原王的儿子司马辑为高阳王。吴国威北将军严聪、扬威将军严整、偏将军朱买来晋投降。

这一年,凿通陕南山,在黄河堤岸上打开缺口,使河水向东流入洛河,用来畅通漕运。

咸宁元年春季正月初一,颁布对已判刑罪犯的减免令,更改年号。

二月,由于将官、士兵已到结婚年龄应当娶妻的人众多,便规定了凡是养育有五个女儿的人家,就免去他的租调徭役。辛酉,原任邺县县令夏谡做官清廉,名声远扬,赏赐稻谷一百斛。由于官吏的俸禄菲薄,分别不同的等次,赏赐公卿以下人员的绢帛。叛房树机能送来人质,请求归降。

夏季五月,下邳、广陵两地区发生风灾,吹倒了树木,毁坏了百姓的房屋。

六月,鲜卑族力微派遣儿子来朝贡献。吴国入寇江夏。西域戊己校尉马循讨伐叛房鲜卑,打败了它,杀了它的渠帅。二十四日,设置总管东宫事务的太子詹事官。

秋季七月三十日,发生日蚀。郡国出现螟虫灾害。

八月十八日,沛王司马子文去世。武帝将死去的太傅郑冲、太尉荀颛、司徒石苞、司空裴秀、骠骑将军王沈、安平献王司马孚等王公,以及还健在的太保何曾、司空贾充、太尉陈骞、中书监荀勖、平南将军羊祜、齐王司马攸等功臣,都书名在旗幡上,配享于太庙。

九月十一日,青州发生螟害,徐州洪水泛滥成灾。

冬季十月初二,常山王司马殷去世。初十,彭城王司马权去世。

十一月十一日,武帝在宣武观大规模地检阅军队,到十七日才结束。

十二月初五,追加尊号:宣帝庙称高祖,景帝庙称世宗,文帝庙称太祖。这一月,发生了严重的瘟疫,洛阳地区的百姓死亡超过了一半。武帝分封裴颀为钜鹿公。

二年春季正月,由于瘟疫流行,停止了元日的朝会。分别不同的等次,赏赐没有固定职事的闲散官吏下至士兵的蚕丝。

二月初五,河间王司马洪去世。十三日,武帝下令赦免判处五年以下刑期的囚犯。东方夷族有八国归顺。并州的叛虏侵犯边塞,被监并州诸军事胡奋打败。

起初,敦煌太守尹璩去世,凉州刺史任用敦煌县令梁澄代领太守的职务,议郎令狐丰罢黜梁澄,擅自代领该郡事务。丰死以后,弟弟令狐宏又代行郡职。到这,凉州刺史杨欣杀了令狐宏,通过驿站送宏头到洛阳。

早些时候,武帝患病,到现在病体痊愈,大臣们祝贺平安。武帝下诏书说:"每次想到近来遭遇瘟疫死去的人们,心里就为他们十分难过。难道能因我一个人的病体康复,就忘了百姓的苦难了吗?凡是来祝贺平安的人,都应该予以谢绝。"

夏季五月,镇西大将军、汝阴王司马骏讨伐北胡,杀了它的渠帅吐敦。创立专门供五品以上官员子弟读书的国子学。二十一日,武帝举行了隆重的求雨祭祀。

六月癸丑,武帝在太庙中进献荔支。甲戌,彗星出现在氐宿星区。从春季发生旱灾,到这一月才降雨。吴国京下督孙楷率领军队来降,被任命为车骑将军,赐爵丹杨侯。白龙二条出现在新兴郡的井中。

秋季七月,彗星出现在大角星附近。吴国的临平湖自后汉末年淤塞,到这时自行开通。年老的人都在传说:"此湖堵塞,天下大乱;此湖畅通,天下太平。"初五,安平王司马隆去世。东方夷族有十七国归附。河南、魏郡洪水泛滥成灾,淹死了一百多人,武帝诏令赐予棺材。鲜卑族阿罗多等人入寇边境,西域戊己校尉马循征讨入侵鲜卑,杀死四千多人,生俘九千多人,在这种形势下,阿罗多等人来晋投降。

八月初二,河东、平阳发生地震。二十一日,以太保何曾任太傅,太尉陈骞任大司马,司空贾充任太尉,镇军大将军、齐王司马攸任司空。彗星出现在太微星座,九月又出现在翼宿星区。丁未,在洛阳城东修建太仓,又在东、西市场修建常平仓。

闰九月,荆州有五郡发生水灾,漂流居民四千多家。

冬季十月,任命汝阴王司马骏担任征西大将军、平南将军羊祜担任征南大将军。二十一日,册立杨氏为皇后,颁布对已判刑罪犯的减免令,赏赐王公以下人员以及鳏寡各有不同的等次。

十一月,白龙二条出现在梁国境内。

十二月,武帝征召从未任官的士人安定郡皇甫谧,出任太子中庶子。进封皇后的父亲镇军将军杨骏爵位为临晋侯。这一月,由于平州刺史傅询、前任广平太守孟桓做官清廉、名声远扬,傅询赏赐绢帛二百匹,孟桓一百匹。

三年春季正月初一,发生日蚀。武帝分封儿子司马裕为始平王、安平穆王司马隆的弟弟司马敦安平王。又下诏书说:"宗族和亲属,都是国家的辅翼,想使他们遵守和奉行道德礼仪的规范,成为天下人们学习的榜样。但是,身处富贵地位又能谨慎行事的人很少,召穆公召集兄弟在一起,歌咏名为《唐棣》的诗篇作为训诫,这是周代姬氏本宗和支庶能够传递百代、没有凋残的原因啊。现在任命卫将军、扶风王司马亮担任宗师,所有应当施行的事情,都要在宗师那里征询意见啊。"十五日,始平王司马裕去世。彗星出现在西方。武帝派遣征北大将军卫瓘征讨鲜卑族的力微。

三月,平虏护军文淑讨伐叛虏树机能等人,都打败了他们。彗星出现在胃宿星区。

二十一日,武帝准备进行一次田猎活动,担心践踏了麦苗而停止。

夏季五月十五日,吴国将领邵凯、夏祥带领兵众七千多人前来归降。

六月,益、梁二州有八郡发生水灾,漂杀居民三百多人,淹没了囤积军粮的简易仓库。

秋季七月,调都督豫州诸军事王浑担任都督扬州诸军事。中山王司马睦由于犯罪,削爵为丹阳县侯。

八月二十一日,武帝改封扶风王司马亮为汝南王、东莞王司马伷为琅玡王、汝阴王司马骏为扶风王、琅玡王司马伦为赵王、渤海王司马辅为太原王、太原王司马颙为河间王、北海王司马陵为任城王、陈王司马斌为西河王、汝南王司马柬为南阳王、济南王司马耽为中山王、河间王司马威为章武王。分封儿子司马玮为始平王、司马允为濮阳王、司马该为新都王、司马遐为清河王,钜平侯羊祜为南城侯。任命汝南王司马亮作镇南大将军。大风吹倒树木,突然降温并且结了冰,五郡国降霜成灾,伤害了庄稼。

九月十七日,调左将军胡奋任都督江北诸军事。兖、豫、徐、青、荆、益、梁七州发生严重的水灾,淹没了秋季作物,武帝诏令开仓赈济灾民。分封齐王的儿子司马蕤为辽东王、司马赞为广汉王。

冬季十一月十六日,武帝来到宣武观,大规模地检阅军队,到二十二日才结束。

十二月,吴国的将领孙慎入寇江夏、汝南,掳掠一千余家后撤走。

这一年,西北杂居的各族,以及鲜卑、匈奴、五溪蛮夷、东方夷族的三个国家,先后十多人次,各自带领本族部落归顺。

四年春季正月初一,发生日蚀。

三月十五日,尚书左仆射卢钦去世。辛酉,调尚书右仆射山涛任尚书左仆射。东方夷族有六国来京朝贡。

夏季四月,光芒类似蚩尤旗状的彗星出现在井宿星区。

六月初十,阴平郡的广武县发生地震,二十七日又震。州刺史杨欣在武威地区与叛虏若罗拔能等人交战,大败,死在战场上。弘训皇后羊氏去世。

秋季七月二十三日,武帝将景献皇后羊氏与景帝合葬于峻平陵内。二十二日,高阳王司马缉去世。二十六日,范阳王司马绥去世。荆、扬二州有二十个郡国,都发生了严重的水灾。

九月,调太傅何曾任太宰。十五日,调尚书令李胤任司徒。

冬季十月,武帝调征北大将军卫瓘任尚书令。扬州刺史应绰进攻吴国的皖城,杀敌军五千人,焚毁囤聚的谷米一百八十万斛。

十一月十六日,太医官署的司马程据,进献用雉鸡头部羽毛制成的裘衣,武帝因其为新奇特异的服饰,是被典制礼仪禁止的东西,在大殿前面焚烧了它。十九日,又敕令中央、地方官吏敢有再违犯的,将惩罚他们。吴国昭武将军刘翻、厉武将军祖始来晋投降。二十六日,调尚书杜预出任都督荆州诸军事;征南大将军羊祜去世。

十二月初一,西河王司马斌去世。十三日,太宰、朗陵公何曾去世。

这一年,东方夷族有九国归附。

五年春季正月,叛虏酋帅树机能攻陷凉州。初一,武帝派遣讨虏护军、武威太守马隆讨伐他。

二月初一,白麟出现在平原国。

三月,匈奴族都督拔弈虚带领部落归顺。十二日,由于百姓正度荒年,武帝也减少膳食费用的一半。彗星出现在柳宿星区。

夏季四月,彗星又出现在女御星区。武帝颁布对已判刑囚犯的减免令,废除部曲督以下将吏的人质制度。

五月二十五日,有八郡国下降冰雹,伤害秋季农作物,损坏了百姓的房屋。

秋季七月,彗星出现在紫宫星座。

九月初四,有麟出现在河南郡。

冬季十月十九日,匈奴余渠都督独雍等人带领部落归顺。汲郡人不准发掘战国魏襄王的墓葬,得到有小篆字体的竹简古书共十多万字,收藏在保存国家秘籍的部门。

十一月,武帝大规模地征伐吴国,派遣镇军将军、琅玡王司马伷出兵涂中,安东将军王浑出兵长江西岸,建威将军王戎出兵武昌,平南将军胡奋出兵夏口,镇南大将军杜预出兵江陵,龙骧将军王浚、广武将军唐彬率领巴蜀的士兵,顺长江向下游进军,东西共有军队二十多万。任命贾充担任大都督,行冠军将军杨济做他的副手,总领各路军队。

十二月,马隆进攻叛虏树机能,彻底打败了叛虏,杀了树机能,凉州的叛乱平定。肃慎国派遣使臣,前来贡献楛木箭杆,石制箭镞。

太康元年春季正月初一,五色云气覆盖了太阳。二十五日,王浑攻克吴国的寻阳、赖乡等城池,活捉了吴国的武威将军周兴。

二月初一,王浚、唐彬等人攻下了丹杨城。初三,又攻克西陵,杀了吴国的西陵都督、镇军将军留宪。征南将军成璩,西陵监郑广。初五,王浚又攻占夷道、乐乡等城,杀了夷道监陆晏、水军都督陆景。十七日,杜预攻陷江陵,杀了吴国的江陵督伍延;平南将军胡奋攻克江安。在这时候,晋国各路军队同时并进,乐乡、荆门等地的吴国守军,相继前来归降。十八日,武帝任命王浚担任都督益、梁二州诸军事,又下达诏令说:"王浚、唐彬向东进军,肃清巴丘以后,与胡奋、王戎共同攻克夏口、武昌,再顺流东下,直达秣陵,与胡奋、王戎审时度势,相机行事。杜预应当稳定零、桂,安抚衡阳。大军既已前进,荆州的南部地区,定当传布檄文就可平定,杜预应分一万人给王浚,七千人给唐彬;夏口既已攻下,胡奋应分七千人给王浚;武昌既已得手,王戎应分六千人增加唐彬的兵力。太尉贾充移驻项城,总管监督各方事宜。"王浚率军向前,攻陷了夏口、武昌,于是战舰漂浮东下,凡是到达的地方,没有遇到抵御就平定了。王浑、周浚在版桥地界,与吴国的丞相张悌交战,大败吴军,杀了张悌以及随同他的吴国将领孙震、沈莹,将他们的人头送往洛阳。孙皓穷困紧迫,请求投降,向琅玡王司马伷送上吴国皇帝的御玺及绶带。

三月十五日,王浚率领水军,直达建邺的石头城,孙皓十分恐惧,反缚双手,载着棺材,在晋军营门前投降。王浚手持符节,代表武帝解开了他的双手,烧毁棺材,送他上京都洛阳。收集吴国的地图户籍,取得四州,四十三郡,三百一十三县,五十二万三千户,三万二千吏,二十三万兵,男女共二百三十万口吴国原来任命的州牧郡守以下的官吏,都继续留任,废除了孙皓繁琐残酷的政令,宣布了简便易行的措施,吴国百姓十分高兴。

夏季四月二十九日,武帝颁发对已判刑囚犯的减免令,更改年号,特别准许民间举行五天的集会饮宴,来表示欢庆,赈恤孤寡老弱、贫困穷苦的人。河东、高平下降冰雹和雨,伤害了秋季作物。武帝派遣兼侍中张侧、黄门侍郎朱震,分别出使扬、越地区,抚慰刚刚归顺的百姓。白麟出现在顿丘境内。三河、魏郡、弘农下降冰雹和雨,伤害了隔年才成熟的麦苗。

五月二十五日,武帝赐孙皓爵位为归命侯,任命他的太子孙瑾担任中郎,其余的儿子任郎中。吴国德高望重的人,根据他们的才能,任命相应的官职。孙氏在交战中阵亡的高级将领,他们的家属搬迁到寿阳县居住;将吏渡江北来定居的,免除十年的租调徭役,百姓和各种工匠,免除二十年。

六月十一日,武帝来到殿前,举行盛大的朝会,并引孙皓上殿,众大臣都高呼万岁。十二日,在太庙中进献鄨渌美酒。有六郡国遭遇雹灾,伤害了秋季农作物。十五日,武帝诏令凡士兵中年龄在六十岁以上的人,都免去徭役,回归家中。二十五日,任命王浚为辅国大将军、襄阳县侯,杜预当阳县侯,王戎安丰县侯,唐彬上庸县侯,贾充、琅玡王司马仙以下人员,都增加封邑。与此同时,评论功绩,进行封赏,分别不同等次赐予公卿以下人员的绢帛。

二十二日,初次设置翊军校尉官职。复封丹水侯司马睦为高阳王。二十九日,东方夷族有十国归附。

秋季七月,叛虏轲成泥入寇西平、浩亹,杀晋督将以下三百多人。东方夷族有二十国入朝贡献。初五,调尚书魏舒任尚书右仆射。

八月,车师前部国王派遣儿子入侍武帝。初五,武帝分封弟弟司马延祚为乐平王。三条白龙出现在永昌境内。

九月,众大臣由于天下统一,多次请求到泰山举行祭礼天地的典礼,武帝谦让,没有允许。

冬季十月初四,废除家中养育五个女儿免除租调徭役的法令。

十二月十五日,广汉王司马赞去世。

二年春季二月,淮南、丹杨发生地震。

三月十五日,安平王司马敦去世。分别不同等次,将俘掠的吴国人口赏赐王公以下人员。武帝下令挑选原孙皓的妓妾五千人,进入后宫。东方夷族有五国入朝贡献。

夏季六月,东方夷族五国归顺。有十六郡国下降冰雹和雨,大风吹倒树木,毁坏百姓的房屋。江夏、泰山发生水灾,漂流居民三百多家。

秋季七月,上党又遭暴风、冰雹大雨袭击,毁坏了秋季作物。

八月,彗星出现在张宿星区。

冬季十月,鲜卑族的慕容瘣入寇昌黎郡。

十一月二十五日,大司马陈骞去世。彗星出现在轩辕星区。鲜卑族入寇辽西郡,平州刺史鲜于婴讨伐,打退了这次侵扰。

三年春季正月初一,撤销秦州建制,与雍州合并。十八日,调尚书令张华出任都督幽州诸军事。

三月,安北将军严询在昌黎地界,打败了鲜卑族慕容瘣,鲜卑死伤数万人。

夏季四月二十五日,太尉、鲁公贾充去世。

闰四月初一,司徒、广陵侯李胤去世。

五月初九，二条白龙出现在济南境内。

秋季七月，废除平州、宁州刺史每三年一次入朝奏事的制度。

九月，东方夷族有二十九国归服，贡献他们的特产。吴国原将领莞恭、帛奉起兵反叛，攻陷建邺县城，杀了县令，竟然围攻扬州；徐州刺史稽喜讨伐，平定了这次叛乱。

冬季十二月十三日，调司空、齐王司马攸任大司马、督青州诸军事，镇东大将军、琅玡王司马伷任抚军大将军，汝南王司马亮任太尉，光禄大夫山涛任司徒，尚书令卫瓘任司空。二十五日，武帝诏令国内水灾、旱灾特别严重的地区，不交田租。

四年春季二月十四日，调尚书右仆射魏舒任尚书左仆射、下邳王司马晃任尚书右仆射。戊午，司徒山涛去世。

二月十九日，武帝分封长乐亭侯司马寔为北海王。

三月初一，发生日蚀。十四日，大司马、齐王司马攸去世。

夏季四月，任城王司马陵去世。

五月初一，大将军、琅玡王司马伷去世。改封辽东王司马蕤为东莱王。

六月，增加九卿官职的礼遇与品秩。牂牁境内的獠族二千多部落归顺。

秋季七月十四日，调尚书右仆射、下邳王司马晃出任都督青州诸军事。二十八日，兖州洪水成灾，免收灾区百姓的田租。

八月，鄯善国王派遣儿子入侍，武帝赐给归义侯的封号。任命陇西王司马泰担任尚书右仆射。

冬季十一月二十二日，新都王司马该去世。调尚书左仆射魏舒担任司徒。

十二月初五，武帝在宣武观大规模地检阅军队。

这一年，河内郡以及荆州、扬州都发生了严重的水灾。

五年春季正月初四，青龙二条出现在武器库内的井中。

二月初二，封南宫王的儿子司马祐为长乐王。二十八日，发生地震。

夏季四月，任城、鲁国的池水色红如血。五月十三日，宣帝庙的大梁断折。

六月，初次设置奉皇帝诏令关押犯人的黄沙监狱。

秋季七月十六日，武帝的儿子司马恢去世。任城、梁国、中山下降雨和冰雹，损坏了秋季农作物。减少征收天下户调的三分之一。

九月，南安地区遭受风灾，吹断了树木。有五郡国发生严重的水灾，降霜成害，损伤了秋季农作物。

冬季十一月十四日，太原王司马辅去世。

十二月初十，武帝发布对已判刑罪犯的减免令。林邑、大秦国分别派遣使臣来朝贡献。

闰十二月，镇南大将军、当阳侯杜预去世。

六年春季正月初一，由于连续几年农业歉收，免除了百姓所欠田租、债务中的旧账。初九，调征南大将军王浑任尚书左仆射、尚书褚翌都督扬州诸军事、杨济都督荆州诸军事。

三月，有六郡国遭遇霜灾，损害了桑树和麦苗。

夏季四月，扶南等十国来朝贡献，参离四千多部落归附。有四郡国发生干旱，十郡国

洪水泛滥成灾,毁坏了百姓的房屋。

秋季七月,巴西地区发生地震。

八月初一,发生日蚀。武帝下令减少征收百姓三分之一的绵绢。有白龙出现在京兆郡内。调镇军大将军王浚任抚军大将军。

九月二十一日,山阳公刘康去世。

冬季十月,南安境内发生山崖滑坡,地下水从中流出。南阳郡捕捉到只有两只足的野兽。龟兹、焉耆国王派遣儿子入侍武帝。

十二月初一,武帝在宣武观大规模地检阅军队,经过十天才结束。十七日,抚军大将军、襄阳侯王浚去世。

七年春季正月初一,发生日蚀。初二,武帝下诏令说:"近几年来,自然灾害和怪异现象多次出现,日蚀发生在正月初一,地壳震动,山崖滑坡。国家治理得不好,责任完全在我一人。公卿大臣每人都密封上书,尽你们所知,讲出灾异多次出现的原因,不要有任何隐瞒或忌讳。"

夏季五月,有十三郡国发生旱灾。鲜卑族慕容瘣入寇辽东。

秋季七月,朱提出现山崩;犍为发生地震。

八月,东方夷族有十一国归顺。京兆发生地震。

九月二十九日,骠骑将军、扶风王司马骏去世。有八郡国发生严重的水灾。

冬季十一月初四,武帝任命陇西王司马泰都督关中诸军事。

十二月,武帝派遣侍御史视察遭受水灾的各郡国。释放后宫女官才人、歌妓舞女以下二百七十多人,各回自己的家中。初次颁发大臣服满三年丧礼的制度。二十一日,河阴地区下降赤雪,面积达二百亩。

这一年,扶南等二十一个国家、马韩等十一个国家派遣使臣,来朝贡献。

八年春季正月初一,发生日蚀。太庙的大殿下塌。

三月十九日,临商观发生地震。

夏季四月,齐国、天水降霜成灾,损害了麦苗。

六月,鲁国发生严重风灾,吹倒了树木,毁坏了百姓的房屋。有八个郡国又出现了严重的水灾。

秋季七月,前殿的地面下陷,深达几丈,其中发现有埋在下面的破船。

八月,东方夷族有二国归顺。

九月,改建太庙。

冬季十月,南康郡的平固县县吏李丰反叛,聚集同党围攻郡县,自称将军。

十一月,海安县的县令萧辅,聚集徒众反叛。

十二月,吴兴郡人蒋迪,聚集党徒反叛,围攻阳羡县。州郡发兵捕捉讨伐,全部判处死刑。南方夷人扶南、西域的康居等国,分别派遣使臣,来朝贡献。

这一年,有五郡国发生了地震。

九年春季正月初一,发生日蚀。武帝下诏书说:"振兴教化的根本,在于政治安定清明,讼事平允及时,地方官吏不去多方体恤百姓的疾苦,却任意凭借私人的恩怨,制造扩大狱讼;又大多贪残污浊,扰乱百姓。当敕令刺史、郡守,纠察那些贪赃枉法的人,推荐那些公正清廉的人,有关部门讨论他们的罢黜或升迁。"又要求中央、地方各级官吏,荐举清廉有才能的人,提拔出身微贱的人。长江东岸的四郡发生地震。

二月,尚书右仆射、阳夏侯胡奋去世,调尚书朱整任尚书右仆射。

三月初七,杨皇后在洛阳城西的郊外,举行亲身蚕事的典礼,分别不同等次赏赐绢帛。二十二日,初次将春季祭社和秋季祭社合并为春季祭社。

夏季四月,长江南岸有八郡国发生地震;陇西郡降霜成灾,伤害了越冬麦苗。

五月,义阳王司马奇触犯刑律,削爵为三纵亭侯。武帝诏令中央、地方各级官吏推荐能胜任郡守、县令职事的人才。

六月初一,发生日蚀。改封章武王司马威为义阳王。有三十二个郡国发生严重旱灾,损害了麦田。

秋季八月十四日,陨石坠落有如雨点。武帝下令郡国将判处五年以下刑期的囚犯马上结案发遣,不要滞留各种讼事。

九月,东方夷族有七国到东夷校尉府归顺。二十四个郡国发生螟灾。

冬季十二月初七,分封河间平王司马洪的儿子司马英为章武王。十二日,青龙、黄龙各一条出现在鲁国境内。

十年夏季四月,由于京兆太守刘霄、阳平太守梁柳办事有方,成效卓著,分别赏赐稻谷一千斛。有八郡国发生霜灾。太庙改建完成。十一日,迁徙死去祖先的牌位进入新建的太庙,武帝在道旁亲自迎接,并举行祭祀远祖、近祖的典礼;颁布对已判刑罪犯的减免令,文武百官增加爵位一级,参加修建太庙的增加二级。十三日,尚书右仆射、广兴侯朱整去世。十九日,崇贤殿发生火灾。

五月,鲜卑族慕容瘣归降,东方夷族有十一国归顺。

六月初七,山阳公刘瑾去世。又恢复分别设置春季祭社与秋季祭社。

冬季十月二十一日,改封南宫王司马承为武邑王。

十一月丙辰,代行尚书令、左光禄大夫荀勖去世。武帝疾病初愈,赏赐王公以下人员的绢帛,各有不同等次。含章殿练武的鞠室发生火灾。

二十三日,武帝任命汝南王司马亮担任大司马、大都督、假黄钺。改封南阳王司马柬为秦王、始平王司马玮为楚王、濮阳王司马允为淮南王,都授予假节的权力,去到各自的封国,并分别统率封国所在地附近数州的军事。分封儿子司马乂为长沙王、司马颖为成都王、司马晏为吴王、司马炽为豫章王、司马演为代王,孙子司马遹为广陵王。又分封濮阳王的儿子司马迪为汉王、始平王的儿子司马仪为毗陵王、汝南王的次子司马韶为西阳公。改封扶风王司马畅为顺阳王、畅的弟弟司马歆为新野公、琅玡王司马觐的弟弟澹为东武公、繇为东安公、漼为广陵公、卷为东莞公。各王国的属官相,改名内史。

二十九日,太庙的大梁断折。

这一年,东方夷族僻远的三十多个国家、西南方夷族的二十多个国家,来朝贡献。叛虏奚轲率男女卜万人归降。

太熙元年春季正月初一,更改年号。初九,调尚书左仆射王浑任司徒、司空卫瓘任太保。

二月十二日,东方夷族有七国入朝贡献。琅玡王司马觐去世。

三月初五，调右光禄大夫石鉴任司空。

夏季四月十二日，调侍中、车骑将军杨骏任太尉、都督中外诸军、录尚书事。二十日，武帝在含章殿逝世，时年五十五岁，葬在峻阳陵地，庙号世祖。

武帝度量宏大，待人厚道，一切事情都本着仁恕的原则办理，能容纳直言正论，从不以粗暴的态度待人；明智通达，长于谋略，能断大事。因此，得以安定各方，平定天下。继魏国奢侈奇刻的风气之后，百姓怀念过去古朴的风尚，武帝就用恭敬节俭原则来加以鞭策，用清心寡欲思想来加以劝导。有关部门曾经上奏宫中的牛青丝鼻绳断了，武帝命令用青麻绳代替它。当朝处理政事能宽容，法令制度有常规。高阳许允被文帝司马昭处死，允的儿子许奇担任太常丞。武帝将要在太庙中行事，朝臣议论因为许奇出生在遭受过打击的家庭，不想要他在行事的时候接近武帝，请求将他调离太常府，出外任长史。武帝追述许允旧日的声誉，称赞许奇的才能，反而提拔他担任了祠部郎，当时的舆论都赞扬武帝这种公正豁达的气度。平定吴国以后，天下太平，于是对施政方略产生了厌倦，沉溺在游荡宴乐的生活之中，放纵偏爱皇后家族，亲近并优待当朝权贵，经验丰富的老臣宿将，得不到信任和重用，典章制度遭到破坏，请托徇私公开流行。到了晚年，明知惠帝司马衷不能承担大任，但是仗恃孙子司马遹天资聪颖，智力过人，所以没有另立太子的打算。又考虑到司马遹不是贾后亲生的儿子，担心最终会导致危机与失败，于是便和亲信共同商议死后的保证措施。出主意的人各说不一，长时间又下不了决心，最后采用了王佑的谋划，派遣太子司马衷的弟弟秦王司马柬都督关中，楚王司马玮、淮南王司马允同时出镇要害的地方，来增强皇室司马氏的力量。又担心皇后杨氏的逼迫，再任命王佑作北军中侯，来统率保卫皇帝的禁军。不久，武帝卧病不起，不见好转，渐渐进入危险状态，共同缔造晋国的功臣，都已先期死去，文武百官惶恐不安，也不知该怎么办才好。适逢武帝的病情稍稍缓了过来，有诏令任命汝南王司马亮辅佐朝政，又想在朝臣中挑选几位名声好、年纪轻的人协助司马亮辅政；杨骏隐藏诏令，不予公布。武帝转眼间又迷糊错乱，杨皇后趁机拟定诏书，任命杨骏辅佐政务，催逼司马亮马上出发，到镇赴任。武帝一会苏醒，询问汝南王司马亮来了没有，示意想见到他，有重要的事情向他交代，身边的人回答没有到，武帝便进入了昏迷垂危的地步。朝廷内部的动乱，实在是起于这样的安排啊。

宣穆张皇后传

【题解】

张春华（178～247年），司马懿的妻子。父亲张汪为魏粟邑县令。她生了晋景帝司马师、晋文帝司马昭和司马干等人。传中称她智识过人，还应加上"心狠手辣。"暴露出封建官场中的残酷争斗。从传中收取的她杀死侍婢灭口一事便可反映出来。

【原文】

宣穆张皇后讳春华，河内平皋人也。父汪，魏粟邑令；母河内山氏，司徒涛之从祖姑也。后少有德行，智识过人，生景帝、文帝、平原王干、南阳公主。

宣帝初辞魏武之命，托以风痹，尝曝书，遇暴雨，不觉自起收之。家惟有一婢见之，后乃恐事泄致祸，遂手杀之以灭口，而亲自执爨。帝由是重之。其后柏夫人有宠，后罕得进见。帝尝卧疾，后往省病。帝曰："老物可憎，何烦出也！"后惭恚不食，将自杀，诸子亦不食。帝惊而致谢，后乃止。帝退而谓人曰："老物不足惜，虑困我好儿耳！"

魏正始八年崩，时年五十九，葬洛阳高原陵，追赠广平县君。咸熙元年，追号宣穆妃。及武帝受禅，追尊为皇后。

【译文】

宣穆张皇后名叫春华，河内郡平皋县人。父亲张汪，魏国粟邑县令；母亲河内人山氏，是司徒山涛的堂姑母。张皇后年幼时有德行，智慧过人，生了景帝司马师、文帝司马昭、平原王司马干和南阳公主。

宣帝司马懿起初推辞了魏武帝的任命，借口是中风麻痹。曾经有一次晒书时，遇上下暴雨，司马懿不由得自己起身去收书。家中只有一个婢女见到了。张皇后恐怕她把事情真相泄露出去招致灾祸，就亲手杀死这个婢女来灭口，然后亲自下厨做饭。宣帝因此很看重她。以后柏夫人受到宠幸，张皇后很少能入内见到宣帝。宣帝曾经患病卧床，张皇后去探望病情。宣帝说："老东西真讨厌，何必烦劳你出来呢？"张皇后又羞愧又恼怒，不肯吃饭，想要自杀，各个儿子们也都不吃饭。宣帝大惊，去向张皇后道歉。张皇后才打消了自杀的念头。宣帝回来以后对别人说："老东西不值得可惜，我只是担心让我的好儿子为难罢了。"

张皇后在魏国的正始八年去世，当时五十九岁，葬在洛阳高原陵，被追赠广平县君。咸熙元年，被追赠宣穆妃的称号。武帝接受魏帝禅让后，追赠她皇后的尊号。

武元杨皇后传

【题解】

杨艳，字琼芝（237～274年），晋武帝司马炎的皇后，出身于著名大族弘农杨氏。父亲杨文宗为魏通事郎。杨艳生了晋惠帝司马衷等人。她性情妒忌，任用私人，收受贿赂，使帝位传给了愚蠢的晋惠帝，又选聘心机险恶的贾南风给惠帝做皇后，使国事混乱，埋下了西晋败亡的种子。

【原文】

武元杨皇后讳艳，字琼芝，弘农华阴人也。父文宗，见《外戚传》；母天水赵氏，早卒。后依舅家，舅妻仁爱，亲乳养后，遣他人乳其子。及长，又随后母段氏，依其家。

后少聪慧，善书，姿质美丽，闲于女工。有善相者尝相后，当极贵，文帝闻而为世子聘焉。甚被宠遇，生毗陵悼王轨、惠帝、秦献王柬、平阳、新丰、阳平公主。武帝即位，立为皇后。有司奏依汉故事,皇后、太子各食汤沐邑四十县,而帝以非古典,不许。后追怀舅氏之恩,显官赵俊,纳俊兄虞女粲於后宫为夫人。

帝以皇太子不堪奉大统,密以语后。后曰:"立嫡以长不以贤,岂可动乎?"初,贾充妻郭氏使略后,求以女为太子妃。及议太子婚,帝欲娶卫瓘女。然后盛称贾后有淑德,又密使太子太傅荀颐进言,上乃听之。泰始中,帝博选良家以充后宫,先下书禁天下嫁娶,使宦者乘使车,给驺骑,驰传州郡,召充选者使后拣择。后性妒,惟取洁白长大,其端正美丽者并不见留。时卞藩女有美色,帝掩扇谓后曰:"卞氏女佳。"后曰:"藩三世后族,其女不可枉以卑位。"帝乃止。司徒李胤、镇军大将军胡奋、廷尉诸葛冲、太尉臧权、侍中冯荪、秘书郎左思及世族子女并充三夫人九嫔之列。司、冀、兖、豫四州二千石将吏家,补良人以下。名家盛族子女,多败衣瘁貌以避之。

及后有疾,见帝素幸胡夫人,恐后立之,虑太子不安。临终,枕帝膝曰:"叔父骏女男胤有德色,愿陛下以备六宫。"因悲泣,帝流涕许之。泰始十年,崩於明光殿,绝于帝膝,时年三十七。诏曰:"皇后逮事先后,常冀能终始永奉宗庙,一旦殂陨,痛悼伤怀。每自以夙丧二亲,於家门之情特隆。又有心欲改葬父祖,以顷者务崇俭约,初不有言,近垂困,说此意,情亦慇之。其使领前军将军骏等自克改葬之宜,至时,主者供给丧事。赐谥母赵氏为县君,以继母段氏为乡君。传不云乎,'慎终追远。民德归厚。'且使亡者有知,尚或嘉之。"

于是有司卜吉,窀穸有期,乃命史臣作哀策叙怀。其词曰:

天地配序,成化两仪。王假有家,道在伉俪。姜嫄佐喾,二妃兴妫。仰希古昔,冀亦同规。今胡不然,景命凤亏。呜呼哀哉!

我应图箓,统临万方。正位于内,实在嫔嫱。天作之合,骏发之祥。河岳降灵,启祚华阳。奕世丰衍,朱绂斯煌。缵女惟行,受命溥将。来翼家邦,宪度是常。缉熙阴教,德声显扬。昔我先妣,晖曜休光。后承前训,奉述遗芳。宜嗣徽音,继序无荒。如何不吊,背世陨丧。望齐无主,长去蒸尝,追怀永悼,率土摧伤。呜呼哀哉!

陵兆既空,将迁幽都。宵陈凤驾,元妃其徂。宫闱遏密,阶庭空虚。设祖布绋,告驾启涂。服罿榆狄,寄象容车。金路晻蔼,裳帐不舒。千乘动轸,六骥踌躇。铭旌树表,婴柳云敷。祁祁同轨,炭炭烝徒。孰不云怀,哀感万夫。宁神虞卜,安体玄庐。土房陶簋,齐制遂初。依行纪谥,声被八区。虽背明光,亦归皇姑。没而不朽,世德作谟。呜呼哀哉!

及葬于峻阳陵。

【译文】

武元杨皇后名艳,字琼芝,弘农郡华阴县人。她的父亲杨文宗,见于《外戚传》;母亲天水人赵氏,很早就去世了。杨皇后依靠舅舅家里抚养,舅母为人仁爱,亲自给皇后喂奶,让别人去哺乳她的孩子。杨皇后长大后,又跟着她的后母段氏生活,住在她们家里。

杨皇后年幼时就很聪明,善于书法,长得十分美丽,又熟习女工。有善于相面的人曾经给杨皇后相过面,认为她一定会非常尊贵。文帝听说后就替世子把她聘娶过来。杨皇后非常得宠,生了毗陵悼王司马轨、惠帝司马衷、秦献王司马柬,以及平阳公主、新丰公主和阳平公主。武帝即位后，把她立为皇后。有关官署奏请依照汉代的旧例，给皇后、太子各自四十个县的食邑，供给沐浴费用。而文帝认为这不是古代的典章，没有答应。杨皇后怀念舅舅家的恩情，给赵俊显赫的官职，把赵俊哥哥赵虞的女儿赵粲收入后宫作夫人。

文帝认为皇太子不具备继承帝位的资格，私下对皇后谈了他的看法。杨皇后说："立继承人要按照长幼而不依据是否贤良，这怎么能改动呢？"以前贾充的妻子郭氏送东西贿赂皇后，请求让她的女儿做太子妃。到商议太子婚姻的时候，文帝想要娶卫瓘的女儿。然而杨皇后极力称赞贾后有美好的品德，又秘密指使太子太傅荀颉向文帝建议，文帝就答应了。泰始年间，文帝广泛挑选良家女子充实后宫，先公布了诏书禁止天下百姓嫁娶女子，又派出宦官乘着出使用的车辆，供给他们骑兵护卫，奔驰到各个州郡去，把被选上的女子送来让杨皇后挑选。皇后的性情妒忌，只选个子高大、皮肤洁白的女子，那些长得端正美丽的全没有被留下。当时卞藩的女儿很美丽，文帝用扇子挡住脸，悄悄对皇后说："卞氏女子很好。"皇后说："卞藩家三代都是皇后的亲族，他的女儿不能放在这么卑微的地位上受委屈。"文帝这才打消了念头。司徒李胤、镇军大将军胡奋、廷尉诸葛冲、太仆臧权、侍中冯荪、秘书郎左思等以及世家大族的女儿都被选入三夫人、九嫔的队伍。司州、冀州、兖州、豫州四处的刺史将军等二千石官员们，献上他们的女儿，补充到良人以下等级的宫女里。名家大族的女子们，大多穿上破旧的衣服，使自己憔悴，来避免被选入宫中。

到了杨皇后有病以后，见到文帝一直宠爱胡夫人，恐怕以后立她为后，担心太子会不安全。杨皇后临终时，枕在文帝的膝盖上说："我的叔父杨骏有个女儿叫男胤，有德行，长得也美，希望陛下让她到后宫来做嫔妃。"接着就悲伤地哭了，文帝也流着眼泪答应了。泰始十年，杨皇后在明光殿去世，死在文帝的膝盖上，当时三十七岁。诏书说："皇后曾侍奉先皇后，经常希望能始终长期供奉宗庙，一旦去世，我非常悲痛伤心。皇后经常因为自己以前丧失了父母，特别看重家族的情谊。她又有心要改葬父亲和祖父，因为过去一切提倡俭朴节约，开始一直没有说过，最近身临垂危，才说了这个打算，我心里也非常哀怜她。现在让领前军将军杨骏等人自己完成改葬的事宜，到改葬时，主管部门供给葬礼需用的开支。赐给她母亲赵氏县君的谥号，封她的继母段氏为乡君。经传上不是说过吗：'对父母的丧事要谨慎小心地办理，相隔很远的祖先也要用礼仪追祭，人民就会归附在淳厚的道德下面。'而且假如死者有知的话，也可能要夸奖的。"

于是有关官员占卜出吉日，确定下葬的日期，就命令史官撰写哀策表达怀念之情。哀策的文辞是：

天地互相配合，变化成阴阳两仪。国王如果有了家庭，要旨在于夫妇伉俪。姜嫄辅佐帝喾，娥皇女英帮助舜兴盛。仰望过去的先圣，希望我们也和他们相同。为什么现在不是这样，光辉的生命忽然陨灭。啊！多么悲伤啊！

我与帝王的图箓相符，统治了四海之内。在皇宫内端正品位，确实是嫔妃的责任。天作之合，迅速崛起的吉祥。河流山川降下了灵验，家族世系开创在华山之阳。世世代代富裕繁衍，红色的绶带多么辉煌。一个个女子相继出行，接受上天的普遍扶助。来辅佐帝王的家庭和王国，维护有秩序的伦理纲常。发扬光大妇女的教化，富有道德的名声被高声颂扬。过去我的先母，熄灭了生命的火光。皇后承续先人的遗训，宣讲先太后的遗芳。应该让她美妙的声音延续下去，没有断绝和遗忘。为什么这样不幸，丢下世人陨亡。遥祭山川没有人主祀，永远离开了秋冬祭祀的位置。怀念过去永远哀痛不止，全国上下都感到悲伤。啊！多么悲痛啊！

陵园坟墓已经修好，将要迁移到地下阴间。夜半就陈列开过去的车驾，元妃已经去世归天。宫中的门户关得严严密密，台阶上庭院中空空荡荡。设下神位，排开丧绋，驱赶灵车走上路途。穿着皇后的礼服，车上挂起皇后遗容。出殡的路上昏昏暗暗，帷帐也不能舒展。千百辆车一齐出动，驾车的六匹好马犹豫不前。竖起铭旌和墓表，棺饰像云朵一样布满。众多的车辆，无边的人群。万民都感到哀伤，谁不在怀念？神灵安宁，占卜吉利，遗体安放在黑暗的地下室。土的房屋，陶的礼器，就是遵守当初的礼制。依据德行记录谥号，声望传播到四面八方。虽然离别了明光宫，但归回到母后身边。人虽死去却永垂不朽，为世人做出道德的典范。啊！多么悲痛啊！

就将杨皇后葬在峻阳陵。

惠贾皇后传

【题解】

贾南风（？～300年），晋惠帝的皇后。父亲贾充，是协助司马炎篡位的功臣，官至大都督。贾南风妒忌而奸诈，专宠后宫，性情残暴，传中记录了她的不少丑行。以后，她又干预朝政，诛杀了杨骏、司马亮等人，谋害太子，终于造成了司马伦等人的"八王之乱"，葬送了西晋王朝，自己也被司马伦假借圣旨毒死。

【原文】

惠贾皇后讳南风，平阳人也，小名峕。父充，别有传。初，武帝欲为太子取卫瓘女，元后纳贾郭亲党之说，欲婚贾氏。帝曰："卫公女有五可，贾公女有五不可。卫家种贤而多子，美而长白；贾家种妒而少子，丑而短黑。"元后固请，荀颙、荀勖并称充女之贤，乃定婚。始欲聘后妹午，午年十二，小太子一岁，短小未胜衣。更娶南风，时年十五，大太子二岁。泰始八年二月辛卯，册拜太子妃。妒忌多权诈，太子畏而惑之，嫔御罕有进幸者。

帝常疑太子不慧，且朝臣和峤等多以为言，故欲试之。尽召东宫大小官属，为设宴会，而密封疑事，使太子决之，停信待反。妃大惧，倩外人作答。答者多引古义。给使张泓曰："太子不学，而答诏引义，必责作草主，更益谴负。不如直以意对。"妃大喜，语泓："便为我好答，富贵与汝共之。"泓素有小才，具草，令太子自写。帝省之，甚悦。先示太子少傅卫瓘，瓘大踟蹰，众人乃知瓘先有毁言，殿上皆称万岁。充密遣语妃云："卫瓘老奴，几破汝家。"

妃性酷虐，尝手杀数人。或以戟掷孕妾，子随刃坠地。帝闻之，大怒，已修金墉城，将废之。充华赵粲从容言曰："贾妃年少，妒是妇人之情耳，长自当差。愿陛下察之。"其后杨珧亦为之言曰："陛下忘贾公闾耶？"荀勖深救之，故得不废。惠帝即位，立为皇后，生河后暴戾日甚。侍中贾模，后之族兄，右卫郭彰，后之从舅，并以才望居位，与楚王玮、东安公繇分掌朝政。后母广城君养孙贾谧干预国事，权侔人主。繇密欲废后，贾氏惮之。及太宰亮、卫瓘等表繇徙带方，夺楚王中候，后知玮怨之，乃使帝作密诏令玮诛瓘、亮，以报宿憾。模知后凶暴，恐祸及己，乃与裴颁、王衍谋废之，衍悔而谋寝。

贾南风

后遂荒淫放恣，与太医令程据等乱彰内外。洛南有盗尉部小吏，端丽美容止，既给厮役，忽有非常衣服，众咸疑其窃盗，尉嫌而辩之。贾后疏亲欲求盗物，往听对辞。小吏云："先行逢一老妪，说家有疾病，师卜云宜得城南少年厌之，欲暂相烦，必有重报。於是随去，上车下帷，内篝箱中，行可十余里，过六七门限，开篝箱，忽见楼阙好屋。问此是何处，云是天上，即以香汤见浴，好衣美食将入。见一妇人，年可三十五六，短形青黑色，眉后有疵。见留数夕，共寝欢宴，临出赠此众物。"听者闻其形状，知是贾后，惭笑而去，尉亦解意。时他人入者多死，惟此小吏，以后爱之，得全而出。及河东公主有疾，师巫以为宜施宽令，乃称诏大赦天下。

初，后诈有身，内稿物为产具，遂取妹夫韩寿子慰祖养之，托谅闇所生，故弗显。遂谋废太子，以所养代立。时洛中谣曰："南风烈烈吹黄沙，遥望鲁国郁嵯峨，前至三月灭汝家。"后母广城君以后无子，甚敬重慰怀，每劝厉后，使加慈爱。贾谧恃贵骄纵，不能推崇太子，广城君恒切责之。及广城君病笃，占术谓不宜封广城，乃改封宜城。后出侍疾十余日，太子常住宜城第，将医出入，恂恂尽礼。宜城临终执后手，令尽意于太子，言甚切至。又曰："赵粲及午必乱汝事，我死后，勿复听入，深忆吾言。"后不能遵之，遂专制天下，威服内外。更与粲、午专为奸谋，诬害太子，众恶彰著。初，诛杨骏及汝南王亮、太保卫瓘、楚王玮等，皆临机专断，宦人董猛参预其事。猛，武帝时为寺人监，侍东宫，得亲信于后，预诛杨骏，封武安侯，猛三兄皆为亭侯，天下咸怨。

及太子废黜，赵王伦、孙秀等因众怨谋欲废后。后数遣宫婢微服於人间视听，其谋颇泄。后甚惧，遂害太子，以绝众望。赵王伦乃率兵入宫，使诩军校尉齐王冏入殿废后。后与冏母有隙，故伦使之。后惊曰："卿何为来！"冏曰："有诏收后。"后曰："诏当从我出，何诏也？"后至上阁，遥呼帝曰："陛下有妇，使人废之，亦行自废。"又问冏曰："起事者谁？"冏曰："梁、赵。"后曰："系狗当系颈，分反系其尾。何得不然！"至宫西，见谧尸，再举声而哭遽止。伦乃矫诏遣尚书刘弘等持节赍金屑酒赐后死。后在位十一年。赵粲、贾午、韩寿、董猛等皆伏诛。临海公主先封清河，洛阳之乱，为人所略，传卖吴兴钱温。温以送女，

【译文】

惠贾皇后名叫南风,平阳人,她的小名叫峕。父亲贾充另有传记。起初晋武帝想要给太子娶卫瓘的女儿,元皇后采纳了贾充、郭氏亲戚朋友的建议,想要娶贾氏。武帝说:"卫公的女儿有五条可娶之处,贾公的女儿有五条不可娶之处。卫家的后代贤惠而且能多生儿子,美丽、白皙、个子又高。贾家的后代好妒忌又生孩子少,又丑又黑,个子矮小。"元皇后坚决请求,荀颉、荀勖又都称赞贾充女儿贤惠,就定下了贾氏这门婚事。开始想要聘娶贾皇后的妹妹贾午,贾午当时十二岁,比太子小一岁,个子矮小,撑不起衣服。就改娶了贾南风,当时她十五岁,比太子大两岁。泰始八年二月辛卯那天,贾南风被册封为太子妃。她为人好妒忌又奸诈多变,太子又害怕她,又被她迷惑,嫔妃们很少有能与太子同房的。

武帝常怀疑太子不聪慧,而且朝臣和峤等人也多这样说,所以想要试验他一下。武帝把东宫的大小官员都召集来,给他们举办宴会,而秘密地把一些疑难问题封在信封中,让太子去决断,把信留下来等待回答。贾妃非常害怕,请别人帮助回答。回答的人引用了很多古代的经义。给使张泓说:"太子不学习,却在回答诏令时引用经义,皇帝一定会追究起草的人,更加重对太子的谴责与失望。不如直接用本意去回答。"贾妃非常高兴,对张泓说:"你就给我好好回答,得到富贵和你一同享受。"张泓一直有些小才能,就起草了答复,让太子自己抄写。武帝看了以后,非常欢喜,先把它拿给太子少傅卫瓘看。卫瓘十分踌躇,官员们都知道卫瓘以前有过诋毁太子的语言,就在殿上齐声称颂万岁。贾充秘密派人对贾妃说:"卫瓘这个老奴才,差点毁灭了你的一家。"

贾妃的性格残酷暴虐,曾经亲手杀死了几个人。有一次她用戟向怀孕的小妾扔去。胎儿随着戟刃一起落地了。武帝听说这件事后,大怒,已经修好了金墉城,准备把贾妃废黜送到那里去。充华赵粲从容不迫地说:"贾妃年纪小,妒忌只是妇人的常情罢了,长大一点自然就会好了。希望陛下谅解这一点。"以后杨珧也替她说话,说:"陛下忘了贾公闾吗?"荀勖努力救助她,所以没有被废黜。惠帝即位后,把贾妃立为皇后。她生了河东、临海、始平公主和哀献皇女。

贾后的暴戾性情越来越厉害。侍中贾模,是皇后的族兄,右卫将军郭彰,是皇后的堂舅,全都依仗才能声望登上高位,他们和楚王司马玮,东安公司马繇分掌朝政。贾后母亲广城君的养孙贾谧干预国家大事,权势与皇帝相等。司马繇秘密地准备废黜贾后,贾氏很惧怕他。到了太宰司马亮、卫瓘等人上书奏请把司马繇迁到带方去并免去楚王的北军中候职务时,贾后知道司马玮怨恨他们,就让皇帝写了密诏命令司马玮诛杀卫瓘和司马亮,以报旧日的仇怨。贾模知道贾后凶暴,恐怕灾祸波及自己,就和裴颜、王衍商议废黜她。王衍后悔了,这个计划就搁置起来了。

贾后便荒淫放荡,和太医令程据等人淫乱,丑闻传遍宫内外。洛阳南边有个捕盗都尉部下的小官吏,相貌美丽,举止端庄,在官署中受驱使服役,忽然穿上了非常华丽的衣服。大家都怀疑他是偷盗来的。都尉也有怀疑,就要把这事审问明白。贾后的远亲想要索取盗去的赃物,也去听小官吏的供词。小官吏说:"以前在路上遇到一个老妇人。她说家里有人得病,巫师占卜说应该找一个城南边的少年人来镇邪,所以想麻烦我去一会儿,一定会有重报。于是我就跟去了,坐在车上后,车子放下了帷帐,又把我装入竹箱内,走了大约十几里地,经过了六七道门坎,打开竹箱后,忽然见到了高楼门阙和华丽的房舍。我问这是什么地方。她说是天上,就用香水给我洗澡,吃了丰美的食物,穿上好衣服,然后把我领进去,见到一个妇女,大约有三十五六岁,个子矮小,皮肤黝黑,眉毛后面有疤痕。我被她留了几个晚上,一起睡觉,欢歌饮宴。临出来时,她赠给我这些东西。"听供词的人听他说的妇女形貌,知道是贾后,很惭愧,讪笑着走了。都尉也明白是怎么回事。当时其他进宫的男人大多被害死了,只有这个小吏,因为贾后喜爱他,能保全生命出宫来。到河东公主有病时,巫师认为应该施行宽松的法令禳解,就以皇帝名义发布诏令大赦天下。

以前,贾后装作有身孕,在衣服里塞上东西充作胎儿,准备产妇的用品,然后把她妹夫韩寿的儿子韩慰祖拿来抱养,托词说是她在居丧期间所生的,所以没有被揭破。贾后便谋划废除太子,用她抱养的儿子代替太子。当时洛阳城里有个民谣:"南风烈烈吹黄沙,遥望鲁国郁嵯峨,前至三月灭汝家。"贾后的母亲广城君因为贾后没有儿子,很敬重愍怀太子,经常劝说督促贾后,让她对愍怀太子加以慈爱。贾谧依仗尊贵,骄傲狂妄,不能尊重太子。广城君经常痛斥他。广城君病重以后,占卜的术士说不应该把她封在广城,就改封她为宜城君。贾后出宫去服侍母病十几天。太子经常去宜城君府上,领着医生出入,非常恭敬,尽到礼数。宜城君临死时拉着贾后的手,叫她尽心照顾太子,言语非常恳切。又说:"赵粲和贾午一定会坏你的事,我死以后,不要再让她们进来,永远记住我的话。"贾后不能遵照这些话做,就独掌了国家大权,威震宫内外,又与赵粲、贾午专门定下奸计,诬蔑陷害太子,各种罪恶十分显著。当初,诛杀杨骏和汝南王司马亮,太保卫瓘、楚王司马玮等人,都是她在临时独自决断,宦官董猛参与了这些事。董猛,在武帝时做寺人监,服侍东宫太子,受到贾后的亲信,参与诛杀杨骏,被封为武安侯。董猛的三个哥哥都被封为亭侯,天下人全怨恨他。

到太子被废黜后,赵王司马伦、孙秀等人借着众人怨恨不满的情绪谋划废黜贾后。贾后多次派宫女换上平民衣服去民间探听消息,司马伦他们的计划泄漏出不少。贾后十分害怕,就害死了太子,以断绝众人的希望。赵王司马伦就领兵进宫,让翊军校尉齐王司马冏进宫殿中废黜贾后。贾后和司马冏的母亲不和,所以司马伦派他去。贾后吃惊地说:"你为什么来这里?"司马冏说:"有诏书抓皇后。"贾后说:"诏书应该从我这里出,你有什么诏书?"贾后到惠帝在的楼阁上,从远处向惠帝喊:"陛下有妻子,却让人去废黜她,你自己也快被人废黜了!"又问司马冏:"谁领头起事的?"司马冏说:"梁王、赵王。"贾后说:"拴狗应该拴住脖子,现在反而拴了它的尾巴,怎么会不变成这样呢!"贾后到了宫城西边,见到贾谧的尸体,再次放声大哭,却又突然停止了哭声。司马伦就假借圣旨派尚书刘弘等人拿着符节,送去用金屑和的酒,让贾后自杀。贾后在位十一年。赵粲、贾午、韩寿、董猛等人全都被处死。

临海公主先被封在清河,洛阳之乱中,被人抢去,转卖给吴兴人钱温。钱温用她陪嫁女儿。钱温的女儿对待公主非常残酷。元帝镇守建业时,公主到县官署去告状,说明自身经历。元帝诛杀了钱温和他的女儿,把公主改封在临海,宗正曹统娶了她。

羊祜传

【题解】

羊祜(221~278),字叔子,泰山南城(今山东费县西南)人。出身于官宦世家。知识渊博,擅长文辞,笃行儒学。曹魏末,任中领军,统率禁兵。西晋建立后,任尚书右仆射、卫将军。晋武帝有灭吴之志,以羊祜为都督荆州诸军事,出镇襄阳,在那里作灭吴的准备。咸宁二年(276)上疏建议伐吴,得到晋武帝赞同。后因病情加重。无法实现,举杜预自代。羊祜每次晋升,常常谦让,因而名望远播,受到朝野推崇。著有《老子传》。羊祜灭吴的愿望虽然未能实现,但他出谋划策,在江汉做做准备,为西晋的灭吴和统一全国打下了基础。

【原文】

羊祜字叔子,泰山南城人也。世吏二千石,至祜九世,并以清德闻,祖续,仕汉南阳太守,父衜,上党太守。祜,蔡邕外孙,景献皇后同产弟。

祜年十二丧父,孝思过礼,事叔父耽甚谨。曾游汶水之滨,遇父老谓之曰:"孺子有好相,年未六十,必建大功于天下。"既而去,莫知所在。及长,博学能属文,身长七尺三寸,美须眉,善谈论。郡将夏侯威异之,以兄霸之子妻之。举上计吏,州四辟从事、秀才,五府交命,皆不就。太原郭奕见之曰:"此今日之颜子也。"与王沈俱被曹爽辟。沈劝就征,祜曰:"委质事人,复何容易。"及爽败,沈以故吏免,因谓祜曰:"常识卿前语。"祜曰:"此非始虑所及。"其先识不伐如此。

夏侯霸之降蜀也,姻亲多告绝,祜独安其室,恩礼有加焉。寻遭母忧,长兄发又卒,毁慕寝顿十余年,以道素自居,恂恂若儒者。

文帝为大将军,辟祜,未就,公车征拜中书侍郎,俄迁给事中、黄门郎。时高贵乡公好属文,在位者多献诗赋,汝南和迪以忤意见斥,祜在其间,不得而亲疏,有识尚焉。陈留王立,赐爵关中侯,邑百户。以少帝不愿为侍臣,求出补吏,徙秘书监。及五等建,封钜平子,邑六百户。钟会有宠而忌,祜亦惮之。及会诛,拜相国从事中郎,与荀勖共掌机密。迁中领军,悉统宿卫,入直殿中,执兵之要,事兼内外。

武帝受禅。以佐命之勋,进号中军将军,加散骑常侍,改封郡公,邑三千户。固让封不受,乃进本爵为侯,置郎中令,备九官之职,加夫人印绶。泰始初,诏曰:"夫总齐机衡,允釐六职,朝政之本也。祜执德清劭,忠亮纯茂,经纬文武,謇謇正直,虽处腹心之任,而不总枢机之重,非垂拱无为委任责成之意也。其以祜为尚书右仆射、卫将军,给本营兵。"时王佑、贾充、裴秀皆前朝名望,祜每让,不处其右。

帝将有灭吴之志,以祜为都督荆州诸军事、假节,散骑常侍、卫将军如故。祜率营兵出镇南夏,开设庠序,绥怀远近,甚得江汉之心。与吴人开布大信,降者欲去皆听之。时长吏丧官,后人恶之,多毁坏旧府,祜以死生有命,非由居室,书下征镇,普加禁断。吴石城守去襄阳七百余里,每为边害,祜患之,竟以诡计令吴罢守。于是戍逻减半,分以垦田八百余顷,大获其利。祜之始至也,军无百日之粮,及至季年,有十年之积。诏罢江北都督,置南中郎将,以所统诸军在汉东江夏者皆以益祜。在军常轻裘缓带,身不被甲,铃阁之下,侍卫者不过十数人,而颇以畋渔废政。尝欲夜出,军司徐胤执棨当营门曰:"将军都督万里,安可轻脱!将军之安危,亦国家之安危也。胤今日若死,此门乃开耳。"祜改容谢之,此后稀出矣。

后加车骑将军,开府如三司之仪。祜上表固让曰:"臣伏闻恩诏,拔臣使同台司。臣自出身以来,适十数年,受任外内,每极显重之任。常以智力不可顿进,恩宠不可久谬,夙夜战悚,以荣为忧。臣闻古人之言,德未为人所服而受高爵,则使才臣不进;功未为人所归而荷厚禄,则使劳臣不劝。今臣身托外戚,事连运会,诚在过宠,不患见遗。而猥降发中之诏,加非次之荣。臣有何功可以堪之,何心可以安之。身辱高位,倾覆寻至,愿守先

羊祜

人弊庐,岂可得哉!违命诚忤天威,曲从即复若此。盖闻古人申于见知,大臣之节,不可则止。臣虽小人,敢缘所蒙,念存斯义。今天下自服化以来,方渐八年,虽侧席求贤,不遗幽贱,然臣不能推有德,达有功,使圣听知胜臣者多,未达者不少。假令有遗德于版筑之下,有隐才于屠钓之间,而朝议用臣不以为非,臣处之不以为愧,所失岂不大哉!臣忝窃虽久,未若今日兼文武之极宠,等宰辅之高位也。且臣虽所见者狭,据今光禄大夫李熹执节高亮,在公正色;光禄大夫鲁芝洁身寡欲,和而不同,光禄大夫李胤清亮简素,立身在朝,皆服事华发,以礼终始。虽历位外内之宠,不异寒贱之家,而犹未蒙此选,臣更越之,何以塞天下之望,少益日月!是以誓心守节,无苟进之志。今道路行通,方隅多事,乞留前恩,使臣得速还屯。不尔留连,必于外虞有阙。匹夫之志,有不可夺。"不听。

及还镇,吴西陵督步阐举城来降。吴将陆抗攻之甚急,诏祜迎阐。祜率兵五万出江陵,遣荆州刺史杨肇攻抗,不克,阐竟为抗所擒。有司奏:"祜所统八万余人,贼众不过三万。祜顿兵江陵,使贼备得设。乃遣杨肇偏军入险,兵少粮悬,军人挫衄。背违诏命,无大臣节。可免官,以侯就第。"竟坐贬为平南将军,而免杨肇为庶人。

祜以孟献营武牢而郑人惧,晏弱城东阳而莱子服,乃进据险要,开建五城,收膏腴之地,夺吴人之资,石城以西,尽为晋有。自是前后降者不绝,乃增修德信,以怀柔初附,慨

然有吞并之心。每与吴人交兵，克日方战，不为掩袭之计。将帅有欲进谲诈之策者，辄饮以醇酒，使不得言。人有略吴二儿为俘者，祜遣送还其家。后吴将夏详、邵颉等来降，二儿之父亦率其属与俱，吴将陈尚、潘景来寇，祜追斩之，美其死节而厚加殡敛。景、尚子弟迎丧，祜以礼遣还。吴将邓香掠夏口，祜募生缚香，既至，宥之。香感其恩甚，率部曲而降。祜出军行吴境，刈谷为粮，皆计所侵，送绢偿之。每会众江沔游猎，常止晋地。若禽兽先为吴人所伤而为晋兵所得者，皆封还之。于是吴人翕然悦服，称为羊公，不之名也。

祜与陆抗相对，使命交通，抗称祜之德量，虽乐毅、诸葛孔明不能过也。抗尝病，祜馈之药，抗服之无疑心。人多谏抗，抗曰："羊祜岂鸩人者！"时谈以为华元、子反复见于今日。抗每告其戍曰："彼专为德，我专为暴，是不战而自服也。各保分界而已，无求细利。"孙皓闻二境交和，以诘抗。抗曰："一邑一乡，不可以无信义，况大国乎！臣不如此，正是彰其德，于祜无伤也。"

祜贞悫无私，疾恶邪佞、荀勖，冯𬘬之徒甚忌之。从甥王衍尝诣祜陈事，辞甚俊辩。祜不然之。衍拂衣而起。祜顾谓宾客曰："王夷甫方以盛名处大位，然败俗伤化，必此人也。"步阐之役，祜以军法将斩王戎，故戎、衍并憾之，每言论多毁祜。时人为之语曰："二王当国，羊公无德。"

咸宁初，除征南大将军，开府仪同三司，得专辟召。初，祜以伐吴必藉上流之势。又时吴有童谣曰："阿童复阿童，衔刀浮渡江。不畏岸上兽，但畏水中龙。"祜闻之曰："此必水军有功，但当思应其名者耳。"会益州刺史王浚征为大司农，祜知其可任，浚又小字阿童，因表留浚监益州诸军事，加龙骧将军，密令修舟楫，为顺流之计。

祜缮甲训卒，广为戒备。至是上疏曰："先帝顺天应时，西平巴蜀，南和吴会，海内得以休息，兆庶有乐安之心。而吴复背信，使边事更兴。夫期运虽天所授，而功业必由人而成，不一大举扫灭，则众役无时得安。亦所以隆先帝之勋，成无为之化也。故尧有丹水之伐，舜有三苗之征，咸以宁静宇宙，戢兵和众者也。蜀平之时，天下皆谓吴当并亡，自此来十三年。是谓一周，平定之期复在今日矣。议者常言吴楚有道后服，无礼先强，此乃谓侯之时耳。当今一统，不得与古同谕。夫适道之论，皆未应权，是故谋之虽多，而决之欲独。凡以险阻得存者，谓所敌者同，力足自固，苟其轻重不齐，强弱异势，则智士不能谋，而险阻不可保也。蜀之为国，非不险也，高山寻云霓，深谷肆无景，束马悬车，然后得济，皆言一夫荷戟，千人莫当。及进兵之日，曾无藩篱之限，斩将搴旗，伏尸数万，乘胜席卷，径至成都，汉中诸城，皆鸟栖而不敢出。非皆无战心，诚力不足相抗。至刘禅降服，诸营堡者索然俱散。今江淮之难，不过剑阁；山川之险，不过岷汉；孙皓之暴，侈于刘禅；吴人之困，甚于巴蜀。而大晋兵众，多于前世，资储器械，盛于往时。今不于此平吴，而更阻兵相守，征夫苦役，日寻干戈，经历盛衰，不可长久，宜当时定，以一四海。今若引梁益之兵水陆俱下，荆楚之众进临江陵，平南、豫州，直指夏口，徐、扬、青、兖并向秣陵，鼓旆以疑之，多方以误之，以一隅之吴，当天下之众，势分形散，所备皆急。巴汉奇兵出其空虚，一处倾坏，则上下震荡。吴缘江为国，无有内外，东西数千里，以藩篱自持，所敌者大，无有宁息。孙皓恣情任意，与下多忌，名臣重将不复自信，是以孙秀之徒皆畏逼而至。将疑于朝，士困于野，无有保世之计，一定之心。平常之日，犹怀去就，兵临之际，必有应者，终不能齐力致死，已可知也。其俗急速，不能持久，弓弩戟楯不如中国。唯有水战是其所便。一入其境，则长江非复所固，还保城池，则去长入短。而官军悬进，人有致节之志，吴人战于其内，有凭城之心。如此，军不逾时，克可必矣。"帝深纳之。

会秦凉屡败，祜复表曰："吴平则胡自定，但当速济大功耳。"而议者多不同，祜叹曰："天下不如意，恒十居七八，故有当断不断。天与不取，岂非更事者恨于后时哉！"

其后，诏以泰山之南武阳、牟、南城、梁父、平阳五县为南城郡，封祜为南城侯，置相，与郡公同。祜让曰："昔张良请受留万户，汉祖不夺其志。臣受钜平于先帝，敢辱重爵，以速官谤！"固执不拜，帝许之。祜每被登进，常守冲退。至心素著，故特见申于分列之外。是以名德远播，朝野具瞻，搢绅金议，当居台辅。帝方有兼并之志，仗祜以东南之任，故寝之。祜历职二朝，任典枢要，政事损益，皆谘访焉，势利之求，无所关与。其嘉谋谠议，皆焚其草，故世莫闻。凡所进达，人皆不知所由。或谓祜慎密太过者，祜曰："是何言欤！夫入则造膝，出则诡辞，君臣不密之诫，吾惟惧其不及。不能举贤取异，岂得不愧知人之难哉！且拜爵公朝，谢恩私门，吾所不取。"

祜女夫尝劝祜"有所营置，令有归戴者，可不美乎"？祜默然不应，退告诸子曰："此可谓知其一不知其二。人臣树私则背公，是大惑也。汝宜识吾此意。"尝与从弟琇书曰："既定边事，当角巾东路。归故里，为容棺之墟。以白士而居重位，何能不以盛满受责乎！疏广是吾师也。"

祜乐山水，每风景，必造岘山，置酒言咏，终日不倦。尝慨然叹息，顾谓从事中郎邹湛等曰："自有宇宙，便有此山。由来贤达胜士，登此远望，如我与卿者多矣！皆湮灭无闻，使人悲伤。如百岁后有知，魂魄犹应登此也。"湛曰："公德冠四海，道嗣前哲，令闻令望，必与此山俱传。至若湛辈，乃当如公言耳。"

祜当讨吴贼有功，将进爵士，乞以赐舅子蔡袭。诏封袭关内侯，邑三百户。

会吴人寇弋阳、江夏，略户口，诏遣侍臣移书诘祜不追讨之意，并欲移州复旧之宜。祜曰："江夏去襄阳八百里，此知贼问，贼去亦已经日矣。步军方往，安能救之哉！劳师以免责，恐非事宜也。昔魏武帝置都督，类皆与州相近，以兵势好合恶离。疆场之间，一彼一此，慎守而已，古之善教也。若辄徙州，贼出无常，亦未知州之所宜据也。"使者不能诘。

祜寝疾，求入朝。既至洛阳，会景献宫车在殡，哀恸至笃，中诏申谕，扶疾引见，命乘辇入殿，无下拜，甚见优礼。及侍坐，面陈伐吴之计。帝以其病，不宜常入，遣中书令张华问其筹策。祜曰："今主上有禅代之美，而功德未著。吴人虐政已甚，可不战而克。混一六合，以兴文教，则主齐尧舜，臣同稷契，为百代之盛轨。如舍之，若孙皓不幸而没，吴人更立令主，虽百万之众，长江未可而越也，将为后患乎！"华深赞成其计。祜谓华曰："成吾志者，子也。"帝欲使祜卧护诸将，祜曰："取吴不必须臣自行，但既平之后，当劳圣虑耳。功名之际，臣所不敢居。若事了，当有所付授，愿审择其人。"

疾渐笃，乃举杜预自代。寻卒，时年五十八。帝素服哭之，甚哀。是日大寒，帝涕泪沾须鬓，皆为冰焉。南州人征市日闻祜丧，莫不号恸，罢市，巷哭者声相接。吴守边将士亦为之泣。其仁德所感如此。赐以东园秘器，朝服一袭，钱三十万，布百匹。诏曰："征南大将军南城侯祜，蹈德冲素，思心清远。始在内职，值登大命，乃心笃诚，左右王事，入综机密，出统方岳。当终显烈，永辅朕躬，而奄忽殂陨，悼之伤怀。其追赠侍中、太傅，持节如故。"

祜立身清俭,被服率素,禄俸所资,皆以赡给九族,赏赐军士,家无余财。遗令不得以南城侯印入柩。从弟琇等述祜素志,求葬于先人墓次。帝不许,赐去城十里外近陵葬地一顷,谥曰成。祜丧既引,帝于大司马门南临送。祜甥齐王攸表祜妻不以侯敛之意,帝乃诏曰:"祜固让历年,志不可夺。身没让存,遗操益厉,此夷叔所以称贤,季子所以全节也。今听复本封,以彰高美。"

初,文帝崩,祜谓傅玄曰:"三年之丧,虽贵遂服,自天子达;而汉文除之,毁礼伤义,常以叹息。今主上天纵至孝,有曾闵之性,虽夺其服,实行丧礼。丧礼实行,除服何为邪!若因此革汉魏之薄,而兴先王之法,以敦风俗,垂美百代,不亦善乎!"玄曰:"汉文以末世浅薄,不能行国君之丧,故因而除之。除之数百年,一旦复古,难行也。"祜曰:"不能使天下如礼,且使主上遂服,不犹善乎!"玄曰:"主上不除而天下除,此为但有父子,无复君臣,三纲之道亏矣。"祜乃止。

祜所著文章及为《老子传》并行于世。襄阳百姓于岘山祜平生游憩之所建碑立庙,岁时飨祭焉。望其碑者莫不流涕,杜预因名为堕泪碑。荆州人为祜讳名,屋室皆以门为称,改户曹为辞曹焉。

祜开府累年,谦让不辟士,始有所命,会卒,不得除署。故参佐刘侩、赵寅、刘弥、孙勃等笺诣预曰:"昔以谬选,忝备官属,各得与前征南大将军祜参同庶事。祜执德冲虚,操尚清远,德高而体卑,位优而行恭。前膺显命,来抚南夏,既有三司之仪,复加大将军之号。虽居其位,不行其制。至今海内渴仁,群俊望风。涉其门者,贪夫反廉,懦夫立志,虽夷惠之操,无以尚也。自镇此境,政化被乎江汉,潜谋远计,辟国开疆,诸所规摹,皆有轨量。志存公家,以死勤事,始辟四掾,未至而陨。夫举贤报国,台辅之远任也;搜扬侧陋,亦台辅之宿心也;中道而废,亦台辅之私恨也。履谦积稔,晚节不遂,此远近所以为之感痛者也。昔召伯所憩,爱流甘棠;宣子所游,封殖其树。夫思其人,尚及其树,况生存所辟之士,便当随例放弃者乎!乞蒙列上,得依已至掾属。"预表曰:"祜虽开府而不备僚属,引谦之至,宜见显明。及扶疾辟士,未到而没。家无胤嗣,官无命士,此方之望,隐忧载怀。夫笃终追远,人德归厚,汉祖不惜四千户之封,以慰赵子弟心。请议之。"诏不许。

祜卒二岁而吴平,群臣上寿,帝执爵流涕曰:"此羊太傅之功也。"因以克定之功,策告祜庙,仍依萧何故事,封其夫人。策曰:"皇帝使谒者杜宏告故侍中太傅钜平成侯祜:昔吴为不恭,负险称号,郊境不辟,多历年所。祜受任南夏,思静其难,外扬王化,内经庙略,著德推诚,江汉归心,举有成资,某有全策。昊天不吊,所志不卒,朕用悼恨于厥心。乃班命群帅,致天之讨,兵不逾时,一征而灭,畴昔之规,若合符契。夫赏不失劳,国有彝典,宜增启土宇,以崇前命,而重违公高让之素。今封夫人夏侯氏万岁乡君,食邑五千户,又赐帛万匹,谷万斛。"

祜年五岁,时令乳母取所弄金环。乳母曰:"汝先无此物。"祜即诣邻人李氏东垣桑树中探得之。主人惊曰:"此吾亡儿所失物也,云何持去!"乳母具言之,李氏悲恸。时人异之,谓李氏子则祜之前身也。又有善相墓者,言祜祖墓所有帝王气,若凿之则无后,祜遂凿之。相者见曰:"犹出折臂三公",而祜竟堕马折臂,位至公而无子。

帝以祜兄子暨为嗣,暨以父没不得为人后。帝又令暨弟伊为祜后,又不奉诏。帝怒,并收免之。太康二年,以伊弟篇为钜平侯,奉祜嗣。篇历官清慎,有私牛于官舍产犊,及迁而留之。位至散骑常侍,早卒。

孝武太元中,封祜兄玄孙之子法兴为钜平侯,邑五千户。以桓玄党诛,国除。尚书祠部郎荀伯子上表讼之曰:"臣闻咎繇亡嗣,臧文以为深叹,伯氏夺邑,管仲所以称仁。功高可百世不泯,滥赏无得崇朝。故太傅、钜平侯羊祜明德通贤,国之宗主,勋参佐命,功成平吴,而后嗣阙然,烝尝莫寄。汉以萧何元功,故绝世辄继,愚谓钜平封宜同酂国。故太尉广陵公准党翼贼伦,祸加淮南,因逆为利,窃飨大邦。值西朝政刑失裁,中兴因而不夺。今王道维新,岂可不大判减否,谓广陵国宜在削除。故太保卫瓘本爵葴阳县公,既被横害,乃进茅土,始赠兰陵,又转江夏。中朝名臣,多非理终,瓘功德无殊,而独受偏赏,谓宜罢其郡封,复邑葴阳,则与夺有伦,善恶分矣。"意寝不报。

祜前母,孔融女,生兄发,官至都督淮北护军。初,发与祜同母兄承俱得病,祜母度不能两存,乃专心养发,故得济,而承竟死。

发长子伦,高阳相。伦弟暨,阳平太守。暨弟伊,初为车骑贾充掾,后历平南将军、都督江北诸军事,镇宛,为张昌所杀,追赠镇南将军。祜伯父秘,官至京兆太守。子祉,魏郡太守。秘孙亮,字长玄,有才能,多计数。与之交者,必伪尽款诚,人皆谓得其心,而殊非其实也。初为太傅杨骏参军,时京兆多盗窃。骏欲更重其法,盗百钱加大辟,请官属会议。亮曰:"昔楚江乙母失布,以为盗由令尹。公若无欲,盗宜自止,何重法为?"骏惭而止。累转大鸿胪,时惠帝在长安,亮与关东连谋,内不自安,奔于并州,为刘元海所害。亮弟陶,为徐州刺史。

【译文】

羊祜,字叔子,是泰山南城人,世代都有人当年俸二千石的大官,到羊祜时共九代,都以清廉有德行而闻名。祖父羊续,在汉朝任南阳太守。父羊衜,任上党太守。羊祜是东汉蔡邕的外孙,晋景帝献皇后的同母弟。

羊祜十二岁丧父,他的孝行的哀思超过常礼,侍奉叔父羊耽十分恭敬谨慎。他曾经在汶水边上游玩,遇一老人,老人对他说:"你这孩子有好的面相,不到六十岁,一定会为国家建立大功。"说完而去,不知他住在哪里。羊祜长大后,博览群书,善做文章,身高七尺三寸,眉须浓密漂亮,善于言谈。郡将夏侯威感到他不同于凡人,把哥哥夏侯霸的女儿嫁给他。曾被荐举为上计吏,州官四次征辟他为从事、秀才,五府也请他做官,他都没有接受。太原人郭奕见到他后说:"这位是今天的颜回呀。"后来羊祜与王沈一起被曹爽所辟用,王沈劝羊祜应命就职,羊祜说:"委身侍奉别人,谈何容易。"后来曹爽失败,王沈因为是他的属官被免职,他对羊祜说:"应该常常记住你以前的话。"羊祜说:"这不是预先能想到的。"他的先见之明和不自夸就是这样。

夏侯霸投降蜀国后,姻亲都与他断绝来往,只有羊祜安慰他的家属,并更加照顾而礼敬他们。不久,羊祜母亲去世,长兄羊发又死,羊祜服丧守礼十余年,其间笃志自律,安分守己,朴实得像个儒生。

文帝司马昭为大将军,辟召羊祜,他没有应召,由公家车送到朝廷征拜为中书侍郎、不久升为给事中、黄门郎。当时高贵乡公曹髦爱好文学,有官位的人多进献诗赋,汝南人和逌因为冒犯而遭贬斥,羊祜在这期间并没有因此而亲亲疏疏,有识之士很推崇他。陈留王曹奂即帝位，被赐爵为关中侯，食邑一百户。因为对天子有点看不起而不愿意为近侍大臣，要求出外补做个官，后迁官为秘书监。建立五等制爵位以后，被封为钜平子，食邑六百户。钟会被天子宠爱而又多猜忌，羊祜也怕他。后钟会被诛杀，羊祜被任命为相国从事中郎，与荀勖共同掌握朝廷机密。迁任中领军，统率全部宿卫战士，在皇宫中值班，掌握了军队的核心，兼管内外政事。

晋武帝司马炎称帝，羊祜因为有辅助的功勋，进号中军将军，加官散骑常侍，改封为郡公，食邑三千户。但他坚持推让，于是由原爵晋升为侯，其间设置郎中令，备设九官之职，授给他夫人印绶。泰始年间初年，晋武帝下诏说："总揽中枢机要，统理六部，是朝廷的根本任务。羊祜道德高尚，忠心耿耿，文武兼备，坦荡忠正，虽已任以腹心之任，而不总揽中枢机密的重职，不是天子垂拱无为委任和责成臣下的本意。因此任命羊祜为尚书右仆射、卫将军，给以本营兵。"当时王佑、贾充、裴秀都是前朝有名望之臣，羊祜每每对他们谦让，不敢居其上。

晋武帝有了灭吴的打算，任命羊祜为都督荆州诸军事、假节、散骑常侍、卫将军照旧不变。羊祜统率军营的兵出镇到南方，开设学校，安抚远近地区，很得到江汉百姓的拥护。他对吴国人开诚宣布，投降的人想要回去都由他自己决定。当时风俗是长吏如果死在官府，后继者认为居住地不吉利，多把旧房拆毁，羊祜认为死生有命，不是由于居室，下书给下属，一律禁止。吴国石城的守备离开襄阳七百多里，常来侵扰，羊祜为此忧虑，最后用诡计使吴国撤销了守备。于是他减少一半戍兵，分出来开垦土地八百余顷，大获收益。羊祜最早到来时，军队没有百天的粮食，到了后期，粮食积蓄可用十年。天子下诏撤销江北都督，设置南中郎将，以其所属在汉东和江夏的各军都归羊祜统领。羊祜在军中常穿轻暖的皮裘衣，宽缓衣带，不穿盔甲，将帅所居地方的侍卫士兵不过十几人，但他常因为打猎钓鱼而耽误公务。有一次夜晚想出去，军司徐胤手执木棨挡着营门说："将军统辖万里之地，怎么可以轻易外出，将军的安危，也是国家的安危。我徐胤今天如果死了，这门才会开。"羊祜马上改为笑容，并感谢他，从此以后就很少独自外出了。

后来加官到车骑将军，开府仪式如同三司。羊祜上表坚持辞让，说："我听到朝廷下恩诏，要提拔臣下地位与三公相同。臣自从入仕以来，才十几年，所担任的内外职务，常常是显要的位置。我常想人的智力不可能有突然的长进，恩宠也不可能长久不衰，我日日夜夜为自己高位战战兢兢，把荣华当作忧患。臣听古人曾说：品德没有被大多数人所佩服而接受高的爵位，会使得有才能的人不再奋进；功劳没有被大多数人所钦佩而获得厚的俸禄，会使有功劳的臣下不再向前。今日臣身为外戚，事事都碰到好的运气，应该警诫受到过分的宠爱，而不怕被遗弃。而陛下多次从宫中降下诏书，加给我过分的荣耀。臣下有何功劳可以承受，怎么能使臣心安。因为高位而使人受到猜忌，全家的覆亡接着就会来到，这时再想守住祖先较简陋的住房，哪里还能实现！违命诚然要冒犯天威，违心服从就会如上所述。听说古人明白事理，大臣的官位层次等级，不可任就停止。臣虽小人，怎敢蒙受高位，只想遵循上述的道理。现在天下自归顺以来，才有八年，虽然朝廷诚心求取贤才，对于地位低和在偏僻处的人才也很少遗漏，然而臣下不能推荐有德行的人，进达有功之士，使得皇上知道超过臣下的人很多，还没有受到重视的人不少。假使有遗留像商代曾做版筑奴隶的大臣傅说那样的才德之士，或者隐居在渭水边钓鱼的西周的吕尚，而朝廷用了臣下而不以为非，臣下接受后也不觉得有愧，那么，这损失不是太大了吗！臣任官虽久，没有像今天这样兼有文武的极高荣宠，等同于宰辅的高位。还有，臣所看到的有限，而现今光禄大夫李憙高风亮节，在职公正严肃；光禄大夫鲁芝清白少欲，能团结人；光禄大夫李胤清正朴素，在朝廷上敬重前辈。始终讲究礼节。他们虽然历任内外要职，但与寒门之家无异，而还没有幸运获此高位，臣超过了他们，怎么能够平息天下人的怨望，为朝廷增光！因此我发誓守住节操，没有苟且晋升的想法。现今道路虽畅通，但边境多事，乞求皇上收回成命，让臣迅速回到边镇屯兵之处，不然在此流连，必然有外敌入侵的危险。匹夫的志愿，是不可能轻易改变的。"朝廷没有同意他辞让。

返回边镇后，吴国西陵督步阐以其城来投降。吴国将领陆抗进攻步阐十分猛烈，天子下诏命羊祜去迎接步阐。羊祜率兵五万从江陵出发，派遣荆州刺史杨肇进攻陆抗，没有成功，步阐最后被陆抗所擒获。有关官员上奏，"羊祜所统率的军队有八万多人，而贼军总共不过三万。羊祜把军队停顿在江陵，使贼军有时间加强防备。派遣杨肇的偏军进入险要地区，兵少粮运不继，军队受挫。羊祜违背了诏命，没有大臣应有的品质。应该免去官职，保留侯节回家。"结果因此被贬官为平南将军，而杨肇则免官为平民。

羊祜鉴于春秋时孟献子经营虎牢而郑国人畏惧，晏弱在东阳筑城而莱子国降服的经验，就进据险要地区，建造了五座城，占据了大批肥沃土地，夺得了吴国人的资财粮食，石城以西地区，都被晋军占有。从此来投降人的前后不断，于是进一步提倡实施恩德信义，以安抚刚来降附的人，因而产生了并吞吴国的念头。每次与吴人交战，先定好日期才开战，不搞突然袭击。将帅中有人建议施用阴谋诡计的人，羊祜就让他们不断喝酒，使他们无法再说。有人抓获吴国两男子为俘虏，羊祜立即把他们遣送回家。后来吴国将领夏详、邵颙等来投降，这两个男子的父也率领其同伴一起前来投降。吴将陈尚、潘景进犯，羊祜追杀了他们，然后宣扬两人的节操而厚加殡殓。潘景、陈尚的子弟来迎丧，羊祜用应有礼节送他们回家。吴将邓香到夏口进犯抢掠，羊祜悬赏活捉邓香，抓来后，又把他放回去。邓香感恩，就率领部队来投降。羊祜的军队进入吴国境内，收割田里稻谷作为粮食，都根据收割数量用绢偿还。每次会集部队在江沔一带游猎，常常限于西晋境内。如果禽兽先被吴国人所伤而后被晋兵夺得的，都送还给他们。于是吴人都很高兴和佩服。称他为羊公，而不呼他名字。

羊祜与陆抗相对垒，使者常有往来，陆抗称赞羊祜的德行与度量，虽然乐毅与诸葛孔明都不能与他相比。陆抗曾患病，羊祜向他赠药，陆抗服下从不疑心。有人对陆抗劝阻，陆抗说："羊祜哪里会是个害人的人！"当时人以为这是春秋时的华元与子反重见于今日。陆抗常常告诫他的戍兵："如果他们专讲德行，我们专施暴力，这是不战而自败。以后要各自分界自保，不要追求小利。"孙皓听说两境和好，责问陆抗。陆抗答："一邑一乡，不可以没有信义，何况大国！臣如不这样，正是使羊祜有德行的名声更大，对于他并无伤害。"

羊祜正直无私，痛恶奸邪之徒，荀勖、冯紞等人很忌恨他。外甥王衍曾经到羊祜处陈述事情，言辞华丽诡弁。羊祜很不以为然，王衍拂袖而去。羊祜对宾客说："王夷甫正因有大的名声而处于高位，然而伤风败俗，必是此人。"步阐之战，羊祜曾打算根据军法处斩王戎，故而王戎、王衍都怨恨他，言谈中常诋毁羊祜。当时人们概括说："二王主持国政，羊公无德可言。"

咸宁年间初期，被任命为征南大将军、开府仪同三司，可以自行辟召僚佐。起初，羊祜认为伐吴必要凭借长江上流的地势。又当时吴国有童谣说："阿童复阿童，衔刀浮渡江，不畏岸上兽，但畏水中龙。"羊祜听说后，说："这必然是水军的作用大，但应当想应验在谁的身上。"刚好益州刺史王浚被任命为大司农，羊祜知道他可以任用，而王浚小字是阿童，因此上表请留王浚为监益州诸军事，加龙骧将军，秘密命令他造船，为顺流而下灭吴做准备。

羊祜修缮盔甲训练士兵，作广泛的军事准备。至此上疏建议："先帝顺应天时，西平巴蜀，南与吴连和，海内得以休息，万民有安居乐业的心愿。但吴国背信弃义，在边境上经常掀起事端。机遇与命运虽然是上天所授予，而建功立业必定要靠人的努力，不进行一次大军出征扫灭敌人，则小的战役会使我们没有安宁的时间。这也是用来增加先帝的功勋，促成无为而治。所以尧有丹水之征伐，舜有三苗的讨平，这都是为了使世界宁静，停止战争让百姓和好。平蜀的时候，大家都认为吴国也应当同时灭亡，自从这时以来已经十三年了，正好是一个周期，平定吴的日期应该就在今天了。人们常议论说吴楚地区总是政治清明时最后归服，天下大乱时最先强盛，这就是说要等待时机。当今天下一统，不能与古代同日而谕。所谓符合一般道理的议论，都没有随机应变，所以出谋划策的人虽然众多，但决断则需要单独的个人。凡是凭地形险要而得以生存的，都认为敌方也是这样，力量足以自固。如果轻重不同，强弱悬殊，那么智士也无法谋略，险阻也不可凭借。蜀汉这个国家，并非不险峻，高山接近云端，深谷没有底，小心谨慎地驾驶车马，才能通过，都说一人当着关，千人也不能抵挡。可是到进兵的时候，这些藩篱也不起作用，斩将拔旗，敌军横尸数万，我军乘胜席卷各地，一直到达成都，汉中等城市都像鸟楼在巢中而不敢出来。不是他们都没有战斗决心，那是因为力量不足以对抗。等到刘禅投降，各营堡就一齐散光。现在长江、淮江的难渡，不超过剑阁；山川的险要，也不超过岷、汉；而孙皓的暴虐，却比刘禅厉害；吴国百姓的困苦，也超过了巴蜀的百姓。并且大晋的军队，多于前代；军事装备和武器，也盛于过去。今天不趁此时平定吴国，而继续屯兵守卫，那么出征的人会遭受苦役，造成天天战争不断，况且国家的盛衰，也不会一直不变；应当适时决定，统一天下。现在如果用梁州益州的兵沿长江水陆俱下，荆楚地区的军队进而靠近江陵，平南将军、豫州刺史的兵直指夏口，徐、扬、青、兖州的兵一起向秣陵进攻，用许多的战鼓旗帜来使敌人疑惑，用多方面的进攻使敌人不能判断何方为主，这样，处在一个角落的吴国，要抵挡天下众多兵力，他们必然会分散力量，使到处感到紧急。这时四川汉中的奇兵乘虚而入，只要吴国一个地方失败，就会引起举国上下震荡不安。吴国沿江建国，没有内外，东西数千里，靠长江作为藩篱来维持，由于战线长，需要防守地方也大，因而没有安宁的时候。孙皓专横任性，与下属矛盾重重，名臣重将都自感难保，因此像孙秀这一类人都因受到畏逼而避难来投。在朝廷将士们都心中自疑不安，在地方上士兵们困苦难熬，没有保卫国家的打算和安定的心思。在平常的日子里，尚且在投降问题上犹豫不决，当大军临近时，必然会有响应我们而来投降的人，他们终究不可能齐心协力战斗到死，这是可以断定的。他们的习俗在于速战，不能持久，弓弩戟楯等武器都不如中原，只有水上的战斗可算是他们的特长。但只要一入他们境内，那么长江已经不起作用，他们退还保卫城市，这样就去掉了长处而只剩下短处。我们官军深入敌境，人人都会有必死的斗志，吴军在自己内地打仗，有依赖城防的心理。由此可见，军事行动的时间不会太长，攻克取胜是必然的。"晋武帝很赞同羊祜的建议。

刚好到秦州与凉州屡遭失败，羊祜再次上表说："吴国平定后则胡人叛乱自然会停止，只是应当迅速实现大功。"但很多人不赞同，羊祜叹道："天下不如意的事，常常是十居八九，故而有当断不断，反受其乱的说法。上天给予的不去取，岂不是让做事的人到以后再遗憾吗！"

此后，皇帝下诏以泰山的南武阳、牟、南城、梁父、平阳五县为南城郡，封羊祜为南城侯，设置相的官职，与郡公同级。羊祜辞让说："从前张良请求受封留侯万户，汉高祖不违背他的志愿。臣从先帝受封钜平，岂敢再受重爵，以招致官员的毁谤！"坚辞不受，晋武帝同意了。羊祜每次晋升，常常退让，诚恳的态度十分明显，所以往往得到意外的提升。因此有德行的名声越传越远，朝野人士都一致推崇他，士大夫们都说他应该居宰相的高位。晋武帝当时正筹划如何兼并吴国，要依仗羊祜来主持平定江南的工作，所以搁置了这件事。羊祜侍奉过两朝君主，掌握了中央机要大权，因此政治上的大事，都要请问他，对于权势和利禄，他从不去钻营。他筹划的良好计谋和公正议论的草稿，过后都加以焚毁，因而世人不知道其内容。凡他所推荐的人，本人都不知道其所由来。有人认为羊祜过于缜密，羊祜说："这是什么话！古人有'入朝则与皇帝促膝谈心，出朝则佯装不知'的训诫，我唯恐做不到这一点。不能举贤任能，岂不是有愧于知人之难！况且拜爵于朝廷，谢恩于私门，这是我所不干的。"

羊祜的女婿曾劝他"应该要经营安排自己的亲信，使能有一批依附和拥戴的人，这不是很重要而有利的事吗？"羊祜默然没有回答，后来告诫几个儿子说："这可说是知其一不知其二。作为臣子树立私恩则必然背弃公义，这是大的祸乱呀。你们要记住我的意思。"羊祜曾给堂弟羊琇写信说："平定边境的事完成以后，我就脱下朝服头戴角巾回到故乡，为自己安排墓地。以寒士而居高位，怎么能不因为太盛太满而受人责难！汉朝的疏广就是我的榜样。"

羊祜爱好山水，每次观赏风景，必然上岘山，一边饮酒一边言词咏诗，终日不倦。他曾感慨叹息，对从事中郎邹湛等说："自从有天地便有此山，历来贤达有才能之士，登此山远望，类似你我那样是很多的，可是都湮灭而不被人知道，令人悲伤。如果百年之后有知，我的灵魂还应再登此山。"邹湛说："您的品德冠于四海，继承了前哲的传统，您的名望，必能与此山一样长久。至于像我辈，则正如您前面所说的那些人呀。"

羊祜因为征讨吴国有功，朝廷要给他晋升爵位和增加封地，羊祜要求把这些转赐给舅舅的儿子蔡袭。于是朝廷下诏封蔡袭关内侯，食邑三百户。

刚好吴人国进攻弋阳、江夏，掠夺人口，武帝下诏派侍臣送信给羊祜责备他为什么不追讨，并且打算把州治迁回旧地。羊祜回答说："江夏离开襄阳八百里，等到知道贼军入侵的消息，贼军离去也已经一天多了。这时步兵才赶去，哪里能够救急呢！如果空劳军队白跑一次，以此来免除责难，恐怕不合时宜。过去魏武帝曹操设置都督，一般都与州治相近，这是因为军事上要求集中而忌讳分散。战场之内，一彼一此，都是为了谨慎防守，这是古代有益的教训。如果动辄迁移州治，贼军出没无常，那时就不知州治应该迁到何处适宜了。"使者无法再指责。

羊祜卧病，要求入朝。到洛阳后，刚好景献皇后逝世，羊祜十分悲痛。皇帝下诏，让他抱病来见，并命他乘坐辇车上殿，不必跪拜，备受优礼。坐定后，羊祜当面陈述伐吴的大计。武帝因他有病，不宜常来，派遣中书令张华去问筹划和策略。羊祜说："现在圣上有接受禅让的美事，但功德还不十分显著。吴国的暴虐已很严重，可以不战而胜。统一天下，振兴文化教化，这样，主上可同尧舜并列，臣下可与稷契等同，成为百代少有的盛世。如果放弃这计划，要是孙皓不幸而死，吴人另立贤主，那时虽有百万之众，长江未必可以渡越，这样吴国将成为后患！"张华十分赞同这计划。羊祜对张华说："能实现我的志向的人，就是你呀。"武帝想让羊祜卧床统领诸将，羊祜说："攻取吴国不必等臣亲自统领出征，但平定之后，要劳烦圣上费心。功和名誉的事，臣不敢去沾边。如果战事结束，要任官授职，希望能慎重选择其人。"

羊祜病渐加重，于是推举杜预接替自己。不久病死，年龄五十八岁。武帝穿着丧服十分悲哀地哭泣。这天刚大寒，武帝的泪水流到鬓须上，都结了冰。南州人在集市上听到羊祜死的消息，没有一个不号啕痛哭，并且停止了集市贸易，街上的哭声连成一片。吴国守边的将士也为他哭泣。羊祜的仁义和品德就是这样地感动人们。朝廷赏赐给东园的棺材，朝服一套，丧钱三十万，布一百匹。诏书说："征南大将军南城侯羊祜，道德高尚，思想纯正深远。开初担任内职，后担负重任，忠心耿耿，掌管国家大事，入则参与机密，出则统率边镇兵力。本应当更有作为，长期辅佐寡人，然而忽然逝世，一想起便内心悲痛。特追赠为侍中、太傅，持节不变。"

羊祜清廉俭朴，衣被都用素布，所得俸禄，都用来周济族人，或赏赐给战士，家无余财。临终遗言，不得把南城侯印放入棺内。堂弟羊琇等叙述羊祜的凤愿，要求葬在祖先墓地。武帝不同意，赐给离京城十里外近皇陵的葬地一顷，谥号曰："成"。羊祜的送丧队伍出发，武帝在大司马门南亲自送行。羊祜外甥齐王司马攸上表说羊祜妻不愿按侯爵级别殓葬的原因，武帝下诏说："羊祜坚持谦让多年，他的志愿不可违背。他身虽死而谦让的美德仍存，遗操越发感人，这就是古代伯夷、叔齐所以被称为贤人，延陵季子保全名节的原因。现在允许恢复原封爵，用以表彰他的高尚的美德。"

起初，文帝死，羊祜对傅玄说："三年之丧，虽然重的是服满丧期，从天子开始，而汉文帝废除了这个礼仪，破坏了礼也损伤了道义，我常为此叹息。现在主上生来十分孝顺，有曾子、闵子骞的品性，虽然迫他脱下丧服，实际上仍在行丧礼。既然丧礼仍在行，为什么要除去丧服呢！如果趁此革除汉魏两代较薄的丧礼，而恢复先王之礼法，以使风俗淳厚，传之百代，不是很好的吗！"傅玄说："汉文帝因为末世风俗浅薄，不能实行国君丧礼，因而废除它。现在已经废了数百年，一旦再恢复古礼，恐怕难以实行。"羊祜说："不能使天下依礼而行，但能使主上服完丧服，不是也更好吗！"傅玄曰："主上不除三年之丧，而天下除去，这是只有父子关系，没有君臣关系，三纲的道理有所亏缺了。"羊祜于是作罢。

羊祜所著文章以及《老子传》都已流传于世。襄阳的百姓在岘山羊祜平生游玩休息的地方建立了碑和庙，一年四时都去祭祀。看到碑的人没有一个不流泪，杜预因此称之为堕泪碑。荆州人为了避羊祜的名讳，屋室的"户"都改称"门"，改户曹为辞曹。

羊祜开府多年，因谦让没有辟召士人，等开始有所辟召，刚好死，不得授官。因此过去羊祜的参佐刘侩、赵寅、刘弥、孙勃等上书给杜预说："过去错被选拔，当了官属，我们各人得以与前征南大将军羊祜一起处理政事。羊祜德行高尚谦虚，操行清正，并且他德高而卑谦，位尊而端恭。先前他接受重命，来镇抚南方，有了三司的仪仗，又加大将军之称号。但虽居其位，没有按此级别行事。至今还为海内人士仰望，群贤效法。和他交往的人，贪心的人一变为清廉，懦弱的人立下了大志，虽然伯夷和柳下惠的操行，也无法超过他。他自从镇守此境，惠政和教化已经传遍了江汉地区，深谋远计，开辟国土疆域，各种规划运筹，都有一定的规制。他一心为国，以死来服勤王事，开始辟召四人为掾属，可惜还未来到他已逝世。推举贤才报效国家，是台辅大臣的重要任务，搜罗任用沉沦下层的奇才，是台辅大臣的凤愿；现在中途而废，也是台辅大臣的遗憾。一生谦和，日积月累，但晚年凤愿没有实现，这是远近的人所以为之感痛的原因。从前召伯休息之处，留下了甘棠佳话，宣子游历之地，都培植了树木。思念其人，尚且及于其树，何况他生前所辟召的人士，就应当随便放弃吗！乞求上官，能够依照已经来到的人使他们成为掾属。"杜预为此上表说："羊祜虽然开府而不备僚属，他这样极端的谦让，应该表彰，后抱病辟士，可惜人未他已去世。他家没有后嗣，做官没有任命士人，但对这一地方的百姓都很关怀和忧思。对死者的优褒追念，人们的德行会敦厚起来，汉高祖不惜用四千户之封，来安慰赵国子弟的心，请有关方面议定。"诏书不同意。

羊祜死后二年而吴国被平定，群众为皇帝庆贺祝寿，武帝拿着酒杯流着眼泪说："这是羊太傅的功劳呵。"接着将克定吴国之功写成策文，祭告于羊祜庙，并按汉代萧何旧例，加封羊祜夫人。策文说："皇帝派谒者杜宏祭告已故侍中太傅钜平成侯羊祜：过去吴国不恭命，凭赖天险称帝，使边境不安宁，已有多年。羊祜受任到南方，想加以平定，对外宣扬王威，对内有朝廷出谋划策，推行德治，江汉的人都心向朝廷，对征伐他胸有成竹和有万全之策。上天无情，他的志愿没有实现，朕的心中充满着悲痛和遗憾。于是命令将帅，出兵讨伐，动兵不久，一战而灭，羊祜过去的规划，与这次战争完全相合。赏功臣不能忘记他们的劳绩，国家有制度规定，应该给羊祜增加封邑，以褒奖他生前的功劳，但却重新违背了他的谦让胸怀。改封他夫人夏侯氏为万岁乡君，食邑五千户，另赐给帛万匹，谷万斛。"

羊祜五岁时，叫乳母取所玩的金环。乳母说："你以前没有这种东西。"羊祜就走到邻居李氏的东墙下，在桑树中找到了金环。主人惊奇地说："这是我死去儿子所失掉的物品，为什么要拿走？"乳母具体讲述了事情经过，李氏十分悲痛。当时人们很惊异，说李氏儿子就是羊祜的前身。又有一个善于相墓的人，说羊祜祖墓附近有帝王气，如果去挖掘则要没有后代，羊祜去挖掘了。看相的人看了后又说："还会出一个折臂的三公高官"，结果羊祜果然落马折臂，位至三公而没有儿子。

武帝起初命羊祜哥哥的儿子羊暨过继为后代，羊暨认为父亲死了不可再过继于人，武帝又命羊暨弟弟羊伊为羊祜的后代，羊伊也不肯。武帝大怒，都把他们收捕了。太康二年，命羊伊弟羊篇为钜平侯，作为羊祜嗣子。羊篇做官清廉谨慎，他的私牛在官舍中产下牛犊，后他升迁时就把这牛犊留下来给公家了。他位到散骑常侍，死得较早。

孝武帝太元年间，又封羊祜哥哥的玄孙之子羊法兴为钜平侯，食邑五千户。后来因是桓玄集团中人被杀，封爵被废除。尚书祠部郎荀伯子上表申诉说："臣听说咎繇的后嗣死亡，臧文仲为此深叹；伯氏被剥夺封邑，管仲因此称仁。功高可以百代不绝，滥赏所得必然短命。已故太傅、钜平侯羊祜德高才俊，是国家的栋梁，功勋相当于佐命，功劳成于平吴大业，可是后代缺绝，祭祀无人。汉代因萧何有首功，所以后代一断就立刻继上，我以为钜平封爵应与酂国相当。已故太尉广陵公陈准成为逆贼司马伦党翼，把祸水加到淮南，发动叛逆来求私利，窃取一方大权。当时正碰到贾后专权，刑政失去准绳，中兴以后也没有剥夺。现在王道再兴，岂可以不判明是非，我认为广陵国应该废除。已故太保卫瓘本爵是葡阳县公，遭到杀害后才进封爵位，始赠为兰陵郡公，又转为江夏郡公。建都洛阳时期的名臣，大多不是善终，卫瓘并无特殊功德，而独独受赏，我认为应该废除他的郡封，恢复为葡阳县公，这样才能封赏和收夺有伦序，善恶才能分明。"结果，这个建议被搁下而没有回音。

羊祜的大母亲是孔融的女儿，生羊发，官做到都督淮北护军。起初，羊发与羊祜同母兄羊承得病，羊祜母估计不能两人都存活，就专心照料羊发，使他免死，而羊承最后终于病死。

羊发的长子羊伦，任高阳国相。羊伦弟羊暨，任阳平太守。羊暨弟羊伊，起初为车骑将军贾充的属官，后历任平南将军、都督江北诸军事，镇守宛城，被张昌所杀，追赠为镇南将军。羊祜伯父羊秘，官至京兆太守，其子羊祉，官至魏郡太守。羊秘孙子羊亮，字长玄，有才能，多计谋。他与人交朋友，必先假装诚恳，别人都以为他对人真心，其实不是真的。最初任太傅杨骏参军，当时京兆地区多盗贼，杨骏想加重刑罚，偷百钱就处死，请官属们对此议论。羊亮说："从前楚江乙的母亲失去布匹，认为偷盗的根源在令尹。您如果没有贪欲，盗贼也应该绝迹，何必用重的刑罚？"杨骏很惭愧而不再实行。不断加官至大鸿胪。当时晋惠帝在长安，羊亮与关东联谋，内心很不安，投奔到并州，被刘元海杀害。羊亮弟羊陶，官至徐州刺史。

杜预传

【题解】

杜预（222~284），字元凯，京兆杜陵（今陕西西安东南）人。博通古今。西晋时，与贾充等制定律令，并作注解。历任河南尹、秦州刺史度支尚书，奏立籍田、兴常平仓、制定课调等。咸宁四年（278），任镇南大将军、都督荆州诸军事，镇襄阳。至镇修缮甲兵，打败吴名将张政。次年，两次上表要求伐吴。太康元年（280），统兵西上，攻克江陵。又沿江而下，进入秣陵。以平吴功，进封当阳县侯。多谋略，有"杜武库"之称。立功之后，耽思经籍。撰有《春秋左氏经传集解》《春秋释例》《春秋长历》《盟会图》《女记赞》等。自称有"《左传》癖"，其《集解》是流传至今的最早的《左传》注解，收入《十三经注疏》中。

【原文】

杜预字元凯，京兆杜陵人也。祖畿，魏尚书仆射。父恕，幽州刺史。预博学多通，明于兴废之道，常言："德不可以企及，立功立言可庶几也。"初，其父与宣帝不相能，遂以幽死,故预久不得调。

文帝嗣立,预尚帝妹高陆公主,起家拜尚书郎,袭祖爵丰乐亭侯,在职四年,转参相府军事。钟会伐蜀,以预为镇西长史。及会反,僚佐并遇害,唯预以智获免,增邑千一百五十户。

与车骑将军贾充等定律令,既成,预为之注解。乃奏之曰:“法者,盖绳墨之断例,非穷理尽性之书也。故文约而例直,听省而禁简。例直易见,禁简难犯。易见则人知所避,难犯则几于刑厝。刑之本在于简直,故必审名分。审名分者,必忍小理。古之刑书,铭之钟鼎,铸之金石,所以远塞异端,使无淫巧也。今所注皆网罗法意,格之以名分。使用之者执名例以审趣舍,伸绳墨之直,去析薪之理也。”诏班于天下。

杜预

泰始中,守河南尹。预以京师王化之始,自近及远,凡所施论,务崇大体。受诏为黜陟之课,其略曰:“臣闻上古之政,因循自然,虚己委诚,而信顺之道应,神感心通,而天下之理得。逮至淳朴渐散,彰美显恶,设官分职,以颁爵禄,弘宣六典,以详考察。然犹倚明哲之辅,建忠贞之司,使名不得越功而独美,功不得后名而独隐,皆畴咨博询,敷纳以言。及至末世,不能纪远而求于密微,疑诸心而信耳目,疑耳目而信简书。简书愈繁,官方愈伪,法令滋章,巧饰弥多。昔汉之刺史,亦岁终奏事,不制算课,而清浊粗举。魏氏考课,即京房之遗意,其文可谓至密。然由于累细以违其体,故历代不能通也。岂若申唐尧之旧,去密就简,则简而易从也。夫宣尽物理,神而明之,存乎其人。去人而任法,则以伤理。今科举优劣,莫若委任达官,各考所统。在官一年以后,每岁言优者一人为上第,劣者一人为下第,因计偕以名闻。如此六载,主者总集采案,其六岁处优举者超用之,六岁处劣举者奏免之,其优多劣少者叙用之,劣多优少者左迁之。今考课之品,所对不钧,诚有难易。若以难取优,以易而否,主者固当准量轻重,微加降杀,不足复曲以法尽也。《己丑诏书》以考课难成,听通荐例。荐例之理,即亦取于风声。六年顿荐,黜陟无渐,又非古者三考之意也。今每岁一考,则积优以成陟,累劣以取黜。以士君子之心相处,未有官故六年六黜清能。六进否劣者也。监司将亦随而弹之。若令上下公相容过,此为清议大颓,亦无取于黜陟也。”

司隶校尉石鉴以宿憾奏预,免职。时虏寇陇右,以预为安西军司,给兵三百人,骑百匹。到长安,更除秦州刺史,领东羌校尉、轻车将军、假节。属虏兵强盛,石鉴时为安西将军,使预出兵击之。预以虏乘胜马肥,而官军悬乏,宜并力大运,须春进讨,陈五不可,四不须。鉴大怒,复奏预擅饰城门官舍,稽乏军兴,遣御史槛车征诣廷尉。以预尚主,在八议,以侯赎论。其后陇右之事卒如预策。

是时朝廷皆以预明于筹略,会匈奴帅刘猛举兵反,自并州西及河东、平阳,诏预以散侯定计,省闼,俄拜度支尚书。预乃奏立藉田,建安边,论处军国之要。又作人排新器,兴常平仓,定谷价,较盐运,制课调,内以利国外以救边者五十余条,皆纳焉。石鉴自军还,

论功不实，为预所纠，遂相仇恨，言论喧哗，并坐免官，以侯兼本职。数年，复拜度支尚书。

元皇后梓宫将迁于峻阳陵。旧制，既葬，帝及群臣即吉。尚书奏，皇太子亦宜释服。预议"皇太子宜复古典，以谅暗终制"，从之。

预以时历差舛，不应晷度，奏上《二元乾度历》，行于世。预又以孟津渡险，有覆没之患，请建河桥于富平津。议者以为殷周所都，历圣贤而不作者，必不可立故也。预曰："'造舟为梁'，则河桥之谓也。"及桥成，帝从百僚临会，举觞属预曰："非君，此桥不立也。"对曰："非陛下之明，臣亦不得施其微巧。"周庙欹器，至汉东京犹在御坐。汉末丧乱，不复存，形制遂绝，预创意造成，奏上之，帝甚嘉叹焉。咸宁四年秋，大霖雨，蝗虫起。预上疏多陈农要，事在《食货志》。预在内七年，损益万机，不可胜数，朝野称美，号曰"杜武库"，言其无所不有也。

时帝密有灭吴之计，而朝议多违，唯预、羊祜、张华与帝意合。祜病，举预自代，因以本官假节行平东将军，领征南军司。及祜卒，拜镇南大将军，都督荆州诸军事，给追锋车、第二驸马。预既至镇，缮甲兵，耀威武，乃简精锐，袭吴西陵督张政，大破之，以功增封三百六十五户。政，吴之名将也。据要害之地，耻以无备取败，不以所丧之实告于孙皓。预欲间吴边将，乃表还其所获之众于皓。皓果召政，遣武昌监刘宪代之。故大军临至，使其将帅移易，以成倾荡之势。

预处分既定，乃启请伐吴之期。帝报待明年方欲大举，预表陈至计曰："自闰月以来，贼但敕严，下无兵上。以理势推之，贼之穷计，力不两完，必先护上流，勤保夏口以东。以延视息，无缘多兵西上，空其国都，而陛下过听，便用委弃大计，纵敌患生。此诚国之远图，使举而有败，勿举可也。事为之制，务从完牢。若或有成，则开太平之基，不成，不过费损日月之间，何惜而不一试之！若当须后年，天时人事不得如常，臣恐其更难也。陛下宿议，分命臣等随界分进，其所禁持，东西同符，万安之举，未有倾败之虑。臣心实了，不敢以暧昧之见自取后累。惟陛下察之。"预旬月之中又上表曰："羊祜与朝臣多不同，不先博画而密与陛下共施此计，故益令多异。凡事当以利害相较，今此举十有八九利，其一二止于无功耳。其言破败之形亦不可得，直是计不出己，功不在身，各耻其前言，故守之也。自顷朝廷事无大小，异意锋起，虽人心不同，亦由恃恩不虑后难，故轻相同异也。昔汉宣帝议赵充国所上事效之后，诘责诸议者，皆叩头而谢，以塞异端也。自秋已来，讨贼之形颇露。若今中止，孙皓怖而生计，或徙都武昌，更完修江南诸城，远其居人，城不可攻，野无所掠，积大船于夏口，则明年之计或无所及。"时帝与中书令张华围棋，而预表适至。华推枰敛手曰："陛下圣明神武，朝野清晏，国富兵强，号令如一。吴主荒淫骄虐，诛杀贤能，当今讨之，可不劳而定。"帝乃许之。

预以太康元年正月，陈兵于江陵，遣参军樊显、尹林、邓圭、襄阳太守周奇等率众循江西上，授以节度，旬日之间，累克城邑，皆如预策焉。又遣牙门管定、周旨、伍巢等率奇兵八百，泛舟夜渡，以袭乐乡，多张旗帜，起火巴山，出于要害之地，以夺贼心。吴都督孙歆震恐，与伍延书曰："北来诸军，乃飞渡江也。"吴之男女降者万余口，旨、巢等伏兵乐乡城外。歆遣军出距王浚，大败而还。旨等发伏兵，随敌军而入，歆不觉，直至帐下，虏歆而还。故军中为之谣曰："以计代战一当万。"于是进逼江陵。吴督将伍延伪请降而列兵登陴，预攻克之。既平上流，于是沅湘以南，至于交广，吴之州郡皆望风归命，奉送印绶，预仗节称诏而绥抚之。凡所斩及生获吴都督、监军十四，牙门、郡守百二十余人。又因兵威，徙将士屯戍之家以实江北，南郡故地各树之长吏，荆土肃然，吴人赴者如归矣。

王浚先列上得孙歆头，预后生送歆，洛中以为大笑。时众军会议，或曰："百年之寇，未可尽克。今向暑，水潦方降，疾疫将起，宜俟来冬，更为大举。"预曰："昔乐毅藉济西一战以并强齐，今兵威已振，譬如破竹，数节之后，皆迎刃而解，无复著手处也。"遂指授群帅，径造秣陵。所过城邑，莫不束手。议者乃以书谢之。

孙皓既平，振旅凯入，以功进爵当阳县侯，增邑并前九千六百户，封子耽为亭侯，千户，赐绢八千匹。

初，攻江陵，吴人知预病瘿，惮其智计，以瓠系狗颈示之。每大树似瘿，辄斫使白；题曰："杜预颈。"及城平，尽捕杀之。

预既还镇，累陈家世吏职，武非其功，请退。不许。

预以天下虽安，忘战必危，勤于讲武，修立泮宫，江汉怀德，化被万里。攻破山夷，错置屯营，分据要害之地，以固维持之势。又修邵信臣遗迹，激用滍淯诸水以浸原田万余顷，分疆刊石，使有定分，公私同利。众庶赖之，号曰："杜父"。旧水道唯沔汉达江陵千数百里，北无通路。又巴丘湖，沅湘之会，表里山川，实为险固，荆蛮之所恃也。预乃开杨口，起夏水达巴陵千余里，内泻长江之险，外通零桂之漕。南土歌之曰："后世无叛由杜翁，孰识智名与勇功。"

预公家之事，知无不为。凡所兴造，必考度始终，鲜有败事。或讥其意碎者，预曰："禹稷之功，期于济世，所庶几也。"

预好为后世名，常言"高岸为谷，深谷为陵"，刻石为二碑，纪其勋绩，一沈万山之下，一立岘山之上，曰："焉知此后不为陵谷乎！"

预身不跨马，射不穿札，而每任大事，辄居将率之列。结交接物，恭而有礼，问无所隐，诲人不倦，敏于事而慎于言。既立功之后，以容无事，乃耽思经籍，为《春秋左氏经传集解》。又参考众家谱第，谓之《释例》。又作《盟会图》《春秋长历》，备成一家之学，比老乃成。又撰《女记赞》。当时论者谓预文义质直，世人未之重，唯秘书监挚虞赏之，曰："左丘明本为《春秋》作传，而《左传》遂自孤行。《释例》本为《传》设，而所发明何但《左传》，故亦孤行。"时王济解相马，又甚爱之，而和峤颇聚敛，预常称"济有马癖，峤有钱癖。"武帝闻之。谓预曰："卿有何癖？"对曰："臣有《左传》癖。"

预在镇，数饷遗洛中贵要。或问其故，预曰："吾但恐为害，不求益也。"

预初在荆州，因宴集，醉卧斋中。外人闻呕吐声，窃窥于户，止见一大蛇垂头而吐。闻者异之。其后征为司隶校尉，加位特进，行次邓县而卒，时年六十三。帝甚嗟悼，追赠征南大将军、开府仪同三司，谥曰成。预先为遗令曰："古不合葬，明于终始之理，同于无有也。中古圣人改而合之，盖以别合无在，更缘生以示教也。自此以来，大人君子或合或否，未能知生，安能知死，故各以己意所欲也。吾往为台郎，尝以公事使过密县之邢山。山上有冢，问耕父，云是郑大夫祭仲，或云子产之冢也，遂率从者祭而观焉。其造冢居山之顶，四望周达，连山体南北之正而邪东北，向新郑城，意不忘本也。其隧道唯塞其后而空其前，不填之，示藏无珍宝，不取于重深也。山多美石不用，必集涢水自然之石以为冢藏，贵不劳工巧，而此石不入世用也。君子尚其有情，小人无利可动，历千载无毁，俭之致也。吾去春入朝，因郭氏丧亡，缘陪陵旧义，自表营洛阳城东首阳之南为将来兆域。而所得地中有小山，上无旧冢。其高显虽未足比邢山，然东奉二陵，西瞻宫阙，南观伊洛，北望夷叔，旷然远览，情之所安也。故遂表树开道，为一定之制。至时皆用洛水圆石，开隧道南向，仪制取法于郑大夫，欲以俭自完耳。棺器小敛之事，皆当称此。"子孙一以遵之。子锡嗣。

【译文】

杜预，字元凯，是京兆杜陵人。祖父杜畿，为三国时魏国的尚书仆射。父亲杜恕，任幽州刺史。杜预学问广博，通晓历史上兴亡成败的道理，常说："立德，我难以达到，立功立言，我有可能达到。"最初，他的父亲因与宣帝司马懿不和，结果被关在监狱中而死，因此之故，杜预久久不能入仕。

文帝司马昭承袭其兄官位，杜预娶了文帝的妹妹高陆公主，开始做官为尚书郎，继承祖父的爵位丰乐亭侯。在职四年，转官为参相府军事。钟会征伐蜀汉，任杜预为镇西长史。后钟会谋反，他的部属大多牵连被杀，只有杜预靠自己的聪明而没有受到处罚，还增加封邑一千一百五十户。

杜预与车骑将军贾充等人制定法律，完成后，杜预作了注解，杜上奏朝廷时，他说："法律，这是判断罪恶的标准，就像木匠用的绳墨，不是穷理尽性的书。因此文字简练而事例明白，判断省便而禁律简要。事例明白就使人们容易理解，禁律简要则使人难于违犯。容易理解则人们知道怎样避免，难于违犯则刑具就可以少用。刑法的根本在于简要明白，故而必定要审明名分等级。所谓审明名分等级，就是要不坚持非原则性的小道理。古代的刑书，刻在钟鼎上，铸造在金石上，这是为了杜塞异端，不使人钻空子。现今所注释的法律，都综合了法律的根本原则，并贯串了等级名分。这样，能使用的人按照名分事例来判明取舍，伸长法律的是非标准，杜绝断章取义。"皇帝下诏把新的律令颁行于全国。

泰始年间，任河南尹。杜预因京师是朝廷推行教化的中心。从近到远，凡所发布的政令和喻示，务必提倡教化的主要内容。他接受诏命起草官吏考核升降的程式，其主要内容说："臣下听说上古的政治，遵循自然之理，由于谦虚诚恳，就能互相信任，下级顺从上级；由于心灵相通，神灵也被感动，故能得到治理天下的道理。到后来淳朴的风气渐渐消失，表彰好的，揭露坏的，设官分职，颁行封爵俸禄，宣扬太宰执掌的治典、礼典、教典、政典、形典、事典即所谓六典，来详细考察官吏各个方面。然而还要依赖有德行有才能的人来辅弼，建立考核、监督忠贞的机关，使得美名不超过他的实际功劳，有功劳的人不会被排挤而无名声，全都广泛地征求意见，然后形成文字。待到了近代，不能像远古一样淳朴，而追求近世的考察细枝末节，心中有疑惑，就相信所见所闻，怀疑所见所闻又相信书信汇报。汇报的书信越多，弄虚作伪也愈多，法令愈多，投机取巧和掩饰的事也越多。从前汉代的刺史，也是年终奏事，不制定详细考核官吏的条文，但能大体上区别官吏的清和浊。曹魏时的考课，是汉代京房的办法，其条文可以说是十分详细。然而由于过分详细反而使它忽视了大的方面，所以历代不能实行。哪里比得上用唐尧的旧法，去密就简，简单易行。揭示事物的规律，洞察它的一切，主要依靠人。如果不依靠人而专门依靠法，就会损伤揭示事物规律。现今核定优劣，不如委任通达事理的官，各自考核他们所管辖部分。任官一年以后,每年推举出优秀的一人为上等,劣差的一人为下等,在皇帝征召时把名字上报。如此经过六年,主管官总结选择,在六年中都评为优秀的人超级提拔,都评为劣差的人免去其官,优多劣少的人继续任用,劣多优少的人降职。现今考课的等级标准,与实际不符,实行起来有难有易。如果按照严格的标准录取优等,按宽松的标准淘汰劣等,主管官固然应当掌握轻重,但只要稍加变动,也就不能完全附和条文的标准。《己丑诏书》因为考课难成,听用推荐办法。推荐的道理,也是取决于舆论。六年才进行荐举,升降都没有一个渐进过程,这不是古代三次考核才能升降的本意。现在每年一考,则积优等可以升官,积劣等就降官免官,如果以士君子的心来对待他们,就不会有在六年中六次罢黜清廉有能的官,六次晋升差劣昏庸的人。监察部门也将会监督弹劾他们。如果出现了上下串通袒护过错,这就将是社会普遍腐败,舆论大坏,升降也就无标准可言了。”

司隶校尉石鉴因过去与杜预有旧仇,在皇帝处告了他的状,使杜预免去了官职。当时少数族进犯陇右地区,朝廷又任命杜预为安西军司,给兵三百人、马百匹。杜预到长安,又重新任命为秦州刺史,兼东羌校尉、轻车将军、假节。正当少数族兵势强盛的时候,当时任安西将军石鉴命杜预出击。杜预提出少数族乘胜而来,马肥兵强,而官军悬军深入,又很疲乏,应该增集兵力,运积粮草,到春天再进讨,他陈述了五条不可以出击、四条不须出击的理由。石鉴大怒,又奏告杜预擅自修饰城门官舍,留止县官征聚的供军用的财物,造成军用物资缺乏。朝廷派遣御史用囚车把杜预押送到廷尉。由于杜预娶了公主,按照当时法律上的‘八议’,他可以用侯爵来赎罪。后来陇右的战事发展正如杜预所预料的那样。

这时期朝廷大臣都认为杜预长于运筹帷幄,刚好匈奴帅刘猛起兵反西晋,从并州向西进到河东、平阳,皇帝下诏命杜预以散侯身份在宫中制定计划,不久拜官为度支尚书。杜预于是上奏建议设立藉田,安定边境,处理军国大事等要点。他又制作了人力排灌机械,兴建常平仓,确定谷的价格,整理食盐运输,制定税赋,对内有利于国家,对外安定边境的建议共五十余条,都被采纳。石鉴从前线回来,论功行赏不符合实际,被杜预揭发,于是互相更加仇恨,指责争吵,结果同时被免去了官职,杜预仅保留了侯爵兼原来职位。几年以后,又任度支尚书。

元皇后的灵柩将迁到峻阳陵。以前的制度,棺材葬下后,皇帝和群臣就可以不再服丧。尚书上奏,皇太子也应该脱下丧服。杜预提议“皇太子应该恢复古制,终三年之丧期”,朝廷同意。

杜预因为历书有误差,不符合日晷刻度,奏上《二元乾度历》,在世间通行。杜预又因为孟津地区渡黄河危险,有覆船的祸患,建议在富平津建河桥。有人认为洛阳地区曾是殷周的都城,历代圣贤没有作桥,其中必有道理。杜预说:“古人说‘造舟为梁’,就是河桥的意思。”桥建成后,武帝和百官们到了桥边视察,武帝举杯对杜预说:“若没有你,此桥不能成功。”杜预答道:“没有陛下的英明,臣也不能施展这小小聪明。”周朝太庙中有一种欹器,注入水后,满则覆,中则正,是置于座右作警戒用的,到汉代洛阳还放在皇帝御座旁。汉末动乱,此器不再存在,其形制也就失传。杜预把它重新制作出来,奏献给皇帝,皇帝赞叹他的聪明。咸宁四年秋天,大雨不停,蝗虫四起,杜预上书多次陈述农业重要和对策,杜预在朝中七年,提出的建议,不可胜数,朝野上下都称赞他,因此有了外号叫“杜武这时，武帝心中有灭吴的计划，而朝廷大臣多不同意，只有杜预、羊祜、张华与武帝意见相同。羊祜病重，推举杜预接替自己，因而杜予以原有官职身份假节，行平东将军，兼管征南军司。羊祜死后，杜预拜任为镇南大将军、都督荆州诸军事，给他一辆追锋车以及第二驸马称号。杜预到镇后，修缮铠甲兵器，实行军事演习，挑选精锐部队，袭击吴国西陵督张政，大败吴军，因功增封三百六十五户。张政是吴国名将，占据了要害地方，他因没有准备而战败，感到耻辱，不敢把失败的实情报告孙皓。杜预想离间这位边将和孙皓的关系，就把从战争中俘虏的吴兵退还给孙皓。孙皓果然召见张政，并派武昌监刘宪取代张政。所以后来大军临近边境，由于其将帅更换，造成了吴国覆灭的形势。

杜预筹划安排已经完成，就启奏朝廷确定伐吴的日期。武帝答应到明年大举伐吴，杜预上表陈述最好的策略说："自从闰月以来，敌人只是戒严，下游没有兵士上溯。以常理和形势推断，敌人计划，其力量不能顾两头，必然先守护上（应为下）游，固保夏口以东，以延长其时日，没有缘由增兵西上，使国都成为空城。而陛下听了片面的话，便放弃了伐吴大计，纵敌生患。这诚然是国家的长远计划，假使大举征吴有可能失败，那就可以不发动。制定大举南伐计划，务必完备。如果大举成功，则从此全国太平，如果不成，不过费损一些时间，这样，何不试上一试！如果要等到明年，天时和人事都会有变化，臣恐怕到那时更加困难了。陛下您早做过决定，命臣等从各地区分别进军，所要规定和约束的，是东西方同时行动，这样就能保证胜利，没有倾覆失败的后果。臣心中明白这点，不敢以暧昧的见识自讨苦吃，愿陛下明察。"杜预在十多天中又上表说："羊祜与朝臣多不相同，他不先广泛征求意见而秘密与陛下共定此计，所以出现了更多的异议。凡事都应用利害来权衡，今大举南伐十有八九对我们有利，只有十之一二对我们无功。那些认为大举会失败的议论也没有多少道理，只是因为计谋不是自己提出，功不在自身，因而违背自己以前说过的话，而坚持反对的立场。近来朝廷事无大小，总是异议锋起，虽然各人出发点不同，但大多是因自恃恩宠而不考虑后果，故而轻易发表不同意见。从前汉宣帝让朝臣议论赵充国的军事计谋，待胜利后，责备反诘一些恃反对意见的人，这些人都叩头谢罪，这样做目的是为了杜塞异端，统一思想。从秋天以来，朝廷打算讨伐吴国的谋略已经显露。如果现在中止，孙皓因害怕而生计，或者徙都到武昌，加强江南各城的防御，把居民迁走，我们城攻不下，野无所掠，把大船集中在夏口，这样明年大举的计划也就不能实现。"当时武帝正在与中书令张华下围棋，杜预的上表来到，张华推开棋盘敛手施礼说："陛下圣明神武，朝野安宁，国富兵强，号令统一。吴主荒淫暴虐，诛杀贤能，当今讨伐，可以不费多少力气，就能马到成功。"武帝才同意这个计划。

太康元年正月，杜预把兵力布置在江陵一带，派参军樊显、尹林、邓圭、襄阳太守周奇等率领众军沿长江西上，授给他们符节，旬日之间，攻克多座城池，都像杜预预料的那样。又派牙门管定、周旨、伍巢等人率领突击队八百人，在夜晚乘船渡江，去袭击乐乡城，预先遍插战旗，在巴山放火，突然袭击吴军要害的地方，首先挫伤敌军的士气。吴军都督孙歆十分震惊恐惧，给伍延的信中说："北方来的军队，是飞渡过长江的。"吴国投降的男女共有一万多人，周旨、伍巢等又在乐乡城埋设了伏兵，等孙歆派出去抵抗王浚的军队大败而回，周旨等的伏兵混入孙歆军中，孙歆没有发觉，于是一直到帐下，俘虏了孙歆就回来了。

因此军中有歌谣说："用计谋代作战,可以以一当万。"接着杜预下令进军江陵。吴国督将伍延伪降,把兵布置城上,杜预指挥晋军攻克了江陵。长江上游平定后,于是沅江、湘江以南,直到交州、广州、吴国的州郡都望风而降,奉送出印绶,杜预提着朝廷的符节,代表朝廷安抚了他们。一共斩杀和活捉了吴国都督、监军十四人,牙门、郡守一百二十余人。又乘着兵威,把吴国的将士和屯田兵家属迁到长江的以北,充实该地区,南郡原来地区各设置了长吏,荆州地区人心安定,吴国人象归家似的纷纷回到这里来。

王浚早先向上汇报已得到了孙歆的头,后来杜预把活的孙歆送到洛阳,成为洛阳城中流传的大笑话。当时各路军将领开会,有人提出:"东吴这个立国近百年的贼寇,不可能一下子消灭。现在正临近夏暑,雨季正到,疾病会多起来,应该等到明年冬天,再大规模发起进攻。"杜预说:"从前乐毅凭借着济水西岸一战而兼并了强大的齐国,现今我们军队的士气正旺盛,好像劈竹,数节以后,就迎刃而解,不需要再费力气了。"于是各路将领;直接向秣陵进发。所过城邑,没有一座不束手投降。主张明冬进军的人写信给杜预表示承认错误。

孙皓被平定后,晋师凯旋回师,杜预因立功晋爵为当阳县侯,增加封邑加上以前的共有九千六百户,封他儿子杜耽为亭侯,食邑一千户,赐给他绢八千匹。

当初进攻江陵时,吴国人知道杜预头颈上长个瘤子,害怕他的计谋,就用瓠系在狗颈上出示给杜预。每当大树上长个像瘤的疙瘩,就斫下一块,在被砍的树上写道"杜预颈"。杜预攻下江陵后,把干这种事的人都逮捕杀掉了。

杜预回到镇后,向朝廷多次陈述自己家族世代为文史,在武的方面没有什么功绩,请求退职。朝廷不同意。

杜预认为天下虽然安定,但忘记战争必定危险,于是他一方面勤于讲武,加强军备,另一方面兴建学校,结果江汉一带百姓都拥护他,教化传播到四周万里之地。他进攻和打败山越,交错设置驻屯军营,分别占据要害地区,以巩固安定的形势。又修建邵信臣的遗迹,利用滍水、淯水,浸灌原田万余顷,分疆域刊石立标记,使土地有固定的界限,公私都得利。民众有了依靠,号称他为"杜父"。旧的水道只有由沔汉到达江陵一千数百里,往北没有水路可通。再者巴丘湖是沅江、湘江交汇的地方,背山临河,十分险固,是荆州蛮人所依靠的地方。杜预于是开凿杨江,从夏水到达巴陵一千多里,内可以疏导长江的洪水,外可以开通零、桂的漕运。南方的人们歌颂杜预说:"后世不叛乱是由于有了杜翁,谁能认识他的智名的勇功。"

杜预对于公众的事,知道的没有不去干的。凡所兴造的工程,必定要全面考虑,很少有做坏的,有人讥笑他管琐碎小事,杜预说:"禹和后稷的功劳,目的是为了救世,我这样做是和他们差不多的。"

杜预很注重后世的名声,常说:"高岸为谷,深谷为陵",他刻了二块石碑记自己的勋绩,一碑埋到万山之下,一碑立在岘山之上,说:"怎么知道这里以后不成为山陵和深谷呢?"

杜预不会骑马,射箭穿不透铠甲,而每次担任大事,总要站在将帅的行列。接待人士,总是恭敬而有礼,回答问题无所隐瞒,诲人不倦,做事敏捷但讲话谨慎。在立了功以后,生活从容,比较空闲,就沉浸在经籍中,写了《春秋左氏经传集解》。又参考众家的谱牒行状，著成《释例》。还写作了《盟会图》《春秋长历》，作为一家之学，到晚年才成功。又撰写《女记赞》。当时有人评论杜预的著作是文义朴实直率，但世人没有重视它，只有秘书监挚虞很赞赏，说："左丘明本来是为《春秋》作传，而后来《左传》独自流传。《释例》本为《左传》而写，但它所阐发创造的何止于《左传》的内容，所以也会单独流传。"当时王济懂得相马术，又很喜欢马，而和峤很爱好聚敛钱财，杜预常称"王济有马癖，和峤有钱癖"。武帝听了，问杜预："你有何癖？"杜预回答："臣有《左传》癖。"

杜预在任镇将时，常常贿赂洛阳朝中的权贵，人家问他为何要这样，杜预回答："我只是怕被人坑害，并不想去求什么好处。"

杜预刚到荆州，在一次宴会喝醉酒后，睡在斋内。外人听到内有呕吐声，就从窗口偷偷地往里瞧，只见有一条大蛇垂头呕吐。听说的人都感到惊异。以后杜预被征为司隶校尉，加位特进，走到邓县时死去，这一年他六十三岁。武帝十分叹惜哀悼，追赠他为征南大将军、开府仪同三司，谥号为"成"。杜预早先有遗嘱说："古代不讲究合葬，是他们明白生死的道理是与有无的道理一样的。中古的圣人改为合葬，大概是因为分与合的道理无所不在，死后也要像生前一样合在一起，以此来教育别人。从此以后，大人君子们或合或分。因为不知生，怎么能知死，所以各人按自己的想法去做。吾以前做台郎，曾因公事经过密县的邢山。山上有冢，问农夫，说是春秋时郑国大夫祭仲或者是子产的墓，于是和随从的人祭奠观看。这冢造在山顶，四周望去十分开阔，墓的方向和山体一样是南北向的，但略偏东北，面向新郑城，意思是不忘本啊。它的隧道只堵塞后段而空着前段，这是表示里面没有埋藏珍宝，用不着多深。山上有许多美丽的石头不用，却只采集洧水旁的自然之石来建造墓穴，可贵在于不劳民力，而此类山上石也并不实用。君子崇尚他们的情操，小人因无利可图而不去挖掘，所以这些墓经历千年而不毁坏，这是由于建造者节俭的结果。我去年春天入京，因郭氏去世，按照涪陵的旧习惯，自己提出营造洛阳城东首阳山之南为陵墓，所得到的地方有小山，上面没有旧冢。它的高显然不足以与邢山相比，但东边能守奉二陵，西边能见到宫阙，南边可看伊水洛水，北边能望伯夷、叔齐的陵墓，山上空旷，可以远眺，这也就安心了。所以就栽树开道，构成一定的规模。到时全部用洛水的园石造墓，开隧道向南，规模形式按照郑大夫的墓冢，也想用节俭来表示自己思想。棺材葬品仪式等事，都按节俭的精神办。"子孙全部都遵行了。后儿子杜锡继承了杜预的爵位。

裴秀传

【题解】

裴秀(223~271)，字季彦，河东闻喜(今山西省闻喜县)人。从小喜欢学习。十几岁的时候，就很有才华，时常得到人们的称赞。后来，经过推荐，大将军曹爽曾任他为黄门侍郎。司马懿掠曹爽，裴秀被罢官，但不久又为晋文帝司马昭所重用，任散骑常侍。在司马昭征讨诸葛诞时，裴秀随从出征，参与谋略，得胜而归。封为鲁阳乡侯，赠给封一千户。后又为司马昭处理政事，改革官制等，封为济川侯，给封地一千四百户。晋武帝得继帝

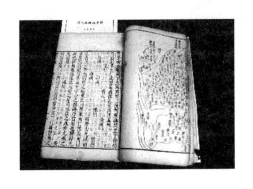

位,多亏裴秀在司马昭面前为他讲好话。武帝即王位,任裴秀为尚书令;即位后,加左光禄大夫,封为钜鹿郡公,封地三千户。泰始四年(268)官至司空,负责地官的职务,掌握全国土地、人口和地图等情况,这个职务与裴秀在地图学方面取得的成就有很大关系。

裴秀在学术上的重要成就是主持编制《禹贡地域图》十八篇和他在撰写图序中提出的编制地图的六项原则,即"制图六体"。此外,他还把"旧天下大图"缩制为"方丈图"(或称"地形方丈图")。著有《冀州记》《易》及《乐》论,而《盟会图》及《典治官制》两种,

《禹贡地域图》书影

可惜没有完成。裴秀总结前人制图经验,在《禹贡地域图》序中提出的"制图六体",为中国传统地图学奠定了理论基础。

【原文】

裴秀字季彦,河东闻喜人也。祖茂,汉尚书令。父潜,魏尚书令。秀少好学,有风操,八岁能属文。叔父徽有盛名,宾客甚众。秀年十余岁,有诣徽者,出则过秀,然秀母贱,嫡母宣氏不之礼,尝使进馔于客,见者皆为之起。秀母曰:"微贱如此,当应为小儿故也。"宣氏知之,后遂止。时人为之语曰:"后进领袖有裴秀。"

渡辽将军毋丘俭尝荐秀于大将军曹爽,曰:"生而岐嶷,长蹈自然;玄静守真,性入道奥;博学强记,无文不该;孝友著于乡党,高声闻于远近。诚宜弼佐谟明,助和鼎味,毗赞大府,光昭盛化。非徒子奇、甘罗之俦,兼包颜、冉、游、夏之美。"爽乃辟为掾,袭父爵清阳亭侯,迁黄门侍郎。爽诛,以故吏免。顷之,为廷尉正,历文帝安东及卫将军司马;军国之政,多见信纳。迁散骑常侍。

帝之讨诸葛诞也,秀也尚书仆射陈泰、黄门侍郎钟会以行台从,豫参谋略。及诞平,转尚书,进封鲁阳乡侯,增邑千户。常道乡公立,以豫议定策,进爵县侯,增邑七百户,迁尚书仆射。魏咸熙初,厘革宪司。时荀颛定礼仪,贾充正法律,而秀改官制焉。秀议五等之爵,自骑督以上六百余人皆封。于是秀封济川侯,地方六十里,邑千四百户,以高苑县济川墟为侯国。

初,文帝未定嗣,而属意舞阳侯攸。武帝惧不得立,问秀曰:"人有相否?"因以奇表示之。秀后言于文帝曰:"中抚军人望既茂,天表如此,固非人臣之相也。"由于世子乃定。

武帝既即王位,拜尚书令、右光禄大夫,与御史大夫王沈、卫将军贾充俱开府,加给事中。及帝受禅,加左光禄大夫,封钜鹿郡公,邑三千户。

时安远护军郝诩与故人书云:"与尚书令裴秀相知,望其为益。"有司奏免秀官,诏曰:"不能使人之不加诸我,此古人所难。交关人事,诩之罪耳,岂尚书令能防乎!其勿有所问。"司隶校尉李喜复上言,骑都尉刘尚为尚书令裴秀占官稻田,求禁止秀。诏又以秀干翼朝政,有勋绩于王室,不可以小疵掩大德,使推正尚罪而解秀禁止焉。

久之，诏曰："夫三司之任，以翼宣皇极，弼成王事者也。故经国论道，赖之明哲，苟非其人，官不虚备。尚书令、左光禄大夫裴秀，雅量弘博，思心通远，先帝登庸，赞事前朝。朕受明命，光佐大业，勋德茂著，配踪元凯。宜正位居体，以康庶绩。其以秀为司空。"

秀儒学洽闻，且留心政事，当禅代之际，总纳言之要，其所裁当，礼无违者。又以职在地官，以禹贡山川地名，以来久远，多有变易。后世说者可强牵引，渐以闇昧。于是甄摘旧文，疑者则阙，古有名而今无者，皆随事注列，作《禹贡地域图》十八篇，奏之，藏于秘府。其序曰：

图书之设，由来高矣。自古立象垂制，而赖其用。三代置其官，国史掌厥职。暨汉屠咸阳，丞相萧何尽收秦之图籍。今秘书既无古之地图，又无萧何所得，惟有汉氏舆地及括地诸杂图。各不设分率，又不考证准望，亦不备载名山大川。虽有粗形，皆不精审，不可依据。或荒外迂诞之言，不合事实。于义无取。

大亚龙兴，混一六合，以清宇宙，始于庸蜀，果入其岨。文皇帝乃命有司，撰访吴蜀地图。蜀土既定，六军所经，地域远近，山川险易，征路于直，校验图记，罔或有差。今上考禹贡山海川流，原隰陂泽，古之九州，及今之十六州，郡国县邑，疆界乡陬，及古国盟会旧名，水陆径路，为地图十八篇。

制图之体有六焉。一曰分率，所以辨广轮之度也。二曰准望，所以正彼此之体也。三曰道里，所以定所由之数也。四曰高下，五曰方邪，六曰迂直，此三者各因地而制宜，所以校夷险之异也。有图象而无分率，则无以审远近之差；有分率而无准望，虽得之于一隅，必失之于他方；有准望而无道里，则施于山海绝隔之地，不能以相通；有道里而无高下、方邪、迂直之校，则径路之数必与远近之实相违，失准望之正矣，故以此六者参而考之。然后远近之实定于分率，彼此之实定于准望，径路之实定于道里，度数之实定于高下、方邪、迂直之算。故虽有峻山钜海之隔，绝域殊方之迥，登降诡曲之因，皆可得举而定者。准望之法即正，则曲直远近无所隐其形也。

秀创制朝仪，广陈刑政，朝廷多遵用之，以为故事。在位四载，为当世名公。服寒食散，当饮热酒而饮冷酒，泰始七年薨，时年四十八。诏曰："司空经德履哲，体蹈儒雅，佐命翼世，勋业弘茂。方将宜献敷制，为世宗范，不幸薨殂，朕甚痛之。其赐秘器、朝服一具、衣一袭、钱三十万、布百匹。谥曰元。"

初，秀以尚书三十六曹统事准例不明，宜使诸卿任职，未及奏而薨。其友人料其书记，得表草言平吴之事，其词曰："孙皓酷虐，不及圣明御世兼弱攻昧，使遣子孙，将遂不能臣；时有否泰，非万安之势也。臣昔虽已屡言，未有成旨。今既疾笃不起，谨重尸启。愿陛下时共施用。"乃封以上闻。诏报曰："司空薨，痛悼不能去心。又得表草，虽在危困，不忘王室，尽忠忧国。省益伤切，辄当与诸贤共论也。"

咸宁初，与石苞等并为王公，配享庙庭。有二子：浚、颁。浚嗣位，至散骑常侍，早卒。浚庶子憬不惠，别封高阳亭侯，以浚少弟颜嗣。

【译文】

裴秀别名季彦，河东（译者按：今山东）闻喜人。祖父裴茂，在汉代任尚书令。父亲裴潜，在三国时的魏国任尚书令。裴秀从小好学，有礼貌，八岁能写文章，叔父裴徽有名望，宾客很多。裴秀十几岁时，客人拜访他叔父后就去看望他。可是裴秀的生母是妾，嫡母宣氏瞧不起她。宴客时曾叫她奉饮食，客人见到她都起身致意。她说："我这么微贱，客人看得起我，是因为我儿子的缘故啊！"宣氏得知后，才不再这么做。当时人们都说："裴秀是青年中有领导才能的人。"

到过辽水地区的将军毌丘俭曾向大将军曹爽推荐裴秀，说："裴秀身材魁伟而灵活，性格恬静，善于思考，记忆力强，学识渊博；在乡里中以孝友著称，远近闻名。很适宜辅佐大将军，赞助宏谋，宣扬教化。不仅可与子奇、甘罗相比，而且兼有颜回、冉求、子游、子夏的美德。"曹爽就任命裴秀为掾，沿袭父亲的爵位清阳亭侯，升任黄门侍郎。曹爽被诛，裴秀因为是他的部下，被罢官。不久，裴秀出任廷尉正，文帝时，任安东及卫将军司马，有关军国大事的意见，多被采纳。升任散骑常侍。

文帝讨伐诸葛诞时，裴秀和尚书仆射陈泰、黄门侍郎钟会都以行台的身份随从文帝，出谋划策。讨平诸葛诞之后，任尚书，加封鲁国乡侯，增封地一千户。常道乡公即位，参与仪定政策，加封爵位为县侯，增封地七百户，任尚书仆射。魏咸熙初年，改革法制官署。当时荀颛负责制定礼仪，贾充制定法律，裴秀负责改革官制。裴秀建议分爵位为五等，自骑督以上六百多人都受封。于是裴秀封为济川侯，土地四周计六十里，封地一千四百户，以高苑县济川墟作为侯国。

当初，文帝还未定后嗣时，曾经属意舞阳侯攸。武帝担心得不到继位，去问裴秀，说："人有没有长相呢？"随即显示了自己相貌奇特的地方。裴秀后来就对文帝说："中抚军（按：指武帝）受人爱戴，仪表不凡，不是当臣子的相貌。"从而决定了继位的人。

武帝即王位后，授裴秀为尚书令、右光禄大夫，与御史大夫王沈、卫将军贾充都开拓府第，加官给事。武帝即位。加官左光禄大夫，封为钜鹿郡公，封地三千户。

那时任职安远护军的郝诩给老朋友的信中说："我与尚书令裴秀相识，盼望他给予好处。"于是有官吏上奏皇帝免除裴秀的官，皇帝下诏说："不能使辄人不来打主意，这是古人也难免的。为自己谋好处，这是郝诩的过错，尚书令怎么能防止呢！你们不必追问了。"司隶校尉李喜又上奏说，骑都尉刘向给尚书令裴秀占据官府稻田，请求禁止裴秀这样做。皇帝诏书又表示裴秀辅佐朝廷政事，有功于王室，不能因有小毛病就淹没了大功劳，需要治刘向的罪不必禁止裴秀。

后来，皇帝下诏书说："三司的任务，是帮助朝廷宣扬政教，安治下民。所以管理国家，规划政令，都要靠三司阐明道理，假如不是这样的人，就不要虚设这样的官。尚书令、左光禄大夫裴秀，博大宽宏，深思远虑，先皇帝重用他辅佐前届朝廷。我受先皇之命，让他辅佐大业，他功绩卓著，应授予重要职位，才符合他的众多业绩。可任命裴秀做司空。"

裴秀的儒学学识深厚，见闻广博，并且关心国家大事，在文帝传位给武帝的时候，总汇纳言官的意见，所做的裁决，没有违背礼教之处。又因职务在地官，认为《禹贡》书中的山种地名，自古以来，多有改变。后人说法中有牵强附会的地方，就逐渐搞不清了。于是裴秀查阅过去的文献，有不确实的就不用，只有古代名称而现在没有的，都加以注明。撰著《禹贡地域图》十八篇，上奏皇帝，由秘书省收藏。在他写的序文中说道：

图书的设备，从来都是受重视的。自古把绘图象的制度流传下来，很有用。夏商周三代设置有这方面的官吏，职务由国史掌管。汉军占领了咸阳，丞相萧何全部接受了秦的图藉。现在秘书省既没有古代的地图,又没有萧何所得到的地图,只有汉代的舆地图和括地图等。这些地图都不设比例尺,又考究访位,注记的名山大川也不全。虽然粗具规模,但都不精确,不能依据。并于遥远地区的不可靠的说法,与事实不符,也不可取。

大晋朝兴起,天下一统,海内清平,从庸蜀(按:今湖北、四川境内)开始,深入到山种险峻的地方都已安定。文皇帝(按:即晋文帝)才命令官吏,编制吴、蜀地图。蜀地既已平定,把军队所经过的地方的地区远或近,山种的险峻或平坦,道路的曲直或笔直,同地图和图书的记载比较,都没有什么差异。现在考证上自《禹贡》书中所记的山海河流,平原池泽,古代的九州,到现在的十六州,郡国县邑,疆界乡里,以及古代国家和盟会地的旧名称,与其间水路陆路等,绘制了地图十八篇。

绘制地图的原则有六:第一,叫作分率(按:即比例尺),用来辨识图上载域面积的大小。第二,叫作准望(按:即方位),用来摆正地物彼此的方位关系。第三,叫作道理(按:即路程),用来定人行道路的里程。第四,叫作高下(按:即高取下);第五,叫作方邪(按:"即方取斜);第六,叫于直(按:即迂取直);这三项原则要各因地制宜,用来校正地表的平坦或险峻的差异(按:即校正由来地表的平坦或险峻之不同而产生的地物间距离的差异)。地图上如果只有图形而没有比例尺,就无从知道地物间的远近之差;有比例尺而有方位,虽然某一处是正确遥,但是在其他地方必然会产生差错;有了方位而没有路程,那么在与山海所隔绝的地方,就不能表示彼此相通;有道路的里程,而没有用高取下、方取斜、迂取直的方法进行校正,那么人行的路程数,必然与水平直线距离的数字不符,方位也就不准确了。所以这六项原则,都需要参照考虑。这样,图上地物的远近,取决于比例尺,地物彼此的关系,取决于方位,人行道路的数,取决于路程,地物间的水平直线距离,取决于采用高取下、方取斜、迂取直的方法来计算。因此,虽然有高山大海的阻隔,远方异国的不同,高低曲直等情况,都不影响地物位置的确定。方位既然无误,那么曲直远近,就能够表示来了。

裴秀曾经创建朝廷礼仪,制定很多刑律法规,朝廷多数照办,当作旧制。他在位四年,是当代著名的爵位最高的人。本来服用寒食散,应该喝热酒,但他喝了冷酒,不幸于泰始七年(271)逝世,终年四十八岁。皇帝的诏书说:"司空(按:即裴秀)德知兼备,举止文雅,辅佐皇朝,功业宏伟。正在他研究制规章制度,作为准则的时候。不幸逝世,我十分悲痛。赐给棺、朝服一件、衣服一套、钱三十万布一百匹。谥号称元。"

起初,裴秀认为尚书三十六曹等吏办法的准则和条例都不明确,应该使各级员都有职责,但是没有来得及上奏皇帝就去世了。裴秀的朋友整理他的文稿时,得到他给皇帝上表的草稿谈到平定东吴这件事时写道:"孙皓残酷又暴虐,不及皇朝治世英明,兼并弱者,进攻昏庸。孙皓的子孙如果也和他一样,将不会称臣,局势有好的一面,也有不好的一面,并非万分安定。我过去虽然多次说过,都没有变成皇帝的旨意。现在病体已经沉重,谨以尸体启奏。希望皇帝即时讨论,采取行动。"于是就封好上奏皇帝。皇帝下诏书传告说:"司空逝世,心中悲痛不已。又得到他上表的草稿,知道他虽已病危,仍不忘皇室,为国尽忠,为国担忧。感到更加悲痛,这件事应该与许多有贤德的人共同讨论。"

咸宁初期,裴秀与石苞等人都列为王公,在王室庙堂祭祀。裴秀有两个儿子:裴浚和裴頠。裴浚继承爵位,至散骑常侍,去世较早。裴浚妾生的儿子裴憬不贤惠,另封他为高阳亭侯,让裴浚的弟裴頠继承爵位。

卫瓘列传

【题解】

卫瓘(公元220~291年),字伯玉,河东安邑(今属山西运城市)人。三国时,仕魏为中书郎,后历迁为廷尉卿。魏权臣司马懿派钟会、邓艾平定了蜀国,钟会谋自立为主,诬邓艾谋反,卫瓘先后除掉钟、邓,升官晋爵。入晋,官至尚书令、侍中、司宫等职,受到晋武帝司马炎的优遇。晋惠帝为太子时,卫瓘认为他不能担当大任,向武帝进言,欲废黜太子,由是引起贾后的嫉恨。惠帝即位后,贾后与楚王司马玮设谋,假传御旨,杀害卫瓘及其一家大小。卫瓘学问渊博,尤以善书著名,是魏晋时期著名的书法家,对后世书法家产生了很大的影响。他和当时的敦煌人尚书郎索靖,都擅长草书,号称"一台二妙"。他们继承了汉代书法家张芝的笔法,并且在此基础上进行了独创性的发展,从而形成了自己特有的风格,人称"卫瓘得张芝的筋骨,索靖得张芝的血肉"。

卫恒(？~291年),字巨山,卫瓘之子。历官太子舍人、尚书郎、秘书丞、太子庶子、黄门郎等。与卫瓘同时遇害。卫恒幼承家学,长于书法,是晋代有名的书法家和书法理论家。他的书法艺术,上承张芝,善写章草、草书、隶书等,被后人称道。他的书法理论著作《四体书势》,可视为晋代以前的书法艺术史。在这部著作中,对于文字的创始以及古文、籀文、小篆、隶书、草书等不同的发展阶段,以及它们的特点,都做了形象的描述,和理论概括。同时,对历代书家的成就、长短得失,都做了精到的分析。这些,在本传里有详细的记述。卫恒的侄女卫夫人(名铄,字茂猗)是有名的女书法家。"书圣"王羲之幼年曾从卫夫人学习书法。卫氏一门,在中国书法艺术史上,占有重要地位。

【原文】

卫瓘字伯玉,河东安邑人也。高祖嵩,汉时帝时,以儒学自代郡征,至河东安邑卒,因赐所亡地而葬之,子孙遂家焉。父觊,魏尚书。瓘年十岁丧父,至孝过人。性贞静有名理,以明识清允称。袭父爵阌乡侯。弱冠为魏尚书郎。时魏法严苛,母陈氏忧之,瓘自请得徙为通事郎,转中书郎。时权臣专政,瓘优游其间,无所亲疏,甚为傅嘏所重,谓之宁武子。在位十年,以任职称,累迁散骑常侍。陈留王即位,拜侍中,持节慰劳河北。以定议功,增邑户。数岁转廷尉卿。瓘明法理,每至听讼,小大以情。

邓艾、钟会之伐蜀也,瓘以本官持节监艾、会军事,行镇西军司,给兵千人。蜀既平,艾辄承制封拜。会阴怀异志,因艾专擅,密与瓘俱奏其状。诏使槛车征之,会遣瓘先收艾,会以瓘兵少,欲会艾杀瓘,因加艾罪。瓘知欲危己,然不可行而距,乃夜至成都,檄艾所统诸将,称诏收艾,其余一无所问。若来赴官军,爵赏如先;敢有不出,诛及三族。比至鸡鸣,悉来赴瓘,唯艾帐内在焉。平旦开门,瓘乘使者车,径入至成都殿前。艾卧未起,父子俱被执。艾诸将图欲劫艾,整仗趣瓘营。轻转出迎之,伪作表草,将申明艾事,诸将信之而止。

俄而会至，乃悉请诸将胡烈等，因执之，囚益州解舍，遂发兵反。于是士卒思归，内外骚动，人情忧惧。会留瓘谋议，乃书版云"欲杀胡烈等"，举以示瓘，瓘不许，因相疑贰。瓘如厕，见胡烈故给使，使宣语三军，言会反。会逼瓘定议，经宿不眠，各横刀膝上。在外诸军已潜欲攻会，瓘既不出，未敢先发。会使瓘慰劳诸军。瓘心欲去，且坚其意，曰："卿三军主，宜自行。"会曰："卿监司，且先行，吾当后出。"瓘便下殿。会悔遣之，使呼瓘。瓘辞眩疾动，诈仆地。比出阁，数十信追之。瓘至外解，服盐汤，大吐。瓘素羸，便似困笃。会遣所亲人及医视之，皆言不起。及暮，门闭，瓘作檄宣告诸军。诸军并已唱义，陵旦共攻会。会率左右距战，诸将击败之，唯帐下数百人随会绕殿而走，尽杀之。瓘于是部分诸将，群情肃然。

邓艾本营将士复追破槛车出艾，还向成都。瓘自以与会共陷艾，惧为变，又欲专诛会之功，乃遣护军田续至绵竹，夜袭艾于三造亭，斩艾及其子忠。初，艾之入江由也，以续不进，将斩之，既而赦焉。及瓘遣续，谓之曰："可以报江由之辱矣。"

事平，朝仪封瓘。瓘以克蜀之功，群帅之力，二将跋扈，自取灭亡，虽运智谋，而无搴旗之效，固让不受。除使持节、都督关中诸军事、镇西将军，寻迁都督徐州诸军事、镇东将军，增封菑阳侯，以余爵封弟实开阳亭侯。

泰始初，转征东将军，晋爵为公，都督青州诸军事、青州刺史，加征东大将军、青州牧。所在皆有政绩。除征北大将军、都督幽州诸军事、幽州刺史、护乌桓校尉。至镇，表立平州，后兼督之。于是幽并东有务桓、西有力微，并为边害。瓘离间二虏，遂致嫌隙，于是务桓降而力微以忧死。朝廷嘉其功，赐一子亭侯。瓘乞以封弟，未受命而卒，子密受封为亭侯。瓘六男无爵，悉让二弟，远近称之。累求入朝，既至，武帝善遇之，俄使旋镇。

咸宁初，征拜尚书令，加侍中。性严整，以法御下，初尚书若参佐，尚书郎若掾属。瓘学问深博，明习文艺，与尚书郎敦煌索靖俱善草书，时人号为"一台二妙"。汉末张芝亦善草书，论者谓瓘得伯英筋，靖得伯英肉。

太康初，迁司空，侍中、令如故。为政清简。甚得朝野声誉。武帝敕宣尚繁昌公主。瓘自以诸生之胄，婚对微素，抗表固辞，不许。又领太子少傅，加千兵百骑鼓吹之府。以日蚀，瓘与太尉汝南王亮、司徒魏舒俱逊位，帝不听。

瓘以魏立九品，是权时之制，非经通之道，宜复古乡举里选。与太尉亮待上疏曰："昔圣王崇贤，举善而教，用使朝廷德让，野无邪行。诚以间伍之政，足以相检，询事考言，必得其善，人知名不可虚求，故还修其身。是以崇贤而俗益穆，黜恶而行弥笃。斯则乡举里选者，先王之令典也。自兹以降，此法陵迟。魏氏承颠复之运，起丧乱之后，人士流移，考详无地，故立九品之制，粗且为一时选用之本耳。其始造也，乡邑清议，不拘爵位，褒贬所加，足为劝励，犹有乡论余风。中间渐染，遂计资定品，使天下观望，唯以居位为贵，人弃德而忽道业，争多少于锥刀之末，伤损风俗，其弊不细。今九域同规，大化方始，臣等以为宜皆荡除末法，一拟古制，以土断，定自公卿以下，皆以所居为正，无复悬客远属异土者。如此，则同乡邻伍，皆为邑里，郡县之宰，即以居长，尽除中正九品之制，使举善进才，各由乡论。然则下敬其上，人安其教，俗与政俱清，化与法并济。人知善否之教，不在交游，即华竞自息，各求于已矣。今除九品，则宜准古制，使朝臣共相举任，于出才之路既博，且可惠帝之为太子也,朝臣咸谓纯质,不能亲政事。瓘每欲陈启废之,而未敢发。后会宴陵云台,瓘托醉,因跪帝床前曰:"臣欲有所启。"帝曰:"公所言何耶?"瓘欲言而止者三,因以手抚床曰:"此床可惜!"帝意乃悟,因谬曰:"公真大醉耶?"瓘于此不复有言。贾后由是怨瓘。

宣尚公主,数有酒色之过。杨骏素与瓘不平,骏复欲自专权重,宣若离婚,瓘必逊位,于是遂与黄门等毁之,讽帝夺宣公主。瓘惭惧,告老逊位。乃下诏曰:"司空瓘年未致仕,而逊让历年,欲及神志未衰,以果本情,至真之风,实感吾心。今听其所执,进位太保,以公就第。给亲兵百人。置长史、司马、从事中郎掾属;及大车、官骑、麾盖、鼓吹诸威仪,一如旧典。给厨田十顷、园五十亩、钱百万、绢五百疋;床帐簟褥,主者务令优备,以称吾崇贤之意焉。"有司又奏收宣付廷尉,免瓘位,诏不许。帝后知黄门虚构,欲还复主,而宣疾亡。

惠帝即位,复瓘千兵。及杨骏诛,以瓘录尚书事,加禄缤绶,剑履上殿,入朝不趋,给骑司马,与汝南王亮共辅朝政。亮奏遣诸王还藩,与朝臣廷议,无敢应者,唯瓘赞其事,楚王玮由是憾焉。贾后素怨瓘,且忌其方直,不得骋己淫虐;又闻瓘与玮有隙,遂谤瓘与亮欲为伊、霍之事,启帝作手诏,使玮免瓘等官。黄门赍诏授玮,玮性轻险,欲骋私怨,夜使清河王遐收瓘。左右疑遐矫诏,咸陈曰:"礼律刑名,台辅大臣,未有此比,且请距之。须自表得报,就戮未晚也。"瓘不从,遂与子恒、岳、裔及孙等九人同被害,时年七十二。恒二子璪、玠,时在医家得免。

初,杜预闻瓘杀邓艾,言于众曰:"伯玉其不免乎!身为名士,位居总帅,既无德音,又不御下以正,是小人而乘君子之器,当何以堪其责乎?"瓘闻之,不俟驾而谢。终如预言。初,瓘家人炊饭,堕地尽化为螺,岁馀而及祸。太保主簿刘繇等冒难收瓘而葬之。

初,瓘为司空,时帐下督荣晦有罪,瓘斥遣之。及难作,随兵讨瓘,故子孙皆及于祸。

楚王玮之伏诛也,瓘女与国臣书曰:"先公名谥未显,无异凡人,每怪一国茂然无言。《春秋》之失,其咎安在?悲愤感慨,故以示意。"于是繇等执黄幡,挝登闻鼓,上言曰:"初,矫诏者至,公承诏当免,即便奉送章绶,虽有兵仗,不施一刃,重敕出第,单车从命。如矫诏之文,唯免公官,右军以下,即承诈伪,违其本文,辄戮宰辅,不复表上,横收公子孙辄皆行刑,贼害大臣父子九人。伏见诏书'为楚王所诳误,非本同谋者皆弛遣'。如书之旨,谓里舍人被驱逼赍白杖者耳。律,受教杀人,不得免死。况乎手害功臣,贼杀忠良,虽云非谋,理所不赦。今元恶虽诛,杀贼犹存。臣惧有司未详事实,或有纵漏,不加精尽,使公父子仇贼不灭,冤魂永恨,诉于穹苍,酷痛之臣,悲于明世。臣等身被创痍,殡敛始讫。谨条瓘前在司空时,帐下给使荣晦无情被黜,知瓘家人数,小孙名字。晦后转给右军,其夜晦在门外扬声大呼,宣诏免公还第。及门开,晦前到中门,复读所赍伪诏,手取公章绶貂蝉,催公出第。晦按次录瓘家口及其子孙,皆兵仗将送,著东亭道北围守,一时之间,便皆斩斫。害公子孙,实由于晦。及将人劫盗府库,皆晦所为。考晦一人,众奸皆出。乞验尽情伪,加以族诛。"诏从之。

朝廷以瓘举门无辜受祸,乃追瓘伐蜀勋,封兰陵郡公,增邑三千户,谥曰成,赠假黄钺。

恒字巨山，少辟司空齐王府，转太子舍人、尚书郎、秘书丞、太子庶子、黄门郎。

恒善草隶书，为《四体书势》曰：

昔在黄帝，创制造物。有沮诵、仓颉者，始作书契，以代结绳，盖睹鸟迹以兴思也。因而遂滋，则谓之字，有六义焉。一曰指事，上、下是也。二曰象形，日、月是也。三曰形声，江、河是也。四曰会意，武、信是也。五曰转注，老、考是也。六曰假借，令长是也。夫指事，在上为上，在下为下。象形者，日满月亏，效其形也。形声者，以类为形，配以声也。会意者，止戈为武，人言为信也。转注者，以老寿考。假借者，数言同字，其声虽异，言意一也。自黄帝至三代，其文不改。及秦用篆书，焚烧先典，而古文绝矣。汉武时，鲁恭王坏孔子宅，得《尚书》《春秋》《论语》、《孝经》。时人以不复知有古文，谓之科斗书。汉世秘藏，希得见之。魏初传古文者，出于邯郸淳。恒祖敬侯写淳《尚书》，后以示淳，而淳不别。至正始中，立三字石经，转失淳法，因科斗之名，遂效其形。太康元年，汲县人盗发魏襄王冢，得策书十馀万言。案敬侯所书，犹有仿佛。古书亦有数种，其一卷论楚事者最为工妙。恒窃悦之，故竭愚思，以赞其美，愧不足厕前贤之作，冀以存古人之象焉。古无别名，谓之字势云。

"黄帝之史，沮诵、仓颉，眺彼鸟迹，始作书契。纪纲万事，垂法立制，帝典用宣，质文著世。爰暨暴秦，滔天作戾，大道既泯，古文亦灭。魏文好古，世传丘坟，历代莫发，真伪靡分。大晋开元，弘道敷训，天垂其象，地耀其文。其文乃耀，粲矣其章，因声会意，类物有方：日处君而盈其度，月执臣而亏其旁；云委蛇而上布，星离离以舒光；禾卉苯䔿以垂颖，山岳峨嵯而连冈；虫跂跂其若动，鸟似飞而未扬，观其错笔缀墨，用心精专；势和体均，发止无间。或守正循检，矩折规旋；或方员靡则，因事制权。其曲如弓，其直如弦。矫然特出，若龙腾于川；森尔下颓，若雨坠于天。或引笔奋力，若鸿雁高飞，邈邈翩翩；或纵肆阿那，若流苏悬羽，靡靡绵绵。是故远而望之，若翔风厉水，清波漪涟；就而察之，有若自然。信黄唐之遗迹，为六艺之范先。籀篆盖其子孙，隶草乃其曾玄。睹物象以致思，非言辞之可宣。"

昔周宣王时，史籀始著《大篆》十五篇，或与古同，或与古异，世谓之籀书者也。及平王东迁，诸侯力政，家殊国异，而文字乖形。秦始皇帝初兼天下，丞相李斯乃奏益之，罢不合秦文者。斯作《仓颉篇》，中车府令赵高作《爰历篇》，太史令胡毋敬作《博学篇》，皆取史籀大篆。或颇省改，所谓小篆者。或曰，下土人程邈为衙狱吏，得罪始皇，幽系云阳十年，从狱中作大篆，少者增益，多者损减，方者使员，员者使方，奏之始皇。始皇善之，出以为御史，使定书。或曰，邈所定乃隶字也。自秦坏古文，有八体，一曰大篆，二曰小篆，三曰刻符，四曰虫书，五曰摹印，六曰署书，七曰殳书，八曰隶书。王莽时，使司空甄丰校文字部，改定古文，复有六书。一曰古文，孔氏壁中书也。二曰奇字，即古文而异者也。三曰篆书，秦篆书也。四曰佐书，即隶书也。五曰缪篆，所以摹印也。六曰鸟书，所以书幡信也。及许慎撰《说文》，用篆书为正，以为体例，最可得而论也。秦时李斯号为工篆，诸山及铜人铭皆斯书也。汉建初中，扶风曹喜异于斯，而亦称善。邯郸淳师焉，略究其妙，韦诞师淳而不及也。太和中，诞为武都太守，以能书，留补侍中，魏氏宝器铭题皆诞书也。汉末又有蔡邕，采斯喜之法，为古今杂形，然精密闲理不如淳也。

邕作《篆势》曰："鸟遗迹，皇颉循。圣作则，制斯文。体有六，篆为真。形要妙，巧入神。或龟纹铖列,枛比龙鳞;舒体放尾,长短复身;颓若黍稷之垂颖,蕴若虫蛇之焚温;扬波振擊,鹰跱鸟震,延颈胁翼,势似陵云。或轻笔内投,微本浓末,若绝若连;似水露绿丝,凝垂下端;从者如悬,衡者如编;杳秒邪趣,不方不员;若行若飞,跂跂翩翩。远而望之,象鸿鹄群游,骆驿迁延;迫而视之,端际不可得见,指捴不可胜原。研桑不能数其诘屈,离娄不能睹其郄间,般倕揖让而辞巧,籀诵拱手而韬翰。处篇籍之首目,粲斌斌其可观。摛华艳于纨素,为学艺之范先。喜文德之弘懿,愠作者之莫刊。思字体之颓仰,举大略而论旃旗。"

秦既用篆,奏事繁多,篆字难成,即令隶人佐书,曰隶字。汉因行之,独符、印玺、幡信、题署用篆。隶书者,篆之捷也。上谷王次仲始作楷法。至灵帝好书,时多能者,而师宜官为最,大则一字径丈,小则方寸千言,甚矜其能。或时不持钱诣酒家饮,因书其壁,顾观者以酬酒,讨钱足而灭之。每书辄削而焚其柎。梁鹄乃益为版而饮之酒,候其醉而窃其柎。鹄卒以书至选部尚书。宜官后为袁术将,今巨鹿宋子有《耿球碑》,是术所立,其书甚工,云是宜官也。梁鹄奔刘表,魏武帝破荆州,募求鹄。鹄之为选部也,魏武欲为洛阳令,而以为北部尉,故惧而自缚诣门,署军假司马;在秘书以勤书自效,是以今者多有鹄手迹。魏武帝悬著帐中,及以钉壁玩之,以为胜宜官。今宫殿题署多是鹄篆。鹄宜为大字,邯郸淳宜为小字。鹄谓淳得次仲法,然鹄之有笔尽其势矣。鹄弟子毛弘教于秘书,今八分皆弘法也。汉末有左子邑,小与淳、鹄不同,然亦有名。

魏初有钟、胡二家为行书法,俱学之于刘德升,而钟氏小异,然亦各有巧,今大行于世云。作《隶势》曰:"鸟迹之变,乃唯佐隶。蠲彼繁文,崇此简易。厥用既弘,体象有度。焕若星陈,郁若云布。其大径寻,细不容发。随事从宜,靡有常制。或穹隆恢廓,或枛比铖列,或砥平绳直,或蜿蜒胶戾,或长邪角趣,或规旋矩折。修短相副,异体同势。奋笔轻举,离而不绝。纤波浓点,错落其间。若钟虡设张,庭燎飞烟。崭岩峨嵯,高下属连。似崇台重宇,增云冠山。远而望之,若飞龙在天;近而察之,心乱目眩。奇姿谲诡,不可胜原。研桑所不能计,宰赐所不能言。何草篆之足算,而斯文之未宣。岂体大之难睹,将秘奥之不传?聊俯仰而详观,举大较而论旃。"

汉兴而有草书,不知作者姓名。至章帝时,齐相杜度号善作篇。后有崔瑗、崔寔,亦皆称工。杜氏杀字甚安,而书体微瘦。崔氏甚得笔势,而结字小疏。弘农张伯英者,因而转精甚巧。凡家之衣帛,必书而后练之。临池学书,池水尽黑。下笔必为楷则,号匆匆不暇草书。寸纸不见遗,至今世尤宝其书,韦仲将谓之草圣。伯英弟父舒者,次伯英。又有姜孟颖、梁孔达、田彦和及韦仲将之徒,皆伯英弟子,有名于世,然殊不及文舒也。罗叔景、赵元嗣者,与伯英并时,见称于西州,而矜巧自与,众颇惑之。故英自称"上比崔杜不足,下方罗赵有馀"。河间张超亦有名,然虽与崔氏同州,不如伯英之得其法也。

崔瑗作《草书势》曰:"书契之兴,始自颉皇。写彼鸟迹,以定文章。爰暨末叶,典籍弥繁。时之多僻,政之多权。官事荒芜,剿其墨翰。唯作佐隶,旧字是删。草书之法,盖又简略,应时喻指,用于卒迫。兼功并用,爱日省力。纯俭之变,岂必古式。观其法象,俯仰有仪。方不中矩,员不副规,抑左扬右,望之若崎。竦企鸟跱,志在飞移,狡兽暴骇,将奔未弛。或黝黭点黰,状似连珠,绝而不离;畜怒怫郁,放逸生奇。或凌邃惴慄,若据槁临危;旁点邪附,似蜩螗捊枝。绝笔收势,馀诞纠结,若杜伯捷毒缘峨,螣蛇赴穴,头没尾垂。

是故远而望之，隹焉若诅岑崩崖；就而察之，一画不可移。机微要妙，临时从宜。略举大较，仿佛若斯。"

及瓘为楚王玮所构，恒闻变，以何劭，嫂之父也，从墙孔中诣之，以问消息。劭知而不告。恒还经厨下，收人正食，因而遇害。后赠长水校尉，谥兰陵贞世子。二子：璪、玠。

【译文】

卫瓘字伯玉，是河东群安邑县人。他的高祖卫嵩，汉明帝时，因长于儒学从代郡征往京师，行至安邑县病死，朝廷赏赐给安邑一块地方，葬在那里，于是子孙就在安邑落户。他的父亲卫觊，在曹魏时任尚书。卫瓘十岁时父亲死去，卫瓘的孝行超过常人。性格正直宁静而富于辨别事物是非曲直的才能，以明辨清正著称于世。继承了父亲闵乡侯的爵位。二十岁时任曹魏的尚书郎。当时曹魏的法律严苛，他的母亲陈氏很为他担忧，于是卫瓘请求改为通事郎，又转为中书郎。当时权臣专擅朝政，卫瓘与大臣们都保持一定的距离，对谁也不亲近，对谁也不疏远，因此很受傅嘏的器重，比之为古代的宁武子。任官十年，以胜任被当时人所称许，历升为散骑常侍。陈留王曹奂继位为皇帝，任卫瓘为侍中，奉命去河北慰劳军民。因对曹奂的即位有功，给他增了封地、户数。不几年，转为廷尉卿。卫瓘精通法律，明辨事理，每次审理案件，不论案件的大小，都能据实决断。

邓艾、钟会讨伐蜀国的时候，卫瓘以廷尉卿的身份奉命监督邓艾、钟会的军事，并行使镇西将军的权力，给他派卫兵一千人。蜀国平定，邓艾动不动就打着皇帝的旗号自行任命官员。钟会暗怀二心，因邓艾专权，秘密和卫瓘把邓艾的作为奉报朝廷。皇帝下令把邓艾用囚车送往京师，钟会派卫瓘先逮捕邓艾。钟会给卫瓘派的兵很少，企图让邓艾杀掉卫瓘，再加罪于邓艾。卫瓘心里明白钟会想危害他，但又不能拒绝，于是连夜来到成都，告示邓艾的部将，说道：圣旨命令逮捕邓艾，其他一个也不问罪。你们如果投奔官军，封爵和赏赐一如从前；如有胆敢不来者，诛灭三族。至鸡叫时，诸将都来投奔，只有邓艾军帐内诸将在他身边。天亮时，成都城门打开，卫瓘乘坐使者专车，直到成都邓艾的指挥部前。邓艾这时尚未起床，他父子一齐被捕。邓艾的部将企图把邓艾劫回，全副武装去卫瓘的军营。卫瓘只带领几个卫兵出来迎接，拿出假奏章，向诸将说，他将为邓艾向朝廷申诉，诸将相信了而没有采取行动。

不大一会儿，钟会来到，于是把诸将胡烈等人请来，乘机逮捕他们，囚禁在益州官府，随即发兵反叛朝廷。在这种混乱局面下，士兵都想归还本土，四方骚动不安，人心忧虑惊恐。钟会留下卫瓘商议谋略，他在手版上写下"想杀掉胡烈等人"举起手版给卫瓘看，卫瓘不允许，因此二人互相猜疑。卫瓘起身上厕所，看到胡烈过去的勤务兵，让他在三军中宣传，说钟会谋反。钟会逼迫卫瓘表态，彻夜不睡，二人都把刀横放在膝盖上。在城外的各路官军都想进攻钟会，因卫瓘不出来，不敢率先行动。钟会派卫瓘去慰劳各军。卫瓘本来想离开，为了稳住钟会，故意对他说："您是三军的主帅，应该您亲自去。"钟会说："您是监军，姑且先行一步，我随后就去。"卫瓘走下殿堂。钟会忽然后悔派卫瓘去，派人去叫卫瓘。卫瓘以头晕为辞，倒在地上装病。等卫瓘走到阁外，又派几十人来追。卫瓘来到外院，喝了盐水，呕吐不止。卫瓘本来身体瘦弱，这时更像重病在身。钟会派他的亲信和医生来察看，都说他病重不起，钟会这才无所顾忌。到天黑时，大门关闭，卫瓘起草讨伐文告,传给在外各路将领。在外各军已经提议,约定凌晨共同向钟会发动进攻。钟会领身边的将领抵抗,官军诸将打败钟会等人,只有他的帐下亲兵几百人跟随他在殿堂间乱跑逃命,都被杀死。卫瓘于是指挥各路将领,人心才安定下来。

邓艾大营的将士又在路上劫了囚车,救出邓艾,又回到成都。卫瓘以为,他和钟会一起陷害邓艾,担心邓艾事后告发,又想独占讨灭钟会的功劳,于是派护军田续去绵竹,连夜向三造亭袭击邓艾,杀掉邓艾和他的儿子邓忠。当初,邓艾进入江油的时候,因田续按兵不前,邓艾要杀他,后又赦免了他。在卫瓘派遣田续的时候,卫瓘对田续说:"这次你可以报复在江油所受的差辱了。"

事件平定以后,朝廷要为卫瓘加官晋爵。卫瓘认为,平定蜀地的功业,是诸位将领出力的结果,邓艾、钟会二人跋扈,是自取灭亡,虽然自己出谋划策,但没有斩将拔旗的功劳,因而坚持辞让,不接受封拜。终于升他为使持节、都督关中诸军事、镇西将军,不久又升为都督徐州诸军事,镇东将军,加封为菑阳侯,腾出的爵位封他的弟弟卫实为开阳亭侯。

泰始初年,转任征东将军,进爵为公,都督青州诸军事、青州刺史,加衔征东大将军、青州牧。在各种官位上都有政绩。又任他为征北大将军、都督幽州诸军事、幽州刺史、护乌桓校尉。到幽州镇城上任后,上书请设立平州,后来他兼任都督平州诸军事。当时幽、并二州,东有务桓,西有力微,都构成边地的危害。卫瓘离间务桓、力微二人的关系,致使二人互相猜疑而产生矛盾,于是务桓投降,力微忧虑而死。朝廷表彰他的功绩,赏给他一个儿子亭侯的封爵。卫瓘请求把爵位封给他弟弟,弟弟还没有受封就死去,弟弟的儿子卫密受封为亭侯。卫瓘六个儿子都没有爵位,把封爵都让给他两个弟弟,因此四方称颂他。卫瓘多次请求进京朝见皇帝,他来到京城,晋武帝待他很好,不久又派他回到幽州镇城。

咸宁初年,征召他为尚书令,又进侍中。卫瓘生性严肃,对他的下属都用法律手段来领导,把尚书官看作助手,把尚书郎看作办事的吏员。卫瓘学问渊博,又擅长书法艺术,他和尚书郎敦煌人索靖都长于章草,当时人称之为"一台二妙"。汉末人张芝也长于章草,人们认为卫瓘的草书继承了张体的筋骨,索靖的草书继承了张体的血肉。

太康初年,升为司空,仍兼侍中、尚书令之职。他行政清明简要,受到朝野上下的称赞。晋武帝让卫瓘的第四个儿子卫宣配婚繁昌公主。卫瓘认为自己的家室系书香世家,与出身寒微的门第结亲,不是门当户对,因而上书推辞,武帝不答应。卫瓘又加衔太子少傅,又给他的官府加千名军士、一百匹马、乐队等护卫仪仗。因发生日蚀,卫瓘和太尉汝南王司马亮、司徒魏舒等都要求自动退位,武帝不允许。

卫瓘认为,曹魏建立的九品中正制度,只是权宜之计,并不是通行古今的常制。应该恢复古代的乡举里选制度。他和太尉司马亮上奏说:"古代的圣君崇敬贤能的人,选举优秀人物,再加以教化,因而形成朝廷上恭俭谦让、社会上歪门邪道绝迹的风气。确因乡举里选制度,对所选的人能多方检验,考察他的行事言论,就一定能选出优秀人才。这样人们知道名声不能弄虚作假求得,所以返身自躬加强修养。因此,崇敬贤能的人,社会风气会更加和谐;黜斥恶人。人们的行为就会更加检点,这就是说,乡举里选是古代先王的完美制度。从此以后,这种制度慢慢被破坏。曹魏政权是在社会大动荡的基础上建立起来的,在战乱之后,人们多流移他乡,没有地方去考察他们,所以才建立九品中正制度,姑且作为当时选用人才的根据。这种制度刚建立的时候,乡里的评论,不管爵位的有无、高低,人受到褒贬,足以发挥劝诫、鼓励的作用,这样还保留了古代乡论的余风。这种制度行施的中期,渐渐掺入不健康的东西,于是出现按资产定品级的做法,这样使天下人认为,只有做官才尊贵,于是人们废弃道德,忽视学问修养,竞相追逐蝇头小利,伤风败俗,弊病不小。现在天下统一,教化刚刚开始,我们认为应该废除这种制度,完全以古制为准,以现所居地为准,规定自公卿大臣以下,都以所居地为考选之地,这样就不存在以客居现居住地、以远地他乡为考察地的人。这样做,同居一乡的邻伍,就成为邑里基层单位,郡县的长官,即用来主持考选。完全废除九品中正制度,选举优秀、推荐才能,个个依据乡里的公论。这样就会下级尊敬上级,各人都安于本分,社会风气和政事都清静安然,教化和法制相辅相成。从懂得声誉的好坏,不在交游是否广泛,那么浮华豪奢的风气自然止息,每人都能严格要求自身了。现在任命九品官员,则应以古代制度为准,让在朝大臣都来举荐人才以备任用,这样不但拓宽了选才的路子,同时可以鼓励为朝廷荐举贤才的公心,也可以借此考察在位官员是清明还是昏庸,实在是完美的制度。"晋武帝也认为很好,但终究未能改旧布新。

晋惠帝在做太子的时候,在朝大臣都认为他太单纯质朴,不能处理政事。卫瓘常常想向皇帝陈述,废黜太子,但不敢贸然行动。后来皇帝在陵云台举行宴会,卫瓘假装喝醉了,跪在皇帝座位前,说道:"我想向陛下陈奏。"皇帝说:"你想说什么呢?"卫瓘想说,三次都没讲出口,便用手摸着皇帝的座位说:"可惜了这个座位!"皇帝明白了他的用意,假装不明白,说道:"你真的醉成这样吗?"卫瓘因此也没有再说什么。贾皇后从此怨恨卫瓘。

卫宣婚配繁昌公主后,常犯酒色的过错。杨骏平常就与卫瓘不和,加上杨骏想大权独揽,卫宣如果和公主离了婚,卫瓘必然丢官,于是便和黄门等官进行毁谤,劝皇帝下令公主和卫宣离异。卫瓘感到惭愧,恐慌不安,于是要求告老退位。皇帝下令说:"司空卫瓘,还没到退休的年龄,但他多年要求退休,我想在他还没有老昏衰弱时,成全他的愿望,他的这种真情实意,实在令我感动。现在准许他的请求,加赠太保荣衔,以公爵的身份回家休养。给他派卫兵一百人,并配备长史、司马、从事中郎等吏员;他应享受的车子、马匹、旗盖、乐队等仪仗,按原来的规定配给。另外,赏给他厨田十顷,五十亩园子、钱一百万、绢五百疋;此外床帐被褥,主管部门务必从优配给,以此体现我崇敬贤能的心意。"有关部门又向皇帝上奏,要求逮捕卫宣、免去卫瓘的爵位,皇帝不允许。皇帝后来了解到黄门等官毁谤是出于捏造,想把公主还给卫宣,但卫宣已得病死去。

惠帝即位后,恢复了卫瓘的千兵护卫。杨骏有罪被杀,任卫瓘为录尚书事,给绶带官印,可以佩剑穿鞋上殿,上朝可以不趋拜,配备给他骑司马,和汝南王司马亮共同辅佐皇帝处理朝政。司马亮上奏,要求送各亲王回到自己的封地去,在和朝廷大臣议论时,没人敢表态,只有卫瓘表示赞成,楚王司马玮因此怨恨卫瓘。贾后平常就恨卫瓘,并且忌恨他的刚正直言敢谏,使自己不能任意淫乱;又听说卫瓘和司马玮有矛盾,于是诽谤卫瓘和司马亮想学伊尹、霍光那样专权玩弄小皇帝,让皇帝亲笔下圣旨,派司马玮免去卫瓘等人的官职。黄门官把圣旨交给司马玮,司马玮为人轻浮险恶,想趁机发泄私恨,连夜派清河王司马遹逮捕卫瓘。卫瓘身边的人怀疑司马遹假传圣旨，都劝卫瓘说："按照礼仪和法律的规定，对于台阁大臣，没有这种先例，请您姑且拒绝。等您亲自上奏，得到答复再受刑，也不晚。"卫瓘不听从，于是和他的儿子卫恒、卫狱、卫裔以及孙子等九人同时被杀，当时他七十二岁。卫恒的两个儿子卫璪、卫玠当时在医生家看病，得以幸免。

当初，杜预听说卫瓘杀了邓艾，对大家说："卫伯玉这个人，免不了要身死非命啊！他身为总帅，既不能以道德扬名，又对部下不能用正确的方向加以引导，致使小人借用君子的名义，他如何能承担这样的责任呢？"卫瓘听到后，马上到杜预那里当面谢罪。结果终于象杜预所说的那样。在此之前，卫瓘的家人在煮饭时，饭粒掉在地上，都变成田螺，过了一年多就祸害临头。太保的主簿刘繇等冒着风险收敛卫瓘的尸体埋葬了。

当初，卫瓘任司空时，他的帐下都督荣晦犯了罪，卫瓘把他赶走。祸害发生时，荣晦随兵逮捕卫瓘，因此子孙都被杀害。

楚王司马玮有罪被杀，卫瓘的女儿给大臣写信说："先父死后，没有赐给谥号，与普通百姓没有什么两样，使我感到纳闷的是全国上下没有人出来说话。以致史书缺载，这是谁的责任？我无限悲愤慷慨，所以才写信表达我的心意。"于是刘繇等人手执黄旗，击鼓鸣冤，上奏说："当初假传圣旨的人来到卫府，按照假圣旨的意见，卫公只是免官，于是他交上印章，虽然他身边有兵杖卫士，但没动一刀一枪，并且严责部下，不许妄动，然后，离开相府，轻车简从，执行王命。按照假圣旨中所说，只免去卫公的官职，但是右军以下的官员，又伪中作伪，违背了假圣旨的本文，把宰辅大臣杀死，并且不向皇帝回报，又无端地逮捕他的子孙当场杀死，杀害大臣父子九人。进见圣旨说：'被楚王欺骗而误杀大臣，若不是同谋者，都释放。'按圣旨所说，杀人的凶手只不过是邻里百姓被逼提供凶器的人了。按照法律规定，受教唆杀人的凶手，不能免去死罪。况且是亲手杀害功臣，残杀忠良，虽然不是同谋，也不能赦免，现在首恶虽然被处死，杀人凶手仍逍遥法外，我担心主管部门不了解案情事实，可能会有漏网，除恶不尽，使卫公父子的仇人不死，冤魂怀恨，向上天控诉，使为之惨痛的忠臣，怀悲愤于圣明之世。我们身受重伤，才埋葬了卫公一家。再恭敬陈述以下情况，卫瓘任司空时，帐下当差人荣晦有罪被斥退，他了解卫公家的人数以及孙子们的名字。荣晦后来转为右军当差，那天夜里荣晦在府门外大声呼喊，宣读圣旨，免去卫公官职，归还私宅。府门开时，荣晦来到中门，又宣读他带来的假圣旨，亲手取去卫公的印绶官服，并督催卫公出府。荣晦依次把卫瓘家人及其子孙收捕，用兵杖押送，围困在东亭道北，一时之间，尽行杀害。杀害卫公子孙的阴谋，实出于荣晦。又领人抢劫相府的库房，这一切都是荣晦亲手干的。由此看来，荣晦这个人，各种坏事都出自他那里。请求验明真伪，将他灭门三族。"皇帝准许了他的请求。

朝廷大臣因卫瓘一家无罪而遭受祸害，于是追论卫尪平蜀的功勋，封他为兰陵郡公，增加封地三千户，赠谥号为"成"又赠以假黄钺的威仪。

卫恒字巨山，年轻时任司空齐王府的属官，转任太子舍人、尚书郎、秘书丞、太子庶子、黄门郎。

卫恒擅长章草和隶书，曾著《四体书势》说道：

上古黄帝时，创立各种名物制度。当时有诅诵、仓颉二人，创造书刻符号，以代替结绳记事，大概是从鸟类的足迹形状中得到启发。因而慢慢由简到繁，就形成文字。总括起来,造字有六种方法。第一种方法称作"指事",如上、下二字就是其例。第二种方法称作"象形",如日、月二字就是其例。第三种方法称作"形声",江、河二字就是其例。第四种方法称作"会意",武、信二字就是其例。第五种方法称作"转注",老、考二字就是其例。第六种方法称作"假借",令、长二字就是其例。所谓"指事",在上边就是上,在下边就是下。所谓"象形",如日圆、月缺,是摹写它的形状。所谓"形声",以同类事物作为它的形状,再配上声音符号。所谓"会意",如止戈为武,人言为信。所谓"转注",以老字的含义转受于考字的含义。所谓"假借",若干字的意义同于一字的意义,其读音虽然不同,含意则是一致的。从黄帝直到夏、商、周三代,文字没有变动。到秦朝采用篆书,把前代的典籍都烧掉,古代的文字就绝迹了。汉武帝时,鲁恭王拆孔子的旧屋,发现古文《尚书》《春秋》《论语》《孝经》。当时人已经不明白这是古文字,称之为蝌蚪书。这些书,在汉代秘密收藏,很少有人看到。曹魏初年传授古文的人,都是从邯郸那里学来的。我的先祖敬候抄写了一部邯郸淳所传的《尚书》,拿来给邯郸淳看,他也分辨不出是抄本。在晋正始年间,所立的三体石经碑,已经失去邯郸淳的古文书写规矩,因当时称为蝌蚪书,于是按照这个名称,书体模仿蝌蚪的形状。太康元年,汲县人盗掘魏襄王的坟墓,发现古代竹简书,有十余万字。用此来对比敬候的书体,大致还相像。发掘出的书有好几种。其中一卷记载楚国史实的书,字体最好。我很喜欢它,所以才殚精竭思,来表现这种字体的美之所在,惭愧的是不能和古代圣贤的作品比美,只不过希望保存古人作品的皮毛而已。古代没有这种专门名词,称之为字势。

"黄帝的记事之官,诅诵、仓颉,看到鸟兽之足迹,始创符号文字。以此来统理万事万物,成为一代典制,黄帝的典制因文字得以宣扬,古文得以流传后世。时至暴虐的秦王朝,犯下滔天逆罪,古代圣王之道被泯灭,古文字也遭到没顶之灾。魏文帝嗜好古文,传世有圣王经典,但历代没有人去研究,真伪难以分辨。晋朝开国,弘扬经典圣训,上天显示古文的形象,地上显现古文的光芒。于是古文再现于世,焕发出夺目的光彩,循声求意,事物各归其类。"日"字像君主功德那样圆满,"月"字像臣下那样谦恭弯腰;"云"字像彩云在天空展布,"星"字像夜空点点星光;"禾"像植物开花结果,"山"象众山高峻而连绵不断;"虫"字像昆虫蠢蠢欲动,"鸟"字像飞鸟欲飞尚未张开翅膀。审视它的用笔及章法,用心可谓专精;笔势与整体和谐匀称,开头和收尾从无间断。有的字端正严谨,方圆规矩;有的字方圆没有一定之规,随字形制宜。曲笔如弯弓,直笔如弓弦。有的笔画矫健突出,像游龙腾跃于江海;有的笔画纷然下垂,像天空雨落。有的笔画行笔有力,象鸿雁高飞,翩翩于蓝天;有的笔画放情柔美,像流苏摆动,羽毛飞悬,缠缠绵绵。因此,从远处看,像风吹绿水,清波涟涟;就近来看,如出自天然。确乎皇帝、唐尧时的遗迹,实为书法艺术的典范,籀书、篆书是它的儿孙,草书、隶书又是籀篆的发展。看到这种书法艺术形象引起人的丰富想象,并不是言词所能表达出来的。

古代周宣王时,史籀著《大篆》十五篇,字形有的与古文相同,有的与古文不同,世人称之为籀书。至周平王东迁,诸侯割据,国家分裂,文字形体也与古文大相径庭。秦始皇刚刚兼并天下,丞相李斯上奏,损益各种字形,罢斥各种不合于秦国通行的字体。于是李斯作《仓颉篇》,中东府令赵高作《爰历篇》,太史令胡毋敬作《博学篇》,都根据史籀的大篆,笔画或省或改,形成所谓小篆。有人说,下土地方的人有个叫程邈的,充任衙门的狱吏,得罪了秦始皇,在云阳被囚禁十年,在狱中改造大篆,笔画少的增加笔画,笔画多的减少笔画,方笔改为圆笔,圆笔改为方笔,上奏给秦始皇。秦始皇认为很好,把他释放,任为御史,让他改定字体。有的人说,程邈改定的字体即是隶书。从秦朝废弃了古文,形成八种字体,第一种称为大篆,第二种称为小篆,第三种称为刻符,第四种称为虫书,第五种称为摹印,第六种称为署书,第七种称为殳书,第八种称为隶书。到王莽时,让司空甄丰校正字体,分别部类,改定古文,于是又形成六种书体。第一种称为古文,即是从孔子旧屋中发现的书籍字体。第二种称为奇字,即发生变异的古文。第三种称为篆书,即秦朝的小篆。第四种称为佐书,即是隶书。第五种称为缪篆,是用来摹刻印章的书体。第六种称为鸟书,是用来书写令旗的书体。至许慎著《说文》,以篆书为正体,并以篆书的体例编排,这种论断是最得体的。秦朝时李斯号称工于篆书,各大山的封禅石刻及铜人身上的铭文,都是李斯书写的。汉章帝建初年间,扶风人曹喜的篆书比李斯的篆书稍加变异,也被称为能手。邯郸淳学习曹喜,还能保留曹喜书法的妙趣,章诞学习邯郸淳,但没有达到邯郸淳的水平。魏明帝太和年间,韦诞任武都郡太守,因擅长书法,留在京中铺任侍中,魏国的宝物上的铭文,都是韦诞书写的。汉代末年又有蔡邕,吸收李斯,曹喜的笔法,形成古今相杂的书体,但在结体严密、风格闲雅方面远不如邯郸淳。

蔡邕作《书势》,说道:"鸟兽的足迹,仓颉从中得到启发,于是经圣人创造,形成文字。字体有六种,篆书为正宗。形体完美,巧妙入神。有的像龟背上纹理罗列,有的像鳞次栉比的龙鳞;字体舒展,字尾放开,长短合身。笔形下垂,象结实的黍稷弯腰,精蕴含蓄,如虫蛇之藏身;波磔撇捺,像雄鹰独立、飞鸟受惊,伸长脖颈,收敛双翅,势欲入云。有的轻笔内向,上淡下浓,如断似连,像露水缘丝而下,凝垂在下端;竖画像悬针,横画如纬编;笔端斜向,既不方又不圆;象走又像飞,像昆虫爬行,又像禽鸟轻飞。从远处看,象鸿雁群飞,连绵不断,从近处看,找不出起笔的痕迹,用笔之精到,不可究诘。以计研和桑弘羊的长于计算,也算不出它有多少曲直;以离娄的明察,也看不出其中的间隙;工输般、工倕这样的能工巧匠也要谦让他们的工巧,史籀和沮诵这样的书家拱手而停笔。它确实是书法艺术的顶峰,辉辉灿烂,成就可观。如斑斓的色彩挥洒在白色绅绢上,确实是学书法的典范。我为它能弘扬文章道德而高兴,也为不知作者为谁而遗憾。考虑到书件历经变化,所以才举出其主要方面加以论述。"

秦朝既用小篆为通行体,因文体繁多,篆书难于短时间完成,于是派罪徒来帮助书写,称为隶书。汉代因而通告隶书,只有兵符、印章、令旗、题署用篆书。所谓隶书,即篆书的快省书体。上谷郡的王次仲创始作楷书。后汉灵帝喜爱书法,当时很多人擅长此道,以师宜官最为有名,他写的大字,一个字一丈见方,写小字在方寸之内能写一千个字,他对此很自负。有时他身上不带钱去酒店里喝酒,在酒店墙壁上做书题字,向观看的人讨钱付酒账,钱讨够了,就涂去墙上的字迹。每次做完字,即用刀削去,并把用来写字的木板也焚烧掉。梁鹄准备了很多木板,请他饮酒写字,等他喝醉后,把书写好的木板偷偷拿去。梁鹄终于以书法见长而官至礼部尚书。师宜官后来任袁术的将领,现存于巨鹿郡宋子县的《耿球碑》,是袁术所立,书法工整,据说是师宜官写的。梁鹄后来投奔刘表,魏武帝曹操攻下荆州,悬赏寻求梁鹄。梁鹄任选部尚书时,曹操想做洛阳县令,梁鹄却任曹操为北部尉,因此这时梁鹄很害怕,自己上绑来曹操军门前请罪,曹操暂任他为代理司马他在秘书殿以书法效力,因此梁鹄的手迹现在保存下来的较多。曹操把梁鹄的作品悬挂在军帐中,或钉在墙壁上,时时欣赏,他认为梁鹄的书艺超过了师宜官。现在宫殿上的匾额大多是梁鹄的篆书。梁鹄适合写大字。邯郸淳适合写小字。梁鹄认为邯郸淳继承了王次仲的笔法,然而梁鹄的用笔充分发挥了王次仲的笔意。他的弟子毛弘在秘书殿教书学,现在行世的八分书都继承了王弘的笔法。汉朝末年有个左子邑,他的书法与邯郸淳、梁鹄稍微不同,但也很有名。

曹魏初年,有钟繇、胡昭创造行书的笔法,他们都从师于刘德升,钟繇与刘书稍加变异,都各有巧妙处,现在行书已经广为流行。钟繇作《隶势》说:"鸟虫古文的变化,开始于隶徒抄书,省却繁多的笔画,崇尚简易。它的用途广泛,字的形体也很富于气度。光辉灿烂,如满天星斗,郁郁苍苍,如阴云密布。大字可一字见方,小字的笔画细于毛丝。能随地制宜,没有常规。有的气象恢宏,有的鳞次栉比,有的平直如绳,有的弯弯曲曲,有的长长斜出犄角,有的则循规蹈矩。长短协和,异笔同气。提笔轻举,虽间断而如不离,波笔纤细,点笔浓墨,错落有致。像钟鼓罗列,满庭飞烟,像山岩嵯峨,上下相连。像高台层楼,云披山巅。远远看去,像飞龙在天;近前细看,使人眼迷心乱。奇姿怪态,不可究诘。以计研、桑弘羊的长于计算,也数不出它的无穷奥妙;以宰予、子贡的能言善辩,也说不出所以然。草书、篆书何足挂齿,但它还没有得到广泛的宣传。莫非因它体大思精难于发现,还是因它神秘奥妙不可言传?这里只是通过上上下下的仔细观察,举其大端而论之。"

汉代出现草书,不知创始者是谁。到汉章帝时,齐国相杜度以善写草书著名。后来有崔瑗、崔寔,也工于草书。杜度收笔很稳妥,但字体稍瘦。二崔深深领会了草书的笔意,但字的结体显得松散。弘农人张伯英,草书技艺十分精巧。凡是家里的白衣白布,他拿来写满字以后再去漂染。他在池塘边练字。池水因洗笔而变成黑色。他下笔一丝不苟,规规矩矩,他常说:"时间紧迫,来不及写草书。"他的只字片纸,人都不肯丢掉,现在人们尤其珍视他的书法,韦仲将称他为"草圣"。张伯英的弟弟张文舒,草书成就次于伯英。又有姜孟颖、梁孔达、田彦以及韦仲将等人,都是张伯英的弟子,也著称于世,但都远不如张文舒。又有罗叔景、赵元嗣二人,和张伯英同时,在西部地区有些名气,但矜持自负,使人觉得有些讨厌。所以张伯英自称"上比崔瑗、杜度不足,下比罗叔景、赵元嗣有余。"河间人张超的草书也很有名,他虽然和崔瑗是同乡,但不如张伯英深得崔氏的笔法。

崔瑗著《草书势》说:"文字的创造,始于仓颉。模仿鸟兽的足迹,发明了文字。到了后世,典籍纷繁。世风邪僻,政出多门。公务繁杂,书写艰难。抄书的徒隶,于是删削旧字的笔画,由繁从简。草书的笔画,则简而又简。顺势表意,实用于匆忙之间。一笔多用,省时省力。省略变化,不必以古人为准。审视它的形象,确有体制仪度。说方不方,说圆不圆;左低右扬,远看像山岗起伏。像飞鸟伸颈独立,意欲飞去,像猛兽暴怒,将要咆哮奔驰。有的笔画点点逗逗,形似串珠,笔不连而意不断;像怒气在胸,愤懑不畅,外表放逸,处处生奇。有的笔画显得战战兢兢,像处危临险;旁点斜附本体,像鸣蝉在枝。末笔收尾,笔锋缠绕,像蝎尾乘隙吐毒,像毒蛇钻洞,头在里而尾垂于外。因此,从远处看,险乱如山崖崩颓;就近审视,却一笔一画不可改移。精微奥妙,需随时制宜。这里只举其要点,大致是如此。"

至卫瓘被楚王司马玮所陷害,卫恒得知事变发生,从墙洞逃出到何邵家,探听消息。因何邵是他嫂子父亲的缘故。何邵了解情况而不告诉他。卫恒回到家,经过厨房,逮捕他的人正在那里吃饭,因而遇害。后来赠给他长水校尉的官衔,加谥号为"兰陵贞世子"。卫瓘有两个儿子:卫璪、卫玠。

贾充传

【题解】

贾充(217~282年),西晋王朝的开国元勋。他的功勋主要有二:一是甘冒遗臭万年的骂名帮助司马氏弑杀魏帝曹髦,二是司马炎做了皇上。这就使他在晋武帝一朝立于不败之地。贾充为了容身固位,又活动把女儿嫁给了皇太子。他这个又丑又妒的女儿当了皇后以后,就点起了"八王之乱"的导火索。贾充能文能武,奖进士流,是个很有才干的人物,但他秉性不正,专以谄媚取宠于主子,于是他失文才堕落为刀笔,武略堕落为弑贼,终于坐上晋朝第一奸臣的交椅。

【原文】

贾充字公闾,平阳襄陵人也。父逵,魏豫州刺史、阳里亭侯。逵晚始生充,言后当有充闾之庆,故以为名字焉。

充少孤,居丧以孝闻。袭父爵为侯。拜尚书郎,典定科令,兼度支考课。辩章节度,事皆施用。累迁黄门侍郎、汲郡典农中郎将。参大将军军事,从景帝讨毋丘俭、文钦于乐嘉。帝疾笃,还许昌,留充监诸军事,以劳增邑三百五十户。

后为文帝大将军司马,转右长史。帝新执朝权,恐方镇有异议,使充诣诸葛诞,图欲伐吴,阴察其变。充既论说时事,因谓诞曰:"天下皆愿禅代,君以为如何?"诞厉声曰:"卿非贾豫州子乎,世受魏恩,岂可欲以社稷输人乎!若洛中有难,吾当死之。"充默然。及还,白帝曰:"诞在扬州,威名夙著,能得人死力。观其规略,为反必也。今徵之,反速而事小;不徵,事迟而祸大。"帝乃徵诞为司空,而诞果叛。复从征诞,充进计曰:"楚兵轻而锐,若深沟高垒以逼贼城,可不战而克也。"帝从之。城陷,帝登垒以劳充。帝先归洛阳,使充统后事。晋爵宣阳乡侯,增邑千户。迁廷尉,充雅长法理,有平反之称。

转中护军,高贵乡公之攻相府也,充率众拒战南阙。军将败,骑督成倅弟太子舍人济谓充曰:"今日之事如何?"充曰:"公等养汝,正拟今日,复何疑!"济於是抽戈犯跸。及常道乡公即位,进封安阳乡侯,增邑千二百户,统城外诸军,加散骑常侍。

钟会谋反於蜀,帝假充节,以本官都督关中、陇右诸军事,西据汉中,未至而会死。时军国多事,朝廷机密,皆与筹之。帝甚信重充,与裴秀、王沈、羊祜、荀勖同受腹心之任。帝又命充定法律。假金章,赐甲第一品。五等初建,封临沂侯,为晋元勋,深见宠异,禄赐常优於群官。

充有刀笔才,能观察上旨。初,文帝以景帝恢赞王业,方传位於舞阳侯攸。充称武帝宽仁,且又居长,有人君之德,宜奉社稷。及文帝寝疾,武帝请问后事。文帝曰:"知汝者贾公闾也。"帝袭王位,拜充晋国卫将军、仪同三司、给事中,改封临颍侯。及受禅,充以建明大命,转车骑将军、散骑常侍、尚书仆射,更封鲁郡公,母柳氏为鲁国太夫人。

充所定新律既班于天下,百姓便之。诏曰:"汉氏以来,法令严峻。故自元成之世,及建安、嘉平之间,咸欲辩章旧典,删革刑书。述作体大,历年无成。先帝愍元元之命陷於密网,亲发德音,厘正名实。车骑将军贾充奖明圣意,咨询善道。太傅郑冲,又与司空荀𫖯、中书监荀勖、中军将军羊祜、中护军王业,及廷尉杜友、守河南尹杜预、散骑侍郎裴楷、颍川太守周雄、齐相郭颀、骑都尉成公绥荀煇、尚书郎柳轨等,典正其事。朕每鉴其用心,常慨然嘉之。今法律既成,始班天下,刑宽禁简,足以克当先旨。昔萧何以定律受封,叔孙通以制仪为奉常,赐金五百斤,弟子皆为

贾充

郎。夫立功立事,古之所重。自太傅、车骑以下,皆加禄赏,其详仪故典。"於是赐充子弟一人关内侯,绢五百匹。固让,不许。

后代裴秀为尚书令,常侍、车骑将军如故。寻改常侍为侍中,赐绢七百匹。以母忧去职,诏遣黄门侍郎慰问。又以东南有事,遣典军将军杨嚣宣谕,使六旬还内。

充为政,务农节用,并官省职,帝善之。又以文武异容,求罢所领兵。及羊祜等出镇,充复上表欲立勋边境,帝并不许。从容任职,褒贬在己,颇好进士,每有所荐达,必终始经纬之,是以士多归焉。帝舅王恂尝毁充,而充更进恂。或有背充以要权贵者,充皆阳以素意待之。而充无公方之操,不能正身率下,专以谄媚取容。侍中任恺、中书令庾纯等刚直守正,咸共族之。

又以充女为齐王妃,惧后益盛。及氐羌反叛,时帝深以为虑,恺因时说,请充镇关中。乃下诏曰:"秦凉二境,比年屡败,胡虏纵暴,百姓荼毒,遂使异类扇动,害及中州。虽复吴蜀之寇,未当至此。诚由所任不足以内抚夷夏,外镇丑逆,轻用其众而不能尽其力。非得腹心之重,推毂委成,大匡其弊,恐为患未已。每虑斯难,忘寝兴食。侍中、守尚书令、车骑将军贾充,雅量弘高,达见明远,武有折冲之威,文怀经国之虑,信结人心,名震域外。使权统方任,绥静西夏,则吾无西顾之念,而远近获安矣。其以充为使持节、都督秦凉二州诸军事;侍中、车骑将军如故,假羽葆、鼓吹,给第一驸马。"朝之贤良欲进忠规献替者,皆幸充此举,望隆惟新之化。

充既外出,自以为失职,深恨任恺,计无所从。将之镇,百僚饯于夕阳亭,荀勖私焉。充以忧告,勖曰:"公,国之宰辅,而为一夫所制,不亦鄙乎!然是行也,辞之实难。独有结婚太子,不顿驾而自留矣。"充曰:"然。孰可寄怀?"对曰:"勖请言之。"俄而侍宴,谕太子

婚姻事，勖因言充女才质令淑，宜配储宫。而杨皇后及荀凯亦并称之。帝纳其言。会京师大雪，平地二尺，军不得发。既则皇储当婚，遂不西行。诏充居本职。先是羊祜密启留充，及是，帝以语充。充谢祜曰："始知君长者。"

时吴将孙秀降，拜为骠骑大将军。帝以充旧臣，欲改班，使车骑居骠骑之右。充固让，见听。寻迁司空、侍中、尚书令、领兵如故。

会帝寝疾，充及齐王攸、荀勖参医药。及疾愈，赐绢各五百匹。初，帝疾笃，朝廷属意於攸。河南尹夏侯和谓充曰："卿二女婿，亲疏等耳，立人当立德。"充不答。及是帝闻之，徙和光禄勋，乃夺充兵权，而位遇无替。寻转太尉、行太子太保、录书事。咸宁三年，日蚀於三朝，充请逊位，不许。更以沛国之公丘增其封，宠幸愈甚，朝臣咸侧目焉。

河南尹王恂上言："弘训太后入庙，合食於景皇帝，齐王攸不得行其子礼。"充议以为：礼，诸侯不得祖天子，公子不得称先君，皆谓奉统承祀，非谓不得复其父祖也。攸身宜服三年丧事，自如臣制。"有司奏："若如充议，服子服，行臣制，未有前比。宜如恂表，攸衰服从诸侯之例。"帝从充议。

伐吴之役，诏充为使持节、假黄钺、大都督，总统六师，给羽葆、鼓吹、缇幢、兵万人、骑二千置左右长史、司马、从事中郎，增参军、骑司马各十人，帐下司马二十人，大车、官骑各三十人。充虑大功不捷，表陈"西有昆夷之患，经有幽并之戍，天下劳扰，年谷不登，与军致讨，惧非其时。又臣老迈，非所克堪。"诏曰："君不行，吾便自出。"充不得已，乃受节钺，将中军，为诸军节度，以冠军将军杨济为副，南屯襄阳。吴江陵诸守皆降，充乃徙屯项。

王浚之克武昌也，充遣使表曰："吴未可悉定，方夏，江淮下湿，疾疫必起，宜召诸军，以为后图。虽腰斩张华，不步以谢天下。"华豫平吴之策，故充以为言。中书监荀勖奏，宜如充表。帝不从，杜预闻充有奏，驰表固争，言平在旦夕。使及至辕辕，而孙皓已降。吴平，军罢。帝遣侍中程咸搞劳，赐充帛八千匹，增邑八千户；分封从孙畅新城亭侯，盖安阳亭侯；弟阳里亭侯混，从孙关内侯众增户邑。

充本无南伐之谋，固谏不见用。及师出而吴平，大惭惧，议欲请罪。帝闻充当诣阙，豫幸东堂以待之。罢节钺、僚佐，仍假鼓吹、麾幢。充与君臣上告成之礼，请有司具其事。帝谦嚷不许。

及疾笃，上印绶逊位。帝遣侍臣谕旨问疾，殿中太医致汤药，赐床账钱帛，自皇太子宗室躬省起居。太康三年四月薨，时年六十六。帝为之恸，使使持节、太常奉策追赠太宰，加衮冕之服、缘缥绶、御剑，赐东园秘器、朝服一具，衣一袭，大鸿胪护卫丧事，假节钺、前后部羽葆、鼓吹、缇麾、大路、銮路、栖镈车、帐下司马大车，椎斧文衣武贲、轻车介士。葬礼依霍光及安平献王故事，给茔田一顷。与石苞等为王功配飨庙庭，谥曰武。追赠充于黎民为鲁殇公。

充妇广城君郭槐，性妒忌。初，黎民年三岁，乳母抱之当阁。黎民见充入，喜笑，充就而抚之。槐望见，谓充私乳母，既鞭杀之。黎民恋念，发病而死。后又生男，过期，复为乳母所抱，充以手摩其头，郭疑乳母，又杀之，儿亦思慕而死。充遂无胤嗣。

及薨，槐辄以外孙韩谧为黎民子，奉充后。郎中令韩咸、中尉曹轸谏槐曰："礼，大宗无后，以小宗支子后之，无异姓为后之文。无令先公怀腆后土，良史书过，岂不痛心。"槐不从。咸等上书求改立嗣，事寝不报。槐遂表陈是充遗意。帝乃诏曰："太宰、鲁公充，崇德立勋，勤劳佐命，背世殂殒，每用悼心。又胤子早终，世嗣未立。古者列国无嗣，取始封支庶，以绍其统，而近代更除其国。至於周之公旦，汉之萧何，或豫建元子，或封爵元妃，盖尊显勋庸，不同常例。太宰素取外孙韩谧为世子黎民后。吾退而断之，外孙骨肉至近，推恩计情，合於人心。其以谧为鲁公世孙，以嗣其国。自非功如太宰，始封无后如太宰，所取必以己自出不如太宰，皆不得以为比。"

及下礼官议充谥，博士秦秀议谥曰荒，帝不纳。博士段畅希旨，建议谥曰武，帝乃从之。自充薨至葬，赙赐二千万。惠帝即位，贾后擅权，加充庙备六佾之乐，母郭为宜城君。及郭氏亡，谥曰宣，特加殊礼。时人讥之，而莫敢言者。

初，充前妻李氏淑美有才行，生二女褒、裕，褒一名荃，裕一名浚。父丰诛，李氏坐流徙。后娶城阳太守郭配女，即广城君也。武帝践阼，李以大赦得还，帝特诏充置左右夫人，充母亦敕充迎李氏。郭槐怒，攘袂数充曰："刊定律令，为佐命之功，我有其分。李那得与我并！"充乃答诏，托以谦冲，不敢当两夫人盛礼，实畏槐也。而荃为齐王攸妃，欲令充遣郭而带其母。时沛国刘含母，及帝舅羽林监王虔前妻，皆毋丘俭孙女。此例既多，质之礼官，俱不能决。虽不遣后妻，多异居私通。充自以宰相为海内准则，乃为李筑室於永年里而不往来。荃、浚每号泣请充，充竟不往。会充当镇关右，公卿供帐祖道，荃、浚惧充遂去，乃排幔出於座中，叩头流血，向充及群僚陈母应还之意。众以荃王妃，皆惊起而散。充甚愧愕，遣黄门将宫人扶去。既而郭槐女为皇太子妃，帝乃下诏断如李比皆不得还，后荃恚愤而死。

初，槐欲省李氏，充曰："彼有才气，卿往不如不往。"及女为妃，槐乃盛威仪而去。既入户，李氏出迎，槐不觉腿屈，因遂再拜。自是充每出行，槐辄使人寻之，恐其过李也。初，充母柳见古今重节义，竟不知充与成济事，以济不忠，数追骂之。侍者闻之，无不窃笑。及将亡，充问所欲言，柳曰："我教汝迎李新妇尚不肯，安问他事！"遂无言。及充薨后，李氏二女乃欲令其母袝葬，贾后弗之许也。及后废，李氏乃得合葬。李氏作《女训》行於世。

【译文】

贾充，字公闾，平阳襄陵人。父贾逵，曹魏时任豫州刺史，封阳里亭侯。贾逵晚年才生下贾充，说以后当有"充闾之庆"（光大门户的意思），于是就以此为他的名和字。

贾充自少丧父，居丧期间以孝闻名。承袭父亲的爵位为侯。拜官尚书郎，典掌制定法令，兼管度支考课。明辨法令，调剂度支，所建议都被采用。累升为黄门侍郎、汲郡典农中郎将。参大将军军事，随从大将军司马师讨伐毋丘俭、文钦于乐嘉。司马师病重，返回许昌，留贾充监诸军事，因功劳增加封邑三百五十户。

后来他担任大将军司马昭的司马，转右长史。司马昭刚开始执掌朝政大权，担心方镇有异议，派贾充前往诸葛诞那里，商议讨伐吴国的事，实际上是探查诸葛诞活动。贾充讲论起时事，于是对诸葛诞说："天下人都希望魏帝禅让，您以为怎样？"诸葛诞厉声道："你不是贾豫州的儿子么，世代承受魏帝的恩典，岂能打算把社稷送人呢！如果洛阳发难，我当以死相报。"贾充默然不语。及至他还朝，对司马昭说："诸葛诞在扬州，威名早著,能得人为他拼命。察看他的动向,造反是必然的了。如果现在就征调他回朝,那么他很快就会造反但影响要小;如果不征调他,造反虽然推迟但祸事就大了。"司马昭便征调诸葛诞回朝为司空,而诸葛诞果然起兵反对司马氏。贾充又随司马昭征讨诸葛诞,献计道:"楚地之兵,轻剽而锐利,如果深沟高垒以逼近敌人城下,可不战而克。"司马昭听从了。攻克寿春之后,司马昭亲自登上城垒慰劳贾充。司马昭先回洛阳,让贾充统理后事。进爵宣阳乡侯,增加封邑一千户。升廷尉,贾充擅长法律,有平反冤狱之称。

转为中护军,魏帝曹髦攻讨司马昭的相府,贾充率众拒战于南阙。贾充将败,骑督成倅的弟弟太子舍人成济对贾充说:"今天的事怎么办?"贾充说:"大将军豢养着你们,正为的是今天,还有什么可犹豫的!"成济于是抽戈冲上,杀死魏帝曹髦。及至常道乡公曹奂即位(为魏元帝),贾充进封安阳乡侯,增加封邑一千二百户,通令城外诸军,加散骑常侍。

钟会在蜀谋反,司马昭命贾充假节,以本官都督关中、陇右诸军事,西据汉中,未到而钟会已死。当时军队、国家的事情很多,朝廷机密,都与贾充商议。司马昭很信任贾充,他与裴秀、王沈、羊祜、荀勖同受腹心之任。司马昭又命令贾充定法律。假金印;赐上等府第一处。初定五等封爵,封贾充为临沂侯,为晋之元勋,深受宠遇,俸禄赏赐常比群官优异。

贾充有刀笔之才,能观察主子的意图。开初,司马昭因为兄长司马师恢宏王业,正要传位于司马师的嗣子齐王司马攸(按司马师无子,司马昭把自己的次子司马攸过继给司马师为嗣子)。贾充称赞司马炎(司马昭的长子,即后来的晋武帝)宽大仁厚,而且又位居长子,有人君之德,应该奉受社稷,及至司马昭病重,司马炎求问后事。司马昭说:"了解你的是贾公闾。"司马炎继承晋王王位,拜贾充为晋国卫将军、仪同三司、给事中,改封临颍侯。等到晋王受魏帝禅让,贾充以建国元勋,转为车骑将军、散骑常侍、尚书仆射,改封鲁郡公,母亲柳氏为鲁国太夫人。

贾充所定的法律颁行天下以后,百姓觉得很实用。武帝降诏道:"汉朝以来,法令严峻。所以从元、成二帝之世,到建安(东汉献帝年号)、嘉平(魏齐王曹芳年号)之间,都想要辩明旧的典意,删定刑律。因为述旧创新的规模很大,所以历年没有成就。先帝怜悯百姓的生命陷于繁密的法网,亲自发布德音,要订正刑律的名实。车骑将军贾充,辅赞圣意,咨询为善之道。太傅郑冲,又与司空荀颛、中书监荀勖、中军将军羊祜、中护军王业,以及廷尉杜友、守河南尹杜预、散骑侍郎裴楷、颍川太守周雄、齐相郭颀、骑都尉成公绥、荀辉、尚书郎柳轨等,典掌其事。朕每鉴察其用心,常慨然嘉许。如今法律已经告成,开始颁行天下,刑法宽,禁令简,足以克当先帝的遗志。往昔萧何因为定律法而受封,叔孙通因为制朝仪而委任为太常,赐金五百斤,弟子全部为郎官。建功业,立大事,自古为人所重视。从太傅、车骑将军以下,全部增加俸禄赏赐,其细节依照旧时例典。"于是赐贾充的一个子弟为关内侯,赏绢五百匹。他坚决推辞,武帝不许。

后来贾充代替裴秀为尚书令,常侍、车骑将军如故。不久又改常侍为侍中,赐绢七百匹。因为母丧而去职,武帝派遣黄门侍郎慰问。又因为东南的边境有事,派遣典军将军杨器宣布谕旨,让他在六旬之内不朝。

贾充主持政务,重视农业,节约财用,裁减官职,武帝很是嘉许。他又因为文武官员的服饰不同,要求罢黜自己所率领的军队;及至羊祜等人出守边镇,他又上表要求立功于边塞，武帝都没有同意。他从容任职，对人物的褒贬自己说了算，很喜欢奖进士流。他每荐举一个人，必然由始到终为之经营，所以士流大多归心于他。武帝的舅父王恂曾经诋毁贾充，但贾充还是推荐王恂。有人背着贾充以结交权要，贾充在外表上都待之若素。但贾充没有公直刚正的操守，不能正己以为下属的表率，专靠谄媚讨好主子。侍中任恺、中书令庾纯等刚直守正，都很嫉恨他。

等到贾充的女儿当了齐王的王妃，都担心贾充的势力以后会更大。及至氐羌反叛，当时武帝深以为忧，任恺便进言，建议让贾充镇守关中。于是下诏道："秦、凉二州之境，连年屡败，胡虏横暴，百姓荼毒，于是异族嚣张，危及中州。虽是吴、蜀二寇，其祸未至于此。这确是由于所委任的官吏不足以内抚夷夏之民，外镇丑逆之虏，轻率地使用军队而不能人尽其力。如果不能起用腹心重臣，推毂委成，匡正其弊，恐怕要为患未已了。每一想到这灾难，我就废寝忘食。侍中、守尚书令、车骑将军贾充，雅量宽宏，见识明远，武有折冲之威风，文怀经国之远虑，信用结于人心，威名震于海外。使其权且统帅一方之任，平定西夏，则朕无西顾之忧，而远近得获安宁了。其以贾充为使持节、都督秦凉二州诸军事，侍中、车骑将军如故，假羽葆、鼓吹，赐驸马一座府第。"朝廷中的贤良，想要进忠言、建良策的，都庆幸贾充离开朝廷，希望乘机更新政治。

贾充既被调出，自以为丢掉了权柄，把任恺恨入骨髓，但也无计可施。他即将前往镇所的时候，百官饯行于夕阳亭。荀勖与他私下相见，贾充把自己的忧虑告诉了他，荀勖说："您是国家的宰辅，却被一个匹夫所制服，不是太无能了吗！然而这次外出，想辞掉也实在太难了。只有和太子结亲，那么不必停车就自然会留下的。"贾充说："是的。但谁能转达我的意愿呢？"荀勖说："让我去讲吧。"不久荀勖侍宴，谈论起太子的婚姻之事，荀勖便说贾充的女儿才貌双全，适宜为太子的妃匹。而杨皇后和荀顗也都称赞她。在此前羊祜曾密奏留下贾充，到这时，武帝把这事讲给了贾充。贾充感谢羊祜说："现在才知道您是忠厚人。"

当时吴国的将领孙秀来降，拜为骠骑大将军。武帝因为贾充是旧臣，想改变他的班位，就让车骑将军居于骠骑将军之上。贾充坚决推让，武帝同意了。不久他升迁为司空、侍中、尚书令，领兵如故。

正值武帝病重，贾充和齐王司马攸、荀勖参侍医药。及至病愈，每人赐绢五百匹。开初，武帝病危，朝廷归心于司马攸。河南尹夏侯和对贾充说："您的两个女婿，亲疏是一样的，立君应该立有德的。"贾充不做回答。到这时，武帝听说了这事，把夏侯和调任为光禄勋，又夺取了贾充的兵权，但位置待遇并不降低。不久又转为太尉、行太子太保、录尚书事。咸宁三年，日食于三朝(年、月、日之始，即元旦)，贾充请求退位，不许，又把沛国的公丘增封给贾充，宠幸愈甚，朝臣对他侧目而视。

河南尹王恂上言："弘训太后(齐王司马攸的生母)入庙，就配食于景皇帝(司马昭)，齐王攸不得按她的儿子行礼。"贾充认为："按礼，诸侯不得以天子为始祖，公子(诸侯之庶子)不得在自己的家庙中立先君的神主，都说的是继统承祀，没有说不能回复其父祖。齐王攸本人应为弘训太后服三年丧，自如臣子之制。"有司奏道："如果按照贾充的主张，服亲子之丧，行臣子之制，这是没有先例的。应该按照王恂的表章，齐王攸的丧服从诸侯之例。"武帝接受了贾充的建议。

征伐吴国之役，武帝命贾充为使持节、假黄钺、大都督，统帅六军，给羽葆、鼓吹、缇幢、兵万人、骑士二千，置左右长史、司马、从事中郎，增加参军、骑司马各十人，帐下司马二十人，大车、官骑各三十人。贾充担心战役不能告捷，上表陈述："西部有昆夷之边患，北部有幽并之兵戌，天下劳困，五谷歉收，兴兵对吴国实行讨伐，我担忧不是时机。另外臣已老迈，难当此任。"武帝说："您不出行，我就亲自出征。"贾充不得已，才接受节钺，统帅中军，为诸军节度，以冠军将军杨济为副职，南行屯驻于襄阳，等吴国的江陵诸城守都投降以后，他才迁屯于项城。

王浚攻克武昌以后，贾充派遣使者上表说："吴国不能够全部平定。此时正是夏季，江淮洼下潮湿，必然兴起瘟疫，应该召回诸军，以待将来行动。即使腰斩了张华，也不足以向天下谢罪。"张华参与了讨伐吴国的策划，所以贾充这样说。中书监荀勖上奏，应该按照贾充的表奏行事。武帝不同意。杜预听说贾充有奏表，火速上表争辩，说平定吴国，只在旦夕之间。杜预的使者才走到轘辕，而孙皓已经投降了。吴国平定，罢兵。武帝派遣侍中程咸犒劳，赐贾充帛八千匹，增加封邑八千户，分封他的从孙贾畅为新城亭侯，贾盖为安阳亭侯，其弟阳里亭侯贾混、从孙关内侯贾众，增加封户。

贾充本来不同意伐吴，坚决谏阻而未被接受。等到出师而吴国平定，他大为惭惧，商量着要去请罪。武帝听说贾充要旨阙请罪，预先前往东堂等候。罢去贾充的节钺、僚属，但仍假鼓吹、麾幢。贾充与群臣呈上告成的礼仪，建议有司准备行大礼。武帝谦让不同意。

及至病危，贾充奉上印绶辞位。武帝派遣侍臣传旨问病，殿中太医送汤药，赐以床帐钱帛，自皇太子、宗室以下都亲往问病。太康三年四月去世，年六十六岁。武帝为之哀痛，派遣使持节、太常奉策书追赠为太宰，加衮冕之服、绿𬘬绶、御剑，赐东园秘器、朝服一套，衣一件，大鸿胪护理丧事，假节钺、前后部羽葆、鼓吹、缇麾，大路车、銮路车、辒辌车、帐下司马大车，锤斧文衣武贲、轻车甲士。葬礼按照霍光及安平献王故事，给坟田一顷。与石苞等为王功配飨庙庭。谥号为"武"。追赠贾充之子贾黎民为鲁殇公。

贾充的妻子广城君郭槐，生性嫉妒。开初，贾黎民年三岁，乳母抱着他当阁。贾黎民见贾充进来，嬉笑着，贾充走过去抚爱。郭槐望见，说贾充与乳母有私情，当即就把她鞭打而死。黎民思恋乳母，发病而死。后来又生个男孩，过了周年，又被乳母抱着，贾充用手抚摸他的脑袋。郭槐疑心乳母，又把乳母杀死，孩子也思恋而死。贾充于是就没有了后嗣。

等到贾充去世，郭槐就把外孙韩谧过继为黎民的儿子，承贾充之嗣。郎中令韩咸、中尉曹轸谏止郭槐说："按礼，大宗没有后嗣，就用小宗的支子为后嗣，没有以异姓为后嗣的记载。不要让先公含羞于地下，良史书过于史册，岂不痛心！"郭槐不听从。韩咸等人上书要求改立后嗣，事情就扣下不做答复。郭槐于是上表陈述说是贾充的遗愿。武帝降诏道："太宰、鲁公贾充，建德立功，勤劳辅佐，辞世殒命，常使我悼念于心。又嫡子早逝，后嗣未立。古代列国无后嗣，就取始封国君的支庶，以承继统祀，而近代则是废除其国。至于周朝的周公旦，汉朝的萧何，或者是预先确定世子，或者是封爵元妃，这是因为要尊显其功勋，不同于常例。太宰平素确定取外孙韩谧为黎民之后。我退下后推断：外孙是骨肉至亲，推施恩典，计以情感，都很合乎人心。其以韩谧为鲁公嫡孙，以嗣其国。如果不是像贾充那样功高,不是像贾充那样始封即无后嗣,不是像贾充那样所取后嗣是出于自己的决定,都不能以此为例。"

及至下诏让礼官讨论贾充的谥号,博士秦秀建议谥号为"荒",武帝不接受。博士段畅迎合武帝的心思,建议谥号为"武",武帝才同意。从贾充死到下葬,赐助葬钱二千万。惠帝即位,贾后把持大权,给贾充的祠增加六佾之乐,封其母郭槐为宜城君。及至郭槐去世,赠谥号为"宣",特加殊礼。当时人讥讽此事,但没有人敢于上言。

开初,贾充的前妻李氏美丽端庄而有才有德,生了两个女儿贾褒和贾裕,贾褒又名贾荃,贾裕又名贾浚。李氏的父亲李丰被诛(因反对司马氏而被杀),李氏坐罪流放。贾充后来娶了城阳太守郭配的女儿,就是这个广城君。武帝登基,李氏因大赦得以归还,武帝特别命令贾充置左右夫人,贾充的母亲也敕命贾充迎回李氏。郭槐大怒,扬着袖子骂贾充道:"你修订律令,为佐命元勋,有我一份功劳,李氏哪能和我并列!"贾充便答复诏旨,托以谦逊,不敢当两名夫人的盛礼,其实是他害怕郭槐。而贾荃是齐王攸的王妃,想让贾充打发走郭槐而迎还其母。当时沛国刘含的母亲,还有武帝舅父羽林监王虔的前妻,都是毋丘俭(也是因反对司马氏被杀的魏臣)的孙女。这种例子很多,质问于礼官,礼官也都不能解决。这些人虽然不打发走后妻,但大多安排前妻另住一处,暗自来往。贾充以为自己是宰相,应该成为海内的道德规范,就为李氏在永年里建造了住宅,但不和她往来。贾荃、贾浚经常号哭着请贾充去,贾充竟然始终不去一次。正值贾充要出镇关西,公卿祖道钱行,贾荃、贾浚担心贾充就这样走了,便撩开帐幔,径自来到座中,叩头流血,向贾充和众官僚陈述母亲应该回家的理由。众人因为贾荃是王妃,都吓得一哄而散。贾充惭愧惊愕,派黄门带着宫人把女儿挽走了。不久郭槐的女儿成了皇太子的妃子,武帝就下诏,凡属此类,都以李氏为前例,不得回夫家。后来贾荃愤怒而死。

早先,郭槐想去看李氏,贾充说:"她有才气,你不如不去的好。"及至郭槐的女儿成了皇太子妃,她就大摆仪仗而去。进门之后,李氏出迎,郭槐不知不觉地脚就软下来,于是向李氏再拜。从此贾充每次出外,郭槐都派人去找寻,因为怕他到李氏那里去。早先,贾充的母亲柳氏知古今,重节义,但竟然不知道是贾充唆使成济弑杀了魏帝,她认为成济不忠,屡次追赶着骂他,侍者听见了,无不偷偷地发笑。等到她将死的时候,贾充问她有什么遗言,柳氏说:"我教你把李氏媳妇接回来,你都不肯,还问别的什么事!"便一句话也不说。及至贾充死后,李氏的两个女儿就想让她们的母亲合葬。贾后不肯答应。等到贾后被废,李氏才得以合葬。李氏著有《女训》,行于世。

阮籍传

【题解】

阮籍(210~263),三国时魏文学家、思想家。字嗣宗,陈留尉氏(今属河南)人。"建安七子"之一阮瑀之子,与嵇康、向秀等七人齐名,并称"竹林七贤"。曾为散骑常侍、步兵校尉。

阮籍崇奉老庄，精通玄学，曾作《通老论》《达庄论》等文。其诗长于五言代表作《咏怀诗》八十二首，表现嗟生忧时，苦闷彷徨的心情，风格浑朴，多用比兴，对后世影响极大。又工文，有《大人先生传》等名篇传世。后人辑有《阮嗣宗集》。

【原文】

阮籍字嗣宗，陈留尉氏人也。父瑀，魏丞相掾，知名於世。籍容貌瑰杰，志气宏放，傲然独得，任性不羁，而喜怒不形於色。或闭户视书，累月不出，或登临山水，经日忘归。博览群籍，尤好庄老。嗜酒能啸，善弹琴。当其得意，忽忘形骸。时人多谓之痴，惟族兄文业每叹服之，以为胜己，由是咸共称异。

籍尝随叔父至东郡，兖州刺史王昶请与相见，终日不开一言，自以不能测。太尉蒋济闻其有隽才而辟之，籍请都亭奏记曰："伏惟明公以含一之德，据上台之位，英豪翘首，俊贤抗足。开府之日，人人自以为掾属；辟书始下，而下走为首。昔子夏在於西河之上，而文侯拥篲；邹子处於黍谷之阴，而昭王陪乘。夫布衣韦带之士，孤居特立，王公大人所以礼下之者，为道存也。今籍无邹卜之道，而有其陋，猥见采择，无以称当。方将耕於东皋之阳，输黍稷之馀税。负薪疲病，足力不强，补吏之召，非所克堪。乞回谬恩，以光请举。"初，济恐籍不至，得记欣然。遣卒迎之，而籍已去，济大怒，於是乡亲共喻之，乃就吏。后

阮籍

谢病归。复为尚书郎，少时，又以病免。及曹爽辅政，召为参军。籍因以疾辞，屏於田里。岁馀而爽诛，时人服其远见。宣帝为太傅，命籍为从事中郎。及帝崩，复为景帝大司马从事中郎。高贵乡公即位，封关内侯，从散骑常侍。

籍本有济世志，属魏晋之际，天下多故，名士少有全者，籍由是不与世事，遂酣饮为常。文帝初欲为武帝求婚於籍，籍醉六十日，不得言而止。钟会数以时事问之，欲因其可否而致之罪，皆以酣醉获免。及文帝辅政，籍尝从容言於帝曰："籍平生曾游东平，乐其风土。"帝大悦，即拜东平相。籍乘驴到郡，坏府舍屏鄣，使内外相望，法令清简，旬日而还。帝引为大将军从事中郎。有司言有子杀母者，籍曰："嘻！杀父乃可，至杀母乎！"坐者怪其失言。帝曰："杀父，天下之极恶，而以为可乎？"籍曰："禽兽知母而不知父，杀父，禽兽之类也。杀母，禽兽之不若。"众乃悦服。

籍闻步兵厨营人善酿，有贮酒三百斛，乃求为步兵校尉。遗落世事，虽去佐职，恒游府内，朝宴必与焉。会帝让九锡，公卿将劝进，使籍为其辞。籍沈醉忘作，临诣府，使取之，见籍方据案醉眠。使者以告，籍便书案，使写之，无所改窜。辞甚清壮，为时所重。

籍虽不拘礼教，然发言玄远，口不臧否人物。性至孝，母终，正与人围棋，对者求止，籍留与决赌。既而饮酒二斗，举声一号，吐血数升。及将葬，食一蒸肫，饮二斗酒，然后临诀，直言穷矣，举声一号，因又吐血数升。毁瘠骨立，殆致灭性。裴楷往吊之，籍散发箕踞，醉而直视，楷吊唁毕便去。或问楷："凡吊者，主哭，客乃为礼。籍既不哭，君何为哭？"

楷曰:阮籍既方外之士,故不崇礼典。我俗中之士,故以轨仪自居。"时人叹为两得。籍又能为青白眼,见礼俗之士,以白眼对之。及嵇喜来吊,籍作白眼,喜不怿而退。喜弟康闻之,乃赍酒挟琴造焉,籍大悦,乃见青眼。由是礼法之士疾之若仇,而帝每保护之。

籍嫂尝归宁,籍相见与别。或讥之,籍曰:"礼岂为我设邪!"邻家少妇有美色,当垆沽酒。籍尝诣饮,醉,便卧其侧。籍既不自嫌,其夫察之,亦不疑也。兵家女有才色,未嫁而死。籍不识其父兄,径往哭之,尽哀而还。其外坦荡而内淳至,皆此类也。时率意独驾,不由径路,车迹所穷,辄恸哭而反。尝登广武,观楚汉战场,叹曰:"时无英雄,使竖子成名!"登武牢山,望京邑而叹,於是赋《豪杰诗》。景元四年冬卒,时年五十四。

籍能属文,初不留思。作《咏怀诗》八十馀篇,为世所重。著《达庄论》,叙无为之贵。文多不录。

籍曾於苏门山遇孙登,与商略终古及栖神导气之术,登皆不应,籍因长啸而退。至半岭,闻有声若鸾凤之音,响乎岩谷,乃登之啸也。遂归著《大人先生传》,其略曰:"世人所谓君子,惟法是修,惟礼是克。手执圭璧,足履绳墨。行欲为目前检,言欲为无穷则。少称乡党,长闻邻国。上欲图三公,下不失九州牧。独不见群虱之处裈中,逃乎深缝,匿乎坏絮,自以为吉宅也。行不敢离缝际,动不敢出裈裆,自以为是绳墨也。然炎丘火流,焦邑灭都,群虱处於裈中而不能出也。君子之处域内,何异夫虱之处裈中乎!"此亦籍之胸怀志趣也。

子浑,字长成,有父风。少慕通达,不饰小节。籍谓曰:"仲容已豫吾此流,汝不得复尔!"太康中,为太子庶子。

【译文】

阮籍,字嗣宗,陈留(今河南开封东南)尉氏(今河南中部)人。父亲阮瑀,做过魏朝丞相曹操的僚属,在当时社会上颇有名气。阮籍的相貌奇伟出众,志气宏达豪放,有着独特的傲岸性格,他凭个性行事而不受拘束,心里感到高兴或恼怒时,从来不在脸色上表露出来。有时闭门读书,几个月也不出门门;有时登山玩水,好几天都忘记了回家。他博览群书,尤其喜爱《庄子》《老子》。好饮酒,能长啸又善于弹琴。当他得意的时候,总感到飘飘悠悠而忘记了自己形体的存在。当时多数人说他癫狂,只有他堂兄阮文业常常赞叹佩服他,认为阮籍胜过自己,由于阮文业的赞扬,大家才都称颂阮籍的奇特。

阮籍曾经跟随他叔父到东郡(今河南濮阳西南),兖州(今属山东)刺史王昶请求与阮籍与他会面,阮籍却整天不开口说一句话,王昶感到阮籍这个人令人难以揣摩。太尉蒋济听说阮籍才智出众而征召他,阮籍前往亭长府内给蒋济写一份奏章,说:"卑下俯伏上言,贤明的太尉,您以纯净的涵养美德,处于辅助国君的高级地位,使英雄豪杰翘首,让后士贤人踮脚。正当成立官署选拔官吏之日,人人都想自己能充任您的僚属,您的征召文书刚刚下达,我这个卑下走卒竟名列前茅。过去,子夏住在西河(今黄河与北洛河之间)为请子夏到魏国做官,魏国国君文侯亲自抱扫帚为他清道;邹子住在黍谷(今河北密云西南),为请邹衍到燕国当导师,燕国国君昭王自己陪站在邹子车子的右厢。这些人衣带粗陋,深居简出,孤清独立,王公大人之师对他们礼贤下士,是因为他们身上存在着美德韬略,现在,阮籍并没有邹衍、子夏的美德韬略,有的是浅薄粗陋,卑下有辱于您的选拔,实在难以担当。我刚要到高朗朝阳的田野去耕耘种作,以缴纳国家的钱粮税收。况且我身患疾病,足力不强,不能为您奔走效劳。任命我为官属的召令,是我所不能承受的。乞求您收回对我的错误的恩赐,以便使这次明正的举荐选拔更闪耀光辉。"征召初时,蒋济唯恐阮籍不来,接到了阮籍的奏章,真是高兴,便派差役去迎接阮籍,但阮籍却已经离去,蒋济非常气恼。因此,乡亲都来劝告阮籍,阮籍接受官职。后来,阮籍又托病返乡。及后,阮籍又做了尚书郎。不久,又托病辞职。到了曹爽辅助朝政时,阮籍又被召为参军。阮籍还是以病推辞,而隐居于乡间。过了一年多,曹爽被杀,当时人们都钦佩阮籍有远见。宣帝司马懿作太傅时,阮籍被任命为从事中郎,到了司马懿驾崩后,阮籍又做了景帝司马师大将军的从事中郎。被封为高贵乡公的曹髦做皇帝时,阮籍被封为关内侯,后调任为散骑常侍。

　　阮籍本来就有匡时救世的志向。但他处于魏晋交替之时,当时天下多事,凡知名之士很少有好结果的,阮籍因而不干预世事,便时常开怀畅饮。文帝司马昭起初要为他的儿子武帝司马炎请求阮籍联结姻亲,而阮籍大醉六十日,使司马昭没有开口的机会而只好作罢。钟会数次问阮籍关于时事问题,企图根据阮籍是赞成还是反对来加给阮籍的罪名,但阮籍都饮得酩酊大醉,从而避免了遭受陷害。到了文帝司马昭辅助朝政时,阮籍曾经从容地对文帝说:"我平时曾经游览过东平(今属山东),喜欢那里的风俗习惯和地理环境。"文帝非常高兴,马上任命阮籍为东平相。阮籍骑着驴子到了东平郡,拆毁了东平相府舍衙门的围墙和影壁,使内外可以相望,并且精简了法令,过了十天,他便回乡了。文帝司马昭又举荐阮籍为大将军的从事中郎。管事的官吏谈到有一个做儿子的杀死了母亲的事,阮籍说:"哎!杀死父亲还可以,竟到了杀死母亲!"在座的人都怪他失言。文帝司马昭说:"杀死父亲是天下的极端罪恶,怎么认为可以呢?"阮籍说:"禽兽知道母亲而不知道父亲。人杀了父亲,类似禽兽,杀死母亲,就连禽兽都不如了。"于是,大家都心悦诚服。

　　阮籍听说步兵兵营的厨师善于酿酒,并存有三百斛酒,他便请求去当步兵校尉。他把事务弃置不管,虽然辞去从事中郎,但还经常游乐于大将军的府内,每有朝堂宴会他也必定参加。文帝司马昭一再谦让帝王赐给他的九种器物,朝廷大臣劝司马昭进晋公位,接受赐予的九件器物,并指使阮籍为他们写劝时文。阮籍喝得大醉,忘记了写劝进文,大臣临到大将军府内时,才派使者去取劝进文,使者见到阮籍正靠着几案醉醺醺的,告诉阮籍来意后,阮籍便在几案上划字,让使者誊抄,文章竟没有一处改动过。文辞很清丽豪壮,为当时人们所赞赏。

　　阮籍虽然不受礼教的拘束,但是言语玄妙、悠远,说话不轻易褒贬人家。他非常孝顺,母亲逝世时,他正和人家下围棋,对方要求停止,阮籍却留下来与对方决战,赌个输赢。继之便喝了两斗酒,放声大哭,还吐了好几升血。母亲将要下葬时,他又吃了一块蒸猪腿,喝了二斗酒,然后靠近棺木与母亲遗体告别,这时连说话的气力也没有了。他再次放声大哭,因此又吐了好几升血,他因悲哀而消瘦,显得瘦骨嶙峋,以致几乎要死去。裴楷前往吊唁,阮籍披散着头发,伸开两脚,手按膝坐着,喝醉了直愣愣地看人,裴楷吊完唁便离去了。有的人问裴楷:"凡是吊唁,主人都得先哀哭,客人才因礼俗而哭拜。阮籍既然不哭,你为什么要哭呢?"裴楷说:"阮籍既然是超乎礼俗之外的人,当然不崇尚礼教法

典;我是世俗中的人,所以自己要顺着礼仪之事。"当时的人都赞叹他们俩都做得很得体。阮籍又会用黑眼珠或眼白看人,看到拘泥于礼俗的人,他用白眼对待。嵇喜前来吊唁时,阮籍翻白眼怒视,嵇喜很不高兴地走了。嵇喜的弟弟嵇康听说,便带酒挟琴来访,阮籍十分高兴,才露出黑眼珠来。因此,尊崇礼法的人都憎恨阮籍如同仇敌,可是文帝司马昭却每每保护阮籍。

阮籍的嫂子曾经回娘家省亲,阮籍和他嫂子见面并与她告别,有的人就讥笑阮籍,阮籍却说:"礼法难道是为我制定的吧?"邻居有一个颇具姿色的青年妇女,坐在酒垆旁边卖酒。阮籍曾经去买酒喝,喝醉了便躺在那个青年妇女旁边。阮籍自己不避嫌,那个青年妇女的丈夫审视阮籍,也没有怀疑。一户军人的家里有一个既有才学又有姿色的女子,还没出嫁就死了。阮籍并不认识这个女子的父兄,却径自去哭灵,尽了哀悼才返回。阮籍外表坦荡而内心纯净,一向如此。阮籍时常随意驾车独行,他不顺着道路走,直到车子到了尽头无法走了,才痛哭而归。阮籍还曾经登临广武山,观览楚汉对峙时的战场,他感慨地说:"那时,没有真正的英雄,才使刘邦那小子成了名!"阮籍又登临武牢山,观望洛阳都城而发出感叹,于是写了《豪杰诗》。景元四年(263)冬天,阮籍死了,终年五十四岁。

阮籍善于写文章,下笔一点也不经心,他写了《咏怀诗》八十多首,为世间所珍重。作《达庄论》,叙述顺应自然,不求有所作为的可贵。他的文章多半没有存录。

阮籍曾经在苏门山遇见隐士孙登,他和孙登商讨古代开天辟地之理和修身养性练气之术,孙登一概不应答,于是阮籍长啸一声离开了。走到半山腰,听到一种好像凤凰鸣叫的声音回响于山谷之中,原来是孙登长啸声。阮籍回来后就写了《大人先生传》,文章简要地写道:"世上的人所说的君子,一心只奉行礼法,一心以礼制约束自己;手里拿着圭璧,脚顺着绳墨走路;行为要成为当今的榜样,言语要成为后世的准则。青年时要称誉于乡里,成长后要闻名于都城。向上谋图充当朝廷大臣,往下企望不失去州府的最高官衔。难道没有见过成群的虱子聚集于裤子里吗?它们逃钻于深缝里,躲藏于破棉絮中,还自以为那是吉利的住宅。爬行得不敢离开缝隙,走动不敢离开裤裆,还自以为那里遵循行为准则哩!但是当热带的气浪灼热如火地袭来时,都市全被烤焦,成群的虱子只能处于裤子里头而出不来了。正人君子居于世间,与虱子藏匿于裤子里又有什么不同呢?"这也就是阮籍的胸襟志趣。

阮籍的儿子阮浑,字长成,有他父亲的作风。青少年时喜欢放荡旷达,不拘小节。阮籍却说:"你堂兄仲容已经加入我们这一帮子了,你不能再这样了。"太康年间,阮浑当上了太子庶子。

嵇康传

【题解】

嵇康(224~263),字叔夜,谯郡铚(今安徽宿县西南)人。他和魏宗室通婚,官至中散大夫,世称嵇中散。为"竹林七贤"之一,和阮籍齐名。他崇尚老、庄,好谈养生服食之事,但富于正义感和反抗性，对当时政治的黑暗和虚伪的礼教和礼法之士极其不满，公开发表离经叛道、菲薄圣人的言论，遭到司马氏集团钟会的陷害，被司马昭所杀。他是当时著名的思想家，提出"越名教而任自然"，主张回归自然厌恶儒家各种人为的繁琐礼数。对文学、诗歌、音乐也有一定造诣，善鼓琴，并曾作《琴赋》。著作有《嵇中散集》。

【原文】

嵇康字叔夜，谯国铚人也。其先姓奚，会稽上虞人，以避怨徙焉。铚有嵇山，家于其侧，因而命氏。兄喜，有当世才，历太仆、宗正。

康早孤，有奇才，远迈不群，身长七尺八寸，美词气，有风仪，而土木形骸，不自藻饰，人以为龙章凤姿，天质自然，恬静寡欲，含垢匿瑕，宽简有大量，学不师受，博览无不该通，长好《老》《庄》。与魏宗室婚，拜中散大夫，常修养性服食之事，弹琴咏诗，自足于怀。以为神仙禀之自然，非积学所得。至于导养得理，则安期彭祖之伦可及，乃著《养生论》。又以为君子无私，其论曰："夫称君子者，心不措乎是非而行不违乎道者也，何以言之？夫气静神虚者，心不存于矜尚；体亮心达者，情不系于所欲。矜尚不存乎心，故能越名教而自任自然；情不系于所欲，故能审贵贱而通物情，物情顺通，故大道无违，越名任心，故是非无措也。是故言君子则以无措为主，以通物为美；言小人则以匿情为非，以违道为阙。何者？匿情矜吝，小人之至恶；虚心无措，君子之笃行也。是以大道言及吾无身，吾又何患。无以生为贵者，是贤于贵生也。由斯而言，夫至人之用心固不存有措矣。"故曰："君子行道，忘其为身，斯言是矣。君子之行贤也，不察于有度而后行也，任心无邪，不议于善而后正也，显情无措，不论于是而后为也。是故傲然忘贤而贤与度会；忽然任心而心与善遇。倘然无措而事与是俱也。"其略如此。盖其胸怀所寄以高契难期，每思郢质，所与神交者惟陈留阮籍、河内山涛，豫其流者河内向秀、沛国刘伶、籍兄子咸、琅玡王戎，遂为竹林之游，世所谓"竹木七贤"也。戎自言与康居山阳二十年，未尝见其喜愠之色。

嵇康

康尝采药游山泽，会其得意，忽焉忘反。时有樵苏者遇之，咸谓为神。至汲郡山中见孙登，康遂从之游。登沉默自守，无所言说。康临去，登曰："君性烈而才隽，其能免乎？"康又遇王烈，共入山，烈尝得石髓如饴，即自服半，馀半与康，皆凝而为石。又于石室中见一卷素书，遽呼康往取，辄不复见。烈乃叹曰："叔夜志趣非常而辄不遇，命也。"其神心所感。每遇幽逸如此。

山涛将去选官，举康自代。康乃与涛书告绝，曰：

"闻足下欲以吾自代，虽事不行，知足下故不知之也。恐足下羞庖人之独割，引尸祝以自助，故为足下陈其可否。"

老子、庄周,吾之师也,亲居贱职。柳下惠、东方朔达人也,安乎卑位。吾岂敢短之哉!又仲尼兼爱,不羞执鞭。子文无欲卿相而三为令尹,是乃君子思济物之意也。所谓达能兼善而不渝,穷则自得而无闷。以此观之,故知尧舜之居世,许由之严栖,子房之佐汉,接舆之行歌,其揆一也。仰瞻数君,可谓能遂其志者也。故君子百行,殊涂同致,循性而动,各附所安。故有处朝廷而不出,入山林而不反之论。且延陵高子臧之风,长卿慕相如之节。意气所先,亦不可夺也。

吾每读尚子平,台孝威传,慨然慕之,想其为人,加少孤露,母兄骄恣,不涉经学。又读《老》《庄》,重增其放。故使荣进之心日颓,任逸之情转笃。阮嗣宗口不论人过,吾每师之,而未能及。至性过人,与物无伤,惟饮酒过差耳。至为礼法之士所绳,疾之如仇雠,幸赖大将军保持之耳。吾以不如嗣宗之资而有慢弛之缺,又不识物情,闇于机宜,无万石之慎,而有好尽之累,久与事接,疵衅日兴,虽欲无患,其可得乎?

又闻道士遗言,饵术黄精,令人久寿。意甚信之,游山泽,观鱼鸟,心甚乐之。一行作吏,此事便废,安能舍其所乐而从其所惧哉!

夫人之相知,贵识其天性,因而济之,禹不逼伯成子高,全其长也。仲尼不假盖于子夏,护其短也。近诸葛孔明不迫元直以入蜀,华子鱼不强幼安以卿相。此可谓能相终始,真相知者也。自卜已审,若道尽涂殚则已耳。足下无事冤之令转于沟壑也。

吾新失母兄之欢,意常悽切。女年十三,男年八岁,未及成人,况复多疾,顾此恨恨,如何可言?今但欲守陋巷,教养子孙,时时与亲旧叙离阔,陈说平生,浊酒一杯,弹琴一曲,志意毕矣。岂可见黄门而称贞哉!若趣欲共登王涂,期于相致,时为欢益,一旦迫之,必发狂疾。自非重雠,不至此也。既以解足下,并以为别。

此书既行,知其不可羁屈也。

性绝巧而好锻。宅中有一柳树甚茂,乃激水环之,每夏月,居其下以锻。东平吕安服康高致,每一相思,辄千里命驾。康友而善之,后安为兄所枉诉,以事系狱,辞相证引,遂复收康。康性慎言行,一旦缧绁,乃作《幽愤诗》曰:

"嗟余薄祜,少遭不造。哀茕靡识,越在襁褓。母兄鞠育,有慈无威。恃爱肆好,不训不师。爰及冠带,凭宠自放。抗心希古,任其所尚。托好庄老,贱物贵身。志在守朴,养素全真。"

曰予不敏,好善暗人。子玉之败,屡增惟尘。大人含弘,藏垢怀耻。人之多僻,政不由己。惟此褊心,显明臧否。感悟思愆,恒若创痏。欲寡其过,谤议沸腾。性不伤物,频致怨憎。昔惭柳惠,今愧孙登。内负宿心,外恧良朋。仰慕严郑,乐道闲居,与世无营,神气晏如。

咨予不淑,婴累多虞。匪降自天,实由顽疏理弊患结,卒致囹圄。对答鄙讯,絷此幽阻。实耻讼冤,时不我与,虽曰义直,神辱志沮。澡身沧浪,曷云能补。雍雍鸣雁,厉翼北游,顺时而动,得意忘忧。嗟我愤叹,曾莫能畴。事与愿违,遘兹淹留,穷达有命,亦又何求。

古人有言,善莫近名。奉时恭默,咎悔不生,万石周慎,安亲保荣。世务纷纭,祗搅余情。安乐必诫,乃终利贞。煌煌灵芝,一年三秀。予独何为,有志不就。惩难思复,心焉内疚。庶勖将来,无馨无臭。采薇山阿,散发岩岫。永啸长吟,颐神养寿。

初康居贫,尝与向秀共锻于大树之下,以自赡给。颍川钟会,贵公子也。精练有才辩,故往造焉。康不为之礼,而不锻辍。良久会去,康谓曰:"何所闻而来,何所见而去?"会曰:"闻所闻而来,见所见而去。"会以此憾之。及是,言于文帝曰:"嵇康卧龙也,不可起。公无忧天下,愿以康为虑耳。"因谮康欲助毋丘俭,赖山涛不听。昔齐戮华士,鲁诛少正卯,诚以害时乱教,故圣贤去之。康安等言论放荡,非毁典谟。帝王者所不宜容宜,因衅除之,以淳风俗。帝既昵听信会,遂并害之。

康将刑东市,太学生三千人请以为师,弗许。康顾视日影,索琴弹之曰:"昔袁孝尼尝从吾学《广陵散》,吾每靳固之,《广陵散》于今绝矣。"时年四十,海内之士。莫不痛之。帝寻悟而恨焉。初康尝游于洛西,暮宿华阳亭,引琴而弹,夜分,忽有客诣之,称是古人。与康共谈音律,辞致清辩,因索琴弹之,而为《广陵散》。声调绝伦,遂以授康,仍誓不传人,亦不言其姓字。

康善谈理,又能属文。其高情远趣,率然玄远,撰上古以来高士为之传赞,欲友其人于千载也。又作《太师箴》,亦足以明帝王之道焉。复作《声无哀乐论》,甚有条理。

【译文】

嵇康字叔夜,是三国时魏国谯郡铚人。他的祖先姓奚,会稽的上虞人,因为躲避仇家,才搬迁到这里。铚地有座稽山(今安徽宿县西南),他的家就在稽山的山侧,因以嵇为姓。哥哥嵇喜,有做官的才干,历任太仆、宗正等官职。

嵇康早年是孤儿,有奇特的才能,孤高而不合群。他身高七尺八寸,谈吐和气质很好,很有风度仪表,保持本来面目,不加修饰,人们认为他有龙的文采、凤的姿容,天生的资质出于自然。心境清静淡泊没有世俗的欲望,有宽宏的度量,待人宽厚心胸豁达。学问不是由老师传授,而博览群书无不完备通晓,长大以后爱好读《老子》《庄子》。嵇康和魏国的宗室成婚,被授官中散大夫。他常常研习道家涵养本性和服用丹药等事情,弹琴吟诗,胸怀中自我感觉满足。他认为神仙秉承于自然,不是因为长期的学习所能做到的,只要导引养生找到它的规律,那么像安期生、彭祖那样的长寿也可以达到,便撰写了《养生论》。又认为君子应该没有私心,他的主张说:"被称为君子的,是指心里不掺杂是是非非,而行为不违背常道的人。这话怎样解释?凡是气静神虚的人,心里不在于夸大自己的操守;领悟透彻心里豁达的人,性情不为自己的欲念所连累干扰。心里没有夸大自己操守的想法,所以能够超越名声和教化而任其自然,性情不受自己欲念的连累干扰,所以能够明白贵贱而通晓物理人情。对物理人情顺意通晓,所以不会违背常理正道;超脱于名声放任自己的心情,所以不受是是非非的掺杂干扰。因此说君子以没有掺杂干扰为最重要,以通晓物理人情为善美;说小人隐匿真情为不对,违背常理正道为过错。这是为什么隐匿真情自我夸张,是小人最令人厌恶的行径;心里不带成见没掺杂干扰,是君子诚笃遵行的美德。所以常道正理说'及吾无身,吾又何患'。不以生命为贵的人:才能胜过看重生命的人。从这一点来说,修养达到最高境界者的本心,原来就不存在掺杂干扰。所以说,'君子行道,忘其为身',这种说法很对。君子做好事,不是先衡量法度然后才去行动;听凭自己的本心便没有邪恶的想法,不是先谈论善良与否然后才去纠正;袒露自己的真情便无矫揉造作,不是先谈论正确与否然后才去修饰。因此能超然忘贤,而贤与法相符;忽然忘心,而心与善相合;潇洒而不造作,而事情正确密不可分。"他的大致意见就是如此。原来嵇康内心深藏的抱负,认为十分契合的人很难遇到,常常想能有《庄子》中所说的郢人那种气质的知己。和嵇康以道义相交、推心置腹的只有陈留的阮籍、河内的山涛,参与嵇康这一流派是河内的向秀、沛国的刘伶、阮籍的侄子阮咸、琅玡的王戎,他们经常一起在竹林中行游,被世人称为"竹林七贤"。王戎自称和嵇康在山阳一同居住了二十年,从未看到嵇康脸上流露出欢喜或恼怒的神色。

嵇康曾经因为采摘药材而遨游高山大泽,遇到如愿以偿满意而归的时候,忽然忘记回去。当时有些打柴割草的人遇见他,都以为他是神仙。他到汲郡的山里见到孙登,嵇康便跟随孙登一起行游玩乐。孙登为人沉默注意自己的操守,和嵇康没有交谈。嵇康临离开的时候,孙登说:"你的性情刚毅而才气俊秀,能够避免灾难吗!"嵇康又遇到王烈,一起到山里去,王烈曾经得到像饴糖般的石髓乳,自己吃了一半,余下的一半给嵇康时,却凝固成了石头。王烈又在石室中见到一卷兵书,急忙叫嵇康去取来,兵书立即就不见了。王烈便叹息说:"叔夜的志向情趣非同寻常而总是得不到机遇,这是命运啊!"他的精神和心灵所感应的,每次所遇到隐逸的机会却竟然这样。

山涛在离任尚书吏部郎时,推荐嵇康出来代替自己的官职。嵇康便写信给山涛表示和他绝交,信中说:

听说足下要推荐我出来代替自己的职务,这件事虽然没有成功,但因此知道足下原来并不了解我。恐怕是足下独自做这样的官害羞,要拉我给您当助手,就像厨师羞于一个人屠宰,想拉祭师去帮忙一样,让我手执屠刀,也沾上一身腥气,所以为足下陈述能不能这样做。

老子、庄周,是我的老师,身处卑下的职位;柳下惠、东方朔,是通达知命的人,安于低下的职位。我怎么敢妄加评论他们!孔子主张兼爱,为了道义,即使要他去执鞭赶车也不以为耻;子文没有当卿相的欲望,却三次登上令尹的高位,这就是君子想救世济人的心意。这就是所谓"达则兼善天下"而始终不改变原先的志向,"穷则独善其身"而能恬

山涛

然自得没有烦恼苦闷的人。从以上所谈的道理来看,所以知道唐尧、虞舜在位于世,许由的隐居不仕,张良辅佐刘邦建立汉朝,楚国隐士接舆唱歌劝孔子归隐,他们出处行为不同,而原则都是一样的。举目仰望唐尧、虞舜这些人,可以说他们是能够实现自己志向的人了。所以君子的各种行为表现,所走的道路虽然各不相同而终归到达同一地点,都是顺着本性而行动,各得其所,所以有人在朝廷做官而不肯离去;有人在山林隐逸而不肯返

回尘世的说法。况且吴国的季札推崇曹国子臧的高风亮节，司马相如敬慕蔺相如的节操，他们都从中寄托了自己的志向，这是不能强加改变的。

我每次读到《尚子平》《台孝威传》赞叹仰慕，可以想象到他们的为人。加以我少年时孤苦而且羸弱，母亲和兄长很娇宠我，所以不去读那些修身做官的经书，又读了《老子》《庄子》，更助长了我的举止随便懒散，所以使我对做官求荣的进取心一天天减弱，而放纵任性的情意越加强烈。阮籍口里不谈论别人的过错，我常常想学习他这一长处，但没有能做到。阮籍天性敦厚超过一般人，待人接物没有害人之心，只是有饮酒过度的毛病而已，以致遭到礼法之士的弹劾，对他恨得像仇敌那样，幸亏得到大将军司马昭的保护。我的天赋才资不如阮籍，反而有傲慢懒散的缺点；又不懂事理，不明白应当随时机的变化而变化；没有汉代万石那样的谨慎小心，而有尽情直言、不知道避忌的毛病；如果长期和人事接触，那么得罪人的事情每天都会发生，虽然想求得太平无事，这怎么能做得到！

又听到道士传言，服食术根、黄精等药草，可以使人长寿，心里很相信。游玩于山水之间，观赏鱼游鸟飞，心里感到非常快乐。一旦去做官，这些使我惬意的事便都失掉了，怎么能舍弃自己乐意的事而去做那些自己所怕做的事呢！

人们的相互了解，贵于认识彼此的天性，然后顺其天性加以帮助。禹不强迫伯成子高，出来做官，是为了成就他的节操；孔子不向子夏借雨伞，是为了掩饰子夏爱财的短处。近来的诸葛亮不强迫徐庶跟随自己去四川，华歆不强迫管宁做卿相，禹、孔子、诸葛亮、华歆这些人才可以说是自始至终够朋友，是真正相知的人。我自己经过考虑并已经决定，如果我无路可走，那也就算了，足下要平白无故地使我受到冤屈，让我辗转于山沟河谷之间陷于绝境。

我刚死了母亲和兄长，失去了他们的欢爱，心中常常感到凄凉悲切。女儿才十三岁，儿子八岁，还没有长大成人，况且又多疾病，想到这些心里的悲伤，不知从何说起。现在我只愿过贫穷的生活，教育抚养子女，时时和亲朋故旧叙谈离别之情，谈论往事，浊酒一杯，弹琴一曲，志向情意就都满足了，怎么能见阉者而称赞他守贞呢！如果急于我共登仕途，想把我招去，和你共作欢乐，一旦来强迫我，那么我一定会发疯的。如果不是有深仇大恨，想来你不至于这样做的。写这封信，既是为了摆脱足下对我的推荐，并且也是用来告别的。

这封书信送到以后，山涛知道嵇康不会受羁绊屈服。

嵇康生性非常机巧而喜好打铁。住处有一株柳树长得很茂盛，便引水将树环绕起来，每当夏天，在树荫下锤打铁器。东平吕安很佩服嵇康的高卓情趣，每当想念他，便不远千里驾车来拜访，嵇康对他很友好。后来吕安被兄长诬告控诉，因为受事情的连累被投入监牢，供词经过相互验证援引，便又将嵇康逮捕。嵇康的性格说话和行动都很谨慎，一壁被捕入狱，便写了《幽愤诗》，说：

可叹我福分浅薄，少年时遭到父丧，悲伤和孤独都还不懂，由于当时年纪还很幼小。母亲和兄长对我抚养教育，只有慈爱没有威吓，自恃得到宠爱而肆意撒娇，缺少教育。到了成年之时，凭借骄纵而自负放任，坚守自己的本心希望追及古人，任凭所崇尚的做。寄托于爱好《庄子》《老子》，轻视财物而重视身躯，志向在于节操淳朴，涵养自身的素性以保持本性。

　　我缺乏明智，却喜欢品评别人的善恶得失，子玉遭到身败名裂，屡屡使我增添脱离尘世的想法。德行高尚者有容忍人的器量，能承受耻辱。人们多怀有偏执，想达到纯正却身不由己。以为这种褊急的性情，才能表明自己的评品褒贬；等觉悟到自己的过失，悲痛得象受伤留下痕。想要减少过失，但诽谤非议沸沸扬扬，生性并不是要伤害别人，但频繁地招致怨恨憎恶。既有愧于古人柳下惠，又有愧于今人孙登，对内有违夙愿，对外辜负了自己的好友。仰慕古代隐士严光和郑谷，安贫乐道而隐居，与世无争，神气可以得到安然。

　　叹息我自己失德无行，遭遇到许多不幸的事。这不是上天降临的，实在是由于自己顽劣狂放所造成的，有悖于常理使得祸患联结，最终身陷牢狱。要答复我目前的审讯，只是身在拘禁之中，实在耻于诉讼申冤，我还有什么时间。虽说是道理正直，但是精神遭受凌辱志气已经沮丧，即便在清水中洗涤，还谈得上什么补救。天空的鸿雁鸣叫和谐，振翅向北方遨游，顺应时节而行动，得意自在而忘却忧愁。唉，我悲愤叹息，还能有什么筹划打算。事实和愿望互相违背，遭遇到目前的羁留，贫穷和显达都是命中注定的，还能有什么要求？

　　古人曾经说过，做好事不要追求名声。顺乎时代虔恭而沉静不言，灾祸就不会发生。万石君周到谨慎，安抚亲属保持了荣耀。世上的事情纷纷扰扰，只能搅乱我的性情，安宁快乐必须铭诚于心，最终于会顺利吉祥。生命炽盛的灵芝草，一年中成熟三次，唯独我还能做什么，有志向而不能成功。以过去的祸难为鉴戒思考再三，心中觉得内疚，希望勉励自己今后，能无声无息。在山坳里采野菜而食，在深山石窟中披散头发隐居，放声歌咏，颐养精神求得长寿。

　　当初，嵇康家居贫穷时，曾经和向秀一起在大树底下打铁，来养活自己颍川的钟会，是富贵人家的公子，为人精干练达有才识能言善辩，所以去拜访嵇康。嵇康看见他不施礼，仍旧打铁不止。等了很久钟会才离去，嵇康对钟会说："你听到什么而到这里来？又看到什么而离去？"钟会说："我听到所听到的而到这里来，看到所看到的而离去。"钟会因此感到遗憾。到这时，便告诉文帝司马昭说："嵇康，是隐居的杰出人物，无法让他出来做官。您不必为天下的事担忧，可虑的只是嵇康而已。"因而诬告说嵇康要帮助毌丘俭造反，幸好山涛劝告没有听从。从前齐国杀掉华士，鲁国诛杀少正卯，实在是由于他们有害时政扰乱教化，所以圣贤要把他们除掉。嵇康、吕安等人说话议论毫无顾忌，诽谤诋毁国家的典制法则，作为帝王不应当宽容这种行为，应当借助这个机会把他们除掉，使风气质朴敦厚。司马昭亲近钟会听信了他的话，便把嵇康、吕安一起杀害。

　　嵇康将被押赴刑场行刑，三千名太学生请求将他赦免当太学的老师，没有得到准许。嵇康回头看看自己在太阳下的身影，向别人要了琴弹奏，说："从前袁孝尼曾经要跟我学习弹奏《广陵散》，我总是不肯教他，到今天《广陵散》将成为绝响了！"当时他的年龄才四十岁。海内的士人，无不感到痛惜。司马昭不久后便省悟而感到悔恨。当初，嵇康曾经在洛阳西面游览，傍晚时留宿在华阳亭，取琴弹奏起来。半夜里，忽然有客人来，自称是古代人，和嵇康一起谈论音乐声律，谈吐清晰明辨，因此索取琴弹奏起来，这就是《广陵散》，琴声音调无与伦比，便把它教给嵇康，还发誓不再传给别人，也不肯说出自己的姓名。

嵇康善于谈论玄理，又很会写文章，高超的情怀和深远的旨趣，飘然高尚而又清远。撰写上古以来超世脱俗隐士的传记并加以评论，想和千年以前的这些人结交。嵇康又写了《太师箴》，也足以阐明帝王的治理之道。还写了《声无哀乐论》，说得很有条理。

向秀传

【题解】

向秀（约227~272），字子期，河内怀（今河南武陟县西南）人。是"竹林七贤"之一，擅诗赋。喜好老、庄之学，曾为《庄子》作注，"发明奇趣，振起玄风"。他主张自然与名教统一，合儒道为一。他的好友嵇康被杀以后，曾应征到洛阳，官至黄门侍郎、散骑常侍。他的作品今多散佚。

【原文】

向秀字子期，河内怀人也。清悟有远识，少为山涛所知，雅好老庄之学。庄周著内外数十篇，历世才士虽有观者，莫适论其旨统也。秀乃为之隐解，发明奇趣，振起玄风，读之者超然心悟，莫不自足一时也。惠帝之世，郭象又述而广之，儒墨之迹见鄙，道家之言遂盛焉。始，秀欲注。嵇康曰："此书讵复须注？正是妨人作乐耳。"及成，示康曰："殊复胜不？"又与康论养生，辞难往复，盖欲发康高致也。

康善锻，秀为之佐，相对欣然，傍若无人。又共吕安灌园于山阳，康既被诛，秀应本郡计入洛。文帝问曰："闻有箕山之志，何以在此？"秀曰："以为巢许狷介之士，未达尧心，岂足多慕。"帝甚悦。秀乃自此役。作《思旧赋》云：

余与嵇康、吕安居止接近，其人并有不羁之才。嵇意远而疏，吕心旷而放，其后并以事见法。嵇博综伎艺，于丝竹特妙。临当就命，顾视日影，索琴而弹之。逝将西迈，经其旧庐，于时日薄虞泉，寒水凄然。邻人有吹笛者，发声寥亮。追想曩昔游宴之好，感音而叹，故作赋曰：

"将命适于远京兮，遂旋反以北徂。济黄河以汎舟兮，经山阳之旧居。瞻旷野之萧条兮，息余驾乎城隅。践二子之遗迹兮，历穷巷之空庐。叹《黍离》之愍周兮，悲《麦秀》于殷墟。惟追昔以怀今兮，心徘徊以踌躇。栋宇在而弗毁兮，形神逝其焉如。昔李斯之受罪兮，叹黄犬而长吟。悼嵇生之永辞兮，顾日影而弹琴。托运遇于领会兮，寄馀命于寸阴。听鸣笛之慷慨兮，妙声绝而复寻。仿驾言其将迈兮，故援翰以写心。"

后为散骑侍郎，转黄门侍郎，散骑常侍。在朝不任职，容迹而已，卒于位。二子：纯、悌。

【译文】

向秀字子期，河内郡的怀人。他高洁聪悟有远见卓识，少年时就为山涛所知，素来喜好老子、庄了的学说。庄子著有《内篇》《篇》等几十篇，历代有才德的士人虽然有读过它的，但没有能够恰当论述它的思想体系，向秀便对《庄子》索隐阐解，启示其中的特异旨趣，振作起道家谈玄的风气，使读它的人有离世脱俗心领神悟之感，无不自己满足于一世。到晋惠帝时期，郭象又论述而加以推广，儒家墨家的言论遭到轻视，道家的学说便兴盛起来。起初，向秀要注解《庄子》，嵇康说："这本书怎须再加以注解，正是阻止有人借此作典取乐。"向秀注解写成以后，给嵇康看，说："这比你所认为的是否要好得多？"他又和嵇康谈论养生之道，往来诘问辩论，为了要激发嵇康高卓的情趣。

嵇康擅长打铁，向秀为他做帮手，两个人相对时都觉得喜悦，态度从容旁若无人。他又和吕安一起在山阳灌溉园子。嵇康被杀以后，向秀接受本郡的郡举来到洛阳。文帝问他说："听说你有许由、巢父隐于箕山那样的志向，为什么却会来这里。"向秀回答说："我认为巢父、许由是拘谨自守的士子，没有能通达尧的心意，对他们不足以过分羡慕。"文帝很高兴。向秀便从此供职做官，写了《思旧赋》说：

我和嵇康、吕安的住处很近，他们都是有才能而不肯受拘束的人。嵇康志向高远而疏略于人事，吕安心性旷达而脱略人事，后来他们都由于犯罪而遭刑。嵇康的艺术才能是多方面的，尤其擅长演奏琴箫等弦管乐器，临刑之前，曾经顾望太阳的日影，索取琴弹奏了一曲《广陵散》。我以往远行来洛阳，经过他的故居，当时太阳已快落山，寒冽的冰水使人感到凄凉。嵇康的故邻有人吹笛，笛声清越高远，使自己追想起从前和嵇康、吕安的交游，被笛声感动而叹息，所以作赋说：

"奉命去京都洛阳啊，然后就转回来往北走。渡黄河乘船漂浮游荡啊，经过山阳的旧居。眺望旷野的萧条景象啊，把我的车驾停在城边。去探访嵇康、吕安生前的旧居啊，经过隐僻里巷的空房子。叹息《黍离》悲悯周室的颠覆啊，悲哀《麦秀》面对殷商故都的废墟。思念往昔的交游情景而怀念今天这样的生活不能复得啊，心中感慨很多而犹豫停步不前。嵇康的故居还在而没有毁坏啊，只是人不知到哪里去了。从前李斯被处斩的时候啊，对儿子感叹再也不能一起牵黄狗出猎。痛悼嵇生的与世长辞啊，顾望太阳的日影而弹琴。临刑时已经领悟到自己的命运啊，把自己的余生寄托于弹琴的片刻之间。听见悲凉慷慨的笛声，美妙的笛声断断续续地响着。停着的车子即将出发了啊，所以就用笔写下自己的心意。"

向秀后来任散骑侍郎，转为黄门侍郎、散骑常侍，在朝时不任实职，只是安身而已。在散骑常侍位上逝世。有两个儿子：向纯、向悌。

羊聃传

【题解】

《晋书》不立《酷吏传》，这大约和两晋社会的剧烈动荡、门阀统治要求调整和上层间的矛盾和玄学的兴盛，因而缺少张汤、董宣式的人物都有一定的关系。但在一部《晋书》里，还不时可以看到酷吏，这位羊聃就是比较典型的人物。他依仗自己是皇亲国戚，残杀无辜百姓几百人。需要说明一下的是原文中的"八议"译文很难译出。这是从周朝以来统治阶层的一种特权，凡属于功、勋、亲、贵等八种人犯罪，可以讨论减刑。羊聃的残暴使晋成帝都觉得太不像话，不应入"八议"之弄，只是由于一贯主张调和矛盾的王导讲情，才免于判处重刑。

【原文】

聃字彭祖。少不经学，时论毕鄙其庸。先是，兖州有八伯之号，其后更有四伯。大鸿胪陈留江泉以能食为"谷伯"，豫章太守史畴以大肥为"笨伯"，散骑郎高平张嶷以狡妄为"猾伯"，而聃以狠戾为"琐伯"，盖拟古之四凶。

聃初辟元帝丞相府，累迁庐陵太守。刚克业暴，恃国戚，纵恣尤甚，睚眦之嫌辄加刑杀。疑郡人简良等为贼，杀二百余人，诛及婴孩，所髡锁复百余。庾亮执之，归于京都。有司奏聃罪当死，比景献皇后是其祖姑，应八议。成帝诏曰："此事古今所无，保八议之有！犹未忍肆之市朝，其赐命狱所。"兄子贲尚公主，自表求解婚。诏曰："罪不相及，古今之令典也。聃虽极法，于贲何有！其特不听离婚。"琅邪太妃山氏，聃之甥也，入殿叩头请命。王导又启："聃罪不容恕，宜极重法。山太妃尤戚成病，陛下罔极之恩，宜蒙生全之宥。"于是诏下曰："太妃惟此一舅，发言摧回，乃至吐血，情虑深重。朕往丁荼毒，受太妃抚育之恩，同于慈亲。若不堪难忍之痛，以到顿弊，朕亦何颜以寄。今便原聃生命，以慰太妃渭阳之恩。"于是除名。顷之，遇疾，恒见简良等为崇，旬日而死。

【译文】

羊聃，字彭祖。年轻的时候不肯从事学问，当时的舆论都鄙视他的平凡无能。原先，兖州有号称"八伯"的八个人，以比之于东汉时代的"八俊"，在这此后又有所谓"四伯"。大鸿胪陈留人江泉由于能吃号称"谷伯"，豫章太守陈留人史畴由于是个大胖子号称"笨伯"，散骑侍郎高平人张嶷由于狡诈号称"猾伯"，而羊聃由于凶狠暴戾号为"琐伯"，这是他们比为尧舜时代的"四凶"。

起初羊聃在晋元帝当丞相的时候被征召为相府的从属，连续升到庐陵太守。他的性格刚强粗暴，依仗自己是皇亲国戚，比一般人更为任意放纵，别人瞪他一眼这样的小事就加以杀戮。他怀疑庐陵郡简良等人是盗贼，杀了二百多人，连婴儿也杀了，其他被剃去头发锁起来做苦工的还有一百多人。刺史庾亮把他抓起来，送到京城。有关的官员上奏说羊聃的罪行应该处死，但由于景献皇后是他的祖姑，按一般情况符合减刑的条例规定之一。晋成帝下诏说："羊聃的罪行古今都找不出来，还有什么可减刑的！不过还不忍心让他陈尸在集市上，可以在监狱中让他自杀。"羊聃哥哥的儿子羊贲娶公主为妻，自己上表请求解除婚姻关系。晋明帝下诏说："罪行不能牵连别人，这是古今都一样的好法典。羊聃虽然处以极刑，和羊贲有什么关系！不允许离婚。"琅邪太妃山氏，是羊聃的外甥女，上殿向成帝叩头请求饶羊聃的性命。王导又启奏说："羊聃的罪行不容饶恕，应当处以重刑。但是山太妃忧伤成病，陛下的恩惠像高天一下无穷无尽，羊聃应该蒙受宠宥，保全一命。"因此晋明帝又下诏说："太妃只有这一个舅父，为他求情，说话伤感呜咽，以至于吐出血来，感情很深忧虑很重。朕以前经历苦难受到太妃的养育之恩，和慈母一样。如果太妃经不住难以忍受的痛苦，以至于病例，朕也还有什么脸面寄托在世上。现在就饶恕羊聘一命,以此安慰太妃对舅父的感情。"于是就免官为民了事。不久,羊聃得病,病中常常看到简良等人在作怪,过了十天就死了。

皇甫谧传

【题解】

皇甫谧(215~282),魏晋间著名医家。幼年名静,字士安,自号玄晏先生,安定朝那(今甘肃灵台)人。年二十方发愤读书,随乡人席坦学习,勤学不倦。他家里贫穷,每每带着经书去干活,遂博综典籍百家之言,成为当时著名的经学大师。他曾多次拒绝晋武帝的征召和乡人的举荐,在回答乡亲劝他应命去做官的《释劝论》中,指出了医学的重要性和他学习的决心。甘露(256~260)年间他得了风痹症,更促使他发愤研读医书,于是习览经方,手不辍卷,遂臻至妙。他一生以著述为务,著作甚多,有《礼乐》《圣真》诸论、《帝王世纪》《玄晏春秋》《年历》《高士》《列女》《逸士》《论寒食散方》《针灸甲乙经》等。其中以《针灸甲乙经》流传最广,影响最大。

《针灸甲乙经》是中国医学史上第一部针灸学专著。皇甫谧以《素问》《针经》《明堂孔穴针灸治要》为依据,采集和整理大量古代针灸文献资料,"使事类相从,删其浮辞,除其重复,论其精要,厘为十二卷"而成,命名为《针灸甲乙经》(又称《黄帝三部针经》《黄帝针灸甲一乙经》,简称《甲乙经》)。该书问世后,一直被认为是学习针灸必读的古医籍,在国外,也有深远影响。早在日本奈良朝,就规定了《针灸甲乙经》为医学教育的必读教材之一。当今日本、朝鲜、法国等研究针灸学,仍以本书为主要参考资料。

《针灸甲乙经》对生理、病理、诊断、俞穴、治疗等针灸基本理论,做了系统的科学论述,它的产生。标志着针灸理论体系的确立与临床医疗实践的结合。《针灸甲乙经》的前六卷主要述针灸学的基本理论,后六卷为临床治疗部分。

【原文】

皇甫谧,字士安,幼名静,安定朝那人,汉太尉嵩之曾孙也。出后叔父,徙居新安。年二十,不好学,游荡无度,或以为痴。尝得瓜果,辄进所后叔母任氏。任氏曰:"《孝经》云:'三牲之养,犹为不孝'。汝今年余二十。目不存教,心不入道,无以慰我。"因叹曰:"昔孟母三徙以成仁,曾父烹豕以存教,岂我居不卜邻,教有所阙,何尔鲁钝之甚也!修身笃学,自汝得之,于我何有!"因对之流涕。谧乃感激,就乡人席坦受书,勤力不怠。居贫,躬自稼穑,带经而农,遂博综典籍百家之言。沈静寡欲,始有高尚之志,以著述为务,自号玄晏先生。著《礼乐》《圣真》之论。后得风痹疾,犹手不缀卷。

或劝谧修名广交,谧以为"非圣人孰能兼存出处,居田里之中亦可以乐尧舜之道,何必崇接世利,事官鞅掌,然后为名乎"。作《玄守论》以答之,曰:

或谓谧曰:"富贵人之所欲,贫贱人之所恶,何故委形待于穷而不变乎?且道之所贵者,理世也;人之年美者,及时也。先生年迈齿变,饥寒不赡,转死沟壑,其谁知乎?"

谧曰:"人之所至惜者,命也;道之所必全者,形也。性形所不可犯者,疾病也。若扰全道以损性命,安得去贫贱存所欲哉?吾闻食人之禄者怀人之忧,形强犹不堪,况吾之弱疾乎!且贫者士之常,贱者道之实,处常得实,没齿不忧,孰与富贵扰神耗精者乎!又生为人所不知,死为人所不惜,至矣!暗聋之徒,天下之有道者也。夫一人死而天下号者,以为损也;一人生而四海笑者,以为益也。然则号笑非益死损生也。是以至道不损,至德不益。何哉?体足也。如回天下之念以追损生之祸,运四海之心以广非益之病,岂道德之至乎!夫唯无损,则至坚矣;夫唯无益,则至厚矣。坚故终不损,厚故终不薄。苟能体坚厚之实,居不薄之真,立乎损益之外,游乎形骸之表,则我道全矣。"遂不仕。耽玩典籍,忘寝与食,时人谓之"书淫"。或有箴其过笃,将损耗精神。谧曰:"朝闻道,夕死可矣,况命之修短分定悬天乎!"

叔父有子既冠,谧年四十丧所生后母,遂还本宗。

城阳太守梁柳,谧从姑子也。当之官,人劝谧饯之。谧曰:"柳为布衣时过吾,吾送迎不出门,食不过盐菜,贫者不以酒肉为礼。今作郡而送之,是贵城阳太守而贱梁柳,岂中古人之道,是非吾心所安也。"

时魏郡召上计掾,举孝廉;景元初,相国辟,皆不行。其后乡亲劝令应命,谧为《释劝论》以通志焉。其辞曰:

相国晋王辟余等三十七人,及泰始登禅,同命之士莫不毕至,皆拜骑都尉,或赐爵关内侯,进奉朝请,礼如侍臣。唯余疾困,不及国宠。宗人父兄及我僚类,咸以为天下大庆,万姓赖之,虽未成礼,不宜安寝,纵其疾笃,犹当致身。余唯古今明王之制,事无巨细,断之以情,实力不堪,岂慢也哉!乃伏枕而叹曰:"夫进者,身之荣也;退者,命之实也。设余不疾,执高箕山,尚当容之,况余实笃!故尧舜之世,士或收迹林泽,或过门不敢入。咎繇之徒两遂其愿者,遇时也。故朝贵致功之臣,野美全志之士。彼独何人哉!今圣帝龙兴,配名前哲,仁道不远,斯亦然乎!客或以常言见逼,或以逆世为虑。余谓上有宽明之主,下必有听意之人,天网恢恢,至否一也。何尤于出处哉!"遂究宾主之论,以解难者,名曰《释劝》。

客曰:"盖闻天以悬象致明,地以含通吐灵。故黄钟次序,律吕分形。是以春华发萼,夏繁其实,秋风逐暑,冬冰乃结。人道以之,应机乃发。三材连利,明若符契。故士或同升于唐朝,或先觉于有莘,或通梦以感主,或释钓于渭滨,或叩角以干齐,或解褐以相秦,或冒谤以安郑,或乘驷以救屯,或班荆以求友,或借术于黄神。故能电飞景拔,超次迈伦,腾高声以奋远,抗宇宙之清音。由此观之,进德贵乎及时,何故屈此而不伸?今子以英茂之才,游精于六艺之府,散意于众妙之门者有年矣。既遭皇禅之朝,又投禄利之际,委圣明之主,偶知已之会,时清道真,可以冲迈,此真吾生濯发云汉、鸿渐之秋也。韬光逐数,含章未曜,龙潜九泉,硻焉执高,弃通道之远由,守介人之局操,无乃乖于道之趣乎?

且吾闻招摇昏回则天位正,五教班叙则人理定。如今王命切至,委虑有司,上招近主之累,下致骇众之疑。达者贵同,何必独异?群贤可从,何必守意?方今同命并臻,饥不待餐,振藻皇涂,咸秩天官。子独栖迟衡门,放形世表,逊遁丘园,不睨华好,惠不加人,行不合道,身婴大疢,性命难保。若其羲和促辔,大火西颓,临川恨晚,将复何阶!夫贵阴贱璧,圣所约也;颠倒衣裳,明所箴也。子其鉴先哲之洪范,副圣朝之虚心,冲灵翼于云路,浴天池以濯鳞，排阊阖，步玉岑，登紫闼，侍北辰，翻然景曜，杂沓英尘。辅唐虞之主，化尧舜之人，宣刑错之政，配殷周之臣，铭功景钟，参叙彝伦，存则鼎食，亡为贵臣，不亦茂哉！而忽金白之辉曜，忘青紫之班瞵，辞容服之光粲，抱弊褐之终年，无乃勤乎？"

主人笑而应之曰："吁！若宾可谓习外观之晖晖，未睹幽人之仿佛也；见俗人之不容，未喻圣皇之兼爱也；循方圆于规矩，未知大形之无外也。故曰：天玄而清，地静而宁，含罗万类，旁薄群生，寄身圣世，托道之灵。若夫春以阳散，冬以阴凝，泰液含光，元气混蒸，众品仰化，诞制殊征。故进者享天禄，处者安丘陵。是以寒暑相推，四宿代中，阴阳不治，运化无穷，自然分定，两克厥中。二物俱灵，是谓大同；彼此无怨，是谓至通。"

若乃衰周之末，贵诈贱诚，牵于权力，以利要荣。故苏子出而六主合，张仪入而横势成，廉颇存而赵重，乐毅去而燕轻，公叔没而魏败，孙膑刖而齐宁，蠡种亲而越霸，屈子疏而楚倾。是以君无常籍，臣无定名，损义放诚，一虚一盈。故冯以弹剑感主，女有反赐之说，项奋拔山之力，蒯陈鼎足之势，东郭劫于田荣，颜阖耻于见逼。斯皆弃礼丧真，苟荣朝夕之急者也，岂道化之本与！

若乃圣帝之创化也，参德乎二皇，齐风乎虞夏，欲温温而和畅，不欲察察而明切也；欲混混若玄流，不欲荡荡而名发也；欲索索而条解，不欲契契而绳结也；欲芒芒而无垠际，不欲区区而分别也；欲然而日章，不欲示白若冰雪也；欲醇醇而任德，不欲琐琐而执法也。是以见机者以动成，好遁者无所迫。故曰：一明一昧，得道之概；一弛一张，合礼之方；一浮一沉，兼得其真。故上有劳谦之爱，下有不名之臣；朝有聘贤之礼，野有遁窜之人。是以支伯以幽疾距唐，李老寄迹于西邻，颜氏安陋以成名，原思娱道于至贫，荣期以三乐感尼父，黔娄定谥于布衾，干木偃息以存魏，荆莱志迈于江岑，君平因著以道著，四皓潜德于洛滨，郑真躬耕以致誉，幼安发令乎今人。皆持难夺之节，执不回之意，遭拔俗之主，全彼人之志。故有独定之计者，不借谋于众人；守不动之安者，不假虑于群宾。故能弃外亲之华，通内道之真，去显显之明路，入昧昧之埃尘，宛转万情之形表，排托虚寂以寄身，居无事之宅，交释利之人。轻若鸿毛，重若泥沉，损之不得，测之愈深。真吾徒之师表，余迫疾而不能及者也。子议吾失宿而骇众，吾亦怪子较论而不折中也。

夫才不周用，众所斥也；寝疾弥年，朝所弃也。是以胥克之废，丘明列焉；伯牛有疾，孔子斯叹。若黄帝创制于九经，岐伯剖腹以蠲肠，扁鹊造虢而尸起，文挚徇命于齐王，医和显术于秦晋，仓公发秘于汉皇，华佗存精于独识，促景垂妙于定方。徒恨生不逢乎若人，故乞命诉乎明王。求绝编于天录，亮我躬之辛苦，冀微诚之降霜，故俟罪而穷处。

其后武帝频下诏敦逼不已，谧上疏自称草莽臣曰："臣以尪弊，迷于道趣，因疾抽簪，散发林阜，人纲不闲，鸟兽为群。陛下披榛采兰，并收蒿艾。是以皋陶振褐，不仁者远。臣惟顽蒙，备食晋粟，犹识唐人击壤之乐，宜赴京城，称寿阙外。而小人无良，致灾速祸，久婴笃疾，躯半不仁，右脚偏小，十有九载。又服寒食药，违错节度，辛苦荼毒，于今七年。隆冬裸袒食冰，当暑烦闷，加以咳逆，或若温疟，或类伤寒，浮气流肿，四肢酸重。于今困劣，救命呼吸，父兄见出，妻息长诀。仰迫天威，扶舆就道，所苦加焉，不任进路，委身待罪，伏枕叹息。臣闻《韶》《卫》不并奏，《雅》《郑》不兼御，故郤子入周，祸延王叔；虞丘称贤，樊姬掩口。君子小人，礼不同器，况臣糠莝，糅之雕胡？庸夫锦衣，不称其服也。窃闻同命之士，咸以毕到，唯臣疾疢，抱衅床蓐，虽贪明时，惧毙命路隅。设臣不疾，已遭尧舜之世,执志箕山,犹当容之。臣闻上有明圣之主,下有输实之臣;上有在宽之政,下有委情之人。唯陛下留神垂恕,更旌瑰俊,索隐于傅岩,收钓于渭滨,无令泥滓,久浊清流。"谧辞切言至,遂见听许。

岁余,又举贤良方正,并不起。自表就帝借书,帝送一车书与之。谧虽羸疾,而披阅不怠。初服寒食散,而性与之忤,每委顿不伦,尝悲恚,叩刃欲自杀,叔母谏之而止。

济阴太守蜀人文立,表以命士有赞为烦,请绝其礼币,诏从之。谧闻而叹曰:"亡国之大夫不可以图存,而以革历代之制,其可乎!夫'束帛戋戋',《易》之明义,玄𫄸之赘,自古之旧也。故孔子称凤夜强学以待问,席上之珍以待聘。士于是乎三揖乃进,明致之难也;一让而退,明去之易也。若殷汤之于伊尹,文王之于太公,或身即莘野,或就载以归,唯恐礼之不重,岂吝其烦费哉!且一礼不备,贞女耻之,况命士乎!孔子曰:'赐也,尔爱其羊,我爱其礼。'弃之如何?政之失贤,于此乎在矣。"

咸宁初,又诏曰:"男子皇甫谧沈静履素,守学好古,与流俗异趣,其以谧为太子中庶子。"谧固辞笃疾。帝初虽不夺其志,寻复发诏征为议郎,又召补著作郎。司隶校尉刘毅请为功曹,并不应。著论为葬送之制,名曰:《笃终》。曰:

玄晏先生以为存亡天地之定制,人理之必至也。故礼六十而制寿,至于九十,各有等差,防终以素,岂流俗之多忌者哉!吾年虽未制寿,然婴疾弥纪,仍遭丧难,神气损劣,困顿数矣。常惧夭陨不期,虑终无素,是以略陈至怀。

夫人之所贪者,生也;所恶者,死也。虽贪,不得越期;虽恶,不可逃遁。人之死也,精歇形散,魂无不之,故气属于天;寄命终尽,穷体反真,故尸藏于地。是以神不存体,则与气升降;尸不久寄,与地合形。形神不隔,天地之性也;尸与土并,反真之理也。今生不能保七尺之躯,死何故隔一棺之土?然则衣衾所以秽尸,棺椁所以隔真,故桓司马石椁不如速朽;季孙玙璠比之暴骸;文公厚葬,《春秋》以为华元不臣;杨王孙亲土,《汉书》以为贤于秦始皇。如令魂必有知,则人鬼异制,黄泉之亲,死多于生,必将备其器物,用待亡者。今若以存况终,非即灵之意也。如其无知,则空夺生用,损之无益,而启奸心,是招露形之祸,增亡者之毒也。

夫葬者,藏也。藏也者,欲人之不得见也。而大为棺椁,备赠存物,无异于埋金路隅而书表于上也。虽甚愚之人,必将笑之。丰财厚葬以启奸心,或剖破棺椁,或牵曳形骸,或剥臂捋金环,或扪肠求珠玉。焚如之形(刑),不痛于是?自古及今,未有不死之人,又无不发之墓也。故张释之曰:"使其中有欲,虽固南山犹有隙;使其中无欲,虽无石椁,又何戚焉!"斯言达矣,吾之师也。夫赠终加厚,非厚死也,生者自为也。遂生意于无益,弃死者之所属,知者所不行也。《易》称'古之葬者,衣之以薪,葬之中野,不封不树'。是以死得归真,亡不损生。

故吾欲朝死夕葬,夕死朝葬,不设棺椁,不加缠敛,不修沐浴,不造新服,殡唅之物,一皆绝之。吾本欲露形入坑,以身亲土,或恐人情染俗来久,顿革理难,今故粗为之制。奢不石椁,俭不露形。气绝之后,便即时服,幅巾故衣,以籧篨裹尸,麻约二头,置尸床上。择不毛之地,穿坑深十尺,长一丈五尺,广六尺,坑讫,举床就坑,去床下尸。平生之物,皆无自随,唯赍《孝经》一卷,示不忘孝道。籧篨之外,便以亲土。土与地平,还其故草,使生其上,无种树木。削除,使生迹无处,自求不知。不见可欲,则奸不生心,终始无恍惕,千载不虑患。形骸与后土同体，魂爽与元气合灵，真笃爱之至也。若亡有前后，不得移袝。袝葬自周公来，非古制也。舜葬苍梧，二妃不从，以为一定，何必周礼。无问师工，无信卜筮，无拘俗言，无张神坐，无十五日朝夕上食。礼不墓祭，但月朔于家设席以祭，百日而止。临必昏明，不得以夜。制服常居，不得墓次。夫古不崇墓，智也。今之封树，愚也，若不从此，是戮尸地下，

死而重伤。魂而有灵，则冤悲没世，长为恨鬼。王孙之子，可以为诫。死誓难违，幸无改焉！而竟不仕。太康三年卒，时年六十八。子童灵、方回等遵其遗命。

谧所著诗赋诔颂论难甚多，又撰《帝王世纪》《年历》《高士》《逸士》《列女》等传。《玄晏春秋》，并重于世。门人挚虞、张轨、牛综、席纯、皆为晋名臣。

【译文】

皇甫谧，字士安，幼年名静，是安定朝那人，汉代太尉皇甫嵩的曾孙。皇甫谧出生后即过继给他叔父为子，随叔父迁居新安。他到二十岁还不好好学习，终日无节制的游荡，或有人以为他是呆傻人。曾经得到一些瓜果，即进呈给他的叔母任氏。任氏说：《孝经》说："虽然每天用牛、羊、猪三牲来奉养父母，仍然是不孝之人。'你今年近二十，眼睛没有阅读过书本，心中不懂道理，没有什么可以安慰我的。"因此叹息说："从前，孟轲的母亲迁居了三次，使孟子成为仁德的大儒；曾参的父亲杀猪使信守诺言的教育常存，难道是我没有选择好邻居，教育方法有所缺欠，否则你怎么会如此鲁莽愚蠢呢！修身立德，专心学习，是你自己有所得，我能得到什么呢！"因而面对皇甫谧涕泪交流。皇甫谧深受感动，并激发了他的志气，于是到同乡人席坦处学习，勤读不倦。他家很贫穷，他在亲自参加农业劳动时，每每带着经书去干活，以便在休息的时候能诵读，于是广泛的阅读了国家的重要文献和诸子百家学说。他性格沉静，很少欲念，开始有崇高的志向，就以写作为事业，自号玄晏先生。著有《礼乐》《圣真》等书。后来得了风痹症，仍不停地阅读和写作。

有人劝皇甫谧多和达官贵人交往，以博得好名声。皇甫谧认为"只有圣人才能出仕做官得到好名声，隐居田里也享有尧舜之道的美名，自己不是圣人，又何必交接达官贵人，为公事忙碌，然后得到名声呢"。他写《玄守论》来回答他们。说：

或有人对谧说："人人都渴望得到富贵，人人都厌恶贫贱，为什么将自己的形体托付给贫穷而不想改变呢？况有道的人所看重的是治理国家的学问，而一般的人则以及时享乐为美事。先生已年老齿衰，衣食亦不充裕，如为生计奔波死于溪谷，有谁会知道您呢？"

谧说："人所最珍惜的是生命，修道所求体是形体的完备。生命和形都不可为疾病所侵犯。若扰乱了形体以致损及性命，怎么能脱离贫贱而存富贵呢？我听说吃人家禄米的人就得分担人家的忧患，形体强壮的人尚不堪承受，何况我体弱多病呢！而且读书人经常是贫穷的，求道的人的确也常受到轻视，然处于贫穷之中而得到道的真谛，一辈子没有忧患，怎么能与为了追求富贵扰神耗精相比呢！另外，生时不为人知道，死时不被人惋惜，这样的人才是最得道的真谛的呀！聋哑的人，是天下最得道的人。一个人死了，天下的人都为他号啕大哭，因为他的死，对天下有很大的损失；有的人健在，全国的人都为之而欢欣鼓舞，因为他的健在，对全国人都有好处。然而，天下人的哭或笑，并不能使该死的人不死，该生的不生。所以有至道至德的人，不会因外界影响而损益到他的死生。为

什么呢？因为他的体魄充实。如果为了挽回天下人的悲痛而去追求损害生命的名利，顺应全国人的心意去追求无益于身的富贵，这哪是道德的至高境界呢！只有不追求名利，才会无损于性命，身体就会更坚强；只有不求无益于身体的富贵，道行就会更深厚。身体坚强就不会损及生命，道行深厚就不会变浅薄。如果能保持坚实的身体，深厚的道行，将名利、富贵置之度外，看作只是形体表面的东西，那么我的道行是最完善的。

于是，皇甫谧没有去做官。他潜心玩味经典册籍，甚至废寝忘食，故当时人说他是"书淫"。有人告诫他过于专心，将会耗损精神。皇甫谧说："早晨学到了道理，黄昏死去也是值得的，何况生命的长短是上天预定的呢！"

叔父后来有了儿子，且已二十岁了，时谧年四十，叔父儿子的生母泳睦了。于是皇甫谧回到了本宗。

皇甫谧

城阳太守梁柳是皇甫谧父亲堂姊妹的儿子。当梁柳要去城阳赴任时，有人劝皇甫谧为他饯行。谧说："梁柳未做官时探望过我，我都不出门迎送，吃饭也不过盐菜之类，贫穷的人不以酒肉来招待。现在他当了郡太守而以酒宴来饯行，是看重城阳太守的官职而看轻了梁柳本人，难道这符合古人的为人之道吗？那样做，我的心里会不安的。"

当时魏郡守曾召他充任上计掾，也曾举荐他为孝廉；景元初，相国也曾征召他，皇甫谧都不赴任。后来乡亲们都来劝他应召，他写了《释劝论》表达他的志向。该文辞说：

相国晋王征召我们三十七人，到泰始元年晋皇帝登位时，被征召的人都到达，并都授予骑都尉之职，或赐以关内侯之爵位，有参与朝会的资格，受到如皇帝侍臣的待遇。只有我为疾病困扰，得不到国家的恩宠。同宗之人、父兄以及历次与我一起被征召的人们，都以为天下大庆，百姓有了依赖，我虽然没有参加登禅大典，也不应安于寝食，纵然有严重疾病，也应当投身效力。我仅以古今圣明王朝的制度为准则，无论事情大小，都要按具体情况而定，实在是力不从心，那里是怠慢呢！于是伏枕叹息说："去当官的话，身份荣耀；退隐归家，可保全性命。如果我没有生病，躲避征召如巢父、许由之隐居箕山，尚且可以容忍，何况我实在是病重呢！所以在尧舜的时代，有识之人或隐迹于深山泽国，或如大禹过家门而不敢入。但咎繇之流却能出仕隐居两遂其愿，他们是遇到了好时机呀！所以，朝廷器重有功的臣子，百姓赞美实现自己志愿的有识之人。他们是什么样的人哪！现今圣帝接位，皇朝兴旺，可与前代圣君明王同享盛名，仁者的轨迹是不会遥远的，我们也必然会遭逢古人那样的机遇。朋友或用一般的道理逼我去出仕做官，或因我不顺世情而为我担忧。我认为，上有宽容圣明的君主，下面一定有听从他旨意的人士，天网是那样的宽广，被罗入天网中或被遗留下来的人都是一样的，何以出仕的人要受到褒奖，而退隐的人要受到责难呢！于是推究朋友和自己的言论，以解疑释难，命名为《释劝》。

朋友说："听说天空日星高照才能导致光明，大地阴阳通畅才能化生万物。所以黄钟按次序排列，律吕分形象正音。春天的花发萼开花，夏天才盛结果实，秋风遂去暑热，冬天及能结冰。人伦之道也是按照这个道理，顺应时机而发生发展。天人相应，就像符契一样显明，故有识之士，或如在尧舜之时共同得到举用；或如伊尹为商汤迎于有莘；或如里人为殷武帝夜梦所遇；或如姜太公渭水遇文王而舍弃垂钓；或如宁戚叩牛角而歌，得齐桓公之重用；或如伯里奚为秦缪公所赎，脱去布衣而事秦；或如郑子产甘冒毁谤使郑国安定；或如祈奚乘驷去见宣子以免叔向之罪；或如伍举班荆与友蔡声子坐，共同商议归楚问题；或如张良从黄神处学得兵法知识。这些有识之士，都是遇到了明主，飞黄腾达，越格提升，声名日隆，远播四方，如清音充塞宇宙。由此看来，进取要及时抓住机会，为什么要屈志节而不伸展抱负呢？现在，以你的雄才大略，精于礼、乐、射、御、书、数之六艺，又广泛研讨了其他各种精微奥妙的道理有多年了。既然遇到了新帝接位之盛世，又逢取得禄利的时机，皇帝圣明，可以委属，同僚相遇，都是知己，这种清明的时代，正可以奋勇前进，大干一番，真是我们此生奋发有为、大展鸿图的时候。如果隐居山林，满腹才华没有显露，就像蛟龙潜藏于九泉之下，固执隐居念头，放弃了通向仕宦之路，守着耿介之人的局限操守，不是与有道之士的志趣相违背吗？

而且，我听说招摇星辰晨昏交替运行是天体正常的表现，父母兄弟子次序有常则是人道安定。现皇帝的诏命急切传来，委付地方官吏来谋画处理，而你不应召，则会招来上违背皇帝命令之罪，下使大家为之担忧。明智的人贵在随俗俯仰，又何必与众不同呢？许多贤士都随众出仕，你又何必固执己见？今天，和你一同被征召的人都已到京师，忙得饿了都顾不上吃饭，出仕朝廷，皆任高官，独你游息于陋屋。放浪形骸于世情之外，退隐于山林田院，鄙视荣华富贵，仁惠也不施于百姓，这种隐退行为并不合于至道，身为大病所困，性命难以保全。至如日神催促，大火星西坠，时光一去不复返，失去机会，后悔不及，还有什么登用可言！不在乎璧玉而珍视光阴。圣人们皆受此约束，而君命所召，来不及穿好衣服就赴任，是明智的人所遵守的规诫。你应该以古圣先贤之大法为借鉴，迎合圣朝虚心求贤的盛意，展开神灵的翅膀飞向凌云的天衢，到天池去洗濯鳞甲，推开天门，步入玉台，跨进紫宫的小门，陪伴着北辰，景况就大为改变，人才济济，如落英般繁荣。辅助唐虞一样的明主，教成如尧舜时期的风尚，宣布刑法搁置不用（无人再犯法）的政令，配以殷周时期的大臣，功勋将铭刻于景公钟上，以常理而论，在官则列鼎而食，不在官则为公卿大夫的家臣，不也都是美事吗！轻视黄金白银的光耀，忘却青紫之印绶，推辞尊贵的衣服，终年穿着破烂的粗布衣服，不苦吗？"

主人笑而答道："嗨！你们可以说是只习惯于从表面看问题，隐士心理的深处就看不透了；只看到世俗之人的狭隘，就不明白圣皇宽广的胸怀，只郁循于规可以正圆，矩可以正方，不知天地之大无所不包。所以说，天空幽远而清澈，大地宁静而广袤，天地包容万物、普被众生，我们生活于圣明之世，托天地之福。春天阳气上升而散发，冬天阴气下降而凝结，泰液池水含万物而化生光彩，元气未分，混沌为一，万物仰赖天地的化育，产生不同的发展规律和特性。所以，出仕为官的人享受朝廷的俸禄，隐退之士安居于山陵，寒来暑往顺序相移，四季遵循着一定规律交替而得其中，天地任运自然而动，形成物质世界的无穷变化。然而事物都是天然分定的,阳性的,阴性的,动的,静的都能按它们的本性正常发展,阴阳二气得以充分发挥作用,这就是所称谓的大同;彼此没有抵触,没有乖连,这就是至通。

至若春钦焦时期,狡诈的人,受到国君的重视;诚实的人,反而被视为无华富贵。故苏秦出而说服六国纵合以抗秦;张仪则以连横政策游说六国与秦修好,赵国因有廉颇而名重于诸侯间,燕国则因乐毅将军的离去而衰弱,魏国因公叔没的离逝为齐、秦等国战败,孙膑受刖刑后为齐国所有,齐国得以安宁,越国任用范蠡、文种得称霸,楚王疏远了屈原为秦所颠覆。所以,国君的地位并不稳定,大臣也没有固定的名分,损仁义或以诚相待,有使国家衰败或强盛之别。冯谖弹剑而歌,感动了主人孟尝君,女宽说服魏舒拒绝贿赂,项羽虽有拔山之力,仍兵败而自刎乌江,蒯通献策韩信与刘邦、项羽三分天下,东郭先生被田荣劫掠,颜阖以鲁王礼聘为耻而逃走。这种人皆是背弃礼义丧失天真,是只图眼前朝夕荣辱的急性人,哪里是寻求事物规律变化的本性呢!

圣帝开创的王朝,功德可以和伏羲、神农并列,风化可和虞舜、夏禹媲美,希望柔和而舒畅,不希望分析明辨而相责;希望如水之滚滚源远流长,不希望名声传播如荡涤之势;希望小心谨慎条分缕析地解决问题,不希望问题如同绳索结成死疙瘩而忧苦;希望知识广博无际,不希望窄而局限;希望人的道德深远谦退,初视未见而后明著,不希望明白显示如冰雪之洁白;希望用道德教化百姓,不希望事无巨细,一律绳之以法。所以见机而作的人,由于仕进而成其大功,喜欢隐居的人,也遂其所愿而不加强制。所以说,既懂得阳明也懂得阴暗,是懂得了天道之梗概;既知松弛,也知紧张,符合礼节的规定;知道世事的浮沉,也就兼得了道和礼的真谛。所以上有皇帝对有识之士谦恭接待之爱,下有并不出名的臣子;朝廷有聘用贤士的典礼,山野有避世的贤人。所以支伯以自己有幽忧之疾而拒绝唐尧的禅让,老子李耳乘牛车西去大秦,颜回以安居陋巷而成名,原思安于至贫而乐道,荣期以自己有三乐(指为人、为男和长寿为三乐)使孔子深为感动,黔娄终身为布衣不仕,段干木隐居守道于魏国,荆莱虽居江边仍有崇高志向,君平隐于卖卜,依耆龟以忠孝信义教人而有道名,四皓(指秦末束园公、角里先生、绮里季、夏黄公四人,年皆八十有余,须眉皓齿,故名四皓)有德,隐居于洛水之滨,郑真躬自耕种,世人钦佩他的清高,幼安避乱辽东,讲诗书,明礼让,至今人民受到他的感化。这些人都保持着难以夺去的节操,坚持不可挽回的意志,遇到超俗的明主,便能成全他的志向。所以有能独自定计谋的人,就不与其他人商量;坚守不可动摇的信念,就不考虑众宾客的建议。因此,能放弃如同皇室戚属那样的华贵,追求内在道德的真谛,不走明显可达富贵的道路,而愿进入昏暗不明的世俗中,委婉随顺各种不同的情况,排除空虚寂寞而寄身于中,居住于没有事故发生的房屋,结交并不看重金钱利益的人。或轻如鸿毛,或重如泰山,损伤了他们,就得不到他们的辅助,而得到了他们,在实践中测试他们,更加觉得他们学识高深。这些人真是我们可以师法、可为表率的人。我因为疾病困扰而不能达到这一境界,你们议论我以前没有应召出仕做皇帝的"侍臣"而使你们受到惊吓,我也怪你们只知计较寻常之理而不知折中相处。

有才不为朝廷所用,会受到世人的责难;卧病多年,会为朝廷所抛弃。所以晋下军佐胥克患蛊疾,为正卿欲缺所废;伯牛生了病,孔子去探望时有所叹息"这样的人竟有这样的病"。如黄帝创制了九针之经,岐伯有剖腹去肠之术,扁鹊经虢国而使太子起死回生,文挚用激怒法为齐王治病牺牲了生命,医和以医术显名于秦晋诸国,仓公阐发了汉皇秘典,华佗有独到的见识和精湛的技术,仲景制定的方剂流传后世。只恨我生不逢这些医家,故只好乞求申诉于圣明的皇帝之前。请求在朝廷簿录中去掉我的名字,原谅我抱病之体的痛苦,希望我诚恳之心能感动上天,我在穷乡僻壤之处等待朝廷的罪责。

后来武帝屡次下诏督促逼迫出仕朝廷,皇甫谧上书自称草野之臣说:"我因患匡痹症,迷恋道之旨趣,因为有病而归隐林泽山川之间,不熟习人伦礼法,常与鸟兽为伴。陛下到处求贤,连我这样不是贤人的人也被收取了。贤人皋陶脱去布衣当了官,不贤的人就远远地离开了朝廷。我只是个顽钝愚蠢的人,我吃晋王朝的粮食,享受着天下太平、击壤而歌的安乐生活,应该到京城去,在宫阙之外,高呼皇帝万寿无疆。而我因不良的品德,才招致灾祸,久为疾病所困,半个身子麻木不仁,右脚肌肉萎缩而变小,已有十九载。又因服寒食散,违背了服食的规则,反造成毒害,至今已有七年。盛冬时得祖露身体服食冰雪,暑天更觉烦闷,并伴有咳嗽气喘,或像患了温疟症,或又类似伤寒症,气急浮肿,四肢酸得。现在情况更为严重,生命危在旦夕之间,父兄见了离去,妻儿常待诀别。如果迫于皇帝的权威乘车上路,则病痛更会加剧,所以只好不走仕进之路,将身待罪,俯伏枕上叹息。我听说《韶》《卫》两种音乐不能同时演奏,《雅》《郑》两种曲子也不能同时进奏,周时王叔(晋厉公)受离间计而杀郤子,自身反被牵连作为郤子同党而被捕;虞丘是贤者,但因多年未举荐贤良、斥退不肖为楚庄王夫人樊姬所讥笑(虞闻之而荐孙叔敖,楚得孙辅,三年而称霸)。所以,有地位的人和被统治者,在敬神典礼中用不同器皿,何况我这大麦糠皮的本质,怎能和菰米相糅合呢!我如同一个平庸的人,穿着显贵的锦缎绸衣是不相称的。我听说与我一同被征召的人都已到达京师,只有臣我因有疾病,待罪床席,虽也贪图能有光明的前途,但惧怕在路途丧命。即使我没有疾病,且已遇到这样的尧舜之世,如巢父、许由高隐于箕山,亦尚可容忍。我听说上有圣明的皇帝,下就有敢于说出实情的大臣;上有宽容的政策,下就有能委婉表达心愿的人。只有陛下能留心才智之士和宽待我这样久病的人,希望能重新旌表奇才导能之士,从傅岩索请隐居的贤人,从渭水之滨请来(像姜子牙)垂钓的隐士,不使泥滓久久的混杂于清流之中。"皇甫谧的恳切言词,终于获得了准许。

过了一年多,又被举荐贤良方正,都不去。自己上书给皇帝要求借书。皇帝送给他一车书。他虽然患有重病,仍勤读不已。开始服寒食散,因身体素质与药性相抵触,常常困顿疲惫不堪,曾悲愤而想伏刃自杀,经他叔母劝阻而止。

济阴太守四川人文立,上书皇帝,认为任命贤士送礼物很麻烦,请求免去礼物币帛,皇帝下令从其所请。谧听说后叹息道:"亡国的大夫,不可和他计议国家存亡的大事,用他的建议,革除历代相传制度,怎么可以呢!用小小的束帛来作为聘用的礼节,是《易经》明确规定的,用玄色的玉帛征聘,是自古以来就有的制度。所以孔子宣称夜以继日的努力学习以待前来请教的人,有道之儒者,就像宴席上的珍馐,等待帝王的招聘。真正的儒者,经过王者的三揖,方才进而出仕,说明招致贤士之难;一有微词诘责,便引身而退,说明贤士离去的容易。如殷汤礼聘伊尹,文王对于姜太公,或聘迎于莘之野,即任以国政;或载与俱归即立为军师,都只恐怕礼仪不够隆重,怎么会吝啬其花费之大呢!而且一种聘礼不具备,贞节的女子即觉得是一种耻辱,何况著名的贤士呢！孔子说:'赐呀！你爱的是羊,我爱的是礼仪',放弃了社会怎样呢？朝廷丧失贤士,就在于这种情况。

咸宁初年,又下诏说:"皇甫谧从容不迫平凡自安,坚持学习,喜好古文献典籍,与世俗之人有完全不同的志趣,故任命谧为太子中庶事。"皇甫谧以病重固辞。开始,皇帝并不勉强他改变志向,不久以后又下诏征辟皇甫谧为议郎,后又补任命为著作郎。司隶教尉刘毅请任命皇甫谧为功曹,皇甫谧都不应允。写了有关葬送制度的论著,命名为《笃终》。说:

玄晏先生认为生死是大自然的规律,人理的必然趋势。按礼规定,六十岁时就制定寿具,直到九十岁,寿具各有不同的等级差别,在平日就准备好以防终日的到来,这哪里是世俗多忌讳的呢！我年龄虽未到六十,然而为疾所困已十多年,屡次遇到丧亡的危难,精神形体都遭到损伤,濒危已多次了。我常常恐惧不知何时就夭寿而终,忧虑身后之事平时没有准备,所以大略地陈述我对葬送的真诚看法。

人所贪恋的,是生存;所厌恶的,是死亡。但虽然贪生,也不可能越过寿命期限;虽怕死,也不可能逃脱。人死了,精神活动停止,形体腐败消散,但魂魄如大气一样,无处不到,所以气属于天,寄托于形体的生命终会达到极限,但最终的尸体,返于本来的真寂,所以,尸体藏于地。神如果不再存在于人体,则与大气同升降;尸体不能长久的保存,与大地合为一体。形体与神是不会不相合的,这与天地的性质一样;尸体与大地合并,是返于本来真寂的至理。今天活着尚且不能保护七尺的躯体,为什么死了要隔上一个棺木呢？死后穿的衣衾反倒肮脏了尸体,所用棺椁反使与大自然(土地)隔绝,所以桓司马自为石椁,三年未成,孔夫子说,还不如速朽为好;季孙与美玉同葬,就如暴露尸骸一般;华元等厚葬宋文公,《春秋》认为他们的行为不是臣子所为;杨王孙遗嘱裸葬,《汉书》认为他的这种做法远较秦始皇贤明。如果认为灵魂必定有知觉,则人与鬼虽有不同的制度,但在黄泉的亲戚较活着的人多,他们必将会准备器物,用来接待死亡的人。今天若用活着的人的想法来比拟死了的人的思想,那就不是灵魂本来的意思了。如果灵魂本来就无知觉,则厚葬就是白白夺去活人的东西,消耗在毫无益处的死人身上,而且使奸诈之人生心盗取,反倒招致暴露尸骸之祸,增加对死者的毒害。

葬的意思是藏。藏,是不想让人看见。而大做棺椁,又将生时的物品用来陪葬,就好像在路边埋了金子又写说明书在上面一样。虽然是极其愚蠢的人,也会笑话的。以丰厚的财宝厚葬死者使奸人生偷盗之心,或是打破棺材;或将尸体牵拽;或割断胳臂取下金镯;或按摩肠子探求珠玉。这种剖棺盗金玉,比之烧杀之刑,不更为惨痛吗？自古至今,没有不死的人,也没有不被发掘的坟墓。故张释之说:"假使其中有利可图,虽把棺柩封锢在南山的下面,还是有隙可钻;假使其中无利可图,即使没有石棺柩,又有什么可发愁的呢！"这话实在是表述得很全面的,真可为我的老师。为死者加以厚葬,并不是对死者表示孝心,而是给活着的人看,遂做出对生者死者都毫无益处的厚葬,抛弃死者的遗嘱,聪明的人是不这么干的。《易经》说:"古代的葬法,以草盖死者,葬于荒野之中,也不积土为坟,也不种树以标其处。"所以死者能返归大自然,也不会伤害生者。

所以我希望早晨死,黄昏就葬;黄昏死,早晨就葬,不备棺木,不用布帛缠裹,不修饰,不沐浴,不缝制新衣服,口中珠玉也一概不用。我本来想裸体入坑,身体直接与土接触,恐怕亲人受世俗影响已久，要立时革除这种习俗很难，所以我今天粗略定下规矩。奢侈不过石椁，收敛只要不裸体。气绝以后，即穿当时穿的衣服，以及过去用的旧幅巾，用粗席裹上尸体，用麻绳捆住尸首两头，将尸体停放床上。选择不能长粮食的地，挖深十尺、长一丈五尺、宽六尺的坑。挖坑完毕，将床抬到坑边，抽去床，将尸下到坑中。生平所用之物，都不用，随葬，只需带着《孝经》一卷，以表示不忘孝道，粗席之外，便直接接触土地。坑中土填到与周围地平，然后种上以前原有的草，使草继续生长在上面，不种树木、不芟除上面的杂草，使无迹象可知葬处，自己寻求也不能知道。不见可图之利，则奸人不会生偷盗之心，自始至终都不用恐惧，一千年也不需忧虑。尸体与大地融合，魂灵与元气合一，真是厚爱到极点。如果死亡日子有前后，不应该将后丧合前丧。祔葬的礼节自周公以后开始，并不是古代就有的制度。虞舜死后葬于苍梧之野，他的二个妃子并没与他葬在一起，如果认为是一定之理，那何必有周礼呢。不需请教师工，不信卜筮之人，不拘泥于世俗之言，也不设置神主牌位，不要在十五日早晚上供祭祀。祭祀不需到墓前，而于每月初一日在家上供，一百日而止。上供也只需在日出前漏三刻和日入后漏三刻，不得在深夜。日常在家穿丧服，不需到坟屋去居住。古代并不崇尚筑坟墓，是明智的做法。今天积土为坟，种树以标其处，都是愚蠢的。若不遵从我这规矩去做，是戮尸于地下，使死者又一次受到损伤。如果灵魂有知，必定冤恨悲伤不止，长久为抱恨之鬼。王孙子弟，可以以此为戒。死者的誓言是不可违背的，希望不要改变。

皇甫谧终究还是没去做官。太康三年去世，当时年六十八岁。子童灵、方回等能遵其遗嘱去做。

皇甫谧著诗、赋、诔、颂、论、难六种文体的诗文甚多，还撰《帝王世纪》《年历》《高士》《逸士》《列女》等传及《玄晏春秋》等书，皆为世人所重视，门人挚虞、张轨、牛综、席纯，都为晋代著名的大臣。

束晳传

【题解】

束晳（262～301），字广微。大约生于公元261～262年，死于公元301年左右。是西晋初年著名的学者、文学家和天文学家。他参与整理魏安厘王墓出土的竹书，在学术上多贡献。在天文学上的贡献主要是解释早上、中午太阳离人的远近问题。

【原文】

束晳字广微，阳平元城人，汉太子太傅疏广之后也。王莽末，广曾孙孟达避难，自东海徙居沙鹿山南，因去疏之足，遂改姓焉。祖混陇西太守。父兖，冯翊太守，并有名誉。

晳博学多闻，与兄谬俱知名，少游国学，或问博士曹志曰："当今好学者谁乎？"志曰："阳平束广微好学不倦，人莫及也。"还乡里，察孝廉，举茂才，皆不就。谬娶石鉴从女，弃之，鉴以为憾，讽州郡公府不得辟，故晳等久不得调。

太康中，郡界大旱，晰为邑人请雨，三日而雨注，众谓晰诚感，为作歌曰："束先生，通神明，请天三日甘雨零。我黍以育，我稷以生。何以畴之？报束长生。"晰与卫恒厚善，闻恒遇祸，自本郡赴丧。

尝为《劝农》及《饼》诸赋，文颇鄙俗，时人薄之。而性沈退，不慕荣利，作《玄居释》以拟《客难》，其辞曰：

束晰闲居，门人并侍。方下帷深谭，隐几而哈，含毫散藻，考撰同异，在侧者进而问之曰：'盖闻道尚变通，达者无穷。世乱则救其纷，时泰则扶其隆。振天维以赞百务，熙帝载而鼓皇风。生则率土乐其存，死则宇内哀其终。是以君子屈己伸道，不耻干时。上国有不索何获之言，《周易》著跃以求进之辞。莘老负金铉以陈烹割之说，齐客当康衢而咏《白水》之诗。今先生耽道修艺，巍然山峙，潜朗通微，洽览深识，夜兼忘寐之勤，昼骋钻玄之思，旷年累稔，不堕其志。鳞翼成而愈伏，术业优而不试。乃欲阖棳辞价，泥蟠深处，永戢琳琅之耀，匿首穷鱼之渚，当唐年而慕长沮，邦有道而反宁武。识彼迷此，愚窃不取。

若乃士以援登，进必待求，附势之党横擢，则林薮之彦不抽，丹墀步纨绔之童，东野遗白颠之叟。盍亦因子都而事博陆，凭鹢首以涉洪流，蹈翠云以骇逸龙，振光耀以沈鳍。徒屈蟠于陷井，眒天路而不游，学既积而身困，夫何为乎秘丘。

且岁不我与，时若奔驷，有来无反，难得易失。先生不知盱豫之诇悔迟，而忘夫朋盍之义务疾，亦岂能登海湄而抑东流之水，临虞泉而招西归之日？徒以曲畏为梏，儒学自桎，囚大道于环堵，苦形骸于蓬室。岂若托身权戚，凭势假力，择栖芳林，飞不待翼，夕宿七娥之房，朝享五鼎之食，匡三正则太阶平，赞五教而玉绳直。孰若茹藿餐蔬，终身自匿哉！'

束子曰：'居！吾将导尔以君子之道，谕尔以出处之事。尔其明受余讯，谨听余志。

昔元一既启，两仪肇立，离光夜隐，望舒昼戢，羽族翔林，蠛蚋赴湿，物从性之所安，士乐志之所执，或背丰荣以岩栖，或排兰闼而求入，在野者龙逸，在朝者凤集。虽其轨迹不同，而道无贵贱，必安其业，交不相羡，稷契奋庸以宣道，巢由洗耳以避禅，同垂不朽之称，俱入贤者之流。参名比誉，谁劣谁优？何必贪与二八为群，而耻为七人之畴乎！且道睽而通，士不同趣，吾私缀处者之末行，未敢闻子之高喻，将忽蒲轮而不眄，夫何权戚之云附哉！

昔周汉中衰，时难自托，福兆既开，患端亦作，朝游巍峨之宫，夕坠峥嵘之壑，昼笑夜叹，晨华暮落，忠不足以卫己，祸不可以预度，是士韦登朝而竞赴林薄。或毁名自汙，或不食其禄，比从政于匣筥之龟，譬官者于郊庙之犊，公孙泣涕而辞相，杨雄抗论于赤族。

今大晋熙隆，六合宁静。蜂虿止毒，熊罴辍猛，五刑勿用，八纮备整，主无骄肆之怒，臣无绥缨之请，上下相安，率礼从道。朝养触邪之兽，庭有指佞之草，祸戮可以忠逃，宠禄可以顺保。

且夫进无险惧，而惟寂之务者，率其性也。两可俱是，而舍彼趣此者，从其志也。盖无为可以解天下之纷，澹泊可以救国家之急，当位者事有所穷，陈策者言有不入，翟璜不能回西邻之寇，平勃不能正如意之立，干木卧而秦师退，四皓起而戚姬泣。夫如何舍何执，何去何就？谓山岑之林为芳，谷底之莽为臭。守分任性，唯天所授，鸟不假甲于龟，鱼不借足于兽，何必笑孤竹之贫而羡齐景之富！耻布衣以肆志，宁文裘而拖绅。且能约其躬，则儋石之稽以丰，苟肆其欲，则海陵之积不足；存道德者，则匹夫之身可荣，忘大伦者，则万乘之主犹辱。将研六籍以训世，守寂泊以镇俗，偶郑老于海隅，匹严叟于僻蜀。且世以太虚为舆，玄炉为肆，神游莫竞之林，心存无营之室，荣利不扰其觉，殷忧不干其寐，捐夸者之所贪，收躁务之所弃，剃圣籍之荒芜，总群言之一至。全素履于丘园，背缨绥而长逸，请子课吾业于千载，无听吾言于今日也。

张华见而奇之，石鉴卒，王戎乃辟璆。华召晰为掾，又为司空、下邳王晃所辟。华为司空，复以为贼曹属。

时欲广农，晰上议曰：

"伏见诏书，以仓廪不实，关右饥穷，欲大兴田农，以蕃嘉谷，此诚有虞戒大禹尽力之谓。然农穑可致，所由者三：一曰天时不愆，二曰地利无失，三曰人力咸用。若必春无霡霖之润，秋繁潦沉之患，水旱失中，零襄有请。虽使羲和平秩，后稷亲农，理疆畎于原隰，勤蓑袯于中田，犹不足以致仓庾盈亿之积也。然地利可以计生，人力可以课致，诏书之旨，亦将欲尽此理乎？"

今天下千城，人多游食，废业占空，无田课之实，较计九州，数过万计。可申严此防，令监司精察，一人失课，负及郡县，此人力之可致也。

又州司十郡，土狭人繁，三魏尤甚，而猪羊马牧，布其境内，宜悉破废，以供无业。业少之人，虽颇割徙，在者犹多，田诸菀牧，不乐旷野，贪在人间。故谓北土不宜畜牧，此诚不然。案古今之语，以为马之所生，实在冀北，大贾羴羊，取之清渤，放豕之歌，起于钜鹿，是其效也。可悉徙诸牧，以充其地，使马牛猪羊吃草于空虚之田，游食之人受业于赋给之赐，此地利之可致者也。昔骓驱在垌，史克所以颂鲁僖；却马务田，老氏所以称有道，岂利之所以会哉？又如汲郡之吴泽，良田数千顷，泞水停洿，人不垦植。闻其国人，皆谓通泄之功不足为难，焉卤成原，其利甚重。而豪强大族，惜其鱼捕之饶，构说官长，终于不破。此亦谷口之谣，载在史篇。谓宜复下郡县，以详当今之计。荆、扬、兖、豫，迁泥之土，渠坞之宜，必多此类，最是不待天时而丰年可获者也。以其云雨生于畚插，多稌生于决泄，不必望朝隮而黄潦臻，菌山川而霖雨息。是故两周争东西之流，史起惜漳渠之浸，明地利之重也。宜诏四州刺史，使按以闻。

又昔魏氏徙三郡人在阳平顿丘界，今者繁盛，合五六千家。二郡田地逼狭，谓可徙还西州，以充边土，赐其十年之复，以慰重迁之情。一举两得外实内宽，增广穷人之业，以辟西郊之田，此又农事之大益也。

转佐著作郎，撰《晋书·帝纪》、十《志》，迁转博士，著作如故。

初，太康二年，汲郡人不准盗发魏襄王墓，或言安厘王冢，得竹书数十车。其《纪年》十三篇。记夏以来至周幽王为犬戎所灭，以事接之，三家分，仍述魏事至安厘王之二十年。盖魏国之史书，大略与《春秋》皆多相应。其中经传大异，则云夏年多殷；益干启位，启杀之；太甲杀伊尹；文丁杀季历；自周受命，至穆王百年，非穆王寿百岁也；幽王既亡，有共伯和者摄行天子事，非二相共和也。其《易经》二篇，与《周易》上下经同。《易繇阴阳卦》二篇，与《周易》略同，《繇辞》则异。《卦下易经》一篇，似《说卦》而异。《公孙段》二篇，公孙段与邵陟论《易》。《国语》三篇，言楚晋事。《名》三篇，似《礼记》，又似《尔雅》《论语》。《师春》一篇，书《左传》诸卜筮，《师春》似是造书者姓名也。《琐语》十一篇，诸国卜梦妖怪相书也。《梁丘藏》一篇，先叙魏之世数，次言丘藏金玉事。《缴书》二篇，论弋射法。《生卦》一篇，帝王所封。《大历》二篇，邹子谈天类也。《穆天子传》五篇，言周穆王游行四海，见帝台、西王母。《图诗》一篇，画赞之属也。又杂书十九篇，《周食田法》、《周书》、《论楚事》、《周穆王美人盛姬死事》。大凡七十五篇，七篇简书折坏，不识名题。冢中又得铜剑一枚，长二尺五寸。漆书皆蝌蚪字，初发冢者烧策照取宝物，及官收之，多烬简断札，文既残缺，不复诠次。武帝以其书付秘书校缀次第，寻考指归，而以今文写之。晰在著作，得观竹书，随疑分释，皆有义证。迁尚书郎。

武帝尝问挚虞三日曲水之义，虞对曰："汉章帝时，平原徐肇以三月初生三女，至三日俱亡，村人以为怪，乃招携之水滨洗祓，遂因水以泛觞，其义起此。"帝曰："必如所谈，便非好事。"晰进曰："虞小生，不足以知，臣请言之。昔周公成洛邑，因流水以泛酒，故逸诗云'羽觞随波'。又秦昭王以三日置酒河曲，见金人奉水心之剑，曰：'令君制有西夏。'乃霸诸侯，因此立为曲水。二汉相缘，皆为盛集。"帝大悦，赐晰金五十斤。

时有人于嵩高山下得竹简一枚，上两行蝌蚪书，传以相示，莫有知者。司空张华以问晰，晰曰："此汉明帝显节陵中策文也。"检验果然，时人伏其博识。

赵王伦为相国，请为记室。晰辞疾罢归，教授门徒。年四十卒。元城市里为之废业，门生故人立碑墓侧。

晰才学博通，所著《三魏人士传》，《七代通记》，《晋书》《纪》《志》，遇乱亡失。其《五经通论》《发蒙记》《补亡诗》、文集数十篇，行于世云。

【译文】

束晰字广微，阳平元城人，是汉朝太子太傅疏广的后代。王莽末年，疏广的曾孙孟达为了避难，从束海迁徙到沙鹿山南面，因此将姓"疏"的字，去掉了"疋"字旁，于是就改姓束。祖父束混，是陇西的太守。父亲束龛，是冯翊太守，都很有名气。

束晰博学多识，和兄长束谬都很有名。小时到国学里学习，有人问博士曹志："当今谁最好学？"曹志说："阳平的束广微好学不知疲倦，没有人能比得上的。"回到家乡，被察为孝廉，举为茂才，他都没有应召。他哥哥束谬娶石鉴的侄女为妻，后来又将她丢弃，石鉴很生气，就告诉州郡官府不得聘任他。束晰也因此久久不得做官。

太康年间，郡里大旱，束晰为家乡人民求雨，第三天，果然下了瓢泼大雨，众人都说是束晰的精诚感动了上帝，为他作歌唱道："束先生，通神明，请求上帝三日，甜美的雨水飘零。我们的黍子可发育，我们的谷子可长成。怎么报答他呢？祝他不老长生。"束晰和卫恒义情深厚，听说卫恒遇祸去世，就从本郡到卫恒家去吊丧。

束晰曾著《劝农》及《饼》等赋，文辞粗俗、平淡，被当时的人们瞧不起。而他的性格谦和退让，潜伏不外露，不求荣华利禄，著《玄居释》来模仿《客难》，文章这样写道：

束晰闲坐厅堂，弟子罗列两旁。正要放下帷帐，认真撰考文章，倚案运气清嗓。吮笔润毫，铺陈辞藻，考证异同，撰写高论。旁边的人上前一步问道：'我听说，大道贵在变化圆通，懂道的人可应付无穷。世道混乱，就拯救它的纷扰；天下太平，就扶助它的隆盛。整顿起天然纲纪，以帮助政务的千头万绪；快乐如五帝的时代，发扬那三皇的世风。活着普天下都高兴他的存在；死后所有人都哀悼他的命终。所以君子委屈自己发扬大道，不以主动参与而羞耻。上国有不追求怎能得到的话语,《周易》有跃起以求进取的词句;有莘氏的老者伊尹扛上铜鼎用作饭的道理去游说商汤,齐国的宁戚在大路旁唱《白水》之歌以求感动桓公。如今先生沉浸于大道,潜心于学术,巍然若高山耸立,研深能通达精微,博览有深刻独见。夜里忘掉了睡眠;白天思想也驰骋高远去深思,历经一年又一年,士气高昂不衰减。鳞甲羽翼丰满却更加伏卧不动,学术精优而不去用世。而是想合上箱盖,辞去议价,蟠居泥淖,藏而不露,永远收敛那琳琅四射的光芒,藏身在穷山恶水之间。正当尧舜的时代却去羡慕隐士长沮,在治理有方的国家却和宁武的做法相反。学问如此渊博,处世却如此迷惑,愚拙的我对此不以为然。

如果士人升迁必须有人提携,做官必须自己营求,趋炎附势之流就会全被提拔,而山林隐居的贤人就无法得到任用。宫院庭府走的都是纨绔子弟,荒山野岭留下的有白发的老叟。为何不通过冯子都请求霍光的提拔,站在船头泛舟于洪流,脚踏彩云使潜伏的蛟龙害怕,放射光芒让深藏的小鱼惊游。徒然蟠居于泥淖陷阱,眼看着有通天大道不走,学问深厚而身外穷困,为什么要守这僻地荒丘。

况且年岁不会照顾谁,时光就像快马飞奔,有去无回。机会难以得到,却容易失去。先生难道不知《周易》有"犹豫就会后悔的"爻词,忘了交友就应抓紧进行的句子。并不是要让你登临海岸去抑制那东流的江河,站在虞泉边上去召回那西山的落日。只是由于你胆小蜷曲成了枷锁,自己把儒学作成了桎梏;把伟大高尚的道囚禁在斗室之中,使身体在茅屋草棚之中受苦。怎能比得上托身于权臣贵戚,凭借那官势威力,选择那茂盛的芳林栖身,想飞不必用自己的双翼。夜宿有七位美女作陪,早上享有五座大鼎供奉美食。整顿朝纲使天下太平,扶助五常使法令贯通。这比起你吃糠咽菜,一辈子自己隐匿起来不求进取怎么样呢?'

束晳答道:'坐下,我要用君子之道开导你,向你说明处世的道理,你要正正经经地接受教导,恭恭敬敬地听我述说我的志趣。

当初混沌始开,天地并立,太阳晚上隐退,月亮白天敛迹;长羽毛的在森林中飞翔,子孓在泥沼中摆尾;事物都按自己的本性安居,士人则以坚持志向为乐。有的抛弃荣华富贵住进深山石洞,有的推开喷香的小门去追求发迹。在野的,像龙的潜伏;在朝的,像凤的群集。虽然事迹不同,但都坚守大道,没有贵贱之分。一定要安于自己的本业,不要互相羡慕。后稷和殷契奋力发挥才能去贯彻大道,巢父和许由洗了耳朵去逃避禅让。他们都留下了不朽的名声,一起登上了那贤人之榜。比较他们的名誉,谁优谁劣?何必贪恋与那两代八位用世的贤人为伍,而不愿与那七位隐士同类呢?况且道的表现,相反其实相通,士人的志向各不相同,我就是要排在那隐居者的队尾,不能听从您的高论。连那为聘请我而用草裹轮的车子都不屑看,那里还谈得上去攀附权臣贵戚呢?

昔日周朝、汉朝衰落,那样的时代难以存活。当你看到福的苗头,跟来的就是灾祸。早上你徜徉在巍峨的宫殿之中,晚上就会掉进那怪石嶙峋的沟壑;白天欢笑夜里悲叹,早上花开黄昏花落;忠诚不能保全自己,灾祸的到来难以琢磨。所以士人都不愿做官,争先恐后地奔赴山野。有的故意糟践自己的名誉;有的坚持不吃朝廷的俸禄。把从政者看成被装进锦盒剔了肉的乌龟,把做官看作祭祀时用作牺牲的牛犊,公孙弘痛哭流涕要辞去宰相,杨雄在朝廷之上论述归隐的好处。

现在伟大的晋朝祥和兴盛,天地之间太平安静,蜂儿收起了自己的毒刺,虎豹收敛起自己的兽猛,各种刑罚不再使用,美妙的音乐盈耳动听。君主没有野蛮无理的愤怒,臣子没有钻营禄位的申请,上下和谐相处,守礼安分,唯道是从。朝廷里有能角触坏人的神兽,宫殿旁有指示奸佞的灵草;忠诚可以使你避免灾祸灭顶,顺从可以使你保全俸禄恩宠。

是啊,进取并没有危险,而我却一心追求寂寞安闲,只是顺从自己的本性。两种选择都是对的,之所以舍弃那一方,而对这一方有兴趣,是为了服从自己的志向。再说,无为可以解除天下的纠纷,淡泊可以救国家于危难;在职的难于事事都办得好,建议的也有些话不被采纳。翟璜不能将西来的侵略者驱逐,陈平、周勃也不能使刘如意登上皇位。段干木安卧家中却使秦师退避,四皓应聘就使戚姬泣悲。象这些事情应舍弃什么坚持什么,应何去何从呢?难道能说山岑(岭)上的林木就芳香,谷底的野草就只有臭气!守本分顺本性,只是由于天然禀赋。鸟儿不向乌龟借甲壳,鱼儿不向野兽借脚走;又何必嘲笑孤竹(伯夷叔齐)的贫穷,羡慕齐景公的富有!以无官为耻而放纵欲望,愿意穿华丽的皮裘与锦绣。如果能约束自己,只有一石粮食的储蓄也会觉得富足;假若放纵欲望,就是山海一样的财富也会觉得不够。有高尚道德的人,身为普通百姓也同样荣耀;忘记了伦理道德的人,即是作万乘的君主也同样的耻辱。我将要研究六经来教导世人,信守寂寞来压制歪风;到海角与郑玄老人做伴,到偏僻的蜀地与严遵先生相从。况且有人把太空当作使万物运转的车子,把墓地看作繁华的闹市,我要使灵魂在不争的林子里遨游,使心房成为"无追求"的境地。荣华利禄不能弄乱我的清醒,深深的忧愁不能干扰我的美梦。抛弃那夸耀贪恋的荣华,拣起那急于求进者抛弃的道德,除去那圣人典籍中的杂草,使所有的言论统一于最高的大道,在山丘田园之中保持我鞋子的素白,背朝着那些官服而长久隐居,请您在千年以后来考察我的学业,不必把我今天的话信以为实。'

张华见了他的文章,大为惊奇。石鉴死,王戎就征召束谬,张华也任命束晰作自己的助手,后来又被司空、下邳的王晃征召。张华作司空,又任命他在刑部供职。当时要发展农业,束晰发表议论说:

"我拜读了诏书,由于府库空虚,关内饥荒,要大力发展农业,以求粮食丰产,这真是虞舜勉励大禹努力的意思。然而农业丰收是可以做到的,其途径有三条:第一,天时要不出差错,第二要不失去地利,第三要充分发挥人力。如果真是春季没有雨水,秋季又大雨滂沱,水旱不均,到处祈雨。即使让羲和来管理政事,后稷亲自务农,使地界明确,杂草不生,也不能使仓库有千万石的蓄积。但地理可以由人的智谋产生,人力可以督促招致。诏书的意思,是要尽到这个努力的吧。

如今天下的城池数以千计,吃闲饭的人多,他们放弃本业,不事生产,没有租税的负担。统计全国,亏空的租税当数以万计。可以严格申明这个界限,让有关部门认真检查。一个人不交租税。郡县长官要受处罚,这样人力就可以从事农业。

又每州管十郡,地少人多,河南中原一带尤其如此,但猪羊和牛马的牧场到处都有,应完全废除,让那些无田的人耕种。地少的人家,虽然有人不断分出迁往他处,但在家的还不少。那些牧人不愿在荒郊野外,他们贪恋于人间繁华之地,所以都说北部不适宜放牧,这是不对的。查古今以来的说法,都认为马的产生,在河北北部。大批的牧羊,都来自渤海一带。

放猪的歌谣，起源于钜鹿，这就是证据。可以把所有的牧人都迁到那里，充实那里的土地。让马牛猪羊在空旷而没有庄稼的地里吃草。吃闲饭的人得到了由国家分配的土地。这是地利可以得到充分利用的。过去鲁僖公让马匹处于郊外的旷野，史克因此称颂他，老子认为让马儿耕田才是有道的国家，大约是因为利益所在吧。又比如汲郡的吴泽，良田几千顷，但由于泥沼遍地，人们不能耕种。听当地人说，都认为排水的工程并不困难。排掉盐成为良田。获利很大。但豪强大族，却因为这样一来捕不到丰盛的鱼虾，就编造各种理由说服地方官，到底使污水不能放掉。这也是"谷口"一类的歌谣，史书上就有记载。我认为应再让各地讨论，详细制订今天的办法。荆州、扬州、兖州、豫州，沼泽之地，沟渠堤岸的便利，一定多有类似这种情况的，这最是不必等待天时就可获得丰收的。因为这些地方的云雨产生于铁锹土筐之内，茂盛的庄稼产生于开沟泄水之中。不必祭祀早晨的朝霞而雨水到来，祭祀山川让涝停息。所以两个周国曾因为西流的河水而发生争执，史起爱护漳渠的灌溉效果，这说明地利的重要。应明令四州刺史，让他们认真视察，如实汇报。

过去魏国把三郡人家迁往阳平、顿丘一带，现在人丁兴旺，共有五六千家。两郡土地面积小，我认为可以让他们重回西部，以充实边疆。恩准他们十年不纳税，以安慰他们不愿迁徙的情感。这样一举两得，边境充实，内地宽裕，增加穷人的产业，以开辟西部的土地，这又是对农业大有利的事。"

调任佐著作郎，撰《晋书·帝纪》及十种《志》，升为博士，其著述活动一如既往。

起初，太康二年，汲郡人不准盗掘了魏襄王的墓，有人说是安厘王的家，得到几十车书简。其中有《纪年》十三篇，记载夏朝以来直到周幽王被犬戎所灭，用记事相衔接，到三家分晋。魏国的事一直说到安厘王二十年。这是魏国的史书，大致与《春秋》有许多记载互相照应。其中有与经、传非常不同的，那是说夏代比商代长久，益要排斥启的君主地位，启杀了益。太甲杀了伊尹，文丁杀了季历。从周接受天命，到穆王为止，总共百年，并非穆王活了一百岁。幽王灭亡以后，共伯和代理天子执政，不是两个相共同和谐执政。其中《易经》有两篇，与《周易》的上下经一样。《易繇》《阴阳卦》两篇，与《周易》大致相同，《繇辞》则大不一样。《卦下易经》一篇，和《说卦》相似但不一样。《公孙段》二篇，讲公孙段与邵陟谈论《周易》的事。《国语》三篇，讲楚国和晋国的事。《名》三篇，像《礼记》，又像《尔雅》《论语》。《师春》一篇，讲的是《左传》中那些有关卜筮的事，"师春"好像是写书人的名字。《琐语》十一篇，是各国占卜、占梦，妖怪和看相的书。《梁丘藏》一篇，先叙述魏国的世代，接着讲山陵藏的金玉。《缴书》二篇，论述弋射之法。《生封》一篇，讲帝王们封的东西。《大历》二篇，邹衍谈天一类的东西。《穆天子传》五篇，讲周穆王周游四海，见到了帝台，西王母。《图诗》一篇，是图画的赞语一类。又有杂书十九篇，《周食田法》，《周书》，《论楚事》，《周穆王美人盛姬死事》等，一共75篇。有7篇书简折坏，不知题名。冢中还有铜剑一柄，长二尺五寸。漆书都是蝌蚪一样的文字。刚开始掘冢的人点着竹简照明，以搜寻宝物。等到官府来收缴，多是烧剩的竹简，残缺的书札。文字已经残缺，无法再整理出次序。晋武帝把这些书交给图书档案部门校定顺序，考证归属，并用现在的文字写下来。束晰在著作部门，得以看到这些竹简，分门别类，解释疑问，都有证据,升任尚书郎。

晋武帝曾问挚虞,三月三日到水边被除不祥。有什么意义。挚虞答道:"汉章帝时,平原徐肇三月一日生了三个女儿,到三日都死去了,村人觉得奇怪,就招呼他一起到水边洗浴,被除不祥。并借此让盛满酒的杯子在水上漂流。其来由就是这样"。晋武帝说:"果真如你所说,那这不是好事。"束晰上前说道:"挚虞年轻书生,难以知道这事的原委,请让我回答。过去周公建成洛邑以后,借流水让酒漂流,所以一首遗诗说道:"插上羽毛的酒杯顺水漂流'。还有秦昭王三月三日在河曲摆宴席。看见一个金人捧着水心之剑对他说:'让君王占领西夏',于是称霸诸侯。因此确定了三月三日在河水弯曲之处摆宴的节日。西汉东汉沿袭这个传统,都作为盛大聚会的日子。"晋武帝听了非常高兴,赏给束晰五十斤黄金。

当时有人在崇山下得到竹简一枚,上面有两行蝌蚪文,互相传看,没有能认识的。司空张华来问束晰,束晰说:"这是汉明帝显节陵中的策文"。经验证果然如此,当时的人们都佩服他的知识渊博。

赵王伦为相国,请他作记室。束晰就托病辞掉官职,教授学生。四十岁去世。元城市里因此停业。他的学生朋友为他在墓旁立了碑。

束晰才学博大通达,他所著的《三魏人士传》《七代通记》《晋书·帝纪》及《志》,在战乱中散失。他著的《五经通论》《发蒙记》《补亡诗》及文集数十篇,流行于世。

潘岳传

【题解】

潘岳(247~300),西晋文学家,字安仁,荥阳中牟(今属河南)人。曾任河阳令、著作郎、给事黄门侍郎等职。方事权贵,后为赵王司马伦和孙秀所杀。

潘岳与陆机齐名,长于诗赋,善缀辞令,造句工整,体现了太康文学讲究形式美的倾向。《悼亡诗》三首是其代表作。诗赋之外。他还"善为哀诔之文",今存祭文、铭、诔等二十余篇,辞婉情切,哀痛感人。明人张溥辑有《潘黄门集》。

【原文】

潘岳字安仁,荥阳中牟人也。祖瑾,安平太守。父芘,琅玡内史。岳少以才颖见称,乡邑号为奇童,谓终、贾之俦也。早辟司空太尉府举秀才。

泰始中,武帝躬耕藉田,岳作赋以美其事,曰:

伊晋之四年正月丁未,皇帝亲率群后藉于千亩之甸,礼也。于是乃使甸师请畿,野庐扫路,封人墠宫,掌舍设杙,青坛郁其岳立兮,翠幕黕以云布。结崇基之灵阯兮,启四途之广阼。沃野膏腴,豪壤平砥。清洛浊渠,引流激水。遐阡绳直,迩陌如矢。葱辂服于缥辂兮,绀辕缀於黛秬。俨储驾於廛左兮,俟万乘之躬履。百僚先置,位以职分,自上下下,具惟命臣。袭春服之萋萋兮,接游车之辚辚。微风生於轻幌兮,纤埃起乎朱轮。森奉璋以

阶列兮，望皇轩而肃震。若湛露之晞朝阳兮。象星之拱北辰也。

于是前驱鱼鹿，属车辚萃，阊阖洞启，参涂方驷，常伯陪乘，太仆执辔。后妃献穜稑之种，司农撰播殖之器，挈壶掌升降之节，宫正设门闾之跸。天子乃御玉辇，荫华盖，冲牙铮𬬭，绡纨綷縩。金根照耀。以炯晃兮，龙骥腾骧而沛艾。表朱玄於离坎兮，飞青缟於震兑。中黄晔以发辉兮，方綵纷其繁会。五路鸣鸾，九旗扬旆，琼钑入云罕晻蔼。箫管嘲哳以啾嘈兮，鼓鼙硡磤以砰磕，荀蜨嶷以轩翥兮，洪钟越乎区外。震震填填尘雾连天，以幸乎藉田。蝉冕熲以灼灼兮，碧色肃其千千。似夜光之剖荆璞兮若茂松之依山颠也。

潘岳塑像

于是我皇乃降灵坛，抚御耦，游埸染履供縻在手。三推而舍，庶人终亩。贵贱以班，或五或九。于斯时也，居靡都鄙，人无华裔，长幼杂遝以交集，士女颁斌而咸戾。被褐振裾，垂髫总髻，蹑踵侧肩，掎裳连袵。黄尘为之四合兮，阳光为之潜翳。动容发音而观者，莫不抃舞乎康衢，讴吟乎圣世，情欣乐乎昏作兮，虑尽力乎树艺。靡谁督而常勤兮，莫之课而自厉。躬先劳而悦使兮，岂严刑而猛制哉！

有邑老田父，或进而称曰："盖损益随时，理有常然。高以下为基，人以食为天。正其末者端其本，善其后者慎其先。夫九土之宜弗任。四业之务不一，野有菜蔬之色，朝乏代耕之秩。无储蓄以虞灾，徒望岁以自必，三代之衰，皆此物也。今职上昧旦丕显，夕惕若慄，图匮於丰，防俭於逸，钦哉钦哉，惟谷之恤。展三时之弘务，致仓廪於盈溢，固尧汤之用心，而存救之要术也。"若乃庙祧有事，祝宗诹日，簠簋普淖，则此之自实，缩鬯萧茅，又於是乎出。黍稷馨香，旨酒嘉栗。宜其时和年登，而神降之吉也。古人有言曰："圣人之德，无以加於孝乎！"夫孝者，天之性，人之所由灵也。昔者明王以孝治天下，其或继之者，尟哉希矣！逮我皇晋，实光斯道，仪刑孚于万国，爱敬尽於祖考。故躬稼以供粢盛，所以致孝也，勤穑以足百姓，所以固本也，能本而孝，盛德大业至矣哉！此一役也，二美显焉，不亦远乎，不亦重乎！敢作颂曰：

'思乐甸畿，薄采其芳。大君戾止，言藉其农。其农三推，万国以祗。耨我公田，遂及我私。我簠斯盛，我簋斯齐。我仓如陵，我庾如坻。念兹在兹，永言孝思。人力普存，祝史正辞。神祇攸歆，逸豫无期。一人有庆，兆民赖之。'

岳才名冠世，为众所疾，遂栖迟十年。出为河阳令，负其才而郁郁不得志。时尚书仆射山涛、领吏部王济、裴楷等并为帝所亲遇，岳内非之，乃题阁道为谣曰："各峤刺促不得休。"

转怀令。时以逆旅逐末废农，奸淫亡命，多所依凑，败乱法度，敕当除之。十里一官橶，使老小贫户守之。又差吏掌主，依客舍收钱。岳议曰：

谨案：逆旅，久矣其所由来也。行者赖以顿止，居者薄收其直，交易贸迁，各得其所。官无役赋，因人成利，惠加百姓而公无末费。语曰："许由辞帝尧之命，而舍於逆旅。"《外传》曰："晋阳处父过甯,舍於逆旅。"魏武皇帝亦以为宜,其诗曰:"逆旅整设,以通商贾。"然则自尧到今,未有不得客舍之法。唯商鞅尤之,固非圣世之所言也。方今四海会同,九服纳贡,八方翼翼,公私满路。近畿辐辏,客舍亦稠。冬有温庐,夏有凉荫,凫秣成行,器用取给。疲中必投,乘凉近进,发榼写鞍,皆有所憩。

又诸劫盗皆起于回绝,止乎人众。十里萧条,则奸轨生心;连陌接馆,则寇情震慑。且闻声有救,已发有追,不救有罪,不追有戮,禁暴捕亡,恒有司存。凡此皆客舍之益,而官槚之所乏也。又行者贪路,告籴炊爨皆以昏晨。盛夏昼热,又兼星夜,既限早闭,不及槚门。或避晚关,进逐路隅,祇是慢藏诲盗之原。苟以客舍多败法教,官守棘槚独复何人?彼河桥孟津,解券输钱,高第督祭,数入校出,品郎两岸相检,犹惧或失之。故悬以禄利,许以功报。今贱吏疲人,独专槚税,管开闭之权,藉不校之势,此道路之蠹,奸利所殖也。率历代之旧俗,获猜行留之欢心,使客舍洒扫,以待征旅择家而息,岂非众庶颙颙之望。请曹列上,朝廷从之。

岳频宰二邑,勤於政绩。调补尚书度支郎,迁廷尉评,以公事免。杨骏辅政,高选吏佐,引岳为太傅主簿。骏诛,除名。初,谯人公孙宏少孤贫,客田於河阳,善鼓琴,颇能属文。岳之为河阳令,爱其才艺,待之甚厚。至是,宏为楚王玮长史,专杀生之政。时骏罔纪皆当从坐,同署主簿朱振已就戮。岳其夕取急在外,宏言之玮,谓之假吏,故得免。未几,选为长安令,作《西征赋》,述所经人物山水,文清旨诣,辞多不录。徵补博士,未召,以母疾辄去官免。寻为著作郎,转散骑侍郎,迁给事黄门侍郎。

岳性轻躁,趋世利,与石崇等诌事贾谧,每候其出,与崇辄望尘而拜。构愍怀之文,岳之辞也。谧二十四友,岳为其首。谧《晋书》限断,亦岳之辞也,其母数诮之曰:"尔当知足,而乾没不已乎?"而岳终不能改。

既仕宦不达,乃作《闲居赋》曰:

岳读《汲黯传》至司马安四至九卿,而良史书之,题以巧宦之目,未曾不慨然废书而叹也。曰:嗟乎! 巧诚有之,拙亦宜然。顾常以为士之生也,非至圣无轨微妙玄通者,则必立功立事,效当年之用。是以资忠履信以进德,修辞立诚以居业。仆少窃乡曲之誉,忝司空太尉之命,所奉之主,即太宰鲁武公其人也。举秀才为郎。逮事世祖武皇帝,为河阳,怀令,尚书郎,廷尉评。今天子谅闇之际,领太傅主簿。府主诛,除名为民。俄而复官,除长安令。迁博士,未召拜,亲疾,辄去官免。自弱冠涉于知命之年,八徙官而一进皆,再免,一除名,一不拜职,迁者三而已矣。虽通塞有遇,抑亦拙之效也。昔通人和长舆之论余也,固曰:"拙于用多"。称多者,吾岂敢,言拙,则信而有徵。方今俊乂在官,百工惟时,拙者可以绝意乎宠荣之事矣。太夫人在堂,有羸老之疾,尚何能违膝下色养,而屑屑从斗筲之役? 於是览止足之分,庶浮云之志,筑室种树,逍遥自得。池沼足以渔钓,春税足以代耕。灌园鬻蔬,供朝夕之膳,牧羊酤酪,俟伏腊之费。孝乎惟孝,友于兄弟,此亦拙者之为政也。乃作《闲居赋》以歌事遂情焉。其辞曰:

遨愤素之长圃,步先哲之高衢。虽吾颜之云厚,犹内愧於甯蘧。有道余不仕,无道吾不遇,何巧智之不足,而拙艰之有馀也! 於是退而闲居,于洛之涘。身齐逸民,名缀下士。背京泝伊,面郊后市。浮梁黝以过度,灵台杰其高峙。窥天文之祕奥,睹人事之终始。其西则有元戎禁营,玄幕绿徽,谿子巨黍,异豪同归,石骏雷骇,激矢虹飞,以先启行,耀我皇威。其东则有明堂辟雍,清穆敞闲,环林萦映。圆海回泉,聿追孝以严父,宗文考以配天,祗圣敬以明顺,养更老以崇年。若乃背冬涉春,阴谢阳施,天子有事于柴燎,以郊祖而展义,张钧天之广乐,供千乘之万骑,服枨枨以齐玄,管啾啾而并吹,煌煌乎,隐隐乎,兹礼容之壮观,而王制之巨丽也。两学齐列,双宇如一,右延国胄,左纳良逸。祁祁生徒,济济儒术,或升之堂,或入之室。教无常师,道在则是。故髦士投绂,名王怀玺训若风行,应犹草靡。此里仁所以为美,孟母所以三徙也。

爰定我居,筑室穿池,长杨映沼。芳枳树橘,游鳞诿潘,菡萏敷披,竹木翁蔼,灵果参差。张公大谷之梨,梁侯乌椑之柿,周文弱枝之枣,房陵朱仲之李,靡不毕植。三桃表樱胡之别,二柰耀丹白之色,石榴蒲桃之珍,磊落蔓延乎其侧。梅杏郁棣之属,繁荣藻丽之饰,华宝照烂,言所不能极也。菜则葱韭蒜芋,青笋紫姜,堇荠甘旨,蓼荽芬芳,襄荷依阴,时藿向阳,绿葵含露,白薤负霜。

於是凛秋暑退,熙春寒往,微雨新晴,六合清朗。太夫人乃御版舆,升轻轩,远览王畿。近周家园。体以行和,药以劳宣,常膳载加,旧疴有瘳。於是席长筵,列孙子,柳垂荫。车结轨,陟摘紫房,水挂报鲤,或宴于林,或禊于汜。昆弟斑白,儿童稚齿,称万寿以献觞,咸一惧而一喜。寿觞举,慈颜和,浮杯乐饮,丝竹骈罗,顿足起舞,抗音高歌,人生安乐,孰知其他。退求己而自省,信用薄而才劣。奉周任之格言,敢陈力而就列。几陋身之不保,而奚拟乎明哲,仰众妙而绝思,终优游以养拙。

初,茈为琅玡内史,孙秀为小史给岳,而狡黠自喜。岳恶其为人,数挞辱之,秀常衔忿。及赵王伦辅政,秀为中书令。岳於省内谓秀曰:"孙令犹忆畴昔周旋不?"答曰:"中心藏之,何日忘之。"岳於是自知不免。俄而秀遂诬岳及石崇,欧阳建谋奉淮南王允,齐王冏为乱,诛之,夷三族。岳将诣市,与母别曰:"负阿母!"初被收,俱不相知,石崇已送在市,岳俊至,崇谓之曰:"安仁,卿亦复尔邪!"岳曰:"可谓白首同所归。"岳《金谷诗》云:"投分寄石友,白首同所归。"乃成其谶。岳母及兄侍御史释、弟燕令豹、司徒掾据、据弟诜,兄弟之子,已出之女。无长幼一时被害。唯释子伯武逃难得免。而豹女与其母相抱号呼不可解,会诏原之。

岳美姿仪,辞藻绝丽,尤善为哀诔之文。少时常挟弹出洛阳道,妇人遇之者,皆连手萦绕,投之以果,遂满车而归。时张载甚丑,每行,小儿以瓦石掷之,委顿而反。岳从子尼。

【译文】

潘岳,字安仁,荣阳中牟(今属河南)人。祖父潘瑾,任过安平(今山东益都)太守。父亲潘茈,曾任琅玡(今山东临沂)内史。潘岳年少就以才华聪颖闻名,乡里称他为奇童,说是与终军、贾谊一样的人才。早年就被征召到司空太尉府,选用为秀才。

泰始年间(265~274),晋武帝亲自耕种农田,以奉祀宗庙,潘岳作赋赞美此事,写道:

晋朝泰始四年(268)正月,皇帝亲自带领诸位皇后、妃子坐在千亩田畴的郊野上,这是大祀。于是,便命掌管田高职贡的官员清理千里地面,掌管达国道路的野庐氏扫清道路,掌管典守封疆官员设立社坛行宫,管理房舍,建立阻挡行人的障碍。青色的台坛,如山岳耸立;绿色的帷幕,似黑云密布。构筑社坛,建立了牢固的基础,宽广的石阶辟开了四方的道路。丰美的原野有着肥沃的土地,富饶的土地坦荡犹如砥石。清澈的洛河、浑浊的沟渠,引来了流水,激起了浪花。远方的道路如绳一般笔直,近处的道路也像弓箭一样。青绿的犍牛驾着青色的车轭,天青的车辕连着黑色的秣秸。恭谨严肃地候驾于民房左右,等待着万乘之尊亲自到来。文武百官先行抵达,位次的先后以职务大小分列,自上而下都是朝廷大臣。穿着青色的套服,繁华盛美,迎接天子游车,车马辚辚鸣响。微风吹拂着轻飘的车幔,红色的车轮扬起细微的尘埃。手捧玉璋严肃地排列在石阶上,望见皇帝的车驾深感肃穆惶恐,如浓重的露水被太阳晒干一样敬畏,似天上的星星拱卫北极星一样肃穆。

　　接着,前导富丽堂皇,从车如鱼鳞一般密布。天门如洞敞开,笔直的道路上四马之乘并行,常伯陪着车乘,太仆乎执马辔。后宫嫔妃献上穜稑种子,司农大臣手持播种栽植的工具,挈壶氏掌握着祭山祭水的礼节,宫中之长负责门卫和清道的责任。天子乘坐玉辇,遮盖在华盖下面,"冲牙"佩玉触碰,铮铮有声,轻纱细绢飘拂,悉索作响。"金根"车驾明亮耀眼,千里龙驹摇首奔腾,青绢白纱东西飘荡。金黄的光华当空辉耀,彩色的飘带华丽绵簇,五路的銮铃高声鸣响,九种旗帜扬起垂旒。雪亮的长戟如花蕊密集,云罕车似昏暗的云气,箫声、管声杂交错,大鼓、小鼓震耳欲聋,钟磬高耸飞架,洪亮的钟声震彻域外。声响宏大,车马众多,尘雾漫天,因为皇帝驾临亲身耕田奉祀宗庙,蝉绸皇冠光芒闪烁,碧玉色泽浓绿欲滴,好像夜光之璧出于荆山璞石,如同繁茂之松依倚高山之巅。

　　接着,我皇走下灵坛,手抚御用粗具,举足走进场圃,长缰绳执在手中。君王推了三次便放下,最后全由农民耕完。贵人与平民以地位高低依次耕田,有的推五次,有的推九次。此时,住处不分都城、小邑,人不论华夏、外族,成人、小孩纷纷聚集,士人、妇女相杂而至。穿着粗衣,挽起后裾,重发束髻,接踵擦肩,拉衣连袖,黄色的尘埃四处扬起,太阳的光芒受到遮蔽。人们喜形于色,开口赞颂无不鼓掌舞蹈于大路上,讴歌吟诵这圣明之世。情绪欣喜,勉力劳作,一心想着尽力耕植。无人督促,常自勤劳,不征税收自加勉励。皇上率先躬耕,百姓喜爱驱遣,岂需严刑峻法加以约束?

　　有乡邑老农上前赞颂道:"收成增减听凭天时,道理自有常规,上以下作为基础,人以日食为天,摆正细末的人也能端正根本,善待未来的人也能谨慎对待过去。九州事务不承担,士农工商业务不专一,民间有菜色饥民,朝廷没有厚禄者愿意代耕,没有防备天灾的储存,空望年年可以自足,夏、商、周的衰弱,全是这种情况。如今,圣上早晨行大明之道,夜间警惕担心,丰裕时考虑到匮缺,安逸时防止贫乏,实在值得钦敬呀!只有五谷最使他忧虑。展开春秋夏宏大的农务,使仓廪五谷充盈流溢。实在是唐尧、成汤的用心,防备应急的重要手段。"至于祖庙祭祀之事,祝祷择日,祭器中的黍稷,便是这栽植的果实,祭祀缩酒,也来自这庄稼。黍稷馨香四溢,美酒嘉栗。正合时序和谐,年成丰登,是神仙降予的吉利。古人说:"圣人的品德,没在超过孝的了!"孝是自然的本性,人由此成为善的东西。过去,贤明的君王以孝来治理天下,对这加以继承的,太少了!及至我皇天晋朝,确实发扬光大这条道义。作为法式为万国所信服,对于祖上极尽敬爱之心。所以,皇上躬亲稼穑以供奉祭祀的谷物,是以它来巩固基础的。有了基础又行孝道,盛美的品德、宏伟的基业便到极致了!这是第一件事。基业、孝道这两桩美事全具备了,不也传之遥远吗?不也十分重大吗?冒昧作颂歌道:

"快乐啊,千里郊野,摘取那花卉。伟大的君王到来了,到田里农耕。耤具三推,万国恭敬。耕耨公田,又施及我的私田。我的祭祀食器装满,我的祭祀食器整饬,我的仓廪如山一样高,我的谷堆高如砥石。对此念念不忘,歌咏孝义。人的能力广泛地得到爱护,司祝之官有笃实、公正的评定。天地之神为之感动,安乐未有尽期。一人有善德,万民仰赖它。"

潘岳的才华、声名盖世,为众人所忌妒,因此,游息达十年。他出任河阳(今河南孟县境)县令。恃其才气,郁闷不得志。当时,尚书仆射山涛、领吏部王济、裴楷等人都得到皇帝的赏识。潘岳内心非议他们,于是写了歌谣题于尚书阁:"尚书阁东头,有一只大牛,王济作鞯套上牛颈,裴楷作鞯套在后头,和峤劳碌不得休。"

后来,潘岳转为怀县(今河南武陟西南)令。当时,客舍因经商弃农,淫乱亡命之徒,多以此为依托,败坏扰乱了法纪制度,皇上下诏取消。十里路设立一座官办客舍,让贫穷人家的老人和小孩看守着,又派小官掌握主持,按照普通客舍那样收费。潘岳上书议论道:

谨此考查:旅舍,其由来很久了。旅行的人靠它停留、歇息。主人微薄地收取住宿费,物件交换,贩运买卖,各自获得它所应得的。官方不加役使赋税,顺应人力而成其利,恩惠施于百姓而官方不费一点钱财。书上说:"许由拒绝了尧的任命,住在客舍里。"《外传》说:"晋国的阳处父经过宁城,住在客舍里。"魏武帝也认为设客舍是适宜的,他的诗写道:"设立客舍,用来使商人通行。"但是,自从唐尧到今天,未曾有过不要客舍的法制。唯独商鞅责难它,这本来就不是在圣明之世应说的话。如今,天上朝拜,全国纳贡,八方富庶,公私充盈。京畿附近人物集聚,客舍也稠密,冬天有温暖的房舍,夏天有凉爽的树荫,饲牛马的草料成堆,器具用品供给需要,疲乏的牛一定要投宿,乘凉就近而来。大车启程,马鞍移置,都可以得到休憩。

而且许多抢劫盗窃都发生在远僻之处,平息于人多的地方。十里萧条冷僻,歹徒就要心怀不轨;道路相连,馆舍相接,寇就要心情恐惧。况且听到呼声就有人援救,已经逃走的也有人追逐,不救助的要问罪,不追逐的要被杀。禁绝暴行,追捕逃犯,常有这些都是客舍的好利,而是官办客舍所缺乏的。而且,行路人要多赶路,要求枭烧饮,都在傍晚或早晨,盛夏白天炎热,还要在星夜赶路,既规定要早早关门,便赶不到官方客舍了。有的要避免晚上关闭,便奔走于道路的旁侧,这种地方疏于管理,这又产生招致盗窃的根源。如果以客舍多方败坏法规教化为由,派吏守候着贫瘠的官办客舍,难道还有什么人来往吗?那河桥、孟津地方,解送契据,缴纳钱财,有高官监督、检察,查点收入,核审送出,众人在两岸检查,或许还担心会遗失它呢!因此,以俸禄、好处悬赏,许诺予以功劳、报酬。如今,卑鄙的小官,衰弱的人独自占有官办客舍的收入,掌管、开、关的权力,凭借不加审核的权利,这种道路上的蛀虫,滋生了以奸邪手段得利的现象。遵循历代旧有的习俗,使行人住行都感到高兴,让客舍有人洒水扫地,以待候旅行者选择住下,这难道不是众人所恭仰企望的吗?

潘岳请求官署上呈,朝廷顺从了他的意见。

潘岳兼管两县,勤于政务劳绩。调动补任尚书度支郎,又改任庭尉评,后因公事免职。杨骏辅佐朝政,提拔官吏,引荐潘岳为太傅主簿。杨骏被诛,他也被取消名籍。当初，谯县人公孙宏少年时孤苦贫穷，客居河阳种田为生，善于弹琴，很能写文章。潘岳任河阳县令时，爱惜他的才能技艺，待他很宽厚。到杨骏被诛之时，公孙宏任楚王司马玮的长史，专管宰杀政事。当时，杨骏门下的人都受连累获罪，同官署任主簿的朱振已经被杀戮。潘岳那天夜里告假在城外，公孙宏告诉楚王司马玮，说潘岳是暂代理的官吏，因此免于一死。不久，被选任长安令，写了《西征赋》，描述了沿途所经之地的人物古迹、山形水势，文采清丽，旨趣深远，所用的词语大多不见记载。征召补任博士，未拜职，因母亲生病随即离开，免除了官职。随后任著作郎，又转为散骑侍郎，还升迁为给事黄门侍郎。

潘岳性情轻浮暴躁，趋附世利。他和石崇等人谄媚地侍奉贾谧，每每等候他出门，两人就望着车马扬起的尘埃顶礼膜拜。贾谧草拟的关于愍怀的文章就是潘岳写的。贾谧的"二十四友"，潘岳是第一位。贾谧关于《晋书》的起笔年限的议疏，也是潘岳的手笔。潘岳的母亲几次讥诮他说："你应当知道满足，你还要侥幸冒险不停吗？"但潘岳终究不能改变。既然在仕途宦海中不能显达，潘岳便作《闲居赋》，说道：

潘岳读《汲黯传》读到司马安四次升迁，直到九卿地位，优秀的史官写到它经"巧宦"为题目，我未尝不感慨地放下书而叹息。叹道：哎！诚然有"巧宦"的道理，但"拙"本来也是有的，回想起来，常认为士人的一生，如果不是没有轨迹而能精通于玄妙之门的至圣之人，就必须建立功勋，成就大业，为当代效劳立功。因此，奉献忠贞，履行信义，以便增进德行；修饰辞句，树立真诚，以便保持功业。我少年时就在乡里窃有声誉，有愧于司空、太尉的举荐，他就是我所尊奉的主人太宰鲁武公这个人。太尉举荐秀才，命我为郎。到了侍奉世祖武皇帝时，我任河阳、怀县县令、尚书郎、廷尉评。今当天子居丧之际，我任太傅主簿。太傅杨骏被杀，我也被除了名籍，成为平民。不久，又复任官职，授予长安县令，升迁为博士，还未拜受官职，母亲生病，随即离开，官职被免。自少年到五十岁这知天命的年纪，八次转变官职才进升一级官阶，有两次免去官职，一次取消名籍，一次未拜受官职，三次迁居才算了结。虽然仕途通达或阻塞都遇到，但这也是"拙"的应验。过去，博古通今之人和长舆论及我，坚持说："像你这样固拙守穷的人要比显达用世的人更多才多艺"，其所说的"多才多艺"我哪里敢当？所说的"拙"，就实在有可验证的。如今，贤德的人在任，众官下逢时候，"拙"人可以对荣耀之事断绝念头了。老母亲健在，有衰弱老迈的疾病，怎么能够违背子女孝养，侍奉父母的职责，而去忙碌不安地从事才短识浅的职务呢？因此，接受了知止知足的名分，产生了视名利为浮云的念头。在家筑室种树，逍遥自在，池塘沼地就够我捕鱼垂钓，春谷取利可以代替耕作。浇园卖菜，满足朝夕的膳食，养羊卖乳，准备好冬夏的费用。只有行大孝、与兄弟友善，这也是笨拙的人在处理政务啊！于是，创作《闲居赋》，用来歌唱此事表达感情。歌辞是：

遨游在三坟五典八索九丘的书圃里，追随在先贤圣哲的崇高的大路上。虽然对我说来有些脸皮厚，但还是在心内感到有愧于君子宁蘧。天下施行仁政，我却不去做官，天下不行仁政，我也不愚拙。我是多么巧智不足、笨拙有余啊！因此，隐退而闲居在洛水岸边。身份等同于节行超逸的人，名字连结着下等士人。背负京城，迎着伊水，前有郊野，后是都市。浮桥青黑，作凌波之路径，灵台高耸、巍然峙立。窥探日月五星的秘密奥藏，探究人间事情的终了起始。住宅西侧有兵车战乘、禁军营地、黑色帷幕、绿色旌旗。"貒子""巨黍"的良弓，同机连弩；炮车抛石，如雷声震骇；急疾的飞箭，像虻虫纷飞，这一切在前开路,以显耀我皇的威武。住宅东边有天子宣明政教的大堂,水绕璧环一般的学府,清幽肃穆,敞亮宽大。环抱的竹木萦绕掩映,圆环的泉水如海流回旋。以敬重父亲来追补孝义,崇尚帝业以配于天帝,效法这种神圣的敬奉,以显得光明顺畅;设立三老五更之位奉养老人,以此来尊崇老人。到了冬去春来,阴气衰歇,阳气广布。天有祭祀之事,积薪烧柴,以祭祀祖宗来伸张礼义。铺展天上的神乐,备好千辆兵车、万匹战马,服饰悉索有声,全是黑色,箫管啾啾一起吹响。光明灿烂,盛大无比,这是礼仪法度的大观,王者制度的宏丽,国学与太学并列,两处殿宇如一,右边聘请国学教育贵胄子弟,左边太学招纳贤良隐逸之才。众多的学生子弟,庄重美好的儒家学说,有的已升堂,有的则入室,都深得其道。教育没有固定的老师,有道则可以为师。因此,英俊之士弃官来学,著名国君藏起玉玺也来学,德化教化如风一样吹遍,受业学习的如草一样披靡。这就是居于仁者之乡可以为善的缘故,也是孟子之母三次迁居的原因。

于是选定我的住处,建起房子,开凿池塘。可爱的杨树映着小池,芳香的枳树筑成篱笆。游鱼出没,荷花开放,竹木茂盛,美果参差。张公大谷中的夏梨,梁侯乌椑上的柿子,周文王的弱枝枣树,房陵县仙人朱仲窃过的李子,无不种植。含桃、荆桃、山桃显示了樱桃、胡桃的不同,白李、赤李闪耀着红、白两种不同颜色,石榴、葡萄累累的珍贵果实,垂挂蔓绕在它的旁边。梅子、杏子、郁李、棣树之类,有着繁茂、荣盛、华藻、美丽的装饰,花蕊果实相映璀璨,言辞不能全部表达。蔬菜则有葱、韭、蒜、芋、青竹笋、紫色姜。堇菜、荠菜甘甜。蓼草、荽菜芬芳。襄荷依着荫翳而生,藿花按时向着太阳转,绿葵含着露珠,白薤负着霜花。

接着,寒秋暑退,和春寒去,微雨新晴,天地清净明朗。太夫人便坐着“版舆”之车,登上轻轩,远览王都,就近绕着家园,以行走来调养身体,以劳作来取代药效,日常膳食有所增加,旧病有所痊愈。于是,摆上长长的酒宴,孙子、儿子排列就座,柳树垂下绿荫,车辆轨道连接,旱地上摘来紫色的果子,水里钓起红色的鲤鱼,有时欢宴于林中,有时祭祀在汜水。兄弟头发斑白,儿童幼稚,举起酒杯祝福万寿无疆,无不见其衰老而忧惧,见其长寿而欣喜,寿酒高举,慈颜和悦,快乐地饮着罚杯之酒,丝竹乐器并排罗列,足叩地而起舞,扬起声而高唱,人生求安乐,哪知其他事。隐退只求自己多加反省,信任使用如此菲薄,而且气具低劣。奉行周任的格言,敢于在任职时施展才力。孤陋之身几乎都保不住了,还读什么明智。向往老子的“众妙之门”,断绝仕宦的思虑,优哉游哉而守拙终身。

当初,潘岳任琅玡内史,孙秀作为小吏侍候潘岳,这人诡诈自负,潘岳厌恶他的为人,多次鞭挞侮辱他,孙秀长期怀恨。到赵王司马伦辅佐朝政时,孙秀任中书令。潘岳在宫禁里问孙秀说:“孙令还记得过去相处的事吗?”孙秀回答说:“心里藏着这件事,哪一天能忘掉它。”潘岳由此自己知道将不免于难。不久孙秀诬告潘岳以及石崇、欧阳建图谋尊奉淮南王司马允、齐王司马冏反叛作乱,诛杀了他们,夷灭了三族。潘岳要送去斩首时,与他母亲告别道:“我辜负了阿母的教诲!”当初,被收监时,他和石崇都互不知道对方被抓,石崇已经先送到要弃市的地方,潘岳后来才到。石崇对他说:“安仁,您也如此呀?”潘岳答道:“可以说是‘白首同所归’。”潘岳写过赠石崇的《金谷诗》道;“投分寄石友,白首同所归。”竟成了他的谶语。潘岳的母亲以及兄侍御史潘释、弟燕县令潘豹、司徒掾潘据、潘据的弟弟潘诜,兄弟的儿子,自己生的女儿,无论年长年幼一起被杀害。只有潘释的儿子伯武逃难免于一死。而潘豹的女儿与她母亲相抱哭叫，拆不开她们，下诏赦免了。

潘岳风姿仪态俊美，诗文辞采极为华丽，特别善于写作哀悼的文章。年轻时，常带着弹弓乘车出洛阳大道游玩，遇上他的妇女都手挽着手地围着他，往他车上扔果子，结果满载而归。同时代的人张载长得很丑，每次出门，小孩就用瓦片石块投掷他，疲乏狼狈而归。潘岳有侄子潘尼。

司马玮传

【题解】

司马玮，晋武帝第五子，赐爵楚隐王。早年以严酷著称，矫诏杀死太宰、太保就是典型事例，正因此而遭同胞兄弟晋惠帝杀害。但历史很荒唐，年青的司马玮和太宰、太保这样的权贵都成了贾后阴谋的死鬼。

【原文】

楚隐王玮，字彦度，武帝第五子也。初封始平王，历屯骑校尉。太康末，徙封于楚，出之国，都督荆州诸军事、平南将军，转镇南将军。武帝崩，入为卫将军，领北军中候，加侍中、行太子少傅。

杨骏之诛也，玮屯司马门。玮少年果锐，多立威刑，朝廷忌之。汝南王亮、太保卫瓘以玮性很戾，不可大任，建议使与诸王之国，玮甚忿之。长史公孙宏、舍人岐盛并薄于行，为玮所昵。瓘等恶其为人，虑致祸乱，将收盛。盛知之，遂与宏谋，因积弩将军李肇矫称玮命，谮亮、瓘于贾后。而后不知察，使惠帝为诏曰："太宰、太保欲为伊、霍之事，王宜宣诏，令淮南、长沙、成都王屯宫诸门，废二公。"夜使黄门赍以授玮。玮欲覆奏，黄门曰："事恐漏泄，非密诏本意也。"玮乃止。遂勒本军，复矫诏召三十六军，手令告诸军曰："天祸晋室，凶乱相仍。间者杨骏之难，实赖诸君克平祸乱。而二公潜图不轨，欲废陛下以绝武帝之祀。今辄奉诏，免二公官。吾今受诏者督中外诸军。诸在直卫者皆严加警备，其在外营，便相率领，径诣行府。助顺讨逆。天所福也。悬赏开封，以待忠效。皇天后土，实闻此言。"又矫诏使亮、瓘上太宰太保印绶，侍中貂蝉，之国，官属皆罢遣之。又矫诏赦亮、瓘官属曰："二公潜谋，欲危社稷，今免还第。官属以下，一无所问。若不奉诏，便军法从事。能率所领先出降者，封侯受赏。朕不食言。"遂收亮、瓘，杀之。

岐盛说玮，可因兵势诛贾模、郭彰，匡正王室，以安天下。玮犹豫未决。会天明，帝用张华计，遣殿中将军王宫赍驺虞幡麾众曰："楚王矫诏。"众皆释杖而走。玮左右无复一人，窘迫不知所为，唯一奴年十四，驾牛车将赴秦王柬。帝遣谒者诏玮还营，执之于武贲署，遂下廷尉。诏以玮矫制害二公父子，又欲诛灭朝臣，图谋不轨，遂斩之，时年二十一。其日大风，雷雨霹雳。诏曰："周公决二叔之诛，汉武断昭平之狱，所不得已者。廷尉奏玮已伏法，情用悲痛，吾当发哀。"玮临死，出其怀中青纸诏，流涕以示监刑尚羽刘颂曰："受诏而行，谓为社稷，今更为罪。托体先帝，受枉如此，幸见申列。"颂亦嘘唏不能仰视。公孙宏、岐盛并夷三族。

玮性开济好施，能得众心，及此莫不陨泪，百姓为之立祠。贾后先恶瓘、亮，又忌玮，故以计相次诛之。永宁元年，追赠骠骑将军，封其子范为襄阳王，拜散骑常侍，后为石勒所害。

【译文】

西晋楚隐王司马玮，字彦度，武帝的第五个儿子。开始受封为始平王，历事屯骑校尉。太康末年，迁移改封于楚国，出京师去封国，任都督荆州诸军和平南将军，转为镇南将军，武帝去世，入京师为卫将军，领任北军中侯职，加受侍中，行太子少傅职。

杨骏受诛的时候，司马玮屯驻司马门。司马玮少年时为人果敢，练达，锋芒毕露，制定了许多酷刑，以严威不仁受到朝廷大臣的畏忌。汝南王司马亮、太保卫瓘认为司马玮性情乖戾，不能担当大任，建议让他同诸侯王都到他受封的国家去，司马玮对此非常愤恨。长史公孙宏、舍人岐盛一道轻薄没有德行，受到司马玮的亲近。卫瓘等人疾恶他们的为人，考虑到他们会给朝廷招致祸乱，将要收捕岐盛。岐盛知道了这件事，立即与公孙宏计谋，通过积弩将军李肇假称司马玮的命令，在贾后那里进言谮毁司马亮和卫瓘。而贾后未与审察，即假托惠帝下密诏说："太宰司马亮、太保卫瓘要霍那样的叛乱，楚隐王应当宣布诏书，命令淮南、长沙、成都王屯兵在诸宫门，废免太宰、太保公。"夜间派黄门将诏书送给了司马玮。司马玮欲复奏惠帝，黄门说："害怕事情泄漏，违背了密诏的本意。"司马玮才不再复奏惠帝。于是就勒令本部军队，又矫天子诏命，召集三十六军，手书命令告谕诸军说："上天降祸于晋室，灾凶动乱频仍。时隔不久前的杨骏为患朝廷，实在是依靠了诸君才克服平定了祸乱。现在太宰、太保二公图谋不轨，想要废惠帝而绝武帝的香火承嗣。今天就此奉诏书，免除太宰、太保二公的官爵。我今天受皇帝诏命，都督中、列诸军。凡是在宫禁中供职宿卫的都要严加警备，那些在外营驻扎的，要依制度率领，直赴行府。辅助顺天得道的朝廷，讨平叛逆，是上天所以赐福的根源。悬赏开封以待杀敌效忠朝廷的人。皇天在上，后土在下，请相信这些话。"又矫诏让司马亮、卫瓘上缴太宰、太保的印绶和侍中貂蝉，分别去他们的封国。他们原有的属下官吏都罢免遣散。又矫诏命赦免司马亮、卫瓘的属下官吏说："太宰、太保二公阴谋诡计，想要危害国家朝廷，今已免官返回封国。官吏僚属以下，一概不予追究。假如不执行诏命，就按军法予以惩处。能够率领自己的下属先行投降的人，将给他封侯赐赏。我身为皇帝，不会食言。"于是收捕司马亮、卫瓘并杀了他们。

岐盛劝说司马玮，可以借用已有的兵势诛杀贾模、郭彰，匡扶正定王室朝廷，用以安定天下。司马玮犹豫未决。等到天亮，惠帝采纳张华的计策，派殿中将军王宫携带驺虞幡指挥众人说："楚王司马玮犯矫诏之罪。"众人都解除武装逃离。司马玮左右不再有一人追随，窘迫难堪不知所措，只有一个年仅十四岁的家奴，驾驶牛车想赴秦王那儿。惠帝派谒者诏命司马玮返回营房，将他逮捕押送到了武贲署，交给廷尉等待治罪。诏命认为司马玮矫诏，害死了太宰司马亮、太保卫瓘二公父子，又想要诛杀朝廷大臣，图谋不轨，于是杀了司马玮，受刑时年龄二十一岁。司马玮受刑那天，刮大风，雷雨霹雳。惠帝下诏说："周公旦诛决管叔、蔡叔，汉武帝刘邦断狱昭平，也都是出于无奈不得已。"廷尉奏报司马玮已经伏法受诛，有宗室之情而用极刑，于心悲痛，我当为他哀悼。"司马玮临死，从他怀中取出青纸诏命，流着眼泪出示给监刑尚书刘颂说："我受诏书，按令行事，说的是为了朝政，现在却反为罪过。我托先帝之福，授予身体，与惠帝为同胞骨肉，受冤枉以至如此，有幸请求予以申明陈述事实的真相。"刘颂也是嘘唏叹息不能言语，不敢正面看司马玮。公孙宏、岐盛一起被夷灭了三族。

司马玮性情开朗，乐善好施，能够得到民心。及司马玮被诛杀，没有谁不为之落泪。百姓为他建立寺庙。贾后先是疾恶卫瓘、司马亮，转而又忌恨司马玮，因此用计谋相继诛杀了卫瓘、司马亮和司马玮。永宁元年，追赠司马玮骠骑将军，册封的儿子司马范为襄阳王，拜为敬骑常侍，后被石勒杀害。

司马伦传

【题解】

司马伦，晋宣帝之子，八王之一。初封琅玡王。太子废拜为右军将军。后与孙秀结伙，陷害太子、图谋权力、兴乱作叛，为诸王作乱之首。后被杀。

【原文】

赵王伦，字子彝，宣帝第九子也，母曰柏夫人。魏嘉平初，封安乐亭侯。五等建，改封东安子，拜谏议大夫。

武帝受禅，封琅玡郡王。坐使散骑将刘缉买工所将盗御裘，廷尉杜友正缉弃市，伦当与缉同罪。有司奏伦爵重属亲，不可坐。谏议大夫刘毅驳曰："王法赏罚，不阿贵贱，然后可以齐礼制而明典刑也。伦知裘非常，蔽不语吏，与缉同罪，当以亲贵议减，不得阙而不论。宜自于一时法中，如友所正。"帝是毅驳，然以伦亲亲故，下诏赦之。及之国，行东中郎将、宣威将军。咸宁中，改封于赵，迁平北将军、督邺城守事，迁安北将军。元康初，迁征西将军、开府仪同三司，镇关中。伦刑赏失中，氐、羌反叛，征还京师。寻拜车骑将军、太子太傅。深交贾、郭，谄事中宫，大为贾后所亲信。求录尚书，张华、裴頠固执不可。又求尚书令，华、頠不许。

愍怀太子废，使伦领右军将军。时左卫司马督司马雅及常从督许超，并尝给事东宫，二人伤太子无罪，与殿中中郎士猗等谋废贾后，复太子，以华、頠不可移，难以图权，伦执兵之要，性贪冒，可假以济事，乃说伦嬖人孙秀曰："中宫凶妒无道，与贾谧等共废太子。今国无嫡嗣，社稷将危，大臣将起大事。而公名奉事中宫，与贾、郭亲善，太子之废，皆云豫知，一朝事起，祸必相及。何不先谋之乎？"秀许诺，言于伦，伦纳焉。遂告通事令史张林及省事张衡、殿中侍御史殷浑、右卫司马督路始、使为内应。事将起，而秀知太子聪明，若还东宫，将与贤人图政，量己必不得志，乃更说伦曰：太子为人刚猛，不可私请。明公素事贾后，时议皆以公为贾氏之党。今虽欲建大功于太子，太子含宿怒，必不加赏于明公矣。当谓逼百姓之望，翻覆以免罪耳。此乃所以速祸也。今且缓其事，贾后必害太子，然后废后，为太子报仇，亦足以立功，岂徒免祸而已。"伦从之。秀乃微泄其谋，使谧党颇闻之。伦、秀因劝谧等早害太子，以绝众望。

太子既遇害，伦、秀之谋益甚，而超、雅惧后难，欲悔其谋，乃辞疾。秀复告右卫佽飞督闾和，和从之，期四月三日丙夜一筹，以鼓声为应。至期，乃矫诏教三部司马曰："中宫与贾谧等杀吾太子，今使车骑入废中宫。汝等皆当从命，赐爵关中侯。不从，诛三族。"于是众皆从之。伦又矫诏开门夜入，陈兵道南，遣翊军校尉、齐王冏将三部司马百人，排阁而入。华林令骆休为内应，迎帝幸东堂。遂废贾后为庶人，幽之于建始殿。收吴太妃、赵粲及韩寿妻贾午等，付暴室考竟。诏尚书以废后事，仍收捕贾谧等，召中书监、侍中、黄门侍郎、八坐，皆夜入殿，执张华、裴𫖫、解结、杜斌等，于殿前杀之。尚书始疑诏有诈，郎师景露版奏请手诏。伦等以为沮众，斩之以徇。明日，伦坐端门，屯兵北向，遣尚书和郁持节送贾庶人于金墉。诛赵粲叔父中护军赵浚及散骑侍郎韩豫等，内外群官多听黜免。伦寻矫诏自为使持节、大都督、督中外诸军事、相国、侍中、王如故，一依宣、文辅魏故事，置左右长史、司马、从事中郎四人、参军十人、掾属二十人、兵万人。以其世子散骑常侍馥领冗从仆射；子馥前将军，封济阳王；虔黄门郎，封汝阴王；诩散骑侍郎，封霸城侯。孙秀等封皆大郡，并据兵权，文武官封侯者数千人，百官总已听于伦。

伦素庸下，无智策，复受制于秀，秀之威权振于朝廷，天下皆事秀而无求于伦。秀起自琅邪小史，累官至赵国，以谄媚自达。既执机衡，遂恣其奸谋，多杀忠良，以呈私欲。司隶从事游颢与殷浑有隙。浑诱颢奴晋兴，伪告颢有异志。秀不详察，即收颢及襄阳中正李迈，杀之，厚待晋兴，以为己部曲督。前卫尉石崇、黄门郎潘岳皆与秀有嫌，并见诛。于是京邑君子不乐其生矣。

淮南王允、齐王冏以伦、秀骄僭，内怀不平。秀等亦深忌焉，乃出冏镇许，夺允护军。允发愤，起兵讨伦。允既败灭，伦加九锡，增封五万户。伦伪为饰让，诏遣百官诣府敦劝。侍中宣诏，然后受之。加馥抚军将军、领军将军，馥镇军将军、领护军将军，虔中军将军、领右卫将军，诩为侍中。又以孙秀为侍中、辅国将军、相国司马，右率如故。张林等并居显要。增相府兵为二万人，与宿卫同，而隐匿兵士，众过三万，起东宫三门四角华橹，断宫东西道为外徼。或谓秀曰："散骑常侍杨准、黄门侍郎刘逵欲奉梁王肜以诛伦。"会有星变，乃徙肜为丞相，居司徒府，转准、逵为外官。

伦无学，不知书；秀亦以狡黠小才，贪淫昧利，所共立事诸，皆邪佞之徒，惟竞荣利，无深谋远略。馥浅薄鄙陋，馥、虔馥很强戾，诩愚嚚轻诐，而各乖导，互相憎毁。秀子会，年二十，为射声校尉，尚帝女河东公主。公主母丧未期，便纳聘礼。会形貌短陋，奴仆之下者，初与富室儿于城西贩马，百姓忽闻其尚主，莫不骇愕。

伦、秀并惑巫鬼，听妖邪之说。秀使牙门赵奉诈为宣帝神语，命伦早入西宫。又言宣帝于北芒为赵王佐助，于是别立宣帝庙于芒山。谓逆谋可成。以太子詹事裴劭、左军将军卞粹等二十人为从事中郎，掾属又二十人。秀等部分诸军，分布腹心，使散骑常侍、义阳王威兼侍中，出纳诏命，矫作禅让之诏，使使持节、尚书令满奋，仆射崔随为副，奉皇帝玺绶以禅位于伦。伦伪让不受。于是宗室诸王、群公卿士咸假称符瑞天文以劝进，伦乃许之。左卫王舆与前军司马雅等率甲士入殿，譬喻三部司马，示以威赏，皆莫敢违。其夜，使张林等屯守诸门。义阳王威及骆休等逼夺天子玺绶。夜漏未尽，内外百官以乘舆法驾迎伦。惠帝乘云母车,卤薄数百人,自华林西门出居金墉城。尚书和郁,兼侍中、散骑常侍、琅玡王睿,中书侍郎陆机从,到城下而反。使张衡卫帝,实幽之也。

伦从兵五千人,入自端门,登太极殿,满奋、崔随、乐广进玺绶于伦,乃僭即帝位,大赦,改元建始。是岁,贤良方正、真言、秀才、孝廉、良将皆不试;叶吏及四方使命之在京邑者,太学生年十六以上及在学二十年,皆署吏;郡县二千石令长赦日在职者,皆封侯;郡纲纪并为孝廉,县纲纪为廉吏。以世子为太子,馥为侍中、大司农、领护军、京兆王,虔为侍中、大将军领军、广平王,诩为侍中、抚军将军、霸城王,孙秀为侍中、中书监、骠骑将军、仪同三司,张林等诸党皆登卿将,并列大封。其余同谋者咸超阶越次,不可胜纪,至于奴卒厮役亦加以爵位。每朝会,貂蝉盈坐,时人为之谚曰:"貂不足,狗尾续。"而以苟且之惠取悦人情,府库之储不充于赐,金银冶铸不给于印,故有白版之侯。君子皆耻服其章,百姓亦知其不终矣。

伦亲祠太庙,还,遇大风,飘折麾盖。孙秀既立非常之事,伦敬重焉。秀住文帝为相国时所居内府,事无巨细,必谘而后行。伦之诏令,秀辄改革,有所与夺,自书青纸为诏,或朝行夕改者数四,百官转易如流矣。时有雉入殿中,自太极东阶上殿,驱之,更飞西钟下,有顷,飞去。又伦与殿上得异鸟,问皆不知名,累日向夕,宫西有素衣小儿言是服刘鸟。伦使录小儿并鸟闭牢室,明旦开视,户如故,并失人鸟所在。伦目上有瘤,时以为妖焉。

时齐王冏、河间王颙、成都王颖并拥强兵,各据一方。秀知冏等必有异图,乃选亲党及伦故吏为三王参佐及郡守。

秀本与张林有隙,虽外相推崇,内实忌之。及林为卫将军,深怨不得开府,潜与甡笺,具说秀专权,动违众心,而功臣皆小人,扰乱朝廷,可一时诛之。甡以书白伦,伦以示秀。秀劝伦诛林,伦从之。于是伦请宗室会于华林园,召林、秀及王舆入,因收林,杀之,诛三族。

及三王起兵讨伦檄至,伦、秀始大惧,遣其中坚孙辅为上军将军,积弩李严为折冲将军,率兵七千自延寿关出,自虏张泓、左军蔡璜、前军闾和等率九千人自坂关出,镇军司马雅、扬威莫原等率八千人自成皋关出。召东平王楙为使持节、卫将军,都督诸军以距义师。使杨珍昼夜诣宣帝别庙祈请辄言宣帝谢陛下,某日当破贼。拜道士胡沃为太平将军,以招福祐。秀家日为淫祀,作厌胜之文,使巫祝选战日。又令近亲于嵩山著羽衣,诈称仙人王乔,作神仙书,述伦祚长久以惑众。秀欲遣馥、虔领兵助诸军战,馥、虔不肯。虔素亲爱刘舆,秀乃使舆说虔,度然后率众八千为三军继援。而泓、雅等连战虽胜,义军散而辄合,雅等不得前。许超等与成都王颖军战于黄桥,杀伤万余人。泓径造阳翟,又于城南破齐王冏辎重,杀数千人,遂据城邸阁。而冏军已在颍阴,去阳翟四十里。分军渡颍,攻泓等不利。泓乘胜至于颍上,夜临颍而阵。跋纵轻兵击之,诸军不动,而孙辅、徐建军夜乱,径归洛自首。辅、建之走也,不知诸军督尚存,乃云:"齐王兵盛,不可当,泓等已没。"伦大震,秘之,而召虔及超还。会泓败冏露布至,伦大喜,乃复遣超,而虔还已至庚仓。超还济河,将士疑阻,锐气内挫。泓等悉其诸军济颍,进攻冏营,冏出兵击其别率孙髦、司马谭、孙辅,皆破之,士卒散归洛阳,泓等收众还营。秀等知三方日急,诈传破冏营,执得冏,以诳惑其众,令百官皆贺,而士猗、伏胤、孙会皆詹事刘琨节,督河北将军,率步骑千人催诸军战。会等与义军战于激水,大败,退保河上,刘琨烧断河桥。

自义兵之起,百官将士咸欲诛伦、秀以谢天下。秀知众怒难犯,不敢出省。及闻河北军悉败,忧慑不知所为。义阳王威劝秀至尚书省与八坐议征战之备,秀从之。使京城四品以下子弟年十五以上,皆诣司隶,从伦出战。内外诸军悉欲劫杀秀,威惧,自崇礼闼走还下舍。许超、士猗、孙会等军既并还,乃与秀谋,或欲收余卒出战,或欲焚烧宫室,诛杀不附己者,挟伦南就孙旗、孟观等,或欲乘船东走入海,计未决。王舆反之,率营兵七百余人自南掖门入,敕宫中兵各守卫诸门,三部司马为应于内。舆自往攻秀,秀闭中书南门。舆放兵登墙烧屋,秀及超、猗遽去出,左卫将军赵泉斩秀等以徇。收孙奇于右卫营,付廷尉诛之。执前将军谢惔、黄门令骆休、司马督王潜,皆于殿中斩之。三部司马兵于宣化闼中斩孙弼以徇。时司马馥在秀坐,舆使将士囚之于散骑省,以大戟守省阁。八坐皆入殿中,坐东除树下。王舆屯云龙门,使伦为诏曰:"吾为孙秀等所误,以怒三王。今已诛秀,其迎太上复位,吾归老于农亩。"传诏以驺虞幡敕将士解兵。文武官皆奔走,莫敢有居者。黄门将伦自华林东门出,及甡皆还汶阳里第。于是以甲士数千迎天子于金墉,百姓咸称万岁。帝自端门入,升殿,御广室,送伦及甡等付金墉城。

初,秀惧西军至,复召虔还。是日宿九曲,诏遣使者免虔官,虔惧,弃军将数十人归于汶阳里。

梁王肜表伦父子凶逆,宜伏诛。百官会议于朝堂,皆如肜表。遣尚书袁敞持节赐伦死,饮以金屑苦酒。伦惭,以巾覆面,曰:"孙秀误我!孙秀误我!"于是收甡、馥、度、诩付廷尉狱,考竟。馥临死谓度曰:"坐而破家也!"百官是伦所用者,皆斥免之,台省府卫仅有存者。自兵兴六十余日,战所杀害仅十万人。凡与伦为逆豫谋大事者:张林为秀所杀;许超、士猗、孙弼、谢惔、殷浑与秀为王舆所诛;张衡、闾和、孙髦、高越自阳翟还,伏胤战败还洛阳,皆斩于东市;蔡璜自阳翟降齐王冏,还洛自杀;王舆以功免诛,后与东莱王蕤谋杀冏,又伏法。

【译文】

赵王司马伦,字子彝,宣帝司马懿第九个儿子,其母亲称柏夫人。魏嘉平初年,受封为安乐亭侯。五等制度建立,改封为东安子,擢拜为谏议大夫。

武帝受禅称皇帝,封为琅玡郡王。受牵连派散骑将刘缉买通工匠盗取御裘,廷尉杜友以刘缉正法弃市。司马伦应当与刘缉一样治罪。有司奏疏武帝,司马伦授爵尊重,属于宗亲,不能与刘缉一样坐法治罪。谏议大夫刘毅驳斥有司说:"王法所定赏罚,不阿附于贵贱,如此,随后才能与礼制相称,明典章刑法。司马伦清楚御裘是非常之物,他荫蔽盗案,不告官吏,与刘缉一样有罪,值得以宗亲尊贵论减免惩处,但是不能不加治罪。适宜于采取临时的法度,由杜友正定。"武帝认为刘毅驳得有道理,然而以司马伦是朝廷至亲的缘故,下诏赦免了他。等到司马伦到他的封国去,署为代理东中郎将、宣威将军职。咸宁年间,改封司马伦为赵国,迁职为平北将军、督邺城守备事,进擢为安北将军。元康初年,迁职为征西将年、开府仪同三司,镇守关中。司马伦掌握刑罚与赏赐有失于中正,氐、羌反叛,征召返回京师。不久即拜受为车骑将军、太子太傅。与贾模、郭彰有深入的交往,以谄媚行事于中宫,深为贾后亲信。司马伦请求任职尚书职,张华、裴颜坚持认为不能任尚书。司马伦请求授职为尚书令,张华、裴頠又没有准许。

愍怀太子被废为平民,任司马伦为领右军将军。当时左卫司马督司马雅和常从督许超,共同给事在东宫,两人伤感太子没有罪过而被废除,与殿中中郎士猗等人图谋废贾后,复立太子。因为张华、裴頠坚定不可动摇,难与他们图谋商议,司马伦掌握重兵,性情贪冒,可以利用他废贾后,复太子位。于是,劝说司马伦的嬖人孙秀说:"中宫凶恶妒忌不讲道义,与贾谧等人废除了太子。现在,国家没有嫡系子孙继承皇位,国家政权将会危亡,大臣将作乱有害于朝廷。而你的名分在上侍奉中宫,与贾谧、郭彰亲密友善。而太子的被废除,都说是意料中的事,因此,一旦事情爆发,灾祸一定会降临你们头上。为什么在事发之前不先图谋呢?"孙秀许诺。将事情告诉司马伦,司马伦又采纳了他们的设想。于是告诉通事令史张林、省事张衡、殿中侍御史殷浑、右卫司马督路始,让他们做内应。事情即将开始,而孙秀清楚太子为人聪明,若太子回到东宫,将与贤人高士共谋朝政,想必自己一定不得志,于是就又劝说司马伦说:"太子为人刚毅勇猛,不私自请受。明公历来事奉贾后,时下的舆论都认为你是贾氏的党徒。现在虽然想建立大功,恢复太子位,太子因为胸怀过去的怨恨,一定不会加赏给你。当然可以说,受逼于百姓的愿望,能够翻覆以功补过,可以免去以往的罪过不给处罚。这就因而会成为迅速招致祸害的原因。现在暂且缓行这事,贾后一定会谋害太子,害死太子以后再废除贾后,为太子报仇,也可以因此而立功,岂止是单单地免除祸害而已。"司马伦听从了他的话。孙秀于是稍微泄漏一点有关谋复太子位的事,让贾谧的党徒们听到这消息。司马伦、孙秀进而劝说贾谧等人及早谋害太子,用以根绝大家的愿望。

太子既然遇害,司马伦、孙秀的图谋进一步加快了步伐。许超、司马雅害怕以后招致祸患,想悔改先前图谋复太子位的事,以疾病为故辞让不参与图谋。孙秀又告右卫饮飞督闾和,闾和听从他的计策,约定在四月三日夜间一筹,以鼓声为号相呼应。到期,矫称受诏书敕三部司马说:"中宫与贾谧等人杀害了我们的太子,今天派遣车兵、骑兵进宫,废除中宫贾后。你们都应该听从命令,然后赐你们关中侯;不听从命令,诛灭三族。"于是,大家都听从了命令。司马伦又假冒诏命,开宫门夜间入宫,排列兵阵于道南,派翊军校尉、齐王司马冏将领三部司马一百人,排列队伍开进宫中。华林令骆休做内应,侍迎司马衷巡幸东堂。于是就废贾后为平民,囚禁她在建始殿。逮捕了吴太妃、赵粲和韩寿的妻子贾午等人,将他们投入刑室进行拷问。假冒诏命,诏告尚书有关废贾后的事,接连逮捕贾谧等人,召集中书监、侍中、黄门侍郎、八坐,都连夜进入宫殿,逮捕张华、裴頠、解结、杜斌等人,并在殿前杀了他们。尚书开始猜疑诏书有诈,郎师景拿出在朝中露版奏请出示惠帝手诏。司马伦等认为师景行为有碍大家的行动,斩杀了他。第二天,司马伦坐端门。屯兵向北,派尚书和郁持节送贾庶人去金墉。杀赵粲的叔父中护军赵浚和散骑侍郎韩豫等人,宫廷内外的官吏有许多遭到了罢免。司马伦不久又假冒诏命,自己做持节使、大都督、督中外军事、相国、侍中,封王同以前,都比同宣帝司马懿、文辅佐曹魏的故事,设置左右长史、司马、从事中部四人,参军十人,掾属二十人,兵士一万人。任命他的世子散骑常侍司马荂领冗从仆射,儿子司马馥为前将军,册封为济阳王;儿子司马虔为黄门郎,册封为汝阴王;儿子司马诩为散骑侍郎,册封为霸城侯。孙秀等人受封赐得到的食邑都是大郡,并且都据有兵权。文武官员受封为侯的多达数千人,百官大体都听命于司马伦。

司马伦素来平庸鄙下，没有智慧和谋略，于是又被孙所控制秀。孙秀的威权振动了朝廷，天下都事奉孙秀而不求于司马伦。孙秀从琅玡小史发迹，连续做官在赵国，以善于谄媚主人而获得发展。他既然已经掌握了朝政的关键，于是就放肆地施展他的奸谋，杀了许多忠臣良吏，用以达到他的个人目的。司隶从事游颢与殷浑有矛盾，殷浑引诱游颢的家奴晋兴，诬告游颢怀有二心，孙秀不仔细审察，就逮捕了游颢和襄阳中正李迈，并杀了他们。厚待晋兴，任命他做了自己的部曲督。前卫尉石崇、黄门郎潘岳都与孙秀有矛盾，一并被诛杀。由此开始，京师贤德有才能的人不再乐意于生存。

淮南王司马允、齐王司马冏因为司马伦、孙秀骄纵僭越常规，对他们心怀不满。孙秀等人也深恶痛绝。于是让司马冏出京师外镇许昌，剥夺了司马允的护军。司马允愤怒，起兵讨伐司马伦。司马允因失败而被灭，司马伦加封九锡。增加封邑五万户。司马伦假意谦让不受，惠帝司马衷只好下诏遣百官到司马伦府敦劝他受赐，由侍中宣读诏命后，他才接受了封赐。加封司马荂为抚军将军、领军将军，司马馥为镇军将军、领护军将军，司马虔为中军将军、领右卫将军，司马翊为侍中。又任命孙秀为侍中、辅国将军、相国司马，右率旧职不变。张林等人都一并跃居在显要位置上。增加相府兵，数量达到两万人，与惠帝宿卫相等，又隐匿名士，兵员总数超过三万人。起造东宫三门和四角的华橹，断绝东宫东、西道以为外徼之逆。有人对孙秀说："散骑常待杨槕、黄门侍郎刘逵企图事奉梁王司马肜以讨伐司马伦。"碰巧有星变现象发生，于是改任司马肜为丞相，居处司徒府，转任杨槕、刘逵为外官。

司马伦没有学问，不懂得书本知识。孙秀也是擅长狡黠，薄学小才，贪婪淫逸，昧义而重利。他们所以能共事而立，因为都是邪佞之徒，只懂得竞逐名利，没有深谋远虑。司马荂浅薄无才，鄙陋缺德；司马馥、司马虔阴狠歹毒，强悍暴庚；可马翊愚妄轻浮。他们还各自乖戾，互相憎毁。孙秀的儿子孙会，年龄二十岁，任射声校尉，娶皇帝女儿河东公主。公主的母亲死了，不到一周年，就进行了纳聘之礼。孙会个子矮小，形貌丑陋，是属于奴仆中的下等人才那样的人。开始与富家子弟在城西贩卖马匹，百姓忽然听到他娶了公主，没有一个不感到惊愕。

司马伦、孙秀都受惑于巫术鬼怪，听信妖邪的学说。孙秀派牙门赵奉冒充是先帝的神语，命司马伦及早进入西宫。又说宣帝在北芒作赵王的辅佐助手，于是，又另立宣帝庙于芒山。说图谋叛逆可以成功。任命太子从詹事裴劭、左军将军卞粹等二十人为从事中郎，又任掾属二十人。孙秀部署军，安排心腹，派散骑常侍、义阳王司马威兼侍中，出面纳受诏命。矫作皇帝禅让的诏书，派使持节、尚书令满奋为主，仆射崔随为副手，奉皇帝玺绶，禅让皇位给司马伦。司马伦假意辞让不受皇帝位。因此，宗室诸侯王、所有朝廷公卿士大夫都假借称道有符瑞天文，用以劝进司马伦，司马伦许诺受玺绶，登皇帝位。左卫王舆与前军司马雅等人率领甲士入殿中，视同三部司马的军队，以示威仪，朝廷满班文武都没有谁敢于违抗。这天夜里，派张林等人屯守宫殿的几个门。义阳王司马威和骆休等人逼迫惠帝交出玺绶。夜漏还没有到尽头，宫廷内外的百官牙僚按礼乘舆车泽驾迎候司马伦。惠帝乘云母车，随带卤薄几百人，从华林西门出宫，去就居金墉城。尚书和郁，兼侍中、散骑常侍、琅玡王司马睿，中书侍郎陆机送从惠帝出宫，到城下即返回。派张衡保护惠帝，实际是幽禁了惠帝。

司马伦带兵五千人，从端门入宫，登太极殿，满奋、崔随、乐文进玺授给司马伦，于是僭登皇帝位，大赦天下，改年号为建始。这年，贤良方正、直言、秀才、孝廉、良将都免除了考试，凡是官吏和受派遣到京师为使者，太学生年满十六岁以上和尚在学校年满二十岁的人，都封官授吏。郡县二千石令长大赦天下，这天在职的，都赐封为侯。郡国纲纪一并为孝廉，县纲纪为廉吏。将世子司马荂立为太子，司马馥任侍中、大司农、领护军、京兆王，司马虔任侍中、大将军领军、广平王，司马翊任侍中、抚军将军、霸城王，孙秀任侍中、中书监、骠骑将军、仪同三司，张林等党徒都登任卿、将位置，并列受大封赐。其他参与司马伦阴谋的人任官都超阶越次，不可胜记。及至奴婢、走卒、供召唤役使的人也都加封了爵位。每次朝会，貂蝉之吏满座于朝廷。这时有人为此谚语说："貂不足，狗尾续。"司马伦以苟且的恩惠取悦人情，府库中的储备不够封赐，金银冶炼铸造供应不够刻印的需要，因此而有白版未受金银印绶的侯。贤达有操守的人都耻于佩带这种印绶。百姓也清楚他们不能得到善终。

司马伦亲自到太庙祭礼，返回时，遇上刮大风，吹折飘散了麾盖。孙秀既然为司马伦图谋成功非比寻常的事，僭夺了皇帝位，司马伦非常敬重他。孙秀住在文帝司马昭任相国的所居住的内府，事无巨细，司马伦一定先咨询于孙秀而后再行动。司马伦的诏命，孙秀动辄给予删改，如果有些增删，就自己用青纸书写作为诏书。至有朝行夕改多达四次的，百官为之奔忙如流星穿梭。这时，有野鸡进入殿中，从太极殿东阶上殿，追赶它，又飞到西钟下，有一会儿，飞离去。又一次司马伦在殿上得到一只奇怪的鸟，询问左右，都不知道是什么鸟。过一天到了傍晚，宫西有个穿素衣的小孩说是一只服刘鸟。司马伦派人将小孩与鸟一同关进了牢房。第二天一早开门看时，门窗和先前一样完好，但是人和鸟丢了，不知道到哪里去了。司马伦眼睛上生瘤子，时人认为那是妖邪侵害造成的。

这时，齐王司马冏、河间王司马颙、成都王司马颖都一样地拥有强兵，各据一方。孙秀清楚司马冏一定会图谋不轨，于是选派他的亲信和司马伦以前的旧官作三王的参佐和郡守。

孙秀本来与张林有矛盾。虽然表面上互相推崇，内心却互相忌恨。等到张林任卫将军，深深地恨任卫将军而不得开府。暗中送给司马荂，一一陈述孙秀专权，行动违背大家的心愿，而身居高位名义上的功臣都是卑陋小人，他们扰乱了朝廷，可在同一时刻诛杀他们。司马荂将张林所致书交给了司马伦，司马伦将书给孙秀看。孙秀劝司马伦杀张林，司马伦听从了孙秀的话。于是，司马伦请宗室家族集合至华林园，召集张林、孙秀和王舆入华林园，借机逮捕张林，杀了他，诛灭三族。

等三王起兵讨伐司马伦的战书一到，司马伦、孙秀开始大为恐惧。派他们的中坚孙辅任上军将军、积弩李严任折冲将军，率领七千人，从延寿关出兵；征虏张泓、左军蔡璜、前军闾和等人率领九千人从堮坂关出兵；镇军司马雅、扬感莫原等人率八千人从成皋关出兵；使派东平王司马为使持节、卫将军，都督诸军以抗拒三王的军队。派杨珍昼夜到宣帝司马懿在芒山的别庙祈求，请予保护。称说皇帝感谢司马伦的祈求，第一天当破三王军。拜任道士胡沃为太平将军，用以招求福祥和佑护。孙秀平日滥行祭祀，祈请神灵，创作厌胜的文章，用巫祝选择开战的日期。又命令亲信到嵩山穿着羽衣，假称是仙人王乔，创作神仙书，陈述司马伦当政会长久，用以蛊惑大众。孙秀想派司马馥、司马虔领兵协助诸军作战，司马馥、司马虓不愿意服从。司马虓平常与刘舆亲近，孙秀就派刘舆劝说司马虓。司马虓服从调遣，率领八千兵作三军的后援。司马泓、司马雅虽然接连取得战争胜利，但是三王的义军随散即合，司马雅等人不能前进。许超等人的军队与城都王司马颍的军队会战在黄桥，杀死伤达万余人。张泓直到阳翟，又在城南打击了齐王司马冏的辎重车辆，杀几千人，于是以城为守，保卫邸阁。而司马冏的军队已经在颍阴，离阳翟有四十里远。司马冏分军渡过颍水，攻打张泓等人，没有取得胜利。张泓乘胜前进，到达颍上，夜间沿颍水列阵。司马冏快速派遣轻装部队攻击张泓的阵营，诸军没有行动，而孙辅、徐建的军队在夜间自相扰乱，孙辅、徐建只得径自归顺洛阳向司马伦自首去了。孙辅、徐建逃到了洛阳，不清楚诸军督还存在，就说："齐王的兵势强盛，锐不可当，张泓等人已经死了。"司马伦大为震动，将这一消息秘而不宣，因而召令司马虓和许超返回。恰好张泓打败司马冏的露布送到，司马伦大喜过望，才又遣使许超继续战斗，但是司马虓已经返回到了庾仓。许超返回过黄河，将士都怀疑将受到敌兵阻碍，于是锐气自然受到挫伤。张泓等人尽率诸军过颍水，进攻司马冏军营，司马冏出兵攻打张泓的别帅孙髦、司马谭、孙辅，都被攻破，离散的士兵回到了洛阳，张泓等人集中残余部队回到军营。孙秀等人清楚孙辅、张泓、司马雅三个方面的军事日益紧迫，于是假传已经破司马冏军营、擒获了司马冏，用以扰乱视听，蛊惑人心，命令百官都为之庆贺。而士猗、伏胤、孙会都各自杖节，不相服从。司马伦又授给太子詹事刘琨节钺，督河北将军，率步兵、骑兵一千人督诸军作战。孙会等人与三王义军战于激水，大败而回，退兵保黄河以上，刘琨烧断河桥以断三王义军的追杀。

义兵兴起讨伐，百官军将都想要诛杀司马伦、孙秀以谢罪于天下。孙秀清楚众怒难犯，不敢出宫省视政事。等到听说黄河以北的军队全部失败，忧虑烦懑不知所措。义阳王司马威劝孙秀到尚书省与八坐商议率军征战的准备，孙秀听从了司马威的话。命令京师四品以下的子弟、年龄在十五岁以上的人，都报到到司隶，跟随司马伦出战。京师内外诸军都想劫掠杀死孙秀。司马威害怕，从崇礼闼逃回了下舍。许超、士猗、孙会等人率领的军队都已经一齐返回，就与孙秀谋划。有的想集中剩下的士兵出战，有的想焚烧宫室，杀死不服从自己的人，挟持司马伦到南方去投靠孙旗、孟观等人，有的想乘船向东到海滨去，计策没有决断。王舆反戈一过，率领营兵七百多人从南掖门入宫，敕令宫中兵各自分开守卫诸宫门，三部司马做内应，王舆亲自领兵去杀孙秀。孙秀关闭了中书南门，王舆纵使兵卒登上宫墙，烧毁房屋，孙秀、许超和士猗仓皇逃出，左卫将军赵泉斩杀了孙秀等人使之徇罪受到惩罚。逮捕孙奇关押在右卫营，交附廷尉惩治他。逮捕前将军谢惔、黄门令骆休、司马督王潜，都在殿中受戮诛杀。三部司马兵在宣化闼中斩杀孙弼以正法。这时，司马馥在孙秀处陪坐，王舆派将士将他囚禁在散骑省，以大戟守备省门。八坐都入殿，坐东除树下。王舆领兵屯驻云龙门，命令司马伦下诏说："我被孙秀等人错误引导，因此触怒了三王。今天已经杀了孙秀，即将迎接太上皇恢复皇帝位，我回归原籍，终老于田间耕种。"传诏书，用驺虞幡敕令将士罢兵。朝廷的文武官员都奔走逃亡，没有谁敢再留宫中。黄门将司马伦从华林园东门遂出，司马荂也从华林园东门逐出，都遣回汶阳里宅第。于是，就此用甲士数千人迎接天子于金墉，百姓都呼万岁。惠帝从端门入宫，升殿上朝，行御广室，遣送司马伦及世子司马荂等人去金墉城。

起先，孙秀害怕西面军的到来，又召令司马虔还洛阳，这天止宿于九曲。惠帝诏命派使者免除了司马虔的官，司马虔害怕，丢下军将数十人返回到了汶阳里。

梁王司马肜表奏司马伦父子凶恶，大逆不道，应当伏诛处以极刑。百官集会，商议这事于朝廷，都赞同司马肜的表奏。惠帝司马衷遣尚书袁敞持节赐司马伦死，让他饮金屑苦酒。司马伦惭愧，用巾遮面，说："孙秀害我！孙秀害我！"即此，逮捕司马荂、司马馥、司马虔、司马诩，交付廷尉关押拷问。司马馥临死对司马虔说："受你牵连破坏了一家！"百官中凡是被司马伦任命的，都被斥责免官。台、省、府、卫继续留任的微乎其微。从兴兵起历时六十多天，在战斗中受杀害的达十万人。

凡是与司马伦图谋不轨，危害朝廷有关而死的人：张林被孙秀杀害；许超、士猗、孙弼、谢惔、殷浑与孙秀被王舆所杀；张衡、闾和、孙髦、高越从阳翟返洛阳，伏胤战败返回济阳后，都被斩于东市；蔡璜在阳翟投降齐王司马冏，返回洛阳后自杀；王舆因有平乱并复皇帝位的功劳，免受死罪，后来与东莱司马蕤谋杀司马冏，伏法被杀。

司马冏传

【题解】

司马冏，晋代八王之人，早年与司马伦废贾后，后又反正司马伦有功，为朝廷辅佐。他居功自傲，纵欲呈为司马颙等上奏称他有谋反之事，应予废弃。最后长沙王司马乂攻打并将其擒获斩首。但毕竟他有反正之功，后又被追封、受赐，这些均只有王子王孙受用了。

【原文】

齐武闵王冏，字景治，献王攸之子也。少称仁惠，好振施，有父风。初，攸有疾，武帝不信，遣太医诊侯，皆言无病。及攸薨，帝往临丧，冏号踊诉父病为医所诬，诏即诛医。由是见称，遂得为嗣。

元康中，拜散骑常侍，领左军将军、翊军校尉。赵王伦密与相结，废贾后，以功转游击将军。冏以位不满意，有恨色。孙秀微觉之，且惮其在内，出为平东将军、假节，镇许昌。伦篡，迁镇东大将军、开府仪同三司，欲以宠安之。

冏因众心怨望，潜与离狐王盛、颍川王处穆谋起兵诛伦。伦遣腹心张乌觇之，乌反，曰："齐无异志。"冏既有成谋未发，恐事泄，乃舆军司管袭处穆，送首于伦，以安其意。谋定，乃收袭杀之。遂与豫州刺史何勖、龙骧将军董艾等起军，遣使告成都、河间、常山、新野四王，移檄天下征镇、州郡县国，咸使闻知。扬州刺史郗隆檄，犹豫未决，参军王邃斩之。送首于冏。冏屯军阳翟，伦遣其将闾和、张泓、孙辅出堮坂，与冏交战。冏军失利，坚垒自守。会成都军破伦众于黄桥，冏乃出军攻和等，大破之。及王舆废伦，惠帝反正，冏诛讨贼党既毕，率众入洛，顿军通章署，甲士数十万，旌旗器械之盛，震于京都。天子就拜大司马，加九锡之命，备物典策，如宣、景、文、武辅魏故事。

冏于是辅政,居攸故宫,置掾属四十人。人筑第馆,北取五穀市,南开诸署,毁坏舍以百数,使大匠营制,与西宫等。凿千秋门墙以通西阁,后房施钟悬,前庭舞八佾,沈于酒色,不入朝见。坐拜百官,符敕三台,选举不均,惟宠亲昵。以车骑将军何勖领中将军。封葛旟为牟平公,路秀小黄公,卫毅阴平公,刘真安乡公,韩泰封丘公,号曰:"五公",委以心膂。殿中御史桓豹奏事,不先经冏府,即考竟之。于是朝廷侧目,海内失望矣。南阳处士郑方露版谏,主簿王豹屡有箴规,并不能用,遂奏豹杀之。有白头公入大司马府大呼,言有兵起,不出甲子旬。即收杀之。

冏骄咨日甚,终无悛志。前贼曹属孙惠复上谏曰:

"惠闻天下五难,四不可,而明公皆以居之矣。捐宗庙之主,忽千乘之重,躬贯甲冑,冒犯锋刃,此一难也。奋三百之卒,决全胜之策,集四方之众,致英豪之士,此二难也。舍殿堂之尊,居单幕之陋,安器尘之惨,同将士之劳,此三难也。驱乌合之众,当凶强之敌,任神武之略,无疑阻之惧,此四难也。橔六合之内,著盟信之誓,升幽宫之帝,复皇祚之业,此五难也。大名不可久荷,大功不可久任,大权不可久执,大威不可久居。未有行其五难而不以为难,遗其不可而谓之为可。惠窃所不安也。

"自永熙以来,十有一载,人不见德,惟戮是闻。公族构篡夺之祸,骨肉遭枭夷之刑,群王被囚槛之困,妃主有离绝之哀。历观前代,国家之祸,至亲之乱,未有今日之甚者也。良史书过,后嗣何观!天下所以不去于晋,符命长存于世者,主无严虐之暴,朝无酷烈之政,武帝余恩,献王遗爱,圣慈惠和,尚经人心。四海所系,实在于兹。

"今明公建不世之义,而未为不世之让,天下惑之,思求所悟。长沙、成都、鲁、卫之密,国之亲亲,与明公计功受赏,尚不自先。今公宜放桓、文之勋,迈臧、札之风,刍狗万物,不仁其化,崇亲推近,功遂身退,委万机于二王,命方岳于群后,耀义让之旗,鸣思归之銮,宅大齐之墟,振泱泱之风,垂拱青、徐之域,高枕营丘之藩。金石不足以铭高,八音不足以赞美,姬文不得专圣于前,太伯不得独贤于后。今明公忘亢极之悔,忽穷高之凶,弃五岳之安,居累卵之危,外以权势受疑,内以百揆损神。虽处高台之上,逍遥重仞之墉,及其危亡之忧,过于颍、翟之虑。群下辣战,莫之敢言。

"惠以衰亡之余,遭阳九之运,甘矢石之祸,赴大王之义,脱褐冠骨,从戎于许。契阔战阵,功无可记,当随风尘,待罪初服。屈原放斥,心存南郢;乐毅适赵,志恋北燕。况惠受恩,偏蒙识养,虽复暂违,情隆二臣,是以披露血诚,冒昧干进。言入身戮,义让功举,退就铁锧,此惠之死贤于生也。"冏不纳,亦不加罪。

翊军校尉李含奔于长安,诈云受密诏,使河间王颙诛冏,因导以利谋。颙从之,上表曰:

"王室多故,祸难罔已。大司马冏虽唱义有兴复皇位之功,而定都邑,克宁社稷,实成都王之勋力也。而冏不能固臣节,实协异望。在许昌营有东西掖门,官置治书侍御史,长史、司马直立左右,如侍臣之仪。京城大清,篡逆诛夷,而率百万之众来绕洛城。阻兵经年,不一朝觐,百官拜伏,晏然南面。坏乐官市署,用自增广。辄取武库秘杖,严列不解。故东莱王蕤知其逆节,表陈事状,而见诬陷,加罪黜徙。以树私党,僭立官属。幸妻嬖妾,各号比之中宫。沉湎酒色,不恤群聚。董艾放纵,无所畏忌,中丞按奏,而取退免。张伟惚恫,拥停诏可;葛旟小竖,维持国命,操弄王爵,货赂公行。群奸聚党,擅断杀生。密署腹心，实为货谋。斥罪忠良，伺窥神器。

"臣受重任，蕃卫方岳，见囧所行，实怀激愤。即日翊军校尉李含乘驿密至，宣腾诏旨。臣伏读感切，五情若灼。《春秋》之义，君亲无将。囧拥强兵，树置私党，权官要职，莫非腹心。虽复重责之诛，恐不义服。今辄勒兵，精卒十万，与州征并协忠义，共会洛阳。骠骑将军长沙王乂，同奋忠诚，废囧还第。有不顺命，军法从事。成都王颖明德茂亲，功高勋重，往岁去就，允合众望，宜为宰辅，代囧阿衡之任。"

颙表既至，囧大惧，会百僚曰："昔孙秀作逆，篡逼帝王，社稷倾覆，莫能御难。孤纠合义众，扫除元恶，臣子之节，信著神明。二王今日听信谗言，造构大难，当赖忠谋以和不协耳。"司徒王戎、司空东海王越说囧委权崇让。囧从事中郎葛旟怒曰："赵庶人听任孙秀，移天易日，当时喋喋，莫敢先唱。公蒙犯矢石，躬贯甲胄，攻围陷阵，得济今日。计功行封，事殷未遍。三台纳言不恤王事，赏报稽缓，责不在府。谗言僭逆，当共诛讨，虚承伪书，令公就第。汉魏以来，王侯就第宁有得保妻子者乎！议者可斩。"于是百官震悚，无不失色。

长沙王乂径入宫，发兵攻囧府。囧遣董艾陈兵宫西。乂又遣宋洪等放火烧观阁及千秋、神武门。令黄门令王湖悉盗驺虞幡，唱云："长沙王矫诏。"囧又称："大司马谋反，助者诛五族。"是夕，城内大战，飞矢雨集，火光属天。帝幸上东门，矢集御前，群臣救火，死者相枕。明日，囧败，乂擒囧至殿前，帝恻然，欲活之。叱左右促牵出，囧犹再顾，遂斩于阊阖门外，徇首六军。诸党属皆夷三族。幽其子淮陵王超、乐安王冰、济阳王英于金墉。暴囧尸于西明亭，三日而莫敢收敛。囧故掾属荀颐等表乞殡葬，许之。

初，囧之盛也，有一妇人诣大司马府求寄产。吏诘之，妇人曰："我截齐便去耳。"识者闻而恶之。时又谣曰："著布袙腹，为齐持服。"俄而囧诛。

永兴初，诏以囧轻陷重刑，前勋不宜埋没，乃敕其三子超、冰、英还第，封超为县王，以继囧祀，历员外散骑常侍。光熙初，追册曰："咨故大司马、齐王囧：王昔以宗藩穆胤绍世，绪于东国，作翰许京，允镇静我王室。诞率义徒，同盟触泽，克成元勋，大济颍东。朕用应嘉茂绩，谓笃尔劳，俾式先典，以畴兹显懿。廓土殊分，跨兼吴、楚，崇礼备物，宠侔萧、霍，庶冯翼戴之重，永隆邦家之望。而恭德不建，取侮二方，有司过举，致王于戮。古人有言曰：'用其法，犹思其人。'况王功济朕身，勋存社稷，追惟既往，有悼于厥心哉！今复王本封，命嗣子还绍厥绪，礼秩曲度，一如旧制。使使持节、大鸿胪即墓赐策，祠以太牢。魂而有灵，祗服朕命，肆宁尔心，嘉兹宠荣。"子超嗣爵。

永嘉中，怀帝下诏，重述囧唱义元勋，还赠大司马，加侍中、假节，追谥。及洛阳倾覆，超兄弟皆没于刘聪，囧遂无后。

太元中，诏以故南顿王宗子柔之袭封齐王，绍攸、囧之祀，历散骑常侍。元兴初，会稽王道子将讨桓玄，诏柔之兼侍中，以驺虞幡宣造江、荆二州，至姑孰，为玄前锋所害。赠光禄勋。子建之立。宋受禅，国除。

郑方者，字子回。慷慨有志节，博涉史传，卓荦不常，乡闾有识者叹其奇，而未能荐达。及囧辅政专恣，方发愤步诣洛阳，自称荆楚逸民，献书于囧曰："方闻圣明辅世，夙夜祗惧，泰而不骄，所以长守贵也。今大王安不虑危，耽于酒色，燕乐过度，其失一也。大王檄命，当使天下穆如清风，宗室骨肉永无纤介，今则不然，其失二也。四夷交侵，边境不静,大王自以功业兴隆,不以为念,其失三也。大王兴义,群庶竞赴,天下虽宁,人劳穷苦,不闻大王振救之令,其失四也。又与义兵歃血而盟,事定之后,赏不逾时,自清泰已来,论功未分,此败食言,其失五也。大王建非常之功,居宰相之任,谤声盈途,人怀愤怨,方以狂愚,冒死陈诚。"冏含忍答之云;"孤不能致五阙,若无子,则不闻其过矣。"未几而败焉。

【译文】

齐武闵王司马冏,字景治,献王司马攸的儿子。少年时以仁惠称誉,喜好赈济布施,有父亲司马攸的风范。先前,司马攸患有疾病,武帝不以为真有病,派遣太医去为他诊断,都说没有病。等到司马攸死了,武帝司马炎亲临吊丧,司马冏哭号诉说父亲的病是被医生所耽误,诏命立即杀了医生。于是,司马冏有名声,并且继嗣封了王位。

元康年间,擢拜为散骑常侍,领左军将军、翊军校尉。赵王司马伦秘密与他相约结盟,废贾后,因有功劳转拜为游击将军。司马冏不满意于他的职位,面有愤愤不平的脸色。孙秀稍有察觉,并且害怕他在京师为患祸乱,让他出京师任平东将军、假节,镇守许昌。司马伦篡夺皇帝位,迁任为镇东大将军、开府仪同三司,想用这种宠爱安抚他。

司马冏因为大家都怨恨司马伦,暗中与离狐王盛、颍川王处穆计划起兵诛讨司马伦。司马伦派他的心腹张乌监察他,张乌返回,说:"齐王司马冏对你没有二心。"司马冏已经有成竹在胸,图谋没有付诸行动,唯恐事情暴露,就与军司管袭杀了王处穆,将他的首级送给司马伦,用以安定司马伦的心。阴谋得逞后,又逮捕并杀害管袭。于是就与豫州刺史何勖、龙骧将军董艾等人起军,派使者告诉成都王、河间王,常山王新野国四王,传布檄文于天下,及镇、州、郡、县,都让他们知道。扬州刺史郗隆得到檄文,犹豫未决,被参军王邃斩杀,将首级送给司马冏。司马冏屯军阳翟,司马伦派他的部将闾和、张泓,孙辅领军出兵堮坂,与司马冏交战。司马冏军失利,坚守营垒,不出战。逢成都王司马颖军打败司马伦的军队于黄桥,司马冏才出兵攻闾和等军,大获全胜。等到王舆废司马伦,惠帝司马衷反正为皇帝,司马冏诛讨贼党乱徒的任务完成,于是率军入洛阳,屯军通章署。他的军队,甲士多达数十万人,旌旗武器很多,震动了京师。天子就此擢拜他为大司马,加九锡之命,为他备物典策,都同宣帝、景帝、文帝、武帝辅佐曹魏一样。

司马冏从此开始辅佐朝廷,居住在献王司马攸原来住的宫里,置掾司属四十人。扩大修筑住宅堂馆,在北面取消粮食市场,在南面开拓拆毁官署,毁坏庐舍数以百计,用扩大修筑住宅堂馆。聘用有名工匠为之营造,规模与西宫相等。开凿千秋门墙,便于里通西阁,后房施钟声乐悠扬,前庭舞乐以八佾,沉于酒色,不上朝拜见。坐着迎拜百官。符敕三台,选择举措不合于礼法,唯以宠爱亲昵相任用。任车骑将军何勖领中领事。封葛旟为牟平公,路秀为小黄公,卫毅为阴平公,刘真为安乡公,韩泰为封丘公,号称为"五公",把他们当作心腹任用。殿中御史桓豹向惠帝奏事,不先经过司马冏府视问,于是就考查追究他。从此,朝廷大臣都对他侧目相待,海内失望于他的骄纵。南阳处士邓方上奏极力谏阻,主簿王豹屡次至箴规劝,司马冏一律不予采纳,并且奏疏惠帝,杀了王豹。有一个白头老人到大司马府大呼,说用兵之事出现,时间不会超过甲子旬。于是就逮捕杀了他。

司马冏骄纵姿势日益严重,终于没有悔改的意思。原贼官吏的孙惠又上疏进谏说:

"孙惠听说天下有五种危难,四种不可以行的禁忌,而现在明公都占有了。捐弃宗庙朝廷的君主,忽视自己担负的千乘重职,醉心于甲胄车马,犯冒锋刃,这是第一难;使用三百人那么多的士卒,决定全胜的策略,集结四方的群众,招来英雄豪杰之士,这是第二难;舍弃殿堂的尊严,住在简陋的单幕之中,安心于喧闹的场景,等同于将士的辛劳,这是第三难。驱使乌合不整的军队,抵挡凶猛强大的敌人,而任神武的战略,没有被阻的恐惧,这是第四难;传檄告谕天下,成就像六国合纵那样的联合在国内,结盟约誓以为真信,匡扶居处幽宫中的皇帝登位,恢复朝廷大业,这是第五难。有了盛大的名誉不可以长久担待,有了伟大的功劳不可以长久居处,有了巨大的权力不可以长久掌握,有了灼乎可热的威势不可以长留下去。没有实践五难而不会有所难,避开了不可做的事情才称得上做了可以做的事情。这就是孙惠私自所以不安的原因。从永熙以来,经历了十一年,没有人听到有什么德仁,只有杀戮的消息不绝于耳。你的族人构造篡夺皇位的大罪而受祸,骨肉亲人遭到了斩首灭族的酷刑,诸王成为囚犯被监禁受困,妃子和公主有了离散与断绝消息的悲哀。一一地观察前代的历史,国家出现的灾祸,至亲近戚兴起叛乱,没有像今天这样厉害的。好的历史家要是在史书上写的尽是过失,以后继承朝政的人又借鉴什么呢?天下之所以不背叛离开西晋朝廷,使符命得以长久地留存在世上的原因,是在于惠帝没有严厉暴虐的行为,朝廷没有残酷激烈的政治。武帝传下了剩余恩泽,献王留下了仁爱,以圣明、慈爱的惠德使得国家人民和顺,尚且还留在人民的心中。四海维系不分裂的原因,实质就在这里。现在贤公所有的道义不能为世人所接受,你的行为已经不能得到世人的原谅。天下困惑你这样,思想你应该有所醒悟。长沙王、成都王,在鲁、卫之间的密谋中,同是国家的至亲与贤公计功受赏时,尚且不能去争先后。现在,你应当放弃桓、文那样的功勋,树藏、札那样的风节。万事万物,都受着仁义的感化。崇近亲戚推进,功劳有了,身自退却,委托万机给长沙王、成都王,决断方岳在大家的后面。树立义让的旗帜,鸣响思归的金鸣之声,立住宅在齐国的土地上。振动高风亮节,垂拱青、徐广大的国土,高枕营丘等地属。这样,金石不足以铭记你的高尚,八音不足以赞美您的德仁。姬文无法专美圣人于前,因为现在有你继之而起;太伯不能在后世单独称贤,因为有你与他并驾齐驱。现在你忘记了最惨的教训,又穷凶极恶,不顾五岳的安定,处于累卵的危险。在朝廷外面以权要势大受到猜疑,在朝廷内部因为操劳百事而损害了自己的精神。虽然现在处在高台之上掌握大权,逍遥于重仞塘而有豪华的宫殿。等到有了危险灭亡的忧祸,就会超过颍、翟那样的程度。下臣们都害怕得战战兢兢,没有谁敢于说话。孙惠曾经在衰亡之际,遭受阳九的运气,甘冒矢石的祸患,奔赴齐王的义举,脱掉褐衣,穿好甲胄,应征从戎于许昌。冲突战阵,功劳没有,不可纪念,只当随风尘飘失,待罪初服。屈原遭受放逐,心里怀念南面的郢都;乐毅到了赵国,矢志恋着北燕。何况孙惠受恩于齐王,多蒙认识羕养,虽然暂时违拗了你,但是情比二臣更隆,因此暴露了我的赤胆忠诚,冒失地有所违碍轻佻。我的话倘若被你采纳后再身受杀戮,以仁义而得成功,退下来再就极刑,因此而死,这死比生还有价值。"

司马冏不采纳孙惠的建议,也没有加罪给孙惠。翊军校尉李含出奔到长安,诈称受密诏,派河间王司马颙诛讨司马冏,用利害关系诱导司马颙。司马颙服从。上表说:"王室多事,祸乱没有穷尽。大司马司马冏虽然倡行义举,建立了复兴皇位的功劳,但是安定都邑，匡扶国家朝政，实际依赖的是成都王的巨大力量。而且司马冏不能够守臣子礼节，实际走到了众望的反面，在许昌营造了东西掖门，置官有治书侍御史、长史、司马直立左右，僭行侍臣的礼仪。京城大清洗，篡逆者受到诛夷，而又率百万之众来转绕洛阳。阻兵历时一年，对上不事朝请礼仪，在下迎百官拜伏，道貌岸然，俨然是南面称孤的皇帝。破坏原有的乐官、市场、官署，用以扩大营造自己的宫殿。动辄取武库的秘杖，严列不解。原东莱王司马蕤清楚他叛逆的节操，上表陈述他的事状，反被诬陷，加罪免官迁徙。司马冏树立私党，超越常规确立官属。幸妻嬖妾，他们的名号比同中宫。沉湎酒色，不体恤黎民百姓。董艾放纵，无所畏忌，中丞按奏他，而遭到退职免官。张伟担心害怕，拥有停止诏书或执行的便利；从事中郎葛旟诚为竖子，却赖以维持国命。依仗王爵，操弄权柄，贿赂公行，培育奸邪，树立党羽，擅自断狱，枉法杀生。秘密指使他的心腹，暗中图谋不轨，排挤加害忠良人士，伺机阴谋篡夺皇位。臣受重任于河间，藩属朝廷，保卫江山，看到司马冏的行为，实在愤激。这天翊军校尉李会乘快马秘密来到我这里，宣读了诏旨。臣伏读诏书，感受切实，五情若灼如焚。按照《春秋》的规定，皇帝的宗族中没有将。司马冏拥有强大的军队，树立了私党，加权授官在要职上的人，没有一个不是他的心腹。即使又重重地加罪并诛杀他们，唯恐不能以义相服。今天就勒兵精率十万人，与各州征集兵马共同事奉忠义，会师洛阳。骠骑将军长沙王司马乂。一同起兵，效献忠诚，废除司马冏职守，还归居闲。凡是不听从命令的。军法从事处以极刑。成都王司马颖明于德仁，完全符合大家心愿，适宜任职宰相，辅佐朝政，代替司马冏要职，担当重任。"

司马颙的表奏送到朝廷，司马冏大为恐惧。集合百官群僚说："从前孙秀发动叛逆作乱的事，篡夺皇位，逼帝禅位，朝政倾覆，没有谁能够御侮避难。我团结三王义军，扫除元凶，匡扶朝政，所尽臣子之节，真实可信，神明所知。二王现在听信谗言，构造大难于我，我只有依赖忠义之谋才能和顺矛盾了。"司徒王戎、司空东海王司马越劝说司马冏委弃权力，崇尚谦让。司马冏的从事中郎葛旟愤怒地说："赵庶人听任孙秀得势朝廷，移天易日，当时朝廷内外喋喋不休，没有谁敢于领头矫枉过正。你蒙犯受冒矢石的危险，亲自挂甲披胄，冲锋陷阵，才得以有了今天。计功劳，行封赏，事虽属实，但是功高不赏。三台纳言不体恤大王的事情，赏报稽缓不以时候，责任不在王府。谗言僭越常规，有逆正义，应当共同诛讨，虚承假诏，让王公归第居闲。汉、魏以来，王侯就第隐居，还能保护妻子儿女不受侵害吗？议这件事的人可以斩首！"由此，百官震动害怕，没有一个不大为失色。

长沙王司马乂径自进宫，发兵围攻司马冏府。司马乂以派遣董艾陈兵于宫西，又派宋洪等人率军放火烧诸观阁和千秋、神武门。司马冏命令黄门令王湖全部盗窃驺虞幡，呼号说："长沙王矫称帝诏。"司马乂又称："大司马谋反，帮助他的人诛灭五族。"这天夜里，城中大战，飞箭如雨点飞集，火光御前。群臣救火，死的人很多，相互枕藉。第二天，司马冏失败，司马乂生擒司马冏到殿前，惠帝怜悯他，想让他活下去。司马霍怒斥左右，崔左右将司马冏牵出殿，司马冏犹再次回顾惠帝。无可挽救，于是被斩于阊阖门外，以其首级循行六军示众。所有党徒属吏都被夷灭三族。幽禁他的儿子淮陵王司马超、乐安王司马冰、济阳王司马英在金塘。司马冏被暴尸在西明亭三天，没有谁敢为之收敛。司马冏原来的掾属荀颢等人上表惠帝乞请给予殡葬，惠帝准许了他们的请求。

先前，在司马冏威多势盛的时候，有一个孕女来到大司马府，请求寄寓生产。府吏骂女人，女人说："我生产后截脐就离开。"有识见的人听说后都厌恶这件事。时人又作谣谚说："著布褚腹，为齐持服。"不久，司马冏被杀。

永兴初年，惠帝下诏，认为司马冏轻陷重刑，以前的功勋不应该淹没。于是赦免他的三个儿子司马超、司马冰、司马英的罪，返回旧第居住，封司马超为县王，以继承司马冏的王位，历任员外散骑常侍。惠帝光熙初年，追赐册封司马冏说："咨故大司马、齐王司马冏：王以前以宗族藩佐皇族后代，受封就绪于东方国家，作翰行政于许京，镇静王室。后又移檄天下，联络成都、河间、常山、新野四王，同盟结力，反正皇帝得以建立功勋，在颍东取得了大胜。朕因此应该嘉奖你巨大的成绩，就是说奖勉你的功劳用来建立典式，感谢这样的大德。分割城邦给你，兼跨吴、楚两国，崇尚礼仪，为你备物赏赐，所受荣宠比肩于萧何、霍光，希望凭借这些推戴拥敬的恩重，永远隆兴邦国与家室的希望。但是，你恭德欠缺，以至于受侮于成都王、河间王，有司举措过分，进而招致你受戮被诛。古人有言说：'使用人的法器，犹思制造法器的人。'何况齐王所立功劳，使我起于函居，反正皇帝，功勋籍存在国家朝政。追思以往，哀悼之情起自内心。今天恢复齐王原封赐，命令继承王位的儿子承嗣你生前的封赏，礼仪、位、典度，都和以前一样。使持节、大鸿胪到墓地赐策，祭祀使用太牢。魂魄若是灵念，恭敬地服从朕命，安定你心，嘉惠这种宠劳。"儿子司马超继嗣王爵。

永嘉年间，怀帝下诏，重述司马冏倡义反正皇帝的元勋，还赠给大司马，加赐侍中、假节，追加谥号。到洛阳被刘聪复天时，司马超兄弟都被除，司马冏没有个后代。

太元年间，下诏以原南顿王司马宗儿子司马柔之袭封为齐王，奉祀司马攸、司马冏，历任散骑常侍。元兴初年，会稽王司马道子将讨伐桓玄，下诏司马柔之兼侍中，以驺虞幡宣告江、荆二州，到姑孰，被桓玄的前锋杀害。封赠光禄勋。儿子司马建之继立为王。南朝宋受禅时，齐王国除。

有个叫邓方的人，字子回。慷慨有志节，广泛地涉猎史传学问，卓尔不群，乡间间的有识之士赞叹他是个奇人，但是没有能够得到荐达。到司马冏辅佐朝政，专一姿势时，邓方发愤步行到洛阳，自称是荆楚逸民。献出给司马冏说："邓方听说圣明的人辅佐朝廷，日夜小心政事，处泰而不骄纵，所以能够常守富。今天齐王司马冏安于高位还不思虑危难，耽于酒色，燕乐过度，这是你的第一个过失；大王檄命可以动天下，应当使天下静穆如清风，宗室骨肉永远没有矛盾，现在却不是这样，这是你的第二个过失；四夷交相侵扰国土，边境不宁静，大王自以为功业兴隆，不以边事为念，这是你的第三个过失；兴义反正皇帝，广大的人民竞相奔赴，天下虽已安宁，人劳而穷苦，没听说大王有赈济他们的命令，这是你的第四个过失；又与义兵行歃血结盟之事，事定之后，行赏不以时进行，论功不分次第，这叫食言，这是你的第五个过失。大王建立个非常的功劳，居处宰相的要职担当重任，诽谤之声载道盈途，人人都心怀怨恨于你。邓方自认狂愚，冒死罪陈述赤诚。"司马冏含忍回答邓方说："我不能够招致你说的五阙，我若没有你，那么就不至于听到这些过失了。"不久，司马冏以失败告终。

司马乂传

【题解】

司马乂，晋长沙厉，武帝之子，在八王之乱中，他是从属者，与诸王比较，少酷行，多恩义，但毕竟不为司马颙、司马冏所容，终为司马越所害，时年二十八岁。

【原文】

长沙厉王乂，字士度，武帝第六子也。太康十年受封，拜员外散骑常侍。及武帝崩，乂时年十五，孺慕过礼。会楚王玮奔丧，诸王皆近路迎之，乂独至陵所，号恸以俟玮。拜步兵校尉。及玮之诛二公也，乂守东掖门。会骀虞幡出，乂投弓流涕曰："楚王被诏，是以从之，安知其非！"玮既诛，乂以同母，贬为常山王，之国。

乂身长七尺五寸，开朗果断，才力绝人，虚心下士，甚有名誉。三王之举义也，乂率国兵应之，过赵国，房子令距守，乂杀之，进军为成都后系。常山内史程恢将贰于乂，乂到邺，斩恢及其五子。至洛，拜抚军大将军，领左军将军。顷之。迁骠骑将军、开府，复本国。

乂见齐王冏渐专权，尝与成都王颖俱拜陵，因谓颖曰："天下者，先帝之业也，王宜维之。"时闻其言者皆惮之。及河间王颙将诛，传檄以乂为内主。冏遣其将董艾袭乂，乂将左右百余人，手矜车幌，露乘驰赴宫，闭诸门，奉天子与冏相攻，起火烧冏府。连战三日，冏败，斩之。并诛诸党与二千余人。

颙本以乂弱冏强，冀乂为冏所擒，然后以乂为辞，宣告四方共讨之，因废帝立成都王，已为宰相，专制天下。既而乂杀冏，其计不果，乃潜使侍中冯荪、河南尹李含、中书令卞粹等袭乂。乂并诛之。颙遂与颖同伐京都。颖遣刺客图乂，时长沙国左常侍王矩侍直，见客色动，遂杀之。诏以乂为大都督以距幌。连战自八月到十月，朝议以乂、颖兄弟，可以辞说而释，乃使中书令王衍行太尉，光禄勋石陋行司徒，使说颖，令与乂分陕而居，颖不从。乂因致书于颖曰："先帝应乾抚运，统摄四海，勤身苦已，克成帝业，六合清泰，庆流子孙。孙秀作逆，反易天常，卿兴义众，还复帝位。齐王恃功，肆行非法，上无宰相之心，下无忠臣之行，遂其谗恶，离逖骨肉，主上怨伤，寻已荡除。吾之与卿；友于十人，同产皇室，受封外都，各不能阐敷王教，经济远略。今卿复与太尉共起大众，阻兵百万，重围宫城。群臣同忿，聊即命将，示宣国威，未拟摧殄。自投沟涧，荡平山谷，死者日万，酷痛无罪。岂国恩之不慈，则用刑之有常。卿所遣陆机不乐受卿节钺，将其所领，私通国家。想来逆者，当前行一尺，却行一丈。卿宜还镇，以宁四海，令宗族无羞，子孙之福也。如其不然，念骨肉分袭之痛，故复遣书。"

颖复书曰："文景受图，武皇乘运，庶几尧舜，共康政道。恩隆洪业，本枝百世。岂期骨肉豫祸，后族专权，杨、贾纵毒、齐、赵内篡。幸以诛夷，而未静息。每忧王室，心悸肝烂。羊玄之、皇甫商等恃宠作祸，能不兴慨！于是征西羽檄，四海云应。本谓仁兄同其所怀,便当内擒商等,收级远送。如何迷惑,自为戎首! 上矫君诏,下离爱弟,推移辇毂,妄动兵威,还任豺狼,弃戮亲善。行恶求福,如何自勉! 前遣陆机董督节钺,虽黄桥之退,而温南收胜,一彼一此,未足增庆也。今武士百万,良将锐猛,要当与兄整顿海内。若能从太尉之命,斩商等首,投戈退让,自求多福,颖亦自归邺都,与兄同之。奉览来告,缅然慷慨。慎哉大兄,深思进退也!"

乂前后破颖军。斩获六七万人。战久粮乏,城中大饥,虽曰疲弊,将士同心,皆愿效死。而乂奉上之礼未有亏失,张方以为未可克,欲还长安。而东海王越虑事不济,潜与殿中将收乂送金墉城。乂表曰:"陛下笃睦,委臣朝事。臣小心忠孝,神祇所鉴。诸王承谬,率众见责,朝臣无正,各虑私困,收臣别省,送臣幽宫。臣不惜躯命,但念大晋衰微,枝党欲尽,陛下孤危。若臣死国宁,亦家之利。但恐快凶人之志,无益于陛下耳。"

殿中左右恨乂功垂成而败,谋劫出之。更以距颖。越惧难作,欲遂诛乂。黄门郎潘滔劝越密告张方,方遣部将郅辅勒兵三千,就金墉收乂,至营,炙而杀之。乂冤痛之声达于左右,三军莫不为之垂涕。时年二十八。

乂将殡于城东,官属莫敢往,故掾刘佑独送之,步持丧车,悲号断绝,哀感路人。张方以其义士,不之问也。初,乂执权之始,洛下谣曰:"草木萌牙杀长沙。"乂以正月二十五日废,二十七日死,如谣言焉。永嘉中,怀帝以乂子硕嗣,拜散骑常侍,后没于刘聪。

【译文】

长沙厉王司马乂,字士度,武帝第六个儿子。太康十年受封为王,擢拜员外散骑常侍。到武帝去世,司马乂才十五岁,孺弱哀慕超过礼数。逢楚王司马玮奔丧,诸王都到近路迎接,司马乂一人独到墓地,号哭悲恸等待司马玮。擢拜为步兵校尉。到司马玮诛讨太宰司马亮、太保卫瓘二公,司马乂守东掖门。赶上驺虞幡出示司马玮矫诏,司马乂丢下弓箭流涕泪说:"楚王司马玮有诏,因此服从了他,哪里知道不是真诏书!"司马玮既然已经被诛杀,司马乂因为与司马玮同母,被贬为常山王,去了就封国就职。

司马乂身长七尺五寸,为人开朗果断,才力绝人,虚心对待下士,极为有名誉。三王举义兵反正皇帝,匡扶朝政,司马乂率常山国兵相应,过赵国,值房子令距守,司马乂杀了他。继续进军成了成都王军的后援。常山内史程恢有二心于司马乂。司马乂到邺母下时,斩程恢和他的五个儿子。到洛阳,拜为抚军大将军,领左军将军。不久,迁任骠骑将军、开府,恢复原本封国。

司马乂见齐王司马冏渐次专权。曾与成都王司马颖一道拜祭武帝陵,借机对司马颖说:"天下国家,是先帝创立的基业,成都王应该维护它。"这时,凡是听到他说这话的都害怕。到河间王司马颙将欲诛讨司马冏,传檄以司马乂为内应。司马冏任命他的部将董艾袭击司马乂,司马乂率领左右一百多人,手斫车幰,敞露乘车赶赴进宫,关闭所有宫门。奉天子之令与司马冏相互攻击,起火烧司马冏府。连续战斗三天,司马冏失败,杀司马冏,并诛杀司马冏的党羽二千多人。

司马颙原本以为司马冏懦弱、司马乂强大,希望司马乂被司马冏所擒,然后以可马乂为托辞,宣告四方共讨司马冏,进而废惠帝,立成都王司马颖为皇帝,自己任宰相,专制天下。终了时司马乂杀了司马冏,他原来的计划落落。于是,暗中派使侍中冯荪、河南尹李含、中书令卞粹等袭击司马乂。司马囧一并杀了他们。司马颙于是与司马颖一同攻伐京都。司马颖派刺客去刺杀司马乂，这时长沙国左常侍王矩值班，见客人动色，先杀了刺客。诏书令司马乂为大都督，用以抗拒司马颙，连续战斗从八月份到十月份。朝廷商议，因为司马乂、司马颖是兄弟，能够以语言劝说而使兵戎相释。乃派中书令王衍行太尉，光禄勋石陋行司徒，出使劝说司马颖，让他与司马乂分割陕地土地，各自为王，司马颖不服从。司马乂因而致书给司马颖说："先皇帝顺应乾坤，抚巡世运，统一四海，勤劳自身，劳苦自己，才得以成就帝业，六合清泰，庆幸他们的德业得以流布子孙。孙秀作逆，行叛乱，反易天伦常理。你兴义师，还复了惠帝皇位。齐王司马囧依仗功高，肆意非法行为。对惠帝没有宰相忠辅之心，对下属没有忠臣的行为。附从那些谗恶的人，离间皇室骨肉，惠帝怨伤，不久荡平动乱。我与你，相友善十倍于常人，同是出生在皇室，受封在外都，各自不能够阐释实行王教，经营策划国家朝政。现在你又与太尉共同发大兵，阻兵力百万，重重地包围了宫城。群臣同仇敌忾，倘若命将出征，向你们宣示国威，你们将死于非命。现在尚未拟定摧残人命，诉诸战争。如果自相投赴沟涧，荡平山谷，死的人每天上万，残酷地摧害无辜，难道是国家的恩泽没有仁慈，而用刑于常人！你所派出的陆机不愿意受你节钺，将领他的军队，私自投降了朝廷。我想进行叛逆的人，本来想前进一尺，但是，到头却走了一丈。你应当还镇成都国，用以使四海安宁无战事，让宗族兄弟不自相残杀，从而造福于子孙。因为事情出于无奈，我念骨肉分裂的痛苦，所以又送书给你。"

司马颖报书说："文帝、景帝受邦国的图籍，世祖武皇帝乘时运治理国家，难道不是要德比尧、舜，共同开拓治政之道，让仁恩得以隆兴国家的大业，本与枝都经行百代而不衰。哪里想得到骨肉之间相与为祸，家族之间互相侵权，杨骏、贾后纵毒危害朝廷，齐王司马囧、赵王司马伦内行篡逆。有幸让他们受到了杀身、夷族的处罚，但是还没有完全平定叛逆。每次忧虑王室，心惊肉跳。羊玄之、皇甫商等人依仗宠幸作恶，难道不让人产生愤慨！由此，征伐西方邦国的羽檄，四海之内云应风从。本来说仁兄有共同愿望，应当自己擒皇甫商等人，将他们的首级运到阙下。哪知你也糊涂，自己亲为戎首！对上矫君诏行令，对下离散家弟，推进移动辇车，妄发兵威，并且任用行事有如豺狼的人，抛弃和杀戮亲善的人。行恶而要求福祥，怎么会得到满足呢！以前派遣陆机董艾都督节钺，虽然在黄桥退却，但是却在南面获得胜利，彼败此胜，不足以庆幸。现在有武装士卒百万，良将锐猛非常，应该和兄一起整顿海内，平定叛逆。倘若能够服从太尉的命令，斩皇甫商等人的首级，投戈弃甲，退让战场，自然能得到许多福祉，缅然慷慨激昂。珍重吧，兄弟！多多考虑你的进退！"

司马乂前后攻破司马颖军队，斩杀、生擒司马颖的兵六七万人。战争持续了很久，粮草缺乏，城中大为饥饿。虽然军队疲倦，但是将士一心，都愿意为司马乂效死，而且司马乂事奉朝廷的礼节没有过失。张方认为他上奉朝廷，下有士卒同心，因此不能够战胜，想返回长安休战息兵。而东海王司马越考虑事情不周到，暗中与殿中将逮捕司马乂，并把司马乂送到了金墉城。司马乂上表惠帝说："惠帝笃于和睦，委托我朝廷的事。我小心尽忠孝，神明应有所知。诸王嗣承谬误，率大兵见责于我。朝廷的大臣不行正义，各自思考他们自己的困难处境来逮捕我，让我另地自省，送我进了幽闭的寝宫。我不可惜将身躯捐弃给了执行君命这件事，但是想到晋朝的衰微，逆枝乱党将要尽数占据朝廷，惠帝孤寡危险。倘若我死了,能够使国家安宁,也是宗室朝廷得到了好处。但是,事情并非如此。我死了,恐怕只会让凶恶的人快意,而对惠帝没有什么益处。"

殿中左右都可惜司马乂功败垂成,企图劫他出来,用以抵抗司马颖。司马越害怕大难临头,想立即杀司马乂。黄门郎潘滔劝说司马越秘密告诉张方。张方派部将辅领兵三千人,到金墉逮捕司马乂,押到营地,烧杀了司马乂。司马乂鸣冤叫痛的喊声传达到左右,三军中没有谁不为他落泪。死时年龄二十八岁。

司马乂即将殡葬于城东,他的官吏属僚没有谁敢于前往送葬,只有原来作他的掾属的刘佑一个人为他送行,步行牵持丧车,悲痛号哭几近气绝,他的悲哀感动了过路的人。张方认为他是义士,也不去过问他。以前,司马乂开始掌权的时候,洛阳人为他作歌谣说:"草木萌芽杀长沙王"。司马乂在正月二十五日被废王位,二十七日受死,像歌谣说的那样,死于草木萌芽的时候。永嘉年间,怀帝封司马乂的儿子司马硕继承王位,擢拜为散骑常侍,后来被刘聪消灭。

司马颖传

【题解】

司马颖,晋代诸王之一,武帝司马炎之子。小时敢与权臣贾谧争执,表现出胆量与勇气,后征讨东西,封为成都王,惠帝尤加恩礼,属吏尤众,希望他辅政治国。从此他恣意放纵,骄侈威厉,乃至自建年号为王,终被废逼。但由于其善得人心,所以威信甚高,尤得拥藏,但毕竟王不得逼主,最后司马长史矫诏赐死,年仅二十八岁。

【原文】

成都王颖,字章度,武帝第十六子也。太康末受封,邑十万户,后拜越骑校尉,加散骑常侍、车骑将军。

贾谧尝与皇太子博,争道。颖在坐,厉声呵谧曰:"皇太子,国之储君,贾谧何得无礼!"谧惧,由此出颖为平北将军,镇邺。转镇北大将军。

赵王伦之篡也,进征北大将军,加开府仪同三司。及齐王冏举义,颖发兵应冏,以邺令卢志为左长史,顿丘太守郑琰为右长史,黄门郎程牧为左司马,阳平太守和演为右司马。使兖州刺史王彦,冀州刺史李毅,督护赵骧、石超等为前锋。羽檄所及,莫不响应。至朝歌,众二十余万。赵骧至黄桥,为伦将士猗、许超所败,死者八千余人,士众震骇。颖欲退保朝歌,用卢志、王彦策,又使赵骧率众八万,与王彦俱进。伦复遣孙会、刘琨等率三万人,与猗、超合兵距骧等,精甲耀日,铁骑前驱。猗既战胜,有轻骧之心。未及温十余里,复大战,猗等奔溃。颖遂过河,乘胜长驱。左将军王舆杀孙秀,幽赵王伦,迎天子反正。及颖入京都,诛伦。使赵骧、石超等助齐王冏攻张泓于阳翟,泓等遂降。始率众入洛,自以首建大谋,遂擅威权。颖营于太学,及入朝,天子亲劳焉。颖拜谢曰:"此大司马臣冏之勋,臣无豫焉。"见讫,即辞出,不复还营,便谒太庙,出自东阳城门,遂归邺。遣信与同别，大惊，驰出送颖，至七里涧及之。颖住车言别，流涕，不及时事，惟以太妃疾苦形于颜色，百姓观者莫不倾心。

至邺，诏遣兼太尉王粹加九锡殊礼，进位大将军、都督中外诸军事、假节、加黄钺、尚书事，入朝不趋，剑履上殿。颖拜受徽号，让殊礼九锡。表论兴义功臣卢志、和演、董洪、王彦、赵骧等五人，皆封开国公侯。又表称："大司马前在阳翟，与强贼相持既久，百姓创痍，饥饿冻馁，宜急振救。乞差发郡县车，一时运河北邸阁米十五万斛，以振阳翟饥人。"卢志言于颖曰："黄桥战亡者有八千余人，既经夏暑，露骨中野，可为伤恻。昔周王葬枯骨，故《诗》云'行有死人，尚或墐之'。况此等致死王事乎！"颖乃造棺八千余枚，以成都国秩为衣服，敛祭，葬于黄桥北，树枳篱为之茔域。又立都祭堂，刊石立碑，纪其赴义之功，使亡者之家四时祭祀有所。仍表其门闾，加常战亡二等。又命河内温县埋藏赵伦战死士卒万四千余人。颖形美而神昏，不知书，然器性敦厚，委事于志，故得成其美焉。

及冏骄侈无礼，于是众望归之。诏遣侍中冯荪、吕书令卞粹喻颖入辅政，并使受九锡。颖犹让不拜。寻加太子太保。颖嬖人孟玖不欲还洛，又程太妃爱恋邺都，以此议久不决。留义募将士既久，咸怨旷思归，或有辄去者，及题邺城门去："大事解散蚕欲遽。请且归，赴时务。昔以义来，今以义去。若复有急更相语。"颖知不可留，因遣之。百姓乃安。及冏败，颖悬执朝政，事无巨细，皆就邺谘之。后张昌扰乱荆土，颖拜表南征，所在响赴。既恃功骄奢，百度驰废，甚于冏时。

颖方恣其欲，而惮长沙王乂在内，前与河间王颙表请诛后父羊玄之、左将军皇甫商等，檄乂使就第。乃与颙将张方伐京都，以平原内史陆机为前锋都督、前将军、假节。颖次朝歌，每夜矛戟有光若火，其垒井中皆有龙象。进军屯河南，阻清水为垒，造浮桥以通河北，以大木函盛石，沈之以系桥，名曰石憋。陆机战败，死者甚众，机又为孟玖所谮，颖收机斩之，夷其三族，语在《机传》。于是进攻京城。时常山人王舆合众万余，欲袭颖。会乂被执，其党斩舆降。颖既入京师，复旋镇于邺，增封二十郡，拜丞相。河间王颙表颖宜为储副，遂废太子覃，立颖为皇太弟，丞相如故，制度一依魏武故事，乘舆服御皆迁于邺。表罢宿卫兵属相府，更以王官宿卫。僭侈日甚，有无君之心，委任孟玖等，大失众望。

永兴初，左卫将军陈眕、殿中中郎逯苞、成辅及长沙故将上官已等，奉大驾讨颖，驰檄四方，赴者云集。军次安阳，众十余万，邺中震惧。颖欲走，其掾步熊有道术，曰："勿动！南军必败。"颖会其众问计，东安王繇乃曰："天子亲征，宜罢甲，缟素出迎请罪。"司马王混、参军崔旷劝颖距战，颖从之，乃遣奋武将军石超率众五万，次于荡阴。眕二弟匡、规自邺赴王师，云："邺中皆已离散。"由是不甚设备。超众奄至，王师败绩，矢及乘舆，侍中嵇绍死于帝侧，左右皆奔散，乃弃天子于藁中。超遂奉帝幸邺。颖改元建开，害东安王繇，署置百官，杀生自己，立效于邺南。

安北将军王浚、宁北将军东嬴公腾杀颖所置幽州刺史和演，颖征浚，浚屯冀州不进，与腾及乌丸阉朱袭颖。候骑至邺，颖遣幽州刺史王斌及石超、李毅等距浚，为羯朱等所败。邺中大震，百僚奔走，士卒分散。颖惧，将帐下数十骑，拥天子，与中书监卢志单车而走，五日至洛。羯朱追至朝歌，不及而还。河间王颙遣张方率甲卒二万救颖，至洛，方乃挟帝，拥颖及豫章王并高光、卢志等归于长安。颙废颖归藩，以豫章王为皇太弟。

颖既废，河北思之。邺中故将公师藩、汲桑等起兵以迎颖，众情翕然。颙复拜颖镇军大将军、都督河北诸军事,给兵千人,镇邺。颖至洛,而东海王越率众迎大驾,所在锋起。颖以北方盛强,惧不可进,自洛阳奔关中。值大驾还洛,颖自华阴趋武关,出新野。帝诏镇南将军刘弘、南中郎将刘陶收捕颖,于是弃母妻,单车与二子卢江王普、中都王廓渡河赴朝歌,收合故将士数百人,欲就公师藩。顿丘太守冯嵩执颖及普、廓送邺,范阳王虓幽之,而无他意。虓属暴薨,虓长史刘舆见颖为邺都所服,虑为后患,秘不发丧,伪令人为台使,称诏夜赐颖死。颖谓守都田徽曰:"范阳王亡乎?"徽曰:"不知。"颖曰:"卿年几?"徽曰:"五十。"颖曰:"知天命不?"徽曰:"不知。"颖曰:"我死之后,天下安乎不安乎?我自放逐,于今三年,身体手足不见洗沐,取数斗汤来!"其二子号泣,颖敕人将去。乃散发东首卧,命徽缢之,时年二十八。二子亦死。邺中哀之。

颖之败也,官属并奔散,惟卢志随从不怠,论者称之。其后汲桑害东嬴公腾,称为颖报仇,遂出颖棺,载之于军中,每事启灵,以行军令。桑败,弃棺于故井中。颖故臣收之。改葬于洛阳,怀帝加以县王礼。颖死后数年,开封间有传颖子年十余岁,流离百姓家,东海王越遣人杀之。永嘉中,立东莱王蕤子遵为颖嗣,封华容县王。后没于贼,国除。

【译文】

成都王司马颖,字章度。武帝司马炎第十六个儿子。太康末年受封为王,食邑达十万户。后擢拜为越骑校尉,加散骑常、车骑将军。

贾谧曾经与皇太子赌博,产生争执。司马颖陪侍,厉声呵斥贾谧说:"皇太子,国家未来的君主,贾谧为什么不讲礼节!"贾谧害怕他,因此让司马颖出京师,任平北将军,镇邺城,转任镇北大将军。

赵王司马伦篡逆时,司马颖进任征北大将军,加开府仪同三司。到齐王司马冏举义兵计伐司马伦,司马颖发兵呼应司马冏,任命邺令卢志为左长史,顿丘太史郑琰为右长史,黄门郎程收为左司马,阳平太守和演为右司马。派兖州刺史王彦、冀州刺史李毅、督护赵骧、石超等人为前锋。羽檄所到之处,没有谁不予响应。到朝歌,兵众达到二十万人。赵骧到黄桥,被司马伦将领士猗、许超打败,死八千多人,战士都为之震动。司马颖想退兵保朝歌,采纳卢志、王彦的计策,又派赵襄率兵八万人,与王彦一同进伐。司马伦又派孙会、刘琨等将率兵三万人,与士猗、许超合兵抵抗赵骧等人,精甲炮耀灭日,铁骑为之前驱。士猗在前已经战胜赵骧,因此有轻视赵骧的心理。距离温还有十多里,又会大战,士猗军崩溃。司马颖于是过黄河,乘胜长驱进伐。左将军王舆杀孙秀,幽禁赵王司马伦,迎接天子反正复登皇帝位。等到司马颖进入京都,杀司马伦。派赵骧、石超等将领协助齐王司马冏攻打张泓于阳翟,张泓等军于是投降。司马冏开始率兵进入洛阳,自己认为在讨伐司马,让惠帝司马衷反正复位的国家大事中,功劳最大,于是专擅威权。司马颖屯营于太学,等到入朝的时候,天子亲自犒劳他。司马颖拜谢惠帝说:"这是大司马臣司马冏的功劳,与我没有关系。"拜见完了,立即辞别出宫,没有再回营地,乘便拜谒太庙,从东阳城门出京师,返回邺城。遣使者送司马冏以为告别,司马冏大为惊异,迅速出宫送别司马颖,到七里涧才赶上司马颖。司马颖就在车上与之话别,流泪,没有说及说事,只是为太妃的疾病痛苦动容呈悲,看到这种情景百姓没有谁不倾心于他。

到了邺城,惠帝下诏,派遣兼太尉王粹加九锡的特殊大礼给司马颖,进拜就位为大将军、都督中外诸军事、假节、加黄钺、尚书事等职，入朝不要急走，可以带剑着履上殿。司马颖拜受了徽号，辞让九锡殊礼不受。上表惠帝，论参与兴义师的功臣卢志、和演、董洪、王彦、赵骧五人，都被赐封为开国公侯。又上表惠帝说："大司马以前在阳翟，与强大的叛军相持了很久，百姓受创被伤，饥饿冻馁，应当从速赈济救护，请差人发郡县车辆，及时运黄河以北邸阁存米十五万斛，用以救济阳翟受饥饿的人。"卢志对司马颖说："黄桥战斗死亡的人有八千多个，已经过了夏天的暑热天气，死者露骨在荒野，实在令人伤感悲恻。古时候，周王殡葬枯骨，因此《诗经》上说：'行有死人，尚且给以安葬他。'何况黄桥八千人的死是为了成都王你的事呢！"司马颖于是制作了棺材八千多副，又用成都国的制度为死者制作衣服，敛表祭祀，安葬他们在黄桥北面，栽树枳离作为茔城。又设立都祭堂，刻立石碑，纪念他们身死赴义的功劳，让死者的家属四时祭祀有地方。又表彰他们的门闾，加常战亡二等。又命令河内温县埋葬随赵伦战死的士卒一万四千多人。司马颖外形美观，头脑不甚聪明，不知道书籍学问，然而性情敦厚，将大事是委任卢志，所以成就了他的功勋美德。

等到齐王司马冏骄侈不行礼节，因此，大家希望司马颖归朝辅政。惠帝下诏，派遣侍中冯荪、中书令卞粹晓喻司马颖辅佐朝政，并让他接受九锡的大礼。司马颖仍然辞让不拜受。不久即加封他为太子太保。司马颖的嬖人孟玖不想返回洛阳，又程太妃恋念邺都，因此议论很长时间也没有决定。原来义募来将士滞留时间长了，都怨恨旷别，思归故乡，甚至有人动辄不辞而别，题词邺城门说："大事成功了事，桑蚕当隐中。请求让我们归居故乡，用以赶赴时务。过去以兴义而来，今天以义就而去。倘若再有急难，即请再行语告。"司马颖清楚义募将士不能够再滞留邺都，因此遣散了他们，百姓安宁。到司马冏事败。司马颖职位高悬掌执朝政，事无巨细，都去邺都请人咨询。后来张昌扰乱荆国邦士，司马颖拜表南征张昌，所到之处，大家奔赴朝见。终于依仗功高骄纵奢侈，百事废弛，与司马冏相比，有过之而无不及。

司马颖要恣意纵欲，又顾忌长沙王司马乂在内，于是与河间王司马颙上表惠帝，请求诛杀后父羊玄之、左将军皇甫商等人，传檄司马乂，让他去闲居宅第。就此与司马颙部将张方一道进伐京都，任平原内史陆机为前锋都督、前将军、假节。司马颖临时驻扎在朝歌，第二天夜晚，矛戟有光如火一样明亮，他们所垒的井中都有龙象。进军屯驻河南，依阻清水，建造营垒，造浮桥用以通达黄河以北，用大木函装石头，沉入河底用以系住浮桥，称名叫石鳖。陆机被战败，死的很多，陆机又被司马颖嬖人孟玖谗毁，司马颖逮捕陆机，并杀了他，夷灭陆机三族。于是就此进军京师。这时常山人王舆集合兵马一万多人，想要袭击司马颖。恰逢司马乂被捕，他的党徒斩王舆，投降了司马颖。司马颖到了京师，又旋即返回邺城，惠帝增封他食邑二十郡，擢拜为丞相。河间王司马颙表奏惠帝，应当以司马颖为储君，以备承嗣皇位。于是，废太子司马覃，册立司马颖为皇太弟，丞相职位不变，制度完全同于魏武帝曹操时所有的，乘舆服御都迁送到了邺都。上表奏请罢惠帝宿卫兵，转属丞相府，改为王官任宿卫。超越常规，骄侈一天比一天厉害，存有不把皇帝放在眼里的心理，委任嬖人孟玖等，大失众人所望。

惠帝司马衷永兴初年，左卫将军陈眕、殿中中郎逯苞、成辅及长沙王原来的将领上官已等人，奉大驾讨伐司马颖，飞驰传檄四方，奔赴效命的人云集风从。军队临时驻扎在安阳,兵众达到十多万,邺城中震动害怕。司马颖欲逃跑,他的掾属步熊有道术,说:"不要动! 南来的军队一定会失败。"司马颖集合群臣询问计策,东安王司马繇就说:"天子亲自出征,应当罢黜甲兵,身服缟素,出去迎接惠帝,向他请罪。"司马王混、参军崔旷说司马颖应拒敌力战,司马颖听从了他俩的意见。于是,派遣奋武将军石超率众五万人临时驻扎在荡阳。陈眕二个弟弟陈匡、陈规从邺都投赴朝廷的军队,说:"邺城中的人都已经离散。"由此,没有严格地设置防备。石超率五万人偃旗息鼓到安阳,偷袭王师,导致王师失败,箭矢飞到了惠帝的乘舆上,侍中嵇绍死在惠帝身边,惠帝左右都奔散逃离,仅留下天子一个人在藁中。石超就奉惠帝幸邺都。司马颖改年号为建武,杀害东安王司马繇,署置百官,杀牲自行祭祀,立郊庙于邺城南面。

安北将军王浚、宁北将军东瀛公腾杀司马颖所置幽州刺史和演,司马颖征讨王浚,王浚屯驻冀州不前进,与东瀛公腾及乌丸羯朱袭击司马颖。等待骑兵到达邺城,司马颖派遣幽州刺史王斌和石超、李毅等人抗拒王浚军队,被羯朱等人击败。邺中大为震动,百官僚吏奔走逃窜,士卒离散。司马颖恐惧,将领帐前数十骑,簇拥惠帝,与中书监卢志单车逃跑,五天到达洛阳。羯朱追到朝歌,没有赶上就返回了。河间王司马颙派张方率甲兵二万人救司马颖。到洛阳,张方挟持惠帝,拥司马颖和豫章王、高光、卢志等回归长安。司马颙废司马颖皇太弟位,回归藩属国邑,立豫章王司马炽为皇太弟。

司马颖被废,黄河以南百姓思念他,邺中旧将公师藩、汲桑等人起兵迎候司马颖,大家情绪很振奋。司马颙又擢拜司马颖为镇军大将军、都督河北诸军事,分配给他兵卒千人,镇抚邺城。司马颖到洛阳。而东海王司马越正率众以迎接惠帝大驾,所在锋起,不可与争。司马颖认为北方军队极为强大,恐惧北方不能够进取,于是从洛阳奔关中。正值惠帝大驾回洛阳,司马颖又从华阴赶赴武关,出新野。惠帝诏命镇南将军刘弘、南中郎将刘陶缉捕司马颖。司马颖于是抛下母亲和妻子,单车与二个儿子庐江王司马普、中都王司马廓渡黄河奔赴朝歌。集合收编原来的将士几百人,想要投奔公师藩。顿丘太守冯嵩抓获司马颖及司马普、司马廓送到邺城,由范阳王司马虓幽禁他们,却没有要杀他们的意思。恰好司马虓暴死。司马长史刘舆看到司马颖被邺都人心服,考虑到要招致后患,秘不发丧,让人假扮使臣,矫诏乘夜赐司马颖死。司马颖对看守他的田徽说:"范阳王不在吗?"田徽说:"不清楚。"司马颖说:"你年几多大?"田徽说:"五十岁。"司马颖说:"知天命不?"田徽说:"不知。"司马颖说:"我死以后,天下是安定呢还是不安定? 我从被放逐以来,到现在已经有三年,身体手足不曾洗沐,请取几斗水来!"他的二个儿子号哭流泪,司马颖敕人将去。于是披散了头发,朝东首卧下,命田徽绞死他。死时年龄二十八岁,二个儿子也死了。邺中百姓为之悲哀。

司马颖失败的原因,是由于他的官僚属吏都奔散不忠职守。只有卢志随从左右不曾懈怠,评论的人都称道他。这以后,汲桑杀东瀛公腾,自称是为司马颖报仇,于是起出司马颖的棺材,负载棺材在军中。每有军事,就启祭亡灵,用以行军令。汲桑失败,将棺材丢在原来的井中。司马颖原来的属臣收敛棺材,将司马颖改葬在洛阳,怀帝司马炽加敛以具王礼。

司马颖死后多年,开封城中有人传说司马颖的儿子年龄到了十多岁,流离在百姓人家,东海王司马越派人杀了他。永嘉年间,怀帝司马炽册立东莱王司马蕤的儿子司马遵作为司马颖的继嗣,册封为华容县王。后来被敌贼消灭,所封国邑被罢黜。

索靖传

【题解】

索靖(公元 239~303 年),字幼安,敦煌(今属甘肃)人。他是东汉著名书法家张芝姐姐的孙子。他自幼博学多才,是陇西地方的著名人物。历官至散骑常侍、后将军。太安末年,战死于讨伐叛王司马颙的战场。索靖是西晋著名书法家,与卫瓘齐名。他的书法师承三国时韦诞,又变化张芝的笔法,形成自己的书风。他以擅长章草著称,字体刚劲,笔力沉着。前人认为:"精熟至极,索不及张(芝),妙有馀姿,张不及索。"同时他在书法理论上亦有建树,他撰写的《草书状》,对草书的形态特点,及其源流,用形象的文字作了生动入微的描述。

【原文】

索靖字幼安,敦煌人也。累世官族,父湛,北地太守。靖少有逸群之量,与乡人氾衷、张甝、索紾、索永俱诸太学,驰名海内,号称"敦煌五龙"。四人并早亡,唯靖该博经史,兼通内纬。州辟别驾,郡举贤良方正,对策高第。傅玄、张华与靖一面。皆厚与之相结。

拜驸马都尉,出为西域戊己校尉长史。太子仆同郡张勃特表,以靖才艺绝人,宜在台阁,不宜远出边塞。武帝纳之,擢为尚书郎。与襄阳罗尚、河南潘岳、吴郡顾荣同官,咸器服焉。

靖与尚书令卫瓘俱以善草书知名,帝爱之。瓘笔胜靖,然有楷法,远不能及靖。

靖在台积年,除雁门太守,迁鲁相,又拜酒泉太守。惠帝即位,赐爵关内侯。

靖有先识远量,知天下将乱,拽洛阳宫门铜驼,叹曰:"会见汝在荆棘中耳!"

元康中,西戎反叛,拜靖大将军梁王肜左司马,加荡寇将军,屯兵粟邑,击贼,败之。迁始平内史。及赵王伦篡位,靖应三王义举,以左卫将军讨孙秀有功,加散骑常侍,迁后将军。太安末,河间王颙举兵向洛阳,拜靖使持节、监洛城诸军事、游击将军,领雍、秦、凉义兵,与贼战,大破之,靖亦被伤而卒,追赠太常,时年六十五。后又赠司空,进封安乐亭侯,谥曰庄。

靖著《五行三统正验论》,辩理阴阳气运。又撰《索子》《晋诗》各二十卷。又作《草书状》,其辞曰:

圣皇御世,随时之宜。仓颉既生,书契是为。蝌蚪鸟篆,类物象形。睿哲变通,意巧兹生。损之隶草,以崇简易。百官毕修,事业并丽。盖草书之为状也。婉若银钩,漂若惊鸾。舒翼未发,若举复安;虫蛇虬洼,或往或还。类阿那以羸形,欻奋矜而桓桓。及其逸游胁向,乍还乍邪。骐骥暴怒逼其辔,海水窳隆扬其波。芝草蒲陶还相继,堂棣融融载其华。玄熊对踞于山岳,飞燕相追而差池。举而察之,又似乎和风吹林,偃草扇树。枝条顺气,转相比附,窈娆廉苦,随体散布。纷扰扰以猗靡,中持疑而犹豫。玄螭狡兽嬉其间,腾、猿飞鼺相奔趣。凌鱼奋尾,蛟龙反据。投空自窜,张设牙距。或若登高望其类,或若既往而中顾,或若俏傥而不群,或若自检于常度。

于是多才之英,笃艺之彦,役心精微,耽以文宪。守道兼权,触类生变。离析八体,靡形不判。去繁存微,大像未乱。上理开元,下周谨案。骋辞放手,雨行冰散。高音翰厉,谧越流漫。忽班班而成章,信奇妙之焕烂。体磊落而壮丽,姿光润以粲粲。命杜度运其指,使伯英回其腕。著绝势于纨素,垂百世之殊观。

先时,靖行见姑臧城南石地,回:"此后当起宫殿。"至张骏,于其地立南城,起宗庙,建宫殿焉。

靖有五子:"綝、绻、璆、聿、綝,皆举秀才。聿,安昌乡侯,卒。少子綝最知名。"

【译文】

索靖字幼安,是敦煌郡人。他出生于官宦世家,父亲索湛,曾任北地太守。索靖年轻时就具有超人的器量,他和他的同乡氾衷、张甝、索紾、索永都进入国立大学,驰名国内,人称他们为"敦煌五龙"。其他四人都早早去世了,只有索靖博览经史,并通晓谶纬之学。州里征召他为别驾,郡里举荐他为贤良方正,考试名列前茅。当时著名人物傅玄、张华和他一见面,就和他结为很好的朋友。

朝廷任他为驸马都尉,外任为西域戊己校尉的属官。同郡人任太子仆的张勃郑重推荐他,认为他才能超人,应在皇帝身边任职,不应让他在边地任职。晋武帝接受张勃的建议,提拔索靖为尚书郎。他和襄阳人罗尚、河南人潘岳、吴郡人顾荣是同僚,这三人都很推服他。

索靖和尚书令卫瓘都以擅长草书著名,晋武帝对他们二人都很器重。卫瓘的笔力胜过索靖,若论法度谨严,卫瓘远远赶不上索靖。

索靖在内阁呆了好几年,外任为雁门郡太守,又升任鲁国相,继而又任酒泉郡太守。晋惠帝即位,封他为关内侯。

索靖目光远大,有先见之明,他知道天下将要发生战乱,他抚摸着洛阳宫门前的铜骆驼感叹地说:"你不久就会陷于野地荒草之中了!"

元康年间,西边少数民族发生叛乱,朝廷任索靖为大将军梁王司马肜的左司马,加荡寇将军衔,屯兵在粟邑城,向叛军发动进攻,叛军被击败。升任他为始平郡内史。当赵王司马伦篡位之时,索靖响应三王的正义号召,以左卫将军的身份征讨孙秀,建立战功,加衔散骑常侍,升为后将军。太安末年,河间王司马颙反叛,领兵向洛阳进攻。朝廷任命索靖为使持节、监洛城诸军事、游击将军,率领雍、秦、凉等州的义军与叛兵交战,大败叛兵,索靖受伤而死,追赠他太常官衔,当年六十五岁。后来又追赠他为司空,进封爵为乐安亭侯,赠谥号为"庄"。

索靖著有《五行三统正验论》,讨论阴阳气运。又著有《索子》《晋诗》各二十卷。又撰写《草书状》一文,文章说:

圣王治理国家,能适应时代的要求。仓颉出世,创造了文字。蝌蚪文鸟篆文,模仿事物的形状。智慧的哲人,因时变通巧思迭生。将古文简化为隶书、草书,崇尚简便易行。因此,百官的公务都因文字简易而得到及时治理,各种事业也因之兴旺发达。说起草书的外在形状,它的委婉曲直好像银钩,它的飘忽不定像受惊的飞鸟。像飞鸟展翅欲飞,欲飞又止;像长蛇游走,来回摆动。像苗条美女婀娜多姿,突然间振奋,显得威武雄壮。笔画的线条游弋不定,忽正忽斜。像暴怒的骏马欲挣脱笼头,像滔滔海水激扬波浪。像灵芝像葡萄串联不断,像棠棣开花,星星点点。像黑熊对坐于山巅,像飞燕追逐,一前一后。从远处观看,又像微风吹动树林,草被吹得一起一伏,树枝被吹得摇摆不定。树木的枝条在微风中随风顺畅,互相贴附,苗条的细枝,分布于树冠。树枝纷纷扰扰,摇摆不定,好像内心不决而犹豫。像野兽在其中游戏,像猿猴互相追逐。又像游鱼奋出水面,甩动尾鳍,像蛟龙腾空,身向上窜,张牙舞爪。有的字像动物登高遥望它的伙伴,有的像边走边回头顾看,有的风度翩翩超出群辈,有的显得庄重,规规矩矩。

于是那些多才多艺的英才,专心艺术的俊杰,殚精竭虑,精研入微,热衷于这门艺术。他们遵守书艺的基本规律,但不死守教条,懂得创新变化,能触类生变。分别形成八种书体,每一种书体都达到完美的境界。删繁就简,本体不会混乱。上寻文字的原始形态,下综形体的流变,驰骋创造,放手变化,如大雨从天而落,如冰霜出自天然。如登高一呼,声音四处漫延。突然之间,斑斑驳驳,章法可观,确实是奇妙无比,光辉灿烂。字体奇伟而壮丽,形象光芒四射,光彩耀眼。使得杜度操笔运指,张伯英提毫悬腕。在白色丝帛上摹写它的奇姿。成为百代流传模范。

在此之前,索靖经过姑臧城南石坂地,他说:"这地方后世必当起盖宫殿。"后来到前凉张骏称帝,果然在这里建立南城,盖宗庙、建造宫殿。

索靖有五个儿子:索鲩、索绻、索璆、索聿、索琳,都应举成为秀才。索聿封安昌乡侯后逝世。最小的儿子索琳最著名。

苟晞传

【题解】

苟晞是在西晋"八王之乱"中逐步身居高位的。这是一位为了自己的利益而不惜使用一切手段的人物。严格执法杀了堂弟,似乎很像舞台上包拯铡包勉的故事,但传中紧接着就叙述他结交权贵,并为取得东海王司马越的信任而更加疯狂地杀人,这就一下子揭出了他执法严酷的本质。传记最后记载了苟晞的骄奢及其下场,不妨认为是苟晞自己的所作所为引导出的必然结果。

【原文】

苟晞字道将,河内山阳人也。少为司隶部从事,校尉石鉴深器之。东海王越为侍中,引为通事令史,累迁阳平太守。齐王冏辅政,晞参冏军事,拜尚书右丞,能转左丞,廉察诸曹,八坐以下皆侧目惮之。及冏诛,晞亦坐免。长沙王乂为骠骑将军,以晞为从事中郎。惠帝征成都王颖,以为北军中候。及帝还洛阳,晞奔范阳王虓,虓承制用晞行兖州刺史。

汲桑之破邺也,东海王越出次官渡以讨之,命晞为前锋。桑素惮之,于城外为栅以自守。晞将至，顿军休士，先遣单骑示的祸福。桑众大震，弃栅宵遁，婴城固守，晞陷其九垒，遂定鄴而还。西讨吕朗等，灭之。后高颍王泰讨青州贼刘根，破汲桑故将公师藩，败石勒于河北，威名甚盛，时人拟之韩白。进位扶军将军、假节、都督青诸军事，封东平郡侯，邑万户。

晞练于官事，文簿盈积，断决如充，人不敢欺。其从母依之，奉养甚厚。从母子求为将，距之曰："吾不以王法贷人，将无后悔邪？"因欲之，晞乃以为督护。后犯法，晞杖节斩之，从母叩头请救，不听。既而素服哭之，流涕曰："杀卿者兖州刺史，哭弟者苟道将。"其杖法如此。

晞见朝政日乱，惧祸及已，而复所交结，每得珍物，即贻都下亲贵，兖州去洛五百里，恐不鲜美，募得千里牛，每遣信，旦发暮还。

初，东海王越以晞复其仇耻，甚德之，引升堂，结为兄弟。越司马潘滔等说曰："兖州要冲，魏武以之辅相汉室。苟晞有大志，非纯臣，久令处之，则患生心腹矣。若迁于青州，厚其名号，晞必悦。公自牧兖州，经纬诸夏，藩卫本朝，此所谓谋之于未有，为之于未乱也。"越以为然，乃迁晞征东大将军、开府仪同三司，加侍中、假节、都督青州诸军事，领青州刺史，进为郡公。晞乃多置参佐，转易守令，以严刻立功，日加斩戮，流血成川，人不堪命，号曰："屠伯"。

苟晞

顿丘太守魏植为流人所逼，众五六万，大掠兖州。晞出屯无盐，以弟纯领青州，刑杀更甚于晞，百姓号"小苟酷于大苟"。晞寻破植。

时潘滔及尚书刘望等共诬陷晞，晞怒，表求滔等首，又请越从事中郎刘洽为军司，越皆不许。晞于是冒言曰："司马元超为宰相不平，使天下淆乱，苟道将岂可以不义使之？韩信不忍衣食之惠，死于妇人之手。今将诛国贼，尊王室，桓文岂远哉！"乃移告诸州，称己功伐，陈越罪状。

时怀帝恶越专权，乃诏晞曰："朕以不德，戎车屡兴，上惧宗庙之累，下愍兆庶之困，当赖方为，国藩翰。公威震赫然，枭斩藩、桑，走降乔、郎，魏植之徒复以诛除，岂非高识明断，朕用委成。加王弥、石勒为社稷之忧，故有诏委统六州。而公谦分小节，稽违大命，非所谓与国同忧也。今复遣诏，便施檄六州，协同大举，翦除国难，称朕意焉。"晞复移诸征镇州郡曰："天步艰险，祸难殷流，刘元海造逆于汾阴，石世龙阶乱于三魏，荐食畿甸，覆丧鄴都，结垒近郊，仍震豫，害三刺史，杀二都督，郡守官长，埋没数十，百姓流离，肝脑涂地。晞以虚薄，负荷国重，是以弭节海隅，援抱曹卫。猥被中诏，委以关东，督统诸军，钦承诏命。今月二日，当西经济黎阳，即日得荥阳太守丁曒白事，李恽、陈午等救怀诸军与羯大战，皆见破散。怀城已陷，河内太守裴整为贼所执，宿卫阙乏，天子蒙难，宗庙之危，甚于累卵。承问之日，忧叹累息。晞以为先王选建明德，庸以服章，所以藩固王室，无俾城坏。

是以舟缉不固,齐桓责楚;襄王逼狄,晋文致讨。夫翼奖皇家,宣力本朝,虽陷汤火,大义所甘。加诸方牧,俱受荣宠,义同毕力,以报国恩。晞虽不武,首启戎行,秣马裹粮,以俟方镇。凡我同盟,宜同赴救。显立名节,在此行矣。"会王弥遣曹嶷破琅玡,北攻齐地。苟纯城守,嶷众转盛,连营数十里。晞还,登城望之,有惧色,与贼连战,辄破之。后简精锐,与贼大战,会大风扬尘,晞遂败绩,弃城夜走。嶷追至东山,部众皆降嶷。晞单骑奔高平,收邸阁,募得数千人。

帝又密诏晞讨越,晞复上表曰:"殿中校尉李初至,奉被手诏,肝心若裂。东海王越得以宗臣遂执朝政,委任邪佞,宠树奸党,至使前长史潘滔、从事中郎毕邈、主簿郭象等操弄天权,刑赏由己。尚书何绥、中书令缪播、太仆缪胤、黄门侍郎应绍,皆是圣诏亲所抽拔,而滔等妄构,陷以重戮。带甲临宫,诛讨后弟,翦除宿卫,私树国人。崇奖魏植,招诱逋亡,覆丧州郡。王涂坯隔,方贡乖绝,宗庙阙蒸尝之飨,圣上有约食之匮。镇东将军周馥,豫州刺史冯嵩、前北中郎将裴宪,并以天朝空旷,权臣专制,事难之兴,虑在旦夕,各率士马,奉迎皇舆,思隆王室,以尽臣礼。而滔、邈等劫越出关,矫立行台,逼徙公卿,擅为诏令,纵兵寇抄,茹食居人,交尸塞路,暴骨盈野。遂令方镇失职,城邑萧条,淮豫之萌,陷离涂炭。臣虽愤懑,守局东嵎,自奉明诏,三军奋厉,卷甲长驱,次于仓垣。即日承司空、张陵公浚书,称殿中中郎刘权赍诏,敕浚与臣共克大举。辄遣前锋政瞄将军王赞经至项城,使越稽首归政,斩送滔等。伏愿陛下宽宥宗臣,听越还国。其余逼迫,宜蒙旷荡。辄定诏宣示征镇,显明义举。遣杨烈将军闾弘步骑五千,镇卫宗庙。"

五年,帝复诏晞曰:"太傅信用奸佞,阴兵专权,内不遵奉皇宪,外不协比方州,遂令戎狄充斥,所以犯暴。留军何伦抄掠宫寺,劫剥公主,杀害贤士,悖乱天下,不可忍闻。虽惟亲亲,宜明九伐。诏至之日,其宣告天下,率齐大举,桓文之绩,一以委公。其思尽诸宜,善建弘略。道涩,故练写副,手笔示意。"晞表曰:"奉被手诏,委臣征讨,喻以桓文,纸练兼备,伏读跪叹,五情惶怛。自顷宰臣专制,委杖佞邪,内擅朝威,外残北庶,矫诏专征,遂图不轨,纵兵寇掠,陵践宫寺。前司隶校尉刘暾、御史中丞温畿、右将军杜育,并见攻劫。广平、武安公主,先帝遗体,咸被逼辱。逆节虐乱,莫此之甚。辄祇奉前诏,部分诸军,遣苟晞率陈午等将兵诣项,龚行天罚。"

初,越疑晞与帝有谋,使游骑于成皋间,获晞使,果得诏令及朝廷书,遂大构疑隙。越出牧豫州以讨晞,复下檄说晞罪恶,遣从事中郎杨瑁为兖州,与徐州刺史裴盾共讨晞。晞使骑收河南尹潘滔,滔夜遁,及执尚书刘曾,侍中程延,斩之。会越薨,盾败,诏晞为大将军大都督、督青、徐、兖、豫、荆、扬六州诸军事,增邑二万户,加黄钺,先官如故。

晞以京邑荒馑日甚,寇难交至,表请迁都,遣从事中郎刘会领船数十艘,宿卫五百人,献谷千斛以迎帝。朝臣多有异同。俄而京师陷,晞与王赞屯仓垣。豫章王端及和郁等东奔晞,晞率群官尊端为皇太子,置行台。端承制以晞领太子太傅、都督中外诸军、录尚书,自仓垣徙屯蒙城,屯阳夏。

晞出于孤微,位至上将,志颇盈满,奴婢将千人,侍妾数十,终日累夜不出户庭,刑政苛虐,纵情肆欲。辽西闾亨以书固谏,晞怒,杀之。晞从事中郎明预有疾居家,闻之,乃舆病谏晞曰:"皇晋遭百六之数,当危难之机,明公亲禀庙算,将为国家除暴。闾亨美士,奈何无罪一旦杀之!"晞怒曰:"我自杀闾亨,何关人事,而舆病来骂我!"左右为之战栗,预曰:"以明公以礼见进,预欲以礼自尽。今明公怒预,其若远近怒明公何!昔尧舜之在上也,以和理而兴;桀纣之在上也,以恶逆而灭。天子且犹如此,况人臣乎,愿明公且置其怒而思预之言。"晞有惭色。由是众心稍离,莫为致用,加以疾疫饥馑,其将温畿,傅宣皆叛之。石勒攻阳夏,灭王赞,驰袭蒙城,执晞,署为司马,月余乃杀之。晞无子,弟纯亦遇害。

【译文】

苟晞,字道将,河内山阳人。年轻的时候担任过司隶部从事,校尉石鉴十分器重他。东海王司马越担任侍中,引荐为通事令史,连续升迁到阳平太守。齐王司马冏辅政的时候,苟晞在司马冏幕中担任参军,官拜尚书右丞,转尚书左丞,都察查访有关各部门的工作情况,尚书省的高级官员以下对他都感到害怕。等到司马冏被诛杀,苟晞也获罪免官。长沙王司马乂担任骠骑将军,任命苟晞为从事中郎。晋惠帝亲自领兵征讨成都王司马颖,任命苟晞为北军中候。等到惠帝返回洛阳,逃奔到范阳王司马虓那里,司马冏以皇帝的名义任用苟晞为代理兖州刺史。

汲桑攻破邺城的时候,东海王司马越出驻在官渡以征讨汲桑,任命苟晞为先锋。汲桑素来害怕苟晞,在邺城外边立起栅以作守卫。苟晞将要到达邺城,暂时驻兵不前,先派一个使者到汲桑那里告诉他应该及早投降避祸得福。汲桑的部下大为震动,放弃栅,环城固守。苟晞攻克了汲桑的九个堡垒,就平定邺城然后返回,再往西讨伐吕朗等人,消灭了他们。以后又随同高密王司马泰征讨青州贼寇刘根,攻破汲桑原来的部下将领公师藩,在河北打败了石勒,威名大振,当时有人把他比为古代名将韩信、白起。晋升为抚军将军、假节、都督青诸军事,封东平侯,采邑一万户。

苟晞熟悉公事,公文簿册堆积几案,但是很忆就能做出判断决定,别人都不敢欺骗他。他的姊母依靠他过活,苟晞对她的奉养非常丰富优厚。姊母的儿子请求做将领,苟晞拒绝说:"我从不违背王法宽恕别人,你不会后悔吗?"这位堂弟坚决要求,苟晞就任命他为督护。后来犯法,苟晞执持符节把他斩首。姊母叩头请他饶恕,坚决不同意。斩首以后苟晞穿上白色丧服去哭丧,流着眼泪说:"杀你的是我这个兖州刺史,哭弟弟的是我这个兄长苟道将。"他执法严明就像这样。

苟晞见到朝廷中的政事一天比一天乱,害怕祸患会到自己身上,因而广泛结交,每次得到珍贵的物品,就送给京城里的皇帝贵族。兖州离都城洛阳五百里,食品一类东西送到恐怕不能保持鲜美,于是就四处购求到一头日行千里的牛,每次派遣信使,早晨出发晚上就回来。

以前,东海王司马越因为苟晞为自己报仇雪耻,非常感激他,把他拉到堂上,结为兄弟。司马越府中的司马潘滔等劝告说:"兖州地处要冲,魏武帝曹操据有此地辅助汉室。苟晞胸有大志,不是一个忠诚笃实之臣,长久地让他处在刺史的位子上,那就是祸患生于心腹之中了。如果把他迁到青州当刺史,多给他加一点虚衔封号,苟晞一定高兴。您亲自统治兖州,安排中原各地的事条,作为本朝的屏藩护卫,这就是计划在事情发生以前,下手在动乱发生以前。"司马越认为说得对,就改授苟晞征东大将军、开府仪同三司,加授侍中、假节、都督青州诸军事,兼任青州刺史,进封郡公。苟晞于是大量设置属官,撤换郡守县令,用严酷苛刻来立功,每天都要杀人,流血成河,人们无法忍受,把他叫作"屠伯"。

顿丘太守魏植被流亡的百姓所逼迫,部下共有五六万人,大肆抢掠兖州。苟晞出兵驻屯在无盐,让他的兄弟苟纯管理青州。苟纯用刑和杀人比苟晞还要厉害,百姓中流传着这样的话:"小苟的酷虐比大苟还厉害。"苟晞不久就攻破了魏植。

当时潘滔和尚书刘望等人一起诬陷苟晞,苟晞发怒,上表要潘滔等人的脑袋,又请求司马越府中的从事中郎刘洽担任军司,司马越都不允许。苟晞因此而公然声称说:"司马元超(越)做宰相处理事情不公平,使得天下混乱不堪,我苟晞难道能让他继续多行不义?韩信不忍心于穿衣吃饭的小恩小惠,结果死在女人手里。现在我将要诛戮国贼,尊崇王室,齐桓公、晋文公的事业难道是遥远不可企及的吗?"于是发布公文传告各州,公文上夸耀自己的功劳,列举司马越的罪状。

当时晋怀帝讨厌痛恨司马越大权独揽,于此就下诏书给苟晞说:"朕由于缺少德行,屡次发生战乱,上而害怕连累祖宗庙宇,下面怜悯百姓的困苦,这就需要依靠镇守四方的大臣,作为国家的屏藩桢干。您威名大振,诛灭斩杀了公师藩、汲桑,击败降服了刘齐、吕朗,魏植这帮人又被您消灭,这难道不是高远的识见明察的决断,朕因此而寄以重任期以成功。又加上王弥、石勒这些反贼胡人又为国家的忧患,所以才诏命您统率六州兵马。但是您在小节上谦逊退让,稽迟违背了重要的命令,这就不是所谓与国家同忧共患了。现在再次派人送上诏书,您接到以后就可以在六州传布檄文,协力同心办好大事,翦灭消除国家的祸患,以符合朕的心意。"苟晞又分送檄文给所辖驻军、州郡说:"国运艰危险恶,祸难四起横流。匈奴刘渊在汾阴造反,羯族石勒在魏地作乱,逐渐吞食京畿地区,攻破践踏邺都,在近郊构筑营垒,屡次震动兖州、豫州,杀害了三位刺史,两位都督,郡守和其他地方长官有好几十位,百姓流离失所,死亡的样子惨不忍睹。苟晞我以虚名属才,担负起国家的重任,因此在海滨驻扎,在曹、卫地区击鼓进军。承蒙皇上诏命,委托给我以潼关以东地区的重任,督率统领各路兵马,只能恭敬地接受皇上的命令。限定在本月二日,正当往西渡黄河到达黎阳,就在这一天得到荥阳太守丁巆的报告,李恽、陈午等救援怀县的各路人马和羯人大战,都被他们攻破逃散。怀县县城已经陷落,河内太守裴整破敌军擒获。禁卫军缺乏,天子蒙受灾难,国家社稷的危险,超过了堆垒起来的鸡蛋。接到音讯的那一天,忧愁悲叹得透不过气来。苟晞我以为古代的圣王选拔贤能的人,用表示官位的服饰来酬答他的功劳,这就是要让他们捍卫巩固王室,不要让城池受到损坏。所以周昭王南巡因为舟船不牢固而被淹死,齐桓公就责问楚国;周襄王被狄人所逼迫,晋文公就发兵勤王讨伐。辅助皇家,为朝廷尽力,虽然陷进沸水烈火之中,由于大义所在,本来就是心甘情愿。加上各位军政长官都受过朝廷的恩荣光宠,理当尽心竭力,以报答国家的恩惠。苟晞我虽然没有什么勇力,却愿意首先出动兵马,喂饱马匹带上粮食,以等待各位军政长官。凡是和我同心同德的人,就应当一起前去救援。显扬和树立名节,就在这一次了。"

其时正碰上王弥派遣曹巆攻破琅琊,又向北攻打齐地。苟纯据城而守,曹巆的兵力却越来越盛大,安营扎寨前后连接几十里。苟晞回到青州城中,登上城墙遥望敌营,脸上显出了害怕的神色。但出城和敌军战斗,却常常击败敌军。后来选拔精锐士兵,和敌军大战一场,刚好遇到大风扬起尘土,苟晞的人马睁不开眼睛,大败,丢下青州城夜里逃走了。曹巆追到东山,苟晞部下的士兵都投降曹巆。苟晞单人独骑逃到高平,接收了军粮物资仓库，又招募了几千名士兵。

晋怀帝又秘密诏令苟晞讨伐东海王司马越，苟晞再次上书说："殿中校尉李初来到，接奉手诏，心肝好像要裂开一样。东海王司马越由于是皇族就掌握了朝廷中的大政，委用依靠邪恶谄佞之徒，树立冠信奸党，以至于让前长史潘滔、从事郎中毕邈、主簿郭象等操持了本来应该属于皇上的权力，刑罚赏赐不是出于朝廷而是出于他们自己。尚书何绥、中书令缪播、太仆缪胤、黄门侍郎应绍，都是圣上下诏书亲自加以选拔的，而潘滔等人虚构罪状，加以诬陷而使他们受到诛戮。他又派遣武装士兵进入宫中，诛杀皇后的兄弟王延，解散宫廷里的武装卫士，私自命令代之以一般的部队。他鼓励魏植招抚引诱逃亡的罪人流民，以致被他们攻州破郡而大肆抢掠。通往朝廷的路途阻隔不通，四方的贡品因此断绝，宗庙中缺少祭祀的祭品，圣上也因为匮乏而不得不裁减膳食。镇东将军周馥、豫州刺史冯嵩、前北中郎将裴宪，都认为朝廷空虚政条荒废，权臣专制，动乱祸难的发生，恐怕就在朝夕之间，所以各人都率领兵马，前来奉请迎接圣上，想着能使王室兴隆，以尽到做臣下的礼节职责。可是潘滔、缪播等人劫持了司马越出关，假称设立行台以执行朝廷的权力，逼迫公卿大臣迁徙，擅自发布诏令，放纵兵士抢劫掳掠，甚至把居民作为食物，尸体枕藉塞满了道路，白骨暴露充盈在野外。这就使地方军政长官不能履行职责，城邑凋零破败，淮水、豫州一带的百姓，陷于水深火热之中。臣虽然愤慨，但拘守于东方一隅之地，自从接奉诏书，发兵讨伐，三军斗志昂扬，卷起衣甲，长驱而击，驻扎在仓垣。当天就接到司空、张陵公王浚的书信，说殿中郎刘权带着诏书，命令王浚和臣一起共图大事。臣当时就派遣前锋征房将军王赞一直前去项城，让司马越跪拜着把大政归还给朝廷，并把潘滔等斩首送来。臣谨希望陛下宽恕宗室大臣，同意让司马越回到他的封国中去。其余受逼迫胁从的人，最好都能蒙受宽大处理。臣当时就把诏书抄录向各地军政长官公开宣布，以表明臣的行动是奉陛下之命的合于大义的举动。现在派遣扬烈将军阎弘的步兵骑兵五千名前去京城，镇守保卫宗庙社稷。"

永嘉五年，怀帝再次赐诏给苟晞说："太傅（司马越）听信任用奸邪谄佞之徒，依仗武力独揽大权，在内不遵奉国家大法，在外不能团结协和四方州郡，于是就使得戎狄充斥于中原，所到之处侵犯百姓，凶狠暴虐。留守军将领何伦抢掠宫廷官署，侮辱宫主，杀害贤能之士，扰乱天下，使人听到以后不能忍受。虽然古代的圣人教导说应当亲近亲人，但太傅的所作所为，已经必须明令惩罚征讨。诏书到达之日，应当向天下人公开宣布，率领各路部队大举进兵，像齐桓公、晋文公扶助王室的业绩，全部都委托给您了。应当周密考虑各种措施，好好地建立宏大的方略。由于道路常常阻塞，所以用白绸子抄寻一份副本别行派人送上，亲自书写，以表示朕的心意。"苟晞上表说："接陛下亲手书写的诏书，委派臣征讨，而且有纸和白绸子两份，臣俯伏恭读感叹，心里惶恐伤惨。自从宰相专权以来，委托依仗谀佞奸邪的小人，在内垄断了朝廷的威严，在外残害广大的百姓，伪造诏节专行征讨，就有了图谋不轨的心意，放纵士兵抢劫掠夺，践踏宫廷官署。前司隶校尉刘暾、御史中丞温畿、右将军杜育，都被乱兵劫掠；广平公主、武安公主以及先帝的遗体，都被逼迫和侮辱。违背大节肆虐作乱，没有比这再厉害的了。当时接奉前次的诏书，已经部署各军，派遣苟晞和陈午领兵前去项城，恭行上天的惩罚。"

起初，东海王司马越怀疑苟晞与怀帝有阴谋，就派游击骑兵在成皋一带巡查，抓住了苟晞的信使，果然得到了诏令和朝廷的书信，于是造成很深的疑虑怨恨。司马越从京城外出为豫州牧以讨伐苟晞，又发出檄文揭露苟晞的罪恶，派遣从事郎中杨瑁为兖州刺史，和徐州刺史裴盾共同讨伐苟晞。苟晞派骑兵捉拿河南尹潘滔，潘滔在夜里潜逃，抓获了尚书刘曾、侍中程延，把他们斩首。正好赶上司马越死去，裴盾兵败，诏命苟晞为大将军、大都督、督青、徐兖、豫、荆、扬六州诸军事，增加食邑二万户，加黄钺，原来的官职像过去一样。

苟晞由于京城洛阳荒芜饥馑一天比一天严重，内忧外患交相而来，所以上表请求迁都。他派遣从事中郎刘会率领船只几十艘，禁卫军五百人，献上稻谷一千斛去迎接怀帝。朝廷大臣对迁都一事很有不同意见。不久京城陷落，苟晞和王赞把军队驻扎在仓垣。豫章王司马端与和郁等人往东逃到苟晞那里，苟晞率领文武百官尊奉司马端为皇太子，设立行台以执行朝廷的权力。司马端以皇帝的名义任命苟晞兼任太子太傅、都督中外诸军事、尚书，从仓垣迁驻蒙城，王晞驻军在阳夏。

苟晞出身子孤贫寒微的家庭，官位做到高级将领，非常志得意满，家里的奴婢有近千人，侍妾有几十人，整天整夜不出大门，刑罚政令苛刻暴虐，自己却尽情享乐。辽西人阎亨上书坚决劝谏，苟晞的从事中郎明预有病在家住着，听到这种情况，就带病坐轿劝谏苟晞说："大晋遭到了厄运，面临着危难，您亲自承受朝廷的机要方针，将要为国家剪除凶恶。阎亨是一个有才能的人，并没有罪过，怎么能一下子把他杀了！"苟晞发怒说："我自己杀了阎亨，和别人有什么关系，而在带病坐轿来骂我！"左右随从听了都为之发抖害怕，明预说："因为您按照礼仪让我进见，我就想按照礼仪尽心竭力。现在您生我的气，可是远近之人生您的气又怎么办！从前尧舜在上的时候，由于和顺治理而兴起，桀纣在上的时候，由于凶恶悖逆而灭亡。天子尚且如此，何况臣下呢？希望您暂且把怒火放在一边而想一想我的话。"苟晞脸上显出惭愧。由于这样，大家的人心就逐渐离散，不肯再为苟晞卖力，加上瘟疫饥荒，苟晞部下将领温畿、傅宣都背叛了他。石勒攻打阳夏，消灭王赞，急行军袭击蒙城，抓住苟晞，让他担任司马，过了一个多月就把他杀了。苟晞没有儿子，兄弟苟纯也被石勒杀害。

祖逖传

【题解】

祖逖（266～321），字士雅，晋范阳遒县（今河北涞水县北）人。出身于北方士族，慷慨仗义，有济世之才。青年时与刘琨同为司州主簿，两人情谊深厚，闻鸡起舞，互相激励。西晋末，祖逖率领宗族数百家南迁。建兴元年（313），要求北伐，被司马睿任为豫州刺史，率所部渡长江，中流击楫，誓死收复中原。所部纪律严明，得到北方人民的响应，收复了黄河以南地区。后东晋内部矛盾激化，祖逖知北伐无望，忧愤成疾而死。祖逖力主北伐，为实现统一做了积极的贡献，他的爱国精神始终被人们传颂。

祖逖字士稚，范阳遒人也。世吏二千石，为北州旧姓。父武，晋王掾，上谷太守。逖少孤，兄弟六人。兄该、纳等并开爽有才干。逖性豁荡，不修仪检，年十四五犹未知书，诸兄每忧之。然轻财好侠，慷慨有节尚，每至田舍，辄称兄意散谷帛以赒贫乏，乡党宗族以是重之。后乃博览书记，该涉古今，往来京师，见者谓逖有赞世才具。侨居阳平。年二十四，阳平辟察孝廉，司隶再辟举秀才，皆不行。与司空刘琨俱为司州主簿，情好绸缪，共被同寝。中夜闻荒鸡鸣，蹴琨觉曰："此非恶声也。"因起舞。逖、琨并有英气，每语世事，或中宵起坐，相谓曰："若四海鼎沸，豪杰并起，吾与足下当相避于中原耳。"

辟齐王冏大司马掾、长沙王乂骠骑祭酒，转主簿，累迁太子中舍人、豫章王从事中郎。从惠帝北伐，王师败绩于荡阴，遂退还洛。大驾西幸长安，关东诸侯范阳王虓、高密王略、平昌公模等竞召之，皆不就。东海王越以逖为典兵参军、济阴太守，母丧不之官。

及京师大乱，逖率亲党数百家避地淮泗，以所乘车马载同行老疾，躬自徒步，药物衣粮与众共之，又多权略，是以少长咸宗之，推逖为行主。达泗口，元帝逆用为徐州刺史，寻征军谘祭酒，居丹徒之京口。

祖逖

逖以社稷倾覆，常怀振复之志。宾客义徒皆暴杰勇士，逖遇之如子弟。时扬土大饥，此辈多为盗窃，攻剽富室，逖抚慰问之曰："比复南塘一出不？"或为吏所绳，逖辄拥护救解之。谈者以此少逖，然自若也。时帝方拓定江南，未遑北伐，逖进说曰："晋室之乱，非上无道而下怨叛也。由藩王争权，自相诛灭，遂使戎狄乘隙，毒流中原。今遗黎既被残酷，人有奋击之志。大王诚能发威命将，使若逖等为之统主，则郡国豪杰必因风向赴，沈溺之士欣于来苏，庶几国耻可雪，愿大王图之。"帝乃以逖为奋威将军、豫州刺史，给千人廪，布三千匹，不给铠仗，使自招募。仍将本流徙部曲百余家渡江，中流击楫而誓曰："祖逖不能清中原而复济者，有如大江！"辞色壮烈，众皆慨叹。屯于江阴，起冶铸兵器，得二千余人而后进。

初，北中郎将刘演距于石勒也，流人坞主张平、樊雅等在谯，演署平为豫州刺史，雅为谯郡太守。又有董瞻、于武、谢浮等十余部，众各数百，皆统属平。逖诱浮使取平，浮谲平与会，遂斩以献逖。帝嘉逖勋，使运粮给之，而道远不至，军中大饥。进据太丘。樊雅遣众夜袭逖，遂入垒，拔戟大呼，直趣逖幕，军士大乱。逖命左右距之，督护董昭与贼战，走之。逖率众追讨，而张平余众助雅攻逖。蓬陂坞主陈川，自号宁朔将军、陈留太守。逖遣使求救于川，川遣将李头率众援之，逖遂克谯城。

初，樊雅之据谯也，逖以力弱，求助于南中郎将王含，含遣桓宣领兵助逖。逖既克谯，宣等乃去。石季龙闻而引众围谯，含又遣宣救逖，季龙闻宣至而退。宣遂留，助逖讨诸屯坞未附者。

李头之讨樊雅也，力战有勋。逖时获雅骏马，头甚欲之而不敢言，逖知其意，遂与之。头感逖恩遇，每叹曰："若得此人为主，吾死无恨。"川闻而怒，遂杀头。头亲党冯宠率其属四百人归于逖，川益怒，遣将魏硕掠豫州诸郡，大获子女车马。逖遣将军卫策邀击于谷水，尽获所掠者，皆令归本，军无私焉。川大惧，遂以众附石勒。逖率众伐川，石季龙领兵五万救川，逖设奇以击之，季龙大败，收兵掠豫州，徙陈川还襄国，留桃豹等守川故城，住西台。逖遣将韩潜等镇东台。同一大城，贼从南门出入放牧，逖军开东门，相守四旬。逖以布囊盛土如米状，使千余人运上台，又令数人担米，伪为疲极而息于道，贼果逐之，皆弃担而走。贼既获米，谓逖士众丰饱，而胡戍饥久，益惧，无复胆气。石勒将刘夜堂以驴千头运粮以馈桃豹，逖遣韩潜、冯铁等追击于汴水，尽获之。豹宵遁，退据东燕城，逖使潜进屯封丘以逼之。冯铁据二台，逖镇雍丘，数遣军要截石勒，勒屯戍渐蹙。候骑常获濮阳人，逖厚待遣归，咸感逖恩德，率乡里五百家降逖。勒又遣精骑万人距逖，复为逖所破，勒镇戍归附者甚多。时赵固、上官巳、李矩、郭默等各以诈力相攻击，逖遣使和解之，示以祸福，遂受逖节度。逖爱人下士，虽疏交贱隶，皆恩礼遇之，由是黄河以南尽为晋土。河上堡固先有任子在胡者，皆听两属，时遣游军伪抄之，明其未附。诸坞主感戴，胡中有异谋，辄密以闻。前后克获，亦由此也。其有微功，赏不逾日。躬自俭约，劝督农桑，克己务施，不畜资产，子弟耕耘，负担樵薪，又收葬枯骨，为之祭醊，百姓感悦。尝置酒大会，耆老中坐流涕曰："吾等老矣！更得父母，死将何恨！"乃歌曰："幸哉遗黎免俘虏，三辰既朗遇慈父。玄酒忘劳甘瓠脯，何以咏恩歌且舞。"其得人心如此。故刘琨与亲故书，盛赞逖威德。诏进逖为镇西将军。

石勒不敢窥兵河南，使成皋县修逖母墓，因与逖书，求通使交市。逖不报书，而听互市，收利十倍，于是公私丰赡，士马日滋。方当推锋越河，扫清冀朔，会朝廷将遣戴若思为都督，逖以若思是吴人，虽有才望，无弘致远识，且已翦荆棘，收河南地，而若思雍容，一旦来统之，意甚怏怏。且闻王敦与刘隗等构隙，虑有内难，大功不遂。感激发病，乃致妻孥汝南大木山下。时中原士庶咸谓逖当进据武牢，而反置家险阨，或谏之，不纳。逖虽内怀忧愤，而图进取不辍，营缮武牢城，城北临黄河，西接成皋，四望甚远。逖恐南无坚垒，必为贼所袭，乃使从子汝南太守济率汝阳太守张敞、新蔡内史周闳率众筑垒。未成，而逖病甚。先是，华谭、庾阐问术人戴洋，洋曰："祖豫州九月当死。"初有妖星见于豫州之分，历阳陈训又谓人曰："今年西北大将当死。"逖亦见星，曰："为我矣！方平河北，而天欲杀我，此乃不祐国也。"俄卒于雍丘，时年五十六。豫州士女若丧考妣，谯梁百姓为之立祠。册赠车骑将军。王敦久怀逆乱，畏逖不敢发，至是始得肆意焉。寻以逖弟约代领其众。约别有传。逖兄纳。

【译文】

祖逖，字士稚，范阳遒县人。祖上世代担任年俸二千石的大官，是北方的大姓。父亲祖武，任晋王司马炎的下属官、上谷太守。祖逖少年时父亲去世，兄弟共有六人。兄祖该、祖纳等都开朗爽直有才能。祖逖性格豁达，不修仪表，十四五岁还不好好读书学习，几个哥哥都为他担忧。然而他轻财物讲义气，为人慷慨有气节，每到田舍农家，总称说遵照他哥哥的主意，把谷帛散发和救济贫困人家，乡里及宗族的人们都很敬重他。后来他注意学习，博览群书，懂得些古今的事。他到京师，见到他的人都说他有治理国家大事的才能。他侨居在阳平郡。二十四岁时，阳平郡征辟察举孝兼，司隶校尉再辟举秀才，他都不去。后来他与司空刘琨同任司州主簿，两人情投意合，同床共被而睡。夜半听到野鸡啼叫，祖逖用脚把刘琨踢醒，说："这不是坏声音呀。"于是两人一起到外面舞剑。祖逖与刘琨都有大丈夫气概，每讲到世上的大事，在半夜里会坐起来谈论。他们互相商定："如果天下大乱，四方英雄好汉纷纷起兵，我们就避难离开中原。"

祖逖被辟任为齐王司马冏的大司马掾、长沙王司马乂的骠骑祭酒，转为主簿，不断加官升为太子中舍人、豫章王从事中郎。他随从晋惠帝北伐，在荡阴战败，退回洛阳。皇帝向西到了长安，关东的诸侯范阳王司马虓、高密王司马略、平昌公司马模等人竞相辟召祖逖，他都不去。东海王司马越任命祖逖为典兵参军、济阴太守，祖逖因母亲去世没有就任。

后来京师洛阳大乱，祖逖率领亲属宗党数百家避难到淮河和泗水地区。他把自己所乘的车马让给同行的老人和病人，自己徒步行走，所带的药物和衣服粮食都与大家一起享用，祖逖又会出主意，多计谋，因此无论老少人人都爱戴和相信他，推举他为行主。到达泗口，晋元帝司马睿预任他为徐州刺史，不久征召为军谘祭酒，住在丹徒的京口。

祖逖因为西晋政权被少数族推翻，就常常抱有振兴复国的志向。他的宾客徒附义从都是勇猛之士，祖逖对他们就如自己子弟，当时扬州大灾荒，这些人多数做盗窃之事，特别是掠夺富户，祖逖一边抚慰一边询问他们说："近来又到南塘夺取财物了吗？"有的人被官吏所揭露逮捕，祖逖就去保护救解他们，人们为此非议祖逖，然而他却若无其事。当时晋元帝正在开拓江南地区，巩固东晋政权，顾不上北伐，祖逖上表说："晋朝的大乱灭亡，不是因为皇帝无道而后下民百姓怨恨叛乱，而是由于藩王争权，自相残杀，才使戎狄乘机，进居中原。现今留在中原的黎民百姓被残酷压迫，人人都有奋起出击的志向。大王如果能下决心任命一个将领，使像我祖逖那样的人作为统帅，这样，各地郡国的豪杰之士必然会闻风响应，比较消极的人也会醒悟过来，也许能战胜敌人，洗刷国耻，希望大王能实行。"晋元帝就任命祖逖为奋威将军、豫州刺史，给他可供一千人吃的粮食，三千匹布，不给盔甲武器，让他自己招募士兵。祖逖就带着同他一起来的几百家乡亲渡过长江，船到中流，祖逖用船桨在船舷边拍打，向大家发誓说："我祖逖如果不能扫平占领中原的敌人而再来渡这条江，那就像大江一样有去无回！"他声调激昂，气概豪壮，大家都为之感动，人人激奋。到了江阴，停顿下来，烧炉铸造兵器，又招募到二千多人，就向北进发。

起初，北中郎将刘演抗拒石勒，流民坞主张平、樊雅等在谯城刘演任命张平为豫州刺史，樊雅为谯郡太守。又有董瞻、于武、谢浮等十余部，各有数百人，都统属于张平。祖逖拉拢谢浮使他攻取张平，谢浮诱骗张平来相见，趁机斩张平，把他首级献给祖逖。晋元帝嘉奖祖逖功勋，命运送粮给他，但因路远没有到达，因而军中粮食大缺。祖逖进而占据太丘，樊雅派其军队夜晚来袭击祖逖，攻入营垒，拔戟大呼，直冲祖逖帐幕，军士大乱，祖逖命令左右战士坚持抵抗，督护董昭率军作战，打退了樊雅军。祖逖率部队追讨，而张平的余部又帮助樊雅攻祖逖。蓬陂坞主陈川，自号宁朔将军、陈留太守。祖逖派使者向陈川求救，陈川派其将李头率领军队来支援，祖逖终于攻克了谯城。

以前，樊雅占据谯城时，祖逖因为力量不足，向南中郎将王含要求帮助，王含派遣桓宣领兵去帮助祖逖。祖逖攻克谯城后，桓宣军就回去了。石虎听到这消息后领兵包围了谯城，王含又派桓宣去救祖逖，石虎知道桓宣军到就退兵。桓宣留在谯，帮助祖逖讨伐各处没有归附的坞壁。

李头在讨伐樊雅时，因拚力作战而有功勋。祖逖在战斗中得到了樊雅的骏马，李头想要但不敢讲，祖逖知道他的心思，就送给了他。李头感恩，常叹道："如果得到此人为主子，我死而无恨。"陈川听到后恼怒，就杀了李头。李头的亲信冯宠率领他的部下四百人投归祖逖，陈川更加发怒，派他的将领魏硕掠夺豫州各郡，俘获了许多人口和车马。祖逖派遣将军卫策在谷水迎击魏硕，全部截获了他所掠夺的人口车马，并放了他们回去，军队没有私留一点。陈川大为惧怕，就带着他的部众去依附石勒。祖逖率领部众讨伐陈川，石虎领兵五万救陈川，祖逖设下奇计袭击他，石虎大败，收兵到豫州掠夺，把陈川徙回襄国，留下桃豹守陈川旧城蓬陂，住在西台。祖逖派遣将领韩潜等人镇守东台。同一大城，贼军从南门出入放牧，祖逖军开东门，相持四十天，双方都缺粮。祖逖用布袋盛土好像一袋袋米，使千余人运上台，又命几个人挑米，假装好像十分疲劳而在路上休息，贼军来抢米，他们就弃米而逃。贼军得了米，以为祖逖士兵都不能吃饱，而少数的士兵长久吃不饱，因此更加惧怕，士气低落。石勒的将领刘夜堂用千头驴运粮食来救援桃豹，祖逖派韩潜、冯铁等追击到汴水，获得了全部粮食。桃豹晚上逃走，退而占据东燕城，祖逖派韩潜进军到封丘驻屯下来逼近他。冯铁占据了两台，祖逖镇守雍丘，多次派军队攻击堵截石勒军，石勒屯兵戍卫的地区日渐缩小。祖逖的侦察兵常俘获濮阳人，祖逖总是优待他们并送他们回去，这些人都感谢祖逖恩德，就率领乡里五百家来投降。石勒又派遣一万精锐骑兵来抗拒祖逖，再次被祖逖打败，石勒统治下的镇戍向祖逖投降的很多。当时赵固、上官已、李矩、郭默等互相之间用欺诈和武力不断斗争，祖逖派使者去调解使他们和好，并指明出路，这些人都接受祖逖的指挥。祖逖对人热情礼贤下士，即使是跟自己关系疏远和地位低下的人，也同样热情地以礼相待。因此黄河以南地区都成了晋朝的土地。对黄河边上的坞堡早先留有人质在石勒军中的，祖逖都听任他们两边都交往，并常派些小部队假装进攻他们，以表明他们未归附晋朝。各坞堡主对祖逖感恩戴德，少数族中有什么动静，常常秘密来报告。祖逖前后能多次打胜仗，这是一个重要的原因。祖逖对待部下只要他们有一点功劳就加以赏赐，从来不超过一天。他自己却生活俭朴，积极奖励农业生产，把省下来的钱尽量帮助部下，不积蓄私产，子弟也从事农耕背柴。他又收葬枯骨，加以祭奠，百姓都十分感动喜悦。在一次酒会上，父老乡亲流着泪说："我们这些人已经老了，现在重新得到了父母，死了还有什么可遗憾的！"于是唱歌道："幸运呀我们黎民免做俘虏，日月星辰重放光芒遇到了慈父，让我们用葫芦盛着美酒再献上一束干肉，怎样来歌颂你的恩德，让我们且歌且舞吧。"他就是这样的得人心。故而刘琨在给亲戚的信中，大为称赞祖逖的威望和德行。晋元帝下诏进升祖逖为镇西将军。

石勒不敢出兵到黄河以南，命人在成皋县修祖逖母亲的坟墓，并写信给祖逖，请求通使节互市贸易。祖逖没有回信，但听任双方互市，收利十倍，于是官方和私人都富足起来，兵马日益强壮。正当祖逖要跨过黄河，扫清河北冀朔地区的少数族，碰到了朝廷将要派遣戴若思为都督来统管他，祖逖认为戴若思是南方吴人，虽然有名望，但没有远见卓识，自己已经剪除荆棘，收复了黄河以南土地，而戴若思斗志不坚，一旦来统管，北伐大业就会夭折，因此心中闷闷不乐。而且他又听说王敦与刘隗等矛盾激化，怕朝廷中出现内难，北伐大功就更不能成功。由此忧郁发病，他把妻子和子女安排在汝南大木山下。当时中原的士大夫都知道祖逖要进据虎牢，而他反而把家属安置在险要之处，就劝阻他，祖逖没有同意。祖逖虽然内心忧愤，而图谋进取的计划并没有停止，他营造修缮虎牢城，城北面临黄河，西接成皋，四面望去很远。祖逖恐怕南边没有坚固的营垒，一定会被贼军袭击，于是命侄子汝南太守祖济率领汝阳太守张敞、新祭内史周闳率领部队修筑营垒。还未修成，而祖逖病已很严重。早先，华谭、庾阐询问有方术的人戴洋，戴洋说："豫州刺史祖逖九月当死"。天空中有妖星在豫州这部分第一次出现，历阳人陈训又对人说："今年西北大将当死。"祖逖也见到这颗星，说："这是为我的星！我刚刚平定河北，而天要杀我，这是不保佑国家呀。"不久死于雍丘，年龄五十六岁。豫州的男男女女好像死了父母，谯县、梁国的百姓为他立祠。皇帝赠官车骑将军。王敦早已想叛乱，因害怕祖逖不敢发动，到这时开始肆意横行了。不久任命祖逖弟祖约代领部众。祖约另有传。祖逖兄祖纳。

王导传

【题解】

王导（276～339），字茂弘，琅琊临沂（今山东临沂北）人。西晋末年，琅琊王司马睿为安东将军镇守下邳（今江苏睢宁西北）时，王导在他的将军府中任司马，成为司马睿的主要谋士。到司马睿渡江镇守建康（今江苏南京），王导作为南渡的北方士族代表，设法取得了江南士族的支持，奠定了司马睿称帝的基础。东晋王朝建立后，王导官居宰相，致力于制定制度、开设学校，并通过树立皇室权威来调和南北士族间的矛盾，受到南北士族双方的尊重，从而以这种特殊地位，先后在元帝、明帝、成帝三朝执掌朝政，以至当时有"王与马、共天下"的说法。王导为东晋王朝得以建立并延续二百七十余年做出了突出贡献。

【原文】

王导，字茂弘，光禄大夫览之孙也。父裁，镇军司马。导少有风鉴，识量清远。年十四，陈留高士张公见而奇之，谓其从兄敦曰："此儿容貌志气，将相之器也。"初袭祖爵即丘子。司空刘寔寻引为东阁祭酒，迁秘书郎、太子舍人、尚书郎，并不行。后参东海王越军事。

时元帝为琅琊王，与导素相亲善。导知天下已乱，遂倾心推奉，潜有兴复之志。帝亦雅相器重，契同友执。帝之在洛阳也，导每劝令之国。会帝出镇下邳，请导为安东司马。军谋密策，知无不为。及徙镇建康，吴人不附。居月余，士庶莫有至者，导患之。会敦来朝，导谓之曰："琅琊王仁德虽厚，而名论犹轻。兄威风已振，宜有以匡济者。"会三月上巳，帝亲观禊，乘肩舆，具威仪。敦、导及诸名胜皆骑从。吴人纪瞻、顾荣，皆江南之望，窃觇之，见其如此，咸惊惧，乃相率拜于道左。导因进计曰："古之王者，莫不宾礼故老，存问

王导

风俗，虚己倾心，以招俊乂。况天下丧乱，九州分裂，大业草创，急于得人者乎！顾荣、贺循，此土之望，未若引之以结人心。二子既至，则无不来矣。"帝乃使导躬造循、荣，二人皆应命而至。由是吴会风靡，百姓归心焉。自此之后，渐相崇奉，君臣之礼始定。

俄而洛京倾覆，中州士女避乱江左者十六七。导劝帝收其贤人君子，与之图事。时荆扬晏安，户口殷实。导为政务在清静，每劝帝克己励节，匡主宁邦。于是尤见委杖，情好日隆，朝野倾心，号为"仲父"。帝尝从容谓导曰："卿，吾之萧何也。"对曰："昔秦为无道，百姓厌乱，巨猾陵暴，人怀汉德，革命反正，易以为功。自魏氏以来，迄于太康之际，公卿世族，豪侈相高，政教陵迟，不遵法度。群公卿士，皆餍于安息，遂使奸人乘衅，有亏至道。然否终斯泰，天道之常。大王方立命世之勋，一匡九合，管仲、乐毅于是乎在，岂区区国臣所可拟议！愿深弘神虑，广择良能。顾荣、贺循、纪瞻、周玘，皆南士之秀，愿尽优礼，则天下安矣。"帝纳焉。

永嘉末，迁丹杨太守，加辅国将军。导上笺曰："昔魏武，达政之主也；荀文若，功臣之最也，封不过亭侯。仓舒，爱子之宠，赠不过别部司马。以此格万物，得不局迹乎！今者临郡，不问贤愚豪贱，皆加重号，辄有鼓盖，动见相准。时有不得者，或为耻辱。天官混杂，朝望秽毁。导忝荷重任，不能崇浚山海，而开导乱源，饕窃名位，取紊彝典，谨送鼓盖加崇之物，请从导始。庶令雅俗区别，群望无惑。"帝下令曰："导德重勋高，孤所深倚。诚宜表彰殊礼，而更约己冲心，进思尽诚，以身率众。宜顺其雅志，式允开塞之机。"拜宁远将军，寻加振威将军。愍帝即位，征吏部郎，不拜。

晋国既建，以导为丞相军谘祭酒。桓彝初过江，见朝廷微弱，谓周颉曰："我以中州多故，来此欲求全活，而寡弱如此，将何以济！"忧惧不乐，往见导，极谈世事。还，谓颉曰："向见管夷吾，无复忧矣。"过江人士，每至暇日，相要出新亭饮宴。周颉中坐而叹曰："风景不殊，举目有江河之异。"皆相视流涕。惟导愀然变色曰："当共戮力王室，克复神州，何至作楚囚相对泣邪！"众收泪而谢之。俄拜右将军、扬州刺史、监江南诸军事，迁骠骑将军，加散骑常侍、都督中外诸军、领中书监、录尚书事、假节，刺史如故。导以敦统六州，固辞中外都督，后坐事除节。

于时军旅不息，学校未修。导上书曰：

夫风化之本在于正人伦，人伦之正存乎设庠序。庠序设，五教明，德礼洽通，彝伦攸叙，而有耻且格；父子兄弟夫妇长幼之序顺，而君臣之义固矣。《易》所谓"正家而天下定"者也。故圣王蒙以养正，少而教之，使化沾肌骨，习以成性，迁善远罪而不自知，行成德立，然后裁之以位。虽王之世子，犹与国子齿，使知道而后贵。其取才用士，咸先本之于学。故《周礼》，卿大夫献贤能之书于王，王拜而受之，所以尊道而贵士也。人知士之贵由道存,则退而修其身以及家,正其家以及乡,学于乡以登朝。反本复始,各求诸己,敦朴之业著,浮伪之竞息,教使然也。故以之事君则忠,用之莅下则仁。孟轲所谓"未有仁而遗其亲,义而后其君者也。"

自顷皇纲失统,颂声不兴,于今将二纪矣。《传》曰:"三年不为礼,礼必坏;三年不为乐,乐必崩",而况如此之久乎!先进忘揖让之容,后生惟金鼓是闻。干戈日寻,俎豆不设,先王之道弥远,华伪之俗遂滋,非所以端本靖末之谓也。殿下以命世之资,属阳九之运,礼乐征伐,翼成中兴。诚宜经纶稽古,建明学业,以训后生,渐之教义,使文武之道坠而复兴,俎豆之仪幽而更彰。方今戎虏扇炽,国耻未雪,忠臣义夫所以扼腕拊心。苟礼仪胶固,淳风渐著,则化之所感者深而德之所被者大。使帝典阙而复补,皇纲弛而更张,兽心革面,饕餮检情,揖让而服四夷,缓带而天下从。得乎其道,岂难也哉!故有虞舞干戚而化三苗,鲁僖作泮宫而服淮夷。桓文之霸,皆先教而后战。今若聿遵前典,兴复道教,择朝之子弟并入于学,选明博修礼之士而为之师,化成俗定,莫尚于斯。

帝甚纳之。及帝登尊号,百官陪列,命导升御床共坐。导固辞,至于三四,曰:"若太阳下同万物,苍生何由仰照!"帝乃止。进骠骑大将军、仪同三司。以讨华轶功,封武冈侯。进位侍中、司空、假节、录尚书、领中书监。会太山太守徐龛反,帝访可以镇抚河南者,导举太子左卫率羊鉴。既而鉴败,抵罪。导上疏曰:"徐龛叛戾,久稽天诛。臣创议征讨,调举羊鉴。鉴闇懦覆师,有司极法。圣恩降天地之施,全其首领。然臣受重任,总录机衡,使三军挫衄,臣之责也。乞自贬黜,以穆朝伦。"诏不许。寻代贺循领太子太傅。时中兴草创,未置史官。导始启立,于是典籍颇具。时孝怀太子为胡所害,始奉讳,有司奏天子三朝举哀,群臣一哭而已。导以为皇太子副贰宸极,普天有情,宜同三朝之哀。从之。及刘隗用事,导渐见疏远,任真推分,澹如也。有识咸称导善处兴废焉。

王敦之反也,刘隗劝帝悉诛王氏,论者为之危心。导率群从昆弟子姪二十余人,每旦诣台待罪。帝以导忠节有素,特还朝服,召见之。导稽首谢曰:"逆臣贼子,何世无之,岂意今者近出臣族!"帝跣而执之曰:"茂弘,方托百里之命于卿,是何言邪!"乃诏曰:"导以大义灭亲,可以吾为安东时节假之。"及敦得志,加导守尚书令。初,西都覆没,海内思主,群臣及四方并劝进于帝。时王氏强盛,有专天下之心。敦惮帝贤明,欲更议所立,导固争乃止。及此役也,敦谓导曰:"不从吾言,几致覆族。"导犹执正议,敦无以能夺。

自汉魏已来,赐谥多由封爵,虽位通德重,先无爵者,例不加谥。导乃上疏,称:"武官有爵必谥。卿校常伯无爵不谥,甚失制度之本意也"从之。自后公卿无爵而谥,导所议也。

初,帝爱琅琊王裒,将有夺嫡之议,以问导。导曰:"夫立子以长。且绍又贤,不宜改革。"帝犹疑之。导日夕陈谏,故太子卒定。

及明帝即位,导受遗诏辅政。解扬州,迁司徒,一依陈群辅魏故事。王敦又举兵内向。时敦始寝疾,导便率子弟发哀。众闻,谓敦死,咸有奋志。及帝伐敦,假导节,都督诸军,领扬州刺史。敦平,进封始兴郡公,邑三千户,赐绢九千匹,进位太保,司徒如故。剑履上殿,入朝不趋,赞拜不名。固让。帝崩,导复与庾亮等同受遗诏,共辅幼主,是为成帝。加羽葆鼓吹,班剑二十人。及石勒侵阜陵,诏加导大司马、假黄钺,出讨之。军次江宁,帝亲饯于郊。俄而贼退,解大司马。

庾亮将征苏峻,访之于导。导曰:"峻猜险,必不奉诏。且'山薮藏疾',宜包容之。"固争不从。亮遂召峻。既而难作,六军败绩,导入宫侍帝。峻以导德望,不敢加害,犹以本官居己之右。峻又逼乘舆幸石头,导争之不得。峻日来帝前肆丑言,导深惧有不测之祸。时路永、匡术、贾宁并说峻,令杀导,尽诛大臣,更树腹心。峻敬导,不纳,故永等贰于峻。导使参军袁耽潜讽诱永等,谋奉帝出奔义军。而峻卫御甚严,事遂不果。导乃携二子随永奔于白石。

及贼平,宗庙宫室并为灰烬。温峤议迁都豫章,三吴之豪请都会稽,二论纷纭,未有所适。导曰"建康,古之金陵,旧为帝里。又孙仲谋、刘玄德俱言王者之宅。古之帝王不必以丰俭移都。苟弘卫文大帛之冠,则无往不可;若不绩其麻,则乐土为虚矣。且北寇游魂,伺我之隙。一旦示弱,窜于蛮越,求之望实,惧非良计。今特宜镇之以静,群情自安。"由是峤等谋并不行。

导善于因事,虽无日用之益,而岁计有余。时帑藏空竭,库中惟有练数千端,鬻之不售,而国用不给。导患之,乃与朝贤俱制练布单衣。于是士人翕然竞服之,练遂踊贵,乃令主者出卖,端至一金。其为时所慕如此。

六年冬,蒸,诏归胙于导,曰:"无下拜。"导辞疾不敢当。初,帝幼冲,见导,每拜。又尝与导书手诏,则云:"惶恐言",中书作诏,则曰:"敬问",于是以为定制。自后元正,导入,帝犹为之兴焉。

时大旱,导上疏逊位。诏曰:"夫圣王御世,动合至道,运无不周,故能人伦攸叙,万物获宜。朕荷祖宗之重,托于王公之上,不能仰陶玄风,俯洽宇宙,亢阳逾时,兆庶胥怨,邦之不臧,惟予一人。公体道明哲,弘犹深远,勋格四海,翼亮三世,国典之不坠,实仲山甫补之,而猥崇谦光,引咎克让。元首之愆,寄责宰辅,祗增其阙。博综万机,不可一日有旷。公宜遗履谦之近节,遵经国之远略。门下速遣侍中以下敦喻。"导固让。诏累逼之。然后视事。

导简素寡欲,仓无储谷,衣不重帛。帝知之,给布万匹,以供私费。导有羸疾,不堪朝会,帝幸其府,纵酒作乐,后令舆车入殿。其见敬如此。

石季龙掠骑至历阳,导请出讨之。加大司马、假黄钺、中外诸军事,置左右长史、司马,给布万匹。俄而贼退,解大司马,复转中外大都督,进位太傅,又拜丞相,依汉制罢司徒官以并之。册曰:"朕夙罹不造,肆陟帝位,未堪多难,祸乱旁兴。公文贯九功,武经七德,外缉四海,内齐八政。天地以平,人神以和,业同伊尹,道隆姬旦。仰思唐虞,登庸隽嚚,申命群官,允厘庶绩。朕思凭高谟,弘济远猷,维稽古建尔于上公,永为晋辅。往践厥职,敬敷道训,以亮天工,不亦休哉! 公其戒之!"

是岁,妻曹氏卒,赠金章紫绶。初,曹氏姓妒,导甚惮之,乃密营别馆,以处众妾。曹氏知,将往焉。导恐妾被辱,遽令命驾,犹恐迟之,以所执麈尾柄驱牛而进。司徒蔡谟闻之,戏导曰:"朝廷欲加公九锡。"导弗之觉,但谦退而已。谟曰:"不闻余物,惟有短辕犊车,长柄麈尾。"导大怒,谓人曰:"吾往与群贤共游洛中,何曾闻有蔡克儿也。"

于是庾亮以望重地逼,出镇于外。南蛮校尉陶称间说亮当举兵内向,或劝导密为之防。导曰:"吾与元规休戚是同。悠悠之谈,宜绝智者之口。则如君言,元规若来,吾便角巾还第,复何惧哉!"又与称书,以为庾公,帝之元舅,宜善事之。于是谗间遂息。时亮虽居外镇，而执朝廷之权，即据上流，拥强兵，趋向者多归之。导内不能平，常遇西风尘起，举扇自蔽，徐曰："元规尘污人。"

自汉魏以来，群臣不拜山陵。导以元帝眷同布衣，匪惟君臣而已。每一崇进，皆就拜，不胜哀戚。由是诏百官拜陵。自导始也。

咸康五年薨，时年六十四。帝举哀于朝堂三日，遣大鸿胪持节监护丧事。赠襚之礼，一依汉博陆侯及安平献王故事。及葬，给九游辒辌车、黄屋左纛、前后羽葆鼓吹、武贲班剑百人，中兴名臣莫与为比。册曰："盖高位以酬明德，厚爵以答懋勋，至乎阖棺标迹，莫尚号谥，风流百代，于是乎在。惟公迈达冲虚，玄鉴劲邈，夷淡以约其心，体仁以流其惠。栖迟务外，则名隽中夏；应期濯缨，则潜算独运。昔我中宗、肃祖之基中兴也，下帷委诚而策定江左，拱己宅心而庶绩咸熙。故能威之所振，寇虐改心，化之所鼓，梼杌易质。调阴阳之和，通彝伦之纪，辽陇承风，丹穴景附。隆高世之功，复宣武之绩，旧物不失，公协其献。若乃荷负顾命，保朕冲人，遭遇艰屯，夷险委顺。拯其沦坠而济之以道，扶其颠倾而弘之以仁，经纬三朝而蕴道弥旷。方赖高谟，以穆四海，虽天不吊，奄忽薨殂，朕用震恸于心。虽有殷之殒保衡，有周之丧二南，曷谕兹怀！今遣使待节、谒者仆射任瞻锡谥曰'文献'，祠以太牢。魂而有灵，嘉兹荣宠！"

【译文】

王导，字茂弘，光禄大夫王览之孙。父亲名王裁，官至镇军司马。王导年幼时就有风度，有远见。十四岁时，陈留县名士张公见到他十分吃惊，对他的堂兄王敦说："看这位少年的相貌心志。是做将相的人才。"最初王导承袭祖上的爵位即丘子。不久司空刘寔引荐他做东阁祭酒，升秘书郎、太子舍人、尚书郎，他均未赴任。而后做了东海王司马越的参军事。

当时晋元帝还是琅琊王，他与王导一向亲密友善。王导看到天下已经大乱，便全力拥戴（琅琊王），暗自立下复兴（晋室）的心志。晋元帝对他也十分器重，志趣相投如挚友，元帝在洛阳时，王导时常劝他到自己的封国去。及至元帝出镇下邳，请王导做安东司马，凡军国大计，他都积极筹划。元帝出镇建康后，吴人并不依附，时过一个多月，仍没有士人百姓前去拜望，王导为此深感忧虑。待王敦来朝见，王导对他说："琅琊王仁德虽厚，但名望还轻。你在此早已声名大振，应该设法匡济时局。"三月上巳节，元帝亲自前去观看修禊仪式，一路乘坐肩舆，威仪齐备。王敦、王导以及众名臣骁将也都骑马扈行。吴人纪瞻，顾荣都是江南一带名望极高的人，他们私下前去观望，看到这种场面，都十分吃惊，于是相继在路旁迎拜。王导因此又献计说："古代凡是能够称王天下的，没有不礼贤遗老先贤，存问风俗，虚心坦诚，以便招揽天下俊杰。更何况现在天下大乱，九州分裂，我们立国的大业尚在初创，当务之急在于取得民心呢。顾荣、贺循二位是当地名门之首，不如将他们吸引过来以便广收人心。他们二位一来，其他人便没有不来的了。"元帝遂派王导亲自登门拜请贺循、顾荣，他们两人也就应命前去朝见元帝，吴地受其影响，民心归附。从此之后，各地相继尊奉元帝，开始有了君王与臣子的礼数。

不久洛阳陷落，中原一带十之六七的士人和妇女逃避战乱迁到江南，王导劝元帝招揽其中的贤人君子，同他们共图大业。其时荆州、扬州一带社会安定，人丁兴旺。王导为政力求清静无为，时常规劝元帝克制一己私欲，厉行节约，匡正君主以使国家安定。由此更为元帝倚重，君臣之间也日见亲密，朝野上下众望所归，尊他为"仲父"。元帝曾缓缓地对王导说："你就是我的萧何。"王导答道："昔日秦政无道，百姓愤而反叛，豪门奸宄欺凌百姓，暴虐无道，人心盼望汉的德政，革命反正便容易成功。自曹魏至太康，公卿士族，竞相攀比奢侈豪华，政务教化衰颓，法度无人遵守，众公卿士族皆苟且偷安，于是奸猾之徒乘隙而起，使至道有所亏损。然而否极泰来，是天道常理。大王正在建立命世勋业，要一统天下，管仲、乐毅因此而存在，这哪里是我这小小国臣所能比拟的呢！希望大王从长远计，广择良能。顾荣、贺循、纪瞻、周玘都是南方俊杰，希望能给他们充分的优崇和礼遇，若如此便会天下安定了。"元帝采纳了他的意见。

永嘉末年，(王导)升丹阳太守，加辅国将军。王导上奏道："昔日魏武帝是执政至善的君主，荀文若是功臣之首，但(魏武帝)对他也只是封了一个亭侯而已。仓舒是最得宠的爱子，对他也只是赠了一个别部司马。以此推究其他一切，还不该慎重吗？如今只要做了一郡之长，不论贤能愚钝，不问豪贵低贱，一律加封重号，恩赐鼓盖，他人也竞相比附。偶或有得不到封赏的，便以为是耻辱。致官吏中鱼龙混杂，朝廷威望衰微败坏。我徒负重任，不能填山淘海、疏导乱源，只是尸位素餐，紊乱法规。现谨将鼓盖等加赏之物奉还。愿自此从我开始，或能使雅俗有别，众望不致迷乱。"元帝下令称："王导德行高尚，功勋崇厚，深为我所倚重，理应以殊礼表彰。但他反而检点自己，淡泊心志，更思竭尽忠诚，以身率众。应当顺应他的雅志，给他拓开壅塞的机会。"拜王导为宁远将军，不久加振威将军。愍帝即位，召王导为吏部郎，为王导所辞。

晋国建立后，以王导为丞相军咨祭酒。桓彝刚过江时，看到朝廷微弱，对周颛说："我因中原多难，才来到这里求生存，现在这里如此势单力薄，拿什么来扶危济难呢！"于是忧虑、疑惧，闷闷不乐。后来去见王导，两人畅谈时局国事，回来后对周颛说："刚才见到管夷吾，我不再担忧了。"由北方渡江而来的士人，一遇闲暇，常相约出门到新亭聚会宴饮。周颛居中而坐，叹道："风景依旧，抬眼望去，江河已自不同。"在座的人都相视垂泪。只有王导十分不悦，正颜说道："我们应当同心同德为王室效力，以便早日克复中原，何至于如做楚囚般相对流泪呢！"众人于是收泪认错。不久王导官拜右将军、扬州刺史，监江南诸军事，升骠骑将军，加散骑常侍、都督中外诸军事、领中书监、尚书事、假节，仍任扬州刺史。王导因王敦统御六州，坚辞中外都督，后又因事除去假节。

其时战事不断，学校未建，王导为此上书陈说：

"风化的根本在于正人伦，人伦要正在于设学校。学校设立，就可做到五教分明，德礼遍通、伦常有序，人人有羞耻之心，且能自我约束。父子、兄弟、夫妇、长幼这些人伦关系和顺有序，君臣的名分就固定了，这就是《易经》所说'治家使之端正有序，则天下安定'。所以圣明的君主对臣民都是启蒙时养正，年幼时教化，使之深入肌骨，习以成性，不知不觉便能做到近善远恶，等到已形成良好的举止和高尚的道德，再量才授官。即便是君主的子嗣，也与贵族之子无异，要使他先通晓义理，然后才使他显贵。大凡择取人才，任用士子，都要先根据学问。所以《周礼》记载说，卿大夫向周王进献贤能之书，周王行拜礼而后受纳，就是以此表示尊崇义理，敬重士人。人们明白了士人所以尊贵是因为天下存在义理，便可退而修养身心乃至治理家庭，家庭正然后治理乡俗，学于乡然后才能登朝,如此循环往复,人人各善其身,就会使淳朴之风大张,浮华虚伪之气日消,这就是教化的作用。以这样的人事国君,他会忠心不二;治理下民,他会以仁德为怀。这就是孟轲所说'没有仁人会遗弃自己的父母,义士会怠慢自己的君主的。'

自从近来皇室衰微,听不到朝廷上乐颂之声至今已二十余年。《左传》说'三年不举行礼仪,礼仪必定损毁,三年不奏乐,乐必定崩坏',更何况已过了这样久的时间。前人忘掉了拱手相让的礼仪,后辈晚生也只听到过鸣金击鼓。日日操动干戈,祭祀之礼不行,这样离先王之道越来越远,奢华虚伪的习气于是滋生漫延,这可不能说是正本清源。殿下以命世才略,逢阳九机运,兴礼乐,举征伐,促成晋室中兴。实在应该整理古籍,倡导学术,以训导后生,让文王武王之道在失落后复兴,祭祀的仪典自幽冥中昭著。如今戎虏气焰嚣张,国耻未雪,忠臣义士为此痛心疾首。若礼仪稳固下来,淳朴之风渐次昭彰,那么就会使教化深入人心,德政广布天下。使帝王典章缺佚而后复补,皇朝纲纪松弛而后更张,使兽性者洗心革面,贪险者收敛行迹,并以揖让之礼使四夷臣服,以政令从容使天下归顺。只要合乎治道,做到这些还会困难吗!昔日有虞氏舞动干戚而使三苗归化,鲁僖公创设泮宫而令淮夷臣服。齐桓公、晋文公称霸天下都是先教化而后征伐。如今若遵从前典,兴复道德教化,选朝中子弟送入学校,取明达博学、优贤通礼之士做老师,使教化成而风俗定,便没有比这更好的了。"

元帝十分赞同,采纳了他的意见。

及至元帝登基,百官陪位,命王导到御床与元帝同坐。王导坚决不肯受命,再三推辞,说:"若太阳降至同万物一样,苍生靠什么来照耀呢?"元帝于是不再坚持。王导晋升为骠骑大将军、仪同三司。因讨伐华轶有功,封武冈侯。进位为侍中、司空、假节、录尚书,领中书监。其时太山太守徐龛谋反,元帝想选派一员能够镇抚河南的将领,王导举荐太子左卫率羊鉴。不久羊鉴战败抵罪。王导上疏道:"徐龛反叛,早当受诛,我提议征讨,推举羊鉴赴命。羊鉴愚昧软弱,致使大军倾覆,被朝廷处以极刑。赖圣恩广施天地,将其性命保全。而我身负重任,总领机要,三军战败,我也责无旁贷。我请求贬黜,以整肃朝纲。"元帝下诏不准。不久王导代贺循领太子太傅。当时晋室中兴草创,尚未设置史官,王导首倡设立,于是典籍大致完备。孝怀太子为胡人所害,要下葬时,有司奏请天子下葬举哀三日,群臣下葬哭悼一次即可。王导以为皇太子地位仅在天子之下,普天有情,因此也应行三朝举哀之仪。元帝听从。刘隗当权后,王导逐渐被元帝疏远,他遇事诚心推让,与刘隗分担政务,自甘淡泊。有识之士都称道他善处荣辱进退之境。

王敦举兵叛乱,刘隗劝元帝尽杀王姓族人,朝野人士都为此担心。王导率领王氏族人弟子二十余人,每日清晨赴朝廷待罪。元帝念王导一向忠诚有节操,特送还朝服,并召见他。王导跪下叩头谢道:"逆臣贼子哪朝没有?不料今天竟出我们王姓家族!"元帝赤足扶起他说:"茂弘,我正要任你出镇方面,你说的这是什么话呢?"下诏说:"王导大义灭亲,可以把我做安东将军时的节钺授他。"王敦得志后,加王导守尚书令。当年西都洛阳覆没,天下企盼早立君主,群臣及四方人士都劝元帝登基。当时王氏势力强盛,有专治天下之心,王敦惮惧元帝贤明,想更立他人为帝,王导坚持抗争才制止。及至这次事变,王敦对王导说:"不依我的主张,几乎导致王氏全族覆灭。"但是王导依然坚持正义,王敦无法令他改变。

自汉魏以来，赠赐谥号大多依据死者爵位，这样即使生前地位显赫、德高望重，但若没有封爵，死后也照例不能加赠谥号。王导为此上疏称："武官有封爵必定有谥号，而卿校、常伯没有封爵便得不到谥号，这样实在有失制度的本意。"他的意见被采纳。从此公卿没有封爵也能得到谥号，正是依从了王导的建议。

当初，元帝偏爱琅玡王司马裒，有意废黜嫡子皇储，征询王导意见，王导回答："立太子理当立嫡长子，况且司马绍又很贤能，不应改立他人。"元帝仍犹豫不决，王导日夜劝谏，太子地位终于稳定。

明帝即位，王导受遗诏辅佐朝政，解除扬州刺史，升为司徒，完全依照陈群在曹魏辅政的旧例。王敦再次举兵进攻。当时王敦已病，王导率族中子弟为他发丧，众人听说王敦已死，斗志高昂。明帝出征讨伐王敦，授予王导节杖，都督诸军，领扬州刺史。平定王敦之乱后，王导晋封为始兴郡公，给采邑三千户，赐绢九千匹，晋升为太保，仍兼司徒，并给以"剑履上殿，入朝不趋，赞拜不名"的礼遇。王导再三辞让。明帝死，王导又与庾亮等人共同接受遗诏，辅佐幼主成帝。加给王导羽盖、鼓吹乐队，并班剑二十人。石勒进犯阜陵，成帝下诏加王导大司马、假黄钺，出征讨伐石勒。大军驻于江宁，成帝亲自在郊外设宴为之饯行。不久来敌败退，王导卸去大司马。

庾亮要征召苏峻，征求王导意见，王导回答："苏峻性情多疑阴险，一定不会奉诏，而且山泽之中，暗藏险情。最好包容他。"王导力争无效。于是庾亮召苏峻。不久乱起，六军战败。王导入皇宫侍奉成帝。苏峻因他德高望重，不敢加害，仍让他任原官，位在自己之上。苏峻又逼迫成帝去石头城，王导与之争辩无效。苏峻每日到成帝面前肆意谩骂，王导深恐有不测之祸。这时路永、匡术、贾宁等人都游说苏峻，让他杀掉王导，尽诛大臣，在朝中重新培植心腹党羽。苏峻因敬畏王导而没有采纳，路永等人因此又对苏峻怀有二心。王导派参军袁耽暗诱路永等人，计划让他奉护成帝逃到义军中去，因苏峻防范严密未能成功，王导于是带着两个儿子跟随路永一起逃到白石。

平定苏峻叛乱后，宗庙宫室悉数化为灰烬。温峤倡言迁都豫章，三吴富豪请求迁都会稽，两派意见纷争不已，无所适从。王导提出："建康是古代的金陵，皇帝的故里，且孙仲谋、刘玄德都曾说这里是王者的居所。古时的帝王都不依地方的丰俭而迁徙国都，如果能够弘扬卫文公衣大帛之冠励精图治的精神，那么迁都于何处都无不可。若百姓尽废其业，那么即便身处乐土也是枉然。而且北方敌寇游魂一直伺机寻隙，我们一旦示弱，迁都于蛮越之地，贪图地望殷实，恐怕并非良策。当今尤其应该镇静处之，如此一来，民心自会安定。"于是温峤等人的意见均未被采纳。

王导善于理财，日常用度虽不见宽裕，但每一年度总有节余。当时府库空竭，只有数千端练，卖不出去，国用匮乏，王导为此忧虑，便和朝官显贵们一起做练布单衣。士人们见到后争相仿效穿着。练价因此大涨，王导命主管官员出售库藏练，每端价格卖到一金。时人对他敬佩就是到了如此程度。

成帝六年冬，行冬祀，成帝下诏让王导主持祭祀，称"无须下拜"。王导竭力推辞不敢承受。当初成帝年幼时，每见王导都要下拜；成帝写诏书给王导，则加"惶恐言"，中书作诏书，则说"敬问"，于是这种做法成为定制。以后每到元正大典，王导入朝，成帝仍旧因他来而起立表示尊敬。

时逢大旱,王导上疏请求逊位。成帝下诏回答:"圣王治世,所行均合于至道,举措无不周详妥帖,所以能够人伦有序,万物各有所适。朕受祖宗重托,位在王公百官之上,仰不能得玄风熏染,俯不能协合宇宙,上天久旱,百姓皆怨,国运不佳,责任在我一人。公通晓道义且明哲,深谋远略,功勋感通四海,辅佐我晋室三朝。国运所以不衰,实在是仲山甫补救的功劳。公十分推崇谦退之风,引咎而能让,但是元首的过失怎么能推诿给宰辅呢?这样只能增加元首的过责。公总理万机,不可以一日不在,因此应当放弃'谦逊'这种眼前的操守,而服从经略邦国的长远大计。门下速派侍中以下官员前去敦促晓谕。"王导仍极力推让,诏书屡下,迫使他从命,而后他才复职。

王导俭朴寡欲,仓无存粮,衣无余帛。成帝得知,赏给布万匹,作为私人费用。王导病重,不能上朝,成帝亲自到他的府邸纵酒作乐,而后令他可以乘舆车赴朝,对他敬重到如此程度。

石季龙的骑兵一路劫掠至历阳,王导请求出征讨伐。加授大司马、假黄钺、都督中外诸军事,设立左右长史、司马,给布万匹。不久石季龙兵退,王导卸去大司马,转任中外大都督,进位太傅,又拜丞相,依照汉朝制度,免去司徒,把它并入丞相。册文写道:"朕久处多难之世,以后登上帝位,尚经不起太多磨难,祸乱已从旁兴起,公文才通贯九功,武略囊括七德,外可平定四海,内可修齐八政,天地因此太平,人神因此和洽。功业与伊尹相匹,道德与姬旦同高。敬忆唐尧虞舜,拔擢贤能,告诫百官,治理众务。朕想凭借妙策,广籍深谋,唯有仿照古制,立你为上公,永做我晋室宰辅。去履行职守,敬施法理,以佐助天工,不亦甚好!请公谨慎为之。"

这一年王导妻曹氏去世,赠金章紫绶。早年,曹氏性好妒忌,王导对她十分惮惧,私下在别处营造府邸,安置群妾。曹氏得知,要去那里,王导唯恐群妾蒙受羞辱,急忙命人驾车赶去,仍恐迟到,便用手中的麈尾柄驱牛快进。司徒蔡谟听说后,开玩笑对王导说:"朝廷要赐你九锡。"王导没有觉察,只是谦虚推让。蔡谟说:"没听说有其他东西,只有短辕牛车,长柄麈尾。"王导大怒,对人道:"当年我与群贤同游洛中时,还没听说有蔡克的儿子呢!"

其时庾亮因声望太重,地位逼人而被派出镇于外。南蛮校尉陶称挑唆庾亮举兵向内,有人劝王导暗中防备,王导回答:"我和元规休戚与共,那些无稽之谈,最好不要出自明智人之口。即便如你所言,元规真要攻来,我辞官回家就是,又有什么可怕的!"又给陶称写信,告诉他庾亮是皇帝的大舅,他理应善待。这样一来,谗言离间之词就自然平息了。当时庾亮虽领兵在外,但仍执掌朝廷权柄,他镇守上游,手握重兵,归附者甚众。王导内心不平,曾在西风卷起尘土时,举扇遮蔽,并缓缓说道:"元规的尘土把人弄脏了。"

自汉魏以来,群臣不祭拜帝陵。王导因被元帝眷接,同于布衣之交,而不只是君臣关系,所以每遇升迁,都要到元帝陵寝祭拜,不胜哀痛。从此下诏命百官祭帝陵,就是从王导开始的。

咸康五年王导去世,时年六十四岁。成帝在朝堂哀悼三日,派大鸿胪持符节督办丧事,并依照汉朝博陆侯和安平献王的规格,赐给丧仪所用车马衣衾。下葬时,又赐九游丧车、黄屋大纛、前后羽盖鼓吹乐队及武贲班剑百人。中兴名臣中没有人能与他相匹敌。册书写道:"高位应酬劳美德之人,厚爵宜答谢功勋卓著者,及至盖棺论功,没有比赐赠谥号更好的了，流芳百世，在此一举。公超逸达观，淡泊虚静，思虑深远。平易恬淡以约束心志，体恤仁爱而广布惠泽，优游于俗务之外，则美名传扬于中原，适时隐居山林，则独自暗筹机遇。往昔中宗、肃宗开创中兴大业，以至诚延揽群贤而奠基于江南，拱手治理而天下归心、众务兴旺。所以能威风振扬而寇虐洗心革面，教化兴作而恶人改邪归正。阴阳调和，伦常有序，辽、陇承受风习，南边如影相依，成就盛世之功，复兴宣帝、武帝业绩，不失前代典章文物，公皆有筹划之功。公背负顾命重托，保朕幼童。遭逢艰危而化险为夷，拯救沦落而以道行相济，扶持颠倾而以仁慈广助，辅佐我三朝晋室而深妙的道行传之益远。朕正要仰赖神机妙策，以睦天下，岂料苍天不加体恤，令公溘然而逝，朕为此痛心疾首。殷商丧失伊尹，周朝丧失周公召公又怎能与此哀痛相比！现派遣使持节、谒者仆射任瞻前去赐公谥号称'文献'，以太牢祭祀。公若在天有灵，就请受此殊荣！"

周顗传

【题解】

周顗东晋初年大臣。他少有重名，神采秀逸，正是魏晋风流的典型人物。他贪杯酗酒，没有什么值得一书的政绩，但他出言直率，不避利害，敢于当着群臣的面奚落皇帝；他忠正不屈，舍生取义，终于被反叛的王敦杀害。晋朝公卿溺染于老庄之学，象周顗这样能"直言取祸"的人物已经是很难得了。

【原文】

周顗字伯仁，安东将军浚之子也。少有重名，神彩秀彻，虽时辈亲狎，莫能媟也。司徒掾同郡贲嵩有清操，见顗，叹曰："汝颖固多奇士！自顷雅道陵迟，今后见周伯仁，将振起旧风，清我邦族矣。"广陵戴若思东南之美，举秀才，入洛，素闻顗名，往候之，终坐而出，不敢显其才辩。顗从弟穆亦有美誉，欲陵折顗，顗陶然弗与之校，于是人士益宗附之。州郡辟命皆不就。弱冠，袭父爵武城侯，拜秘书郎，累迁尚书吏部郎。东海王越子毗为镇军将军，以顗为长史。

元帝初镇江左，请为军谘祭酒，出为宁远将军、荆州刺史、领护南蛮校尉、假节。始到州，而建平流人傅密等叛迎蜀贼杜弢，顗狼狈失据。陶侃遣将吴寄以兵救之，故顗得免，因奔王敦于豫章。敦留之。军司戴邈曰："顗还退败，未有莅众之咎，德望素重，宜还复之。"敦不从。帝召为扬威将军、兖州刺史。顗还建康，帝留顗不遣，复以为军谘祭酒，寻转右长史。中兴建，补吏部尚书。顷之，以醉酒为有司所纠，白衣领职。复坐门生斫伤人，免官。

太兴初，更拜太子少傅尚书如故。顗上疏让曰："臣退自循省，学不通一经，智不效一官，止足良难，未能守分，逐忝显任，名位过量。不悟天鉴忘臣顽弊，乃欲使臣内管铨衡，外忝傅训，质轻蝉翼，事重千钧，此之不可，不待识而明矣。若臣受负乘之责，必贻圣朝惟尘之耻，俯仰愧惧，不知所图。"诏曰："绍幼冲便居储副之贵，当赖轨匠以祛蒙蔽。望之俨然,斯不言之益,何学之习邪？所谓与田苏游忘其鄙心者。便当副往意。不宜冲让。"转尚书左仆射,领吏部如故。

庾亮尝谓颙曰:"诸人咸以君方乐广。"颙曰:"何乃刻画无盐,唐突西施也!"帝宴群公于西堂,酒酣,从容曰:"今日名臣共集,何如尧舜时邪?"颙因醉厉声曰:"今虽同人主,何得复比圣世!"帝大怒而起,手诏傅廷尉,将加戮,累日方赦之。及出,诸公就省,颙曰:"近日之罪固知不至于死。"寻代戴若思为护军将军。尚书纪瞻置酒请颙及王导等,颙荒醉失仪,复为有司所奏。诏曰:"颙参副朝右,职掌铨衡,当敬慎德音,式是百辟。屡以酒过,为有司所绳。吾亮共极欢之情,然亦是濡首之诚也。颙必能克己复礼者,今不加黜责。"

初,颙以雅望获海内盛名,后颇以酒失,为仆射,略无醒日,时人号为'三日仆射'。庾亮曰:"周侯末年,所谓凤德之衰也。"颙在中朝时,能饮酒一石,及过江,虽日醉,每称无对。偶有旧对从北来,颙遇之欣然,乃出酒二石共饮,各大醉。及颙醒,使视客,已腐胁而死。

颙性宽裕而友爱过人,弟嵩尝因酒瞋目谓颙曰:"君才不及弟,何乃横得重名!"以所燃蜡烛投之。颙神色无忤,徐曰:"阿奴火攻,固出下策耳。"王导甚重之,当枕颙膝而指其腹曰:"此中何所有也?"答曰:"此中空洞无物,然足容卿辈数百人"。导亦不以为忤。又于导坐傲然啸咏,导云:"卿欲希嵇、阮邪?"颙曰:"何敢近舍明公,远希嵇、阮。"

及王敦横逆,温峤谓颙曰:"大将军此举似有所在,当无滥邪?"颙曰:"君少年未更事。人主自非尧舜,何能无失,人臣岂可得举兵以协主!共相推戴,未能数年,一旦如此,岂云非乱乎!处仲刚愎强忍,狼抗无上,其意宁有限邪!"既而王师败绩,颙奉诏诣敦,敦曰:"伯仁,卿负我!"颙曰:"公戎车犯顺,下官亲率六军,不能其事,使王旅奔败,以此负公。"敦惮其颙正,不知所答。帝召颙于广室,谓之曰:"近日大事,二宫无恙,诸人平安,大将军故副所望邪?颙曰:"二宫自如明诏,于臣等故未可知。"护军长史郝嘏等劝颙避敦,颙曰:"吾备位大臣,朝廷丧败,宁可复草间求活,外投胡越邪!"俄而与戴若思俱被收,路经太庙,颙大言曰:"天地先帝之灵!贼臣王敦倾覆社稷,枉杀忠臣,陵虐天下,神祇有灵,当速杀敦,无令纵毒,以倾王室。"语未终,收人以戟伤其口,血流至踵,颜色不变,容止自若,观者皆为流涕。遂于石头南门外石上害之,时年五十四。

颙之死也,敦坐有一参军撝捕,马于博头被杀,因谓敦曰:"周家奕世令望,而位不至公,及伯仁将登而坠,有似下官此马。"敦曰:"伯仁总角于东宫相遇,一面披襟,便许之三事,何图不幸自贻王法。"敦素惮头,每见颙辄面热,虽复冬月,扇面手不得休。敦使缪坦籍颙家,收得素簏数枚,盛故絮而已,酒五甔,米数石,在位者服其清约。敦卒后,追赠左光禄大夫、仪同三司,谥曰康,祀以少牢。

初,敦之举兵也,刘隗劝帝尽除诸王,司空导率群从诣阙请罪,值颙将入,遵呼颙谓:"伯仁,以百口累卿!"颙直入不顾。既见帝,言导忠诚,申救甚至,帝纳其言。颙喜饮酒,致醉而出。导犹在门,又呼颙。颙不与言,顾左右曰:"今年杀诸贼奴,取金印如斗大击肘。既出,又上表明导,言甚切至。导不知救己,而甚衔之。敦既得志,问导曰:"周颙、戴若思南北之望,当登三司,无所疑也。"导不答。又曰:"若不三司,便应令仆邪?"又不答。敦曰:"若不尔,正当诛尔。"导又无言。导后料检中书故事,见颙表救己,殷勤款至。导执表流涕，悲不自胜，告其诸子曰："吾虽不杀伯仁，伯仁由我而死。幽冥之中，负此良友！"周顗三子：闵、恬、颐。

【译文】

　　周顗，字伯仁，安东将军周浚之子。自少有重名，神采秀逸，虽然是当时同辈亲密的人，也不能与他相狎猥亵。担任司徒掾的同郡人贲嵩有清高之操，见了周顗，叹道："汝颍之间确实多有奇士！从不久前正道凌迟，至今才又见到伯仁，他即将振起旧时风尚，使我邦的名族清高起来了。"广陵人戴若思为东南的俊逸之士，举为秀才，来到洛阳，他一向闻知周顗之名，前往候见，终坐而出，不敢逞其才辩。周顗的从弟周穆也有很高的声誉，他想陵折周顗，但周顗和悦地不与他计较，于是士人更加崇尚依附周顗了。州、郡有征辟之命，他都不接受。成年以后，他承袭父亲的封爵为武成侯，拜官秘书郎，累迁为尚书吏部郎。东海王司马越的儿子司马毗为镇军将军，聘周顗为长史。

　　晋元帝（当时尚为琅琊王）刚刚镇守江南，聘请他为军谘祭酒，出府为宁远将军、荆州刺史、领护南蛮校尉、假节。他刚到荆州，从建平流亡的人傅密等叛迎蜀郡贼寇杜弢，周顗狼狈无地据守。陶侃派遣将领吴寄率兵援救，周顗才得以脱免，于是投奔王敦于豫章。王敦留下了他。军司戴邈说："周顗虽然退败，但没有失于驭众之罪，而且他德望一向很高，应该送回他。"王敦不肯听从。元帝召周顗为扬威将军、兖州刺史。周顗回到建康，元帝留下不让他离开，又任命他为军谘祭酒，不久转官为右长史。元帝即位，补官为吏部尚书。不久，因醉酒为有司所纠弹，以布衣身份代领其职。又因为他的仆人砍伤人免官。

　　太兴初年，重新拜官为太子少傅，尚书如故。周顗上书辞让道："臣退下自省，学不能通明一经，智不能见成效于一官，难于自知而足，不能安守本分，于是忝位显任，名位都超过所当。没有想到圣上忘了臣的顽劣，竟让臣内管铨选，外充少傅，我的资质轻于蝉翼，而所任重逾千钧，这安排的不妥当，是无须鉴察就很明了的。如果让臣担任这些职责，必然给圣朝带来铨选人才失当之耻，俯仰惭惧，不知所措。"元帝降诏道："司马绍（元帝太子，后来的晋明帝）自幼就居太子尊贵之位，应当仰赖调教以扫除蒙蔽。一看就是俨然君子，这是不言之教，何必还通明什么学问呢？这就是所谓与田苏交游而忘去鄙吝之心呀。你应该实现我原来的意愿，不应该谦让。"转官尚书左仆射，领吏部如故。

　　庾亮曾经对周顗说："别的人都把您比成乐广（西晋时名士，人比之水镜，见之如拨云雾而见青天）。"周顗说："你为什么要描画无盐（春秋时丑女），而唐突西施呢！"元帝宴请公卿于西堂，酒酣，从容说道："今日名臣聚会，比尧、舜时如何？"周顗厉声说道："今日陛下虽然同为人主，但怎能比得上圣世！"元帝大怒而起，亲手写诏把周顗交付廷尉，准备治罪处死，过了几天才饶恕了他。等到他出狱，诸公前往探视，周顗说："近日之罪，我本知道不至于处死的。"不久就替代戴若思为护军将军。尚书纪瞻设酒邀请周顗和王导等人，周顗酒醉失态，又被有司所奏劾。元帝诏书说："周顗身列朝班，职掌铨衡，理应言语谨慎，为百官楷模。却屡次因酒失误，为有司所纠。我体谅他当时的欢娱之情，然而这也应该作为酗酒而迷失本性的警戒。周顗是必然能够克己复礼的，现不加黜责。"

　　早先，周顗以众望获有海内盛名，后来因为酗酒颇有减损，他担任仆射，几乎没有清醒的日子，当时人称为"三日仆射"。庾亮说："周侯的晚年，真所谓风德衰减呀。"周顗在洛阳时（即指在西晋时），能饮酒一石，及至渡江之后（指东晋），虽然天天醉酒，却常说没有相应的酒伴。有一次他的一个旧酒友从北方来，周颢见了非常高兴，便取出二石酒一起来饮，都喝得大醉。等到周颢醒来，再看客人，已经被酒烧胸而死了。

周颢性情宽宏而友爱过人，他弟弟周嵩因为酒醉瞪着眼对他说："你的才能不如兄弟，为什么横得重名！"就把点燃的蜡烛向他投去。周颢神色平和，慢悠悠地说："阿奴的火攻，实出于下策。"王导很看重他，曾经枕着周颢的膝而指着他的肚子说："这里面有什么东西？"周颢答道："这里面空洞无物，但足够容纳你这样的几百人。"王导也不认为这话忤犯了自己。他还在王导的座上傲然啸咏，王导说："你是在学嵇康、阮籍吧？"周颢说："我哪里敢放弃眼前的诸公，而远学嵇、阮呢。"

及至王敦举兵反叛朝廷，温峤对周颢说："大将军此举好像只是针对某些人，应当不会过滥的吧？"周颢说："你年轻阅历浅。人主自然不是尧、舜，哪里能没有过失，人臣岂能举兵以挟制君主！我们一起推戴皇上，还没有几年，突然又这样，难道不是作乱么！处仲（王敦字）刚愎强忍，跋扈得眼里没有君上，他的欲望难道会有限度么！"不久朝廷的军队被王敦击败，周颢奉诏前往会见王敦，王敦说："伯仁，你对不起我！"周颢说："您兵车造反，下官亲率六军，不能成事，使王师败绩，我就是因此对不起你。"王敦惧惮周颢义正词严，不知所答。元帝召见周颢于广室，对他说："近日大事（指王敦进克建康），两宫安然无恙，诸人也都平安，大将军应该满足了吧？"周颢说："两宫的情况正如圣上所说，但对臣等却尚未可知。"护军长史郝嘏等劝周颢躲避王敦，周颢说："我备位大臣，朝廷丧败，难道可以草间求活，或者外逃投奔胡、越么！"不久周颢与戴若思都被逮捕，路经太庙，周颢大声呼道："天地和先帝的神灵！贼臣王敦颠覆社稷，枉杀忠臣，凌虐天下，神祇如果有灵，应该赶快杀死王敦，不要让他大纵流毒，倾覆王室。"话未说完，逮捕他的人用戟刺伤他的口，血流到脚下，他颜色不变，举止自若，观看的都为之流泪。于是就在石头城南门外的大石上杀害了他，当时他五十四岁。

周颢死的时候，王敦座中有一参军正在玩赌博之戏，他的"马"在博头时被杀，于是他对王敦说："周家累世声望美盛，可是没有位至三公的，及至伯仁，将登三公之位而附落，有如下官这'马'一样。"王敦说："伯仁少年时我在东宫遇见过他，一见面就推诚相与，我就认为他能做三公，哪里想到他不幸自陷王法。"王敦一向惮服周颢，每次见到周颢就脸上发烧，即使是冬天，也一直不停地用扇子扇着脸。王敦让缪坦抄没周颢的家，只抄出几只没有涂漆的竹筐，盛着旧棉絮而已，还有几瓮酒，数石米，在位者都叹服他的清俭。王敦死后，追赠周颢为左光禄大夫、仪同三司，谥为康，祭祀以少牢。

开初，王敦举兵造反时，刘隗劝元帝除灭王氏诸臣，司空王导率领亲族到宫门请罪，正值周颢准备入宫，王导招呼周颢道："伯仁，我把全家百口托靠给你了！"周颢照直入宫，连看也不看王导。等到见了元帝，周颢陈述王导忠诚，极力营救，元帝接受了他的请求。周颢喜欢饮酒，在宫中喝得大醉才出来。王导这时还在宫门，又招呼周颢。周颢不和他说话，看着随从说："今年杀了这些贼奴，取个斗大的金印系在臂肘上。"等回到家中，他又上书为王导辩解，言词非常恳切。王导不知道周颢营救自己，心里恨透了他。王敦既已得志，问王导说："周颢、戴若思为南北人望，应该位登三公，这是没疑问的了。"王导不回答。王敦又说："如果不是三公，就应该是尚书令、仆射了？"王导还是不回答。王敦说：

"如若不然,就该杀死他们。"王导还是不说话。王导后来整理中书的旧档案,发现周颛营救自己的表章,恳切之极。王导手拿着表章流下了眼泪,悲哀不能自胜,告诉自己的子侄说:"我虽然没有杀死伯仁,伯仁却是因我而死。幽冥之中,我负此良友!"周颛有三个儿子:周闵、周恬、周颐。

葛洪传

【题解】

葛洪(公元281?~341年),晋代著名学者,既是著名的医学家、道教学者,又是一代文化宗师。自号抱朴子,著有《抱朴子》内外篇。外篇言儒,内篇言道,是中国文化史上的要籍。又有《金匮药方》《肘后备急方》等著作传世。

【原文】

葛洪字稚川,丹杨句容人也。祖系,吴大鸿胪。父悌,吴平后入晋,为邵陵太守。洪少好学,家贫,躬自伐薪以贸纸笔,夜辄写书诵习,遂以儒学知名。性寡欲,无所爱习,不知棋局几道,摴蒲齿名。为人木讷,不好荣利,闭门却扫,未尝交游。于余杭山见何幼道、郭文举,目击而已,各无所言。时或寻书问义,不远数千里崎岖冒涉,期于必得。遂究览典籍,尤好神仙导养之法。从祖玄,吴时学道得仙,号曰葛仙公,以其炼丹秘术授弟子郑隐。洪就隐学,悉得其法焉。后师事南海太守上党鲍玄。玄亦内学,逆占将来,见洪深重之,以女妻洪。洪传玄业,兼综练医术,凡所著撰,皆精核是非,而才章富赡。

太安中,石冰作乱,吴兴太守顾秘为义军都督,与周玘等起兵讨之。秘檄洪为将兵都尉,攻冰别率,破之,迁伏波将军。冰平,洪不论功赏,径至洛阳,欲搜求异书以广其学。

洪见天下已乱,欲避地南土,乃参广州刺史嵇含军事。及含遇害。遂停南土多年,征镇檄命一无所就。后还乡里,礼辟皆不赴。元帝为丞相。辟为掾,以平贼功,赐爵关内侯。咸和初,司徒导召补州主簿,转司徒掾,迁谘议参军。干宝深相亲友,荐洪才堪国史,选为散骑常侍,领大著作。洪固辞不就,以年老,欲炼丹以祈遐寿,闻交阯出丹,求为句漏令。帝以洪资高,不许。洪曰:"非欲为荣。以有丹耳。"帝从之。洪遂将子侄俱行。至广州,刺史邓岳留不听去,洪乃止罗浮山炼丹。岳表补东官太守,又辞不就。岳乃以洪兄子望为记室参军,在山积年优游闲养,著述不辍,其自序曰:

洪体乏进趣之才,偶好无为之业。假令奋翅则能陵厉玄霄,骋足则能追风蹑景,犹欲戢劲翮于鹪鹩之群,藏逸迹于跛驴之伍,岂况大块禀我以寻常之短羽,造化假我以至驽之蹇足?自卜者审,不能者止。又岂敢为苍蝇而慕冲天之举,策跛鳖而追飞兔之轨。饰嫫母之笃陋,求媒阴之美谈;推沙砾之贱质,索千金于和肆哉!夫焦侥之步而企及夸父之踪,近才所以踬疑也;要离之羸而强赴扛鼎之势,秦人所以断筋也,是以望绝于荣华之途,而志安乎穷圮之域;藜藿有八珍之甘,蓬荜有藻棁之乐也。故权贵之家,虽咫尺弗从也。知道之士,虽艰远必造也。考览奇书,既不少矣,率多隐语,难可卒解,自非至精不能寻究,自非笃勤不能悉见也。

道士弘博洽闻者寡,而意断妄说者众。至于时有好事者,欲有所修为,仓卒不知所从,而意之所疑又无足谘。今为此书,粗举长生之理。其至妙者不得宣之于翰墨,盖粗言较略以示一隅,冀悱愤之徒省之可以思过半矣。岂谓暗塞必能穷微畅远乎。聊论其所先觉者耳。世儒徒知服膺周孔,莫信神仙之书,不但大而笑之,又将谤毁真正。故予所著子言黄白之事,名曰"内篇",其余驳难通释,名曰"外篇",大凡内外一百一十六篇,虽不足藏诸名山,且欲缄之金匮,以示识者。

自号抱朴子,因以名书。其余所著碑诔诗赋百卷,移檄章表三十卷,神仙、良吏、隐逸、集异等传各十卷,又抄《五经》《史》《汉》百家之言,方技杂事三百一十卷,《金匮药方》一百卷,《肘后要急方》四卷。

洪博闻深洽,江左绝伦,著述篇章富于班马,又精辩玄赜,析理入微。后忽与岳疏云:"当远行寻师,克期便发",岳得疏,狼狈往别。而洪坐至日中,兀然若睡而卒。岳至,遂不及见。时年八十一。视其颜色如生,体亦柔软,举尸入棺,甚轻,如空衣,世以为尸解得仙云。

【译文】

葛洪字稚川,丹杨句容人。祖父葛系,(三国)吴国的大鸿胪,父亲名葛悌,吴国平定后进入晋朝,做过邵陵太守。葛洪从小喜欢学习,家里贫困,亲自上山砍柴去卖用以换来纸张笔墨,晚上总是写字读书学习,因此由博通经典而知名当时。禀性寡欲,没有什么爱好游玩之习,不知道围棋盘纵横有多少道,也不知道赌博骰子的名称。为人木讷,不追求荣誉、金钱,关起门来,不欢迎客人,从来没有与朋友交游。曾在余杭山见过何幼道、郭文举,只不过是看见过吧了,都没对他传授过什么。有时为了寻找书籍探求意义,不远数千里跋涉着崎岖山路,只期待着得到他所需要的。于是阅尽了典籍,尤其喜欢神仙导引养生之类的知识。他有一个堂祖父名叫葛玄,吴国时学习道术成了神仙,号称葛仙公。他曾把炼丹秘术传授给弟子郑隐。葛洪跟从郑隐学习,全部学到了郑隐的道术。后来拜师于南海太守上党鲍玄。鲍玄也是擅长道术的人,能用占法推知未来之事。鲍玄见到葛洪十分器重,并把女儿嫁给了葛洪。葛洪传承了鲍玄的道业,并且还广泛地了解医术,凡是他撰述的著作,都很精审、准确,而且文辞优美,富于才华。

太安年中,石冰作乱,吴兴太守顾秘担任义军首领,和周玘等起兵计伐石冰。顾秘传檄葛洪担任带兵的都尉,攻打石冰的别部,攻破了,升为伏波将军。石冰之乱平定后,葛洪不接受封功论赏,就径直到洛阳,想搜求奇异典籍用来增广自己的学识。

葛洪看到天下已经变乱,想躲避到南方,于是就去担任广州刺史嵇含的参知军事。等到嵇含遇害,于是就停留在南方多年,征聘传檄一次也没有接受过。后来回到家乡,礼聘征辟都不去。晋文帝做丞相,任命为属官,因平定贼乱有功,被封赐为关内侯。咸和初年,司徒王导召命他为州主簿,转任为司徒属官,后迁为谘议参军。干宝十分亲近友敬葛洪,推荐葛洪才华能修撰国史,选拔他为散骑常侍、领大著作等职务。葛洪坚决地推辞不接受。因为年纪大,想访求炼丹之术以延年益寿。听说交阯出产丹砂,请求担任句漏的县令。皇帝因为葛洪天资高,不同意。葛洪解释说:"并不是贪求荣耀,是因为那儿出产丹砂。"皇帝同意了他的请求。葛洪就带领子女、侄辈一块儿出发，至了广州，广州刺史邓岳留住他不让他离去，葛洪于是住在罗浮山炼丹。邓岳为葛洪上表补官东官太守，他又推却不接受。邓岳于是就任用葛洪哥哥的儿子葛望为记室参军。葛洪在罗浮山住了多年，悠闲自如，一直勤奋地写作著述，他在给自己的著作写序时说：

"我葛洪本身缺乏进取为政的才能，独独喜欢清静无为之事。即使能展开双翅就能直冲云霄，迈开双足则可以追风踏影者，尚且想要收藏起强劲的双翅立于矮小的鹪鹩群中，掩藏住快捷的足迹隐身于跛驴之中，更何况大自然赋予我十分寻常普通的短小羽毛，上天给我的只是最为迟钝的跛足。占卜者自己很清楚，不能干的事情就停止。又怎么敢身似苍蝇而羡慕有冲天凌云的壮举？赶着跛足的乌龟而去追赶飞兔的足迹？把嫫母的丑陋掩盖起来，而去求得说媒者的夸美，推开砂石一样的贱陋之质，而在出售宝玉的市场中索价千金。那些只有矮小的僬侥一样步子却希冀赶上夸父的足迹，这就是那些无才者所以失败挫折的原因。以要离这样弱小而却勉强去应付扛鼎一样的事情，这就是秦人之所以折断筋骨的原因。所以说期望往往断绝在荣华富贵的道路之中，而立志者很安适地生活在穷恶之境中。野菜之中有八珍一样的美味，茅屋之中也有华丽堂皇的享受，所以权势贵盛的家庭，即使近在半尺也不要跟从。而对于明道的人，即使再艰难曲远，也一定要去拜访。考查阅读奇异之书已经不少了，大多都是隐秘之言，很难一下得到解释，除非至为精明之人是不能明白，也除非踏实勤奋之人不能全部清楚。

道士之中知识渊博、闻见广泛的人很少，却主观推断、胡乱说的人很多。至于每有一些喜欢道术的人，想要有所修炼，昏昏然不知道从何下手，而心里又怀犹豫却没什么地方可以询问。现在写下这本书，大致标举了探求长生的道理，其中最为精彩的不能写在纸墨之上，大概是讲一些提纲以见内容的一部分。希望勤奋而又有志之人认真思索，那就得到的很多了。难道说昏暗闭塞一定能穷尽深意，直达远旨吗？只不过是论述一些自己首先想到的问题。世上的学者只知道服膺周孔儒家之学，不信仰神仙之书，不仅放肆地讥笑神仙之学，而且还诽谤此学的真谛，所以我写下这部子论来说神仙炼丹的事情，称之为《内篇》，其他杂乱无序，难以串通解释的部分，称之为《外篇》，总共内外篇一百一十六篇，虽然不值得深藏在名山之中，姑且用金锁把它锁起来，以便告诉想了解的人。

自称抱朴子，因此把书也命名为《抱朴子》。其他著述如碑文诔言、诗文赋达百卷，移书、檄文、上章、奏表三十卷，《神仙传》《良吏传》《隐逸传》《集异传》等传记各十卷，又选抄了《五经》《史记》《汉书》百家之言，方技杂事三百一十卷，《金匮药方》一百卷，《肘后要急方》四卷。

葛洪博学广识，深沉通达，江左无比，所撰著述文章超过班固、司马迁，而且精思善辩，道学修养很深。后来突然给邓岳一封书信，说："要出远门寻找老师，定下了日期出发。"邓岳得信后，急忙赶去道别，而葛洪坐到中午，直立着像睡了的样子死去了。邓岳到了，竟没来得及见一面。当时年八十一。看上去颜色像活着的人一样，身体也很柔软，抬起尸体进入棺材，很轻，像是一件空衣，世间人认为是尸体解化得仙了。

王羲之、王徽之、王献之传

【题解】

王羲之(公元321~376年,一说303~361年),字逸少,琅琊临沂(今属山东省)人。他出身贵族家庭,是东晋司徒王导的侄子。官至会稽内史、右军将军,因此史称其为"王右军"。因他与王述关系不好,辞官归隐,定居于会稽郡山阴县(今浙江省绍兴市)。王羲之是东晋著名书法家,后人尊为"书圣"。他少年时从其父王旷学习,后又从师卫夫人,草书学张芝,正书学钟繇,博采众长,自成一家。他精研诸体,推陈出新,一改汉魏以来带隶意的古朴书风,形成妍美流便的新体。如果说钟繇的书法是从隶书、章草向楷书过渡时期的代表书家的话,那么王羲之则是摆脱隶意开楷书之先河并使之臻于完美高度的书法大师。因而他的书法对后世影响极大,后世的书法大家大都从五体而出。他的书迹,流传下来的较多,但大都是刻本、临本或双钩本。其行书有《乐毅伦》《黄庭径》《东方朔像赞》《兰亭序》等,草书以《快雪帖》《姨母帖》《表形帖》《初月帖》等最著名。

王羲之

王徽之(公元?~388年),字子猷,王羲之子,王献之兄。曾任大司马桓温、车骑将军桓冲的参军,后官至黄门侍郎,弃官归隐。其为人有才而放浪、怪诞,好声色,尤爱竹子,声称不可一日无竹。笃于手足之情,他和献之俱病重,他发愿代弟而死。王徽之亦善书,明刻《宝晋斋法帖》即收有他的书迹。

王献之(公元344~386年),字子敬,王羲之第七子。初为州主簿,历任秘书郎、秘书丞、吴兴太守,最后官中书令。因此,人称之为"王大令"。王献之也是东晋著名书法家,与其父王羲之齐名,人称"二王"。王献之兼精诸体,以行草书擅长。他在继承张芝、王羲之的基础上,进一步改变古拙书风,形成自己的流畅英发、笔势奔放、颇有媚趣的书风,其后经唐人张旭、怀素的发展,形成狂草一体。存世墨迹有《鸭头丸帖》,其他有《洛神赋十三行》《十二月帖》以及《中秋帖》《送梨帖》《保母帖》等。

【原文】

王羲之字逸少,司徒导之从子也。祖正,尚书郎。父旷,淮南太守。元帝之过江也,旷首创其议。羲之幼讷于言,人未之奇。年十三,尝谒周顗,顗察而异之。时重牛心炙,坐客未嚼，颛先割啗羲之，于是始知名。及长，辩赡，以骨鲠称，尤善隶书，为古今之冠，论者称其笔势，以为飘若浮云，矫若惊龙。深为从伯敦、导所器重。时陈留阮裕有重名，为敦主簿。敦尝谓羲之曰："汝是吾家佳子弟，当不减阮主簿。"裕亦目羲之与王承、王悦为王氏三少。时太尉郗鉴使门生求女婿于导，导令就东厢遍观子弟。门生归，谓鉴曰："王氏诸少并佳，然闻信至，咸自矜持。唯一人在东床坦腹食，独若不闻。"鉴曰："正此佳婿邪！"访之，乃羲之也，遂以女妻之。

起家秘书郎，征西将军庾亮请为参军，累迁长史。亮临薨，上疏称羲之清贵有鉴裁。迁宁远将军、江州刺史。羲之既少有美誉，朝廷公卿皆爱其才器，频召为侍中、吏部尚书，皆不就。复授护军将军，又推迁不拜。扬州刺史殷浩素雅重之，劝使应命，乃遗羲之书曰："悠悠者以足下出处足观政之隆替，如吾等亦谓为然。至如足下出处，正与隆替对，岂可以一世之存亡，必从足下从容之适？幸徐求众心。卿不时起，复可以求美政不？若豁然开怀，当知万物之情也。"羲之遂报书曰："吾素自无廊庙志，直王丞相时果欲内吾，誓不许之，手迹犹存，由来尚矣，不于足下参政而与进退。自儿娶女嫁，便怀尚子平之志，数与亲知言之，非一日也。若蒙驱使，关陇、巴蜀皆所不辞。吾虽无专对之能，直谨守时命，宣国家威德，固当不同于凡使，必令远近咸知朝廷留心于无外，此所益殊不同居护军也。汉末使太傅马日磾慰抚关东，若不以吾轻微，无所为疑，宜及初冬以行，吾唯恭以待命。"

羲之既拜护军，又苦求宣城郡，不许，乃以为右军将军、会稽内史。时殷浩与桓温不协，羲之以国家之安在于内外和，因以与浩书以戒之，浩不从。及浩将北伐，羲之以为必败，以书止之，言甚切至。浩遂行，果为姚襄所败。复图再举，又遗浩书曰：

知安西败丧，么私愧怛，不能须臾去怀。以区区江左，所营综如此，天下寒心，固以久矣，而加之败丧，此可熟念。往事岂复可追，愿思弘将来，合天下寄命有所，自隆中兴之业。政以道胜宽和为本，力争武功，作非所当，因循所长，以固大业，想识其由来也。

自寇乱以来，处内外之任者，未有深谋远虑，括囊至计，而疲竭根本，各从所志，竟无一功可论，一事可记，忠言嘉谋弃而莫用，遂令天下将有土崩之势，何能不痛心悲慨也。任其事者，岂得辞四海之责！追咎往事，亦何所复及，宜更虚己求贤，当与有识供之，不可复令忠允之言常屈于当权。今军破于外，资竭于内，保淮之志非复所及，莫过还保长江，都督将各复归镇，自长江以外，羁縻而已。任国均者，引咎责躬，深自贬降以谢百姓，更与朝贤思布平政，除其烦苛，省其赋役，与百姓更始，庶可以允塞群望，救倒悬之急。

使君起于布衣，任天下之重，尚德之举，未能事事允称，当董统之任而败丧至此，恐阖朝群贤未有与人分其谤者。今亟修德补阙，广延群贤，与之分任，尚未知获济所期。若犹以前事为未工，故复求之于分外，宇宙虽广，自容何所！知言不必用，或取怨执政，然当情慨所在，正自不能不尽怀极言。若必亲征，未达此旨，果行者，愚智所不解也。愿复与众共之。

复被州符，增运千石，征役兼至，皆以军期，对之丧气，罔知所措。自顷年割剥遗黎，刑徒竟路，殆同秦政，唯未加参夷之刑耳，恐胜、广之忧，无复日矣。

又与会稽王笺陈浩不宜北伐，并论时事曰：

古人耻其君不为尧舜，北面之道，岂不愿尊其所事，比隆往代，况遇千载一时之运？顾智力屈于当年，何得不权轻重而处之也。今虽有可欣之会，内求诸己，而所忧乃重于所欣。《传》云："自非圣人,外宁必有内忧。"今外不宁,内忧已深。古之弘大业者,或不谋于众,倾国以济一时功者,亦往往而有之。诚独运之明足以迈从,暂劳之弊终获永逸者可也。求之于今,可得拟议乎!

夫庙算决胜,必宜审量彼我,万全而后动。功就之日,便当因其众而即其实。今功未可期,而遗黎歼尽,万不馀一。且千里馈粮,自古为难,况今转运供继,西输许洛,北入黄河。虽秦政之弊,未至于此,而小室之忧,便以交至。今运无还期,征求日重,以区区吴越经纬天下十分之九,不亡何待!而不度德量力,不弊不已,此封内所痛心叹悼而莫敢吐诚。

往者不可谏,来者犹可追,愿殿下更垂三思,解而更张,令殷浩、荀羡还据合肥、广陵,许昌、谯郡、梁、彭城诸军皆还保淮,为不可胜之基,须根立势举,谋之未晚,此实当今策之上者。若不行此,社稷之忧可计日而待。安危之机,易于反掌,考之虚实,著于目前,愿运独断之明,定之于一朝也。

地浅而言深,岂不知其未易。然古人处闾阎行阵之间,尚或干时谋国,详裁者不以为讥,况厕大臣未行,岂可默而不言哉!存亡所系,决在行之,不可复持疑后机,不定之于此,后欲悔之,亦无及也。

殿下德冠宇内。以公室辅朝,最可直道行之,致隆当年,而未允物望,受殊遇者所以寤寐长叹,实为殿下惜之。国家之虑深矣,常恐伍员之忧不独在昔,麋鹿之游将不止林薮而已。愿殿下暂废虚远之怀,以救倒悬之急,可谓以亡为存,转祸为福,则宗庙之庆,四海有赖矣。

时东土饥荒,羲之辄开仓振贷。然朝廷赋役繁重,吴会尤甚,羲之每上疏争之,事多见从。又遗尚书仆射谢安书曰:

顷所陈论,每蒙允纳,所以令下小得苏息。各安其业。若不耳,此一郡久以蹈东海矣。

今事之大者未市、漕运是也。吾意望朝廷可申下定期,委之所司,勿复催下,但当岁终考其殿最。长吏尤殿,命槛车送诣天台。三县不举,二千石必免,或可左降,令在疆塞极难之地。

又自吾到此,从事常有四五,兼以台司及都水御史行台文符如雨,倒错违背,不复可知。吾又瞑目循常推前,取重者及纲纪,轻者在五曹。主者淮事,未尝得十日,吏民趋走,功费万计。卿方任其重,可徐寻所言。江左平日,扬州一良刺史便足统之,况以群才而更不理,正由为法不一,牵制者众,思简而易从,便足以保守成业。

仓督监耗盗官米,动以万计,吾谓诛翦一人,其后便断,而时意不同。近检校诸县,无不皆尔。徐姚近十万斛,重敛以资奸吏,令国用空乏,良可叹也。

自军兴以来,征役及充运死亡叛散不反者众,虚耗至此,而补代循常,所在凋困,莫知所出。上命所差,上道多叛,则吏及叛者席卷同去。又有常制,辄令其家及同伍课捕。课捕不擒,家及同伍寻复亡叛。百姓流亡,户口日减,其源在此。又有百工医寺,死亡绝没,家户空尽,差代无所,上命不绝,事起或十年、十五年,弹举获罪无懈息,而无益实事,何以堪之!谓自今诸死罪原轻者及五岁刑,可以充此,其减死者,可长充兵役,五岁者,可充杂工医寺,皆令移其家以实都邑。都邑既实,是政之本。又可绝其亡叛。不移其家,逃亡之患复如初耳。今除罪而充杂役,尽移其家,小人愚迷,或以为重于杀戮,可以绝奸。刑名虽轻,惩肃实重,岂非适时之宜邪!

羲之雅好服食养性,不乐在京师,初渡浙江,便有终焉之志。会稽有佳山水,名士多居之,谢安未仕时亦居焉。孙绰、李充、许询、支遁等皆以文义冠世,并筑室东土与羲之同好。尝与同志宴集于会稽山阴之兰亭,羲之自为之序以申其志,曰:

永和九年,岁在癸丑,暮春之初,会于会稽山阴之兰亭,修禊事也。群贤毕至,少长咸集。此地有崇山峻岭,茂林修竹,又有清流激湍,映带左右,引以为流觞曲水,列坐其次。

兰亭集序

虽无丝竹管绒之盛,一觞一泳,亦足以畅叙幽情。

是日也,天朗气清,惠风和畅,仰观宇宙之大,俯察品类之盛,所以游目骋怀,足以极视听之娱,信可乐也。

夫人之相与,俯仰一世,或取诸怀抱,悟言一室之内,或因寄所托,放浪形骸之外。虽趣舍万殊,静躁不同,当其欣于所遇,暂得于已,快然自足,不知老之将至。及其所之既倦,情随事迁,感慨系之矣。向之所欣,俛仰之间,已为陈迹,犹不能不以之兴怀。况修短随化,终期于尽。古人云,死生亦大矣,岂不痛哉!

每览昔人兴感之由,若合一契,未尝不临文嗟悼,不能喻之于怀。固知一死生为虚诞,齐彭殇为妄作,后之视今,亦犹今之视昔,悲夫!故列叙时人,录其所述,虽世殊事异,所以兴怀,其致一也。后之览者,亦将有感于斯文。

或以潘岳《金谷诗序》方其文,羲之比于石崇,闻而甚喜。

性爱鹅,会稽有孤居姥养一鹅,善鸣,求市未能得,遂携亲友命驾就观。姥闻羲之将至,烹以待之,羲之叹惜弥日。又山阴有一道士,养好鹅,羲之往观焉,意甚悦,固求市之。道士云:"为写《道德经》,当举群相赠耳。"羲之欣然写毕,笼鹅而归,甚以为乐。其任率如此。尝至门生家,见棐几滑净,因书之,真草相半。后为其父误刮去之,门生惊懊者累日。又尝在蕺山见一老姥,持六角竹扇卖之。羲之书其扇,各为五字。姥初有愠色。因谓姥曰:"但言是王右军书,以求百钱邪。"姥如其言,人竞买之。他日,姥又持扇来,羲之笑而不答。其书为世所重,皆此类也。每自称"我书比钟繇,当抗行;比张芝草,犹当雁行也。"曾与人书云:"张芝临池学书,池水尽黑,使人耽之若是,未必后之也。"羲之书初不胜庾翼、郗愔。及其暮年方妙。尝以章草答庾亮,而翼深叹伏,因与羲之书丢:"吾昔有伯英章草十纸,过江颠狈,遂乃亡失,常叹妙迹永绝。忽见足下答家兄书,焕若神明,顿还旧观。”

时骠骑将军王述少有名誉，与羲之齐名，而羲之甚轻之，由是情好不协。述先为会稽，以母丧居郡境，羲之代述，止一吊，遂不重诣。述每闻角声，谓羲之当候已，辄洒扫而待之。如此者累年，而羲之竟不顾，述深以为恨。及述为扬州刺史，将就征，周行郡界，而不过羲之，临发，一别而去，先是，羲之常谓宾友曰："怀祖正当作尚书耳，投老可得仆射。要求会稽，便自邈然。"及述蒙显授，羲之耻为之下，遣使诣朝廷，求分会稽为越州。行人失辞，大为时贤所笑。既而内怀愧叹，谓其诸子曰："吾不减怀祖，而位遇悬邈，当由汝等不及坦之故邪！"述后检察会稽郡，辩其刑政，主者疲于简对。羲之深耻之，遂称病去郡，于父母墓前自誓曰："维永和十一年三月癸卯朔，九日辛亥，小子羲之敢告二尊之灵。羲之不天，夙遭闵凶，不蒙过庭之训。母兄鞠育，得渐庶几，遂因人乏，蒙国宠荣。进无忠孝之节，退违推贤之义，每仰咏老氏、周任之诫，常恐死亡无日，忧及宗祀，岂在微身而已！是用寤寐永叹，若坠深谷。止足之分，定之于今。谨以今月吉辰肆筵设席，稽颡归诚，告誓先灵。自今之后，敢谕此心，贪冒苟进，是有无尊之心而不子也。子而不子。天地所不复载，名教所不得容。信誓之诚，有如皦日！"

羲之既去官，与东土人士尽山水之游，弋钓为娱。又与道士许迈共修服食，采药石不远千里，遍游东中诸郡，穷诸名山，泛沧海，叹曰："我卒当以乐死。"谢安尝谓羲之曰："中年以来，伤于哀乐，与亲友别，辄作数日恶。"羲之曰："年在桑榆，自然至此，顷正赖丝竹陶写，恒恐儿辈觉，损其欢乐之趣。"朝廷以其誓苦，亦不复征之。

时刘惔为丹杨尹，许询尝就惔宿，床帷新丽，饮食丰甘。询曰："若此保全，殊胜东山。"惔曰："卿若知吉凶由人，吾安得保此。"羲之在坐，曰："令巢许遇稷契，当无此言。"二人并有愧色。

初，羲之既优游无事，与吏部郎谢万书曰：

古之辞世者，或被发阳狂，或污身秽迹，可谓艰矣。今仆坐而获逸，遂其宿心，其为庆幸，岂非天赐！违天不祥。

顷东游还，修植桑果，今盛敷荣，率诸子，抱弱孙，游观其间，有一味之甘，割而分之，以娱目前。虽植德殊邈，犹欲教养子孙以敦厚退让。或以轻薄，庶令举策数马，彷佛万石之风。君谓此何如？

比当与安石东游山海，并行田视地利，颐养闲暇。衣食之馀，欲与亲知时共欢宴，虽不能兴言高咏，衔杯引满，语田里所行，故以为抚掌之资，其为得意，可胜言邪！常依陆贾、班嗣、杨王孙之处世，甚欲希风数子，老夫志愿尽于此也。

万后为豫州都督，又遗万书诫之曰："以君迈往不屑之韵，而俯同群辟，诚难为意也。然所谓通识，正自当随事行藏，乃为远耳。愿君每与士之下者同，则尽善矣。食不二味，居不重席，此复何有，而古人以为美谈。济否所由，实在积小以致高大，君期存之。"万不能用，果败。

年五十九卒，赠金紫光禄大夫。诸子尊父先旨，固让不受。

有七子，知名者五人。玄之早卒。次凝之。亦工草隶，仕历江州刺史、左将军、会稽内史。王氏世事张氏五斗米道，凝之弥笃。孙恩之攻会稽，僚佐请为之备。凝之不从，方入靖室请祷，出语诸将佐曰："我已请大道，许鬼兵相助，贼自破矣。"既不设备，遂为孙恩所害。

徽之字子猷。性卓荦不羁，为大司马桓温参军，蓬首散带，不综府事。又为车骑桓冲骑兵参军，冲问："卿署何曹?"对曰："似是马曹。"又问："管几马?"曰："不知马，何由知数!"又问："马比死多少?"曰："未知生，焉知死!"尝从冲行，值暴雨，徽之因下马排入车中，谓曰："公岂得独擅一车!"冲尝谓徽之曰："卿在府日久，比当相料理。"徽之初不酬答，直高视，以手板柱颊云："西山朝来致有爽气耳。"

时吴中一士大夫家有好竹，欲观之，便出坐舆造竹下，讽啸良久。主人洒扫请坐，徽之不顾。将出主人乃闭门，徽之便以此赏之，尽欢而去。尝寄居空宅中，便令种竹。或问其故，徽之但啸咏，指竹曰："何可一日此无君邪!"尝居山阴，夜雪初霁，月色清朗，四望皓然，独酌酒咏左思《招隐诗》，忽忆戴逵。逵时在剡，便夜乘小船诣之，经宿方至，造门不前而反。人问其故，徽之曰："本乘兴而行，兴尽而反，何必见安道邪!"雅必放诞，好声色，尝夜与弟献之共读《高士传赞》，献之赏"井丹高洁"，徽之曰："未若'长卿慢世'也。"其傲达若此。时人皆钦其才而秽其行。

后为黄门侍郎，弃官东归，与献之俱病笃。时有术人云："人命应终，而有生人乐代者，则死者可生。"徽之谓曰："吾才位不如弟，请以馀年代之。"术者曰："代死者，以己年有馀，得以足亡者耳。今君与弟算俱尽，何代也!"未几，献之卒，徽之奔丧不哭，直上灵床坐，取献之琴弹之，久而不调，叹曰："呜呼子敬，人琴俱亡!"因顿绝。先有背疾，遂溃裂，月馀亦卒。子桢之。

桢之字公干，历位侍中、大司马长史。桓玄为太尉，朝臣毕集，问桢之："我何如君亡叔?"在坐咸为气咽。桢之曰："亡叔一时之标，公是千载之英。"一坐皆悦。

操之字子重，历侍中、尚书、豫章太守。

献之字子敬。少有盛名，而高迈不羁，虽闲居终日，容止不怠。风流为一时之冠。年数岁，尝观门生摴蒱，曰："南风不竞。"门生曰："此郎亦管中窥豹，时见一斑。"献之怒曰："远惭荀奉倩，近愧刘真长。"遂拂衣而去。尝与兄徽之、操之俱诣谢安，二兄多言俗事，献之寒温而已。既出，客问安王氏兄弟优劣。安曰："小者佳。"客问其故，安曰："吉人之辞寡，以其少言，故知之。"尝与徽之共在一室，忽然火发，徽之遽走，不遑取履。献之神色恬然，徐呼左右扶出。夜卧斋中，而有偷人入其室，盗物都尽。献之徐曰："偷儿，青毡我家旧物，可特置之。"群偷惊走。

工草隶，善丹青。七八岁时学书，羲之密从后掣其笔不得，叹曰："此儿后当复有大名。"尝书壁为方丈大字，羲之甚以为能，观者数百人。桓温尝使书扇，笔误落，因画作乌驳牛，甚妙。

起家州主簿、秘书郎，转丞，以选尚新安公主。尝经吴郡，闻顾辟疆有名园，先不相识，乘平肩舆径入。时辟疆方集宾友，而献之游历既毕，傍若无人。辟疆勃然数之曰："傲主人，非礼也。以贵骄士，非道也。失是二者，不足齿之伧耳。"便驱出门。献之傲如也，不以屑意。

谢安甚钦爱之，请为长史。安进号卫将军。复为长史。太元中，新起太极殿，安欲使献之题榜，以为万代宝，而难言之，试谓曰："魏时陵云殿榜未题，而匠者误钉之，不可下，乃使韦仲将悬凳书之。比讫，须鬓尽白，裁馀气息。还语子弟，宜绝此法。"献之揣知其

鸭头丸帖（局部）

旨，正色曰："仲将，魏之大臣，宁有此事！使其若此，有以知魏德之不长。"安遂不之逼。安又问曰："君书何如君家书？"答曰："故当不同。"安曰："外论不尔。"答曰："人那得知！"寻除建威将军、吴兴太守，征拜中书令。

及安薨，赠礼有同异之仪，唯献之徐邈共明安之忠勋。献之乃上疏曰："故太傅臣安，少振玄风，道誉洋溢。弱冠遐栖。则契齐箕皓；应远释褐，而王猷允塞。及至载宣威灵，强猾消殄。功勋既融，投钺高让。且服事先帝。春隆布衣。陛下践阼，阳秋尚富，尽心竭智以辅圣明。考其潜跃始终，事情缱绻，实大晋之俊辅，义笃心曩臣矣。伏惟陛下留下宗臣，澄神于省察。"孝武帝遂加安殊礼。

未几，献之遇疾，家人为上章，道家法应首过，问其有何得失。对曰："不觉馀事，唯忆与郗家离婚。"献之前妻，郗昙女也。俄而卒于官。安僖皇后立，以后父，追赠侍中、特进、光禄大夫、太宰，谥曰宪。无子，以兄子静之嗣，位至义兴太守。时议者以为羲之草隶，江左中朝莫有及者，献之骨力远不及父，而颇有媚趣。桓玄雅爱其父子书，各为一帙，置左右以玩之。

【译文】

王羲之字逸少，是司徒王导的堂侄。他的祖父王正，官至尚书郎。父亲王旷，官至淮南太守。晋元帝渡江南迁，就是王旷首先提议。王羲之年幼时语言迟钝，别人也并不认为他有什么特异之处。在他十三岁时，曾经去拜访周𫖮，周𫖮审视了一会儿，对他很感惊异。当时宴客很重视烤牛心这道菜，宴会开始时，其他客人还没尝这道菜，周𫖮首先切给王羲之吃，从此王羲之才开始知名。他成年以后，富于才辩，以耿直著称，尤其擅长楷书，是古往今来的佼佼者，人们评论他的运笔气势，以飘忽如浮云，矫健如惊龙来形容。他深受堂伯父王敦、王导的器重。当时陈留人阮裕名声很重，在王敦手下任主簿。王敦曾对王羲之说："你是我们家的优秀子弟，应不次于阮主簿。"阮裕也认为王羲之和王承、王悦是王家的三位优秀青年。当时太尉郗鉴派他的门客去王导家选择女婿，王导让这位门客去东厢房挨个相看他的子侄。这位门客回去以后，对郗鉴说："王家的小伙子们都很好，但是当他们得知我是选女婿的，一个一个的都做出一本正经的样子，只有一个人在东床上敞着怀吃饭，好像不知道有这回事。"郗鉴听了以后，说道："这个人就是我要选的好女

婿啊!"一打听,原来他就是王羲之,于是就把女儿嫁给他。

王羲之初任官为秘书郎,征西将军庾亮聘请他为参军,历升至长史。庾亮临死前,向朝廷上奏,称赞王羲之品行清高且有鉴识。后来升任宁远将军、江州刺史。王羲之在少年时就有很好的名声,朝廷上的公卿贵官都很爱重他的才具,多次征召他任侍中、吏部尚书,他都不干。又任他为护军将军,他又推脱不接受。扬州刺史殷浩一向敬重他,劝他接受任命,给他写信说道:"很多人都以你的进退来考察国家政事的兴衰,我们这些人也是这样。你的进退关系到国家的兴衰,怎么能置一代兴亡于不顾,只顾满足自己的心意呢?希望你细心体察众人的心意。你若不应时任职,国家哪有善政可言呢?你如果豁然想通了,就能够体验到众人的心意所向了。"王羲之写信回答说:"我一向无心在朝廷上任职,王丞相在位时就坚持让我在朝廷任职,我誓不答应,那时我写的书信手迹尚在,可见我的这种志向由来已久,并不是你参政之后我才不愿任职的。自从儿子娶妻、女儿出嫁之后,我就立志学尚子平那样隐居不仕,也曾多次向亲朋知己说过,并非一天两天的事了。承您不弃。如果想任用我的话,即使是关陇、巴蜀地区,我也在所不辞。我虽然不具备应对朝廷事务的才能,但能忠于职守,宣扬国威和德政教化,所起的作用,自当不同于一般的使臣,一定让远近的百姓们都知道朝廷对他们并不见外,这样给国家带来的好处,比起护军将军一职所起的作用,就大不相同了。汉代末年曾派太傅马日磾去安抚关东地区,若不嫌我身份低微,对我的能力无所怀疑的话,最好在初冬时节赴任,我恭敬地等待任命。"

王羲之被任为护军将军后,又苦苦要求去宣城郡任职,朝廷不答应,于是任他为右军将军、会稽内史。当时殷浩与桓温二人不和,王羲之认为国家的安定在于朝臣和外官的和衷共济,因而给殷浩写信,进行劝诫,殷浩不听他的劝告。在殷浩要北伐的时候,王羲之认为必败无疑,便写信劝止,言词十分恳切。段浩最终还是出征了,果然被姚襄打得大败。殷浩想再次北征,王羲之又写信给他说:

得知安西将军谢尚失败的消息,国家和我本人都为之痛惜,时刻不能忘怀。小小的江左地区,竟治理成这样,使天下人为之寒心,已非一朝一夕了,再加上这次失败,这真应该认真地加以研究。过去的事已无法挽回,希望筹划开拓未来的方略,让天下百姓有个安身立命之地,以此成就中兴的大业。治理政事,道义是成功的关键,行政宽容和谐是根本,一味以武功取胜,这样做是不应该的,遵循以道义取胜的原则,以此来巩固大业,我想您会清楚其中的道理。

自从战乱以来,掌管朝廷和地方大权的人,没有深谋远虑、锦囊妙计,而一味损耗百姓,各逞其志,结果竟无一功可论,一事可记,忠正的言论和好的策略摈弃不用。致使天下将出现土崩瓦解之势,怎么能使人不痛心疾首、悲愤万端呢!当事者又怎么能推脱使天下陷于混乱的罪责呢?追究过去的罪责,又能起什么作用?应该改弦更张,虚心求取贤人,和有识之士共同商订大计,不能再出现忠正言论屈服于当权者个人意志那样的局面了。现在军队在外失败,国内物资耗尽,保住淮河一线的想法已经无力做到,不如退保长江一线,都督将领各回旧镇,长江以北各地,只是维持现有的局面罢了。掌握国家大权的人,应引咎自责,应自行贬降,向百姓谢罪,一改过去的做法,和朝廷的贤能臣僚制订平稳的政治措施。废除那些繁苛规定,减轻百姓的赋役负担,和百姓一起重新做起,这样差不多能满足百姓的希望,把他们从艰难困苦中解救出来。

　　刺史大人您出身于平民百姓，担当国家的重任，在推行德政方面，没有做到事事妥当，您身为统帅而遭到这样的失败，恐怕朝廷上的贤能之士没有人肯分担这个责任的。现在应赶快推行德政，以弥补过去的失误，广招贤能之士，和他们分担责任，即使这样做，尚且不能断定能否达到预期目的。如果您认为以前做得还不够，因而再去追求不合时宜的东西，天地虽然这样广大，还有您立足之地吗！我明白我说的话您一定不听，反而会招致您的怨恨，但是我在这个问题上感触很深，因而不能不尽情陈言。如果您一定要率兵出征，不明白这个道理而贸然行动，我实在无法理解。希望您再和其他人共同斟酌。

　　又接到州衙的命令，让会稽增运军粮一千石，征调军粮和劳役同时进行，又都限定军事需要的时间，我面对这一切，灰心丧气，不知所措。经年以来，剥夺黎民百姓，其恶果是罪徒满路，这和秦始皇时的虐政相差无几，只不过还没有实行灭三族的刑罚罢了，我担心陈胜、吴广那样的灾难，过不了多久就会发生。

　　王羲之又向会稽王上书，陈述殷浩不应北伐的道理，并论及当时政事，说道：

　　古人因其君主没有成为尧舜那样而感到羞耻，做臣子的人，哪有不希望他所侍奉君主受到尊崇，可以和前代圣君贤主比美，何况现在又是千载难逢的大好时机呢？但是现在的才智和力量都比不上当年，又怎能不根据轻重情况的不同而妥善处理呢？现在虽然有令人高兴的事，但是反躬自问，令人忧愁的事多于令人高兴的事。经典上说得好："若不是圣人治理天下，外面虽然显得安宁无事，必有重重的内忧。"现在的情况是，外边既不安宁，内忧却更加深重。古代能成就大业的人，有人或许不依靠大家的智谋，而能尽全国的力量建立一时功业的，也往往不乏其人。那是因为个人的智谋确实足以超过众人，用国家暂时的困苦能获得一劳永逸的结果，只有这样的人，才能做到这一点。用这个标准衡量现在的人，能和古人相比吗？

　　要使朝廷的决策必胜，一定要仔细衡量敌我双方的情况，具备了万全之策才能行动。成功之后，就应利用当地的民众和实力扩充自己的力量。现在成功还没有把握，但是饱经战乱之后的幸存者也会被歼灭殆尽，万不剩一。再说从千里之外运送军粮，这是自古以来的一大难题，何况现在要转运供给，向西运往许昌、洛阳，向北运过黄河。即使是秦朝的弊政，也没有达到这样的程度，那么十家九空的忧患，便会接踵而至。现在从事转运的人没有归还日期，各种征调又日重一日，仅以小小的吴越地区，维系天下十分之九的军需，不灭亡还有什么结局呢！而又不量力而行，不失败不停止，国内的人因此而痛心悲叹，但没有人敢说真话。

　　已经过去的事，说也没用，未来的事情还可以加以补救，希望殿下您能考虑再三，改弦更张，下令殷浩、荀羡回师据守合肥、广陵，许昌、谯郡、梁、彭城等地的驻军都回师把守淮河一线，建立起不可战胜的根基，等根基牢固形成攻势，再出兵征伐，也为时不晚，这确实是在当前形势下最高明的策略。如果不这么做，国家的灾难就会不日而至。掌握安危变化的关键，易如反掌，考察国家的虚实，形势就明摆在眼前，希望殿下您英明决断，决定于一时之间。

　　我的地位低下，而谈论国家的重大问题，我怎不知这是很难的事情？但是古人或身为平民百姓，或是军阵中的士卒，他们尚且为国家出谋划策，决策者并不因此讥笑他们，况且我身居大臣之末位，怎能沉默不语呢！在关系到国家存亡的关键时刻，决定了就去实行,决不能犹豫不定延误时机,这时不作出决断,后悔可就晚了。

殿下您德高望重,国内众望所归,以皇室贵胄辅佐朝廷,您最有条件地去直说直做,使国家出现当年那样兴盛局面,但是您的作为并不像人们期望的那样,这使我这个受您器重的人为之终夜兴叹,我真为您感到可惜。国家陷于深度的灾难之中,我时常担心,伍子胥的忧虑不仅是古代的悲剧,麋鹿出没的地方不只是山林水泽这样的地方。希望殿下您暂时摈弃那些清虚玄远不切实际的追求,解救国家的危难,这可以说在败亡的危局中奋力图存,转祸为福,这是国家的大幸,四海的百姓也有所依赖了。

当时东部地区发生灾荒,王羲之就开仓赈济灾民。但是朝廷征发的赋税徭役仍很繁重,吴郡、会稽一带尤其严重,王羲之多次上疏力争,往往被朝廷采纳。他又给尚书付射谢安写信说:

近来我陈述的意见,常常被您采纳,因此令下之后,百姓们可以稍事休养生息,各务其本业。如不是这样,这一郡百姓都跳东海喂鱼了。

现在大事还没有安排的,漕运就是其中之一。我的意见是,希望朝廷下达规定的期限,交有关部门办理,不要再催逼下层,只是到年底考核成绩的好坏就行了。主管官员的成绩最差的,派囚车把他送交朝廷治罪。如果有三个县完不成任务,郡守一定要免职,有的可以降级使用,让他到边远艰苦地区任职。

再者,自从我来到这里,助手常常有四五个人,加上上司衙门以及都水御史行衙的文件之多,像雨点般下发,其中颠倒错误,互相抵触,不知有多少。我只能闭着眼睛按常规办理,推给下面,只是拣重要的事交主簿办理,一般的则交下面机构办理。主管人到任,还不到十天,官吏和百姓来回奔走,费用金钱数以万计。您正担任重要职务,您可以认真地考虑一下我所说的情况。在平时,江左地区,扬州只用一位称职的刺史就足以把政事统理得井井有条,现在有一群有才能的人来治理,反而没有治理好,只因为法令不一,多方牵制。我想,用简而易行的办法,便足以守住已有的成就。

仓库监督官耗费、盗窃官米,往往数以万计,我认为杀掉一人,便能断绝这种弊端,但是当权的人不同意。近来检查各县,都是这样。馀姚县被耗盗官米十万斛,向百姓收取重税,却用来肥了贪官污吏,致使国用缺乏,真可叹啊!

自从有战事以来,各种征调徭役以及担任转运军粮的人,死亡叛乱散逃回不了原地的人很多,百们被损耗到这种程度,国家仍按常规,抽人补充代替,因此,各地都被弄得凋敝困苦,谁也不知该怎么办。被长官遣派出去的人,上路以后,多数叛逃,于是监送的官吏也和叛逃的人一起逃跑了。按照常规,就让叛逃者的家属和邻里负责追捕。追捕不到人,家属和邻里接着也叛逃而去。百姓流离逃亡,户口日见其少,原因就在这里。另外,各种工匠和医生,或死或逃,家家空无一人,没有人代替他们的差役,但是上司还不断催促,这种情况已延续了十年或十五年,尽管官吏不断遭到弹劾而获罪,但于事无补,这样下去,老百姓如何能承受!我认为从现在开始,各种减死的罪犯以及判五年徒刑的罪犯,可以补充逃亡人户的亏缺,减死罪犯可长期服兵役,判五年徒刑的罪犯可以充当各色工匠医生,把他们的家属也迁来,以充实城市。城市得到充实,这是行政的根本,又可以杜绝逃亡事件的发生。如不把他们的家属迁来,逃亡之患仍将和以前一样重演。现在免除他们服刑而充当杂役,又把他们的家属迁来,小民愚昧无知,有的人可能认为这种惩罚比杀头还严重,因而可以杜绝奸恶。惩罚虽然看起来很轻,但惩办的性质却很严重,这难道不是适合现时需要的措施吗!

王羲之平常喜欢服丹食药,涵养性情,不喜欢住在京城,他刚渡过浙江,便产生终身住在这里的想法。会稽有秀丽的山水,很多名人都生活在这里,谢安在做官以前也住在此地。孙绰、李充、许询、支遁等人都以文章名满天下,都在江东一带构筑别墅,和王羲之志趣相投。他曾和这些志趣相投的人在会稽郡山阴县的兰亭聚集宴饮,王羲之亲自撰文表达他的志趣,文章说:

永和九年,这年的干支为癸丑,在暮春三月上旬,众人会集在会稽郡山阴县的兰亭,采兰游戏,以驱除不祥的晦气。高人贤士们都到了,老老少少聚集在一起。这里有高山峻岭,茂密的森林,长长的竹子,又有清澈见底的小溪。小流湍急,萦绕如带,利用溪水漂流酒杯,取以饮酒,人们依次坐在岸边。虽然没有乐队助兴的盛大场面,但是一边喝酒,一边吟诗,也足以尽情抒发幽雅的情怀。

这一天,晴空万里,空气清新,暖风轻拂,令人心胸舒畅,仰头纵眼望去,宇宙是如此广大,低头细察,万物是如此繁盛,这样放眼纵观,敞开胸怀,使耳目得到极大的享受,确实是赏心乐事啊!

人们在互相交往中,很快就度过一生。有的人互相敞开胸怀,在一室之内促膝畅谈;有的人寄情于万物,放浪不羁,忘记了自身的存在。虽然他们对人生的追求千差万别,性格或恬静或躁急各有不同,但是他们对自己的境遇感到满意的时候,即使是暂时的称心,他也会痛快满足,从而忘记了老年即将到来。一旦对所追求的东西感到厌倦,心情随之发生变化,无限的感慨也随之而来了。以前曾为之高兴的事情,顷刻之间,已成为过眼烟云,因而不能不引起无限感慨。况且人的生命的长短,听命于自然,最终是要完结的。古人说:"人的生和死,也是大事情啊!"这怎么能不引起无限悲痛呢!

当我考察古人产生感慨的原因时,发现竟然是如出一辙,我面对书卷,不能不感慨悲叹,弄不明白这究竟是为什么。我当然明白,那种认为生死如一、寿灭相同的说法是虚假荒诞之词,后世的人考察今天的人和事,也就像今天的人考察古代的人和事一样,想来真让人悲伤!因此我逐一记下参加集会人的姓名,并录下他们所做的诗文。后世和今天,虽然时代不同,人事各异,但引起人产生感慨的原因,却是一致的。后世的读者,读了我这篇文章也将会产生感慨的。

有人拿潘岳的《金谷诗序》和王羲之这篇文章相比,把王羲之和石崇相比,王羲之听了很高兴。

王羲之生性喜欢鹅,会稽有个老寡妇饲养了一只鹅,叫声很好听,王羲之要买下这只鹅,但没有买成,于是他带着亲友前去观看。老寡妇听说王羲之要来。把那只鹅宰了煮熟来招待他,王羲之为此整日叹惜。又有个山阴县道士饲养了一群好鹅,王羲之前往观看,非常高兴,执意要买下。道士说:"你替我抄写一部《道德经》,我把这一群鹅送给你。"王羲之欣然命笔,抄写毕,把鹅用笼子装起来带回,满心高兴。王羲之就是这样真诚坦率。有一次他到他门客家里,看到桌面光滑干净,就在上面写满了字,一半是楷书,一半是草书。后来门客的父亲没注意把字刮掉,那位门客为此懊丧了好几天。王羲之又曾在戢山看到一个老妇,手拿六角竹扇叫卖,王羲之在她的竹扇题了字,每把扇子上五个字。老妇人起初是满脸怒气，他对老妇人说："您只说这是王右军的书法，每把扇子可要价一百钱。"老妇人按着他的话去卖，人们竞相购买。又一天，老妇人又拿来扇子求王羲之书写，王羲之笑而不答。他的书法被世人珍重，都和这事一样。他经常自称："我的书法同钟繇相比，可以说是并驾齐驱；比起张芝的书法，应该说仅在其次。"他曾给人写信说："张芝在池塘边练字，洗笔把池水都染成黑色，别人如果能这样入迷，未必赶不上

羲之笼鹅图

他。"王羲之的书艺，起初不如庾翼、郗愔，到他晚年，书艺才达到精妙的境界。他曾用章草体给庾亮写回信，庾翼看到，深为佩服，因而给王羲之写信说："我过去曾收藏张芝的章草十幅，过江南渡时颠沛流离，于是遗失了，常为这样精妙的书法绝迹而感叹。忽见您给家兄写的回信，书法美妙入神，好像张芝的书迹又呈现在面前。"

当时骠骑将军王述年少名高，与王羲之齐名，但王羲之很看不起他，因此二人不大合得来。王述先前曾在会稽任职，因母亲逝世，回会稽郡境内守孝，王羲之接替王述的职务，只去吊唁了一次，就没有再去。王述每次听到吹角声，认为是王羲之来问候自己，于是洒扫庭院来等待，这样一连几年，王羲之竟然没有来看他，王述对此非常怨恨。后来王述被任为扬州刺史，将要赴任时，在会稽郡内走了一圈，却不去见王羲之，临走时，才去告别了一下。在此之前，王羲之常对他的宾朋们说："王述只是个做尚书的材料，到老可能得个仆射的职位。他得到会稽内史的职位，就飘飘然了。"当王述被任为大官，王羲之作为王述的下属，感到羞耻，便派人去京师，请求朝廷把会稽郡分出来设立越州，派去的人言词失妥，深受当时贤明人士的讥笑。事后王羲之内心惭愧，满腹感慨，对他的儿子们说："我不比王述差，而职位相差悬殊，或是由于你们不如王坦之（王述子）的缘故！"后来王述查考会稽郡的政事，当问及刑狱的情况时，主管官员疲于回答问题，被弄得狼狈不堪。王羲之对此深感羞耻，于是称病离开会稽郡，来到他父母的坟前发誓说："在永和十一年三月（癸卯日是初一）九日辛亥，儿子王羲之敬告二老在天之灵。羲之生来不幸，很早父亲去世，未得到父亲的教诲。母亲和哥哥的扶养，使我慢慢长大成人，因人才缺乏，才得到国家的职位。我在职任上在忠孝方面没有建立名节，退职之举又违背了荐贤而代的道义，每当我诵读老子、周任的告诫，常担心一旦失身死去，辱及祖宗，哪里仅仅是自身

的事呢！因此我昼夜叹息，像坠入万丈深谷。知足而止，现在就做出决定。恭敬地在这月的吉日良辰摆设筵席，向祖宗叩头行礼，满怀诚心，在二老灵前发誓：从今以后，如果我胆敢变心，贪图禄位，投机进身，那我是无视父母的不肖之子。作为儿子而不肖，是天地所不容、礼教所不齿的。誓言出自诚心，就像白日在天一般！"

王羲之去职以后。和吴郡、会稽一带的人士，尽情游览山水、捕鸟钓鱼，娱乐身心。他又和道士许迈一起炼丹服药，为采集药石不远千里，遍游东部各郡，遍访名山大川，泛舟东海。他感叹道："我最后会纵情游乐而死。"谢安曾对他说："我中年以后，因喜怒哀乐伤害了身体，和亲友离别，就会好几天心情不好。"王羲之说："人到了晚年，自然是这样，刚要想听听音乐来陶冶情操，又常常担心儿子们发觉，对欢乐情绪有所影响。"朝廷鉴于他发了绝誓，就不再征召他做官。

当时刘惔任丹杨尹，许询曾在刘惔处借宿，床帐被褥都新鲜艳丽，饮食也十分丰盛，美味俱全。许询说："如果能保持这样的生活，比在东山强多了。"刘惔说："你若知道吉凶祸福是由人们的行为决定的，我哪能保证永远过这样的生活。"王羲之当时在座，说道："如果巢父、许由遇上稷、契，不会说这种话。"说得许询和刘炎二人都脸有愧色。

王羲之去官之初，优游无所事事，他给史部侍郎谢万写信说：

古代逃世隐居的人，有的披乱头发装疯卖傻，有的满身污垢，也够艰难的了。现在我安坐优逸，实现了当初的愿望，实为大幸，这难道不是上天赐予的吗！违背天意是不会有好结果的。

前些时东游归来，种植桑树果树，现在长得茂盛，鲜花盛开，我带领儿子们，怀抱小孙孙，在桑果林中游玩，摘得好吃的果子，切开分吃，享受眼前的欢乐。虽然我的道德修养不深，仍想以敦厚退让教育子孙。如果子孙有轻薄举动，就罚他用马鞭子去清点马匹，效法古代万石君的风范，你认为这样做怎么样？

近来将要和谢安石东游山海，同时到田野考察收成情况，以此来打发闲暇时光。除衣食之外的剩余，想和知心朋友时时进行欢宴，虽不能吟诗作赋，但举杯痛饮。讲讲田野里的所见所闻，以此来作为谈笑之助，这种得意的生活，言语是表达不出来的！我常常按照陆贾、班嗣、杨王孙等人的处世原则去做，很想学习他们的高风，我的志愿就全在这里了。

后来谢万任豫州都督，王羲之又给他写信进行劝诫，说道："以你豪迈不羁的次质，屈居群官之中，实在令人难以想象。但是所谓通达明智的人，也只能随事行止，这样才能达到远大的目标。希望您经常和下层官吏在生活上保持一致，那就完美无缺了。吃饭只有一道菜，睡席不用双层，这有什么，但古人却传为美谈。成功与否的原因，在于积小以成大，您要好好记住。"谢万对他的建议未能采用，后来果然失败。

王羲之五十九岁时去世，朝廷赠衔金紫光禄大夫。他的儿子们遵从他的生前本意，坚辞不受。

他有七个儿子，著名的有五人。王玄之早年夭折。次子王凝之，也擅长草书、楷书，历官江州刺史、左将军、会稽内史。王氏家族世代信奉张道陵的五斗米道，王凝之尤其虔诚。孙恩进攻会稽的时候，王凝之的助手们劝他做好御敌的准备，王凝之不听，却是入静室进行祈祷，他走出静室对诸将说："我已经祈请过天师，天师答应派鬼兵助战，贼军自会被消灭。"因他没有防御措施,被孙恩所杀害。

王徽之字子猷。他生性卓然不群,放浪不羁,担任大司马桓温的参军,经常散披头发,衣不系带,也不管府中事务。他又担任车骑将军桓冲的骑兵参军,桓冲问他:"你主管什么部门?"王徽之回答:"大概是马曹。"桓冲又问:"马曹管理多少马匹?"他回答:"我管理的是否马曹都不清楚,怎么能知道马匹的数目!"桓冲再问:"近来马匹死了多少?"他回答说:"我连活马的数目都不知道,哪会知道死马的数目!"他曾随桓冲出门,正赶上下暴雨,王徽之下马钻进桓冲的车中,对桓冲说:"您怎么能一人独占一辆车!"桓冲曾对王徽之说:"你在我的衙门任职已经很久了,不久我会提拔你的。"王徽之并不答谢,眼睛向上仰视。用手牌板着面颊,说道:"早晨的西山带来一股清爽的空气。"

当时吴郡有一位士大夫家有一片好竹林,王徽之想去观看,便乘轿离家来到竹林边,面对竹林,吟诵了好长时间。主人打扫庭院请他入座,王徽之不加理睬。他将要出去的时候,主人关上大门,王徽之对主人此举非常欣赏,宾主入座,尽欢而去。他曾借住一处空宅,他住进后就令人栽种竹子。有人问他暂时借住种竹子干什么,王徽之只是吟诵,手指竹子说:"怎么能一天没有这位来陪伴呢!"他曾住在山阴县,有一天夜里大雪初晴,月光明朗,放眼四望,一片银白,他独斟独饮,吟诵左思的《招隐诗》。忽然想起了戴逵。当时戴逵住在剡县,王徽之当夜乘船去拜访,船行了一夜才到,来到戴逵门前便往回走。别人问他这是为什么,他说:"我本乘兴而来,现在兴尽,自然往回走,何必要见到戴逵呢!"他禀性放浪怪诞,好声色,有一天夜里和他的弟弟献之一起读《高士传赞》,王献之非常赞赏"井丹高洁"这句话,王徽之说:"我看比不上'长卿慢世'这句话更妙。"他就是这样的傲俗放达。当时人都钦佩他的才能而鄙薄他的品行。

后来王徽之任黄门侍郎,弃官离开京师东还,与王献之同染重病。当时有个江湖术士说:"人在生命终结的时候,如果有活人乐意代他而死,那么死者可以复活。"王徽之对术士说:"我的才能和地位都不如弟弟,请求用我的余生来代替弟弟。"术士说:"代死的人,是因为自己的寿命还有余年,能够补足将死的人。现在你和你的弟弟寿命都到了尽头,用什么来代替呢!"不久,王献之去世,王徽之凭吊死者却不哭泣,径直坐在灵床上,拿过王献之的琴就弹起来,弹得时间长了,琴声变了调,他感叹说:"可叹啊子敬(王献之字),人琴俱亡!"说罢就昏死过去。他原先背部生疮,这时疮烂溃裂,过了一个多月也去世了。他的儿子叫王桢之。

王献之

桢之字公干,历任侍中、大司马长史。桓玄任太尉时,朝臣们聚齐,他问王桢之:"我比你死去的叔叔怎么样?"在座的人听了这话都感到憋气。王桢之说:"先叔是一时的楷模,您是千载的英俊人物。"满座朝臣才高兴地舒了一口气。

王操之字子重,历任侍中、尚书、豫章太守。

王献之字子敬。少年时代即负有盛名，豪迈不羁，即使是在家闲居，容貌举止，毫不懈怠，文采风流为一时之最。他刚几岁的时候，曾在旁观看门客们赌博，局面将分出胜负，王献之说："南边的将要失利。"门客说："这个小主人管中窥豹，有时也能看出一点门道。"王献之发怒说："我的才能只是远不及荀粲，近不及刘恢罢了。"说罢拂衣而去。他曾和哥哥徽之、操之一起去拜访谢安，二位哥哥在谢安面前所说的大都是生活琐事，王献之则只寒暄了几句罢了。他们走后，在座的客人评论王氏兄弟的优劣，谢安说："年岁小的那个好。"客人问他为什么这么说，谢安说："贤人往往寡言少语，因他说话很少，因此我知道他好。"王献之和哥哥徽之二人在一间房子里，房内起火，徽之马上逃走，连鞋也顾不得穿。献之则镇定自若，从容叫人把他扶出去。有一次他正在寝室睡觉，有几个小偷窜进他的房间，把房中的东西都偷光了。王献之慢条斯理地对小偷说："小偷，那块青毡是我家祖传之物，你们可把它留下。"这伙小偷闻声惊慌逃去。

王献之草书、楷书写得很好，又擅长绘画。他七八岁时开始学习书法，他的父亲王羲之悄悄从他背后夺他的毛笔，未能夺下，因而王羲之感叹地说："这孩子日后也会大为出名。"他曾在墙壁上写一丈见方的大字，王羲之认为难能可贵。来围观的有好几百人。桓温曾请他书写扇面，他不慎失手把笔落在扇面上，他趁势画了一头黑色母牛，非常精妙。

他初任州主簿、秘书郎，又转为秘书丞，选配新安公主。他曾经过吴郡，听说顾辟疆有座名园，他们过去并不认识，便乘轿直进园中。当时顾辟疆正在和朋友聚会，王献之游遍了花园，旁若无人。顾辟疆十分恼火，责备他："对主人傲慢，是无礼的行为。自持高贵，骄慢士人，不合道义。犯有这两种过失，就是不足挂齿的粗野人。"把他赶出门外。王献之傲然如初，毫不介意。

谢安对王献之非常爱重，请他担任自己的长史。谢安进号为卫将军，仍任他为长史。太元年间，朝廷新建立太极殿，谢安想让王献之题写匾额，成为流传万代的墨宝，但是谢安难以启齿，便试探性地对王献之说："曹魏时，陵云殿的匾额还没有题写，被工匠误钉上去，取不下来，于是请韦诞悬挂凳子书写。等写好以后，韦诞的胡须头发都变白了，累得只剩一口气。回来以后，对他的弟子说，以后绝不要这样写字。"王献之揣摩到这话的意思，严肃地说："韦诞是魏国的大臣，哪里会有这种事！如果真是这样，从这事也可以看出魏国短命的原因了。"谢安于是也不再逼迫他。谢安又问道："你的书法和你父亲相比怎么样？"王献之回答说："本来就不相同。"谢安说："外边的议论可不是这样。"王献之回答说："别人哪里知道！"不久，王献之升任建威将军、吴兴郡太守，又征调他为中书令。

谢安逝世以后，对他的丧礼规格和追赠有不同意见，只有王献之、徐邈一起申明谢安对朝廷的忠诚和所建立的功勋。王献之向朝廷上疏说："已故的太傅谢安，少年时代就在玄学领域名声大振，清淡声誉洋溢四海。年轻时隐居，节操可与箕子、商山四皓比美。适应国家的需要出仕任职，为国家出谋划策稳妥周到。及其率兵出征，强敌即被消灭。在他建立了功勋以后，却谦恭退让。再者，他服侍先帝，君臣关系融洽，超过了布衣之交。陛下您即位时，年纪很轻，他殚心竭愿辅佐陛下。回顾他从隐居到出仕的一生，时时事事以国事为重，他确是大晋优秀辅臣，全心全意为国的高义，超过了以往的大臣。希望陛下关心这位举世景仰的大臣，对他的追赠礼仪加以明察。"晋武帝于是下令用特殊礼仪追赠谢安。

　　不久，王献之身染重病，他的家人问五斗米道师上表请求消除病灾，按照五斗米道的规矩，病人必须向道师陈述自己的过失并发誓改正，于是家人问他有什么过失。王献之回答："没有想起有其他过失，只想起和郗家离婚这件事。"王献之的前妻，是郗昙的女儿。不久就死在官位上。安僖后被册立，因王献之是皇后的父亲，追赠他为侍中、特进、光禄大夫、太宰，赠谥号为"宪"。他没有儿子，过继他哥哥的儿子静之为后，静之官至义兴太守。当时人们认为，王羲之的草书、楷书，江左和中原没人赶得上他，王献之的书法骨力赶不上他父亲，但妩媚可喜。桓玄特别喜爱他父子二人的书法，各装订一册，放在身边时时欣赏。